エッセンシャル
戦略的ブランド・マネジメント

第4版

Strategic Brand Management Fourth Edition

ケビン・レーン・ケラー〔著〕　　恩藏直人〔監訳〕
Kevin Lane Keller　　　　　　Onzo Naoto

東急エージェンシー

監訳者まえがき

　本書は、Kevin Lane Keller, *Strategic Brand Management, Building, Measuring, and Managing Brand Equity,* Forth Edition, 2013, Pearsonの邦訳版である。

　多くの読者はすでにご存じかと思うが、原著は初版から第4版まで版を重ねており、各版それぞれに対して邦訳版が出されている。原著初版の出版は1998年であるので、すでに15年が経過している。初版の翻訳にあたっては、早稲田大学名誉教授である亀井昭宏先生とともにSBM研究会を発足させ、当時の大学院生や学部学生14名を巻き込んで作業に取り組んだ。毎週のように研究会を実施し、数回の合宿も行った。そこで訳出された専門用語の多くは、その後に続いている第2版以降の邦訳版で生き続けている。

　『戦略的ブランド・マネジメント』は出版当時、ブランド・マネジメント論を体系的にまとめあげた最初の書として、大いに注目を集めた。そして今なお、その輝きと価値は失っておらず、原著とともに邦訳版は、ブランド・マネジメント論を学ぼうとする我が国の実務家や学生にとってバイブル的な存在となっている。

＊＊＊

　原著版の改訂に合わせて邦訳版を出してきた経験を踏まえて、本書ではいくつかの工夫を試みた。

　まず、ケラー教授の許可を得て、我が国の読者にとって馴染みの薄い事例は思い切って削除した。原著を手に取った方であればおわかりだと思うが、それぞれの箇所で実に豊かな事例が取り上げられており、実務と重ねながらリアリティのある解説が試みられている。しかしながら、事例のいくつかは、残念なことに我々日本人にとって魅力がなく、ほとんど実感もわかない。読者の消化不良や混乱を招いてしまう恐れもある。そこで、そうした事例を削除することにより、重要なメッセージをむしろクリアに打ち出せるのではないかと考えた。

　加えて、我が国においてブランド・マネジメントを実施する上で、重要性が低いと考えられる章や節は思い切って削除した。その結果、原著は15章からなる大部であるが、本書は11章に収めることができた。前回手がけた原著第3版の邦訳版の848ページに対して、今回は480ページである。コンパクトとまでは言えないが、バッグに入れて持ち歩いていただけるサイズであると思っている。

　原著の完訳ではないという点を我が国の読者にご理解いただくため、本書のタイトルには『戦略的ブランド・マネジメント』に「エッセンシャル」の形容詞を加えている。原著の魅力を損なうことなく、我が国の読者にポイントをしっかりと学んでもらえるよう工夫したつもりである。

＊＊＊

　原著者であるケラー教授に親しみを持っていただけるよう、教授について少しだけ解説
しておこう。私が初めてケラー教授にお会いしたのは1996年のことである。ノースカロ
ライナ大学キーナンフラグラー・ビジネス・スクールに客員研究員として私が滞在してい
たとき、春から学生たちが何やら噂話をしていた。その内容は、「ケラー教授が来るらし
い」というものだった。教授陣も今年はビッグイヤーだと述べていた。当初、私は人々が
何について話しているのかよくわからなかった。スタンフォード大学からノースカロライ
ナ大学にケラー教授が移籍するのだとわかったのは、しばらくしてからのことである。

　ケラー教授は*Journal of Marketing*誌や*Journal of Consumer Research*誌などのトップジャー
ナルに多くの論文を発表しており、すでに世界的に著名な研究者であった。そのため迎え
入れる大学側は、学生も教授も興奮していたのだろう。非常に幸運であったわけだが、私
はケラー教授のMBAとPhDの授業を聴講させていただくことができた。MBAの授業では、
本書のオリジナル原稿が章単位で配布され、教材として使用された。受講生たちに向かっ
て、内容についてのコメントを求めることもしばしばあった。今から20年近くも以前の
ことであるが、私にとっては本当に懐かしい思い出の一つになっている。改訂はされてい
るが、自分が学んだ書を皆さんに紹介できるというのは、誠に嬉しいことである。

　その後、ケラー教授は数回来日しているが、早稲田大学を訪れ、講演をしてくれたこと
もある。現在はダートマス大学タック・スクール・オブ・ビジネスで教鞭をとっている。
そして、実務界からもアカデミック界からも高い評価を得ているアメリカのマーケティン
グ研究機関、MSI（Marketing Science Institute）のexecutive directorでもある。

＊＊＊

　本書の出版には、多くの組織と人たちからのご支援をいただいた。出版企画から始まり、
原著出版社であるピアソンとの交渉、原著者であるケラー教授とのやりとりなど、本書の
出版に尽力してくれた東急エージェンシーには心より感謝を申し上げたい。今回の出版企
画は約２年にも及ぶ長期プロジェクトということもあって、私の作業は大幅に遅れてしま
っていた。それにもかかわらず、東急エージェンシーのプロジェクトメンバーは温かく見
守り、また励ましてくれた。同社の理解と支援がなければ、本書の出版は実現していなか
った。

　翻訳作業は月谷真紀氏にお願いした。同氏とはこれまで数回にわたり訳本の仕事でご一
緒させていただいたことがあるが、常に読みやすくて、的確な翻訳にはいつも感謝してい
る。監訳作業の段階では、東急エージェンシーソリューション本部太田善人氏、マーケテ
ィング局の御園生浩司氏と鈴木奈都子氏にご協力をいただいた。さらに、一人ひとりのお
名前までは挙げないが、東急エージェンシーの若手社員の数名にも、ゲラに目を通し、
読者としてのアドバイスやコメントをいただいている。

東急エージェンシー経営企画室秘書・広報部の髙橋庸江氏と伏見貴子氏には、丹念にゲラをチェックしていただき、大変な編集作業をお引き受けいただいた。また、早稲田大学大学院商学学術院助手の永井竜之介君には、原稿の整理とチェックをお願いした。皆様に対して、改めて感謝の意を表したい。

　本書により、我が国のブランド・マネジメントが学問的にも実務的にも、よりいっそう進化してくれることを祈っている。

2015年2月

恩藏直人

日本語版序文

　『戦略的ブランド・マネジメント 第4版』の日本語版に序文を寄せることができ、本当に嬉しく思っている。これまで、本書が日本をはじめ各国の学界と実業界から好意的に迎えられてきたのはこの上ない喜びであり、心よりありがたく感じている。学界と実業界のいずれからも、本書が包括的で完成度が高い、興味深い事例が豊富である、有用で洞察に富んだアイデアとガイドラインが多数盛り込まれている、との声をいただいた。本書の執筆時に心がけた点を評価いただき、これにまさる喜びはない。

　内容において「深さ、広さ、関連性」を兼ね備えていることは、本書が強く支持されている理由であると思っている。本書はスタンフォード、ハーバード、ノースウェスタン、ウォートンなどアメリカの主要なビジネススクールで採用されたほか、ほぼ全世界のさまざまな業種において、規模の大小を問わず有力企業に使っていただいている。

　『戦略的ブランド・マネジメント 第4版』が日本語に翻訳されることは、日本企業によるブランディングとマーケティングに対する多大な貢献に結びつくものと確信している。私は日本を訪れ、多くの成功している日本企業のブランドについて詳しく学ぶ機会をいつも楽しみにしている。日本企業のブランドは、消費者理解とマーケティング計画を効率的かつ効果的に実行する能力において世界でも傑出した存在となっている。

　恩藏先生と先生のチームが今回も翻訳に携わってくださったことにもたいへん感謝している。先生の見識と鋭い洞察は最高の翻訳をする上で大きなプラスであり、先生が関わってくださったことをありがたく思う。また、東急エージェンシーの日本語版チームのご苦労とご支援に心より御礼申し上げる。私一人の力ではかなわなかったであろう、多くの読者に読んでいただく機会を与えられたのはまさに彼らのおかげである。

　『戦略的ブランド・マネジメント 第4版』の日本語版が、皆さんに楽しく読んでいただき、良い刺激となり、実務に役立ってくれるであろうことを願っている。

　皆さんのブランドがすべて成功しますように。

ケビン・レーン・ケラー
ダートマス大学
タック経営大学院
E.B.オズボーン・マーケティング教授
ニューハンプシャー州ハノーヴァーにて
2015年2月

本書のテーマ

本書のテーマはブランドである。ブランドがなぜ重要なのか、消費者に対して何を表すのか、ブランドを正しく管理するために企業は何をすべきなのか。多くの企業幹部が今では正しく認識しているように、企業にとっておそらく最大の価値を持つ資産の1つが、企業が長年かけて投資し築き上げてきたブランドである。製造工程やデザインは競合他社に模倣されることも多いが、消費者のマインド内にしっかりと築き上げられた信念と態度は容易に複製できるものではない。しかし、新製品を導入する難しさと費用のために、新製品の発売と既存ブランドの管理を適切に行うプレッシャーは企業にこれまで以上に重くのしかかっている。

ブランドはかけがえのない無形資産とはいえ、強いブランドを創造し育てていくのは相当の難題である。幸い、**ブランド・エクイティ**という概念（本書の中心テーマ）が、ブランドのさまざまな戦略と戦術に結びついた効果とトレードオフを解釈するための貴重な視点と共通分母をマーケターに提供してくれる。ブランド・エクイティとは、ブランドだけが独自に有するマーケティング効果と考えていただきたい。実践的な意味では、ブランド・エクイティは過去にブランドのためのマーケティング活動に投資した結果、製品が獲得した付加価値である。つまり、過去にブランドに起きたことと、将来ブランドに起きることをつなぐ架け橋なのだ。

本書の最大の目的は、ブランド、ブランド・エクイティ、**戦略的ブランド・マネジメント**（ブランド・エクイティを構築し、測定し、管理するためのマーケティング・プログラムおよびマーケティング活動の立案と実行）という題材を総合的かつ最新の形で解説することであり、マネジャーが自社のブランド戦略の長期的な収益性を高めるための概念とテクニックが提供される。こうしたトピックについての学問と実務の考え方を盛り込み、理論的基礎と実践的知見を組み合わせて、マネジャーの方々が、ブランドに関する意思決定をする一助としたい。またアメリカをはじめ世界各地の実例やケーススタディも紹介する。

特に、ブランド・エクイティの構築、測定、管理によって有効性の高いブランド戦略をいかに策定するかについて解説し、次の重要な3つの課題を取り上げる。

1．ブランド・エクイティはどのようにして創出できるか。
2．ブランド・エクイティはどのように測定できるか。
3．事業機会を拡大すべくブランド・エクイティを維持するにはどうすればよいか。

本書により次のことが身につく。

● ブランドの役割、ブランド・エクイティの概念、強いブランドを創出することの利点
● ブランド要素の適切な選択、マーケティング・プログラムおよびマーケティング活動の設計、二次的連想の活用、というブランド・エクイティ構築の3つの主要な方法
● ブランド・エクイティのさまざまな測定手法と、ブランド・エクイティ測定システムの実行法
● 各種のブランディング戦略とブランド・アーキテクチャー戦略の設計、ブランド階層およびブランド・ポートフォリオの構築法
● コーポレート・ブランド、ファミリー・ブランド、個別ブランド、モディファイアーの役割と、それらを組み合わせてサブ・ブランドにする方法
● 時間の経過や他国・他地域に合わせてブランディング戦略を調整し、ブランド・エクイティを最大化する方法

本書の特徴

本書の執筆にあたって私が目指したのは、マーケティングをテーマとする書籍の良し悪しを決める3つの重要な基準をクリアすることである。

● **深さ**：本書の題材を概念上のフレームワークという文脈に従って提示すること。そのフレームワークは、一貫性と深さがあり、学者および実務家による文献の裏づけがあること。
● **広さ**：実務に携わるマネジャーとブランド・マネジメントを学ぶ人々にとって、興味深く重要なトピックをすべて取り上げていること。
● **関連性**：本書には実践上の裏づけがあり、過去および現在のマーケティング活動、出来事、ケーススタディとの関連が見えやすいこと。

ブランドに関してはたくさんの良書が書かれてきたが、上で挙げた基準を最大限に追求したものはなかった。本書は次の3点によってその空白を埋められると考えた。

第1に、ブランド・エクイティを規定した上で、ブランド・エクイティの源泉と成果を明確にし、ブランド・エクイティの構築、測定、管理の戦術的なガイドラインを提供する。マーケティングにおける顧客の重要性（彼らのニーズとウォンツを理解し満足させること）を認識し、顧客の視点からブランディングにアプローチしている。これを、**顧客ベースのブランド・エクイティ**と呼ぶ。その上で、さらに具体的なフレームワークを多数紹介

し、詳細なガイダンスを提供する。

第2に、幅広く基礎的な重要トピックのほかに、最先端のアイデアや概念を掘り下げて扱うTHE SCIENCE OF BRANDINGというコラムを多数挿入し、各章にBRAND FOCUSというコラムを加えている。ブランド監査、法律上の問題、ブランド危機、プライベート・ブランドといったブランディングに関わる具体的なトピックを詳細に解説するなど、本書のいっそうの充実を図った。

第3に、関連性を最大限に高めるために、ほぼあらゆるトピックについて多数の事例でわかりやすく解説している。またBRANDING BRIEFというコラムを設け、厳選したトピックやブランドについてさらに詳しく解説した。

このように、本書はブランド戦略の計画と評価における重要課題を読者が理解するのを助け、適切なブランディングの意思決定をするための概念、理論、その他のツールを提供している。そして、ブランド・マーケターの成功例と失敗例およびその理由を示して、ブランディング課題の幅について読者に認識を深めていただくとともに、その問題に対する読者自身の考えを整理する手段を提示した。

著者紹介

ケビン・レーン・ケラーはダートマス大学のタック経営大学院でE.B.オズボーン・マーケティング教授を務めている。コーネル大学を卒業し、カーネギー・メロン大学で修士学位、デューク大学で博士学位を取得した。ダートマス大学ではMBAの科目としてマーケティング・マネジメントと戦略的ブランド・マネジメントを教え、同じテーマで経営幹部を対象としたプログラムでも講義を行っている。

以前はスタンフォード大学で教鞭をとっており、マーケティング・グループの責任者も務めた。また、カリフォルニア大学バークレー校マーケティング学部とノースカロライナ大学チャペルヒル校でも教え、デューク大学とオーストラリア経営大学院では客員教授として教壇に立った。バンク・オブ・アメリカでマーケティング・コンサルタントとして2年間実務にも携わっている。

専門はマーケティング戦略とプランニング、およびブランディングであるが、具体的には、消費者行動の理論と概念を理解することによって、いかにマーケティング戦略とブランディング戦略を改善できるかについて研究してきた。彼の研究はマーケティングの主要3誌である*Journal of Marketing*、*Journal of Marketing Research*、*Journal of Consumer Research*に掲載されている。またこれら3誌の編集委員も務めた。90を超える論文として発表されたケラー教授の研究は広く引用され、数々の賞を受賞している。

産業界にも積極的に関わり、アクセンチュア、アメリカン・エキスプレス、ディズニー、

フォード、インテル、リーバイ・ストラウス、P&G、サムスンなど世界で最も成功しているブランドのマーケターに対するコンサルタントや顧問を務めた。ほかにも、イーライリリー、エクソンモービル、ゼネラルミルズ、GfK、グッドイヤー、ハスブロ、Intuit、ジョンソン・エンド・ジョンソン、コダック、L.L.Bean、メイヨークリニック、MTV、ノードストローム、オーシャンスプレー、レッドハット、SABミラー、シェル石油、スターバックス、ユニリーバ、ヤング&ルビカムなど一流企業でのブランドのコンサルティングも行っている。マーケティング・サイエンス・インスティテュート（MSI）の学術担当理事でもある。

講演者としても人気が高く、さまざまなフォーラムでスピーチや経営幹部向けのマーケティング・セミナーを行ってきた。シスコ、コカ・コーラ、ドイツテレコム、GE、グーグル、IBM、メイシーズ、マイクロソフト、ネスレ、ノバルティス、ペプシコ、ワイスなど多彩な企業で上級管理職研修やマーケティング研修を実施している。東京、ソウル、ヨハネスブルグ、シドニー、ストックホルム、サンパウロ、ムンバイと世界中で講演を行った経験があり、数百人から数千人規模のカンファレンスで基調講演のスピーカーを務めた。

現在はブランド・エクイティの構築、測定、管理に関する研究を行っている。著書にはブランディングのバイブルとされる『戦略的ブランド・マネジメント 第3版（詳細版）』（恩藏直人監訳、東急エージェンシー、2010年）のほか、フィリップ・コトラーとの共著でベストセラーとなったマーケティングの入門書『コトラー&ケラーのマーケティング・マネジメント 第12版』（恩藏直人監修、ピアソン・エデュケーション、2008年）がある。

私生活ではスポーツ、音楽、映画の熱烈なファンで、オーストラリア最高のロックバンドの1つであるザ・チャーチ、アメリカンポップスの伝説的スターであるドワイト・トゥイリーとトミー・キーンのエグゼクティブ・プロデューサーを務めた。また、セカンド・モーション・レコーズの主要投資家兼マーケティング顧問と、自閉症のためのダグ・フルーティ・ジュニア財団の理事でもある。現在、妻プーナン（同じくタック経営大学院のマーケティング教授）、2人の娘キャロライン、アリソンとともにニューハンプシャー州エトナに在住。

～ エッセンシャル 戦略的 ブランド・マネジメント 第4版 ～
目　次

監訳者まえがき ……………………………………………………………………………… i

日本語版序文 ………………………………………………………………………………… iv

本書のテーマ～本書の特徴 ………………………………………………………………… v

著者紹介 ……………………………………………………………………………………… vii

第1章　ブランドとブランド・マネジメント

プレビュー ……………………………………………………………………………………… 1

ブランドとは何か ……………………………………………………………………………… 2

　ブランド要素 ………………………………………………………………………………… 2

　ブランド対製品 ……………………………………………………………………………… 3

なぜブランドは重要なのか ………………………………………………………………… 6

　消費者 ………………………………………………………………………………………… 6

　企業 …………………………………………………………………………………………… 8

ブランド化の条件 …………………………………………………………………………… 10

　有形財 ………………………………………………………………………………………… 10

　サービス ……………………………………………………………………………………… 12

　小売業者と流通業者 ………………………………………………………………………… 13

　オンラインの製品とサービス ……………………………………………………………… 14

　人と組織 ……………………………………………………………………………………… 16

　スポーツ、芸術、エンターテインメント ………………………………………………… 17

　場所 …………………………………………………………………………………………… 19

　アイデアとコーズ …………………………………………………………………………… 19

強いブランドとは …………………………………………………………………………… 19

ブランディングの課題と機会 ……………………………………………………………… 21

　賢い顧客 ……………………………………………………………………………………… 21

経済不況 ·· 23

THE SCIENCE OF BRANDING 1-1

不況期のブランドのマーケティング ·· 23

ブランドの増殖 ·· 24

メディアの変化 ·· 25

競争の激化 ·· 25

コストの増加 ·· 26

アカウンタビリティの増大 ·· 26

ブランド・エクイティの概念 ·· 26

戦略的ブランド・マネジメントのプロセス ·· 27

ブランド計画の明確化と確立 ·· 28

ブランド・マーケティング・プログラムの立案と実行 ·· 29

ブランド・パフォーマンスの測定と解釈 ·· 30

ブランド・エクイティの強化と維持 ·· 31

BRAND FOCUS 1.0 ブランドの歴史 ·· 32

第2章 顧客ベースのブランド・エクイティとブランド・ポジショニング

プレビュー ·· 41

顧客ベースのブランド・エクイティ ·· 42

顧客ベースのブランド・エクイティの定義 ·· 43

架け橋としてのブランド・エクイティ ·· 45

ブランドの強化：ブランド知識 ·· 46

ブランド・エクイティの源泉 ·· 48

ブランド認知 ·· 49

ブランド・イメージ ·· 52

ブランド・ポジショニングの明確化と確立 ·· 55

基本概念 ·· 55

標的市場 ·· 56

競争の性質 ·· 59

類似化ポイントと差別化ポイント ·· 61

ポジショニングのガイドライン ·· 64

競争上のフレーム・オブ・レファレンスの決定と伝達 ·· 64

差別化ポイントの選択 ·· 67

類似化ポイントと差別化ポイントの確立 ……………………………… 69

複数のカテゴリーにまたがるポジショニング ……………………… 70

ポジショニングの継続的更新 …………………………………………… 71

優れたポジショニングの開発 …………………………………………… 73

ブランド・マントラの定義 ……………………………………………… 74

ブランド・マントラ ……………………………………………………… 74

第3章　ブランド・レゾナンスとブランド・バリュー・チェーン

プレビュー …………………………………………………………………… 81

強いブランドの構築：ブランド構築の4つの段階 …………………… 82

ブランド・セイリエンス ………………………………………………… 83

ブランド・パフォーマンス ……………………………………………… 87

ブランド・イメージ ……………………………………………………… 88

ブランド・ジャッジメント ……………………………………………… 92

ブランド・フィーリング ………………………………………………… 94

ブランド・レゾナンス …………………………………………………… 96

BRANDING BRIEF 3-1 ブランド・コミュニティの構築 ………… 98

ブランド構築へのインプリケーション ……………………………… 99

THE SCIENCE OF BRANDING 3-1 顧客最優先 ………………… 103

ブランド・バリュー・チェーン ………………………………………… 106

価値階層 …………………………………………………………………… 107

インプリケーション ……………………………………………………… 112

第4章　ブランド・エクイティ構築のためのブランド要素の選択

プレビュー …………………………………………………………………… 117

ブランド要素の選択基準 ………………………………………………… 118

記憶可能性 ………………………………………………………………… 118

意味性 ……………………………………………………………………… 118

選好性 ……………………………………………………………………… 119

移転可能性 ………………………………………………………………… 121

適合可能性 ………………………………………………………………… 122

防御可能性 ………………………………………………………………… 122

ブランド要素の選択肢と戦術 ··· 123

ブランド・ネーム ·· 123

URL ··· 133

ロゴとシンボル ·· 134

キャラクター ··· 136

スローガン ··· 137

BRANDING BRIEF 4-1

ベネトンのブランド・エクイティ・マネジメント ·············· 139

ジングル ·· 142

パッケージング ·· 143

第5章　ブランド・エクイティ構築のための マーケティング・プログラムの設計

プレビュー ··· 153

マーケティングに関する新しい視点 ·· 154

マーケティングの統合 ·· 155

マーケティングのパーソナライズ化 ···································· 156

THE SCIENCE OF BRANDING 5-1

ブランド・セント（匂い）を理解する ····························· 158

さまざまなマーケティング・アプローチを機能させる ············ 164

製品戦略 ·· 165

知覚品質 ·· 165

アフターマーケティング ··· 166

価格戦略 ·· 170

消費者の価格知覚 ·· 170

ブランド・エクイティ構築のための価格設定 ······················· 172

チャネル戦略 ··· 179

チャネル設計 ·· 180

インダイレクト・チャネル ··· 181

ダイレクト・チャネル ·· 185

オンライン戦略 ·· 188

第6章　ブランド・エクイティ構築を目的としたマーケティング・コミュニケーションの統合

プレビュー 195

新たな媒体環境 197

　ブランド構築のコミュニケーション設計における課題 197

　複合コミュニケーションの役割 200

4つの主要なマーケティング・コミュニケーション手段 201

　広告 201

　プロモーション 213

　オンライン・マーケティング・コミュニケーション 216

　イベントと経験 223

　モバイル・マーケティング 228

ブランド・アンプリファイアー（増幅手段） 230

　パブリック・リレーションズとパブリシティ 230

　クチコミ 231

統合型マーケティング・コミュニケーション・プログラムの開発 232

　IMCプログラムの基準 233

　IMC選択基準を使う 237

　BRAND FOCUS 6.0　経験に基づく広告の一般原則 239

第7章　ブランド・エクイティ構築のための二次的ブランド連想の活用

プレビュー 245

二次的ブランド連想の創造 246

活用プロセスの概念化 248

　新たなブランド連想の形成 248

　既存のブランド連想への影響 248

企業 251

　BRANDING BRIEF 7-1

　　IBMが推進する「スマーター・プラネット」 252

原産国および原産地 255

流通チャネル 257

コ・ブランディング 257

　成分ブランディング 261

xiii

ライセンス供与	265
有名人による推奨	269
潜在的諸問題	269
スポーツ、文化、その他のイベント	272
第三者ソース	273

第8章　ブランド・エクイティの測定および管理システムの開発

プレビュー	277
新たなアカウンタビリティ	278
ブランド監査の実施	279
ブランド棚卸し	280
ブランド探索	281
ブランド・ポジショニングと支援的マーケティング・プログラム	286
ブランド・トラッキング調査の設計	287
トラッキングの対象	287
BRANDING BRIEF 8-1 ブランド・トラッキング調査のサンプル	289
トラッキング調査の実施方法	294
トラッキング調査の解釈法	295
ブランド・エクイティ管理システムの構築	296
ブランド憲章	297
ブランド・エクイティ報告書	298
ブランド・エクイティ責任者	301
BRAND FOCUS 8.0 ロレックスのブランド監査	304

第9章　ブランド・アーキテクチャー戦略の設計と実行

プレビュー	323
ブランド・アーキテクチャー戦略	324
第1ステップ：ブランドの潜在力の明確化	325
THE SCIENCE OF BRANDING 9-1 ブランドの潜在力の活用	327
第2ステップ：ブランド拡張機会の特定	331
第3ステップ：新製品と新サービスのブランディング	332
ブランド・ポートフォリオ	334

ブランド階層 ·· 337

　ブランド階層のレベル ··· 339

　ブランド階層の設計 ·· 341

コーポレート・ブランディング ··· 350

THE SCIENCE OF BRANDING 9-2

　　コーポレート・ブランド・パーソナリティ ·································· 351

　企業イメージの諸次元 ··· 352

　コーポレート・ブランドの管理 ··· 356

ブランド・アーキテクチャーのガイドライン ······································· 362

　　BRAND FOCUS 9.0 コーズ・マーケティング ······························ 364

第10章　新製品の導入とネーミング、およびブランド拡張

プレビュー ·· 377

新製品とブランド拡張 ··· 378

拡張の利点 ··· 380

　新製品の受容を容易にする ··· 380

　親ブランドへベネフィットをもたらす ·· 383

ブランド拡張の欠点 ··· 386

　消費者の混乱や不満を招くことがある ·· 386

　小売業者の反発を受けることがある ·· 387

　失敗すると親ブランドのイメージを損なうことがある ···················· 387

　成功しても親ブランドとカニバリゼーションを起こすことがある ····· 389

　成功しても特定カテゴリーとの一体感を弱めることがある ············· 389

　成功しても親ブランドのイメージを損なうことがある ···················· 390

　ブランドの意味を希釈化することがある ··· 390

　会社が新ブランドの開発機会を逸することがある ··························· 391

消費者はブランド拡張をどのように評価するのか ···························· 392

　マネジメント上の前提 ··· 393

　ブランド拡張とブランド・エクイティ ·· 394

　垂直的ブランド拡張 ·· 396

ブランド拡張機会の評価 ··· 399

　ブランドに関する現実の消費者知識と

　望ましい消費者知識を明確にする ··· 399

拡張先の製品候補を特定する 400

拡張品候補の潜在力を評価する 401

拡張品を発売するためのマーケティング・プログラムを設計する 404

拡張品の成功と、親ブランドのエクイティへの影響を評価する 406

学術的研究に基づく拡張のガイドライン 406

BRAND FOCUS 10.0 ブランド拡張を採点する 420

第11章　長期的なブランド管理

プレビュー 427

ブランドの強化 429

ブランドの一貫性の維持 429

ブランド・エクイティの源泉の保護 430

補強対利用 432

支援的マーケティング・プログラムの調整 432

ブランドの再活性化 435

BRANDING BRIEF 11-1 バーバリーのイメージ再構築 436

ブランド認知の拡大 438

ブランド・イメージの改善 440

ブランド・ポートフォリオの調整 443

回遊戦略 444

新規顧客の獲得 444

ブランドの縮小 445

索引 451

監訳者紹介 462

第1章 ブランドとブランド・マネジメント

プレビュー

　製品やサービスにつけられているブランド・ネームを、最も価値ある資産の1つと認識する企業や組織が増えてきた。複雑化する世の中で、個人も企業のマネジャーも、短時間に多くの選択を迫られるようになっている。そこで、選択を容易にし、リスクを減らし、しかも期待感を抱かせるという、ブランドが有する強い力が重要になる。そうした期待に応えうる強いブランドを創造し、維持し、時とともにそのブランドの力を強化していくことがマネジメント上の責務である。

　本章では、ブランディングの目標をいかに達成するかについて理解を深めてもらう。本章の基本的な目的は次の2点である。

1．ブランド戦略の策定、実行、評価における重要課題の検討
2．より良いブランディング意思決定をするための概念、理論、モデル、その他ツールの提供

ブランドに関してより良い意思決定をするため、本書では個人ないし組織レベルの心理学理論の理解に重点を置いた。そして、事業の規模、事業の性格、事業の営利性を問わず、どのようなタイプの組織にも対応することを目指している[1]。

以上を念頭に置いて、第1章ではブランドとは何かを定義する。消費者と企業、双方の視点からブランドの機能を考察し、両者にとってなぜブランドが重要なのかを論じる。ブランド化できるものとできないものを検討し、強いブランドをいくつか見ていこう。最後に、ブランド・エクイティの概念と戦略的ブランド・マネジメントのプロセスを紹介する。章末のBRAND FOCUS 1.0では、ブランディングの歴史的起源をたどっている。

ブランドとは何か

ブランディングはある生産者の商品を別の生産者の商品と識別する手段として、何百年も前から行われてきた。「ブランド」という言葉は「焼き印をつける」ことを意味する古ノルド語"brandr"から派生した。焼き印は今でも、持ち主が所有する家畜を識別するための手段として使われている[2]。

アメリカ・マーケティング協会によれば、**ブランド**とは「個別の売り手もしくは売り手集団の商品やサービスを識別させ、競合他社の商品やサービスと差別化するためのネーム、言葉、記号、シンボル、デザイン、あるいはそれらを組み合わせたもの」である。つまり、マーケターが新製品のネーム、ロゴ、あるいはシンボルを新しく創り出した場合には、ブランドを創ったことになる。

しかし、実務に携わる多くのマネジャーはそれ以上のもの、すなわち市場に一定の認知、評判、存在感などを生み出したものをブランドと呼ぶ。

■ ブランド要素

アメリカ・マーケティング協会の定義に従えば、ブランド創造の鍵は、製品を識別させほかと区別するネーム、ロゴ、シンボル、パッケージ・デザインなどを選ぶことである。ブランドを特定し差別化するこれらさまざまな構成要素を**ブランド要素**という。ブランド要素については第4章で詳しく紹介する。

例として、ブランド・ネーム戦略を見てみよう。GEやサムスンのように原則的にすべての自社製品に社名を使っている企業もあれば、P&Gのタイド、パンパース、パンテーンに見られるように、新製品に社名とは関係のない個別のブランド・ネームをつける企業もある。小売業者は店名だけでなく独自の商品ブランドを創造する。たとえばメイシーズはアルファーニ、INC、チャーター・クラブ、クラブ・ルームというブランドを所有して

いる。

　ブランド・ネーム自体もさまざまな形態をとる[3]。化粧品の「エスティローダー」、自動車の「ポルシェ」、ポップコーンの「オービルレデンクバッカー」のように人名からとったブランド・ネームもあれば、コロンの「サンタフェ」、自動車の「シボレー・タホ」、航空会社の「ブリティッシュ・エアウェイズ」のように地名からとったブランド・ネームもある。あるいは、自動車の「マスタング」、石鹸の「ダヴ」、バスの「グレイハウンド」のように動物からとったブランド・ネームもある。その他のカテゴリーとしては、コンピュータの「アップル」、ガソリンの「シェル」、エバミルクの「カーネーション」がある。

　「リーン・クイジーン」、「オーシャンスプレー100％ジュースブレンド」、「チケットロン」のように製品に内在する意味を使ったブランド・ネームもあれば、自動車バッテリーの「ダイハード」、床磨き剤の「モップン・グロウ」、マットレスの「ビューティーレスト」のように重要な属性やベネフィットを示すものもある。ほかにも、自動車の「レクサス」、マイクロプロセッサの「ペンティアム」、自動車部品の「ビステオン」のように、科学、自然、高級感を連想させる響きの接頭語や接尾語を含む造語がある。

　ブランド・ネームだけでなく、ロゴやシンボルのような他のブランド要素も、人名、地名、事物、抽象的なイメージをもとにすることができる。ブランド創造にあたって、製品を識別させるために使うブランド要素の数と性質には、数多くの選択肢がある。

■ ブランド対製品

　ブランドと製品は、どのように対比できるのだろうか。**製品**とは、ニーズあるいはウォンツを満たす可能性があるものとして、注目し、取得し、使用ないし消費してもらうために市場に提供されるものすべてをいう。したがって、製品には有形財（シリアル、テニスラケット、自動車）もあれば、サービス（航空会社、銀行、保険会社）、小売店（百貨店、専門店、スーパーマーケット）、人（政治家、芸能人、プロスポーツ選手）、組織（非営利組織、業界団体、芸術家集団）、場所（都市、州、国）、アイデア（政治的主張や社会的主張）もある。本書ではこの非常に広い定義を用いる。それぞれのカテゴリーにおけるブランドの役割については、本章の後半で取り上げる。

　製品には5つのレベルがある[4]。

1. **コア・ベネフィット・レベル**とは、製品やサービスを消費することによって消費者が満たす基本的なニーズないしウォンツをいう。
2. **一般製品レベル**とは、製品が機能するために絶対に必要な属性ないし特性のみを備え、際立った特徴のない基本形の製品をいう。要するに、製品の機能を適正に果たす、余分な装備の一切ないタイプの製品である。

3．**期待製品レベル**とは、買い手が製品を購入する際に通常期待し同意する、属性ないし特性の集合をいう。

4．**膨張製品レベル**とは、製品を競合他社の製品と区別する追加的な属性、ベネフィット、関連サービスをいう。

5．**潜在製品レベル**とは、製品にいずれ追加される可能性のある部分をいう。

　図表1-1ではエアコンを例に5つのレベルを説明している。多くの市場では、膨張製品レベルに競争が集中している。これは、ほとんどの企業が期待製品レベルまでは申し分のない製品を作ることに成功しているためである。ハーバード大学のセオドア・レビットは「新たな競争は、工場で作る製品ではなく、工場で作った製品に加えるパッケージング、サービス、広告、カスタマー・アドバイス、支払条件、配送方法、保管、その他人々が価値を認めるものの間で起きている」と述べている[5]。

　一方、ブランドとは単なる製品ではない。なぜならブランドは、同じニーズを満たすように設計された製品間に何らかの差別化要因をもたらすからだ。その差別化要因は合理的で有形のもの（ブランドの製品パフォーマンスに関連したもの）もあれば、象徴的、情緒的、無形のもの（ブランドが表すものに関連したもの）もある。

　先の例でいえば、ブランド化された製品は、有形財（ケロッグのコーンフレーク、プリンスのテニスラケット、フォードのマスタング［自動車］）でもよいし、サービス（デルタ航空、バンク・オブ・アメリカ［銀行］、オールステート保険）、店舗（ブルーミングデ

レベル	エアコン
図表1-1　さまざまな製品レベルの例	
1．コア・ベネフィット	冷却と快適さ。
2．一般製品	十分な冷却能力（時間あたりのBTU）、容認できるエネルギー効率、適切な吸排気量など。
3．期待製品	『コンシューマー・リポート』誌によれば、消費者が一般的な大型エアコンに期待しているのは、最低2段階の風量調節、拡張可能なプラスチックのサイドパネル、調節可能なルーバー、取り外し可能なエア・フィルター、排気口、環境に優しいR-410A冷媒、最低60インチの長さの電源コード、冷却システム部品と修理の1年間保証である。
4．膨張製品	タッチパッド式コントローラー、室内外の温度を表示するディスプレイとサーモスタット装置、サーモスタットと室内温度による自動風量調節、フリーダイヤルのカスタマー・サービスなどのオプション。
5．潜在製品	静音運転、部屋の隅々までムラのない空調、自家発電。

ール百貨店、専門店のザ・ボディショップ、スーパーマーケットのセーフウェイ）、人（ウォーレン・バフェット、マライア・キャリー、ジョージ・クルーニー）、場所（ロンドン［市］、カリフォルニア［州］、オーストラリア［国］）、組織（赤十字、アメリカ自動車協会、ローリングストーンズ）、アイデア（企業の社会的責任、自由貿易、言論の自由）でもよい。

　製品パフォーマンスによって競争優位を構築するブランドもある。たとえば、ジレットやメルクなどのブランドは、当該製品カテゴリーにおいて何十年もリーダーであり続けているが、その理由の１つは継続的なイノベーションにある。研究開発にたゆみなく投資し続けることで最先端の製品を生み出し、高度なマス・マーケティングの実践によって消費者市場に新技術をいち早く採用させてきたのである。多数のメディアが企業の革新性を格付けしている。図表1-2は2011年度のランキングに何度も登場した革新的企業10社を示したものである。

　製品とは関連性のない手段で競争優位を構築するブランドもある。たとえば、コカ・コーラやシャネルNo. 5などは消費者の動機と欲求を理解し、製品にまつわる訴求力のあるイメージを創造することで、各製品カテゴリーにおいて何十年もリーダーであり続けている。そうした無形のイメージ連想が、ある製品カテゴリーにおいてブランド間の唯一の差別化要因となっていることもめずらしくない。

　ブランド、特に強いブランドは多種多様な連想を備えており、マーケターはマーケティング意思決定をするにあたって、そのすべてを把握していなければならない。苦労してこの教訓を学んだマーケターもいる。

　ブランディングによって製品間の知覚差異を作り出し、消費者愛顧を育てることによって、マーケターは企業の利潤に転化できる価値を創造する。実のところ、多くの企業が持っている最大の価値ある資産は、工場や機材や不動産のような有形資産ではなく、経営スキル、マーケティングや財務やオペレーションの専門知識、そして何よりもブランドという無形の資産なのである。この価値を認識していたのが1922年から1956年までクエーカーオーツのCEOを務めたジョン・スチュアートであり、彼の次の言葉は有名である。「この会社を分割するとしたら、土地と工場と機

図表1-2　革新的企業10社
1.　アップル
2.　アマゾン
3.　フェイスブック
4.　GE
5.　グーグル
6.　グルーポン
7.　インテル
8.　マイクロソフト
9.　ツイッター
10.　ジンガ

出　典："The 50 Most Innovative Companies," *Bloomberg BusinessWeek*, 25 April 2010; "The World's Most Innovative Companies," *Forbes*, 4 March 2011; "The World's 50 Most Innovative Companies," *Fast Company*, March 2011; "The 50 Most Innovative Companies 2011," *Technology Review*, March 2011.

材は手放してもよい。私はブランドと商標をもらおう。そうしたら私のほうがずっとうまくやっていけるだろう」[6]。ではなぜブランドにそれほどの価値があるのか、見ていこう。

なぜブランドは重要なのか

わかりきったことを問い直すようだが、なぜブランドは重要なのだろうか。ブランドの果たす機能の何がマーケターにとってそれほど価値があるのか。消費者と企業にとってのブランドの価値を両者の観点から探ってみよう。図表1-3は、消費者と企業にとってブランドが果たすそれぞれの役割をまとめたものである。まずは消費者について述べる。

■ 消費者

製品という言葉と同様、本書では**消費者**という言葉を、個人も組織も含めたあらゆるタイプの顧客を幅広く網羅する意味として用いる。ブランドによって製品の供給元ないし製造元が識別され、消費者は製造業者あるいは流通業者の責任の所在を明らかにできる。最も重要なのは、ブランドが消費者にとって特別な意味を有することである。製品についての過去の体験や長年のマーケティング・プログラムから、消費者はどのブランドが自分のニーズを満たし、どのブランドがそうでないかを知っている。その結果、ブランドは消費者の製品に対する意思決定を単純化する手軽な手段になっているのである[7]。

消費者がブランドを認識し、それについての知識があれば、製品に対する意思決定をするためにあれこれ考えたり情報を処理したりする必要はない。そのため、経済的な観点から、ブランドは消費者の製品に関する探索コストを内部的にも（必要な思考の量という意味で）外部的にも（必要な調査の量という意味で）下げている。品質や製品特性などブランドについてすでに知っていることに基づき、消費者はブランドについて知らないことを

図表1-3　ブランドの果たす役割	
消費者	製造業者
●製品の製造元の識別	●製品の取り扱いや追跡を単純化するための識別手段
●製造責任の所在の明確化	●独自の特徴を法的に保護する手段
●リスクの軽減	●満足した顧客への品質レベルのシグナル
●探索コストの軽減	●製品にユニークな連想を与える手段
●製造者とのプロミス、絆、約束	●競争優位の源泉・財務的成果の源泉
●シンボリックな装置	
●品質のシグナル	

推測し、合理的な期待を形成できる。

　ブランドに込められた意味の中には非常に深いものもあり、ブランドと消費者の関係を一種の絆ないし約束と思わせることがある。消費者は、ブランドが特定の形で機能し、一貫性のある製品パフォーマンスと適切な価格設定、適切なプロモーション、適切な流通プログラムとその実践によって自分に効用をもたらすという暗黙の理解で、信頼とロイヤルティを寄せる。消費者があるブランドを購入することによる利点とベネフィットを認識しているかぎり、そして製品の消費から満足を得られるかぎり、消費者は当該ブランドを買い続ける可能性が高い。

　ベネフィットは純粋に機能的なものとは限らない。ブランドは、消費者が自己イメージを投影するシンボリックな装置としての役割も果たす。特定のブランドは特定のタイプの人々を連想させたり、異なる価値観や特質を反映したりする。そのような製品を消費することは、自分がどのようなタイプの人間なのか、あるいはどのようなタイプの人間になりたいのかを他者や自分自身に伝達する手段となる[8]。

　ブランディングの専門家の中には、特定のブランドがある種の宗教的な役割さえ担っており、宗教的儀式の代用物となって自尊心を高めるのに役立つと考えている者もいる[9]。ブランドの文化的影響は大きく、近年では消費者文化とブランドの相互作用への理解に関心が高まっている[10]。

　ブランドには、消費者に特定の製品特性を示すという重要な役割もある。これまでの研究によって、製品と製品から連想される属性ないしベネフィットは、大きく3つのカテゴリーに分類されている。すなわち、探索財、経験財、信頼財である[11]。

- **探索財**とは、食料品のように、消費者が目で見て強度、大きさ、色、スタイル、デザイン、重量、成分構成などの製品属性を評価できるものをいう。
- **経験財**とは、自動車タイヤのように、製品属性が目で見ただけでは簡単に評価できず、耐久性、サービス品質、安全性、扱いやすさや使いやすさを判断するには、実際に製品を試して体験する必要があるものをいう。
- **信頼財**とは、保険のように、消費者にとって製品属性が良くわからないものをいう。

　経験財と信頼財における属性やベネフィットの評価は難しい。ブランドはこのようなタイプの製品において、消費者に品質その他の特性を伝えるシグナルとして特に重要性が高いだろう[12]。

　ブランドは製品の決定におけるリスクを軽減することもできる。消費者が製品を購入し消費する際に知覚するリスクにはさまざまなタイプがある[13]。

機能的リスク：期待した水準の機能を製品が果たさない。

身体的リスク：製品が使用者などの身体や健康に危害を与える。

金銭的リスク：支払った価格に製品が値しない。

社会的リスク：製品が他者に迷惑をかける。

心理的リスク：製品が使用者の精神に悪影響を与える。

時間的リスク：製品選びの失敗によって、満足のいく他の製品を探す機会コストが発生する。

これらのリスクに対処する方法はたくさんあるが、その1つは、有名ブランド、特に消費者が過去に買ってよかったという体験をしたブランドの購入である。したがって、ブランドは非常に重要なリスク軽減手段となる。とりわけ企業間取引（B2B）においては、リスクが非常に重大な意味を持つ場合があるため、ブランドの重要性が増す。

要約すると、消費者にとってブランドが持つ特別な意味には、製品に対する消費者の知覚と経験を変える力がある。同一の製品でも、ブランドのアイデンティフィケーションや属性次第で評価が変わることがある。ブランドは消費者にとってユニークで個人的な意味を持っており、それが消費者の日々の活動を容易にしたり生活を豊かにしたりする。消費者の生活が複雑化し、忙しく時間に追われるようになるにつれ、意思決定を簡単にしリスクを引き下げてくれるブランドの力は、軽視できないものとなっている。

■ 企業

企業にとっても、ブランドは多数の貴重な機能を果たす[14]。まず基本的なものとして、ブランドには製品の取り扱いと追跡を単純化するという識別機能がある。業務上は、在庫や会計の記録を整理するのに役立つ。さらに製品のユニークな特徴や外観に法的な保護も与える。ブランドによってブランドの所有者は法的権利が得られ、知的財産権を保持することができるのである[15]。製造プロセスは特許によって守られ、ブランド・ネームは登録商標によって守られる。パッケージングは著作権と意匠権によって守られる。これらの知的財産権は、企業が安心してブランドに投資し価値ある資産から利益を回収することを保証している。

すでに見てきたとおり、ブランドへの投資によって、製品にユニークな連想や意味を付与し、他の製品との差別化を実現できる。ブランドは一定の品質レベルを保証しているので、満足した買い手は再びその製品を選ぶことが容易になる[16]。このブランド・ロイヤルティによって、企業は需要を予測し確保でき、他の企業による市場参入の障壁を築くことができる。

製造プロセスと製品デザインは簡単に模倣できるかもしれないが、長年のマーケティング活動と製品体験によって個人や組織に植えつけられた印象はそれほど簡単には複製できない。「コルゲート」の歯磨きや「チェリオ」のシリアル、「リーバイス」のジーンズのよ

図表1-4　時価総額に占める割合で見たブランド価値（2010年）

ブランド	ブランド価値 （単位：億ドル）	時価総額	時価総額に 占める割合
コカ・コーラ	70,452	146,730	48％
IBM	64,727	200,290	32％
マイクロソフト	60,895	226,530	27％
グーグル	43,557	199,690	22％
GE	42,808	228,250	19％
マクドナルド	33,578	80,450	42％
インテル	32,015	119,130	27％
ノキア	29,495	33,640	88％
ディズニー	28,731	81,590	35％
ヒューレット・パッカード	26,867	105,120	26％

出典：Interbrand, "Best Global Brands 2010." Yahoo! Finance, February, 2011.

うなブランドの強みは、消費者が文字どおりそれらとともに育ったことである。その意味で、ブランディングは競争優位を確保する強力な手段と考えることができる。

　要するに、企業にとってブランドは、消費者行動に影響を与え、売買でき、将来の持続的な収益を確保してくれる、非常に価値の高い法的財産である[17]。こうした理由から、1980年代半ばの好景気とともに始まった企業の合併や買収では、ブランドが稼ぐ収益の何倍にもあたる巨額の金額が当該ブランドに支払われてきた。当時の合併買収ブームで、ウォール街の金融機関は過小評価されている企業を探し出し、投資や買収によって利益を上げた。そのような企業において最も過小評価されていた資産の１つが、貸借対照表に記載されないブランドであった。ウォール街が関心を示したのは、強いブランドが企業の収益性を高め、それにより株主にとっての価値を増大させるからである。

　多くの企業買収に支払われるプレミアム価格は、そのブランドから通常以上の利益を稼ぎ出せる事実と、同等のブランドを一から創造することの難しさによって十分に説明がつく。知名度の高い消費財企業の場合、有形の純資産は時価総額の10％程度にすぎないかもしれない（図表1-4を参照）。価値の大半を占めるのは無形資産とブランド好意であり、無形資産の実に70％をブランドが占めている。

ブランド化の条件

　ブランドが消費者にも企業にも重要なベネフィットをもたらすのは明らかである。では、ブランドはいかにして創造されるのだろうか。製品はいかにして「ブランド化」されるのだろうか。

　企業はマーケティング・プログラムをはじめとする諸活動を通じてブランドの構築を推進するが、突き詰めればブランドとは消費者のマインド内に存在するものである。ブランドは現実に基づいた知覚上のエンティティ（実在）であるが、それ以上に、消費者の知覚と個人的特性まで映し出すものである。

　製品をブランド化するには、製品にネームをつけ、識別するのに役立つ他のブランド要素を使うことによって、消費者にその製品が「何者か」、その製品に何ができ、消費者がなぜ関心を持つべきなのかを教えなければならない。つまり、マーケターは消費者に製品のラベル（「製品を識別する方法」）を記憶させ、ブランドの意味（「この特定の製品があなたのためにできること。この製品が他ブランドの製品と違う特別な理由」）を示さなければならない。

　ブランディングは意識構造を作り出して、消費者が製品やサービスに関する自分の知識を整理し意思決定を明快にするのを助ける。ブランディングの鍵は、消費者に製品カテゴリー内のブランド間の差異を知覚させることである。その差異は製品の属性やベネフィットに関してでもよいし、もっと実体のないイメージに関連したものでもよい。

　消費者が選択肢の中から選ぶ際に、ブランドは意思決定において重要な役割を果たす。したがってマーケターは、消費者が選択する状況にあるときには必ず、ブランディングの力を借りることができる。消費者が、日々無数の選択——消費市場においてもそれ以外の場でも——を行っていることを考えると、ブランディングがこれだけ普及しているのも不思議ではない。

　先ほど定義したカテゴリー——有形財、サービス、小売店、オンライン・ビジネス、人、組織、場所、アイデア——におけるさまざまな製品タイプを見れば、ブランディングの普遍性がわかる。こうしたさまざまな製品タイプごとに基本的な考察を加え、例を見ていこう。

▌有形財

　有形財は古くからブランドと結びついており、コカ・コーラ、メルセデス・ベンツ、ネスカフェ、ソニーなど、有名で評判の高い消費財の多くはこれにあたる。企業向けに生産財や耐久財を販売している企業の多くは、強いブランドを開発する利点を認識している。かつてはブランド化など考えなかったようなタイプの有形財にもブランドが現れ始めた。

生産財——いわゆる「B2B」製品、および技術集約型——いわゆる「ハイテク」製品におけるブランディングの役割を考えてみよう。

■ B2B製品

　B2B市場は世界経済で大きな割合を占めている。世界で最も定着し評判の良いブランドのいくつかは、ABB、キャタピラー、デュポン、フェデックス、GE、ヒューレット・パッカード、IBM、インテル、マイクロソフト、オラクル、SAP、シーメンスなど、B2B企業のものである。

　B2Bブランディングは企業全体としてのプラスのイメージや評判を作り上げる。企業顧客に対してそうしたグッドウィルを築くことで販売機会が高まり、より収益性の高い関係が育つと考えられる。企業の命運——さらには自身のキャリア——を左右するかもしれない企業顧客に、強いブランドは大きな安心感をもたらす。したがって、強いB2Bブランドは強力な競争優位となりうる。

　B2B企業の中には、自社製品の購入先は知識豊富なプロだからブランドなど関係ない、というスタンスをとっているところもある。しかし賢明なB2B企業はこのような理屈を一蹴し、自社ブランドの重要性と、市場で成功するためにはどの面においてもぬかりなくやらなければならないことを認識している。

　民間航空機から衛星まで幅広く製造しているボーイングは、さまざまな事業を1ブランドで統一するため「ワン・ファーム（1社）」ブランド戦略を実施した。この戦略を支えている1つが「三重らせん」の表現である。つまり、1）進取の精神（なぜボーイングは現在の事業に取り組んでいるのか）2）精密な業務遂行力（どのようにボーイングは業務を遂行しているか）3）未来の定義（何をボーイングは企業として達成するのか）、である[18]。

■ ハイテク製品

　ブランディングに苦労してきたハイテク企業は多い。経営者が技術者であるため、ブランド戦略を理解していないこともめずらしくなく、ブランディングを、単に製品にネームをつけることとしか捉えていない場合もある。しかしハイテク企業が対象とする市場の多くにおいて、製品イノベーションや最新の優れた製品仕様と製品特徴だけではもはや利益は見込めない。マーケティング・スキルは、ハイテク製品の採用と成功にますます重要な役割を果たすようになっている。

　ハイテク製品のライフサイクルは早くて短いため、ブランディングには独特の難しさがある。信頼性は必要不可欠で、顧客は製品だけでなく会社を見込んで購入することが多い。ハイテク企業のマーケティング予算は少ないが、マーケティング・コミュニケーション領

域への支出は増えている。

■ サービス

「アメリカン・エキスプレス」、「ブリティッシュ・エアウェイズ」、「リッツ・カールトン」、「メリルリンチ」、「フェデラルエクスプレス」といった強力なサービス・ブランドの歴史は古いが、サービス・ブランディングが普及し高度化が進んだのは2000年以降のことである。

■ サービスにおけるブランディングの役割

サービスにおけるマーケティングの難しさは、サービスが製品とは異なり、形がなく、サービスを提供する人によって品質が左右されやすいことにある。そのため、無形性と品質の変動性という問題に対処する方法として、ブランディングはサービス企業にとって特に重要なものである。ブランド・シンボルも、抽象的なサービスに具体性を与える一助となるのできわめて重要である。ブランドは、企業が提供する各種のサービスを特定し意味を与えるのに役立つ。たとえば、消費者に理解できる形で多数の新商品を整理し分類するのに役立つため、ブランディングは金融サービスにおいて非常に重視されるようになった。

サービスにブランドを与えることは、企業がその名にふさわしい特別なサービス商品を設計したという事実を消費者に発信する上でも効果を発揮する。たとえばブリティッシュ・エアウェイズは、料金の高いビジネスクラスのサービスを「クラブ・ワールド」としてブランド化しただけでなく、通常のエコノミークラスのサービスにも「ワールド・トラベラー」というブランドを与えた。一般の乗客に、彼らもまたそれなりに特別であり、軽視してはいないことを伝達する賢いやり方である。ブランディングは、明らかにサービスにおいて競争力のある武器となっている。

■ プロフェッショナルサービス

アクセンチュア（コンサルティング）、ゴールドマン・サックス（投資銀行業務）、アーンスト・アンド・ヤング（会計）、ベーカー・ボッツ（法務）などのプロフェッショナルサービス企業は、他の企業や組織に専門知識を提供する。プロフェッショナルサービスのブランディングは、B2Bのブランディングと従来型の消費者向けサービスのブランディングの融合として興味深い。

専門知識、信用度、好感度といった面での企業の信頼性が鍵であるプロフェッショナルサービスにおいては、品質の変動性がいっそう問題となる。典型的な消費者向けサービス企業（引っ越し業者のメイフラワーや害虫駆除会社のオーキンなど）のサービス以上に、コンサルティングファームのサービスは標準化が難しいからだ。

第1章　ブランドとブランド・マネジメント

メイフラワーのようなサービス企業にとって、安心できる高品質なサービスは非常に重要だ。
出典：Mayflower Transit, LLC

　プロフェッショナルサービスの特徴は、社員が社内で有している個人としてのエクイティが大切であり、自分自身をブランド化していることもめずらしくない点である。したがって、社員の言動を彼ら個人ではなくコーポレート・ブランドの構築に寄与させることが課題となる。社員（特に幹部）が退職するような場合でも、彼らが構築したエクイティのせめて一部だけでも組織に残すことが非常に重要になってくる。
　提供するサービスの無形性が高く主観的なものである場合、紹介や推薦が威力を発揮する。安心感や社会的承認という面で、感情が果たす役割も大きい。スイッチング・コストも重要で、競合企業にとっては参入障壁となるが、顧客に対しては条件交渉のチャンスとなる。

小売業者と流通業者

　小売業者をはじめ製品の流通に関わるチャネル・メンバーにとって、ブランドは重要な機能を果たしている。ブランドは店舗に対する消費者の関心、愛顧、ロイヤルティを生み出す。「店舗が売っているものは店舗自体である」というくらい、ブランドは小売業者がイメージを形成しポジショニングを確立する一助となっている。また小売業者はサービス

13

の質、品揃えとマーチャンダイジング、価格設定とクレジット政策などと連想を生み出すことで、小売業者自身のブランド・イメージを創造できる。さらに、メーカーのブランドであるか小売業者のブランドであるかに関係なく、ブランドの魅力は価格マージンの拡大、売上増、利益増をもたらしてくれる。

　小売業者が自社ブランドを導入するには、ストア・ネームを使う方法、新しいネームを創造する方法、両者を組み合わせる方法がある。特にヨーロッパでは、多くの流通業者が独自のブランドを導入してメーカー・ブランドとともに販売している。メーカー・ブランドをやめて自社ブランドのみを販売しているところさえある。このような**ストア・ブランド**品ないし**プライベート・ブランド**品は、小売業者が顧客ロイヤルティを高めてマージンと利益を増やす方法の１つである。

　2009年７月中旬の時点で、プライベート・ブランドは北米の食品販売店、ドラッグストア、量販店で購入される食品雑貨の17%を占めた[19]。イギリスでは、セインズベリーとテスコを筆頭に自社ブランドを販売している５〜６の食品雑貨チェーンが、同国の食品および一般消費財の売上のおよそ半分を占めている。もう１つのイギリスの代表的な小売業者、マークス・アンド・スペンサーは、セント・マイケルという自社ブランド品のみを販売している。アメリカの小売業者の中にも自社ブランドに力を入れているところがある（ストア・ブランドとプライベート・ブランドについては第５章を参照されたい）。

　インターネットによって近年の小売業は様変わりし、小売業者は店頭販売とオンライン販売の両方を行うようになったり、あるいはオンライン専業の小売業者になったりした。形態はどうあれ、オンラインで競争力を獲得するために、多くの小売業者は顧客サービス担当者がリアルタイムで応対できるようにしたり、製品の即時出荷を行ったり、トラッキング機能をつけたり、柔軟な返品方針を採用したりするなどして、オンラインサービスの向上に取り組むようになっている。

■ オンラインの製品とサービス

　ここ数年における最強のブランドのいくつかは、インターネット発のものである。グーグル、フェイスブック、ツイッターは中でも有名だ。しかし、必ずしもインターネットだから強いというわけではなかった。インターネットの黎明期には多くのオンライン・マーケターが重大な（時として致命的な）ミスを犯した。ブランディングのプロセスをあまりにも単純に捉え、派手な、あるいは型破りな広告を打つことがブランド構築であると勘違いした企業もある。そうしたマーケティング手法が消費者の関心をつかむこともあったが、当該ブランドが象徴している製品やサービスがどのようなものか、その製品やサービスのどこがユニークだったりほかと違うのか、そして何よりも、なぜ消費者がそのウェブサイトを訪れるべきなのか、についての認識を生み出すことはできなかった。

今ではオンライン・マーケターもブランド構築の現実を理解している。どのようなブランドにとっても、利便性、価格、多様性など消費者が重視する要素について、ブランドの独自性を作り出すことは必要不可欠である。同時に、ブランドは顧客サービス、信頼性、個性といった他の面でも十分な成果をあげなければならない。顧客がウェブサイトの訪問中と訪問後に求めるサービスレベルは上がる一方である。

オンライン・ブランドとして成功しているのは、ポジショニングが適切であり、これまで満たされていなかった消費者ニーズにユニークな方法で応えているからである。トップレベルのオンライン・ブランドは、消費者にユニークな機能とサービスを提供することで、大規模な広告やマーケティング・キャンペーンよりもむしろクチコミやパブリシティに頼っている。

● Huluは、消費者が自分の好きなときに過去から現在までのテレビ番組を視聴できるようにしている。
● パンドラは、顧客が好みのバンドやジャンルに合わせてオンラインのラジオ局をカスタマイズしつつ、顧客が好みそうな他の音楽についても知ることができるようにしている。
● オンライン百科事典のウィキペディアは、世の中のほぼすべてのことについて、ユーザーが作成した詳細で常に更新されている情報を提供している。

グーグルはオンライン・ブランド構築の典型的な成功例といえるだろう。

グーグル

1998年にスタンフォード大学の博士課程に在籍していた2人の学生によって設立された検索エンジン、グーグルの社名は、1のあとに0が100個連なった101桁の数を表す言葉「ゴーゴル」に由来しており、オンライン上に存在する膨大なデータを表している。グーグルが掲げるミッションは「世界中の情報を体系化し、どこからでもアクセスできて使えるようにする」である。同社は事業領域の集中と絶えざるイノベーションによって検索エンジン業界の市場リーダーとなった。同社のトップページは検索中心だが、他のサービスも多数利用できる。プレーンテキストへの特化、ポップアップ広告の排除、高度な検索アルゴリズムの使用により、グーグルは速くて信頼性の高いサービスを提供している。これまで、グーグルの収益の主力は検索広告だった。これはユーザーがクリックしたときだけ広告主に料金が課せられる小さなテキストベースの広告欄である。しかし、同社は次第に新しいサービスや買収により収益源を拡大しようとしている[20]。

グーグルはブランディングの原則の王道を実践し、業界の大手に成長した。
出典：TassPhotos/Newscom

　オンライン・ブランドは、顧客をウェブサイトに引き寄せるためのオフライン活動の重要性も学んだ。カタログやマーケティング資料には、ホームページのウェブアドレス、いわゆるURLが必ず掲載されるようになった。オンライン・ブランドにオンライン・パートナーやリンクのネットワークが作り上げられると、パートナーシップが不可欠となった。オンライン・マーケターは、ブランドが独自のバリュー・プロポジションを提供できるように、特定の顧客グループ（地理的に分散していることが多い）をターゲットにするようになった。第6章で詳述するが、ウェブサイトのデザインは今や双方向性、カスタマイゼーション、情報提供と説得と販売をすべて同時に行えるタイムリー性というベネフィットを最大化するようになった。

■ 人と組織

　製品カテゴリーが人と組織である場合、ブランディングの少なくともネーミングに関しては単純である。人と組織には、他者に理解されやすく好かれ（あるいは嫌われ）やすい、はっきりしたイメージがある。これは政治家、芸能人、プロスポーツ選手のような有名人

において特にいえることである。いずれも、ある意味で世間の承認と受容をめぐって競い合う立場にあり、強くて好ましいイメージを伝達することで利益を得る。

　しかし、著名人や有名人だけがブランドになれるというわけではない。どのような分野でも、同僚、上司、社外の重要な人々に自分の人となりやスキル、才能、態度などを知ってもらうことは間違いなくキャリア成功の1つの鍵である。仕事上で名前と評判を確立することは、実質的に自分だけのブランドを創造することである[21]。正しい認知とイメージは、自分が他人からどう扱われるか、自分の言動がどう解釈されるかを形成する上で、はかりしれない価値がある[22]。
　同様に、組織もそのプログラムや活動や製品を通じて意味を形成する。シエラクラブ、アメリカ赤十字、アムネスティ・インターナショナルなどの非営利組織は、マーケティングに力を入れるようになっている。子どもの支援活動を行っているユニセフは、長年にわたり多数のマーケティング活動やプログラムを展開してきた。

■ スポーツ、芸術、エンターテインメント

　人や組織をブランドとしてマーケティングする特殊なケースが、スポーツ、芸術、エンターテインメント産業にはある。スポーツ・マーケティングは従来の一般消費財の手法を取り入れ、近年目覚ましい発展を遂げた。勝敗成績で観客動員数や収益が左右されることに満足しなくなった多くのスポーツチームが、広告、プロモーション、スポンサーシップ、ダイレクトメール、デジタルなどさまざまな形態のコミュニケーションを巧みに組み合わせて、自らをマーケティングするようになっている。認知、イメージ、ロイヤルティを構築することによって、これらのスポーツフランチャイズはチームの成績に関係なく目標のチケット売上を達成できるようになっている。特にブランド・シンボルやロゴは、ライセンス契約によりプロスポーツの重要な収益源となった。
　ブランディングは芸術界とエンターテインメント産業（映画、テレビ、音楽、書籍）において特に価値の高い機能を果たす。これらの提供物は経験財の好例である。見込み客は目で見て品質を判断することができず、関わっている人々、プロジェクトの背後にあるコンセプトや主張、クチコミや批評などの手がかりを使わなければならない。
　映画を筋書き、俳優、監督などの「要素」からなる製品として考えてみよう[23]。『スパイダーマン』、『007』、『トワイライト』などの映画は、これらの成分を組み合わせて消費者にアピールし、強力なブランドを確立したおかげで、第1作の人気に乗じて続編をリリースできた（実質的なブランド拡張）。以前から最も放映権の高額な映画のいくつかは同じキャラクターの登場やストーリーの続きを売り物にしているし、最近の映画もヒット作の多くが続編である。これらの成功は、観客がタイトルと俳優、プロデューサー、監督そ

の他の要素から確実な内容を期待できることに基づいている。これこそ典型的なブランディングの適用である。

『ハリー・ポッター』

　原作（書籍）を超えたという点で、『ハリー・ポッター』は『スター・ウォーズ』になぞらえられてきた。人気を博した小説 7 作はすべて映画化されて大ヒットし、2011年末の時点において世界で77億ドル以上の収益をあげた。マテル社はハリー・ポッターの玩具を発売した初年度に 1 億6000万ドルを売り上げている。ユニバーサル・スタジオは2010年、フロリダにハリー・ポッターの世界を再現したテーマパークを開園した。良質な製品、消費者の感情的な関与、クチコミによるプロモーション、ティーズ（じらし）、ブランドの一貫性というマーケティングの真髄ともいえる手法を押さえているとして、「ハリー・ポッター帝国」は称賛されてきた。ハリー・ポッター・ブランドの価値は150億ドルとも推定されており、これには映画と書籍のほかにDVDの売上10億ドル、ライセンス料1200万ドル弱、映画に関連した音楽の売上1300万ドルが含まれる[24]。

　エンターテインメント産業において強いブランドの価値は高い。過去の楽しかった経験のおかげで、ネームによって熱い感情が生み出されるからである。

『ハリー・ポッター』ほどの世界的な顧客ロイヤルティ（そして収益）を獲得したブランドはめずらしい。
出典：WARNER BROS. PICTURES/Album/Newscom

場所

　人も企業も移動が激しくなり、旅行産業が成長したことから、場所のマーケティングが盛んになってきた。現在では都市、州、地域、国が広告やダイレクトメールなどのコミュニケーション・ツールを通じて積極的にプロモーションされている。こうしたキャンペーンは、場所の認知と好意的なイメージを生み出して、個人や企業の来訪や移住を誘致することを目的としている。通常、ブランド・ネームは場所の名前と決まっているが、場所のブランド構築をめぐってはさまざまな考察がある。

アイデアとコーズ

　多数のアイデアやコーズ（社会的主張）が、特に非営利組織によってブランド化されてきた。フレーズやスローガンに組み込まれたり、エイズリボンのようにシンボルで表されたりすることもある。アイデアとコーズを視覚化し具体化するという形で、ブランディングは多大な価値をもたらす。第9章で取り上げているように、コーズ・マーケティングはコーズをめぐる問題について消費者に情報を与えたり説得したりするため、ますます高度なマーケティング手法に頼るようになっている。

強いブランドとは

　こうした例から、ほぼあらゆるものがブランド化でき、実際にされてきたことがわかる。では最強の、言い換えれば最も良く知られていたり、最も高く評価されていたりしているブランドは何だろうか。次ページの図表1-5に世界で最も資産価値のあるブランド・ランキング（2011年）を掲載した。インターブランド社が毎年発表している「ベスト・グローバル・ブランド」からの引用で、同社のブランド評価手法に基づいたものである[25]。

　スーパーマーケットの通路をただ歩くだけでも、最も有名なブランドのいくつかを簡単に見つけることができる。何十年もの間、カテゴリー内の市場リーダーであり続けた驚異的な持久力を持つブランドも多数ある。マーケティング・コンサルタントのジャック・トラウトの調査によれば、25の人気製品カテゴリーのうち、1923年にリーダーだったブランドの中で20は80年以上経ってもリーディング・ブランドである。リーダーシップ・ポジションを失ったのは、わずか5つのブランドにすぎない[26]。

　アメリカ同様に、1933年にイギリスでトップだった多くのブランドは今も強い。パンの「ホービス」、マーガリンの「ストーク」、コーンフレークの「ケロッグ」、チョコレートの「キャドバリー」、剃刀の「ジレット」、ソフトドリンクの「シュウェップス」、紅茶の「ブルックボンド」、練り歯磨きの「コルゲート」、掃除機の「フーバー」などである。

図表1-5　最も資産価値のある25のグローバル・ブランド

ランク 2011年	ブランド	ブランド価値 2011年	ブランド価値 2010年	増減（％）	国
1.	コカ・コーラ	71,861	70,452	2％	アメリカ
2.	IBM	69,905	64,727	8％	アメリカ
3.	マイクロソフト	59,087	60,895	- 3％	アメリカ
4.	グーグル	55,317	43,557	27％	アメリカ
5.	GE	42,808	42,808	0％	アメリカ
6.	マクドナルド	35,593	33,578	6％	アメリカ
7.	インテル	35,217	32,015	10％	アメリカ
8.	アップル	33,492	21,143	58％	アメリカ
9.	ディズニー	29,018	28,731	1％	アメリカ
10.	ヒューレット・パッカード	28,479	26,867	6％	アメリカ
11.	トヨタ	27,764	26,192	6％	日本
12.	メルセデス・ベンツ	27,445	25,179	9％	ドイツ
13.	シスコ	25,309	23,219	9％	アメリカ
14.	ノキア	25,071	29,495	-15％	フィンランド
15.	BMW	24,554	22,322	10％	ドイツ
16.	ジレット	23,997	23,298	3％	アメリカ
17.	サムスン	23,430	19,491	20％	韓国
18.	ルイ・ヴィトン	23,172	21,860	6％	フランス
19.	ホンダ	19,431	18,506	5％	日本
20.	オラクル	17,262	14,881	16％	アメリカ
21.	H&M	16,459	16,136	2％	スウェーデン
22.	ペプシ	14,590	14,061	4％	アメリカ
23.	アメリカン・エキスプレス	14,572	13,944	5％	アメリカ
24.	SAP	14,542	12,756	14％	ドイツ
25.	ナイキ	14,528	13,706	6％	アメリカ

出典：Based on Interbrand. "The 100 Most Valuable Global Brands 2011," pp. 17-43. Interbrand. "Best Global Brands 2010," p. 14.

しかしこれらのブランドの
多くは長い時間をかけて進
化し、数々の変更が加えら
れてきた。その大半は、当
初の姿をほとんどとどめて
いない。

しかしその一方で、リー
バイス、ゼネラルモーター
ズ、モンゴメリー・ウォー
ド、ポラロイド、ゼロック
スなど無敵と思われていた
ブランドは困難に陥り、市
場優位性を脅かされたり失
ったりした。その失敗のい
くつかは、技術の進歩や消

図表1-6　ランドーによる急成長ブランド（2011年）	
ブランド	2007～2010年のブランド力成長率
フェイスブック	195%
スカイプ	79%
ユーチューブ	78%
ネットフリックス	72%
サムスン	66%
アップル	51%
iTunes	50%
アマゾン	44%
リーシーズ	42%
ナショナル・ガード	35%

費者の選好の変化など企業の力の及ばない要因によるものだったが、ブランドを管理する
マーケターの失策や無策に責任があるものもある。市場状況の変化をつかみそこねて旧態
依然の事業運営を続けたり、変更が必要なことを認識していながら対応が不十分であった
り不適切であったりしたケースである。

要するに、どのようなブランドでも——一時どれほど強かったとしても——ブランド・
マネジメントが不適切であればたちまち弱くなる。次項では今日の市場環境でブランドを
管理することがなぜそれほど難しいのかを論じる。図表1-6にマーケティング・コンサル
タント企業のランドーによる急成長中のブランドの分析を示した。また章末のBRAND
FOCUS 1.0では、ブランディングとブランド・マネジメントの歴史的起源を紹介している。

ブランディングの課題と機会

ブランドの重要性が消費者にとってこれまでになく高まっている一方で、ブランド・マ
ネジメントがこれまでになく難しいものになっていることもまた確かである。マーケティ
ング手法を大幅に複雑化させ、ブランド・マネジャーに課題を突きつけている最近の変化
をいくつか検討してみよう（図表1-7を参照）[27]。

賢い顧客

消費者と企業は以前よりもマーケティングに慣れ、その仕組みに詳しくなり、要求が高

くなってきている。発達したメディア市場は、企業のマーケティング活動とモチベーションに関心を寄せるようになった。消費者ガイド（『コンシューマー・リポート』）、ウェブサイト（Epinions.com）、影響力のあるブログなど、消費者向けの情報や支援も出てきている。

　ランドーアソシエイツがヤング・アンド・ルビカムのBrandAsset Valuatorデータベースを使って行った急成長ブランド調査では、2007年から2010年にかけてブランド力が最も向上したブランドを特定している。ブランド力の成長では、過去３年間にブランド力のスコアがどれだけ伸びたかがパーセンテージで示されている（www.landor.com）。

　今日のマーケティング環境で大きな課題となっているものの１つが、消費者が参考にする情報源の数の多さである。図表1-8は10代の女性の情報収集手段である。こうした理由から、従来のコミュニケーション手段で消費者を説得するのは以前よりも難しくなっていると考える者が多い。力をつけた消費者は、ブランドの運命に今までよりも積極的な役割を演じるかもしれ

図表1-7　ブランド構築の課題
賢い顧客
ブランド・ファミリーおよびブランド・ポートフォリオの複雑化
成熟する市場
高度化し激しさを増す競争
差別化の難しさ
多くのカテゴリーで低下するブランド・ロイヤルティ
プライベート・ブランドの成長
力を増す流通
メディア・カバレッジの分化
従来のメディア効果の陳腐化
新たなコミュニケーション手段の台頭
プロモーション経費の増大
広告費の減少
製品の発売および支援にかかるコストの増加
短期パフォーマンス志向
離職率の増加
大きな景気循環

図表1-8　13～18歳の女性の情報源（最新トレンドを知ろうとするときの情報源）	
友人／仲間	81%
ファッション誌	68%
広告	58%
企業のウェブサイト	44%
消費者によるレビュー	36%
有名人	33%
親／大人	25%
ブロガー	14%

出典：Varsity Brands/Ketchum Global Research Network, as cited in "Teen Girls as Avid Shoppers," *ADWEEK MEDIA*, 15 November 2010.

ない。

経済不況

2008年に始まった深刻な不況は多くのブランドの運命を脅かした。2009年末に行われたある消費者調査では、次のような厳しい事実が明らかになっている。

- 消費者の18%が過去2年間に低価格ブランドの消費財を購入したと報告した。
- 価格の安い製品にスイッチした人の46%が「期待したよりも性能が優れていた」と答え、その大多数が、性能は期待したよりはるかに優れていたと答えている。
- スイッチした人の34%が「もう価格の高い製品は選ばない」と答えている。

経済が不況を脱しつつあるかに見える現在、問題は変化した態度と行動が不況前の標準に戻るかどうかである。もちろん、景気循環や好況と不況の波は今後も必ずやってくる。THE SCIENCE OF BRANDING 1-1では、不況期のブランド・マーケティングのガイドラインを示している。

THE SCIENCE OF BRANDING 1-1
不況期のブランドのマーケティング

厳しい時期はチャンスにもピンチにもなる。直近の不況もまさにそのような状況だった。多くのマーケターが資金減とマーケティング・プログラムのコスト効果を証明する強いプレッシャーに直面したが、不況下で生き残り成功さえする（短期的にも長期的にも）戦術がある。このような時期に成功の確率を上げるための5つのガイドラインを紹介する。

投資を増やすメリットを探れ

不況期に投資をするのは得だろうか。過去40年分の不況期の記録を見ると、不況期に積極的に投資してマーケティング機会を活用した企業は、平均して、緊縮策をとった企業よりも資産を増やしている。

今こそ、消費者に寄り添え

厳しい時期には、消費者がほしいものや買えるもの、買い物をする場所や買い物の仕方、企業に求める情報発信さえ変化する可能性がある。不況はマーケターにとって、消費者、特にブランドの利益性の大きな根源となっているロイヤルカスタマー層が、何を考え、感じ、何をしているのかを知るまたとないチャンスである。どのような変化も見逃さず、一

時的な調整なのか永続的なシフトなのかを見きわめなければならない。

資金の用途を再考せよ

　予算配分は固定的になりがちで、流動的なマーケティング環境を十分に反映した変更がなされないことがある。不況は資金の額と用途を入念に見直す機会となる。予算の再配分によって、将来性のある新しい選択肢を試したり、聖域化していたが十分な収益のあがっていない手法を手放したりできる。

最も説得力のあるバリュー・プロポジションを打ち出せ

　不況期に値下げや割引に目を向けすぎるのは間違いである。長期的なブランド・エクイティや価格の統一性に悪影響を及ぼしかねないからだ。むしろ、自社ブランドが消費者に提供している価値を上げ、それを明確に伝えることに意識を集中し、競合他社と比較した経済的・物質的・心理的ベネフィットを消費者に確実に評価してもらえるようにすべきである。

ブランドと製品のオファリングに手を入れよ

　適切な製品を適切な消費者に、適切な場所とタイミングで販売しているかを確認しなければならない。製品ポートフォリオとブランド・アーキテクチャーをじっくり見直して、ブランドとサブ・ブランドを明確に差別化しターゲティングするとともに、ブランドとサブ・ブランドに対してその将来性に見合った最適な支援をしなければならない。ブランドあるいはサブ・ブランドの中には別の経済セグメントにアピールするものもあるので、社会経済分布の底辺をターゲットとするブランドは不況期には特に重要である。不況期は将来性が薄れたブランドや製品を切り捨てる機会でもある。

ブランドの増殖

　ブランディング環境のもう１つの重要な変化は、新ブランドおよび新製品の増殖である。これはライン拡張とブランド拡張の増加によって拍車がかかった。結果として、今では１つのブランド・ネームが、異なる多数の製品と同一視されることも起きている。近年、「コーク」、「ニベア」、「ダヴ」、「ヴァージン」などのブランドのマーケターは、ブランド・アンブレラの下に多数の新製品を追加してきた。単一の（「モノ（mono）」）製品ブランドはもはやほとんどなく、そのためにマーケターの意思決定は複雑化している。

　多くのブランドが拡張しているため、流通チャネルが混雑し、製品を棚に並べてもらうだけのためにブランドどうしの争いが多数起こっている。平均的なスーパーマーケットで現在３万点のブランドを扱っているが、これは30年前の３倍にあたる[28]。

メディアの変化

ブランディング環境のもう1つの重要な変化は、従来の広告メディアの衰退あるいは分化と、双方向型の非伝統的なメディア、プロモーション、その他のコミュニケーション手段の登場である。マーケターが従来型の広告メディア、特にネットワーク・テレビを見放した理由は、メディアコストやクラッターなどいくつかある。

そのため、コミュニケーション予算の中で広告の占める割合は時とともに縮小してきた。そのかわりにマーケターは、双方向型電子メディア、スポーツやイベントのスポンサーシップ、店舗内広告や輸送車両内の小型ビルボード広告やパーキングメーターその他の場所を使った広告、映画のプロダクト・プレースメントといった、非従来型および新しいコミュニケーション形態に費用をかけるようになっている。

P&Gがここ数年にマーケティング・コミュニケーションを大幅に変えた例を考えてみよう。かつては昼のメロドラマの顔のような存在だった（番組をプロデュースし、放映中に広告を流していた）同社は、自社ブランドの売り方を徹底的に見直した。現在はメロドラマの放映を一切やめ、ソーシャルメディアに力を入れるようになっている。フェイスブックで紙おむつの「パンパース」を販売し、女性が月経の周期を確認したり質問したりできるiPhoneのアプリで生理用品の「オールウェイズ」を提供している。また、昔からある男性向けのパーソナルケア用品「オールドスパイス」の販売にもソーシャルメディアを活用している[29]。

競争の激化

マーケターが金銭的インセンティブや値引きを多用せざるをえない1つの理由は、市場競争の激化である。需要サイドと供給サイド双方の要因が競争の激化を招いている。需要サイドでは、多くの製品およびサービスの消費が横ばいになり、製品ライフサイクルの成熟期や衰退期に入った。その結果、競合他社の市場シェアを奪うことによってしかブランドの売上を伸ばせなくなった。供給サイドでは、新たな競争相手が登場してきた。その要因は多数あるが、たとえば次のようなものである。

● **グローバル化**：企業はグローバル化を新市場開拓の手段および潜在的な収益源と捉えてきたが、それは既存市場の競争相手の数を増やすことにもなり、現在の収益源を脅かしている。

● **低価格の競合製品**：ジェネリック製品、プライベート・ブランド、製品リーダーを模倣した低価格の「クローン」による市場浸透が世界的に増えた。小売業者が力をつけ、店内での売り方を支配することも多い。彼らのマーケティングにおける最大の武器は価格であり、自社ブランドを導入して売り込みに力を入れ、流通業者向けプロモーションから在庫

や陳列にまでより大きな見返りをナショナル・ブランドに要求するようになった。

●**ブランド拡張**：多くの企業が、既存ブランドをもとに新しいカテゴリーで同じネームの製品を発売するようになった。そうしたブランドの多くが市場リーダーの強敵となっている。

●**規制緩和**：通信、金融サービス、ヘルスケア、輸送などの業種は規制緩和され、それまで製品市場を定義づけていた境界線を越えた競争が激しくなっている。

┃ コストの増加

　競争が激化すると同時に、新製品の導入や既存製品の支援にかかるコストが急速に上昇し、これまで各ブランドに与えられていた投資金額や支援を得にくくなった。2008年、アメリカで約12万3000点の新しい消費財が発売されたが、失敗する確率は90％以上とされる。新製品の開発とマーケティングに数百万ドルが投じられることを考えれば、失敗コストの合計は控えめに見積もっても数十億ドルを超えるだろう[30]。

┃ アカウンタビリティの増大

　金融市場からの圧力と上司の命令で、マーケターはハードルの高い短期利益目標の達成責任を持たされるようになっている。株式アナリストは企業の長期的な財務健全性の指標として、継続的に堅調な収益報告書を重視する。その結果、マーケティング・マネジャーは短期利益と長期コスト（広告費の削減など）を勘案した意思決定を迫られるというジレンマに陥っている。さらに、マーケティング・マネジャーの多くは転職や昇進のサイクルが早く、現職にとどまる期間をあまり長く想定していない。ある研究によれば、CMO（Chief Marketing Officer）の平均在職期間は約３年半で、成果を出すにはほとんど時間がないことになる[31]。こうしたさまざまな組織的圧力によって、その場しのぎの解決策をとるよう仕向けられ、長期的な成果に結びつきにくくなる面はあるだろう。

ブランド・エクイティの概念

　マーケターは、現在数々の競争上の課題に直面しているが、その対処法に効果がなかったり、むしろ問題を悪化させたりしているケースが多いという批判がある。本書では、マーケティング課題を取り上げて考察した理論、モデル、フレームワークを紹介することにより、役に立つ経営ガイドラインを提供し、今後の思索や研究に役立つ方向性を示したい。さまざまなブランド戦略の潜在的効果を解釈するツールとして、「共通基盤」、つまり統一性のある概念上のフレームワークを紹介する。その出発点となるのがブランド・エクイティという概念である。

1980年代に台頭したマーケティング概念で、最も人気が高く重要性を秘めているのが**ブランド・エクイティ**である。しかしこの概念の出現はマーケターにとって良い面も悪い面もあった。良い面は、ブランド・エクイティによってマーケティング戦略におけるブランドの重要性が高まり、経営陣の関心や研究活動の対象になったことである。悪い面は、この概念がさまざまな目的でさまざまな定義のされ方をしたため、混乱が生じたことである。ブランド・エクイティをどのように概念化して測定すればよいのか、共通の見解がこれまで出てこなかった。

　基本的に、ブランディングとは製品およびサービスにブランド・エクイティの力を与えることである。見解は分かれても、ブランド・エクイティがブランドに帰属するマーケティング効果のことである、という点では誰もが一致している。つまり、ブランド・エクイティとは、ブランド化された製品やサービスのマーケティングからもたらされる成果がブランド化されていないものとなぜ異なるのかを説明するものである。本書ではこの見解をとる[32]。

　ブランディングとは差異を生み出すことである。ブランディングとブランド・エクイティの基本原理が次の4つであることについても、マーケティング関係者の意見は一致するだろう。

- 成果の差異は、当該ブランドのために行った過去のマーケティング活動の結果、製品に与えられた「付加価値」から生じる。
- この価値はさまざまな方法で創造することができる。
- ブランド・エクイティは、マーケティング戦略の解釈とブランドの価値評価を行うための共通基盤となる。
- 企業に恩恵をもたらす(収益の拡大、コストの低減)ために、ブランドの価値を表明したり利用したりする方法は多種多様である。

戦略的ブランド・マネジメントのプロセス

　戦略的ブランド・マネジメントとは、ブランド・エクイティの構築、測定、管理を行うためのマーケティング・プログラムおよび活動を、設計し、実行することである。ここでは、**戦略的ブランド・マネジメントのプロセス**を大きく4段階として定義する(図表1-9を参照)。

1.　ブランド計画の明確化と確立
2.　ブランド・マーケティング・プログラムの立案と実行

3. ブランド・パフォーマンスの測定と解釈
4. ブランド・エクイティの強化と維持

では各段階を簡単に見ていこう[33]。

ブランド計画の明確化と確立

　戦略的ブランド・マネジメントのプロセスは、ブランドに何を表現させ、競争相手に対してどのようなポジショニングをとるべきかを明確に理解するところから始まる[34]。第2章および第3章でも述べるが、ブランド計画には、次の連動する3つのモデルを用いる。

- **ブランド・ポジショニング・モデル**とは、競争優位を最大化するために統合型マーケティングをいかに導くかをいう。
- **ブランド・レゾナンス・モデル**とは、顧客との強く活発なロイヤリティ関係をいかに築くかをいう。
- **ブランド・バリュー・チェーン**とは、ブランドの価値創造プロセスを追跡し、ブランド・マーケティングへの支出と投資の経済的効果を理解するための手段をいう。

図表1-9　戦略的ブランド・マネジメントのプロセス

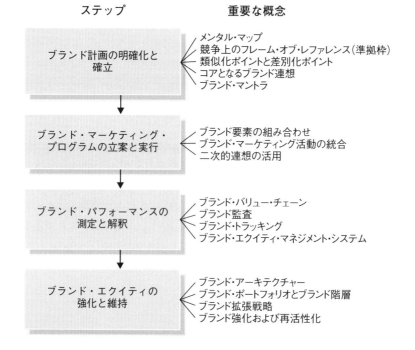

■ ブランド・マーケティング・プログラムの立案と実行

第2章で概要を述べるが、ブランド・エクイティを構築するには、顧客のマインド内でブランドを適切にポジショニングし、可能なかぎり最大のブランド・レゾナンスを達成しなければならない。一般に、この知識構築プロセスは次の3つの要因に依存する。

1. ブランドを構成するブランド要素の初期選択と、その組み合わせの方法
2. マーケティング活動とそれを支援するマーケティング・プログラム、およびブランドをそれらに統合する方法
3. 他のエンティティ（企業、カントリー・オブ・オリジン、流通チャネル、別のブランド）と結びつくことによって、ブランドに間接的に移転されたり活用されたりする他の連想

これら3つの要因を個別に考察しよう。

■ ブランド要素の選択

ブランド要素として最も一般的なのは、ブランド・ネーム、URL、ロゴ、シンボル、キャラクター、パッケージング、スローガンである。あるブランド要素がブランド構築にどれだけ貢献しているかを最も良く示すテストは、消費者がブランド・ネームやロゴなど、1つの要素しか知らない状態で、何を思い浮かべられるかである。要素ごとに利点も異なるため、マーケティング・マネジャーは可能性のあるブランド要素、あるいはすべてのブランド要素の集合を使うことが多い。第4章では、ブランド・エクイティ構築に役立つブランド要素の選択と設計について詳しく検討する。

■ マーケティング活動とそれを支援するマーケティング・プログラムの統合

ブランド要素の賢明な選択もブランド・エクイティの構築にある程度貢献できるが、最も貢献度が高いのは当該ブランドに関連したマーケティング活動である。ここでは、ブランド・エクイティ構築に関してごく一部の、特に重要なマーケティング・プログラムの考慮点だけを取り上げる。第5章ではマーケティング・プログラムの設計をめぐる新たな変化と、製品戦略、価格戦略、チャネル戦略の問題点を扱い、第6章ではコミュニケーション戦略の問題点を論じる。

■ 二次的連想の活用

ブランド・エクイティ構築の第3の要因は、二次的連想の活用である。ブランド連想は他のエンティティに結びつき、他のエンティティも独自の連想を持っているために二次的

な連想が生じる。たとえば、ブランドは企業（ブランディング戦略によって）、国や地域（製品の原産地を明示することによって）、流通チャネル（チャネル戦略によって）、他のブランド（成分ブランディングまたはコ・ブランディングによって）、キャラクター（ライセンス供与によって）、スポークスパーソン（推奨によって）、スポーツや文化イベント（スポンサーシップによって）、その他の第三者ソース（賞や論評によって）といった特定の要素と結びつけることができる。

製品やサービスのパフォーマンスが別のエンティティに直接の関連を有していなくても、ブランドがそれと同一視されるため、消費者はブランドがそのエンティティと連想を共有していると「推論」し、当該ブランドの間接的ないし二次的な連想を作り出す。要するに、マーケターは別の連想を借用または活用してブランド独自の連想を創造し、それをブランド・エクイティ構築の一助としているのである。ブランド・エクイティの活用方法については第7章で述べる。

■ ブランド・パフォーマンスの測定と解釈

ブランドから利益をあげるようにマネジメントするためには、ブランド・エクイティ測定システムの上手な設計と運用が必要となってくる。**ブランド・エクイティ測定システム**とは、マーケターにタイムリーで正確かつ実用的な情報を提供し、それによって可能なかぎり最善の短期的な戦術決定と長期的な戦略決定ができるように設計された、一連のリサーチ手順である。第8章でも述べるが、このようなシステムの運用には3つの重要なステップがある。すなわち、**ブランド監査**の実施、**ブランド・トラッキング調査**の設計、そして**ブランド・エクイティ管理システム**の確立である。

ブランド・ポジショニングの決定あるいは評価には、ブランド監査が役立つことが多い。**ブランド監査**とはブランドの健全性を評価し、そのエクイティの源泉を明らかにし、エクイティを向上させ活用する方法を示唆するために、ブランドを包括的に検討することである。ブランド監査を行うためには、企業と消費者双方の視点からブランド・エクイティの源泉を理解する必要がある。

ブランド・ポジショニング戦略が決まったら、ブランド連想を創造し、強化し、維持するためのマーケティング・プログラムの準備ができたことになる。**ブランド・トラッキング調査**では、長期間にわたって定期的に消費者から情報を収集する。通常は、ブランド監査などから特定できる多数の主要次元に照らしたブランド・パフォーマンスの量的測定を用いる。

ブランド・エクイティ管理システムとは、ブランド・エクイティ概念の企業内での理解と活用を促すよう考案された一連の組織的プロセスである。ブランド・エクイティ管理システムを実施するにあたって、大きく3つのステップがある。ブランド・エクイティ憲章

第1章　ブランドとブランド・マネジメント

の確立、ブランド・エクイティ報告書の作成、そしてブランド・エクイティ責任者の任命
である。

ブランド・エクイティの強化と維持

　ブランド・エクイティの強化と維持は非常に挑戦的な課題である。ブランド・エクイテ
ィのマネジメントでは、ブランドのエクイティをより広く多面的に捉える見方が必要であ
る。つまり、ブランディング戦略に企業の関心事項を適切に反映させ、必要に応じて時間
や地理的境界や市場セグメントを越えて調整しなければならない。ブランド・エクイティ
のマネジメントとは、他ブランドとの関わりの中で、カテゴリーや時間や市場セグメント
を越えてブランドを管理することでもある。

■ ブランド・アーキテクチャーの定義

　企業のブランド・アーキテクチャーとは、自社が販売しているさまざまな製品にどのブ
ランド要素を適用するかについての全般的なガイドラインを示すものである。ブランド・
アーキテクチャーを定義する上で重要な概念が2つある。ブランド・ポートフォリオとブ
ランド階層である。**ブランド・ポートフォリオ**は特定の企業が特定のカテゴリー内で買い
手に販売しているブランドのことである。**ブランド階層**は企業の全製品に共通する独自の
ブランド構成要素の数と性質を示したものである。第9章でブランド・アーキテクチャー
の3ステップのアプローチと、ブランド・ポートフォリオおよびブランド階層の考案法に
ついて検討する。第10章では、カテゴリーおよびサブカテゴリー内で新たな製品を発売
するために既存ブランドを利用するブランド拡張の話題を取り上げる。

■ 長期にわたるブランド・エクイティのマネジメント

　効果的なブランド・マネジメントを行うためには、マーケティング意思決定に長期的な
視点を取り入れる必要がある。ブランド・マネジメントを長期的に捉えると、ブランドを
支援するマーケティング・プログラムの変更は、消費者の知識を変えることであり、将来
のマーケティング成果に影響する可能性がある。そして、長期にわたる顧客ベースのブラ
ンド・エクイティの維持と向上を目指したプロアクティブな戦略、困難や問題に遭遇した
ブランドを再活性化させるリアクティブな戦略を立てることになる。第11章では、長期
にわたるブランド・エクイティのマネジメントに関する問題を取り上げる。

■ 地理的境界、文化、市場セグメントを越えたブランド・エクイティのマネジメント

　ブランド・エクイティのマネジメントに関するもう1つの重要な考慮点は、ブランディ
ング・プログラムとマーケティング・プログラムの開発にあたって、さまざまなタイプの

31

消費者を認識し、把握することである。これらの意思決定においては、国際的な要素とグローバルなブランディング戦略が特に重要となる。ブランドを海外進出させる際には、標的市場セグメントの経験と行動についての知識によってエクイティを構築しなければならない。

BRAND FOCUS 1.0
ブランドの歴史

　ここでは、ブランディングとブランド・マネジメントの歴史を6つの段階に分けて追っていく。

起源：1860年以前

　ブランドは形を変えつつ何百年も前から存在してきた。ブランディングのもともとの動機は、職人たちが自分の労働の産物であることを明らかにし、顧客に認知してもらいやすくするためだった。ブランディング、少なくとも商標は、古代の陶工や石工のマークにまでさかのぼる。作った品にマークをつけて製造元を明らかにしたのである。陶器や土器は製造された工房から遠く離れた場所で売られることもあったため、買い手は品質の指針として信用のおける陶工の印を求めた。マークは、初期の中国の磁器、古代ギリシャやローマの陶器のつぼ、紀元前1300年頃のインドの品にも見られる。

　中世になると、陶工のマークだけでなく印刷工のマーク、紙に入った透かし、パンのマーク、さまざまな職人ギルドのマークが登場する。特定の製造業者にロイヤルティを持つ買い手を引きつけるためにマークを使用するケースもあったが、ギルドの専売権を侵害したものを取り締まったり粗悪品の製造業者を見つけ出したりするためにも使われた。1266年にはイギリスで、パン屋が販売するすべてのパンに店のマークをつけさせる法律が議決されている。「重量をごまかしたパンがあれば、誰の罪かがわかるようにするため」であった。金細工師と銀細工師も、商品に自分のサインまたはシンボルと、金属の品質を示す記号をつけることを求められた。1597年には商品に偽りのマークをつけた罪で2人の金細工師がさらし台に耳を釘づけにされている。他の職人のマークを偽造したとされる者も同様の厳しい処罰を受けた。

　ヨーロッパ人の北米移住が始まると、ブランディングの伝統と慣習も持ち込まれた。特許医薬品やタバコの製造業者が、黎明期のアメリカにおけるブランディングの先駆者である。スウェイム社の「パナシーア」、ファーネストック社の「バーミフュージ」、ペリー・デイビス社の「ベジタブル・ペイン・キラー」といった薬品名は南北戦争前から一般に知れ渡るようになった。医薬品は必需品とはみなされていなかったため、小型ボトルにパッ

ケージングされ積極的にプロモーションされた。店内での消費者の選択にさらに影響を与えるため、こうした医薬品の製造業者は手の込んだ目立つラベルを印刷した。中央に製造業者自身の肖像画を載せているものも多かった。

タバコ製造業者は1600年代初期から輸出を始めていた。1800年代初頭にはスミス社の「プラグ・アンド・ブラウン」、ブラック社の「ツイスト」などのラベルをつけた箱にタバコが詰められた。1850年代になると、多くのタバコ製造業者は「カンタロープ」、「ロックキャンディ」、「ウェディングケーキ」、「ローンジャック」といった一工夫あるネームがタバコ製品の売れ行きに一役買うことに気づいた。1860年代に入るとタバコ製造業者は自社商品を小袋に入れて消費者に直接販売するようになる。魅力的なパッケージが重視され、絵入りラベル、装飾、シンボルがデザインされた。

ナショナル・ブランドの登場：1860—1914

南北戦争後のアメリカでは、多数の要因が絡み合い、製造業者ブランドの製品が広く流通し、それらは収益性の高い事業となった。

- 輸送（鉄道）と通信（電報と電話）の進歩により、地域内や全国に製品を流通させることが容易になった。
- 生産プロセスの進歩により、高品質の製品を安くて大量に生産できるようになった。
- パッケージングの進歩により、（バルク包装ではなく）個別パッケージに製造業者の商標を施せるようになった。
- 1879年、1880年代および1906年の米国商標法の改正によって、ブランド・アイデンティティが保護されやすくなった。
- 広告が信頼性の高い手段として認知され、新聞や雑誌が広告収入の獲得に熱心になった。
- 百貨店やバラエティ・ストアなどの小売業態、全国規模の通信販売会社が仲介業者として有効に機能し、消費者の支出を促進した。
- 自由移民政策により人口が増加した。
- 市場に出回っている多くの製品は依然として品質にムラがあったが、工業化と都市化の進展によりアメリカ人の生活水準と欲求水準が上がった。
- アメリカ人の文盲率が1870年の20％から1900年には10％に下がり、識字率が上がった。

こうした要因が品質の安定した消費財の開発を促進し、これらの消費財はマス広告キャンペーンを通じて効率的に消費者に販売されるようになった。この恵まれたブランディング環境で、個別パッケージ化された大量生産品がバルク包装で売られる地元生産品の大部分にとってかわった。こうして商標の使用が普及した。たとえば、P&Gはシンシナティ

でロウソクを製造し、オハイオ川とミシシッピ川沿いの各都市の商人に出荷していた。1851年に船着場の作業員たちがP&Gのロウソクの木箱に星型の印をつけ始めた。P&Gはまもなく、下流の町の買い手たちが星を品質マークとして頼り、商人がこのマークのない木箱のロウソクを受け取ろうとしないことに気づいた。そこですべてのロウソクのパッケージに「スター」ブランドの正式な星のラベルがつけられ、商品のファンを育てるようになった。

こうしたブランドの開発と管理は主に企業のオーナーと経営陣によって進められた。たとえばナショナル・ビスケットの初代社長は、1898年、初のナショナル・ブランドとなるビスケット、Uneedaの発売に深く関わった。最初の決断はブランドのためにレインコートを着た少年のイラストシンボルを誕生させたことで、このシンボルがビスケットの広告キャンペーンに登場した。H.J.ハインツは生産革新と大々的なプロモーションでハインツ・ブランドを築き上げた。コカ・コーラが全国的な大企業になったのは、大規模な流通チャネルの拡大を積極的に指揮したエイサ・キャンドラーのおかげである。

全国メーカーは、消費者、小売業者、卸売業者、時として自社内の従業員からの抵抗を乗り越えなければならないことがあった。そこで、これら企業は消費者と小売業者を満足させてナショナル・ブランドを受け入れてもらうために、継続的な「プッシュ」戦略と「プル」戦略を採用した。サンプリング、プレミアム、製品案内パンフレット、大量広告によって消費者を引きつけ、店舗内サンプリング、プロモーション・プログラム、陳列支援によって小売業者を引きつけた。

ブランド・ネームと商標の使用が普及するにつれ、模倣品や偽造品も横行するようになった。法律の規定はまだ不明確だったが、地方裁判所に自社の商標とラベルを送って登録し、保護を求める企業が増えてきた。1870年、連邦議会はついにアメリカ初の連邦商標法を制定して、商標の登録とラベルの登録を分離した。この法律により、登録を希望する者は商標と商標が使われる商品の説明書の写しに手数料25ドルを添えてワシントンの特許庁へ送ることになった。新しい法律のもと、特許庁に提出された最初の商標の1つが「アンダーウッド・デビル」であり、1870年11月29日にボストンのウィリアム・アンダーウッド＆カンパニー社によって「デビルド・アントルメ」に使用するものとして登録された。1890年までにはほとんどの国で商標法が制定され、ブランド・ネーム、ラベル、デザインが法的に保護される資産として認められた。

マス・マーケティング・ブランドの台頭：1915—1929

1915年までには製造業者ブランドが地域的にも全国的にもアメリカに定着した。その後の15年間に製造業者ブランドは次第に消費者に受け入れられ、憧れにさえなった。ブランドのマーケティングは、生産、プロモーション、人的販売など分野別エキスパートの

主導で専門化が進んだ。この専門化によりマーケティング技術はさらに進歩した。商標の選択プロセスを支援するためにデザインの専門家が採用された。営業マンも慎重に選定され、顧客対応や新規顧客の開拓をシステマティックに行う訓練を受けるようになり、人的販売も洗練されていった。広告は高いクリエイティビティと説得力のあるコピーやスローガンを組み合わせるようになった。虚偽的な広告を減少させるため、政府と業界の規制もできた。マーケティング・リサーチがマーケティング意思決定をサポートするものとして重要性と影響力を増していった。

　ブランドの機能別管理にはそれなりの利点があるが、問題点もある。1つのブランドに対する責任が複数の機能部門マネジャーや広告担当者の間で分割されるため、連携不足という問題が常に潜在的にあった。たとえば、ゼネラルミルズのシリアル「ウィーティーズ」の発売は、ブランド支援という新しい仕事を引き受けるのを嫌がった同社の営業マンによってほとんどサボタージュされた。発売から3年経ち、このブランドが撤退の危機に瀕したとき、広告部門のマネジャーがウィーティーズのプロダクト・チャンピオンになることを決意し、同ブランドはその後大いに成功した。

製造業者ブランドに突きつけられた課題：1930—1945

　1929年に始まった大恐慌は、製造業者ブランドに新たな課題を突きつけた。価格感受性の高まりで小売業者にパワーが移り、小売業者は自社ブランドをプッシュして売れ行きの良くない製造業者ブランドを扱わなくなった。広告は人の心理を操作したり欺いたりして低俗だと非難を浴び、一部の人々から無視されるようになってきた。1938年、ホイーラー修正法により連邦取引委員会に広告活動を規制する権限が与えられた。こうした趨勢に対応して、製造業者の広告はスローガンやジングルにとどまらず、なぜ広告製品を買うべきかという具体的な理由を消費者に与えるものに変わっていった。

　この期間、ブランドのマーケティングに目立った変化はほとんど起きていない。その中では例外的に、P&Gが初のブランド・マネジメント・システムを実施し、各ブランドに専任のマネジャーをつけて業績に責任を持たせている。しかしすぐに追随した企業はなく、他社はむしろ高品質という古くからの評判と競合製品の不在に頼って売上を維持しようとした。第二次世界大戦中は戦争に物資が振り向けられたため、製造業者ブランドは比較的品薄になった。にもかかわらず多くのブランドが広告を続けたため、この困難な時代にも消費者の需要は盛んだった。

　1946年には、ラーナム法によりサービス商標（製品ではなくサービスに使用される商標）とユニオン・ラベルやクラブ・エンブレムのような団体商標の連邦登録が許可された。

ブランド・マネジメント基準の確立：1946—1985

　第二次世界大戦が終わると、抑えつけられていた高品質ブランドへの需要が一気に伸びた。経済成長とともに個人所得も増え、人口の大幅増も市場の需要を引き上げた。新製品が次々と登場し、その受け皿となる中流階級が育ったことにより、ナショナル・ブランドへの需要が急上昇した。この期間には多数の企業がブランド・マネジメント・システムを導入している。

　ブランド・マネジメント・システムでは、ブランド・マネジャーがブランドの「オーナーシップ」を握る。ブランド・マネジャーは担当ブランドの年間マーケティング計画の策定と実行、新しい事業機会の発見に責任を持つ。ブランド・マネジャーは、社内からは製造、営業、マーケティング・リサーチ、財務計画、研究開発、人事、法務、PRの各部門、社外からは広告会社、調査会社、PRエージェンシーから支援を受ける。

　そして現在、ブランド・マネジャーとして成功するには万能のマルチプレイヤーでなければならない。当時から必要とされていたスキルは今ではさらに発展し、その重要性を増している。

- ●マーケティングの基礎能力
- ●多種多様な消費者を理解できる文化的な素養
- ●デジタル活動を主導できるITとウェブのスキル
- ●新しいリサーチ手法やリサーチモデルを評価できる技術的知識
- ●デザイン技法を使いデザイナーと一緒に仕事ができるデザインの知識
- ●総合的なソリューションを考案できる創造性

ブランディングの普及：1986—現在

　1980年代中盤の合併・買収ブームにより、経営陣はブランドの財務的価値に関心を持つようになった。それとともに、ブランドを価値ある無形資産として管理する重要性が高まっていった。同時に、さまざまなタイプの企業が、強いブランドを持つ利点や、それに対して弱いブランドを持つ不利益を認識し始めた。

　ブランディングの概念を理解する企業が増え、過去25年間にはブランディングへの関心と活用が爆発的に伸びた。消費者に直接販売されたりプロモーションが行われたりする製品の種類が増えるにつれ、現代的なマーケティング活動とブランディングの採用はさらに広まった。医薬品業界を例に見てみよう。

医薬品業界

　アメリカでは、処方薬のブランド化が進み、広告やプロモーションなどの伝統的なマー

ケティング手法を用いて消費者に販売されることが多くなっている。処方薬の消費者向け広告は、1994年の2億4200万ドルから2010年には42億ドルに伸びている。2009年にファイザーは消費者向け広告に10億ドル以上を費やした。こうした活動の多くが、いわゆる「病気のブランディング」、すなわち疾病に対する世間一般のイメージを形成して、潜在的な患者にとってその治療をより魅力的にすることに向けられている。パニック障害、胃食道逆流症、勃起障害、むずむず脚症候群などは、いずれも製薬会社によって具体的な病名と意味が与えられるまで世間では比較的知られていなかった。疾患に脚光を当て、恥ずかしいものではないという認識を広めることにより、病気のブランディングはその治療のために販売されている医薬品への需要を高めた。ファルマシア社はデトロールを発売したとき、医師によって呼ばれていた「切迫性尿失禁」よりもはるかに前向きに聞こえる「過活動膀胱」と名づけた。これにより処方箋が激増した。しかし、新薬の発売件数が少なくなったことと政府の監視が厳しくなってきたことにより、消費者向け広告を減らす製薬会社もある。こうした企業は消費者に直接マーケティングするブランドを慎重に決定している。最近調査した2000種の医薬品のうち、消費者向け広告の対象となったのはわずか100種にすぎなかった[35]。

　ブランディングは日常語の一部となり、さまざまな職業の人々がブランディングやブランディングの概念について語るようになってきた。ブランディングへの関心は数多くのプラスの成果をもたらしているものの、必ずしもブランディングの仕組みが正しく理解され、ブランディングの概念が正しく適用されているわけではないようだ。ブランディングを成功させるには、ブランディングの概念を理解し、適切に用いる能力が不可欠である。それこそが本書のテーマである。

Notes

1. 数々のブランディングの問題に関する一般的背景とさらに詳しい研究については、*Journal of Brand Management* および *Journal of Brand Strategy* (Henry Stewart publications) を参照されたい。
2. Interbrand Group, *World's Greatest Brands: An International Review* (New York: John Wiley, 1992).
3. Adrian Room, *Dictionary of Trade Greatest Brands: An International Review* (New York: John Wiley, 1992); Adrian Room, *Dictionary of Trade Name Origins* (London: Routledge & Kegan Paul, 1982).
4. 2〜5つめのレベルは Theodore Levitt, "Marketing Success Through Differentiation-of Anything," *Harvard Business Review* (January-February 1980): 83-91 の概念化をもとにしている。
5. Theodore Levitt, "Marketing Myopia," *Harvard Business Review* (July-August 1960): 45-56.
6. Thomas J. Madden, Frank Fehle, and Susan M. Fournier, "Brands Matter: An Empirical Demonstration of the Creation of Shareholder Value through Brands," *Journal of the Academy of Marketing Science* 34, no. 2 (2006): 224-235; Frank Fehle, Susan M. Fournier, Thomas J. Madden, and David G. Shrider, "Brand Value and Asset Pricing," *Quarterly Journal of Finance & Accounting* 47, no. 1 (2008): 59-82.
7. Jacob Jacoby, Jerry C. Olson, and Rafael Haddock, "Price, Brand Name, and Product Composition Characteristics as Determinants of Perceived Quality," *Journal of Consumer Research* 3, no. 4 (1971): 209-216; Jacob Jacoby, George Syzbillo, and Jacqueline Busato-Sehach, "Information Acquisition Behavior in Brand Choice Situations," *Journal of Marketing Research* 11 (1977): 63-69.

8. Susan Fournier, "Consumers and Their Brands: Developing Relationship Theory in Consumer Research," *Journal of Consumer Research* 24, no. 3 (1997): 343-373.

9. Susan Fournier, "Consumers and Their Brands: Developing Relationship Theory in Consumer Research," *Journal of Consumer Research* 24, no. 3 (1997): 343-373; Aric Rindfleisch, Nancy Wong, and James E. Burroughs, "God and Mammon: The Influence of Religiosity on Brand Connections," in *The Connected Customer: The Changing Nature of Consumer and Business Markets*, eds. Stefan H. K. Wuyts, Marnik G. Dekimpe, Els Gijsbrechts, and Rik Pieters (Mahwah, NJ: Lawrence Erlbaum, 2010), 163-201; Ron Shachar, Tulin Erdem, Keisha M. Cutright, and Gavan J. Fitzsimons, "Brands: The Opiate of the Non-religious Masses?," *Marketing Science* 30 (January-February 2011): 92-110.

10. 文化とブランディングに関する優れた研究の例は、以下を参照されたい。: Grant McCracken, *Culture and Consumption II: Markets, Meaning and Brand Management* (Bloomington, IN: Indiana University Press, 2005) and Grant McCracken, *Chief Culture Officer: How to Create a Living, Breathing Corporation* (New York: Basic Books, 2009). 文化と消費者行動については、以下の文献でさらに広範に論じられている。Eric J. Arnould and Craig J. Thompson, "Consumer Culture Theory (CCT): Twenty Years of Research," *Journal of Consumer Research* 31(March 2005): 868-882.

11. Philip Nelson, "Information and Consumer Behavior," *Journal of Political Economy* 78 (1970): 311-329; and Michael R. Darby and Edi Karni, "Free Competition and the Optimal Amount of Fraud," *Journal of Law and Economics* 16 (April 1974): 67-88.

12. Allan D. Shocker and Richard Chay, "How Marketing Researchers Can Harness the Power of Brand Equity." Presentation to New Zealand Marketing Research Society, August 1992.

13. Ted Roselius, "Consumer Ranking of Risk Reduction Methods," *Journal of Marketing* 35 (January 1971): 56-61.

14. Leslie de Chernatony and Gil McWilliam, "The Varying Nature of Brands as Assets," *International Journal of Advertising* 8 (1989): 339-349.

15. Constance E. Bagley and Diane W. Savage, *Managers and the Legal Environment: Strategies for the 21st Century*, 6th ed. (Mason, OH: Southwestern-Cengage Learning, 2010).

16. Tülin Erdem and Joffre Swait, "Brand Equity as a Signaling Phenomenon," *Journal of Consumer Psychology* 7, no. 2 (1998): 131-157.

17. Charles Bymer, "Valuing Your Brands: Lessons from Wall Street and the Impact on Marketers," ARF Third Annual Advertising and Promotion Workshop, February 5-6, 1991.

18. Elisabeth Sullivan, "Building a Better Brand," *Marketing News*, 15 (September 2009): 14-17.

19. "As Consumers Seek Savings, Private Label Sales Up 7.4 Percent," *NielsenWire*, 13 August 2009.

20. Brad Stone, "I'll Take It from Here," *Bloomberg BusinessWeek*, 6 February 2011, 50-56; Michael V. Copeland, "Google: The Search Party Is Over," *Fortune*, 16 August 2010, 58-67; Helen Walters, "How Google Got Its New Look," *Bloomberg BusinessWeek*, 5 May 2010; Andrei Hagiu and David B. Yoffie, "What's Your Google Strategy?," *Harvard Business Review* (April 2009).

21. David Lidsky, "Me Inc.: the Rethink," *Fast Company*, March 2005, 16.

22. 大学教授は名前が持つブランド力を確実に認識している。学生に対して試験の答案に氏名ではなく番号を書かせている教授が多いのには、どの学生が書いた答案かがわかって成績をつける際に先入観を持ってはいけないという配慮もある。そうしないと、気に入っている学生や、試験の成績が良いはずと期待をかけた学生に高めの採点をしやすくなってしまうからである。

23. Joel Hochberg, "Package Goods Marketing vs. Hollywood," *Advertising Age*, 20 January 1992.

24. "Harry Potter and the Endless Cash Saga," www.news.sky.com, 7 July 2011; "The Harry Potter Economy," *The Economist*, 17 December 2009; Susan Gunelius, "The Marketing Magic Behind Harry Potter," *Entrepreneur*, 22 November 2010; Beth Snyder Bulik, "Harry Potter: The $15 Billion Man," *Advertising Age*, 16 July 2007; "*Harry Potter* Casts the Superpowerful Moneymaking Spell," *Entertainment Weekly*, December 23/30, 2011, 26.

25. トップ・ブランドの優れた分析については、以下を参照されたい。Francis J. Kelley III and Barry Silverstein, *The Breakaway Brand: How Great Brands Stand Out* (New York, McGraw-Hill, 2005).

26. Jack Trout, "Branding Can't Exist Without Positioning," *Advertising Age*, 14 March 2005, 28.

27. Allan D. Shocker, Rajendra Srivastava, and Robert Ruekert, "Challenges and Opportunities Facing Brand Management: An Introduction to the Special Issue," *Journal of Marketing Research* 31 (May 1994): 149-158.

28. John Gerzema and Ed Lebar, *The Brand Bubble* (San Francisco, CA: Jossey-Bass, 2008).

29. Dan Sewell, "Procter & Gamble Moves from Soap Operas to Social Media," *USA TODAY*, December 11, 2010.

30. www.bases.com/news/news03052001.html; "New Products Generate $21 Billion in Sales in 2008," *NielsenWire*, 30 January 2009.

31. Frederick E. Allen, "CMOs Are Staying on the Job Longer Than Ever," *Forbes*, 24 March 2011.

32. Jem Aswad, "Single Michael Jackson Glove Sold for over $300K," *Rolling Stone*, 6 December 2010; Jerry Garrett, "Putting a Price on Star Power," *New York Times*, 28 January 2011; www.christies.com. このテーマが学術研究でどう扱われているかについては、以下を参照されたい。George E. Newman, Gil Diesendruck, and Paul Bloom, "Celebrity Contagion and the Value of Objects," *Journal of Consumer Research*, 38 (August 2011): 215-228.

33. ブランディングに関する他のアプローチについての論考は、以下を参照されたい。David A. Aaker, *Managing Brand Equity* (New York: Free Press, 1991)；（邦訳：『ブランド・エクイティ戦略：競争優位をつくりだす名前、シンボル、スローガン』D・A・アーカー著、陶山計介、尾崎久仁博、中田善啓、小林哲訳、ダイヤモンド社、1994 年）。David A. Aaker, *Building Strong Brands* (New York: Free Press, 1996)（邦訳：『ブランド優位の戦略：顧客を創造する BI の開発と実践』D・A・アーカー著、陶山計介、梅本春夫、小林哲、石垣智徳訳、ダイヤモンド社、1997年）; David A. Aaker and Erich Joachimsthaler, *Brand Leadership* (New York: Free Press, 2000); Jean-Noel Kapferer, *Strategic Brand Management*, 2nd ed. (New York: Free Press, 2005); Scott M. Davis, *Brand Asset Management* (New York: Free Press, 2000); Giep Franzen and Sandra Moriarty, *The Science and Art of Branding* (Armonk, NY: M. E. Sharpe, 2009). 現在の研究成果の概要については、以下を参照されたい。*Brands and Brand Management: Contemporary Research Perspectives*, eds. Barbara Loken, Rohini Ahluwalia, and Michael J. Houston (New York: Taylor and Francis, 2010) and *Kellogg on Branding*, eds. Alice M. Tybout and Tim Calkins (Hoboken, NJ: John Wiley & Sons, 2005). （邦訳：『ケロッグ経営大学院 ブランド実践講座：戦略の実行を支える 20 の視点』アリス・M. タイボー、ティム・カルキンス著、小林保彦、広瀬哲治監修、電通 IMC プランニングセンター訳、ダイヤモンド社、2006 年）。
34. 実践的なブランド構築ガイドとしては、以下が参考になる。David Taylor and David Nichols, *The Brand Gym*, 2nd ed. (West Sussex, UK: John Wiley & Sons, 2010).
35. Carl Elliott, "How to Brand a Disease—and Sell a Cure," www.cnn.com, 11 October 2010; Keith J. Winstein and Suzanne Vranica, "Drug Firms' Spending on Consumer Ads Fell 8% in '08, a Rare Marketing Pullback," *Wall Street Journal*, 16 April 2009; Mat-thew Arnold, "Flat Is the New Up," *Medical Marketing & Media* (April 2010); Yumiko Ono, "Prescription-Drug Makers Heighten Hard-Sell Tactics," *Wall Street Journal*, 29 August 1994, B-1

第2章
顧客ベースの ブランド・エクイティと ブランド・ポジショニング

プレビュー

　第1章では、ブランドに関するいくつかの基本的な考え方、特にブランド・エクイティについて述べ、過去から現在にわたってブランドがマーケティング戦略に果たしてきた役割を紹介した。以下2つの章では、ブランド戦略の開発方法を探る。優れたブランドは偶然の産物ではない。考え抜かれ、想像力を駆使した計画のたまものである。ブランドを構築したり管理したりする者は誰でも、工夫に富んだブランド戦略を慎重に開発し実行しなければならない。

　その計画を支援するものとして、3つのツールまたはモデルが役に立つ。有名なロシアの入れ子人形、マトリョーシカのように、3つのモデルは互いにつながっており、順に規模が大きくなっていく。最初のモデルが2番目のモデルの構成要素であり、2番目のモデルは3番目のモデルの構成要素なのである。3つのモデルが組み合わさると、ブランド構築の成功に欠かせないミクロの視点とマクロの視点を提供してくれる。この3つのモデルとは、次のとおりである。

1. **ブランド・ポジショニング・モデル**とは、市場において顧客のマインド内に競争優位性を確立する手段である。

2. **ブランド・レゾナンス・モデル**とは、この競争優位性を生かして、顧客との間に強く活発なロイヤルティ関係を築く手段である。

3. **ブランド・バリュー・チェーン・モデル**とは、ブランドの価値創造プロセスを追跡し、ブランド・マーケティングにおける支出と投資の経済的効果をより良く理解し、ロイヤル顧客を育成するとともに強いブランドを創出するための手段である。

　これら 3 つのモデルが一体となって、利益と長期的なブランド・エクイティを最大化し、経過の進捗を追跡するためのブランディング戦略やブランディング戦術の立案を支援する。第 2 章ではブランド・ポジショニング・モデルを解説し、第 3 章ではブランド・レゾナンス・モデルとブランド・バリュー・チェーン・モデルについて見ていく。

　本章では最初に、改めてブランド・エクイティの概念を考察する。特に、以降の章を体系化するフレームワークとなる、顧客ベースのブランド・エクイティという概念を紹介する[1]。まず、ブランド・ポジショニングについての議論の基礎となる顧客ベースのブランド・エクイティの源泉を考察しよう。

　ポジショニングのためには、理想的な、あるいは望ましいブランド知識構造を定義し、類似化ポイントと差別化ポイントの明確化と確立によって、正しいブランド・アイデンティティとブランド・イメージを確立する必要がある。ユニークで意味のある**差別化ポイント**により、競争上の優位性と、消費者が当該ブランドを「買う理由」が生じる。それに対して、ブランド連想の好ましさが競合ブランドとほとんど変わらない場合、それらは消費者のマインド内で**類似化ポイント**として機能し、競合ブランドの潜在的な差別化ポイントを相殺する。言い換えれば、そのような連想は、消費者が当該ブランドを「選ばない理由はない」と考えるようにさせている。

　本章では次に、ブランド・ポジショニングを確立する方法と、ポジショニングの簡潔な表現であるブランド・マントラを創出する方法について解説する[2]。

顧客ベースのブランド・エクイティ

　ブランド・マーケティングにおいて、よく生じる問いが 2 つある。何がブランドを強くするのか。強いブランドを構築するためには、どうすればよいのか。両方の疑問に答える一助として、顧客ベースのブランド・エクイティ（Customer-Based Brand Equity:CBBE）モデルを紹介しよう。ブランド・エクイティに関しては、これまで多くの有用な考え方が

提示されているが、CBBEモデルは、「ブランド・エクイティとは何か」、「ブランド・エクイティを構築し、測定し、管理する最善の方法は何か」についてユニークな視点を提供してくれる。

顧客ベースのブランド・エクイティの定義

CBBEモデルは、消費者の視点からブランド・エクイティにアプローチしている。消費者が個人か組織か、既存顧客か見込み客かは問わない。消費者や組織のニーズとウォンツを理解し、消費者を満足させるために製品やサービス・プログラムを工夫するのは、マーケティングを成功させる鍵である。とりわけ、マーケターが直面する重要な疑問は、次の2つである。ブランドの違いは、消費者にとってどのような意味があるのか。消費者のブランド知識は、マーケティング活動への消費者の反応に、どのような影響を与えるのか。

CBBEモデルの基本的な前提によると、顧客が長期にわたる経験を通じ、ブランドについて見聞きし、感じ、知ってきたものがブランドの力となる。言い換えれば、ブランドの力とは、何が顧客のマインドに残っているかである。強いブランドを構築するためにマーケターがしなければならないのは、製品およびサービスと、それらに付随するマーケティング・プログラムを通じて、顧客に正しい経験をさせ、望ましい考え、感情、イメージ、信念、知覚、意見、経験などがブランドに結びつくようにすることである。

顧客ベースのブランド・エクイティを改めて定義すれば、あるブランドのマーケティング活動に対する消費者の反応にブランド知識が及ぼす差別化効果となる。ブランドが特定されたときと、そうでないとき（つまり、製品に架空の名前がついていたり、名前を外したりした場合）を比較して、顧客がその製品や販売方法に好意的な反応を示す場合、当該ブランドはポジティブな顧客ベースのブランド・エクイティを有するといえる。このように、ポジティブな顧客ベースのブランド・エクイティを持つブランドならば、顧客は新たなブランド拡張を受け入れやすく、値上げや広告中止をあまり気にせず、新しい流通チャネルで当該ブランドを積極的に探すようになるだろう。逆に、ブランドがネガティブな顧客ベースのブランド・エクイティを有していると、製品に架空の名前をつけたり名前を外したりした場合と比較して、当該ブランドのマーケティング活動に消費者は非好意的な反応を示すだろう。

顧客ベースのブランド・エクイティの定義を構成する3つの重要な要素、(1)「差別化効果」、(2)「ブランド知識」、(3)「マーケティングへの消費者の反応」を見てみよう。第1に、ブランド・エクイティは消費者の反応の違いから生まれてくる。反応に違いがない場合、ブランド・ネームを有する製品であっても、実質的にはコモディティかジェネリック製品に分類されることになる。その場合、市場での競争は価格競争のみになりやすい。第2に、こうした反応の違いは、消費者のブランド知識、すなわち、消費者が長期にわた

る経験を通じ、そのブランドについて見聞きし、感じ、知ってきたものから生まれている。したがって、ブランド・エクイティは企業のマーケティング活動に大きな影響を受けるが、最終的には消費者のマインド内に存在するものによって決まる。第3に、ブランド・エクイティを構成する顧客の反応の違いは、ブランド・マーケティングと結びついたさまざまな知覚、選好、行動に現れる。たとえば、ブランド選択、広告コピーの想起、セールス・プロモーションへの反応、ブランド拡張への評価などである。図表2-1には、強いブランドを持つことの利点がまとめられている。

　顧客ベースのブランド・エクイティの意味が最もわかりやすい形で現れているのは、製品サンプリング・テストや製品比較テストにおける結果である。ブラインド・テストでは、2つの消費者グループが製品を試食・試飲する。1つのグループは製品のブランドを知っており、もう1つのグループはブランドを知らされていない。同じ製品を消費しているにもかかわらず、2つのグループの意見には必ず差異が生じる。

　このようなブランディングの効果は市場においても発揮される。たとえば、かつて日立とGEはイギリスに工場を共同所有し、その工場では同じテレビを製造して両社に供給していた。唯一の違いはテレビにつけられたブランド名だけであった。にもかかわらず、日立のテレビはGEのテレビよりも75ドル高く売れた。しかも、日立のテレビのほうが価格が高いのに、GEのテレビの2倍も多く売れたのである[3]。

　同一製品であっても、ブランドがついているか否かによって消費者の意見が異なるのは、ブランドに関する知識が、どのような手段（過去の経験、そのブランドのマーケティング活動、クチコミなど）で作られたものであれ、何らかの形で消費者の製品知覚を変化させたということである。このような結果は、ほぼあらゆる種類の製品に見られる。これは、製品パフォーマンスに関する消費者の知覚が、その製品に付随するブランドの印象に大きく左右されることの決定的な証拠となっている。言い換えれば、ブランド次第で、服がより身体に合うように思え、自動車がよりスムーズに走行するように感じられ、銀行の待ち

図表2-1　強いブランドを持つことのマーケティング上の利点

製品パフォーマンスの知覚の向上
強いロイヤルティ
競合企業のマーケティング活動への強い抵抗力
マーケティング危機への強い抵抗力
大きな利益
価格上昇への消費者の非弾力的反応
価格下落への消費者の弾力的反応
流通業者からの大きな協力と支援
マーケティング・コミュニケーション効果の増大
ライセンス供与機会の可能性
ブランド拡張機会の増加

適切なブランド名がついていれば、消費者はまったく同じテレビに喜んでより高い金額を支払う。
出典：Tomohiro Ohsumi/Bloomberg via Getty Images

時間がより短く感じられるのである。

架け橋としてのブランド・エクイティ

したがって、顧客ベースのブランド・エクイティ・モデルによれば、消費者の知識によって、ブランド・エクイティとして生じている差異を鮮明にできるのである。これを理解することは、重要な実務上の意味合いがある。1つには、ブランド・エクイティが過去と未来をつなぐ重要な戦略上の架け橋となるからである。

■ ブランドは過去の反映

製品の製造やマーケティングに費やされる金額を、マーケターは「出費」ではなく「投資」、つまり消費者が当該ブランドに関して目にし、聞き、知り、感じ、経験するものへの投資と考えるべきである。適切に計画され実行されなければ、消費者のマインド内に適切な知識構造を作り出せないため、このような出費は適切な投資にはならない。だが、それでも投資と考えるべきである。ブランド構築への投資では、質が最も重要な要素であり、量が最小限の閾値を超えたかどうかは問題ではない。要するに、ブランド構築に賢明な費用の使い方をしていない場合、それは「浪費」となりうるが、逆に、予算を超過しても、マーケティング活動を通じて消費者のマインド内に末永く残る貴重な記憶を刻み込み、大

きなブランド・エクイティを蓄積したブランドもある。

■ ブランドは未来の方向性

　マーケターが時間をかけて作り出すブランド知識によって、ブランドの未来の方向性は適切にも不適切にもなる。消費者は、自分のブランド知識に基づいて、そのブランドの行方を判断し、マーケティング活動やマーケティング・プログラムを受け入れる（または受け入れない）ことになる。したがって、最終的にはブランドの真の価値と未来の可能性は消費者が握っており、ブランドに関する消費者の知識に左右されるのである。

　ブランド・エクイティをどのように定義するにせよ、マーケターにとってのブランド・エクイティという概念の価値は、結局は使い方にかかっている。ブランド・エクイティは、過去のマーケティング成果を解釈し、将来のマーケティング・プログラムを設計する手段を提供することで、どこに焦点を絞ればよいかについての指針を与えてくれる。あらゆる企業活動は、ブランド・エクイティを高めるか損なうかのどちらかに作用する。だからこそ、強いブランドを構築しているマーケターは、ブランド・エクイティの概念をきちんと理解し、マーケティング活動を最大限に利用しているのである。

　ブランドが成功するには別の要素も影響するし、ブランド・エクイティは顧客以外の構成要素、すなわち従業員、供給業者、チャネル・メンバー、メディア、政府などにとっても意味がある[4]。それでもなお、顧客に対する成功は、企業の成功にとって不可欠であることが多い。次項ではブランド知識とCBBEについて、さらに詳しく考察する。

ブランドの強化：ブランド知識

　顧客ベースのブランド・エクイティ（CBBE）の考え方では、ブランド知識がブランド・エクイティ創造の鍵を握っている。ブランド・エクイティを強化する差別化効果を生み出すのがブランド知識だからである。したがって、マーケターに必要なのは、ブランド知識が消費者の記憶にどのように存在しているのかを洞察し、描き出すことだ。そのためには、心理学者が開発した**連想ネットワーク型記憶モデル**が役に立つだろう[5]。

　この記憶モデルでは、記憶を多数のノードとそれらを互いに結びつけるリンクからなるネットワークとして捉えている。ノードとは記憶内に蓄えられた情報や概念のことで、リンクとはそれらのノードどうしの結びつきである。言葉、抽象、文脈など、あらゆる種類の情報が記憶ネットワークに蓄えられる。

　連想ネットワーク型記憶モデルを利用すれば、ブランド知識は記憶内のブランド・ノードと、それにまつわるさまざまな連想から成り立っていると考えられる。また、ブランド知識には、ブランド認知とブランド・イメージという2つの構成要素があると考えられる。

ブランド認知とは、記憶の中のブランド・ノードや記憶の痕跡の強さに関わるもので、異なる状況の下でもブランドを識別できる消費者の能力として測定できる[6]。ブランド認知はブランド・エクイティ構築の必要条件だが、十分条件ではない。当該ブランドのイメージといったような他の要素も、しばしばブランド認知に影響を及ぼす。

ブランド・イメージは、長きにわたってマーケティングにおける重要な概念であると認識されてきた[7]。ブランド・イメージの測定方法については諸説があるものの、**ブランド・イメージ**とは、消費者のブランドについての知覚であり、消費者の記憶内にあるブランド連想を反映したものだという見解は一般に受け入れられている。これは連想ネットワーク型記憶モデルとも一致する[8]。言い換えれば、ブランド連想とは、記憶の中でブランド・ノードに結びついている別の情報ノードのことで、消費者にとってのブランドの意味を内包している。ブランド連想はさまざまな形態をとり、製品に関連した特性ばかりでなく、製品と関連のない要素を反映していることもある。

たとえばアップル・コンピュータと聞いて何を思い浮かべますかと問いかけられたら、あなたは何と答えるだろうか。「優れたデザイン」、「使いやすさ」、「最先端の技術」など、さまざまな連想が出てくるだろう。図表2-2には、消費者が回答したアップル・コンピュータにまつわる一般的な連想が示されている[9]。アップルと聞いてあなたの心に浮かんだ連想が、同社に対するあなたのブランド・イメージを形成している。画期的な製品と巧み

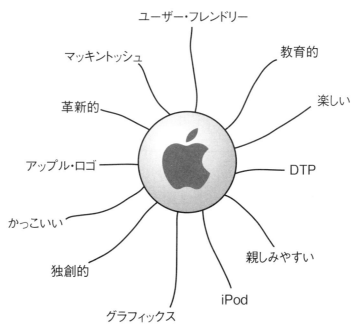

図表2-2　アップル・コンピュータに関する連想の例
出典：KRT/Newscom

なマーケティングを通じて、アップルは、多数のブランド連想で構成された豊かなブランド・イメージの構築に成功している。多くのブランド連想が大多数の消費者に共有されているおかげで、アップルといえばある一定のブランド・イメージが出てくるが、その一方で、このイメージには多様性もあり、消費者や市場セグメントによって大きく変わりうることも理解しておかなければならない。

　当然、アップル以外のブランドも、それぞれ特有のブランド連想の集合を持っている。たとえばマクドナルドのマーケティング・プログラムは、製品について「確かな品質」、「優れたサービス」、「清潔感」、「お値打ち感」というブランド連想を消費者のマインドに生み出すことを狙っている。マクドナルドの豊かなブランド連想の中には、「ドナルド・マクドナルド」、「ゴールデンアーチ（同社のロゴ・マーク）」、「子ども向け」、「便利」などもあるが、おそらく「ファストフード」というネガティブに働く可能性のある連想も含まれているだろう。メルセデス・ベンツが「高性能」、「ステータス」というブランド連想を確立している一方、ボルボは「安全」という強固なブランド連想を作り上げてきた。あとの章で、タイプの異なるブランド連想と、その強さを測定する方法についてもう一度見ていくことにしよう。

ブランド・エクイティの源泉

　ブランド・エクイティは何から生まれるのだろうか。マーケターは、どのようにしてブランド・エクイティを構築するのだろうか。顧客ベースのブランド・エクイティは、消費者がブランドに対して高いレベルの認知と親しみを有し、自分の記憶内に強く、好ましく、ユニークなブランド連想を抱いたときに生まれる。ブランド認知だけでも、消費者から好意的な反応が得られるケースがある。たとえば、低関与下の意思決定では、消費者は単に馴染みがあるという理由だけでブランドを選んでいる。しかし、その他の大半のケースでは、ブランド連想の強さ、好ましさ、ユニークさが、ブランド・エクイティを形成する消費者の反応の違いを決定するのに重要な役割を果たす。あるブランドが製品カテゴリーまたはサービス・カテゴリーだけを示していると知覚されたならば、顧客はジェネリック製品に対するのと同じ反応を示すだろう。

　したがって、マーケターは、ブランド間に意味のある違いが存在していることを消費者に確信させなければならない。あるカテゴリーに属するブランドがすべて同じだと消費者に考えさせてはならない。顧客ベースのブランド・エクイティを構築するには、ブランド認知を創造するとともに、消費者の記憶内にポジティブなブランド・イメージを確立する——すなわち強く、好ましく、ユニークなブランド連想を抱かせる——必要がある。では、ブランド・エクイティの源泉であるブランド認知とブランド・イメージについてより詳し

く見ていこう。

ブランド認知

ブランド認知は、ブランド再認とブランド再生から成り立っている。

●ブランド再認とは、ブランドが手がかりとして与えられたときに、消費者が過去に当該ブランドに接した経験を思い出すことができる能力である。要するに、店に行って、過去に接したことのあるブランドを、これだと認識できるかどうかをいう。

●ブランド再生とは、製品カテゴリー、そのカテゴリーが満たすニーズ、購買状況や使用状況が手がかりとして与えられたときに消費者が当該ブランドを記憶から呼び起こすことができる能力である。言い換えれば、「ケロッグ・コーンフレーク」のブランド再生が行われるかどうかは、消費者がシリアルのカテゴリーを思い浮かべたり、朝食やおやつに何を食べるか考えていたり、店頭で買い物をしようとしたり、自宅で何を食べるか決めようとしたりするときに、ケロッグを思い起こせるかどうかに左右される。

多くの消費者が、購入時点、つまりブランド・ネームやロゴ、パッケージングなどが物理的に目の前に存在しているときに購入ブランドを決めるのであれば、ブランド再認が重要となる。それに対して、消費者が店頭を離れた場所で意思決定を行うとすれば、ブランド再認よりもブランド再生のほうが重要となる[10]。このような理由から、サービス・ブランドやオンライン・ブランドにとっては、ブランド再生が非常に大切になる。というのも、消費者は自分から積極的にブランドを探さねばならず、必要なときにブランドを記憶から呼び起こさなければならないからだ。

店頭でのブランド再生の重要性が低いとはいっても、消費者がブランドを評価し選択してくれるかどうかは、ブランドに関して何を想起してもらえるかに左右される部分が大きい。記憶内の情報の大半がそうであるように、一般的にブランドも再生するよりは再認するほうが簡単なのである。

■ ブランド認知の利点

高いレベルのブランド認知を生み出すことの利点は何だろうか。それは学習における利点、考慮における利点、選択における利点の3つで説明できる。

学習における利点 ブランド認知は、ブランド・イメージを構成するブランド連想の形成とその強さに影響する。ブランド・イメージを生み出すには、まず消費者の記憶内にブランド・ノードを確立しなければならない。ブランド・ノードの性質は、追加的なブランド連想を消費者がどれだけ簡単に学習し蓄積するかに影響を与える。ブランド・エクイティを構築する第一歩は消費者のマインド内にブランドを印象づけることなので、適切なブラ

ンド要素を選択すれば、ブランド・エクイティの構築は容易になる。

考慮における利点 消費者には、購入時点で必ず、条件に合致しニーズを満たすものとして当該ブランドを考慮してもらわなければならない。ブランド認知を促すことで、当該ブランドが**考慮集合**──購入の際に真剣に考慮される少数のブランド──に含まれる可能性が高くなる[11]。消費者はただ1つのブランドだけにロイヤルティを有することはめったになく、購入を検討しているブランドの集合や、日常的に購入しているブランドの集合（これは考慮集合よりもおそらく小さい）を有していることが、多くの調査でわかっている。通常、消費者は購買に際して少数のブランドだけを検討するので、当該ブランドが考慮集合に必ず入るようにすれば、他のブランドが考慮や想起の対象から外れる可能性も高まるだろう[12]。

選択における利点 高レベルのブランド認知を生み出すことの第3の利点は、実質的にブランド連想がほとんど存在しない場合でも、ブランド選択においてブランド認知が影響を与えるという事実である[13]。たとえば、いくつかのケースでは、馴染み深く定評のあるブランドだけが購入されている[14]。したがって、低関与下でのブランド選択では、最小限のブランド認知があれば十分であり、ブランドに対する態度が確立している必要はないのである[15]。

　態度変容と説得に関する有力なモデルである精緻化見込みモデルでも、低関与の場合、消費者はブランド認知だけに基づいてブランド選択を行うという考え方が示されている。消費者の購買動機が欠如している（消費者が製品やサービスに関心を持っていない）場合、あるいは購買能力が欠如している（消費者がカテゴリー内のブランドについて何も知らない）場合に、低関与という結果が発生する[16]。

1．**消費者の購買動機** 製品やブランドはマーケターにとってきわめて重要だが、多くのカテゴリーにおけるブランドの選択は消費者の大半にとって深刻な決断ではない。たとえば、製品の違いを消費者に納得させるために、長年にわたって数百万ドルをかけたテレビ広告が行われているが、ある調査によれば、消費者の40％は、どのガソリン・ブランドもほとんど違いはないと思っているか、どのガソリンがトップ・ブランドなのか知らないという結果が出ている。カテゴリー内におけるブランド間の知覚差異が小さいため、消費者はブランド選択をしようという動機を失っている。

2．**消費者の購買能力** 製品品質を判断したくても、判断に必要な知識や経験が消費者に欠けている製品カテゴリーもある。最新機能を搭載した通信機器など、高度な技術を有する製品が顕著な例である。ところが、さほど高度な技術が使われていない製品カ

テゴリーでも、消費者が品質を判断できない場合もある。料理や掃除をした経験がほとんどない大学生が、初めてスーパーマーケットで真剣に買い物をしている様子や、初めて高価な設備調達をしなければならない新米マネジャーを考えてみてほしい。製品品質はあいまいなことが多く、過去の経験や専門知識が十分になければ判断は難しい。そのような場合、消費者はできるかぎり正しい決定を下すべく、とにかく手っ取り早い方法、すなわち経験則を用いる。ただ単純に、最も良く知っているブランドを選ぶ場合もある。

■ ブランド認知の確立

ブランド認知を生み出すには、どのようにすればよいのだろうか。理論的にいえば、ブランド認知を生み出すには、ブランドを繰り返し露出することで馴染みを深めればよい。ただし、これはブランド再生よりもブランド再認に有効だろう。すなわち、消費者がブランドを見たり聞いたり考えたりしてブランドとの「経験」が多くなるほど、ブランドは記憶に強く刻まれることになる。

ブランド要素のいずれか（ブランド・ネーム、シンボル、ロゴ、キャラクター、パッケージング、スローガン）に触れることで、消費者はブランド要素に対する親しみと認知を高めていく。消費者をブランドに触れさせる手段には、広告とプロモーション、スポンサーシップとイベント・マーケティング、パブリシティとパブリック・リレーションズ、屋外広告などがある。ブランド要素が多いほど、通常はさらなる好結果につながる。たとえばインテルは、ブランド・ネームに加え、「Intel Inside（インテル入ってる）」というロゴや特徴的なシンボルや有名な4音のジングルを利用して、ブランド認知を高めている。

ブランドを繰り返し露出すればブランド再認は高まるが、ブランド再生を向上させるには、消費者の記憶内で適切な製品カテゴリーか、その他の購買や消費の手がかりにリンクさせる必要もある。スローガンやジングルを上手に使えば、ブランドと適切な手がかりを結びつけることができる。ブランド・ポジショニングも同様に、ポジティブなブランド・イメージを構築する一助となる。ロゴ、シンボル、キャラクター、パッケージングなどのブランド要素も、ブランド再生を高める上で役立つ。

ブランドと製品カテゴリーとの結びつきの強さは、広告スローガンなど、どのようなマーケティング手法が使われるかによって決まる。フォードの自動車のように、カテゴリー連想が強いブランドでは、製品カテゴリーを思い浮かべた消費者が当該ブランドを考える傾向が強いので、ブランド再認とブランド再生の間に大きな違いはない。競争が激しい市場であったり、カテゴリーに新規参入したブランドである場合には、ブランドとカテゴリーの結びつきを強調するマーケティング・プログラムが重要になる。カテゴリーやその他重要な手がかりとブランドとの結びつきの強さは、時を経てブランド拡張や企業合併、買

収などでブランドの意味が変わる場合には特に重要となる。

　奇をてらったテーマの広告、いわゆるショック広告でブランド認知を創出しようとするマーケターは多い。たとえば、ドットコム・ブームの絶頂期に、オンライン小売業者であるアウトポスト・ドットコムは、大砲で撃ち出されるアレチネズミ、マーチングバンドに襲いかかるクズリ、額にブランド・ネームの入れ墨をした幼稚園児などが登場する広告を使用していた。このような広告手法の問題点は、広告の中で製品が目立たないため、ブランドとカテゴリーの強い結びつきが生まれないことにある。場合によっては、消費者にかなりの嫌悪感を抱かせることもある。極端だと思われたりすれば、長期的なブランド・エクイティの構築にほとんど貢献しない。アウトポスト・ドットコムの場合、潜在的な顧客のほとんどは、同社が何をしている会社なのか見当がつかなかった。

■ ブランド・イメージ

　ブランド再認のために繰り返しブランドを露出して馴染み深さを高めたり、ブランド再生のために製品カテゴリーその他重要な購買や消費の手がかりとの強い連想を構築したりしてブランド認知を創出することは、ブランド・エクイティ構築の重要な第一歩である。十分なレベルのブランド認知が創出されれば、ブランド・イメージ作りに注力することができる。

　ポジティブなブランド・イメージを創出するには、消費者の記憶内に強く、好ましく、ユニークなブランド連想を形成するマーケティング・プログラムが必要である。ブランド連想の主なものとして、ブランド属性またはブランド・ベネフィットがある。**ブランド属性**は、製品やサービスを特徴づけている記述的特性である。また、**ブランド・ベネフィット**は、消費者が製品やサービスの属性に付与する個人的な価値や意味のことである。

　消費者がブランド属性とブランド・ベネフィットについての信念を形成する方法は多岐にわたる。しかし顧客ベースのブランド・エクイティの定義では、ブランド連想の源泉と形成方法を区別せず、ブランド連想の好ましさ、強さ、ユニークさを重視している。ブランド連想は、マーケティング活動以外にも多種多様な方法で形成できるからである。すなわち、ブランドに直接触れる経験、ネットサーフィン、他の商業的な情報源や『コンシューマー・リポート』誌のような公平中立な情報源、あるいはそれ以外の情報、クチコミ、ブランド自体やブランド・ネームやロゴについて消費者が持つ推測、そして企業、国、流通チャネル、人、場所、イベントなどから、ブランド連想は形成される。

　マーケターはさまざまな情報源の影響力を認識して、コミュニケーション戦略の策定にあたっては、これらをできるかぎり適切に管理するとともに、十分に把握しておかなくてはならない。

要するに、顧客ベースのブランド・エクイティにつながる反応の差異を創出するには、強く確立されたブランド連想が、好ましいだけでなく、ユニークかつ競合ブランドと共有されていないようにする必要がある。ユニークなブランド連想があれば、消費者は当該ブランドを選択しやすくなる。ブランドと強く結びつけたい好ましくユニークなブランド連想を創り出すには、消費者と競争相手を注意深く分析して、ブランドにとって最適なポジショニングを見出す必要がある。ブランド連想の強さ、好ましさ、ユニークさに影響を与えるいくつかの要素を考えてみよう。

■ ブランド連想の強さ

消費者が製品情報について深く考え、既存のブランド知識にしっかりと結びつけるほど、結果として生じるブランド連想は強くなる。ある情報との連想を強める要素は2つある。個人的な関連性があるか、長期にわたって一貫性を持って提示されているかである。ブランド連想が想起されるか目立つかどうかは、連想の強さばかりでなく、当該ブランドを想起させる手がかりの有無やブランドを考慮する状況にも左右される。

一般に、ブランド属性やブランド・ベネフィットへの最も強い連想は、直接的な経験によって創出される。消費者によって正しく解釈されているかぎり、直接的な経験は意思決定に大きな影響を与える。レストラン、エンターテインメント、銀行、人的サービスにとっては、クチコミの重要性が大きい。スターバックス、グーグル、レッドブル、アマゾンは、集中的に広告を打つことなく、驚くほど豊かなブランド・イメージの創出に成功した例である。「マイクス・ハード・レモネード」は広告を一切打たずに最初の1000万ケースを売ったが、それはこのブランドがクチコミで火がついた「知る人ぞ知る」ブランドだったからである[17]。

一方、広告のように企業が主導する情報源の場合、創出されるブランド連想は非常に弱く、そのためブランド連想が簡単に変化してしまうことも多い。このハードルを克服するために、マーケティング・コミュニケーション・プログラムでは消費者にブランド関連の情報をじっくり考えさせ、既存の知識に適切に関連づけさせる巧みなコミュニケーションを活用する。長期にわたって反復的なコミュニケーションを実施し、消費者の記憶を喚起するために、ブランド想起の手がかりを多数提示しておくのである。

■ ブランド連想の好ましさ

好ましいブランド連想を創出するには、消費者のニーズとウォンツを満たすような属性とベネフィットを当該ブランドが有していることを訴えかけ、ブランド全体にポジティブな判断を下してもらわなければならない。消費者にとっては、すべてのブランド連想が等しく重要なわけではない。また、すべての購買状況や消費状況で、消費者はブランド連想

を等しく好意的に見たり重視したりするわけでもない。消費者の態度とはそうしたものである。ブランド連想は状況や前後のつながりに左右されるもので、購買や消費を決断する際に消費者が何を求めているかによって変化する[18]。そのため、ある状況で重視されるブランド連想が、別の状況では重視されないこともあるのだ[19]。

たとえば、消費者がフェデックスを思い浮かべる際に連想されるのは、「速い」、「信頼できる」、「便利」、「紫とオレンジのパッケージ」だろう。パッケージングの色は重要なブランド認知機能を果たしているかもしれないが、大半の消費者にとって、翌日配達サービスを選ぶ際には、ほとんど重視されない。速く、信頼でき、便利なサービスという要素のほうが重要だが、それも特定の状況下に限られる。「できるだけ速く」届けたいというニーズだけならば、1日か2日で配達されるUSPSのプライオリティ・メールなどフェデックスより安価な選択肢を考える消費者もいるはずである。

■ ブランド連想のユニークさ

ブランド・ポジショニングの要諦は、消費者に買ってもらう理由を与える持続的な競争優位性、すなわち「ユニーク・セリング・プロポジション（USP）」を、当該ブランドが有しているかどうかである[20]。マーケターは、競合ブランドと直接比較したり、それとなく強調したりして、この独自の違いを明確に示すことができる。パフォーマンスに関連した属性やベネフィット、パフォーマンスに関連しない属性やベネフィットのどちらを利用してもよい。

強くてユニークなブランド連想はブランドの成功に不可欠であるが、競争にさらされていないブランドでもないかぎり、他のブランドと同じ連想を共有していることが非常に多い。複数のブランドで共有される連想の役割の1つは、カテゴリー・メンバーシップを確立し、他の製品やサービスとの競争の範囲を規定することである[21]。

製品やサービスのカテゴリーには、カテゴリー内のメンバーに対する信念や態度とともに、連想の集合が共有されている場合がある。そうした属性には、カテゴリー内のブランドに対するパフォーマンス関連属性が多く含まれるが、それ以外にも、製品やサービスのパフォーマンスと必ずしも関連しない記述的な属性（たとえば「ケチャップは赤」というような、製品の色）も含まれる。

一部の消費者は、何らかの属性やベネフィットがカテゴリー内の全ブランドに共通するものだと考えていたり、特定のブランドがカテゴリーを代表する典型例だと考えていたりする[22]。たとえばある消費者は、ランニングシューズにサポート力、履き心地の良さ、長く履き続けられる丈夫さを期待しており、アシックスやニューバランスなどの一流ブランドがランニングシューズの代表だと考えている。同様に、オンライン小売業者には簡単な

ナビゲーション、豊富な品揃え、適切な配送手段、安全性を確保した購入手続き、優れた顧客サービス、厳格なプライバシー基準が期待されており、L.L. Beanなどの業界大手がオンライン小売業者の模範例だと考えられたりする。

　ブランドは製品カテゴリーと結びついているため、カテゴリー連想がブランドに結びつけられることもある。製品カテゴリーに対する態度は、消費者の反応を決定する要素として特に重要である。たとえば、証券会社の人々を基本的に強欲で自分たちの利益しか考えていないと捉えている消費者は、そのカテゴリーに属しているという理由だけで、どの証券会社の社員に対しても好ましくない信念を持ち、ネガティブな態度で接するだろう。

　このように、ほぼ例外なく一定の製品カテゴリー連想は、当該カテゴリーのすべてのブランドで共有されることになる。製品カテゴリーに対するブランド連想の強さは、ブランド認知を決定する重要な要素であることに留意する必要がある[23]。

ブランド・ポジショニングの明確化と確立

　CBBEの概念に関してある程度解説したところで、次にブランド・ポジショニングへのアプローチについて説明しよう。

基本概念

　ブランド・ポジショニングはマーケティング戦略の核心をなす。ブランド・ポジショニングは「標的顧客のマインド内に、際立った価値ある場所を占めるべく、企業の提供物やイメージを設計する行為」である[24]。言葉が示すとおりポジショニングとは、消費者グループのマインド内や市場セグメント内に適切な「場所」を見出し、それによって顧客に製品やサービスを「正しい」あるいは望ましい形で考えてもらい、企業の潜在的ベネフィットを最大化することである。優れたブランド・ポジショニングは、そのブランドが何なのか、どのようにユニークなのか、他の競合ブランドとどの点が類似しているのか、なぜ消費者がそのブランドを購入し使用すべきなのかを明確にするので、マーケティング戦略を導き出すのに役立つ。

　ポジショニングの決定には、フレーム・オブ・レファレンス（準拠枠＝標的市場と競争の性質の明確化）と、ブランド連想の最適な類似化ポイントと差別化ポイントを確定する必要がある。つまり、(1) 標的となる消費者、(2) 主要な競争相手、(3) 当該ブランドと競合ブランドとの類似点、(4) 当該ブランドと競合ブランドとの相違点、について知る必要がある。上記の要因それぞれについて論議していこう。

▌標的市場

　消費者のブランド知識構造は人によって異なり、ブランドへの知覚や選好もさまざまであるため、標的となる消費者を明確化することが重要である。それを理解していないと、どのブランド連想が強く保持され、好ましく、ユニークなのかを見きわめづらい場合がある。市場の明確化と細分化、標的とする市場セグメントの選択について見ていこう。

　市場とは、製品に対して十分な関心、収入、接点を持つ顕在購買者および潜在購買者すべてを含む集合である。**市場細分化**とは、類似したニーズや消費行動を有し、したがって類似したマーケティング・ミックスを必要とする同質の消費者グループに、市場を明確に区分することである。市場細分化にあたっては、コストとベネフィットを秤にかける必要がある。市場の細分化がきめ細かいほど、セグメント内の消費者ニーズに合ったマーケティング・プログラムを実行しやすくなる。しかしこの利点は、標準化の度合いが低くなるぶん、コストが増大することで相殺されるおそれがある。

■ 市場細分化の基準

　図表2-3と図表2-4に、消費財と生産財それぞれの市場で考えられる細分化の基準を示してみた。このような基準は、記述的つまり顧客志向（顧客となる組織や個人の種類に関係する）と、行動的つまり製品志向（ブランドや製品に対する顧客の考え方や使用法に関係

図表2-3　消費財市場の細分化基準	図表2-4　生産財市場の細分化基準
行動基準 使用状態 使用率 使用機会 ブランド・ロイヤルティ ベネフィット **デモグラフィック基準** 所得 年齢 性別 人種 家族 **サイコグラフィック基準** 価値、意見、態度 行動とライフスタイル **地理的基準** 国際的 地域的	**製品特性基準** 種類 使用場所 購買タイプ **購買状況基準** 購買場所 購買者 購買タイプ **デモグラフィック基準** SICコード（業種コード） 従業員数 製造従事者数 年間売上高 事業所数

する）に分類できる。

　行動に基づく細分化基準は、明確な戦略的インプリケーションを有するため、ブランディングに関する諸問題を理解する上で非常に有益なことが多い。たとえば、ベネフィット・セグメントを明確化すれば、ポジショニングを確立する上で理想的な差別化ポイントと望ましいベネフィットが明らかになる。練り歯磨き市場を例にとってみよう。ある調査で、練り歯磨き市場には以下の4つの主要セグメントがあることがわかった[25]。

1. **感覚性セグメント**：風味や製品の見た目を重視する。
2. **社会性セグメント**：歯の白さを重視する。
3. **心配性セグメント**：虫歯予防を重視する。
4. **その他のセグメント**：価格の安さを重視する。

　この市場細分化法をとれば、特定のセグメントを引きつけるマーケティング・プログラムを実行に移せる。たとえば、「クローズアップ」は当初から1番目と2番目のセグメントを狙ったのに対し、「クレスト」は3番目のセグメントに集中してきた。安全策をとった「アクアフレッシュ」は3つのセグメントを狙い、3つの製品ベネフィットそれぞれを際立たせた3色の練り歯磨きを開発した。コルゲート社の「トータル」のような多目的の練り歯磨きの成功によって、現在ではほぼすべてのブランドが、複数のベネフィットを強調する製品を提供している。

　ブランド・ロイヤルティを基礎とする細分化法もある。標準的な「漏斗（ファネル）型」モデルでは、最初の認知から頻繁な使用の段階まで、消費者行動を追跡する。図表2-5に、同モデルによる仮説パターンを示した。ブランド構築のためには、(1) 各段階で標的市場が存在するパーセンテージ、(2) ある段階から次の段階への移行を促進ないしは抑制する要因、の双方を理解する必要がある。仮説パターンでは、使ってみたこともない消費者を、最近使ってみたという段階に移行させようとしても、「移行する」のは半分に満たない（46%）という点に主たるボトルネックがあるように見える。より多くの消費者にブランドをもう一度使ってみようと思わせるためには、標的とする消費者層にブランド

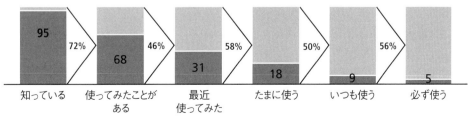

図表2-5　漏斗型の段階と移行の仮説パターン

を受け入れやすくする必要がある。

　行動に基づいて消費者を細分化することも多い。たとえば、企業は特定の年齢層をターゲットにすることがあるが、背後にある理由は、その年齢層が当該製品のヘビーユーザーであったり、ブランド・ロイヤルティが高かったり、製品が提供する特定ベネフィットを求める可能性が非常に高かったりするからである。ネスレのチョコレート「ヨーキー」はイギリスで「女の子向けではない」として販売されているが、これは大きな塊のチョコバーが男性に訴求力があると考えられているからである。

　しかし、デモグラフィック分類基準を使った場合、背後にある重要な違いが見えなくなってしまうこともある[26]。「40〜49歳の女性」という明確に特定された標的市場にも、まったく異なるマーケティング・ミックスを必要とする多種多様なセグメントが含まれている可能性があるからだ。ベビーブーマー世代は人数の多さと加齢に対する個々人の考え方の違いから、細分化が難しい。コンサルティング会社エイジウェーブは、定年退職後の消費者を「エイジレスな探求家」「現状満足派」「今を生きる派」「病み疲れた層」という4つのセグメントに分けている[27]。

　細分化にデモグラフィック基準を用いる主な利点は、伝統的な媒体の受け手のデモグラフィックスが、消費者調査によって一般に良く知られている点である。したがって、そのような基準に基づいて媒体を購入するほうが比較的容易だった。しかし、デジタル媒体やその他のコミュニケーション形態の重要性が増し、同時に行動状況や媒体の使用状況に基づいて顧客をプロファイリングしたデータベースを構築できるようになり、この利点の重要性は薄れている。たとえば、今ではオンラインのウェブサイトによって、アフリカ系アメリカ人（BlackPlanet.com）、ヒスパニック（Quepasa.com）、アジア系アメリカ人（AsianAvenue.com）、大学生（teen.com）、ゲイ（gay.com）など、従来は到達が難しかった市場にターゲットを絞ることができるようになっている。

■ 基準

　市場細分化と標的市場決定の指針として、以下のような多くの基準が提供されてきた[28]。

• **識別可能性**：セグメントを簡単に特定できるか。
• **規模性**：セグメントには十分な販売可能性が存在するか。
• **接近可能性**：セグメントへアクセスするために特化した、流通販路やコミュニケーション媒体が利用できるか。
• **反応性**：カスタマイズされたマーケティング・プログラムに、セグメントはどれくらい好意的に反応するか。

市場セグメントの決定において、明らかに優先的に考慮すべきなのは収益性である。多くの場合、収益性は行動に関する考慮点と関連している。直接の顧客生涯価値を視野に入れて市場細分化法を開発するのは非常に有益である。顧客ベースの長期的な収益性を向上させるために、ドラッグストアチェーンのCVSは顧客にとっての美容製品の役割を3つのライフステージで考え、次のようなプロフィール（人物像）を作り上げた[29]。

- **キャロライン**は20代の独身女性で、社会人になってから比較的日が浅く、社交生活をまだ活発に行っている。週に1度チェーン店を訪れる非常に重要な美容製品の顧客だ。彼女が買い物で楽しみにしているのは美容品の新製品を手に入れることで、CVSに対して自分の手の届く価格で容姿を磨く手助けをしてくれるのを期待している。
- キャロラインはやがて**ヴァネッサ**になる。ヴァネッサは3人の子どものいる主婦で、以前ほどファッションに夢中ではないが、若々しい外見を維持することはもちろん今でも大きな優先事項である。通勤や子どもの送り迎えの途中で店に立ち寄る時間を捻出するので、ドライブスルーの薬局のような利便性がヴァネッサにとっては最優先となる。
- そしてヴァネッサは**ソフィー**になる。ソフィーは美容製品の上客ではないが、CVSにとって最も収益性の高い購買層である。日常的に店に通い、主要な市販薬を積極的に買ってくれるからだ。

■ 競争の性質

　標的となる消費者のタイプが決まれば、競争の性質が決まることが多い。他の企業も過去に当該セグメントを標的にしていたり、将来の標的にしようとしていたり、そのセグメントの消費者がすでに購買決定する上で特定のブランドを念頭に置いていたりするからだ。もちろん、流通チャネルなど他の要因でも競争は左右される。競争分析では、企業に利益をもたらす形で消費者に製品やサービスを供給できるような市場を選択するために、さまざまな競合企業の資源、ケイパビリティ、意図など、非常に多くの要因が考慮される[30]。

■ 間接的な競争

　多くのマーケティング戦略家が強調している教訓は、競争を狭く定義しすぎてはいけないという点である。カテゴリーを越えた選択に関する研究では、製品カテゴリー内で直接的な競争にさらされず、パフォーマンスに関連した属性が他のブランドと重複していないとしても、抽象的なレベルではブランド連想が重なっているために、広い意味での製品カテゴリーで間接的な競争にさらされているケースがあることを示している[31]。

　競争は、属性レベルよりもベネフィット・レベルで発生することが多い。したがって、ステレオのような快楽性の強いベネフィットを有する贅沢品は、同じ耐久消費財（家具な

ど）だけでなく、旅行とも競合する可能性がある。教育ソフトの制作会社は、本、ビデオ、テレビ、雑誌など他の教育製品や娯楽製品と間接的に競合している可能性がある。このような理由から、現在では、複数のカテゴリー（たとえば銀行、家具、カーペット、ボウリング、鉄道）を1つのものとしてマーケティングするのに、ブランディングの理論が用いられている。

　残念ながら、競争の定義を狭くしてしまった結果、最も恐るべき脅威や有力な機会を認識しそこねている企業は多い。たとえば、消費者がインテリア家具や電子機器など自分たちのライフスタイルにより合致した製品にお金を使うようになったため、近年のアパレル産業の売上は停滞している[32]。業界トップの衣料品メーカーは、自社製品について他の衣料品レーベルとの差別化ポイントよりも、他の自由裁量購買品との差別化ポイントを考慮するほうがよいだろう。

　第3章で解説するが、製品群は消費者のマインド内で階層的に構成されることが多く、多種多様なレベルで競争が発生する。「フレスカ（グレープフルーツ味のソフトドリンク）」を例にとってみよう。「フレスカ」は、製品タイプのレベルでは非コーラ味のソフトドリンクと競合し、製品カテゴリーのレベルではすべてのソフトドリンクと競合する。そして製品クラスのレベルでは、すべての飲料と競合する。

■ 複数のフレーム・オブ・レファレンス

　1つのブランドに複数のフレーム・オブ・レファレンスが特定されるのはめずらしいことではない。これは、広いカテゴリー内で競争していたりブランドの将来的な成長を見込んでいる場合、あるいは異なるタイプの製品が同じ機能を果たしているときに起こる。たとえば、キヤノンのデジタルカメラ「EOS Rebel」はニコンやコダックなど他社のデジタルカメラと競合しているが、カメラ機能つきの携帯電話とも競合する。携帯電話に対する優位性（フェイスブックのようなソーシャルネットワーク上で簡単に画像を共有できたり、高解像度のビデオを撮影できたりするなど）は、必ずしも他のデジタルカメラ・ブランドに対する優位性とはならない[33]。

　別の例を挙げると、スターバックスには明確な競合を特定できるが、その結果、非常に異なる類似化ポイントと差別化ポイントが出てくる。

1. **クイックサービスレストランとコンビニエンスショップ（マクドナルドとダンキンドーナツ）**：目的とする差別化ポイントは品質、イメージ、体験、バラエティであり、類似化ポイントは利便性と価値になろう。

2. **自宅で消費する製品のスーパーマーケット・ブランド（ネスカフェとフォルジャーズ）**：目的とする差別化ポイントは品質、イメージ、体験、バラエティ、淹れたてであり、類似化ポイントは利便性と価値になろう。

3．**カフェ**：目的とする差別化ポイントは利便性とサービス品質であり、類似化ポイント
　は品質、バラエティ、価格、コミュニティとなろう。

　類似化ポイントと差別化ポイントの中には競合ブランド間で重複するものも、特定のブ
ランド特有のものもあることに注意したい。こうした条件の下で、マーケターは何をすべ
きか決定しなければならない。選択肢は大きく2つある。理想をいえば、複数のフレーム
にまたがって強いポジショニングが開発できるとよい。それができない場合は、優先順位
をつけて最も関連性の高い競合ブランド群を選択し、競争上のフレームとする必要がある。
ここで重要なのは万人向けのブランドにしようとしないことである。概して効果の低い
「最小公倍数」のポジショニングになってしまう。

　最後に、異なるカテゴリーやサブカテゴリーに競合ブランドが多数存在する場合は、関
連するカテゴリーすべてに対して、カテゴリーレベルのポジショニングを開発するか（ス
ターバックスならば「クイックサービスレストラン」または「スーパーマーケットの自宅
用コーヒー」）、各カテゴリーの具体例（スターバックスならばマクドナルドまたはネスカ
フェ）に対してポジショニングを開発すると有益だろう。

▌ 類似化ポイントと差別化ポイント

　標的と競争上のフレーム・オブ・レファレンスが選択されると、ブランド認知の幅と、
ブランドと密接に関連している状況や手がかりのタイプが決まる。顧客標的市場と競争の
性質を定義し、ポジショニングのための適切な競争上のフレーム・オブ・レファレンスを規
定したら、ポジショニングそのものの基盤が明確化できる。適切なポジショニングに到達
するには、連想における正しい類似化ポイントと差別化ポイントを確立しなければならな
い。

■ 差別化ポイント連想

　差別化ポイント（ポイント・オブ・ディファレンス）とは、消費者がブランドを強く連
想し、ポジティブに評価し、同じレベルのものは競合ブランドには見つかるまいと考える
ような、ブランドの属性あるいはベネフィットのことである、と定義されている[34]。差別
化ポイントの候補となるブランド連想には無数のタイプが存在するが、機能的なパフォー
マンスに関連するものと抽象的なイメージに関連するものとに分類できる。

　消費者の実際のブランド選択は、知覚したブランド連想のユニークさに左右されること
が多い。スウェーデンの小売業者イケアは、インテリア用品と家具という贅沢品をマス市
場向けの手頃な価格の製品に変えた。イケアが低価格を実現できているのは、顧客にセル
フサービス方式で購入、運搬、組み立てをしてもらっているからである。さらにイケアは
製品自体でも差別化ポイントを獲得している。ある評論家は「スウェーデンは高品質で安

全でしっかりした製品を生産して大衆に提供しているという概念に基づいて、イケアは自社の評判を形成した。イケアは世界的に見て最低のコストで最高の革新的デザインを有している」と述べている[35]。

差別化ポイントは、パフォーマンス属性（ヒュンダイ自動車は、安全性を高めるため、フロントシートとバックシートに「サイド・カーテン」エアバッグを加えた6つのエアバッグをすべてのモデルに標準搭載している）やパフォーマンス・ベネフィット（マグナボックス社の電気製品には「ユーザーフレンドリー」という技術的特徴がある。同社のテレビには、チャンネルを変えたりコマーシャルが流れたりしても音量を一定に保つ「スマート・サウンド」、画面の明度や彩度を自動的に最適レベルに調整する「スマート・ピクチャー」などの機能が搭載されている）に依存することもある。差別化ポイントはイメージ連想から生まれるケースもある（ルイ・ヴィトンの高級なステータス・イメージや、ブリティッシュ・エアウェイズが「世界のお気に入り」という広告スローガンを使っている事例）。トップ・ブランドの多くが「すべての面にわたって最高品質」という差別化ポイントを創出しようとするのに対し、製品やサービスを「低価格で提供する業者」として差別化ポイントを築こうとする企業もある。

したがって、差別化ポイントには多種多様なタイプが考えられる。差別化ポイントは一般に消費者ベネフィットとの関連で定義される。消費者ベネフィットには、重要な「立証ポイント」つまり**信じる理由（RTB: reasons to believe）**が内在していることが多い。この立証ポイントはさまざまな形をとる。たとえば、機能設計への配慮（「より肌に密着した電気髭剃り」というベネフィットにつながる、独自の髭剃りシステム技術）、主要な属性（「より安全なタイヤ」というベネフィットにつながる、独自のトレッドデザイン）、主要な成分（「虫歯を防ぐ」というベネフィットにつながる、フッ化物の配合）、主要な推奨（「優れた音質」というベネフィットにつながる、多数の音響エンジニアからの推薦）である[36]。説得力のある立証ポイントとRTBの存在は、差別化ポイントの実現性に不可欠であることが多い。

■ 類似化ポイント連想

一方、**類似化ポイント連想**（ポイント・オブ・パリティ）は、ブランドにとって必ずしもユニークである必要はなく、むしろ他のブランドと共有されている連想である。類似化ポイント連想にはカテゴリー、競争、相反の3つのタイプがある。

カテゴリー類似化ポイントは、消費者がブランドを選ぶ必要条件であるが、必ずしも十分条件ではない。カテゴリー類似化ポイント連想は、一般製品レベルでは非常に少なく、ほとんどは期待製品レベルで存在する。当座および普通預金サービス、貸金庫、トラベラーズ・チェック、利便性の高い営業時間やATMなどのサービスを提供していない銀行を、

私たちは真の「銀行」とはみなさないだろう。カテゴリー類似化ポイントは、技術の発展、法整備、消費者トレンドなどによって、時とともに変化するが、このような属性とベネフィットは、マーケティング・ゲームに参加するための「グリーンフィー（ゴルフ場使用料）」のようなものである。

競争的類似化ポイントは、競争相手の差別化ポイントを無効にするために作られる連想である。つまり、競争相手が優位性を見出そうとしている領域で「引き分け」に持ち込み、別の領域で優位性を達成できたとすれば、自社ブランドは強くて、おそらくは負けることのない競争上のポジショニングを得られるだろう。

相反類似化ポイントとは、当該ブランドにおける他のプラスの連想から生じる、潜在的にマイナスの連想をいう。マーケターにとっての１つの課題は、類似化ポイントや差別化ポイントを形成する属性やベネフィットの多くが、マイナスの相関関係にあることだ。つまり、消費者のマインド内で自社ブランドがある点において良いとしたら、別の点では良く見てもらえないのである。たとえば、消費者にとってあるブランドが「低価格」であると同時に「最高品質」であると信じるのは難しい。図表2-6は、マイナスの相関関係を持つ属性とベネフィットの例をいくつか示している。

さらに、個々の属性とベネフィットが、プラスとマイナスの両方の側面を有していることも多い。長い伝統は、経験、知恵、専門性を暗示するためプラスの属性とみなされるが、反面、旧式で時代後れ、最先端ではないことを示唆する可能性もあるため、マイナスの属性ともなりかねない。このようなトレードオフに対処する戦略を以下で考えていく。

■類似化ポイントと差別化ポイント

類似化ポイントは競合ブランドの差別化ポイントを弱めることができるため重要である。潜在的な弱みを克服する類似化ポイントが確立できないかぎり、差別化ポイントは意味がないかもしれない。ブランドが特定の属性やベネフィットで類似化ポイントを確立するためには、十分な数の消費者が、その次元で「非常に良い」とブランドを評価する必要がある。

類似化ポイントには「領域」ないしは「許容域や受容域」がある。ブランドが競合ブランドと文字どおり同等だとみなされる必要はないが、消費者が特定の属性やベネフィットについては当該ブランドが十分であると感じ、そのブランドを良くないとか問題があると考えないようにすべきである。消費者がそのように感じていれば、ブランドは潜在的にも

図表2-6　マイナスの相関関係を持つ属性とベネフィットの例

低価格と高品質
おいしさと低カロリー
栄養とおいしさ
（薬などの）効能と身体への優しさ
パワーと安全性
強さと上品さ
遍在性と独占性
多様性とシンプルさ

っと有利な他の要因を用いて、消費者の好ましい評価や意思決定を導くことができるだろう。

したがって、類似化ポイントを確立するのは差別化ポイントよりも容易である。差別化ポイントを確立する場合には、明確な優越性を示す必要がある。ポジショニングを確立するためには、差別化ポイントの検討ではなく、競争的類似化ポイントと相反類似化ポイントの検討から着手する場合が多い。

ポジショニングのガイドライン

類似化ポイントと差別化ポイントの概念は、ポジショニングを決定する上できわめて重要なツールである。最適な競争力のあるブランド・ポジショニングに到達する上で重要となる問題は、(1) 競争上のフレーム・オブ・レファレンスを規定して伝達すること、(2) 類似化ポイントと差別化ポイントを選択して確立すること、の2つである[37]。

■ 競争上のフレーム・オブ・レファレンスの決定と伝達

ブランド・ポジショニングのために競争上のフレーム・オブ・レファレンスを規定する出発点は、カテゴリー・メンバーシップの決定である。当該ブランドの競争相手となる製品ないし製品群はどれかということである。先に述べたように、異なったカテゴリーでの競争を選んだ場合、競争上のフレーム・オブ・レファレンスが変わり、その結果、類似化ポイントと差別化ポイントも変わってくる。

カテゴリー・メンバーシップによって、当該製品やサービスを使って何が達成できるかを消費者に伝えることができる。強固に確立されている製品やサービスの場合、カテゴリー・メンバーシップが重要な問題となることはない。ソフトドリンクでは「コカ・コーラ」、シリアルでは「ケロッグ・コーンフレーク」、戦略コンサルティング会社では「マッキンゼー」が、それぞれトップ・ブランドだということを顧客は認知している。

しかし、ブランドのカテゴリー・メンバーシップを消費者に伝えることが重要となる状況は多い。最もわかりやすいのは、カテゴリー・メンバーシップが必ずしも明白ではない領域で新製品を導入する場合だろう。

消費者はブランドのカテゴリー・メンバーシップを知っているが、そのブランドが当該カテゴリーで真に通用するブランドかどうか確信が持てない場合もある。たとえば、消費者はソニーがコンピュータを製造しているのを知っているが、ソニーのコンピュータ「VAIO」がデルやHPやレノボと同等の「クラス」かどうかは良く知らないかもしれない。この例では、カテゴリー・メンバーシップを強化するのが有益だろう。

ブランドが、メンバーシップを有しているカテゴリーではなく、メンバーシップを有し

ていないカテゴリーと結びつくこともある。このアプローチは、消費者がブランドの実際
のメンバーシップを知っている場合、競合ブランドとの差別化ポイントを際立たせるのに
有効な方法である。たとえば、ブリストル・マイヤーズ・スクイブ社は「エキセドリン」
という鎮痛薬のコマーシャルを実施した際、先行製品「タイレノール」が痛みや苦痛を和
らげる薬であることを消費者が知覚しているのを知りつつ、エキセドリンが「頭痛薬」で
あることを強調した。こうしたアプローチでは、当該ブランドがどのようなものでないか
だけでなく、どのようなものであるかを消費者に理解させることが重要である。

　ポジショニングをするためのアプローチとして好ましいのは、他のカテゴリー・メンバ
ーとの差別化ポイントを訴求する前に、当該ブランドのメンバーシップを消費者に伝える
ことである。消費者はおそらく、当該ブランドが競合ブランドよりも優位かどうかを判断
する前に、それがどのような製品で、どのような機能を提供してくれるのかを知る必要が
ある。新製品の場合は一般に、消費者にブランドのメンバーシップを伝達するためのマー
ケティング・プログラムと、ブランドの差別化ポイントを理解させるためのマーケティン
グ・プログラムがそれぞれ必要となる。資源が限られているブランドなら、差別化ポイン
トを訴求する前にカテゴリー・メンバーシップを確立するマーケティング戦略を展開しな
ければならない。十分な資源を投入できるブランドであれば、メンバーシップの確立と差
別化ポイントの訴求、それぞれのマーケティング・プログラムを同時に並行して展開でき
る。しかし、同じ広告の中でメンバーシップと差別化ポイントの両方を消費者に伝達して
も、あまり効果は生じないことが多い。

　ブランドのカテゴリー・メンバーシップを伝達するには、主に３つの方法がある。カテ
ゴリー・ベネフィットの伝達、具体例との比較、製品説明キーワードの活用、である。

■ カテゴリー・ベネフィットの伝達

　自社ブランドの利用を消費者に納得させるため、カテゴリー・メンバーシップを表明す
るためのベネフィットが採用されることが多い。したがって、産業用モーターではパワー
が主張され、鎮痛剤では効果が訴求される。このようなベネフィットは、ブランドの優位
性を示唆する形で示されるのではなく、単にカテゴリー類似化ポイントを訴える手段とし
て示される。パフォーマンス連想とイメージ連想は、カテゴリー・メンバーシップを示す
ベネフィットが存在する証拠として用いられる。味が良いというベネフィットを主張する
ことで、ケーキ・ミックスがケーキ・カテゴリーでのメンバーシップを獲得するとすれば、
高品質の成分が入っていること（パフォーマンス）や、消費して喜ぶユーザーを示すこと
（イメージ）で、ベネフィットの主張は裏づけられるだろう。

■ 具体例との比較

　カテゴリー内でよく知られている傑出したブランドもまた、ブランドのカテゴリー・メンバーシップを示す具体例として利用できる。トミー・ヒルフィガーが無名のデザイナーだったとき、広告でジェフリー・ビーン、スタンリー・ブラッカー、カルバン・クライン、ペリー・エリスらアメリカの一流デザイナーというカテゴリーで当時認知されていたメンバーと自分を関連づけ、彼自身もそのカテゴリーのメンバーだと訴求した。全米豚肉協会は20年以上にわたり、鶏肉の人気に乗じて豚肉が「もう１つの白身肉」であると広告して成功をおさめてきた[38]。

■ 製品説明キーワードの活用

　製品説明キーワードがブランド・ネームに含まれた場合、カテゴリーの本質を伝達する非常に簡潔な手段となりやすい。たとえば、USエアがUSエアウェイズに社名変更したのは、同社のCEOスティーヴン・ウルフによると、評判が良くない地方の航空会社から、全国的または国際的な強い航空会社のブランドに転身を図ろうとする試みの一環だった。他の大手の航空会社は、社名にエアではなくエアラインズやエアウェイズというキーワードが入っており、エアは小規模な地方の航空会社を連想させる典型的なキーワードと考えられたからだ[39]。以下の２つの例を見てみよう。

• キャンベルは「V8スプラッシュ」という飲料ラインを導入する際、主成分がニンジンであるにもかかわらず、ブランド・ネームに「キャロット」という言葉を入れるのを意図的に避けた。健康的というベネフィットを伝えつつ、ニンジンのネガティブな知覚を避けるようなブランド・ネームが選ばれたのである[40]。
• カリフォルニアのプルーン栽培者やマーケターは、製品の名称として「プルーン」ではなく「乾燥プラム」を定着させようとした。標的市場である35〜50歳の女性は、プルーンを「高齢者向けの便秘薬」と考えていたからである[41]。

　効果的なブランド・ポジショニングを展開する上で、ブランドのカテゴリー・メンバーシップの確立だけでは不十分である。多くの企業がカテゴリー構築を実行した場合、消費者の混乱を招く結果にさえなるだろう。たとえば、ドットコム・ブームの絶頂期には、アメリトレード、イー・トレード、デイテックなどの証券会社は、株式売買にかかる手数料が従来型の証券会社よりも低くなると広告した。正しいポジショニング戦略には、ブランドがメンバーシップを有するカテゴリーを明確にするだけでなく、カテゴリー内で当該ブランドがどれくらい優位性を持っているのかを明確化する必要がある。したがって、効果的なブランド・ポジショニングのためには、説得力のある差別化ポイントの開発が重要な

のである[42]。

差別化ポイントの選択

それぞれのブランドは、他の選択肢を差し置いて選ばれるだけの説得力ある理由を提供しなければならない。何らかの属性やベネフィットがブランドの類似化ポイントになりうるかどうかを判断するにあたっては、主要な考慮点が3つある。それはブランド連想における望ましさ、実現性、差別化である。最適なポジショニングを達成するための前記3つの考慮点は、どのようなブランドでも評価基準とすべき消費者、企業、競争相手という3つの視点に対応している。**望ましさ**は消費者の視点で決まり、**実現性**は企業固有のケイパビリティに基づき、**差別化**は競争相手との関係で決まるのである。

類似化ポイントとして機能するためには、理想的には消費者がその属性またはベネフィットの重要性を高いとみなし、企業にそれを実現する能力があると信頼し、他のブランドでは同じ程度にそれを提供できないと確信することが望ましい。この3つの基準が満たされれば、ブランド連想は効果的な差別化ポイントとなるだけの強さ、好ましさ、ユニークさを持つはずである。3つの基準にはさまざまな考慮点がある。以下に見ていこう。

■ 望ましさの基準

標的となる消費者には、差別化ポイントが自分と個人的に関連があり、重要だと思ってもらわなければならない。消費者の間で高まりつつあるトレンドをうまく利用できるブランドは、説得力のある差別化ポイントを見つけることが多い。たとえば、アップル＆イブの果汁100％ジュースは、自然食運動の波に乗り、健康志向が強くなってきた飲料市場で成功した[43]。

単に違うだけでは十分ではない。その違いが消費者にとって重要でなければならない。たとえばかつて、さまざまな製品カテゴリー（コーラ、食器用洗剤、ビール、デオドラント、ガソリンなど）で、従来の自社製品と差別化を図るクリア・バージョンが市場導入された。しかし「クリア」による連想には、差別化ポイントとしての永続的な価値や持続可能性が備わっていなかった。クリア・バージョン製品の大半のブランドは、市場シェアが低下したり、市場から消え去っている。

■ 実現性の基準

属性またはベネフィットのブランド連想の実現性は、企業が製品やサービスを実際に作る能力（実行可能性）とともに、その能力を消費者に納得させる力（伝達可能性）にかかっている[44]。

- **実行可能性**：実際に、企業は差別化ポイントを創出できるのだろうか。製品とマーケテ

ィングは、望ましい連想を支援するように設計されなければならない。ブランドについて消費者が認知していなかった、あるいは見過ごしていた事実を認識させるほうが、製品を変更して、変更した点の価値を納得させるよりも明らかに簡単である。先に述べたように、最もシンプルかつ効果的なアプローチは、立証ポイントまたはRTBとして、製品のユニークな属性を提示することである。マウンテンデューは、他のソフトドリンクよりも活力を与えることを強調し、カフェインレベルの高さを示すことで、その主張を補強している。それに対し、差別化ポイントが抽象的であったりイメージがベースになっている場合は、企業が長年にわたって培ってきた一般的な連想に内在させることで、主張を補強する。香水のシャネルNo.5は、長年にわたるシャネルとオートクチュールとの連想を示すことで、真にエレガントなフランス香水という主張を補強している。

・**伝達可能性**：伝達可能性において重要な課題は、ブランドについての消費者の知覚と、その結果生じるブランド連想である。既存の消費者知識と一致しない連想や、何らかの理由で消費者にとって信じにくい連想は、きわめて創出しづらい。ブランドの望ましい連想を消費者に実際に信じてもらうための支援として、事実に基づき検証できる証拠、いわば「立証ポイント」を提供しなければならない。これらのRTBは、潜在的な差別化ポイントを消費者に受け入れてもらう上で決定的に重要である。もちろん、差別化ポイントの主張内容は法律的に見ても問題ないものでなければならない。カテゴリーリーダーである「POM Wonderful 100%ザクロジュース」の製造会社は、連邦取引委員会（FTC）が「虚偽で根拠がない」とした、心臓病、前立腺がん、勃起不全の治療や予防効果があるという主張をめぐってFTCと争っている[45]。

■ 差別化の基準

標的となる消費者には、差別化ポイントが明確で優れていると思ってもらわなければならない。有力ブランドがすでに存在するカテゴリーに参入する際には、長期的な差別化の基盤を見つける必要がある。問題となっているポジショニングは、優位な位置を先取りでき、防御可能で、攻撃困難だろうか。ブランド連想は、時とともに強化できるだろうか。前記の答えが肯定的であれば、ポジショニングは長期にわたり持続する可能性が高い。

持続可能性は、外部の市場要因に加えて、社内のコミットメントと資源の使い方に左右される。不況に入る前、レストラン・チェーンのアップルビーズは、カジュアルダイニング事業でリーダーとなる戦略の一環として、第2位の競争相手が参入しそうにない小さな市場（カンザス州の地方都市ヘイズ）へ参入した。この戦略にはマイナス面（事業規模が縮小し、サービスの不手際がクチコミで広がって命取りになる可能性）もあるが、競争相手による脅威は最小限に抑えられる[46]。

類似化ポイントと差別化ポイントの確立

　ブランディングを成功させる鍵は類似化ポイントと差別化ポイントの両方を確立することである。

　類似化ポイントと差別化ポイントを創出する際、ポジショニングにおける1つの課題は、多くの消費者のマインド内に存在するマイナスの相関関係である。先にも述べたように、困ったことに消費者はたいてい、マイナスの相関関係にある属性とベネフィットを両方とも最大化したがるものである。しかも競争相手は、自社の差別化ポイントとマイナスの相関関係にある属性をもとに差別化ポイントを達成しようとすることが多い。

　マーケティング技術はトレードオフの扱い方を心得ることにあるといってよいが、ポジショニングも例外ではない。最善のアプローチはもちろん、両方の次元でうまく機能する製品やサービスを開発することである。たとえば、ゴアテックスは技術革新によって、「通気性」と「防水性」という一見対立している製品イメージを克服できた。

　類似化ポイントと差別化ポイントが負の相関関係にあるという問題に対処する方法は、ほかにもいくつか存在する。次に3つのアプローチを紹介しよう。後ろのものほど効果は高くなるが、難しさの度合いも高まる。

■ 属性の分離

　費用はかかるが効果的なアプローチとして、2種類のマーケティング・キャンペーンを実施し、それぞれ別のブランド属性ないしベネフィットを訴求するというやり方がある。このキャンペーンは、同時に行ってもよいし、前後して行ってもよい。たとえば、シャンプーの「ヘッド・アンド・ショルダーズ」は、ふけの除去効果を強調する広告と使用後の髪の外見や美しさを強調する広告という2本立てのキャンペーンを展開し、ヨーロッパで成功をおさめた。マイナスの相関関係があまり目立たないので、類似化ポイントと差別化ポイントのベネフィットを別個に判断する際に消費者はそれほど批判的にならなかった。課題としては、強力なキャンペーンを1つではなく2つ展開しなければならない点である。さらに、マーケターがマイナスの相関関係に正面から取り組まなければ、消費者は期待したほどポジティブな連想を抱いてくれないかもしれない。

■ 他のエンティティが有するエクイティの活用

　属性やベネフィットを類似化ポイントや差別化ポイントとして確立する手段として、人、他ブランド、イベントなど、適切なエクイティを有するエンティティはブランドに結びつけることができる。消費者がマインド内で疑問を抱く属性に対して、自己ブランド化した成分はある程度の信用性を付与するかもしれない。

　「ミラー・ライト」の導入では、有名で人気のある著名人のエクイティを「借り」たり、

影響力を利用したりして、マイナスの相関関係にあるベネフィットの１つに信用性を与えている。

　しかし、エクイティの借用にはコストとリスクが伴う。第７章では、これらの考慮点を詳細に検討し、エクイティの影響力の利用をめぐる賛否両論について概説する。

■ リレーションシップの再定義

　消費者のマインド内にある属性とベネフィットのマイナスの相関関係への対処法として、困難ではあるが有力と思われる方法は、その関係が実はプラスの相関だと消費者に信じさせることである。消費者に別の視点を与え、特定の要素や考慮点を見過ごしていたり無視していたりしたと思わせることで、このような再定義を達成できる。

　達成するのは困難であるが、２つの連想を相互に強化できるため、有力な戦略になりうる。難しいのは、消費者が納得するような信用できるストーリーを作り出せるかどうかである。

複数のカテゴリーにまたがるポジショニング

　時として、企業が同じ類似化ポイントと差別化ポイントで２つのフレーム・オブ・レファレンスに、同時に取り組むことがある。このような場合、１つのカテゴリーにおける差別化ポイントがもう１つのカテゴリーでは類似化ポイントになり、類似化ポイントについては逆の現象が起きる。たとえば、アクセンチュアは自社を（１）戦略的な洞察力、ビジョン、ソート・リーダーシップ（訳注：新しい考え方で影響を与えるリーダーシップ）と（２）クライアントの問題を解決する方法を開発する際の情報技術の専門知識を兼ね備えた企業である、と定義している。この戦略により、主要な競合２社であるマッキンゼーとIBMに対する類似化ポイントを確立しつつ、同時に差別化ポイントも創出している。具体的にいえば、アクセンチュアはマッキンゼーに対しては技術と実行力において差別化ポイントを持ち、戦略とビジョンにおいて類似化ポイントを持っている。IBMに対してはその逆で、技術と実行力が類似化ポイントであり、戦略とビジョンが差別化ポイントとなる。

　２つのカテゴリーにまたがるポジショニングは、潜在的に対立し合う消費者の目的を調和させ、「両方のいいとこ取り」をするソリューション創出手段として魅力的だが、過度の負担をもたらすことも多い。それぞれのカテゴリーに関して類似化ポイントと差別化ポイントに信憑性がないと、当該ブランドはどちらのカテゴリーでも適正なメンバーとみなされない。初期のPDAの多くが、ポケットベルからノートパソコンまで複数のカテゴリーにまたがるポジショニングを展開しようとして失敗したことが、前記のリスクを生々しく物語っている。

ポジショニングの継続的更新

前項では、新たなブランドを導入する際に特に有益なポジショニングのガイドラインを説明した。ブランドが確立したならば、ポジショニングの更新頻度が重要な問題となる。一般原則として、ポジショニングは頻繁に変えるべきではない。既存の類似化ポイントと差別化ポイントの効果が大きく減少する状況においてのみ更新すべきである。

しかし、ポジショニングは市場の機会や課題を反映して時間とともに進化していく。状況に応じて差別化ポイントや類似化ポイントが改良されたり、追加されたり、排除されることもあるだろう。市場機会としてよく生じるのは、さらなる拡大を可能にするためにブランドの意味を深化させる必要性である。これを**ラダリング**という。市場の課題として多いのは、既存のポジショニングを脅かす競争相手の行動にどう対応するかである。これを**リアクティング**という。

それぞれのポジショニングへの影響を見ていこう。

■ ラダリング

消費者にとって重要なベネフィットで優位となる差別化ポイントを明確化することは、最初のポジショニング構築には有効な方法である。しかし、カテゴリー内における当該ブランドと他のブランドとの関係が明らかになるとともに、当該ブランドのポジショニングから連想される意味を深める必要が出てくる。重要性のある連想を発見するためには、製品カテゴリーにおける消費者の潜在的動機を調査するとよい。たとえば、マズローの階層理論によれば、消費者はさまざまなニーズの優先順位とレベルを有している[47]。

優先順位を下位から順に示すと、以下のようになる。

1. 生理的ニーズ（食欲、性欲、睡眠欲）
2. 安全のニーズ（保護、秩序、安定）
3. 社会的ニーズ（愛情、友情、所属）
4. 評価のニーズ（名声、地位、自尊心）
5. 自己実現のニーズ（自己達成）

マズローによれば、下位レベルのニーズが満たされると、次の上位レベルのニーズが発生する。

マーケターは、上位のニーズの重要性も認識している。たとえば、**手段－目的連鎖**は、ブランド特性のより上位の意味を理解するために考案された概念である。手段－目的連鎖は次のような構造になっている。属性（製品を特徴づける記述的機能）はベネフィット

（製品属性に付随する個人的な価値と意味）につながり、ベネフィットは価値観（安定的で持続的な個人の目標や動機）につながる[48]。

　つまり、消費者は製品を選択するにあたって、属性（A）がベネフィットや特定の結果（B/C）をもたらし、それによって価値観（V）が満たされるような製品を選ぶ。たとえば、塩味のスナック菓子に関する調査において、次のように答えた回答者がいる。濃い（A）味つけのポテトチップス（A）は、あまり多くの量を食べられず（B/C）、太らないので（B/C）、体型が良くなる（B/C）。その結果、自尊心が高まる（V）というのである。

　このように、ラダリングは属性からベネフィットへ、そしてより抽象的な価値観や動機へと進展していく。実際、ラダリングでは、消費者にとって属性やベネフィットのインプリケーションが何かを繰り返し問われる。このラダー（はしご）を登りそこなうと、ブランドによる利用可能な戦略案が減ってしまう[49]。たとえば、P&Gはドラム式洗濯機の使用者を引きつけるために、泡立ちが少ない洗剤「ダッシュ」を導入した。何年もの間、広告を用いて訴えていたため、「ダッシュ」は他ブランドの参入を許さないポジショニングを築いていた。しかし、「ダッシュ」はドラム式洗濯機との連想が強かったため、ドラム式がすたれると同時に「ダッシュ」も時代後れになってしまった。「ダッシュ」はP&Gの洗剤の中でも最も有力な製品であったが、ブランドのリポジショニングの努力がなされたにもかかわらず、結果は覆らなかった。

　属性やベネフィットの中には、他の属性やベネフィットよりもラダリングに適しているものがある。たとえば、「ベティ・クロッカー」というブランドは、さまざまなパンや焼き菓子を世に送り出しており、パンやお菓子を焼くことから物理的な温かさを連想させるという特徴がある。このような連想があると、幅広いパンや焼き菓子関連の製品の中で、相対的に、感情的な温かさやパンなどを焼く楽しさ、誰かのために焼いてあげるときの優しい気持ちにつなげやすくなる。

　したがって、強力なブランドの中には、差別化ポイントを深めてベネフィットや価値の連想を創出しているものもある。たとえば、「ボルボ」や「ミシュラン」（安全性と安心）、「インテル」（性能と互換性）、「マールボロ」（ウエスタンのイメージ）、「コカ・コーラ」（アメリカ的、リフレッシュ）、「ディズニー」（楽しさ、魔法、ファミリー・エンターテインメント）、「ナイキ」（革新的な製品と最高の運動パフォーマンス）、「BMW」（スタイリングとドライビング性能）などである。

　ブランドと結びつく製品の数が多くなり、製品階層を上っていくにつれて、ブランドの意味はより抽象的になっていく。同時に、同じブランド名で販売されている特定の製品について、適切なカテゴリー・メンバーシップ、類似化ポイント、差別化ポイントが消費者のマインド内に存在していることが重要となる。これについては第10章で論じる。

■ リアクティング

　競争上の行動は、相手企業の差別化ポイントの排除を目指すことが多い。差別化ポイントを類似化ポイントに変えたり、自社ブランドの新たな差別化ポイントを確立したり強化したりすることもある。競争優位は、他社が対抗しようとするまでの短期間しか存在しないことが多い。たとえば、グッドイヤー社が「ラン・オン・フラット」タイヤ（パンクしたり空気が抜けたりしたあとでも、時速90キロで80キロの距離を走り続けることができるタイヤ）を導入したとき、ミシュランは即座に、同様のベネフィットを消費者に提供する「ゼロ・プレッシャー」タイヤで対抗した。

　競争相手が既存の差別化ポイントに対抗したり、類似化ポイントを無効にしようとしてきた場合、ターゲットとされたブランドがとるべき主要な対抗策は基本的に3つある。反応しない（静観）、適度な反応（防衛）、徹底した反応（攻撃）である。

・静観する：競合他社の行動が自社の差別化ポイントを弱めたり、新たな類似化ポイントを創出する可能性が少ない場合、最善の反応は、これまでの路線を維持し、ブランド構築の努力を継続することだろう。

・防衛する：競合他社の行動が市場の一部を混乱させる可能性がある場合は、防衛策をとる必要がある。ポジショニングを防衛する1つの方法は、製品や広告を通じて類似化ポイントと差別化ポイントを再確認し、強化することである。

・攻撃する：競合他社の行動によってかなりのダメージを受ける可能性がある場合、より攻撃的な対策をとり、脅威に対応するためブランドのリポジショニングを行う必要がある。当該ブランドの意味を根本的に変更する製品拡張や広告キャンペーンを実施するというアプローチがある。

　ブランド監査も、競争による脅威の重大性や適切な対応策を評価するのに役立つ。この点は第8章で説明しよう。

優れたポジショニングの開発

　ポジショニングの指針として、最後にもういくつか挙げておこう。第1に、優れたポジショニングは「現在」と「未来」の両方に立脚している。ブランドに成長と改善の余地を与えるように、ある程度は願望が込められている必要がある。市場の現状に基づいたポジショニングでは将来性への考慮が足りない。とはいえ、ポジショニングが今の現実から離れすぎていればそもそも達成不可能になる。ポジショニングのコツは、ブランドの実態と可能性の間の絶妙なバランスをとることである。

　第2に、関連するすべての類似化ポイントを慎重に見きわめるのが優れたポジショニン

グである。マーケターは、強みのある領域にばかり目がいき、ブランドが潜在的に不利な領域を見過ごしたり無視したりすることが多い。しかし両方を見る必要があるのは明らかだ。類似化ポイントがなければ差別化ポイントの意味はなくなってしまう。重要な競争力のある類似化ポイントを発見する良策は、競争相手のポジショニングをロールプレイしてみて、競争相手が意図する差別化ポイントを推測することである。競争相手の差別化ポイントが、自社ブランドの類似化ポイントとなる。消費者のマインド内にある意思決定上のトレードオフを探る消費者調査も有益な情報となるだろう。

第3に、優れたポジショニングは、消費者視点で、消費者がブランドから得るベネフィットを反映すべきである。かつてシェル石油が行ったように、自社を「世界最大の石油販売会社」と宣伝するだけでは十分ではない。差別化ポイントを効果的にするためには、それが消費者にとってなぜ望ましいことなのかを明確にすべきである。つまり、そのユニークな属性から消費者が得られるベネフィットは何かということだ。シェル石油のほうがガソリンスタンドの数が多いので便利という意味なのか、それとも規模の経済性によりガソリン価格を安くできるという意味なのか。こうしたベネフィットが明確であれば、ポジショニングの基盤にすべきである。その場合、立証ポイントすなわちRTBは「ガソリン販売最大手」となる。

第4に、次章でブランド・レゾナンス・モデルとともに詳述するが、ブランドのポジショニングには理性と感性に訴える二面性が重要である。つまり、優れたポジショニングには「頭」と「心」の両方に訴求する差別化ポイントと類似化ポイントがあるということである。

ブランド・マントラの定義

ブランド・ポジショニングとは、特定の市場で複数の競争相手に対して、ブランドがいかに効果的に対抗できるか、ということである。しかし多くの場合、ブランドは複数の製品カテゴリーにまたがるため、関連してはいるが、異なる複数のポジショニングを行っている。ブランドが発展し、複数のカテゴリーに拡大するにつれて、マーケターはブランドの「真髄」を反映するブランド・マントラを創出しようとするだろう。

ブランド・マントラ

ブランドが表現するものを明確化するために、ブランド・マントラを定義することが多い[50]。**ブランド・マントラ**とは、ブランド・ポジショニングにおける反論の余地のない本質あるいは精神を捉えた3〜5語の短いフレーズである。ブランド・マントラは「ブランド・エッセンス」や「コアとなるブランド・プロミス」と類似しており、従業員や外部の

マーケティング・パートナー全員に、ブランドが消費者に表現しようとしている最も本質的なものが何かを理解させ、全員の行動をそれに従わせることを目的としている。たとえば、マクドナルドのブランド哲学「Food, Folks, and Fun（食事、家族、楽しさ）」は、同社のブランド・エッセンスやコアとなるブランド・プロミスを見事に捉えている。

　ブランド・マントラは非常に効果がある。ブランドにどのような製品を導入し、どのような広告キャンペーンを実施し、どこでどのようにブランドを販売すべきかについて、ガイドラインを示すことができる。受付の外観や従業員の電話応対方法など、一見無関係でありふれた決定にも、ブランド・マントラが指針を与えてくれることがある。実際、ブランド・マントラは、ブランドに対する顧客の印象がネガティブになるような、不適切なマーケティング活動を排除するための心理的フィルターになるのである。

　ブランド・マントラは、ブランドが一貫したイメージを示すのにも役立つ。どのような方法、状態、形式であれ、消費者や顧客がブランドと遭遇すると、彼らのブランド知識は変化し、ブランド・エクイティに影響を与える可能性がある。直接的または間接的に、膨大な数の従業員が消費者と接触することを考えると、従業員の言動は一貫してブランド・ミーニングを強化し支援するものでなければならない。広告会社の社員などのマーケティング・パートナーは、エクイティに影響を与える自らの役割を認識さえしていないこともある。ブランド・マントラは、企業にとってのブランドの意味や重要性、従業員やマーケティング・パートナーの重要な役割を示している。真っ先に思い浮かぶようにしておくべき当該ブランドの突出した重要な考慮点は何かについて、ブランド・マントラは覚えやすい明快な表現となっている。

■ ブランド・マントラの設計

　優れたブランド・マントラはどのように作られるのだろうか。ブランド・マントラは、そのブランドが何であり何で·な·いのかを、簡潔に伝達しなければならない。ナイキとディズニーの事例から、優れたブランド・マントラの威力と有用性がわかる。また、優れたブランド・マントラの特徴を知ることもできる。どちらの事例も、3つの言葉を用いて、基本的に同じ方法で構成されている。

　ブランド機能という言葉は、製品やサービスの性質、またはブランドが提供する経験やベネフィットのタイプを説明するものである。この言葉は、製品カテゴリー自体を反映す

	感情的制約	記述的制約	ブランド機能
ナイキ	本物	運動	パフォーマンス
ディズニー	楽しさ	家族	エンターテインメント

る具体的なものから、ナイキやディズニーのような抽象的な概念まで、範囲が広い。後者の例では、多種多様な製品が提供する高次の経験やベネフィットと関連した言葉となる。**記述的制約**は、ブランドの性質をさらに明確にする。したがって、ナイキのパフォーマンスは運動のパフォーマンスにのみ当てはまり、他のパフォーマンス（たとえば芸術のパフォーマンス）には関係がない。ディズニーのエンターテインメントは家族にのみ当てはまり（さらに固有性を持たせるなら「魔法の」という制約を加えることもできる）、大人向けといったような他の記述は当てはまらない。ブランド機能と記述的制約を組み合わせると、ブランドの輪郭を描き出せる。最後に、**感情的制約**は、もう１つの限定詞となる。つまり、ブランドが提供するベネフィットはずばり何で、どのような方法で提供するのか、ということである。

　ブランド・マントラは、必ずしもこのような厳密な構造に従う必要はないが、当該ブランドが表現すべきものを明確に描き出さなければならないし、少なくとも暗示的には描き出す必要がある。ほかにもいくつか、注目に値するポイントがある。

1. ブランド・マントラの威力と有用性は、ブランド・マントラの集合的な意味から引き出される。ブランド・マントラを形成するブランド連想に対して、他のブランドが強みを持つ場合もある。ブランド・マントラが効果を発揮するためには、すべての次元において優れた他ブランドは存在しないという条件が必要である。ナイキとディズニーが成功をおさめた鍵は、１つには、長年、この２社のブランド・マントラが提案するプロミスを彼らほどうまく実現できる競争相手がいなかったことにある。

2. ブランド・マントラは通常、ブランドの差別化ポイント、すなわちブランドのユニークな点を獲得するために設計される。類似化ポイントに代表されるブランド・ポジショニングの側面も重要であるが、別の方法で強化する必要があるだろう。

3. 最後に、急速に成長しているブランドにとっては、ブランド拡張すべきカテゴリーが適切か不適切かについて、ブランド機能を示す言葉が重要な指針を示してくれる。安定したカテゴリー内のブランドの場合、ブランド・マントラのポイントは、記述的制約と感情的制約で表現された差別化ポイントに絞られ、ブランド機能は対象から外されることがある。

■ ブランド・マントラの実行

　ブランド・マントラは、ブランド・ポジショニングと同時に開発するのが望ましい。これまで見てきたように、ブランド・ポジショニングは通常、ブランド監査などの活動を通じた、ブランドの綿密な調査の結果である。ブランド・マントラには、そのような活動から得られた知見も利用できるが、さらなる内部調査が必要であり、自社の従業員やマーケティング・スタッフから幅広く意見を求めなければならない。この社内活動を行う目的に

は、全従業員の一人ひとりがブランド・エクイティに影響を与えているさまざまな方法を確認し、従業員がブランドの将来に貢献するにはどうすればよいかを決定することも含まれている。

ブランド・ポジショニングは、消費者が抱くべき理想的なブランド連想を提示する、数行の文または短いパラグラフに要約できることが多い。こうしてまとめられたコアとなるブランド連想をもとにブレーンストーミングを行い、差別化ポイントと類似化ポイント、そしてブランド・マントラの候補となる言葉を見きわめていくことができる。最終的にブランド・マントラの決定では、次の点を考慮するとよい。

• **伝達する**：優れたブランド・マントラは、事業のカテゴリーを定義してブランドの境界線を設定し、ブランドのユニークな点を明確にする。

• **単純化する**：効果的なブランド・マントラは、覚えやすくなければならない。つまり、短く、歯切れが良く、生き生きとしていなければならない。ブランド・ポジショニングを最も簡潔に伝達するためには、3語からなるマントラが理想的である。

• **心を動かす**：理想をいえば、ブランド・マントラは、できるだけ多くの従業員にとって個人的な意味があり、関連性のある考え方を主張すべきである。ブランド価値が消費者だけでなく従業員に対しても高次レベルの意味を訴えかけるとすれば、ブランド・マントラは情報や指針を与えるだけでなく、人々の心を動かすことができる。

しかし、マントラを形成する文字数にかかわりなく、ブランド・マントラ自体の裏に、必ず意味の層が存在し、それを明確にする必要がある。ほぼすべての言葉に複数の解釈が可能である。たとえば、ディズニーのブランド・マントラにある楽しさ、家族、エンターテインメントという言葉は、それぞれ複数の意味を持っており、ディズニーはマントラに強力な基盤を与えるために、さらに意味を深く掘り下げている。その結果、この3語それぞれを明確にするために、のちに2、3の短いフレーズが付け加えられた。

Notes

1. Kevin Lane Keller, "Conceptualizing, Measuring, and Managing Customer-Based Brand Equity," *Journal of Marketing* (January 1993): 1-29.
2. 本章の多くは、以下の文献をもとにしている。Kevin Lane Keller, Brian Sternthal, and Alice Tybout, "Three Questions You Need to Ask About Your Brand," *Harvard Business Review* 80, no. 9 (September 2002): 80-89.
3. Norman Berry, "Revitalizing Brands," *Journal of Consumer Marketing* 5, no. 3 (1988): 15-20.
4. Richard Jones, "Finding Sources of Brand Value: Developing a Stakeholder Model of Brand Equity," *Journal of Brand Management*, 13, no. 1 (October 2005): 10-32.
5. John R. Anderson, *The Architecture of Cognition* (Cambridge, MA: Harvard University Press, 1983); Robert S. Wyer, Jr. and Thomas K. Srull, "Person Memory and Judgment," *Psychological Review* 96, no. 1 (1989): 58-83.
6. John R. Rossiter and Larry Percy, *Advertising and Promotion Management* (New York: McGraw-Hill, 1987).

7. Burleigh B. Gardner and Sidney J. Levy, "The Product and the Brand," *Harvard Business Review* (March-April 1955): 33-39.

8. H. Herzog, "Behavioral Science Concepts for Analyzing the Consumer," in *Marketing and the Behavioral Sciences*, ed. Perry Bliss (Boston: Allyn & Bacon, 1963), 76-86; Joseph W. Newman, "New Insight, New Progress for Marketing," *Harvard Business Review* (November-December, 1957): 95-102.

9. Jim Joseph, "How Do I Love Thee, Apple? Let Me Count the Ways," *Brandweek*, 24 May 2010; Michael Learmonth, "Can the Apple Brand Survive Without Steve Jobs?," *Advertising Age*, 14 January 2009; Miguel Helft and Ashlee Vance, "Apple Passes Microsoft as No. 1 in Tech," *New York Times*, 26 May 2010.

10. James R. Bettman, *An Information Processing Theory of Consumer Choice* (Reading, MA: Addison-Wesley, 1979); Rossiter and Percy, *Advertising and Promotion Management*.

11. William Baker, J. Wesley Hutchinson, Danny Moore, and Prakash Nedungadi, "Brand Familiarity and Advertising: Effects on the Evoked Set and Brand Preference," in *Advances in Consumer Research*, Vol. 13, ed. Richard J. Lutz (Provo, UT: Association for Consumer Research, 1986), 637-642; Prakash Nedungadi, "Recall and Consumer Consideration Sets: Influencing Choice without Altering Brand Evaluations," *Journal of Consumer Research* 17 (December 1990): 263-276.

12. 重要な記憶の研究については、以下を参照されたい。Henry L. Roediger, "Inhibition in Recall from Cuing with Recall Targets," *Journal of Verbal Learning and Verbal Behavior* 12 (1973): 644-657; and Raymond S. Nickerson, "Retrieval Inhibition from Part-Set Cuing: A Persisting Enigma in Memory Research," *Memory and Cognition* 12 (November 1984): 531-552.

13. Rashmi Adaval, "How Good Gets Better and Bad Gets Worse: Understanding the Impact of Affect on Evaluations of Known Brands, "*Journal of Consumer Research* 30 (December 2003): 352-367.

14. Jacob Jacoby, George J. Syzabillo, and Jacqeline Busato-Schach, "Information Acquisition Behavior in Brand Choice Situations," *Journal of Consumer Research* 3 (1977): 209-216; Ted Roselius, "Consumer Ranking of Risk Reduction Methods," *Journal of Marketing* 35 (January 1977): 56-61.

15. James R. Bettman and C. Whan Park, "Effects of Prior Knowledge and Experience and Phase of the Choice Process on Consumer Decision Processes: A Protocol Analysis," *Journal of Consumer Research* 7 (December 1980): 234-248; Wayne D. Hoyer and Steven P. Brown, "Effects of Brand Awareness on Choice for a Common, Repeat-Purchase Product," *Journal of Consumer Research* 17 (September 1990): 141-148; C. W. Park and V. Parker Lessig, "Familiarity and Its Impact on Consumer Biases and Heuristics," *Journal of Consumer Research* 8 (September 1981): 223-230.

16. Richard E. Petty and John T. Cacioppo, *Attitudes and Persuasion: Classic and Contemporary Approaches*. (Boulder, CO: Westview, 1996).

17. Heather Landi, "When Life Gives You Lemons," *Beverage World*, November 2010, 18-22.

18. George S. Day, Allan D. Shocker, and Rajendra K. Srivastava, "Customer-Oriented Approaches to Identifying Products-Markets," *Journal of Marketing* 43 (Fall 1979): 8-19.

19. K. E. Miller and J. L. Ginter, "An Investigation of Situational Variation in Brand Choice Behavior and Attitude," *Journal of Marketing Research* 16 (February 1979): 111-123.

20. David A. Aaker, "Positioning Your Brand," *Business Horizons* 25 (May/June 1982): 56-62; Al Ries and Jack Trout, *Positioning: The Battle for Your Mind* (New York: McGraw-Hill, 1979) （邦訳:『ポジショニング戦略 [新版] 』アル・ライズ、ジャック・トラウト 著、川上純子訳、海と月社、2008 年); Yoram Wind, *Product Policy: Concepts, Methods, and Strategy* (Reading, MA: Addison-Wesley, 1982).

21. Dipankar Chakravarti, Deborah J. MacInnis, and Kent Nakamoto, "Product Category Perceptions, Elaborative Processing and Brand Name Extension Strategies," in *Advances in Consumer Research* 17, eds. M. Goldberg, G. Gorn, and R. Pollay (Ann Arbor, MI: Association for Consumer Research, 1990): 910-916; Mita Sujan and James R. Bettman, "The Effects of Brand Positioning Strategies on Consumers' Brand and Category Perceptions: Some Insights from Schema Research," *Journal of Marketing Research* 26 (November 1989): 454-467.

22. Joel B. Cohen and Kanul Basu, "Alternative Models of Categorization: Towards a Contingent Processing Framework," *Journal of Consumer Research* 13 (March 1987): 455-472; Prakash Nedungadi and J. Wesley Hutchinson, "The Prototypicality of Brands: Relationships with Brand Awareness, Preference, and Usage," in *Advances in Consumer Research*, Vol. 12, eds. Elizabeth C. Hirschman and Morris B. Holbrook (Provo, UT: Association for Consumer Research, 1985), 489-503; Eleanor Rosch and Carolyn B. Mervis, "Family Resemblance: Studies in the Internal Structure of Categories," *Cognitive Psychology* 7 (October 1975): 573-605; James Ward and Barbara Loken, "The Quintessential Snack Food: Measurement of Prototypes," in *Advances in Consumer Research*, Vol. 13, ed. Richard J. Lutz (Provo, UT: Association for Consumer Research, 1986), 126-131.

23. Nedungadi and Hutchinson, "The Prototypicality of Brands"; Ward and Loken, "The Quintessential Snack Food."

24. Phillip Kotler and Kevin Lane Keller, *Marketing Management*, 14th ed. (Upper Saddle River, NJ: Prentice Hall, 2012).

25. Russell I. Haley, "Benefit Segmentation: A Decision-Oriented Research Tool," *Journal of Marketing* 32 (July 1968): 30-35.

第2章　顧客ベースのブランド・エクイティとブランド・ポジショニング

26. また、実際のデモグラフィック情報は、消費者の知覚を完全には反映していない場合もあるかもしれない。た とえば、フォードのマスタングが発売されたとき、意図していた市場セグメントは実際にこの車を購入した顧 客の年齢層よりはるかに若かった。車を購入した消費者は実年齢よりも心は若いつもり、あるいは若いと感じ たかったのである。

27. Jerry Shereshewsky, "Why Baby Boomers Can't Be Put in One Box," *Advertising Age*, 2 March 2010; Charles Duhigg, "Six Decades at the Center of Attention, and Counting," *New York Times*, 6 January 2008.

28. Ronald Frank, William Massey, and Yoram Wind, *Market Segmentation* (Englewood Cliffs, NJ: Prentice Hall, 1972); Malcolm McDonald and Ian Dunbar, *Market Segmentation: How to Do It, How to Profit from It* (Oxford, UK: Elsevier Butterworth-Heinemann, 2004).

29. "CVS' Goal: Attract Customers for Life," *DSN Retailing Today*, 23 May 2005; "Women Making a Difference at CVS," *Chain Drug Review*, 18 April 2005.

30. この題材を掘り下げることは、本章の範囲を越えている。良質なマーケティング戦略のテキストで、参考にな る概要が見つかるはずである。たとえば、以下の書籍を参照されたい。David A. Aaker, *Strategic Market Management*, 9th ed. (New York: John Wiley & Sons, 2011) or Donald R. Lehmann and Russell S. Winer, *Product Management*, 4th ed. (New York: McGraw-Hill/Irwin, 2005).

31. James R. Bettman and Mita Sujan, "Effects of Framing on Evaluation of Comparable and Noncomparable Alternatives by Expert and Novice Consumers," Journal of Consumer Research 14 (September 1987): 141-154; Michael D. Johnson, "Consumer Choice Strategies for Comparing Noncomparable Alternatives," *Journal of Consumer Research* 11 (December 1984): 741-753; C. Whan Park and Daniel C. Smith, "Product Level Choice: A Top-Down or Bottom-Up Process?" *Journal of Consumer Research* 16 (December 1989): 289-299.

32. Teri Agins, "As Consumers Find Other Ways to Splurge, Apparel Hits a Snag," *Wall Street Journal*, 4 February 2005, Al, A6.

33. Isaac Arnsdorf, "The Best Shot: Cell or Camera?," *Wall Street Journal*, 23 June 2010.

34. Patrick Barwise and Sean Meehan, *Simply Better: Winning and Keeping Customers by Delivering What Matters Most* (Cambridge, MA: Harvard Business School Press, 2004).

35. Richard Heller, "Folk Fortune," *Forbes*, September 4, 2000, 66-69; Laureri Collins, "House Perfect," *New Yorker*, 3 October 2011.

36. Personal correspondence, Leonora Polansky, 16 June 2011.

37. 興味深いことに、「ミラー・ライト」が発売されたとき、消費者にとって「お腹にたまらない」というベネフィッ トの裏にある関連性の高い動機は、もっとビールが飲めるということであった。その結果、ミラーはビールの 愛好者をターゲットにマス市場のスポーツ番組に重点を置いた大規模な発売広告キャンペーンを行った。とこ ろが蓋をあけてみれば、初期の調査でミラーに引きつけられた市場セグメントは、年齢の高い高所得層で、中 程度のビール愛好者であることがわかった。なぜか。「お腹にたまらない」というブランド・プロミスは実際に はかなりあいまいである。この消費者グループにとって「お腹にたまらない」とは、ビールを飲んでも心身と もに機敏でいられる（後ろめたいながらもペナルティがない）ことを意味した。ミラーにしてみれば、この標 的市場を誘引できたのは想定外だったが喜ばしい結果となった。マス市場向けの「ハイライフ」ブランドとカ ニバリゼーションを起こさないからである。このグループの動機に沿うよう、広告に登場させるアスリートの タイプには、心身の機敏さをよりうまく表現できる元闘牛士を起用するなど、多少の変更が加えられた。

38. Robert Klara, "'The Other White Meat' Finally Cedes Its Place in the Pen," *Brandweek*, 4 March 2011.

39. Richard A. Melcher, "Why Zima Faded So Fast," *Business Week*, 10 March 1997, 110-114.

40. Keith Naughton, "Ford's 'Perfect Storm,'" *Newsweek*, 17 September 2001, 48-50.

41. Elizabeth Jensen, "Campbell's Juice Scheme: Stealth Health," *Wall Street Journal*, 18 April 1997, B6.

42. David A. Aaker, *Brand Relevance: Making Competitors Irrelevant* (San Francisco: John Wiley & Sons, 2011) （邦訳：『カテゴリー・イノベーション──ブランド・レレバンスで戦わずして勝つ』D・A・アーカー著、阿久 津聡、電通ブランド・クリエーション・センター訳、日本経済新聞出版社、2011 年）。

43. Heather Landi, "Good to the Core," *Beverage World*, August 2010, 35-42.

44. 組織のマーケティング力向上方法についての詳しい検証は、以下を参照されたい。Andy Bird and Mhairi McEwan, *The Growth Drivers: The Definitive Guide to Transforming Marketing Capabilities* (West Sussex, UK: John Wiley & Sons, 2012).

45. "POM Battles FTC Over Health Claims," *Beverage World*, October 2010, 14.

46. Steven Gray, "How Applebee's Is Making It Big in Small Towns," *Wall Street Journal*, 2 August 2004, B1, B4; Douglas Quenqua, "Polishing Up the Apple in Applebee's, *New York Times*, 25 October 2007; Kenneth Hein, "Applebee's Plan to Emulate IHOP, *Brandweek*, 8 July 2008.

47. Abraham Maslow, *Motivation and Personality*, 2nd ed. (New York: Harper & Row, 1970).

48. Thomas J. Reynolds and Jonathan Gutman, "Laddering Theory: Method, Analysis, and Interpretation," *Journal of Advertising Research* (February/March 1988): 11-31. Thomas J. Reynolds and David B. Whitlark, "Applying Laddering Data to Communications Strategy and Advertising Practice," *Journal of Advertising Research* (July/ August 1995): 9-17.

49. Brian Wansink, "Using Laddering to Understand and Leverage a Brand's Equity," *Qualitative Market Research* 6, no. 2 (2003): 111-118.

50. Marco Vriens and Frenkel Ter Hofstede, "Linking Attributes, Benefits, and Consumer Values," *Marketing Research* (Fall 2000): 3-8.

第3章

ブランド・レゾナンスと
ブランド・バリュー・チェーン

プレビュー

　第2章では顧客ベースのブランド・エクイティ（CBBE）の概念を詳しく述べ、類似化ポイントと差別化ポイントの概念に基づいたブランド・ポジショニング・モデルを紹介した。本章では、残り2つのモデルについて考察を進める。これら3つが結びついてブランド立案システムを構成する。

　ブランド・レゾナンス・モデルは、顧客との間に強く活発なリレーションシップを創出する方法をいう。このモデルでは、ブランド・ポジショニングが消費者の思考、感情、行動、ブランドへの共鳴にどのように影響するかを考慮する。モデルの主なインプリケーションを解説したあと、ブランド・レゾナンスなどの結びつきが、次にどのようにブランド・エクイティないしバリューを創出するかについて考察する。

　ブランド・バリュー・チェーンとは、マーケターがブランドの価値創造プロセスをたどる手段であり、マーケティングの財政面における影響についての理解を促してくれる。第2章で解説した顧客ベースのブランド・エクイティをもとに、ブランドが価値を生み出す過程を

理解するためのホリスティックかつ統合的なアプローチである。

強いブランドの構築：ブランド構築の４つの段階

ブランド・レゾナンス・モデルによれば、ブランド構築では一連の段階を踏まなければならない。前の段階の目標が首尾よく達成されなければ、次の段階も達成できない。その段階とは以下のとおりである。

1. ブランドと顧客とのアイデンティフィケーション（同一化）、顧客のマインド内にあるブランド連想と特定の製品クラス、製品ベネフィット、あるいは顧客ニーズとのアイデンティフィケーションを確立すること。
2. 有形、無形の多くのブランド連想を戦略的に結びつけ、顧客のマインド内にブランド・ミーニング（意味）の総体をしっかりと構築すること。
3. ブランドに対する顧客の適切なレスポンス（反応）を引き出すこと。
4. ブランドへの顧客の反応を変化させて、顧客とブランドの間にブランド・レゾナンスおよび強く活発なリレーションシップを創出すること。

上記の４つの段階は、顧客がブランドに対してよく——少なくとも、暗黙のうちに——投げかける基本的な一連の質問を反映している。４つの質問とは、以下のとおりである（カッコ内には、問いに対応したブランドの構築段階が示されている）。

1. あなたは誰なのか（ブランド・アイデンティティ）。
2. あなたは何なのか（ブランド・ミーニング）。
3. あなたはどういう状況なのか。私はあなたをどのように思い、どのように感じているのか（ブランド・レスポンス）。
4. あなたと私の関係はどうなのか。私はあなたとどのような関係を持ち、どれだけ深く関わりたいのか（ブランド・リレーションシップ）。

アイデンティティからミーニング、レスポンス、リレーションシップまで、この**ブランディング・ラダー**の各段階の順序に注目してほしい。すなわち、アイデンティティの創出なしにはミーニングを生み出すことはできず、正しいミーニングを生み出さなければレスポンスは得られない。そして適切なレスポンスが得られなければリレーションシップは構築できないのである。

第3章　ブランド・レゾナンスとブランド・バリュー・チェーン

　ブランドの構造を考えるために、6つの**ブランド・ビルディング・ブロック**を顧客との間に構築すると想定してみよう。ビルディング・ブロックはピラミッドの形に重ねることができ、ブランドがピラミッドの頂点に達して初めて、大きなブランド・エクイティが構築されたことになる。このブランド構築のプロセスは、次ページの図表3-1と図表3-2で説明されている。4つの各段階と、それに対応したブランド・ビルディング・ブロックおよび下位次元について、次項以降で見ていこう。のちに明らかになるように、ピラミッドの左側のビルディング・ブロックを上るのはブランド構築の比較的「理性的なルート」であり、右側のビルディング・ブロックを上るのは比較的「情緒的なルート」である。ピラミッドの両側を上り詰めれば、最強のブランドが構築できる。

■ ブランド・セイリエンス

　正しいブランド・アイデンティティを確立することとは、すなわち顧客との間にブランド・セイリエンス（ブランドの突出性）を創出することである。**ブランド・セイリエンス**によって、ブランド認知や、さまざまな状況や環境で、どれくらい頻繁に、どれくらい簡単にブランドを思い出せるかが測定できる。ブランドのトップオブマインドはどの程度で、ブランド再生やブランド再認はどれだけ容易に行われているだろうか。ブランドを思い出す手がかりやきっかけにはどのようなものが必要だろうか。ブランド認知はどれだけ行き渡っているだろうか。

　先に述べたように、ブランド認知とは、消費者がさまざまな状況下でブランドを再生したり再認したりする能力、ブランド・ネーム、ロゴ、シンボルなどを記憶内の特定のブランド連想に結びつける能力のことである。特に、ブランド認知が構築されれば、ブランドが競争の場としている製品やサービスのカテゴリー、当該ブランド・ネームで販売されている製品やサービスを消費者は理解しやすくなる。また、ブランドが製品群を通じて満たそうとしている「ニーズ」を消費者が理解するのにも、ブランド認知は役立っている。言い換えれば、ブランドが消費者に提供する基本的機能は何かということである。

■ 認知の幅と深さ

　このようにブランド認知は、ブランド要素を製品カテゴリーや購買状況、消費状況、使用状況と結びつけることによって、製品にアイデンティティをもたらす。ブランド認知の深さとは、ブランド要素が思い出される可能性と容易性である。容易に再生されるブランドは、実物を目にしなければ再認されないブランドよりも深いブランド認知を有している。ブランド認知の幅とは、ブランド要素が思い出される購買状況や使用状況の範囲のことで、記憶内のブランド構成や製品知識によって大きく左右される[1]。

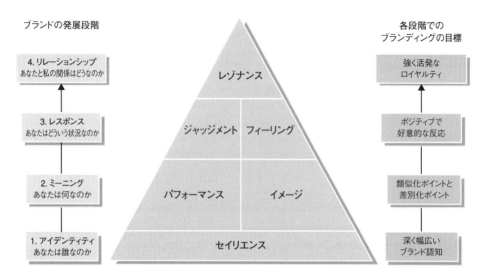

図表3-1　ブランド・レゾナンス・ピラミッド

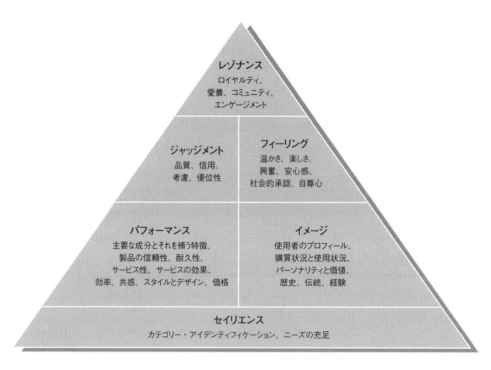

図表3-2　ブランド・ビルディング・ブロックの下位次元

■ 製品カテゴリーの構造

　ブランド想起を十分に理解するには、**製品カテゴリーの構造**、すなわち製品カテゴリーが記憶内でどのように構成されるかを正しく理解する必要がある。通常、製品は特異性に

応じてさまざまなレベルのグループに分かれ、階層構造になっていると考えられている[2]。消費者のマインド内にある製品階層では、たいてい、最も高いレベルに製品クラスの情報があり、2番目のレベルには製品カテゴリーの情報、その次のレベルには製品タイプの情報、最も低いレベルにはブランド情報が置かれている。

製品カテゴリーの構造にまつわる問題と、ブランド認知がブランド・エクイティに及ぼす影響について検証するには、飲料市場が格好の題材になるだろう。図表3-3では消費者のマインド内にある階層が示されている。この例では、消費者はまず味のある飲料と味のない飲料（水）とを区別する。次に、味のある飲料をノンアルコール飲料とアルコール飲料に分ける。続いてノンアルコール飲料は、熱い飲料（コーヒーや紅茶）と冷たい飲料（ミルク、ジュース、ソフトドリンク）に分けられ、アルコール飲料は、ワイン、ビール、蒸留酒に分けられる。さらに細かく区分することもできる。たとえば、ビールというカテゴリーは、ノンアルコール、低カロリー（ライト）、通常アルコールのビールに分けられるし、通常アルコールのビールはさらに、種類（エールとラガー）、醸造方法（ドラフト、アイス、ドライ）、価格と品質（ディスカウント、プレミアム、スーパープレミアム）などによって区分できる。

消費者の意識に広く浸透している製品カテゴリー階層の構成は、ブランド認知、ブランド考慮、意思決定に重要な役割を果たしている。消費者は意思決定をトップダウン方式で

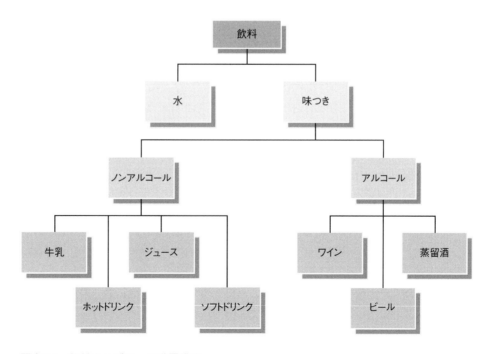

図表3-3　飲料カテゴリーの階層構造

行うことが多く、第1段階では水にするか、味のついた飲料にするかを決める。味のつい
た飲料を選んだ場合、次はアルコール飲料とノンアルコール飲料のどちらを選ぶかという
ことになる。そして最後に、飲もうと考えた製品カテゴリーの中から特定のブランドを選
び出す。

　ブランド認知の深さがブランドの想起可能性に影響する一方、ブランド認知の幅はブラ
ンドの想起状況を描き出す。一般に、ソフトドリンクはブランド認知の幅が非常に広く、
多種多様な消費状況で思い出される。コカ・コーラの製品群は、ほぼいつでもどこでも消
費者の考慮対象になるだろう。だが、アルコール飲料、牛乳、ジュースなどの場合は、思
い起こされる消費状況が限られている。

■ 戦略的なインプリケーション

　製品階層を見れば、ブランド認知の深さと幅がともに重要だとわかる。言い換えれば、
ブランドは「トップオブマインド」であること、十分な「マインド・シェア」を有してい
ることに加えて、適切な時と場所においてそうならなければならない。

　カテゴリー・リーダーであっても、ブランド認知の幅がなおざりにされているケースは
多い。多くのブランドで問題になるのは、消費者がブランドを思い出せるかどうかではな
く、いつ、どこで思い出すか、どれほど容易に、またどれだけ頻繁に思い出すかという点
である。潜在的な使用状況において、無視されたり忘れられたりしているブランドや製品
は多い。そのようなブランドの売上を増やすには、ブランドに対する消費者の態度を改善
しようとするよりも、ブランド・セイリエンスとブランド認知の幅を広げて、消費者が当
該ブランドを使おうと考える状況を拡大し、消費を促進して売上増加を図るほうが効果的
な場合もある。

　税務代行会社のH&Rブロック社は、自社ブランドが年間を通じてトップオブマインド
であるよう全社を挙げて努力している。クライアントを接待したり、新しいノートパソコ
ンを購入したり、職探しをしたりする際など、税務が関わる出来事は年間を通じて発生す
ることを消費者に思い出させている[3]。

　要するに、多くの場合、ブランドに対する既存の態度を変容させるほうが、新たな消費
状況でブランドに対する既存の態度を思い出させるよりも難しいのである。

　高いセイリエンスを有しているブランドは、ブランド認知の深さも幅もあるため、その
ブランドが使用されたり消費されたりする可能性がある多種多様な状況下で、消費者が必
ずブランドを思い出し、十分な量を購入してくれる。ブランド・セイリエンスは、ブラン
ド・エクイティを構築する上で重要な第1段階だが、それだけで十分というわけではない。
多くの消費者にとっては、ブランド・ミーニングやブランド・イメージといった要素も作

用する。

　ブランド・ミーニングの創出にはブランド・イメージの構築も含まれる。ブランドを特徴づけ、顧客のマインド内でブランドの象徴となるのがブランド・イメージである。ブランド・ミーニングは大きく分けて2つのブランド連想のカテゴリーからなる。1つはパフォーマンスに関するもので、もう1つはイメージに関するものである。このようなブランド連想は、顧客自身がブランドに接した経験から直接的に形成されるか、広告やクチコミなどの情報源を通じて間接的に形成される。

　次項で、ブランド・ミーニングの主要タイプ、すなわちブランド・パフォーマンスとブランド・イメージ、およびこの2つのビルディング・ブロックそれぞれのサブカテゴリーについて説明する。

ブランド・パフォーマンス

　ブランド・エクイティの核心は、製品そのものである。消費者がブランドを経験するとき、他者からブランドについて聞くとき、企業がコミュニケーション活動を通じてブランドについて告知するとき、重要な影響を与えるのは製品だからである。消費者のニーズを満たすような製品を設計して提供するということは、その製品が有形財、サービス、組織、人のどれであろうとも、マーケティングを成功させる上での必須条件である。ブランド・ロイヤルティおよびレゾナンスを創出するには、消費者の製品体験が期待を上回るものではないにせよ、最低限、期待に添うものでなければならない。第1章で述べたように、高品質のブランドであるほど財務上の好結果を生み、投資収益率が高くなる傾向にあることが多くの研究でわかっている。

　ブランド・パフォーマンスとは、製品やサービスが、機能面の顧客ニーズをどの程度満たすかということである。当該ブランドは品質の客観評価でどれほどの位置づけになるだろうか。製品カテゴリーまたはサービス・カテゴリー内で、実用面、審美面、経済面の顧客ニーズを、そのブランドはどの程度満たすだろうか。

　ブランド・パフォーマンスは、製品の成分や特徴だけにとどまらず、ブランドを差別化するような要素まで含む。最強のブランド・ポジショニングは、パフォーマンスに何らかの優位性があるかどうかにかかっている。ブランド・パフォーマンスの基礎は、以下の5つのタイプの重要な属性とベネフィットである[4]。

1. **主要な成分とそれを補う特徴**

　顧客は、製品の主要な成分が作用するレベル（低い、中くらい、高い、きわめて高い）についての信念、主要な成分を補う特別な（特許を取得したような）特徴についての信念を有することが多い。製品が機能するために必須となっている属性もあるが、

カスタマイゼーションやパーソナライズした使用を可能にする補完的な属性もある。当然、このような属性は製品やサービスのカテゴリーによって異なる。

2．**製品の信頼性、耐久性、サービス性**

　信頼性は、購入から買い換えまで、時間が経過してもパフォーマンスが常に一定であることをいう。**耐久性**は、製品に期待される経済的寿命のことで、**サービス性**は、修理が必要になった際に簡単に修理できることをいう。したがって、製品パフォーマンスの知覚には、製品の配送と設置の素早さ、正確さ、丁寧さに加え、顧客サービスや顧客トレーニングの迅速さ、親切さ、有用さ、修理サービスの品質や所要時間といった要素が影響する。

3．**サービスの効果、効率、サービスとの共感**

　顧客は、サービスに対してもパフォーマンスに関連した連想を抱くことが多い。**サービスの効果**は顧客が求めるサービス要件をブランドがどれだけ満たしているかを表し、**サービスの効率**はサービスの迅速さと対応の良さをいう。そして**サービスとの共感**は、サービス提供者が顧客からどれだけ信頼され、親切で、顧客の利益を考えていると思われているかをいう。

4．**スタイルとデザイン**

　デザインにはパフォーマンス連想に影響する製品の機能面が含まれる。また、消費者が、製品の機能面よりも大きさ、形状、材質、色などの審美的要素について連想を抱くこともある。そのため、製品の外観と手ざわり、時には音や匂いといった感覚的要素によってパフォーマンスが左右される場合もある。

5．**価格**

　当該ブランドは相対的に見てどれだけ高いか（または安いか）、値引きはどれくらいの頻度や規模で行われるのかなど、ブランドの価格政策が、消費者のマインド内にブランド連想を創出することもある。消費者はブランドごとに価格帯という形で知識を形成するため、価格は特に重要なパフォーマンス連想である[5]。

■ ブランド・イメージ

　ブランド・ミーニングのもう1つの主要なタイプは、ブランド・イメージである。ブランド・イメージは、顧客の心理的ニーズや社会的ニーズをどのような形で満たそうとしているかといった、製品やサービスの付帯的な特性に依存している。ブランドが実際に何の役に立つと思われているかではなく、抽象的にどう思われているかがブランド・イメージである。したがって、ブランド・イメージはどちらかといえばブランドの無形の側面に関わりが深く、消費者は自分の経験から直接、あるいは広告やクチコミのような情報源から間接的に、ブランド・イメージにまつわる連想を形成する。ブランドに結びつく無形の要

素はたくさんあるが、次の4つが主要なものである。

1．ユーザーイメージ
2．購買状況と使用状況
3．パーソナリティと価値
4．歴史、伝統、経験

　例として、ヨーロッパのスキンクリームやパーソナルケア用品メーカー「ニベア」のような、豊かなブランド・イメージを有するブランドを取り上げてみよう。同社の特に目立った無形の連想には、(1) 家族・経験の共有・母親、(2) 多彩な用途、(3) 定番・不変、(4) 子ども時代の思い出などがある。

1．ユーザーイメージ
　第1のタイプのブランド・イメージ連想の集合は、ブランドを使用する人や組織のタイプを示すものである。このイメージは、ブランドの実際のユーザーか、あるいは憧れの理想化したユーザーについてのメンタル・イメージになる。このような典型的ユーザーまたは理想のユーザーを連想する基礎となっているのは、記述的なデモグラフィック要因あるいは抽象的なサイコグラフィック要因である。デモグラフィック要因には、次のようなものがある。

• 性別：「ヴィーナス」（剃刀）や「シークレット」（デオドラント）は「女性的な」連想を有しているのに対し、「ジレット」（剃刀）や「AXE（アックス）」（デオドラント）は「男性的な」連想を有している[6]。
• 年齢：「ペプシコーラ」、「パワーエイド」（スポーツ飲料）、「アンダーアーマー」（パフォーマンス・アパレル）は、それぞれ「コカ・コーラ」、「ゲータレード」、「ナイキ」よりも精神的に瑞々しくて若いというポジショニングをとっている。
• 人種：「ゴヤ」（食品）と「ユニビジョン」（テレビ・ネットワーク）は、ヒスパニック系の市場に強いアイデンティフィケーションを有している。
• 所得：「スペリー・トップサイダー」（靴）、「ポロ」（シャツ）、「BMW」（自動車）からは、都会で専門職に就いている若くて裕福な人々、つまりヤッピーとの連想が持たれてきた。

　サイコグラフィック要因には、人生、キャリア、財産、社会問題、政治制度などへの態度が挙げられる。あるブランドの使用者が、革新的であるとか保守的であるとかみなされ

ることがある。

　B2B（企業間取引）においては、ユーザーのイメージは組織の規模やタイプに左右される。たとえば、マイクロソフトは「攻撃的な」企業だと思われているのに対し、L.L. Beanは「配慮のある」企業だと思われている。ユーザーのイメージでは一個人の特性よりも、集団全体の知覚という観点で広い要件が重視される。たとえば、多くの人が使っているブランドならば、「人気がある」あるいは「市場リーダー」とみなされるだろう。

２．購買状況と使用状況

　第２のタイプのブランド・イメージ連想の集合は、消費者がどのような条件下や状況下でブランドを購入し使用するかについてである。百貨店、専門店、インターネットといったチャネルタイプに関するものもあれば、メイシーズ、フットロッカー、ブルーフライといった特定の店に関するもの、購買のしやすさや（もしあれば）報奨に関するものがある。

　使用状況に関する典型的なブランド・イメージ連想は、日、週、月、年という時間軸のどの時点でブランドを使うのか、どこで使用するのか（屋外か屋内か）、どのような活動に使うのか（公式の場か非公式の場か）によって決まる。ピザのチェーン店は、長年、流通チャネルに加えて顧客のピザの買い方と食べ方にも、強いイメージ連想を有していた。ドミノ・ピザは宅配、リトル・シーザーは持ち帰り、ピザハットは店内での飲食といった具合である。ところが最近では、これら大手の競合店は、互いに従来の相手の市場に食い込むようになっている。

３．パーソナリティと価値

　消費者の経験やマーケティング活動によって、ブランドがパーソナリティや人間的な価値観を有することもあり、人間のように「モダン」、「古風」、「活動的」、「エキゾチック」などと受けとめられる[7]。ブランド・パーソナリティの５つの次元（カッコ内は対応する下位次元）として、誠実さ（現実的、正直、健全、朗らか）、興奮（大胆、元気、想像力に富む、現代的）、能力（信頼できる、知的、成功している）、洗練（上流階級、魅力的）、頑丈さ（アウトドア好き、タフ）が挙げられる[8]。

　ブランド・パーソナリティはどのように形成されるのだろうか。ブランドのどの側面が消費者によってブランド・パーソナリティの推論に使われてもおかしくない。ある調査で、非営利企業は営利企業よりも「温かみがある」が有能さでは劣ると知覚されていることがわかった。しかも、有能さに欠けるという知覚のせいで、消費者は営利企業の製品に比べ非営利企業の製品を購入する意欲が低かった。しかし、『ウォール・ストリート・ジャーナル』紙のような信頼性の高い媒体による推奨によって非営利企業の能力についての知覚が向上すると、このような購入時の懸念は払拭された[9]。

マーケティング・プログラムのどの要素もブランド・パーソナリティに影響を与えるが、中でもマーケティング・コミュニケーションと広告の影響が強いだろう。広告で描かれたりする使用者や使用状況について、消費者は推論を試みる。たとえば、広告する側は、擬人化とアニメーション技術の活用、人格化とブランド・キャラクターの使用、使用者イメージの創出（「アバクロンビー＆フィッチ」のモデルたちのプレッピーな外見）などを通じて、パーソナリティ特性をブランドに吹き込む[10]。もっと一般的には、広告で起用される俳優、クリエイティブ戦略におけるトーンやスタイル、広告が呼び起こす情動や感情によってブランド・パーソナリティは影響を受ける。いったんブランド・パーソナリティが確立されると、消費者からそのパーソナリティに合わないとみなされた情報は、受け入れられにくくなる[11]。

とはいえ、使用者イメージとブランド・パーソナリティは必ずしも一致するものではない。パフォーマンスに関連するブランド属性が消費者の意思決定を大きく左右する場合、たとえば食品などでは、ブランド・パーソナリティと使用者イメージの結びつきは低い。ブランド・パーソナリティと使用者イメージの差異は、他の理由からも生まれる。アメリカに市場導入された当初、ペリエのブランド・パーソナリティは「洗練」されていて「スタイリッシュ」というものだったが、実際の使用者イメージはそれほど洗練されたものではなく、「派手」で「トレンディ」なものだった。

消費者の意思決定において使用者イメージや使用イメージが重要になるカテゴリーでは、ブランド・パーソナリティと使用者イメージとの結びつきは深い。自動車、ビール、蒸留酒、タバコ、化粧品などである。そのため消費者は、自己概念に合致したパーソナリティを有するブランドを選んで使用することが多いが、自分の実像ではなく自分の理想像に合致したブランドを選ぶこともある[12]。このような効果は、個人的に使う品物よりも公共の場で使う製品でより顕著に見られる。公共の場ではブランドの情報発信性がより重要性を持つからであろう[13]。高い自己監視能力を持ち、他者が自分をどう見ているかに敏感な消費者は、消費状況に合致するようなパーソナリティを有するブランドを選択することが多い[14]。

4．歴史、伝統、経験

ブランドの中には、特筆すべき過去のできごとへの連想を有するものもある。このタイプの連想は、個人的な経験やエピソード、友人や家族などの過去の行動や経験を明瞭に想起させる。そのため、非常に個人的な性格の強い連想になることもあれば、多くの人に知られ共有されている連想になる場合もある。たとえば、製品の色やパッケージの外見、製品を生み出した会社や人物、生産国、販売している店のタイプ、ブランドがスポンサーとなったイベント、ブランドを推奨している人々などといったマーケティング・プログラム

の要素につながる連想があるだろう。

このような歴史、伝統、経験との連想は、強力な差別化ポイントを創出する一助となる。最近の大不況のさなか、ノーザン・トラストは自社が120年以上の歴史を持ち、その間、景気低迷期を何度も耐え抜いてきた事実を利用して、富裕顧客層の信頼と安心感を強化した[15]。いずれにしても、歴史、伝統、経験との連想は、使用イメージを形成する、一般化を越えた特定の具体的な例を利用しているのである。極端なケースでは、あらゆるタイプの連想が統合されて神話ともいうべきものになり、ブランドがアイコンとなってしまうこともある[16]。

ブランド・パフォーマンスとブランド・イメージのいずれかに関連した多種多様な連想が、ブランドと結びつけられるようになってきている。ブランド・イメージとブランド・ミーニングを形成するブランド連想は、ブランド・エクイティ構築の鍵となる3つの重要な次元（強さ、好ましさ、ユニークさ）によって特徴づけられる。これら3つの次元を満たすブランド連想が生まれれば、ポジティブなブランド・レスポンスが得られ、堅固で活発なブランド・ロイヤルティの基盤を築くことができる。

強く、好ましく、ユニークなブランド連想を確立するのは、マーケターにとって実に困難な課題だが、顧客ベースのブランド・エクイティを構築するには不可欠の作業でもある。強いブランドは必ず、消費者との間に好ましくユニークなブランド連想を築いている。ブランド・ミーニングは**ブランド・レスポンス**を作り出すのに役立つが、ブランド・レスポンスとは、顧客がブランドについて何を思い、感じるかということである。ブランド・レスポンスは、それが「頭」から生まれてくるか「心」から生まれてくるかによって、ブランド・ジャッジメントとブランド・フィーリングに区別できる。これらについては次項以降で説明しよう。

■ ブランド・ジャッジメント

ブランド・ジャッジメントとは、ブランドに対する顧客の個人的な意見や評価である。消費者はブランド・パフォーマンスやブランド・イメージについての多種多様な連想を組み合わせて、ブランド・ジャッジメントを形成する。顧客はブランドに関してありとあらゆるタイプのジャッジメントを作り上げるが、とりわけ重要なのは、品質、信用、考慮、優位性の4つである。

■ ブランド品質

ブランド態度は、ブランドに対する消費者の全般的な評価であり、ブランド選択を左右する基盤となっていることが多い[17]。ブランド態度は一般的に、特定のブランド属性とブ

ランド・ベネフィットによって決まる。ヒルトン・ホテルを例にとって考えてみよう。立地の良さ、部屋の快適さ、屋内デザインや外観、スタッフのサービス品質、レクリエーション施設、食事、安全性、価格など、ホテルに関して重要とみなされているブランド連想をどれだけ抱くかによって、消費者のヒルトンへのブランド態度が決まってくる。

消費者はブランドに対して多様な態度をとるが、最も重要なのは知覚品質に関する態度と、顧客価値および顧客満足に関する態度である。知覚品質という評価基準はブランド・エクイティへの取り組みでよく使われている。ハリス・インタラクティブが毎年行っている「エクイトレンド」の調査では、15歳以上の2万人の消費者が、46のカテゴリーにまたがる1200のブランドから選ばれた60のブランドを、エクイティ、消費者との結びつき、コミットメント、ブランド態度、ブランド・アドボカシー、信頼性などいくつかの基準で評価している。エクイティ・スコアは馴染み深さ、品質、購入意図という尺度に基づいて導出されている[18]。

■ブランド信用

ブランドを提供している企業や組織に関しても、顧客はジャッジメントを形成する。**ブランド信用**は、3つの次元（知覚された専門性、信頼性、魅力）に基づいて、顧客から見たブランドの信用度をいう。つまり、ブランドが（1）有能で、革新的で、市場リーダーとなっているか（**ブランドの専門性**）、（2）信頼に足り、顧客の利益を念頭に置いているか（**ブランドの信頼性**）、（3）楽しく、面白く、時間を費やすだけの価値があるか（**ブランドの魅力**）ということである。ブランド信用は、ブランドを提供している企業や組織について、有能であり、顧客のことを考えており、魅力的であると消費者がみなしているかどうかで測れる[19]。

■ブランド考慮

好ましいブランド態度やブランド信用を得るのは重要だが、消費者にブランドの購買や使用を実際に考えてもらう必要もある。第2章で紹介したように、ブランド考慮は、顧客がブランドに対してどれだけ個人的関心を有するかどうかにかかっており、ブランド・エクイティ構築にあたってきわめて重要なフィルターとなる。顧客がブランドをどれだけ高く評価し、信用できると考えていたとしても、真剣に考慮の対象とし、自分の身に引きつけて考えないかぎり、顧客はブランドと距離を置き、受け入れることはない。ブランド考慮は、ブランド・イメージの一部としてどれだけ強く好ましいブランド連想が確立されるかに大きく左右される。

■ ブランド優位性

　ブランド優位性とは、顧客がブランドをどれくらいユニークで、他のブランドより優れていると考えるかである。当該ブランドには他のブランドにはない利点があると、顧客が考えてくれるかどうかということだ。ブランドと顧客の間に強固なリレーションシップを築く上で、ブランド優位性はきわめて重要であり、質量ともにユニークなブランド連想を、ブランド・イメージとしてどこまで形成できるかに大きく左右される。

ブランド・フィーリング

　ブランド・フィーリングとは、ブランドに対する顧客の感情的反応のことである。ブランド・フィーリングは、ブランドが喚起する社会的流行にも関係している。マーケティング・プログラムなどの手段によって、どのようなブランド・フィーリングが喚起されるのだろうか。顧客自身、および顧客と他者との関係についてのフィーリングに、ブランドはどのような影響を及ぼすのだろうか。このようなフィーリングは、穏やかな場合もあれば激しい場合もあり、ポジティブなこともネガティブなこともある。

　たとえば、サーチアンドサーチのケビン・ロバーツは、企業はブランドを超越して「トラストマーク」（企業を顧客の願望や憧れと感情的に結びつける名前やシンボル）を、そして究極的には「ラブマーク」を創出すべきだと唱えている。ブランドは単に尊敬されるだけでは不十分であるとロバーツは論じている。

　今はほぼすべてのものを愛 − 尊敬軸の観点から見ることができる。人との関係、ブランドとの関係、どんな関係も、愛に基づいているのか尊敬に基づいているのかでプロットできる。かつては尊敬軸の評価が高ければ勝っていた。しかし最近は、愛の軸の評価が高いほうが勝つ。提供されるものを愛せなければ、関心すら持たないのだ[20]。

　この概念を熱心に信奉するロバーツによると、トラストマークはブランドに愛を捧げる人々のものであり、感情的な結びつきが重要であるという[21]。

　ブランドに結びついた感情は非常に強いので、製品の消費中や使用中に喚起されることもある。製品の実際の使用経験についての消費者知覚を変化させるように作られた広告のことを、研究者は**変換型広告**と定義している[22]。コロナ・エキストラは「ボトルの中のビーチ」という広告でアメリカの輸入ビールの首位の座をハイネケンから奪った。「Miles Away from Ordinary（日常から遠く離れて）」というキャッチコピーで展開したキャンペーンは、飲む人を（少なくとも心の中で）太陽の降り注ぐ静かなビーチに連れ出すことを意図したものだった[23]。

　自社ブランドに対する消費者の感情を利用しようと試みる企業が増えている。ブランドを構築するフィーリングには、以下の6つの重要なタイプがある[24]。

1．**温かさ**：このタイプのブランドは落ち着いたフィーリングを呼び起こし、消費者に穏やかで安らいだ感覚をもたらす。消費者は、ブランドに対して感傷的になったり、温かい心や愛情を抱いたりする。ウェルチのジャム、クエーカーのオートミール、アーントジェミマのパンケーキミックスとシロップは、温かさのフィーリングをうまく利用している。

2．**楽しさ**：陽気なタイプのブランド・フィーリングで、消費者を笑わせ、うきうきさせ、楽しい気分にさせ、陽気にさせ、愉快にさせる。有名キャラクターやテーマパークの乗り物を有するディズニーは、楽しさを連想させるブランドの代表例である。

3．**興奮**：消費者を元気にさせ、特別な経験をしている気分にさせる。興奮を呼び起こすブランドは、高揚感や「生きている実感」、クールやセクシーといったフィーリングをもたらす。ティーンエージャーやヤングアダルトにとって、MTVは興奮を与えてくれるブランドといえる。

4．**安心感**：このタイプのブランドは、安心、快適、自信といったフィーリングをもたらす。このブランドのおかげで、心配や悩みを経験せずにすむこともある。オールステート保険と「守ってくれる手」のシンボル、ステートファームと「良き隣人のように」のスローガンは、多くの人に安心感を伝達している。

5．**社会的承認**：このブランドによって、消費者は自分の外見や行動などが他者から好ましく見られていると感じる。このような社会的承認は、自分が当該ブランドを利用しているのを他者から直接見てもらうことで得られる場合もあれば、それほど直接的でなく、自分が製品を使っていると考えてもらうことで得られる場合もある。高齢世代の消費者にとってキャデラックは、昔から社会的に承認されたシグナルとなるブランドであった。

6．**自尊心**：このブランドによって、消費者は自分自身をより良く感じる。たとえば誇りや達成感、充足感を覚える。洗濯洗剤のタイドのようなブランドは、多くの主婦（主夫）に「家族のために最高のことをしている」という感覚を与えてくれる。

　これら6つのフィーリングは大きく2つのカテゴリーに分けられる。最初の3つのタイプのフィーリングは、経験によってその場で生まれるもので、1～3の順で強さが増す。後者の3つのタイプは、私的で持続性があり、4～6の順で重みが増す。

　頭と心の双方から引き出せる顧客のレスポンスには、さまざまなタイプがあるが、最終的に重要なのは、その反応がどれだけポジティブかということである。また、消費者がブランドについて考えた際に、すぐにレスポンスが引き出されなければならない。ブランド・ジャッジメントとブランド・フィーリングは、ブランドにさまざまな形で遭遇したと

きに消費者がポジティブなレスポンスを内面化したり考えたりして、消費者の行動に初めて好ましい影響を与える。

ブランド・レゾナンス

　ブランド・レゾナンス・モデルの最終段階は、顧客がブランドに対して有する最終的なリレーションシップとアイデンティフィケーションのレベルに注目している[25]。**ブランド・レゾナンス**とは、顧客がブランドにどれだけ「同調」していて、どのようなリレーションシップを抱いているかである。長期にわたって高いレゾナンスを有しているブランドには、ハーレーダビッドソン、アップル、イーベイなどがある。

　レゾナンスは、顧客がブランドに対して抱いている心理的な絆の強さや深さと、ロイヤルティが生み出す活動のレベル（反復購買率、顧客がブランド情報やイベントや他の愛好者を探し出そうとする熱意）によって決まってくる。ブランド・レゾナンスは、以下の4つのカテゴリーに分類できる。

1．行動上のロイヤルティ
2．態度上の愛着
3．コミュニティ意識
4．積極的なエンゲージメント

■ 行動上のロイヤルティ

　行動上のロイヤルティは、反復購買と、ブランドに帰属するカテゴリーにおけるシェア、すなわち「カテゴリー・シェア」によって測ることができる。つまり、顧客があるブランドをどれくらいの頻度で、どれくらいの量を購入するのかということである。純利益を得るためには、ブランドは十分な購入頻度と購入量を生み出さねばならない。

　行動上のロイヤルティを持つ消費者の生涯価値は、非常に大きくなる可能性がある[26]。たとえば、ゼネラルモーターズ（GM）にロイヤルティを有する顧客は、27万6000ドルの生涯価値があるとされる（一生のうちに11台以上のGM車を購入し、クチコミで友人や親族にGM車を勧め、考慮対象にしてもらう可能性を高めると推定）。あるいは子どもが生まれたばかりの親を考えてみるとよい。24〜30カ月間おむつとおしりふきに月100ドル使うと、たった1人の赤ちゃんに3000ドルもの生涯価値が創出されることになる。

■ 態度上の愛着

　ブランド・レゾナンスを生み出すのに行動上のロイヤルティは必要だが、それだけでは不十分である[27]。当該ブランドしか在庫がないから、手に入りやすいから、買える値段の

ものはそれしかないから、などの理由でやむなく購入している場合もある。しかし、レゾナンスが生まれるには個人的な強い**愛着**が必要である。顧客は、ポジティブな態度を持つところからさらに進んで、もっと幅広い文脈においてブランドを特別なものと捉えることがある。たとえば、あるブランドに態度上の愛着を非常に持っている顧客は、そのブランドを「愛している」とコメントしたり、お気に入りの持ち物だと紹介したり、楽しみにしている「ちょっとした喜び」だと説明したりする。

　ある調査によると、単に満足するだけでは不十分という結果が出ている[28]。ゼロックス社の調査によれば、顧客満足を1（きわめて不満）から5（きわめて満足）までの5段階で評価した場合、ゼロックス社の製品やサービスを4（まあまあ満足）と評価した顧客は、5と評価した顧客と比べて、競合他社への離反率が6倍にもなることが明らかになった[29]。

　同様に、ロイヤルティ研究の第一人者であるフレデリック・ライクヘルドは、自動車を購入した顧客の90％以上は、満足あるいは非常に満足した状態でディーラーのショールームをあとにするが、次回も同じブランドの自動車を購入する人は、その半数に満たないと指摘している[30]。高いロイヤルティを創出するには、マーケティング・プログラムや、消費者ニーズを十分に満たす製品やサービスを通じて、強い態度上の愛着を生み出す必要がある。

■ コミュニティ意識

　ブランドは**コミュニティ**の意識を伝えることで、顧客にとってより広いミーニングを持つ傾向にある[31]。ブランド・コミュニティとの一体化は、仲間のブランド使用者や顧客、ブランドを提供している企業の従業員や代表者など、ブランド関係者との間に家族意識や友好を感じるという重要な社会現象である。ブランド・コミュニティは、オンラインでもオフラインでも成立する[32]。BRANDING BRIEF 3-1、にブランド・コミュニティ構築のために企業側が立ち上げた2つのプログラムを紹介した。ロイヤルティを有する使用者の間の強いコミュニティ意識は、好ましいブランド態度とブランド意思を生み出す[33]。

■ 積極的なエンゲージメント

　最後に、ブランド・ロイヤルティが最も強くなるのは、顧客がブランドに**エンゲージ**するとき、すなわち、ブランドの購買や消費に費やす以外に、時間、エネルギー、お金その他の資源をそのブランドに投入する意思があるときである[34]。たとえば、ブランドのファンクラブに入会した人は、最新情報を受け取ったり、他のブランド使用者やブランドの公式・非公式の代表者と情報を交換したりする。企業はブランドのついた多種多様な商品を顧客にとって購入しやすくし、顧客がロイヤルティをそうした商品で表明できるようにしている。

ブランド関連のウェブサイトを訪れ、チャットに参加したり、書き込みをしたりする場合、顧客自身がブランドのエバンジェリスト（伝道師）あるいは大使となって、ブランドの情報を広め、他者とブランドとの結びつきを強める。しかし、ブランドへの積極的なエンゲージメントを生み出すためには、通常強い態度上の愛着か社会的アイデンティティ、あるいはその双方が必要となる。

ブランド・レゾナンスと消費者がブランドに対して有するリレーションシップには、**強さ**と**活発さ**の２つの次元がある。強さは、態度上の愛着とコミュニティ意識の強さを表す。活発さは、消費者がどれだけ頻繁にブランドを購入したり使用したりするか、そして購買や消費以外の活動にエンゲージするかである。

BRANDING BRIEF 3-1 –
ブランド・コミュニティの構築

アップル

アップルは自社コンピュータのオーナーに、地域のアップルユーザーグループの結成を呼びかけている。世界中に800を超えるグループがあり、その規模はメンバー数25名未満から1000名以上までさまざまだ。多くのグループが月例会、会報、メンバー割引、分科会、勉強会、１対１サポートを実施している。大きなグループになると大規模な研修プログラム、コンピュータラボ、リソースライブラリまで提供している。ユーザーグループに入ると、コンピュータについての知識を深めたり、アイデアを交換したり、アップルユーザー仲間と友達になったりするだけでなく、特別な活動やイベントを後援したり、コミュニティサービスを行ったりすることができる。アップルのウェブサイトを閲覧すれば、身近なユーザーグループを見つけられるだろう。

ハーレーダビッドソン

世界的に有名なこのオートバイメーカーは、ハーレーオーナーズグループ（HOG）を後援している。HOGは2011年時点で、世界のチャプター（会員組織）に120万人のメンバーを抱え、「ライディングを楽しもう」というシンプルなミッションを共有している。ハーレーダビッドソンのオートバイを初めて購入すると、１年間無料でメンバーになれる。HOGの特典には、「Hog Tales」という機関誌、ツーリングハンドブック、緊急ロードサービス、特別設計された保険プログラム、盗難報奨サービス（訳注：HOGメンバーのオートバイが盗難にあった際、犯人逮捕につながる情報を提供した人に報奨金を出すもの）、ホテル料金割引、旅行先でハーレーをレンタルできるフライ＆ライド・プログラムがある。

第3章　ブランド・レゾナンスとブランド・バリュー・チェーン

120万人のメンバーを擁するハーレーオーナーズグループはブランド・コミュニティの典型例である。
出典：culture-images GmbH/Alamy

同社は、HOG専用の充実したウェブサイトも運営しており、チャプターやイベントの情報を盛り込んでいるほか、メンバー専用のページも提供している。

出典：www.apple.com, www.harley-davidson.com；2011年12月時点の情報。

ブランド構築へのインプリケーション

ブランド・レゾナンス・モデルは、ブランド構築のロードマップと指針を与えてくれる。ブランド構築の進捗度を評価し、実施すべきマーケティング・リサーチの方向性を示してくれるからだ。マーケティング・リサーチについては、モデルを応用することで、ブランド・トラッキングやブランド構築の成功度を定量的に測定できる（第8章を参照）。図表3-4に、6つのブランド・ビルディング・ブロックの測定で使われる質問例を示す。

またブランド・レゾナンス・モデルは、ブランディングにまつわる多くの重要な原則に裏づけを与えているが、そのうち5つは特筆すべきものなので、以下で説明しよう。

■ブランドは顧客のもの

ブランド・レゾナンス・モデルの基本的前提によると、ブランドの強さを本当に決めるのは、消費者がブランドについてどのように考え、感じ、行動するかである。最も強いブランドにおいては、ブランドに強い愛着や情熱を持つようになった消費者が、実質的にブランドの伝道師や宣教師となり、ブランドに対する信念を他者と分かち合い、クチコミを広めてくれる。企業にとって、ブランドのパワーと究極的な価値は顧客にある。

図表3-4　ブランド・ビルディング・ブロックに関する質問項目

I. セイリエンス

製品カテゴリーまたはサービス・カテゴリーの中で、何のブランドが思い浮かびますか。

（製品カテゴリーの手がかりを徐々に具体的にしていく）

それらのブランドについて、聞いたことがありますか。

次のような状況のもとでは、どのブランドを使いそうですか。

このブランドは、どれくらい頻繁に思い浮かべますか。

II. パフォーマンス

カテゴリー内の他のブランドと比べて、このブランドは製品またはサービス・カテゴリーの基本機能をどれくらい果たしていますか。

カテゴリー内の他のブランドと比べて、このブランドは製品またはサービス・カテゴリーの基本ニーズをどれくらい満たしていますか。

このブランドには、どれくらいユニークな特徴がありますか。

このブランドは、どれくらい信用できますか。

このブランドは、どれくらい耐久性がありますか。

このブランドには、どれくらい簡単にサービスが受けられますか。

このブランドのサービスは、どれくらい効果的ですか。あなたの要求を完全に満たしてくれますか。

このブランドのサービスは、スピードや対応の良さなどの点で、どれくらい効率的ですか。

このブランドのサービス業者は、どれくらい礼儀正しく親切でしたか。

このブランドは、どれくらい流行に合っていると思いますか。

外観や雰囲気など、このブランドのデザインはどれくらい好きですか。

カテゴリー内で競合する他のブランドと比べて、このブランドの価格は全般的に高いですか、安いですか、それとも同じくらいですか。

カテゴリー内で競合する他のブランドと比べて、このブランドの価格が変わることは多いですか、少ないですか、それとも同じくらいですか。

III. イメージ

あなたが憧れ、尊敬している人たちは、このブランドをどれくらい使用していますか。

このブランドを使う人たちを、あなたはどれくらい好きですか。

以下の言葉は、このブランドをどれくらい良く言い表していますか。

実際的、誠実、大胆、最新式、信頼できる、成功している、上流階級、魅力的、アウトドア向き

このブランドを買うのにふさわしい場所はどこですか。

次の場面はこのブランドを使用するのにどの程度ふさわしいですか。

このブランドは、たくさんの場所で買えますか。

このブランドは、多種多様な状況で使えますか。

このブランドについて考えると、楽しい思い出がどれくらい浮かんできますか。

自分はこのブランドと一緒に育ったと、どれくらい感じられますか。

IV. ジャッジメント

品質

このブランドを全体としてどう思いますか。

このブランドの製品品質をどのように評価していますか。

このブランドは、あなたの製品ニーズをどれくらい満たしていますか。

このブランドには、どれくらい価値がありますか。

信用

このブランドのメーカーは、どれだけ知識豊富だと思いますか。

このブランドのメーカーは、どれくらい革新的だと思いますか。

このブランドのメーカーは、どれくらい信頼できますか。

このブランドのメーカーは、あなたのニーズをどれくらい理解していますか。

このブランドのメーカーは、あなたの意見についてどれくらい配慮していますか。

このブランドのメーカーは、あなたの利益をどれだけ考えてくれていますか。

（続く）

（続き）

このブランドをどれくらい好きですか。

このブランドにどれくらい憧れていますか。

このブランドをどれくらい尊敬していますか。

考慮

このブランドを他の人にどれくらい勧めたいですか。

このブランド・カテゴリーで、あなたのお気に入りの製品はどれですか。

このブランドは、あなたと個人的な関連性がどれくらいありますか。

優位性

このブランドは、どれくらいユニークですか。

このブランドには、他のブランドにはない利点がどれくらいありますか。

このブランドは、カテゴリー内の他のブランドよりもどれくらい優れていますか。

V. フィーリング

このブランドに温かさを感じますか。

このブランドに楽しさを感じますか。

このブランドに興奮しますか。

このブランドに安心感がありますか。

このブランドを使うと、社会に認められていると感じますか。

このブランドを使うと、自分に誇りを感じますか。

VI. レゾナンス

ロイヤルティ

自分はこのブランドにロイヤルティを持っていると思う。

可能なかぎり、いつでもこのブランドを買う。

可能なかぎり、たくさんこのブランドを買う。

このカテゴリーの中で、自分が必要としているのはこのブランドだけだと思う。

自分が買いたい、使いたいと思うのは、このブランドだけだ。

このブランドが手に入らなかった場合、他のブランドを使わなければならなくなったとしても、あまり違いはない。

探してでも、このブランドを使いたい。

愛着

このブランドを本当に愛している。

このブランドがなくなったら、非常に寂しい。

このブランドは、自分にとって特別なものだ。

このブランドは、自分にとって製品以上のものだ。

コミュニティ意識

このブランドを使っている人たちには、非常に共感できる。

このブランドを使っている人たちとは、同じクラブに入っているような気分だ。

このブランドを使っている人たちは、自分と似ている。

このブランドを使っている人たちと、強い連帯感を持っている。

エンゲージメント

このブランドについて、他人に話すのが大好きだ。

このブランドについて、もっとよく知りたいと常に思っている。

このブランドのネームがついた商品があれば、興味を持つだろう。

自分がこのブランドを使っていることを、他の人に知られるのは誇らしい。

このブランドに関するウェブサイトを訪問するのが好きだ。

他の人に比べて、このブランドに関する情報をこまめにチェックしている。

ブランド・ビルディング・ブロックのピラミッドの下の2段(ブランド・セイリエンス、ブランド・パフォーマンス、ブランド・イメージ)のコアとなるブランド価値は、他のブランド価値と比べて、製品カテゴリーやサービス・カテゴリーごとに個別の独自性があることを認識されたい。

ブランドについて知り、ブランドを経験することを通じて、顧客は態度変容や行動変化を通じてブランド・エクイティのベネフィットを企業にもたらすようになる。ブランド構築のために、できるかぎり効果的かつ効率的なマーケティング・プログラムを立案し実行するのはマーケターの責任だが、マーケティングが成功するかどうかは、最終的には消費者の反応と行動にかかっている。そして消費者の反応は、各自のマインド内に作り出されたブランド知識に左右されるのである。THE SCIENCE OF BRANDING 3-1では、企業が本当に顧客本位であるかどうかを判断する基準を紹介している。

■ ブランドに近道なし
　ブランド・レゾナンス・モデルは、ブランド構築に近道はないという事実を裏づけている。優れたブランドは偶然に生まれるのではなく、消費者に対して論理的につながった一連の段階を――明白なものも、暗黙のうちに行われるものも――慎重に積み重ねていった結果、できあがるものである。マーケターが各段階を明確に認識し、具体的な目標として定義すれば、それだけ各段階に適切な関心を注いで実現できるので、それらの段階はブランド構築に著しく貢献できる。強いブランドを構築するのにかかる時間は、消費者の間に十分な認知と理解を創出するのにかかる時間と直接に比例する。その結果、ブランド・エクイティの基礎となる、確固たるブランド信念やブランド態度が形成される。
　ブランド構築の各段階は、どれも同等に難しいわけではない。ブランド認知を生み出す段階は、効果的に設計されたマーケティング・プログラムがあれば、比較的短期間で達成できることが多い。残念ながら、ブランド・イメージの確立を急ぐあまり、この段階を省略してしまうマーケターが多い。ブランドに何ができるのか、競争相手は誰かあるいは何か、これらについて何らかのフレーム・オブ・レファレンス（準拠枠）がないと、消費者はブランドの優位性やユニークさを評価しづらい。同様に、ブランドの要素や特質を十分に理解していなければ、消費者はポジティブな反応ができない。
　市場環境によっては、十分なブランド・フィーリング、ブランド・ジャッジメント、ブランド連想がなくても、消費者が反復購買や行動上のロイヤルティ・リレーションシップを始める場合がある。しかしそのような場合でも、真のブランド・レゾナンスを創出するには、ある時点で他のブランド・ビルディング・ブロックが整わなければならない。つまり、真に強いブランドを構築するためには、スタート地点は違っても、結局は同じ段階を踏んでいくことが求められるのである。

■ ブランドの二面性
　ブランド・レゾナンス・モデルが裏づけている重要なポイントは、強いブランドには二面性がある――つまり、強いブランドは頭と心の双方に訴えかける――ということである。

したがって、ブランド・ロイヤルティとブランド・レゾナンスを構築するには、ピラミッドの左側を上るのと右側を上るのと２つの道筋があるが、強いブランドは両方の道筋をたどっていることが多い。強いブランドは、製品のパフォーマンスとイメージをうまく調和させて、互いを補い合うブランド・レスポンスを創出している。

　理性と感情の両面に訴求することで、強いブランドは消費者に複数のアクセスポイントを提供し、競争上の弱さを軽減している。ブランドの理性面は実用上のニーズを満たすことができ、感情面は心理的ニーズあるいは感情的ニーズを満たすことができる。この２つを組み合わせることで、確固たるブランド・ポジションが創出できる。マッキンゼー社による51社を対象とした企業ブランド調査によると、独自の物質的ベネフィットおよび感情的ベネフィットを有しているブランドは、大きな株主価値をもたらしており、双方が結びついている場合に特に顕著だという結果を示している[35]。

THE SCIENCE OF BRANDING 3-1
顧客最優先

　ほとんどの企業の従業員は、自社の投下資本利益率を知らず、まして特定の顧客セグメントあたりの利益率などまったくわかっていない。仮に知っていたとしても、そのことに対して何をする権限も持たない。しかしラリー・セルデンとジェフリー・コルビンによれば、デル、ベストバイ、ロイヤル・バンク・オブ・カナダなど少数の企業は、顧客本位のアプローチのおかげで、長年にわたり株式市場において優良株であり続けているという。

　セルデンらによれば、**顧客本位**とは、全従業員が自分の行動が株価にどう影響するかを理解しているという意味である。セルデンとコルビンは、顧客本位の企業は投資家にとって有望な投資先であるという。なぜなら株価の急上昇につながりうる優位性を有しているからだ。ある企業が本当に顧客を重視しているかどうかを判断するには、以下の５つの問いを考慮するとよい、とセルデンらは提唱している。

1. **当該企業は顧客を大事にする方法を常に探しているか。**　顧客ニーズを最優先に考え、彼らのニーズを満たす方法を編み出している企業はわずかしかない。自社がすでに提供している製品やサービスを顧客に買わせようとする企業が多すぎるのだ。ロイヤル・バンク・オブ・カナダは特有のニーズを持つ顧客セグメントを見つけ、そのニーズに応えた企業の例である。同行の顧客にはフロリダかアリゾナで冬を過ごすカナダ人が多かった。こうした顧客には富裕層が多く、住宅購入のためアメリカでお金を借りる際に獲得したアメリカの信用格付けをカナダの履歴に反映させてほしいと望んでいた。また、カナダだけでなくアメリカについても良く知っている行員に応対してほ

しいという要望も持っていた。こうした顧客に対応するため、同行はアメリカ子会社の下にフロリダ支店を開設した。成果は目を見張るものだった。顧客が続々と口座を開設し、新支店は通常なら利益が出るまでに数年かかるところ、数カ月で黒字化を果たしたのだ。特定の顧客セグメント向けの新支店開設は、同行の株主にとって資産を成長させるチャンスとなった。

2. **当該企業は顧客を熟知し、顧客ごとに差別化しているか。** 真の差別化とは、自社の多様な顧客セグメントを知り、それぞれのグループが何を求めているか、どこで買い物をしているか、個々の顧客にどのように対応すべきかを知ることである。たとえばベストバイは、一部の店舗を「子育て中の主婦」セグメント向けに作り、別の店舗は裕福なエンターテインメント愛好者にアピールするようホームシアターのデモルームを備えた作りにしている。

3. **当該企業に顧客対応責任者はいるか。** ほとんどの企業では、各事業部に顧客対応窓口を設けてはいるが、専任部署は置いていない。しかし顧客本位のアプローチをとっている企業は違う。たとえばベストバイには、複数の店舗を統括し「子育て主婦」セグメントに責任を持つマネジャーがいる。

4. **当該企業は株主価値を上げるためにマネジメントされているか。** 企業が株主価値の向上を目指してマネジメントされていれば、従業員は資本コストを上回る投下資本利益率を稼ぎ出すことも、プラスの金利差で投下資本額を増やし、その金利差を長く維持できることも理解している。顧客本位の企業はその基準を顧客セグメントに適用している。こうした企業は自社が特定のセグメントにどれだけの資本を投下し、投下資本に対してどれだけの利益をあげたかを知っている。そして顧客との持続的なリレーションシップを創出し再投資することによって、プラスの金利差が維持されるのである。

5. **当該企業は顧客に対する新しい提供物をテストし、得られた結果から学んでいるか。** 顧客が何を望んでいるかをたえず学習すること、全社でそれを共有するプロセスが公式に存在することは、顧客本位にとって不可欠である。セブン・イレブン・ジャパンはそうした点に長けている。毎週、日本全国の従業員が集まって、各店舗でテストし実証された仮説を討議する。天気予報をもとに翌日のランチメニューを変えるなどのアイデア（寒い日には温かい麺類を提供するなど）が、全社で共有されるのである。

出典：Larry Selden and Geoffrey Colvin, "5 Rules for Finding the Next Dell," *Fortune*, 12 July 2004; Larry Selden and Geoffrey Colvin, *Angel Customers and Demon Customers: Discover Which Is Which and Turbo-Charge Your Stock* (New York: Portfolio, 2003).

■ ブランドのリッチネス

　ブランド・レゾナンス・モデルの詳細なレベルに踏み込むと、ミーニングを創出する方

セブン・イレブン・ジャパンは顧客満足を高める新しい方法の提案を従業員に奨励している。
出典：REUTERS/Kim Kyung Hoon

法の数と、消費者のレスポンスを引き出す方法の幅広さが浮き彫りになってくる。これらブランド・ミーニングのさまざまな要素と消費者のレスポンスが一体となり、消費者とブランドとの間に強い絆が生まれる。ブランド・イメージを構成するさまざまな連想は、他のブランド連想の好ましさを強めたりするのを助ける補強的な役割を果たすこともあれば、独自性を加えたり潜在的な欠点を埋め合わせたりするユニークさを発揮する場合もある。このように、強いブランドは幅（二面性という意味で）も深さ（リッチネスという意味で）も備えているのである。

　だが、コアとなるブランド価値を構成するさまざまな次元やカテゴリーのすべてにおいて、高いスコアを期待する必要はない。ビルディング・ブロックには、独自の階層構造がある。たとえばブランド認知に関しては、満たすニーズや提供するベネフィットを通じてブランドの幅を広げる前に、通常はまずカテゴリー・アイデンティフィケーションを確立すべきである。ブランド・パフォーマンスの場合は、付随的で周辺的な連想を構築する前に、まず主要な特質と関連する特徴を結びつけたいと思うものだろう。

　同様に、ブランド・イメージは、最初に具体的な使用者イメージや使用イメージの明確化から始め、時間をかけてパーソナリティ、価値、歴史、伝統、経験という、より幅広くて抽象性の高いブランド連想へと進む。ブランド・ジャッジメントでは、まず品質と信用に関するポジティブな知覚によってブランドを考慮対象にしてもらい、最終的にブランドの優位性を評価してもらうようにする。ブランド・フィーリングは、経験的に生まれるフ

ィーリング（温かさ、楽しさ、興奮）と心の中のフィーリング（安心感、社会的承認、自尊心）のどちらかが先に生まれるのが普通である。最後に、ブランド・レゾナンスにもやはり明確な順序があり、行動上のロイヤルティが出発点となるが、積極的なエンゲージメントが生まれるためには、態度上の愛着かコミュニティ意識が必ず必要になる。

■ ブランド・レゾナンスがもたらす重要ポイント

　図表3-1が示すように、ブランド・レゾナンスはピラミッドの頂点に位置しており、マーケティングに関する意思決定の要点と優先順位を教えてくれる。ブランド構築に携わるマーケターは、ブランド・レゾナンスを目標とするとともに、ブランドに関連するマーケティング活動の意味を考える手段として活用すべきである。問題とすべきは、ブランド・レゾナンスの主要次元、すなわち消費者のロイヤルティ、愛着、コミュニティ意識、エンゲージメントにマーケティング活動がどの程度影響を及ぼしているかである。また、これらブランド・レゾナンスの各次元を支えるブランドのパフォーマンスとイメージ、消費者のジャッジメントとフィーリングが、マーケティング活動によって創出されているかである。

　とはいえ、買ったり使ったりしているすべてのブランドとの間に消費者が強固で活発なロイヤルティ・リレーションシップを結ぶのは、実質的には不可能である。したがって、製品やサービスの性質、消費者の特性などの理由により、一部のブランドが他のブランドよりも消費者にとって意味があるものとなる。ブランドの中には他のブランドよりもレゾナンスのポテンシャルが高いものがある。多彩なブランド・フィーリングやイメージ連想を創出するのが難しい場合、積極的なエンゲージメントのような、より深い次元のブランド・レゾナンスを得られないことがある。それでも、ブランド・ロイヤルティをより広い視点で捉えれば、ブランドについてのホリスティックな評価ができ、ブランドが消費者とどのように結びついているかがわかってくる。また、ブランドの適切な役割を明確にすれば、高いレベルのブランド・レゾナンスを得ることができる。

ブランド・バリュー・チェーン

　強いポジショニングを展開し、ブランド・レゾナンスを構築することは重要なマーケティング目標である。しかし、マーケティングの投資収益率（ROI）をよりよく理解するためには、別のツールが必要になる。**ブランド・バリュー・チェーン**は、ブランド・エクイティやマーケティング活動がブランド価値を生み出す方法を評価する体系的なアプローチである[36]。このアプローチによると、組織内のさまざまな人々はブランド・エクイティに影響を及ぼす可能性があるため、関連のあるブランディング効果を認識しておく必要があ

る。ブランド・バリュー・チェーンから得られるインサイトは、ブランド・マネジャー、最高マーケティング責任者、経営幹部、最高経営責任者など、異なるタイプの情報を必要とするすべての企業関係者にとって有用である。

　ブランド・バリュー・チェーンにはいくつかの基本的前提がある。ブランド・レゾナンス・モデルに沿っていえば、ブランド・バリュー・チェーンは、ブランドの価値が結局のところ顧客にあると仮定している。この見方に基づき、ブランドの価値創造プロセスは、企業が現在の顧客あるいは潜在的な顧客をターゲットにしたマーケティング・プログラムに投資したときに始まる（第1階層）。次に、ブランド・レゾナンス・モデルにも反映されているように、関連するマーケティング活動が、顧客のマインドセット――ブランドについて何を知り、どう感じているか――に影響を及ぼす（第2階層）。幅広い顧客グループ全体にまたがる顧客のマインドセットは、市場でのブランド・パフォーマンス――顧客が、いつ、どのくらい購入するか、いくら支払うか――を生み出す（第3階層）。最後に、投資コミュニティが、市場でのパフォーマンスや、取替原価や買収価格といった要素を考慮し、全般的な株主価値や特定のブランド価値の評価を行う（第4階層）。

　また、本モデルでは、各階層の間に多くの連結要因が介在すると想定している。これらの連結要因は、ある階層で生まれた価値が、次の階層に移動したり「増幅」したりする程度を決定する。プログラム品質乗数、市場状況乗数、投資家心理乗数という3セットの乗数があり、マーケティング・プログラムと3つの価値階層間の移動を加減している。ブランド・バリュー・チェーン・モデルは図表3-5に示されている。次に、価値階層と乗数要素について詳述し、プラスとマイナスの乗数効果を見てみよう。

■ 価値階層

　ブランド価値創造は、企業のマーケティング活動によって始動する。

■ マーケティング・プログラム投資

　ブランド価値開発に貢献するマーケティング・プログラム投資は、意図するしないにかかわらず、第1の価値階層に当てはまる。第4章から第7章では、製品の研究開発および設計、流通ないし仲介業者の支援、マーケティング・コミュニケーション（広告、プロモーション、スポンサーシップ、直接的およびインタラクティブなマーケティング、人的販売、パブリシティ、パブリック・リレーションズなど）、従業員トレーニングなどの多彩なマーケティング活動を概説する。もちろん、投資額が大きいからといって成功が保証されるわけではない。マーケティング・プログラム投資にバリュー・チェーンを移動または増幅させる力がどれだけあるかは、マーケティング・プログラムやプログラム品質乗数の質にかかっている。

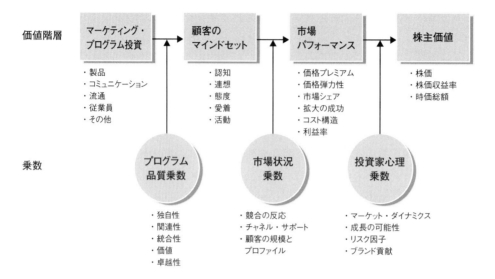

図表3-5　ブランド・バリュー・チェーン

■ プログラム品質乗数

マーケティング・プログラムが顧客のマインドセットへの影響力を有するかどうかは、その質次第である。本書を通じて、マーケティング・プログラムの質を判断する多くの手段を見ていこう。重要な考慮点はDRIVEの略語で覚えるとよいだろう。

1. **独自性（Distinctiveness）**：どのくらいユニークか。どれほど創造性豊かでほかと違うか。
2. **関連性（Relevance）**：顧客にとってどの程度意味をなすか。消費者はそのブランドを真剣に考慮すべきものと感じているか。
3. **統合性（Integrated）**：ある一時点で、また長期にわたって、どのくらい巧みに統合されているか。すべての要素が、顧客に最大の影響を与えられるように結びついているか。過去のマーケティング・プログラムと効果的に関連しつつ、継続性と変化のバランスを保ち、ブランドをしかるべき方向に発展させているか。
4. **価値（Value）**：短期的あるいは長期的な価値をどれだけ創出しているか。短期的に売上を促進して利益を出せるか。長期的にはブランド・エクイティを構築できるか。
5. **卓越性（Excellence）**：個々のマーケティング活動が最高水準を満たすよう設計されているか。最先端の考え方と企業の知恵が、マーケティング活動の成功要因として反映されているか。

巧みに統合されたマーケティング・プログラムは、高度な関連性とユニークさを持つよ

うに慎重に設計され実行されており、マーケティング・プログラム支出から高い投資収益率を得られる可能性が高い。たとえば、カリフォルニア牛乳加工協会は、コカ・コーラ、ペプシ、バドワイザーなどの巨大飲料ブランドに比べればマーケティング支出がはるかに少額であるにもかかわらず、入念に設計され実施された「got milk?」キャンペーンによって、数十年間下降の一途をたどっていたカリフォルニア州の牛乳消費量を上昇させることができた。

　一方、多くのマーケターは、企画が優れていなければ、たとえマーケティング・プログラムに大金を費やしても売上が伸びないことを悟っている。たとえば、ミケロブ、ミニッツメイド、セブンアップなどのブランドは、マーケティングに巨額の支出をしたにもかかわらず、近年、売上が下落している。これは、マーケティング・キャンペーンのターゲット設定も実施も不完全だったためである。

■ 顧客のマインドセット

　マーケティング・プログラムを実施した結果、顧客はどのように変わったか。この変化は顧客のマインドセットにどう現れたか。

　顧客のマインドセットとは、ブランドに関して顧客のマインド内にあるものすべてを指す。すなわち、思考、感情、経験、イメージ、知覚、信念、態度である。ブランド・レゾナンス・モデルはその全体で、顧客のマインドセットの幅広い側面を捉えている。簡潔に要約すると、「5つのA」がブランド・レゾナンス・モデルが提示する顧客のマインドセットの測定尺度である。

1．**ブランド認知（Brand Awareness）**：顧客がブランドを再生して再認でき、また当該ブランドと結びついている製品やサービスを特定できる度合いと容易性。

2．**ブランド連想（Brand Associations）**：ブランドに備わるものとして知覚された属性とベネフィットの強さ、好ましさ、ユニークさ。ブランド連想はしばしばブランド価値の主要な源泉を表す。なぜなら消費者は、ブランド連想によってブランドが自分のニーズを満たしてくれると感じるからである。

3．**ブランド態度（Brand Attitudes）**：ブランドの質とブランドが生む満足度から見た、ブランドの総合評価。

4．**ブランド愛着（Brand Attachment）**：顧客がブランドに感じるロイヤルティの度合い。愛着が強くなった**固執**という形になると、消費者は別のブランドへのスイッチに抵抗し、ブランドは製品やサービスの欠陥といった悪いニュースにも耐える力を持つ。愛着が度を超すと**依存症**になる場合もある。

5．**ブランド活動（Brand Activity）**：顧客がブランドを使用し、ブランドについて人に

語り、ブランドの情報、プロモーション、イベントなどを求める度合い。

　5つの次元はブランド・レゾナンス・モデルと容易に関連づけることができる（認知は
セイリエンスに、連想はパフォーマンスとイメージに、態度はジャッジメントとフィーリ
ングに、愛着と活動はレゾナンスに対応する）。ブランド・レゾナンス・モデルにあるよ
うに、価値の次元には明らかな階層が存在する。認知は連想を支え、連想は態度をあと押
しし、態度は愛着や活動へと発展する。ブランド価値が生まれるのは、各階層において以
下のような要素を有する場合である。すなわち（1）深く広いブランド認知、（2）適度に
強く、好ましく、ユニークな類似化ポイントと差別化ポイント、（3）ポジティブなブラン
ド・ジャッジメントとブランド・フィーリング、（4）強いブランド愛着とロイヤルティ、
（5）盛んなブランド活動、である。
　適切な顧客のマインドセットを創出することは、ブランド・エクイティやブランド価値
を構築する上できわめて重要である。1998年、AMDとサイリックスの両社は、インテル
のマイクロプロセッサと同等の性能を持つ製品を開発しても、ベネフィットの見返りがな
いことを悟った。納品先の機器メーカーが、消費者に対する強いブランド・イメージが欠
けているという理由で、新しいチップの採用を拒んだからである。さらに、消費者に対し
て成功しても、他の条件が適切でなければ、市場での成功にはつながらない。顧客のマイ
ンドセットが次の階層で価値を創出できるかどうかは、以下に記す市場状況乗数という外
的要因に左右される。

■ 市場状況乗数
　顧客のマインド内に生まれる価値が市場でのパフォーマンスに影響を及ぼす度合いは、
個々の顧客を越えた要因に左右される。その3つの要因とは、次のとおりである。
1．**競争優位性**：競合ブランドのマーケティング投資がどのくらい効果をあげているか。
2．**チャネルや他の仲介業者の支援**：さまざまなマーケティング・パートナーによるブラ
　　ンドへの応援や販売努力はどの程度か。
3．**顧客の規模とプロファイル**：当該ブランドに引きつけられている顧客の数はどれくら
　　いで、タイプはどのようなものか。彼らは利益につながるか。

　顧客のマインド内に創出される価値が市場パフォーマンスに結びつくのは、競争相手が
深刻な脅威にならないとき、チャネル・メンバーや他の仲介業者が強力な支援をしてくれ
るとき、そして、利益につながる大勢の顧客がブランドに引きつけられるとき、である。
　ブランドが直面する競争の状況は、ブランドの将来に多大な影響を及ぼすことがある。
たとえば、ナイキとマクドナルドは、それぞれ主なライバルであるリーボックとバーガー

キングが長きにわたりマーケティングで苦労してきたことを踏み台に利益を得た。後者2社は、リポジショニングやマネジメント変更を何度も繰り返して苦しんだ。マスターカードは、過去10年間、上手に市場に進出したVISAとアメリカン・エキスプレスという強敵と戦うことを余儀なくされ、結果、評価の高い「Priceless」広告キャンペーンを実施したにもかかわらず、市場シェアの獲得では苦戦した。

■ 市場パフォーマンス

すでに述べたように、顧客のマインドセットは、主に6つの点で顧客の反応に影響を及ぼす。最初の2つは価格プレミアムと価格弾力性に関するものである。同程度の製品でも、ある特定のブランドだという理由で、顧客はどれだけ余分に支払う気になるだろうか。価格が上下したら需要はどのくらい変動するだろうか。3つ目の成果は市場シェアで、マーケティング・プログラムがブランドの売上をどれだけ支援したかである。これら3つの成果を総合して、ブランドが直接生み出した長期的な収益の流れが決まる。ブランド価値は、より高い市場シェアと価格プレミアム、そして、値下げに対する弾力性の高さ、および値上げに対する弾力性の低さによって生まれる。

4つ目の成果はブランドの発展、つまり、ライン拡張およびカテゴリー拡張や、関連カテゴリーへの新製品進出を、ブランドがうまく支援できたということである。この次元では、ブランドの収益を向上させる能力がわかる。5つ目の成果はコスト構造、もう少し具体的にいうと、顧客のマインドセットが普及したことによるマーケティング・プログラム支出の軽減である。顧客がすでにブランドについて好意的な考えや知識を有していれば、マーケティング・プログラムのどの要素も同じコストで効果が高くなる。あるいは、広告が記憶されやすかったり、営業訪問の生産性が上がったりすれば、低いコストで同等レベルの効果が達成できる。そして、これら5つの成果が結びつくと、6つ目の成果であるブランド収益性につながる。

株式市場評価の点から見ると、最終階層に向かうこの階層で生まれたブランド価値の能力も外的要因に依存する。その外的要因とは投資家心理乗数である。

■ 投資家心理乗数

金融アナリストや投資家は、ブランド評価や投資に関する意思決定をする際、多くの要因を考慮する。その中には以下のようなものがある。

• **マーケット・ダイナミクス**：金融市場全体のダイナミクスはどうか（金利、投資家心理、資本供給）。
• **成長の可能性**：当該ブランドや業界における成長の可能性や見込みはどうか。たとえば、

促進的要因がどれくらい助けになるか、また、企業の経済的、社会的、物理的、法的環境を構成する外部の阻害要因がどれくらい妨げになるか。

• **リスク因子**：当該ブランドのリスク因子は何か。上記の促進要因および阻害要因に、ブランドがどの程度影響を受けやすいか。

• **ブランド貢献**：当該ブランドは企業のブランド・ポートフォリオにとってどれくらい重要か。

ブランドが市場で生む価値は、企業が阻害要因や障壁のない健全な業界で活動しているとき、また、ブランドが企業の収益に大きく貢献し将来の展望も明るいとき、株主価値に十分に反映される可能性が高い。

強い市場乗数によって、少なくともしばらくの間ベネフィットを得たブランドの例として、ペッツ・ドットコム、eトイズ、ブー・ドットコム、ウェブバンなど、多数のドットコム・ブランドがある。しかし、こうした（実はマイナスであった）市場パフォーマンスに付与された破格のプレミアムはたちまち消え去り、中には会社そのものが姿を消したケースもあった。

一方、市場の過小評価を嘆いてきた企業も多い。たとえば、コーニングのようにリポジショニングを行った企業は、過去の投資家の知覚がなかなか消えず、真の市場価値が実現しづらかった。コーニングは食器や調理器において伝統を有しているが、最近は通信、フラットパネル・ディスプレイ、環境科学、ライフサイエンス、半導体に力を入れている。

■ 株主価値

ブランドに関する入手可能情報や多くの検討材料に基づいて、金融市場はブランド価値に直接的なインパクトを持つ見解や評価を形成する。特に重要な3つの指標は、株価、株価収益率、企業の時価総額である。調査によると、強いブランドは株主に少ないリスクで多くの利益をもたらしてくれる[37]。

■ インプリケーション

ブランド・バリュー・チェーンに従えば、マーケターは、まずマーケティング・プログラムに賢く投資し、次にその投資を収益に転化するプログラム品質乗数、顧客のマインドセット、市場乗数を最大限に生かすことによって価値を生み出す。このように、ブランド・バリュー・チェーンは、どこでどのように価値が生まれ、そのプロセスを改善するにはどこに目を向ければよいかをマネジャーに理解させてくれる体系的な手段となる。組織内のメンバーに応じて、重視する価値階層は異なるだろう。

ブランドやカテゴリーを担当するマーケティング・マネジャーは、顧客のマインドセッ

トとマーケティング・プログラムが顧客に及ぼす影響を重視する傾向がある。一方、最高マーケティング責任者（CMO）は、市場パフォーマンスや顧客のマインドセットが実際の市場行動に及ぼす影響に関心を示す。また、経営幹部や最高経営責任者（CEO）は株主価値や、投資意思決定に対する市場パフォーマンスの影響に目を向けることが多い。

ブランド・バリュー・チェーンには多くのインプリケーションがある。

第1に、価値創出はマーケティング・プログラムへの投資とともに始まる。したがって、価値創出の（十分条件でなく）必要条件とは、豊富な資金に支えられ、巧みに設計され、きちんと実施されたマーケティング・プログラムである。何もせずに何かを得られることはまずない。

第2に、価値創出は、最初に投資したら終わりというわけではない。3つの乗数は階層を移行する際に、市場価値を増やす可能性もあれば減らす可能性もある。つまり、価値創出とは、価値を確実に階層から階層へ移行させることでもある。残念ながら、投資家の業界に対する心理など価値創出を阻害しうる多くの要因は、たいていマーケターにはどうすることもできない。ブランド価値創出を目指すマーケティング・プログラムの相対的成否を全体像で捉えるには、こうした要因の制御不能な本質を理解することも重要である。主力選手のケガや才能ある選手を呼べない財政難といった予期できぬ状況に対して、スポーツのコーチに責任を問えないのと同じように、マーケターにも一部の市場要因やダイナミクスに関しては責任を問えない。

第3に、ブランド・バリュー・チェーンは価値創出を追跡するための詳しいロードマップを示してくれるため、マーケティング調査や情報収集が容易になる。それぞれの階層と乗数には、一連の評価基準がある。一般に、主な情報源となるものが3つあり、それぞれが特定の価値階層と乗数に関連している。第1階層のマーケティング・プログラム投資は簡単で、マーケティング計画とマーケティング予算から算出できる。顧客のマインドセットとプログラム品質乗数は、量的および質的顧客調査から評価する。市場パフォーマンスと市場状況乗数は、市場精査と社内の会計記録に現れてくる。最後に、株主価値と投資家心理乗数は投資家分析やインタビューを通して評価する。

ブランド・バリュー・チェーンを改良すれば、その関連性と適用性を広げることができる。第1に、多くのフィードバック・ループがある。たとえば、株価は従業員の士気やモチベーションに重要な影響を与える。第2に、価値創出は順序に従って起こるとは限らない。たとえば、証券アナリストはブランドの広告キャンペーンに反応し（自分自身の評価かもしれないし、大衆の評判に基づいているかもしれない）、その反応を投資評価に織り込む。第3に、マーケティング活動の中には、かなりゆるやかに長い期間を経て成果が明らかになるものもある。たとえば、コーズ・リレーテッド・マーケティング活動や、社会的責任マーケティング活動は、顧客や投資家心理にゆっくりと働きかけるとも考えられる。

第4に、ブランド・バリュー・チェーンの測定尺度によっては、平均も分散も重要になる。たとえば、ニッチ市場のブランドは高い評価を受けるかもしれないが、顧客の幅はきわめて狭い。

Notes

1. Elizabeth Cowley and Andrew A. Mitchell, "The Moderating Effect of Product Knowledge on the Learning and Organization of Product Information," *Journal of Consumer Research* 30 (December 2003): 443-454.
2. Mita Sujan and Christine Dekleva, "Product Categorization and Inference Making: Some Implications for Comparative Advertising," *Journal of Consumer Research* 14 (December 1987): 372-378.
3. "For H&R Block's CMO, It's Tax Time Year-Round," *Brandweek*, 23 August 2009.
4. David Garvin, "Product Quality: An Important Strategic Weapon," *Business Horizons* 27 (May-June 1984): 40-43; Philip Kotler and Kevin Lane Keller, *Marketing Management*, 14th ed. (Upper Saddle River, NJ: Prentice Hall, 2012).
5. Robert C. Blattberg and Kenneth J. Wisniewski, "Price-Induced Patterns of Competition," *Marketing Science* 8 (Fall 1989): 291-309; Raj Sethuraman and V. Srinivasan, "The Asymmetric Share Effect: An Empirical Generalization on Cross-Price Effects," *Journal of Marketing Research* 39 (August 2002): 379-386.
6. Bianca Grohmann, "Gender Dimensions of Brand Personality," *Journal of Marketing Research* 46 (February 2009): 105-119.
7. Joseph T. Plummer, "How Personality Makes a Difference," *Journal of Advertising Research* 24 (December 1984/January 1985): 27-31.
8. 以下を参照されたい。Jennifer Aaker, "Dimensions of Brand Personality," *Journal of Marketing Research* 34 (August 1997): 347-357.
9. Jennifer Aaker, Kathleen Vohs, and Cassie Mogilner, "Nonprofits Are Seen as Warm and For-Profits as Competent: Firm Stereotypes Matter," *Journal of Consumer Research* 37 (August 2010): 277-291.
10. Aaker, "Dimensions of Brand Personality"; Susan Fournier, "Consumers and Their Brands: Developing Relationship Theory in Consumer Research," *Journal of Consumer Research* 24, no. 3 (1997): 343-373.
11. Gita Venkataramani Johar, Jaideep Sengupta, and Jennifer L. Aaker, "Two Roads to Updating Brand Personality Impressions: Trait Versus Evaluative Inferencing," *Journal of Marketing Research* 42 (November 2005): 458-469; 以下も参照されたい。Alokparna Basu Monga and Loraine Lau-Gesk, "Blending Cobrand Personalities: An Examination of the Complex Self," *Journal of Marketing Research* 44 (August 2007): 389-400.
12. M. Joseph Sirgy, "Self Concept in Consumer Behavior: A Critical Review," *Journal of Consumer Research* 9 (December 1982): 287-300; Lan Nguyen Chaplin and Deborah Roedder John, "The Development of Self-Brand Connections in Children and Adolescents," *Journal of Consumer Research* 32 (June 2005): 119-129; Lucia Malär, Harley Krohmer, Wayne D. Hoyer, and Bettina Nyffenegger, "Emotional Brand Attachment and Brand Personality: The Relative Importance of the Actual and the Ideal Self," *Journal of Marketing* 75 (July 2011): 35-52; Alexander Chernev, Ryan Hamilton, and David Gal, "Competing for Consumer Identity: Limits to Self-Expression and the Perils of Lifestyle Branding," *Journal of Marketing* 75 (May 2011): 66-82.
13. Timothy R. Graeff, "Consumption Situations and the Effects of Brand Image on Consumers' Brand Evaluations," *Psychology & Marketing* 14, no. 1 (1997): 49-70; Timothy R. Graeff, "Image Congruence Effects on Product Evaluations: The Role of Self-Monitoring and Public/Private Consumption," *Psychology & Marketing* 13, no. 5 (1996): 481-499. 以下も参照されたい。Ji Kyung Park and Deborah Roedder John, "Got to Get You into My Life: Do Brand Personalities Rub Off on Consumers?," *Journal of Consumer Research* 37 (December 2010): 655-669.
14. Jennifer L. Aaker, "The Malleable Self: The Role of Self-Expression in Persuasion," *Journal of Marketing Research* 36, no. 2 (1999): 45-57. 以下も参照されたい。Vanitha Swaminathan, Karen Stilley, and Rohini Ahluwalia, "When Brand Personality Matters: The Moderating Role of Attachment Styles," *Journal of Consumer Research* 35 (April 2009): 985-1002.
15. Northern Trust, "Top Performers: World's Most Admired Companies," *Fortune*, 16 August 2010, 16.
16. Douglas B. Holt, *How Brands Become Icons* (Cambridge, MA: Harvard Business School Press, 2004)（邦訳:『ブランドが神話になる日』ダグラス・B・ホルト著、斉藤裕一訳、ランダムハウス講談社、2005 年）. ホルトにはほかにも多数の示唆に富む論文がある。たとえば、"Why Do Brands Cause Trouble? A Dialectical Theory of Consumer Culture and Branding," *Journal of Consumer Research* 29 (June 2002): 70-90; Douglas B. Holt and Craig J. Thompson, "Man-of-Action Heroes: The Pursuit of Heroic Masculinity in Everyday Consumption," *Journal of Consumer Research* 31 (September 2004): 425-440.
17. William L. Wilkie, *Consumer Behavior*, 3rd ed. (New York: John Wiley & Sons, 1994).
18. http://www.harrisinteractive.com/Products/EquiTrend.aspx, accessed December 9, 2011.

19. 信頼性とそれに関連する真実味という概念についての洞察に富んだ論考は、以下を参照されたい。Lynn Upshaw, *Truth: The New Rules for Marketing in a Skeptical World* (New York: AMACOM, 2007).
20. Alan M. Webber, "Trust in the Future," *Fast Company*, September 2000, 210-220.
21. Kevin Roberts, *Lovemarks: The Future Beyond Brands* (New York: Powerhouse Books, 2004) （邦訳：『永遠に愛されるブランド ラブマークの誕生』ケビン・ロバーツ著、岡部真里、椎野淳、森尚子訳、ランダムハウス講談社、2005 年）.
22. 独創性に富んだ研究として、以下の論文がある。William D. Wells, "How Advertising Works," unpublished paper, 1980; Christopher P. Puto and William D. Wells, "Informational and Transformational Advertising: The Differential Effects of Time," in *Advances in Consumer Research*, Vol. 11, ed. Thomas C. Kinnear (Ann Arbor, MI: Association for Consumer Research, 1983), 638-643; Stephen J. Hoch and John Deighton, "Managing What Consumers Learn from Experience," *Journal of Marketing* 53 (April 1989): 1-20; 最新の応用については、以下も参照されたい。Gillian Naylor, Susan Bardi Kleiser, Julie Baker, and Eric Yorkston, "Using Transformational Appeals to Enhance the Retail Experience," *Journal of Retailing* 84 (April 2008): 49-57.
23. Elizabeth Olson, "Corona Light Sets Sights on a Younger Party Crowd," *New York Times*, 1 August 2010.
24. Lynn R. Kahle, Basil Poulos, and Ajay Sukhdial, "Changes in Social Values in the United States During the Past Decade," *Journal of Advertising Research* (February/March 1988): 35-41.
25. 刺激に富みかつ包括的な論考を、以下の書籍で読むことができる。Deborah J. MacInnis, C. Whan Park, Joseph R. Priester, eds. *Handbook of Brand Relationships* (Armonk, NY: M. E. Sharpe, 2009).
26. Greg Farrell, "Marketers Put a Price on Your Life," *USA Today*, 7 July 1999, 3B.
27. Arjun Chaudhuri and Morris B. Holbrook, "The Chain of Effects from Brand Trust and Brand Affect to Brand Performance: The Role of Brand Loyalty," *Journal of Marketing* 65 (April 2001): 81-93.
28. Thomas A. Stewart, "A Satisfied Customer Is Not Enough," *Fortune*, 21 July 1997, 112-113.
29. Thomas O. Jones and W. Earl Sasser Jr. "Why Satisfied Customers Defect," *Harvard Business Review* (November-December 1995): 88-99.
30. Fredrick Reichheld, *The Loyalty Effect: The Hidden Force Behind Growth, Profits, and Lasting Value* (Boston: Harvard Business School Press, 1996) （邦訳：『顧客ロイヤルティのマネジメント：価値創造の成長サイクルを実現する』フレデリック・F・ライクヘルド著、伊藤良二、山下浩昭訳、ダイヤモンド社、1998 年）.
31. James H. McAlexander, John W. Schouten, and Harold F. Koenig, "Building Brand Community," *Journal of Marketing* 66 (January 2002): 38-54; Albert Muniz and Thomas O' Guinn, "Brand Community," *Journal of Consumer Research* 27 (March 2001): 412-432.
32. Gil McWilliam, "Building Stronger Brands Through Online Communities," *MIT Sloan Management Review* 41, no. 3 (Spring 2000): 43-54.
33. Rene Algesheimer, Utpal M. Dholakia, and Andreas Hermann, "The Social Influence of Brand Community: Evidence from European Car Clubs," *Journal of Marketing* 69 (July 2005): 19-34.
34. Rob Walker, *Buying In* (New York: Random House, 2008).
35. Nikki Hopewell, "Generating Brand Passion," *Marketing News*, 15 May 2005, 10.
36. Kevin Lane Keller and Don Lehmann, "How Do Brands Create Value?" *Marketing Management* (May/June 2003): 26-31. 以下も参照されたい。 R. K. Srivastava, T. A. Shervani, and L. Fahey, "Market-Based Assets and Shareholder Value," *Journal of Marketing* 62, no. 1 (1998): 2-18; and M. J. Epstein and R. A. Westbrook, "Linking Actions to Profits in Strategic Decision Making," *MIT Sloan Management Review* (Spring 2001): 39-49. 関連する経験的なインサイトに関しては、以下を参照されたい。Manoj K. Agrawal and Vithala Rao, "An Empirical Comparison of Consumer-Based Measures of Brand Equity," *Marketing Letters* 7, no. 3 (1996): 237-247; and Walfried Lassar, Banwari Mittal, and Arun Sharma, "Measuring Customer-Based Brand Equity," *Journal of Consumer Marketing* 12, no. 4 (1995): 11-19.
37. Thomas J. Madden, Frank Fehle, and Susan Fournier, "Brands Matter: An Empirical Demonstration of the Creation of Shareholder Value Through Branding" *Journal of the Academy of Marketing Science*, 2006.

第4章
ブランド・エクイティ構築のためのブランド要素の選択

プレビュー

　ブランド要素とは、ブランド・アイデンティティを生み出し、ブランドを識別し差別化する上で有効な商標登録できる手段である。主なブランド要素は、ブランド・ネーム、URL、ロゴ、シンボル、キャラクター、スポークスパーソン、スローガン、ジングル、パッケージ、サイネージ（記号）である。顧客ベースのブランド・エクイティ・モデルによると、ブランド認知を高め、強く、好ましく、ユニークなブランド連想の形成を促進し、ポジティブなブランド・ジャッジメントとブランド・フィーリングを引き出せるようなブランド要素を選択すべきである。ブランド要素によるブランド構築力は、消費者が特定のブランド要素だけを知っていてそれ以外の製品情報をまったく知らず、当該製品がどのようにブランド化されたりマーケティングされたりしているかも知らない場合、当該製品に関してどう感じ、何を考えるかによって把握できる。ブランド・エクイティにプラスの貢献をするブランド要素は、価値ある連想や反応をもたらしてくれる。

　本章では、ブランド・エクイティを構築するためのブランド要素の選択方法について考察

する。まず、ブランド要素選択のための一般的基準を述べ、続いて、さまざまなタイプのブランド要素に固有な戦術上の問題を検討する。最後に、ブランド・エクイティ構築に必要な最良のブランド要素の選択方法について論じる。

ブランド要素の選択基準

ブランド要素を選択する上で、一般に次のような6つの基準がある（図表4-1は、それぞれの基準を具体的に示している）。

1．記憶可能性
2．意味性
3．選好性
4．移転可能性
5．適合可能性
6．防御可能性

初めの3つの基準——記憶可能性、意味性、選好性——は、攻撃的役割を担っており、ブランド・エクイティを構築する上で重要である。一方、残りの3つの基準——移転可能性、適合可能性、防御可能性——は、さまざまな機会や制約に直面したとき、ブランド・エクイティを活用し維持する防御的役割を担うものである。それぞれの基準について考察していこう。

記憶可能性

ブランド・エクイティ構築の必要条件は、高いレベルのブランド認知を達成することである。その目標を推進するブランド要素は、本質的に記憶されやすく注意を引きやすいため、購買ないし消費の場面において再生や再認されやすい。たとえば、「ブルー・リーノ」という名のプロパンガス・ボンベ・ブランドは、鮮やかな黄色で縁どりされた淡青色の動物のマスコットを特徴としており、消費者のマインドに刻み込まれやすい。

意味性

ブランド要素は、記述的あるいは説得的な内容の意味を帯びる可能性がある。第1章で見たように、ブランド・ネームは、人、場所、動物や鳥、事物をベースにしている。ブランド要素が以下の2点をどれだけ伝達できるかは、特に重要な基準となる。

> **図表4-1　ブランド要素の選択基準**
>
> 1. **記憶可能性**
>   再認しやすいか
>   再生しやすいか
>
> 2. **意味性**
>   記述的か
>   説得的か
>
> 3. **選好性**
>   楽しく面白いか
>   視覚イメージ・言語イメージが豊富か
>   審美的に満足のいくものか
>
> 4. **移転可能性**
>   製品カテゴリー内および製品カテゴリー間での移転が可能か
>   地理的境界を越えた移転、異文化間での移転が可能か
>
> 5. **適合可能性**
>   柔軟性があるか
>   更新できるか
>
> 6. **防御可能性**
>   法律上、防御できるか
>   競争上、防御できるか

■製品カテゴリーの機能に関する全般的情報：そのブランド要素は、記述的な意味を持ち、当該製品カテゴリー、対応しているニーズ、あるいは提供しているベネフィットに関して何かを示唆しているだろうか。消費者は特定のブランド要素に基づいてブランドの製品カテゴリーをどれだけ正確に識別できるだろうか。その製品カテゴリー内において、当該ブランド要素は信頼できるだろうか。

■ブランドの属性やベネフィットに関する特定情報：そのブランド要素は、説得的な意味を持ち、特定の種類の製品に関して、または当該製品の主要な属性やベネフィットについて、どの程度示唆しているだろうか。製品のパフォーマンスやブランド使用者のタイプについて示唆しているだろうか。

　１番目はブランド認知とブランド・セイリエンスを決定する重要な要素であり、２番目はブランド・イメージとブランド・ポジショニングの決定要素である。

▌選好性

　記憶可能性や意味性とは別に、顧客はブランド要素に審美的な魅力を感じるだろうか[1]。

視覚、言語、あるいはその他の方法で、好ましく感じるだろうか。適切なブランド要素は、たとえ製品と直接的なつながりがなくても、豊かなイメージを持ち、本質的に楽しさや面白さをもたらしてくれる。

　記憶に残り、意味があり、好ましいブランド要素は、多くの優位性を提供してくれる。消費者は製品を決定する際、十分に情報を吟味しないことが多いからだ。記述的で説得的な要素は、認知を高め、ブランド連想とブランド・エクイティを結びつける上で、マーケティング・コミュニケーションの負担を軽減してくれる。製品に関連した連想がほかに存在しない場合にはなおさらである。製品ベネフィットの具体性が低くなるほど、ブランドに関する無形の特徴を表現する上で、ブランド・ネームなどのブランド要素におけるクリエイティブな能力が重要となる。

M&M'S®ブランドのチョコレート

　強力な一連のブランド要素を開発した典型例が、ハーシーのカラフルにコーティングしたチョコレート、M&M'S®である。史上最も有名なキャッチフレーズの1つ「お口でとろけて、手にとけない」が主要製品ベネフィットを明らかにしている。キャンディでコーティングしたこのチョコレートがデビューしてから13年後の1954年に、マース社は最初の「スポークスキャラクター」、レッドを登場させた。同じ年の後半、M&M'S®ピーナッツの

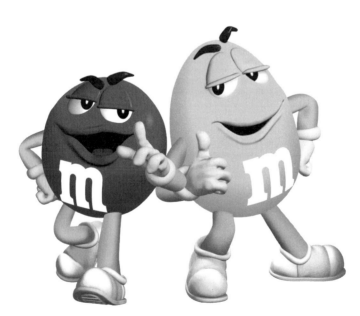

大人気のM&M'S®「スポークスキャラクター」たちは、ブランドに価値の高いパーソナリティとイメージを与えた。
出典：M&M'S®とM&M'S®のキャラクターはマース社および関連会社の登録商標である。この商標は許可を得て使用される。マース社はピアソン・エデュケーションとは無関係である。M&M'S®の広告はマース社の許可を得て転載した。

発売と同時に、ピーナッツ入りのマスコット、イエローが誕生した。過去50年余りの間に、M&M'S®は新しいフレーバーと色とテーマを体現し、それぞれ個性的な性格を持たせたスポークスキャラクターをさらに3人登場させた。1997年に登場したグリーンは同社初の女性キャラクターである。MMがローマ数字で2000を意味することから、1998年初めにはM&M'S®のキャラクターたちが自らを「新しいミレニアムの公式キャラクター」だと宣言した。1997年後半にマース社はラスベガスの商業地に「M&M'S®ワールド」を開店した。Tシャツ、デザイナーズジャケットやデザイナーズドレスからジュエリー、家具まで、カラフルなオリジナルブランドグッズを販売する店である[2]。

移転可能性

移転可能性は、特定のブランド要素が、同じブランドを冠した新製品のブランド・エクイティにどれだけ貢献するかということである。この基準にはいくつかの側面がある。

まず、ライン拡張やカテゴリー拡張において、ブランド要素がどの程度役立つかという点である。一般に、ネームに具体的な要素がないほど、カテゴリーを越えて移転させやすい。たとえば、「アマゾン」は南米の大河を意味する言葉なので、ブランドとして多くの異種製品にも適用することができる。それに対して、仮にアマゾンが自社の事業に「ブックザラス」という名称を選択していたとしたら、どう見てもそのような柔軟性はなかっただろう。

ブランド要素は地理的な境界や市場セグメントを越えてどの程度ブランド・エクイティを高めることができるだろうか。これは、当該ブランド要素の文化面や言語面に大きく依存する。「エクソン」のような意味のない造語によるネームの主な長所の1つは、他の言語に移転させやすいことである。

ブランド・ネーム、スローガン、パッケージを他の言語圏や文化圏に導入するにあたり、トップ企業でさえ語り草になるような苦境に陥ったり誤りを犯したりしている。たとえば、マイクロソフトはラトビアでVistaというOSを発売した際に困難に遭遇した。というのもこの名前は現地語で「鶏」ないし「時代後れの服装の女性」という意味だったからだ[3]。図表4-2に、さらに有名な失敗例を挙げてみた[4]。このようなトラブルを避けるために、企業がブランドを新市場に導入する際には、ブランド要素を総点検して文化的な意味合いを確認しなければならない。

図表4-2　グローバル・ブランディングにおける失敗例

過去のマーケティングの失敗に関する報道の正確性を判断するのは難しいが、以下はこれまでに報道されたグローバル・ブランディングの失敗例として広く語られているものである。

1. ブラニフ社が室内装飾品のスローガン「革で遊ぼう（Fly in leather）」をスペイン語に翻訳したところ、「裸で飛ぼう（Fly naked）」として広まってしまった。

2. クアーズが「自由になろう（Turn it loose）」というスローガンをスペイン語に翻訳したところ、「下痢を患う（Suffer from diarrhea）」という意味にとられてしまった。

3. 鶏肉の大手フランク・パーデュー社のタグラインである「やわらかい鶏肉を作るには、タフな男が必要だ（It takes a tough man to make a tender chicken）」は、スペイン語だと「愛情深い鶏肉を作るには、性的に刺激された男が必要だ（It takes a sexually stimulated man to make a chicken affectionate）」という非常に滑稽な響きになってしまう。

4. 数年前、ペプシが中国市場に進出したとき、「ペプシはあなたの活力を取り戻す（Pepsi Brings You Back to Life）」というスローガンが直訳されたところ、中国語では「ペプシはあなたの先祖を墓場から復活させる（Pepsi Brings Your Ancestors Back from the Grave）」という意味になってしまった。

5. クレイロール社がカール用アイロン「ミスト・スティック」をドイツに導入したとき、「ミスト（mist）」はスラングで肥料を意味することがわかった。

6. 三菱自動車が、スペイン語圏で「パジェロ」の名前を変更しなければならなかったのは、それがマスターベーションを意味する言葉だったからである。

7. トヨタのMR 2モデルは、フランスでは数字を外した。この文字と数字の組み合わせが、フランス語の罵り言葉と良く似ていたためである。

適合可能性

　第5の考慮点は、ブランド要素の長期的な適合性についてである。消費者の価値観や見解は変化するため、また現代性を保つためにも、ブランド要素は更新される必要がある。ブランド要素が適合可能で柔軟であるほど、更新しやすい。たとえば、時代に即して適切に見えるようにするために、ロゴやキャラクターの外観やデザインを新しくすることができる。

防御可能性

　第6の考慮点は、ブランド要素が、法律上および競争上の観点でどの程度防御可能かである。マーケターは、(1) 国際的に、法律で防御可能なブランド要素を選択し、(2) 適切な法的文書によってブランド要素を公的に登録し、(3) 競合他社による不法な侵害行為からブランドを積極的に防御しなければならない。ブランドを法的に保護する必要性は、特許、商標、著作権の不法使用によってアメリカ国内だけでも何十億ドルという損失が出

ていることからも明らかである。

　ブランドは、競争上どの程度防御可能だろうか。もし、ネームやパッケージなどの属性があまりにも簡単に模倣されてしまえば、ブランドのユニークさの多くは消え失せてしまう。たとえば、かつて人気のあったアイス・ビールのカテゴリーを考えてみよう。「モルソン・アイス」は当該カテゴリーへの初期参入ブランドの１つだったが、「ミラー・アイス」や「バド・アイス」が市場参入すると、ブランディングにおける先発優位性は急速に失われた。マーケターは、製品特有の要素をベースに競合他社が模倣品を作り出せる可能性を減らす必要がある。

ブランド要素の選択肢と戦術

　パソコンのブランド・ネームとしての「アップル」が持つ優位性について考えてみよう。シンプルだが誰でも知っているアップル（リンゴ）という言葉は当該製品カテゴリー内で目立ったため、ブランド認知の拡大に役立った。また、このブランド・ネームの意味は同社に「フレンドリーな輝き」と温かみのあるブランド・パーソナリティをもたらし、国境や文化圏にとらわれないロゴによって視覚的にも強化された。加えて、このネームはマッキントッシュなどのサブ・ブランドのプラットフォームとして貢献し、ブランド拡張の導入に役立った。このように、賢明に選択されたブランド・ネームは、ブランド・エクイティの創造に大きく貢献できる。

　理想的なブランド要素とはどのようなものだろうか。ブランド要素の中でも中心的存在であるブランド・ネームについて考えてみよう。理想的なブランド・ネームとは、覚えやすく、ポジショニングの基礎をなす製品クラスと特定のベネフィットを明確に示唆し、本質的に楽しさや興味深さがあり、クリエイティブな可能性に富み、さまざまな製品や地域に移転可能で、長期間にわたって意味性や関連性を維持でき、そして法律上および競争上の防御可能性が高いものである。

　残念ながら、こういった基準のすべてを満たすブランド・ネームやブランド要素を選択するのは難しい。ブランド・ネームの意味性が高いほど、新しい製品カテゴリーへの移転や他文化への翻訳が困難になる。これが、複数のブランド要素を持つほうが望ましい理由の１つである。それぞれのブランド要素についての主要な考慮点を見てみよう。

■　ブランド・ネーム

　ブランド・ネームは、製品の中心的なテーマや鍵となる連想を非常に簡潔かつ経済的に表現するので、きわめて重要な選択であり、効果的で手軽なコミュニケーション手段となりうる[5]。コマーシャル１本は30秒、営業訪問には何時間もかかるが、ブランド・ネーム

が認識され、記憶され、思い出されるにはほんの数秒しかかからない。

しかし、ブランド・ネームは消費者のマインド内で、製品と非常に密接に結びつけられるので、変更するのが最も難しいブランド要素でもある。そのため、ブランド・ネームの選択の際には、系統立った調査を行う。ヘンリー・フォードII世が、家族の名前にちなんで、新車に「エドセル」と名づけることができた時代は、遠い昔のことである。

ブランド・ネームを考え出すのは難しいことだろうか。有名なブランディング・コンサルタントであるイーラ・バックラックは次のように述べている。英語には14万の単語があるが、平均的なアメリカ人の成人が認識できるのは2万語程度である。彼のコンサルティング会社であるネームラボでは、ほとんどのテレビ番組やコマーシャルで使われる7000語にこだわっている。

多くの選択肢が存在している印象を受けるかもしれないが、毎年、数万件の新ブランドが商標登録されており、実のところ新製品のために満足のいくブランド・ネームを決める作業は非常に困難で、時間のかかるプロセスである。望ましいブランド・ネームのほとんどがすでに商標登録されていることを知って、多くの経営幹部はがっかりし、「良いブランド・ネームは全部押さえられている」と嘆いている。

ある意味では、こうした困難は意外なものではない。どんな親でも、子どもの名前選びの大変さには共感を抱くだろう。その証拠に、両親が名前を決めかねていたり、合意にいたらないまま生まれてくる赤ちゃんは、毎年数千人もいる。フォードが「トーラス」という自動車を市場導入したときのように、製品のネーミングが容易なことはまれである。

トーラスは設計段階で付与されたコードネームだった。この車のチーフ・エンジニアとプロダクト・マネジャーの妻が2人とも牡牛座だったからである。より詳細な調査の結果、幸運にもこのネームは多くの望ましい特性を持っていることがわかった。トーラスは正式なブランド・ネームとして採用され、結果的に、追加的な調査やコンサルティングにかかる膨大な支出を節約できた。

■ ネーミングのガイドライン

新製品のブランド・ネームの選択は、まさしくアートでありサイエンスである。図表4-3では、アイデンティティの専門企業、リッピンコットによるさまざまなタイプのブランド・ネームを紹介している。他のブランド要素と同じく、ブランド・ネームもまた、記憶可能性、意味性、選好性、移転可能性、適合可能性、防御可能性の6つの一般的基準を念頭に置いて選択する必要がある。

第4章　ブランド・エクイティ構築のためのブランド要素の選択

図表4-3　リッピンコットによるブランド・ネーム分類

人名
　デル、シーメンス、ジレット

記述型
　アメリカオンライン、ピザハット、ゼネラルモーターズ

考案型
　ハーゲンダッツ、コダック、ゼロックス

暗示型
　デュラセル、ヒューマナ、インフィニティ

ブリッジ型
　ウェスティン、ダイムラークライスラー、エクソンモービル

無作為型
　アップル、ヤフー、インフィニティ

出典：http://www.lippincott.com/

ブランド認知

　シンプルで、発音しやすく、綴りが簡単で、親しみやすく、意味があり、差別化され、目立ち、ありふれていない──こうした特性を備えたブランド・ネームならば、ブランド認知向上に貢献できることは間違いない[6]。

シンプルで発音や綴りが容易なこと

　ブランド・ネームがシンプルならば、消費者がそれを理解したり処理したりするのに払う努力は少なくてよい。短いネームは記憶されやすいので、想起も容易になることが多い。たとえば、練り歯磨きの「エイム」、害虫スプレーの「レイド」、衣料用洗剤の「ボールド」、シャンプーの「スアーブ」、防虫剤の「オフ」、ピーナッツバターの「ジフ」、制汗剤の「バン」、ボールペンの「ビック」などである。長いネームでも、想起しやすくするために縮めることができる。たとえば、自動車のシボレーは長年のうちに「シェビー」として、ビールの「バドワイザー」は「バド」として、「コカ・コーラ」は「コーク」として知られるようになった[7]。

　強力な記憶のリンクを構築できるクチコミに乗せやすくするためにも、発音しやすいブランド・ネームにしたほうがよい。また、自動車の「ヒュンダイ」、化粧品の「シセイドー（資生堂）」、洋服の「ファソナブル」といった難しいネームを間違って発音して決まり悪く感じるよりは、消費者はいっそそのネームを口にしないほうを選ぶだろうことも念頭に置かなければならない。

　読みにくいネームのブランドは、消費者にブランド・ネームの正しい読み方を教えるこ

125

とに初期のマーケティング努力の多くを割かなければならないため、困難な戦いを強いられる。ポーランドのウォッカ「ビーバロバ」の場合、消費者がブランド・ネームを正しく読めるよう、印刷広告を併用した。セルフ・サービスの店がほとんどなく、たいていは消費者がブランドを指名しなければならない蒸留酒カテゴリーにおいて、ネームを正しく呼べることは重要な成功要因なのである[8]。

ブランド・ネームは、明確で、理解しやすく、発音と意味にあいまいさがないことが理想的である。ブランドの発音の仕方が意味に影響を及ぼすこともあるので、どちらともとれる発音が異なる意味を生んで、消費者に違った知覚を抱かせる場合がある。ある調査では、架空の製品に「Vaner」、「Randal」、「Massin」など、英語でもフランス語でも表記可能なブランド・ネームをつけたところ、英語よりもフランス語読みにしたほうが、より「快楽的」なものとして知覚され、より好まれるという結果が出た[9]。

発音の問題は、言語学のルールに一致しないことから生じる場合もある。ホンダは、数カ国語で「精密」を意味する単語と結びつくことから「アキュラ（ACURA）」というネームを選択した。しかし当初、アメリカ市場ではなかなか消費者に「アキュラ」と発音してもらえなかった。おそらく、発音がわかりやすい「c」を2つ重ねた「Accura」としなかったのが一因だろう。

発音や想起を簡単にするために、多くのマーケターは、リズムと響きの良いブランド・ネームを探す[10]。たとえば、頭韻（子音の繰り返し、「コレコ」など）、類韻（母音の響きの繰り返し、「ラマダ・イン」など）、押韻（母音を変化させつつ子音を繰り返す、「ハンバーガー・ヘルパー」など）、あるいはリズム（アクセントのある音節パターンの繰り返し、「ベター・ビジネス・ビューロー」など）を用いるブランド・ネームがある。また、擬声語（単語の意味を強力に示唆する響きを持つ音で構成される語）を採用しているブランド・ネームもある。たとえば、レストランの「シズラー」、シリアルの「キャップン・クランチ」、ゴルフクラブの「ピン」、炭酸飲料の「シュウェップス」などである。

親しみやすく意味があること

既存の知識構造を利用できるように、ブランド・ネームは親しみやすく意味のあるものが望ましい。意味は、具体的でも抽象的でもよい。人、事物、鳥、動物、無生物などの名前は、すでに記憶内に存在しているため、消費者はブランド・ネームの意味を理解するのに新しいことを学ぶ必要があまりない[11]。したがって、リンクが形成されやすく、記憶可能性が増す[12]。このため、消費者が初めて「フィエスタ」という車の広告を見た場合、すでにその単語は記憶内に存在しているので、簡単に製品のネームを記憶でき、想起しやすい。

ブランドと製品カテゴリーの強い結びつきを作り上げ、ブランド想起を促進するため、

製品ないしサービス・カテゴリーを示唆するようなネームが選択されることもある。たとえば、果汁100％フルーツジュースの「ジューシージュース」、チケット販売サービスの「チケットロン」、週刊誌の『ニューズウィーク』などである。しかし、製品カテゴリーや製品属性、製品ベネフィットの記述性が高いブランド要素は、限定性が強くなる場合もある[13]。たとえば、「ジューシージュース」というネームのブランドにとって、果汁飲料市場以外への拡張は困難だろう。

差別化され、目立ち、ユニークであること

シンプルで発音しやすく、親しみがあり、意味のあるブランド・ネームを選択すれば、想起されやすさは高まるが、ブランド再認を高めるためには、ほかと差別化され、目立ち、ユニークなネームであるほうがよい。第2章で見たように、再認は消費者がブランドの違いをどれだけ識別できるかにかかっており、ブランド・ネームが複雑であれば、それだけ識別は容易になる。また、特色のあるブランド・ネームであれば、消費者が製品の持つ情報を覚えやすい[14]。

ブランド・ネームは、本質的にユニークであるか、同じカテゴリー内の他ブランドと比べてユニークであると目立つ[15]。目立つ言葉とは、「アップル」コンピュータのようにその製品カテゴリーではあまり用いられない異質な単語、「トイザらス」のように現実に存在する単語の変わった組み合わせ、「コグノス」や「ルックスオティカ」のような完全な造語などである。しかし、造語によるブランド・ネームでも、通常の言語学のルールや慣習にのっとっている必要がある。たとえば、「Blfft」、「Xgpr」、「Msdy」のように母音のないネームは発音できないからである。

ここにもトレードオフは存在する。たとえ目立つブランド・ネームがブランド再認には有利に働くとしても、製品カテゴリーにおいて信頼でき望ましいものとしてみなされる必要がある。注目に値する例外として、ゼリー菓子の「スマッカーズ」は、目立ちはするが嫌われる可能性もあるネームのハンディキャップを（訳注：「スマッカーズ」には「よごれ、染み」という意味がある）、『スマッカーズ』などという名前でも、いいものはいい！」というスローガンを通じてポジティブなものに変えた。

ブランド連想

ブランド・ネームは簡潔なコミュニケーション形態なので、消費者がネームから引き出す明示的かつ暗示的な意味が重要である。新しいP2P通信技術に名前をつける際、創設者らは記述的な「Sky peer-to-peer」に落ち着き、それを短縮してSkyperにした。しかしその名称どおりのウェブアドレスSkyper.comが取得できなかったため、さらに短縮して、最終的にずっとユーザーフレンドリーなSkype（スカイプ）に決めた[16]。

図表4-4　ブランド連想を生むブランド・ネームの例
口紅の「カラーステイ」
シャンプーの「ヘッド・アンド・ショルダーズ」
練り歯磨きの「クローズ・アップ」
低脂肪スナック菓子の「スナックウェル」
自動車バッテリーの「ダイ・ハード」
床用ワックスの「モップン・グロウ」
低カロリー冷凍食品の「リーン・クイジーン」
チキン・スパイスの「シェイクンベイク」
冷凍冷蔵庫の「サブ・ゼロ」
静電気除去剤の「クリング・フリー」

　ブランド・ネームは、重要な属性やベネフィットの連想を強化し、結果として製品のポジショニングを作り上げることもできる（図表4-4を参照）。製品パフォーマンスに関する検討項目のほかに、食器用洗剤の「ジョイ」、石鹸の「ケレス」、香水の「オブセッション」のように、ブランド・ネームは、より抽象的な検討項目を伝達する場合もある。

　記述的なブランド・ネームは、属性やベネフィットと製品を結びつけやすい[17]。ある衣料用洗剤に、「サークル」のような中立的なネームより、「ブラッサム」といったネームがついているほうが、その洗剤が服に「フレッシュな香りを与える」と消費者は信じやすい[18]。しかし、当初のポジショニングを強化するために選択されたブランド・ネームは、その後、リポジショニングする必要が出てきたときに、新たな連想を結びつけるのが難しくなる場合がある[19]。たとえば、「ブラッサム」という衣料用洗剤が「フレッシュな香りを与える」というポジショニングをされると、のちのち必要性が生じて、製品をリポジショニングし、「頑固な汚れを取る」という新しいブランド連想を追加するのは難しいだろう。ブランド・ネームによって他の製品検討項目が思い浮かべられるかぎり、新しいポジショニングは受け入れられにくく、むしろすぐに忘れられてしまう。

　十分な時間をかけて適切なマーケティング・プログラムを用いれば、この困難も克服できる場合がある。たとえば、サウスウエスト航空は、今やテキサス州とアメリカ南西部だけにサービス提供する航空会社とはみなされていない。ラジオシャックは、今ではアマチュア無線家向けの機材を提供するだけでなく多種多様な家庭用電化製品を販売している。とはいえ、こうしたマーケティング策は長期にわたり費用もかさむプロセスになりうる。「これがバターじゃないなんて信じられない！」とか、「あなたの髪のこの香り、すばらしいわ！」といったブランドをリポジショニングする難しさを想像してみてほしい。だからこそ、のちのちのリポジショニングの可能性や、他の連想とリンクさせる必要性を考えて意味のあるネームを選ぶことが重要なのである。

意味のあるネームは、実際に使われている言葉だけに限定されない。消費者はその気に
なれば、造語や架空のブランド・ネームからでも意味を引き出すことができる。たとえば、
コンピュータによってランダムに音節を組み合わせて作り出したブランド・ネームに関す
る研究では、「whumies」と「quax」は朝食用シリアルを、「dehax」は衣料用洗剤を想起
させるという結果が得られた[20]。このように消費者は、求められればまったく任意のネー
ムから、少なくとも何らかの製品の意味を引き出すことができた。ただし、消費者が抽象
度の高いネームから意味を引き出す可能性があるのは、十分な動機がある場合に限られる。

　一般的にマーケターは、形態素の組み合わせに基づいた言葉をベースに、系統立てて造
語のブランド・ネームを作り出す。**形態素**とは、意味を持つ言語の最小単位である。英語
には約7000の形態素があり、「man」のように実在する単語のほかに、接頭語、接尾語、
語根がある。たとえば、日産の自動車「セントラ」は、「中核（central）」と「歩哨
（sentry）」を示唆する2つの形態素を組み合わせている[21]。慎重に選択された形態素を組
み合わせることで、比較的簡単に推論される意味、あるいは、暗示的な意味を持つブラン
ド・ネームを作ることができる。

　ブランド・ネームは、多くの興味深い言語学的問題を提示する[22]。図表4-5は、さまざま
なカテゴリーの言語学的特性について、定義と事例をつけて概説している。一つひとつの
文字でさえ、新しいブランド・ネームの開発に役立ちそうな重要な意味を含んでいる。た
とえば「X」という文字は、ESPNのエックスゲームズ（X Games）、日産のSUVエクステ
ラ（Xterra）など、近年ますます頻繁に使われるようになった。「X」には「極度の」、「尖
った」、「若々しい」という意味があるためである[23]。消費者は、自分の名前の中の文字が
使われたブランド・ネームの製品を好むという調査結果もある（たとえばジョナサンとい
う名前の消費者は、ジョノキという製品に予想以上の選好を示す場合がある）[24]。

　同様に、文字の音にも意味がある[25]。たとえば、b、c、d、g、k、p、tなど、**破裂音**とい
う音素上の要素で始まる単語がある。また、「s」や軟音「c」など、**歯擦音**を用いる単語
もある。破裂音は歯擦音に比べて音の出るスピードが速く、荒くて直接的である。そのた
め破裂音は、ネームをより具体的で抽象度が低いものにし、再認や再生を容易にすると考
えられる[26]。一方、歯擦音はより柔らかで、ロマンティックで穏やかなイメージを彷彿さ
せる傾向があり、香水のような製品に多く見られる。たとえば「シャネル」や「シアラ」
（レブロン）、「シャリマー」や「サムサラ」（ゲラン）などだ[27]。

　ブランド・ネームにおける文字の特性と製品特徴との間に関係があることを明らかにし
た調査もある。トイレットペーパーと家庭用クレンザーに架空のブランド・ネームをつけ
て調べたところ、子音の硬さと母音のピッチが高くなるにつれ、その製品のざらつき加減
に対する消費者の知覚も高まった[28]。ブランド・ネームを表現するのに使われるフォント
やロゴタイプも消費者の印象を変えられる可能性がある[29]。ブランド・ネームを構成する

129

図表4-5　ブランド・ネームの言語学的特性

特性	定義および事例
発音方法	
頭韻	子音の繰り返し（Coca-Cola）
類韻	母音の繰り返し（Kal Kan）
押韻	母音の変化を割り込んだ子音の繰り返し（Weight Watchers）
男性韻	最後の音節を強調した韻（Max Pax）
女性韻	アクセントをつけない音節からアクセントをつける音節へ続くもの（American Airlines）
弱韻、不完全韻、傾斜韻	母音が異なるか、子音が類似していて同一でないもの（Black & Decker）
擬声	客体自体に似せるための、音節発音の使用（Wisk）
省略形	短縮された製品ネーム（Chevy）
混声	通常省略をともなった形態素（Aspergum, Duracell）
語頭の破裂音	/b/,/c-hard/,/d/,/g-hard/,/k/,/p/,/q/,/t/（Bic）
綴り法	
例外あるいは不正確な綴り	クール・エイド（Kool-Aid）
省略形	Seven-Upに対して7-Up
頭字語	アモコ
形態的方法	
接辞添加	ジェロー（Jell-O）
複合語	ジャニター・インナ・ドラム（Janitor-in-a-Drum）
意味論的方法	
メタファー（隠喩法）	あたかも別のものであるように示すこと（Arrid）
	直喩法であっても、類似しているが等しくないものを示した名称は隠喩法に含まれる（AquaFresh）
換喩法	ある客体や資質を別のものに適用すること（Midas）
提喩法	ある部分で全体にとってかわること（Red Lobster）
擬人法／感情的虚偽	人間以外のものを擬人化したり、無生物に人間の感情を付与すること（Betty Crocker）
撞着語法	意味の対立する語句を並べて新しい意味や効果を狙うこと（Easy-Off）
掛詞	語呂合わせ、言葉遊び（Hawaiian Punch）
意味上の適合性	名称と客体の適合（Bufferin）

のは文字だけではない[30]。アルファベットと数字を組み合わせたネームには、文字と数字の混合（「WD-40」など）、単語と数字の混合（「フォーミュラ409」など）、文字または単語と書体数字の混合（「サックス・フィフス・アベニュー」など）がある。BMWの3シリーズ、5シリーズ、7シリーズのように、製品ラインにおけるグレードを示すこともできる。

図表4-6　ネーミングの失敗例トップ7	
1	「イノベーション」や「ソリューション」といった使い古された言葉をネームに入れる	ほとんどの業界でこの種の言葉は多用されすぎており、もはや意味を失っている。
2	英語の辞書にあるネームにこだわる	そのようなネームは希少である上、翻訳などの言語上の問題が起こる可能性がある。
3	安易にイニシャルに落ち着いてしまう	イニシャルは商標登録しやすいかもしれないが、このようなネームに意味を与えるためには、通常莫大な予算が必要になる。
4	次世代製品や改良されたライン拡張品に「エクストラ」「プラス」「ニュー」といった言葉を使う	これらも多用されすぎて意味を失った言葉の例である。
5	ナンバープレート風の省略表現を採用する	顧客が意味を推し量るのに苦労するようなネームは嫌われる。機会損失にもなる。
6	多くのネームの組み合わせを試してまぎらわしいブランドにしてしまう	当初この方向で始めても、ほとんどはそぎ落とされてシンプルで短いネームになる。
7	友人など事情を知らない人々に案を求める	このアプローチで得た結果は、企業の事業戦略に関係ないか表現できていないことがほとんどである。

出典：http://www.lippincott.com/

■ ネーミングの手順

　新製品のネーミングでは、多種多様な手順やシステムが提案されてきたが、大半は、次に示すような手順を採用している。図表4-6は、大手ネーミング・コンサルタント企業のリッピンコットが挙げた、ネーミングのよくある失敗例である[31]。

1. **目標を規定する**　まず、先に述べた6つの一般的基準の観点から目標を定める必要がある。とりわけ、ブランドが持つべき理想的な意味を規定しなければならない。企業のブランディング階層内での当該ブランドの役割と、当該ブランドが他のブランドや製品とどう関連すべきなのか（第9章で論じる）を認識する必要もある。部分的にせよ、既存のブランド・ネームが用いられる場合が多いだろう。そして、全体的なマーケティング・プログラムと標的市場における当該ブランドの役割を理解する必要がある。

2. **ネームを生み出す**　ブランディング戦略が定まれば、できるかぎり多くのネームとコンセプトを生み出す。経営者や従業員、既存顧客や潜在顧客（必要ならば、小売業者や供給業者も含む）、広告会社、ネーミング専門コンサルタント、専門化されたコンピュータ・ベースによるネーミング会社など、あらゆるソースを利用することができ

る。数十、数百、数千ものネームがこの段階で生まれるだろう。

3. **第1次選別** 常識というふるいを通し、さらに、管理しやすいリストにするために、第1段階で明確にしたブランディング目的やマーケティングの考慮点に基づいて、ネームを選別する。たとえばゼネラルミルズの場合、以下のようなものを取り除くことから始める。

- 意図しない別の意味を持つネーム
- 発音できないネーム、すでに使われているネーム、あるいは既存のネームにあまりにも似ているネーム
- 明らかに法律上、紛糾を招くネーム
- 明らかにポジショニングと矛盾するネーム

続いて、経営幹部やマーケティングのパートナーによる徹底的な評価会議を行い、候補ネームを絞り込む。起こりうる問題点を洗い出すため、簡略な法的調査を実施することも多い。

4. **候補ネームを検討する** 最後に残った5〜10個ほどのネームそれぞれについて、広範な情報収集を行う。消費者調査に莫大な支出をする前に、国際的な幅広い法的調査を行うほうが賢明である。この段階ではコストがかかるため、段階的に行う場合が多い。たとえば、ある国の法律に照らし合わせて生き残ったネームだけを、各国でテストするというやり方である。

5. **最終候補に関して調査する** 次に、ネームの記憶可能性や意味性に対する経営者側の期待を確認するため、消費者調査を実施する。消費者調査の形態は多岐にわたる。多くの企業は、できるかぎり実際のマーケティング・プログラムや予想される消費者の購買経験をシミュレーションしたいと考える[32]。そのため、消費者に製品とパッケージ、価格、ないしプロモーションを示し、消費者がブランド・ネームの根拠や製品の使い方を理解できるようにする。実物に近い立体的なパッケージやコンセプト・ボード、デジタル技術を使った低コストのパイロット版CMを使用することもある。地域や民族による訴求性の違いを理解するために、多数の消費者を調査することもある。また、ブランド・ネームの反復露出効果や、ネームを文字で目にする場合だけでなく、耳で聞く場合の効果も検討すべきである。

6. **最終的なブランド・ネームを選択する** 第5段階で収集されたすべての情報に基づき、経営者は企業のブランディング目的およびマーケティング目的を最大化するネームを選択し、正式にそのネームを登録する。

どのような場合でも、新しいブランド・ネームに対して否定的な連想を持つ消費者セグメントが出てくるものだが、たいていはあまり深刻なものではなく、販売が始まってしばらくたてばそうした連想は消えていく。耳慣れなかったり常識外れであるという理由で、

新しいブランド・ネームが気に入らない消費者もいるだろう。マーケターは、こうした一時的な検討項目と、より持続性のある効果とを分けて考えなくてはいけない[33]。

▌ URL

URL（ユニフォーム・リソース・ロケーター）は、ウェブ上のページの場所を特定するもので、**ドメイン・ネーム**とも呼ばれる。特定のURLを取得したければ、登録して費用を支払う必要がある。企業がウェブ上のスペース確保に熱心になり、登録されるURLの数は劇的に増えた。3文字の組み合わせのすべてと、典型的な英語辞書に載っているほとんどすべての言葉がすでに登録されている。登録済みURLの数が膨大であるため、ブランドのウェブサイトを持ちたい企業は新ブランド用に造語を作り出さなければならない。たとえば、アンダーセン・コンサルティングが新ネームを選ぶ際に、造語の「アクセンチュア」を選んだのは、www.accenture.comというURLが未登録だったことも理由の1つである。

URLに関して企業が直面するもう1つの問題は、他のドメイン・ネームでの不正使用からブランドを防御することである[34]。企業としては、問題のURLの現所有者を著作権侵害で訴える方法、その所有者からドメイン・ネームを購入する方法、ブランドのバリエーションとして考えうるものはすべて事前にドメイン・ネームとして登録しておく方法がある。2010年にはサイバースクワッティング訴訟が史上最多のレベルに達した。**サイバースクワッティング**ないし**ドメインスクワッティング**とは、国の法律の定義によれば、他人に属する商標ののれんから利益を得るという悪意ある目的で、ドメイン・ネームを登録したり、売買したり、使用したりすることである。そうしておいて、サイバースクワッターはドメイン・ネームに含まれる商標を所有する個人や企業にドメインを高値で売りつけようとする。このような場合、商標の所有者はドメイン・ネームを侵害されたとしてWIPO（国連の機関）を通じて訴訟を起こす[35]。

法的手段に訴えた企業の業種トップ5は小売り、銀行および金融、バイオテクノロジーおよび医薬、インターネットおよびIT、ファッションである。2009年、シティバンクは中国のシュイ（Shui）に対し反サイバースクワッティング消費者保護法に基づいて訴訟を起こし認められた。その際に同行が提示したのは、（1）シュイにはcitibank.orgのドメイン・ネームを使用して利益を得ようという不当な意図があった、（2）当該ドメイン・ネームはシティバンク特有の、知名度の高いマークに酷似しておりそれを希薄化するものである、ということであった。シティバンクに10万ドルと裁判費用の支払いをシュイは命じられた[36]。

複数の情報源のリストによれば、現在のドメイン・ネーム登録数は2億件ないしそれに迫る数字にのぼる。ドメイン・ネーム市場の爆発的な成長を受け、ICANN（ドメイン・ネーム業界の調整役を務める非営利法人）は、カスタマイズされた制約のないURL登録の申

請を受け付けると発表した。この決定は企業にとって大きなインパクトを持つ可能性がある。ブランドのURLが登録できるようになるからだ。自社のブランド・ネームを新トップレベルドメインポリシーに基づいて登録申請した第一陣の中には、キヤノンと日立がある。

URLにとってブランド想起が重要なのは、消費者がサイトにたどり着くためにURLを覚えやすくなるからだ。インターネット・ブームのピーク時、投資家たちはビジネス・ドットコム（Business.com）に750万ドル、オーツズ・ドットコム（Autos.com）に220万ドル、ビンゴ・ドットコム（Bingo.com）に110万ドルという金額を支払った。しかし、こうした「普通名詞」のサイトは失敗し、ネームとして普通すぎるという点がとりわけ批判された。多くの企業が小文字の「e」や「i」から始まり、「net」、「systems」あるいは特に「com」で終わるネームを採用した。こうしたネームのほとんどはネット・バブルがはじけたあとには負債となり、インターネット・ドットコム（Internet.com）などの企業は、もっと普通のネームであるINTメディア・グループに戻さなければならなかった。

しかし「ヤフー」は記憶に残るブランドとURLを作ることに成功した。ジェリー・ヤンとデビッド・ファイロは、スタンフォード大学の論文プロジェクトとして作った自分たちのインターネット・ポータルに「ヤフー」というネームをつけた。これは、「なおいっそう」という意味のユニバーサルなコンピュータ・アクロニム（頭字語）である「ya」から始まる言葉を辞書を広げて探した結果である。ファイロが偶然にもめぐり合ったヤフーという言葉は、幼い頃、父親から「リトル・ヤフー（小さな野獣）」と呼ばれていた懐かしい記憶をよみがえらせた。このネームが気に入った彼らは、より完璧なアクロニム「Yet another hierarchical officious oracle（少し気の利く階層的でおせっかいなデータベース）」を作り出した[37]。

一般に、既存ブランドの主なURLは、www.shell.comのように、ブランド・ネームそのままか、逐語的な翻訳である場合が多い。しかし例外や変種もあり、「ネキシウム」の酸逆流治療薬のウェブサイト、www.purplepill.comなどもある。

■ ロゴとシンボル

ブランド・ネームは一般的にブランドの中心的要素であるが、ロゴやシンボルといったブランドの視覚要素もまた、ブランド・エクイティの構築、とりわけブランド認知の強化に重要な役割を果たす。**ロゴ**には、起源、所有権、関連性を示す手段としての長い歴史がある。たとえば、国家や一族は自分たちの名称を視覚的に表現するため、数世紀にわたってロゴを用いてきた（オーストリア・ハンガリー帝国のハプスブルク家の鷲など）。

ロゴには、独特の書体で書かれた企業名や商標（文字だけで作ったワード・マーク）から、そうしたワード・マークや企業名、企業活動と関係のない抽象的デザインにいたるまで、さまざまなタイプが存在する[38]。強力なワード・マークを持つが、ネーム以外のロゴ

は伴わないブランドの例としては、「コカ・コーラ」、「ダンヒル」、「キットカット」がある。抽象的ロゴの例としては、「メルセデス」の星、「ロレックス」の王冠、「CBS」の目、「ナイキ」のスウォッシュ、「オリンピック」の五輪がある。ワード・マークではないこうしたロゴは、**シンボル**と呼ばれることも多い。

　多くのロゴは、この両極の間に位置している。「アーム・アンド・ハマー」、「アメリカ赤十字社」、「アップル」のように、ブランドの意味と認知を拡大するべく、ブランド・ネームの意味を文字どおりに表現しているものがある。また、「アメリカン・エキスプレス」の百人隊長、「ランド・オレイクス」のネイティブ・アメリカン、食塩の「モートン」の傘を持つ少女、「ラルフ・ローレン」のポロ選手のように、きわめて具体的な絵で表現されるロゴもある。「グッドイヤー」の飛行船や、「マクドナルド」のゴールデンアーチ、「プレイボーイ」のウサギの耳など、製品や企業の物理的要素もシンボルになる。

　ネームと同様、抽象性の高いロゴも、目立たせて想起されやすくすることは可能だ。しかし、具象的なロゴには本来的に備わっている意味が、抽象的なロゴには備わっていないこともある。その場合、意味を説明するための多大なマーケティング上の取り組みなしでは、ロゴが表現しようとしていることを消費者に理解してもらえない危険性もはらんでいる。たとえきわめて抽象的なロゴでも、その形状から、消費者は意図するところと異なった評価を与える場合もある。

■ ベネフィット

　ロゴやシンボルは認識されやすいため、製品の識別において有効な方法である。ただし、消費者はロゴやシンボルを認識しても、特定の製品やブランドと結びつけられない可能性もある。多くの保険会社は強さのシンボル（プルデンシャルのジブラルタルの岩山、ハートフォードの牡鹿）や安全性のシンボル（オールステートの守ってくれる手、ファイヤーマンズ・ファンドのヘルメット、トラベラーズの赤い傘）を用いている。

　ロゴのもう1つのブランディング上の優位性は、その普遍性である。つまり、ロゴは非言語的であることが多いので、文化圏や製品カテゴリーの違いを越えた移転が可能である。たとえば企業ブランドは、幅広い製品にアイデンティティを与え、さまざまなサブ・ブランドに保証を与えるためにも、ロゴを採用する場合が多い。ただし、特に高級品については、製品にブランド・ネームやロゴをどれだけ目立つ形で表示すべきか慎重に考えなければならない[39]。

　抽象的ロゴが有効なのは、ブランド・ネーム全体を用いることが何らかの理由で難しい場合である。たとえば、イギリスのナショナル・ウエストミンスター銀行は、ネームが長く扱いにくいため、ロゴとして三角形の図柄を作り出した。このロゴは、小切手帳、印刷物、看板類、プロモーション資料などでアイデンティティを示す手段として機能した。ま

た、企業名の短縮版「ナットウェスト（NatWest）」もロゴとして使用されている[40]。

　最後に、ロゴはブランド・ネームと異なり、時間の経過に従い現代性を持たせることができる。たとえば「ジョンディア」は、2000年に鹿の商標を32年ぶりに改訂した。着地するのではなく、跳び上がる姿に見えるように変更したのである。これは、最先端技術を備えた強さと機敏さというメッセージを伝えることを意図した変更だった[41]。

　しかし更新にあたっては、段階的な変更をとるようにし、ロゴが本来持っている優位性を失わないようにすべきである。1980年代には、自社のロゴを抽象度の高い図式化したものに変えるのが流行した。そのプロセスの中で、ロゴが持っていた意味やエクイティが失われる場合もあった。ブランド・エクイティに対するロゴの潜在的な貢献力を認識した企業は、90年代になると、より伝統的な外観のシンボルへと回帰していった。

　「プルデンシャル」のジブラルタルの岩山というロゴは、1984年に採用された白黒の単純な斜線を使ったバージョンから、より忠実に岩を表現したタイプに戻された。「クライスラー」は、歴史を想起させ、技術やデザインの卓越性を示すべく、星のデザインから翼の生えた紋章にブランド・シンボルを変えた。自由と飛翔を象徴するこの翼は、1924年に製造された最初のクライスラー車につけられていたものである。

　理由はどうあれ、ロゴの変更にはコストがかかる。ブランディングの専門家によれば、有力ブランドがシンボルを作ったり変更したりするのには、4～6カ月、通常100万ドルかかるという[42]。

■ キャラクター

　キャラクターは、特別なタイプのブランド・シンボルで、架空あるいは実在の人物や生き物をかたどったものである。ブランド・キャラクターは主に広告を通じて紹介され、広告キャンペーンやパッケージ・デザインにおいて中心的な役割を果たす。ピルズベリーのドウボーイ、ピーターパン・ピーナッツバターのキャラクターをはじめ、トニー・ザ・タイガー、スナップ・クラックル・アンド・ポップといった多くのシリアル・キャラクターのように、アニメーション化されたキャラクターもある。また、コロンビアコーヒーのフアン・バルデスや、ドナルド・マクドナルドのように、本物の人間が演じる人物像もある。

■ ベネフィット

　ブランド・キャラクターはカラフルでイメージ豊かな場合が多いので、アテンション・ゲッターとなり、ブランド認知を生み出すのにきわめて役に立つ。ブランド・キャラクターは、製品ベネフィットを伝達するのに使えるだけでなく、市場のクラッター（広告等の情報が氾濫した状態）を突破するのにも有効である。たとえば、メイタッグのロンリー・リペアマンは、同社の鍵となる「信頼性」という製品連想を強化する助けとなった。

ブランド・キャラクターの人的要素は選好性を向上させ、当該ブランドを楽しく面白いものと知覚させるのに役立つ[43]。ブランドに人間あるいはその他のキャラクターがあると、消費者にとっては関係を築きやすいだろう。キャラクターであれば実在のスポークスパーソンに発生する多くの問題（加齢、ギャラの値上げ要求、不倫スキャンダルなど）を避けることができる。しかし興味深い話もある。アフラックは有名なアヒルのキャラクターの声を演じていたコメディアンのギルバート・ゴットフリードを降板させた。ツイッターで東日本大震災と津波の被害を茶化すような発言をしたためである[44]。

　ブランド・キャラクターは通常、直接に製品を意味するわけではないため、比較的容易に製品カテゴリーを越えて移転できる。たとえばアーカー教授は次のように述べている。「キーブラーの妖精というアイデンティティ（手作り風のお菓子に魔法と楽しさの味わいが結びついている）によって、手作りの魔法と楽しさがベネフィットとなるような他のタイプの食品にブランドを拡張することが可能である」[45]。人気キャラクターは価値あるライセンシング資産となることも多く、直接的な収入になるだけでなく、追加的なブランド露出を生み出す。

■ 注意点

　ブランド・キャラクターの利用には、いくつかの注意点と欠点がある。ブランド・キャラクターは注目を引きやすく愛されるため、他のブランド要素よりも目立ち、ブランド認知を妨げてしまう。

　キャラクターは、そのイメージとパーソナリティが標的市場との関連性を保つように、時代とともに更新される必要がある。日本の有名な「ハローキティ」は、製品とライセンス供与で数十億ドルを稼ぎ出す強力なキャラクターに成長した。しかし、過剰な露出と時代に合わせ複数メディアにアピールするようなキャラクターへの更新に失敗したこともあり、ここ10年間は売上が減少している[46]。

　一般的に、ブランド・キャラクターがリアルなほど、キャラクターの更新が重要である。架空のアニメ・キャラクターの長所は、実在の人物と比べると永続的で時間を超えた訴求力を有している点である。最後に、キャラクターによっては、特定の文化にのみ通用するものであるため、他国に持ち込めないものもある。

■ スローガン

　スローガンとは、ブランドに関する記述的ないし説得的な情報を伝達する短いフレーズである。広告で使われるのが一般的だが、パッケージや他のマーケティング・プログラムにおいても重要な役割を演じる。スニッカーズの「お腹すいてる。それならスニッカーズ」というスローガンは、広告と製品パッケージの両方に表示された。

スローガンが強力なブランディング手段なのは、ブランド・ネーム同様、ブランド・エクイティ構築にきわめて効率的で手っ取り早い手段だからである。スローガンは便利な「手がかり」や「きっかけ」となり、消費者がブランドの意味——それは何なのか、どう特別なのか——を把握するのに役立つ[47]。短いフレーズの中に、マーケティング・プログラムの意図を要約し、わかりやすく言い換えるのに不可欠な手段なのである。たとえば、ステートファーム保険の「良き隣人のように、ステートファームはそこにいる」というスローガンは、信頼性と友好的な雰囲気を表すため、何十年にもわたって使用されている。

■ ベネフィット

スローガンの中には、ブランド・ネームを加工することでブランド認知の確立に役立っているものがある。たとえば、「街は眠らない」などがその例だ。また、ライフタイムが「女性のためのテレビジョン」と広告するように、ブランドと対応する製品カテゴリーとを強力にリンクさせて、より明確にブランド認知を確立するタイプのスローガンもある。何より重要なのは、スローガンは、ブランド・ポジショニングを強調するのに有効だということである。「ステイプルズなら、簡単だった」などが良い例である。

スローガンは広告キャンペーンと密接に結びつき、広告が伝達する記述的・説得的情報を要約するタグラインとして用いられるようになっている。たとえば、デビアスの「ダイヤモンドは永遠の輝き」というタグラインは、ダイヤモンドが永遠の愛をもたらし、その価値は失われないというメッセージを伝えている。スローガンは広告のためのタグラインに比べ、より包括的で息の長いものであるが、一定の期間使用されるブランド・スローガンよりも、キャンペーン用のタグラインのほうが特定のキャンペーンのメッセージを強化するのには役立つ場合もある。

たとえばナイキは長年にわたり「ジャスト・ドゥ・イット」という有名なブランド・スローガンのかわりに、「Prepare for Battle（戦いに備えよ）」、「Quick Can't Be Caught（速ければつかまらない）」（バスケットボール）、「Write the Future（未来をかきかえろ）」（ワールドカップ）、「My Better Is Better（自分に勝つことが勝利）」（マルチスポーツ）、「Here I Am（私はここにいる）」（女子）といった広告キャンペーン専用のタグラインを使用してきた。このようにブランド・スローガンのかわりにタグラインを使用することで、広告キャンペーンは、ブランド・スローガンとはある程度分離したメッセージを発信でき、ブランド・スローガンの新鮮さを保つことができる。

■ スローガンのデザイン

強力なスローガンは、さまざまな方法でブランド・エクイティに貢献できる[48]。ブランド認知とブランド・イメージの両方を構築するため、ブランド・ネームを他の言葉と語呂

合わせにする場合もある。たとえば、口臭予防ミント「サーツ」の「サーツで大丈夫（Be Certain with Certs）」や、メイベリン化粧品の「Maybe She's Born with It, Maybe It's Maybelline（彼女の持って生まれたものかしら。メイベリンの力かしら）」、モーター・オイルの「クエーカー・ステート」の「The Big Q Stands for Quality（大きなQはクオリティのQ）」などである。

　製品に関連したメッセージ、あるいは他の意味をスローガンに組み込むこともできる。スポーツウェアの「チャンピオン」の昔からあるスローガン「チャンピオンができるまで、あと少し」を見てみよう。このスローガンは次のような観点から解釈できる。製品パフォーマンスの点では、チャンピオンは念入りに、かつ特上の材質で作られているということ、また、使用者イメージの観点によれば、チャンピオンがトップ・アスリートを連想させるということ、である。こうした、製品の優れた性能と使用者の憧れるイメージの組み合わせは、ブランド・イメージやブランド・エクイティを構築する上で強力な基盤となる。

　「ベネトン」もまた、ブランド・エクイティ構築の土台となる強力なスローガン「ユナイテッド・カラーズ・オブ・ベネトン」を持っていたが、BRANDING BRIEF 4-1で示すように、同社は必ずしもその優越性を利用しきれたとはいえない。

BRANDING BRIEF 4-1 –
ベネトンのブランド・エクイティ・マネジメント

　衣料メーカーとして世界トップ企業の１つ（全世界での売上24億ドル）であるベネトンは、ブランド・エクイティのマネジメントで浮き沈みを経験してきた。ベネトンはベーシックでカラフルな服を幅広く展開し、それがさまざまな層の顧客にアピールして、強力なブランドを築き上げた。コーポレート・スローガン「ユナイテッド・カラーズ・オブ・ベネトン」は、同社が目指すイメージとポジショニングをほぼ完璧に表現しているように見える。スローガンは製品についての考え方（カラフルな服という特徴）とユーザーについての考え方（服を着る人の多様性）の双方を含んでおり、ブランドの強固な基盤となっている。ベネトンの広告キャンペーンは色とりどりの服や製品を着たさまざまな人種の人々を見せることで、このポジショニングを強化した。

　しかしベネトンの広告キャンペーンは1980年代に方向転換し、賛否両論の社会問題を取り上げるようになる。有名なデザイナー、オリビエロ・トスカーニによって社内で制作されたベネトンの印刷広告とポスターは、天使の翼をつけた白人の子どもと悪魔の角を生やした黒人の子どもが並んでいたり、司祭が尼僧にキスをしていたり、エイズ患者と家族が病院で死の時を待っているなど、型破りで時として物議をかもす写真を掲載してきた。また、一度などは男性器と女性器の56枚のクローズアップ写真を登場させている。1994

ベネトンは自社広告が論争を巻き起こすことを恐れていないが、時としてそれがブランドに損害をもたらしてきた。
出典：Newscom

年にベネトンは1500万ドルをかけた広告キャンペーンで、戦死したボスニア人兵士の破れた血染めの軍服の写真を110カ国の新聞とビルボード広告に掲載した。2000年には、「我々死刑囚」というタイトルのキャンペーンで、アメリカの死刑囚たちをその罪状と収監期間とともに紹介した。

こうしたさまざまなキャンペーンを受け狙いの「ショック」広告と断じて、ベネトンはセーターを売るためにデリケートな社会問題を利用していると糾弾する批判もあるが、1つだけ明らかな事実がある。ベネトンの広告キャンペーンは一部の市場セグメントに対しては成功したかもしれないが、その性質から、消費者にとって非常に魅力的で「万人に受け入れられる」初期の広告キャンペーンに比べて「相手を選ぶ」、つまり、それ以外の多くの消費者を遠ざけたことは確かだった。新しい広告が小売業者やフランチャイズオーナーに必ずしも歓迎されなかったのも無理はない。

死んだボスニア兵を見せた広告は、特にヨーロッパで反感を呼んだ。アメリカでも、ベネトンの挑発的な広告のいくつかがメディアから掲載を拒否され、ベネトン製品を扱う小売業者は広告会社TBWA/Chiat/Dayに、より洗練された広告写真の制作を依頼した。死刑囚の広告が発表されると、シアーズは自社の400店舗からベネトン製品を撤去した。アメリカの消費者からの反応も否定的だった。ベネトン製品のアメリカでの売上は1993年から2000年までの間に50%減の5200万ドルにまで落ち込んだ。2001年にはアメリカ国内のベネトンの店舗数は1987年の600店から150店に減少した。

2001年以降、ベネトンの広告はカラフルなベネトンの服を身につけたティーンエージャーという従来型の写真を掲載している。ベネトンは人種差別、貧困、児童労働、エイズの啓蒙など、誰もが賛同するテーマに専念して「社会的責任を負う」立場を維持すると発表した。これを受け、その後10年間に「Food for Life（生命のための食糧）」や「Microcredit Africa Works（アフリカに少額融資の支援を）」など、さまざまなキャンペーンが実施された。しかし新ミレニアム最初の10年間には、ZARAやH&Mなど強力な競争相手が台頭した。彼らと同じ垂直統合と「ファストファッション」ビジネス・プラクティスを有していないベネトンは勢いを失い、機敏で人気のあるライバルたちに追い越されてしまった。

出典：Leigh Gallagher, "About Face," *Forbes*, 19 March 2001; Michael McCarthy, "Benetton in Spotlight," *USA Today*, 16 February 2002, B3; George E. Belch and Michael A. Belch, "Benneton Group: Evolution of Communication Strategy," *Advertising & Promotion: An Integrated Marketing Communications Perspective*, 7th ed. (Boston: McGraw-Hill, 2007); Armoral Kenna, "Benetton: A Must-Have Becomes a Has-Been," *Bloomberg Business Week*, 10 March 2011

■ スローガンの更新

　一部のスローガンはブランドと非常に強く結びついているため、新しいスローガンを導入するのが困難な場合もある。「セブンアップ」は、ポピュラーな「アン・コーラ」の後継者として「選択の自由」、「シャキッと爽快、カフェイン・ゼロ」、「セブンアップで気分いい」、「フィール・ソー・グッド・カミング・ダウン」、それから5年以上にわたっていくぶん挑発的な「セブンアップはあなたのもの」などたくさんのスローガンを試した。2001年の新しいCMでは、ビートボクシング（訳注：人間の口だけでDJプレイをすること）をするヒップホップシンガーソングライターのシー・ロー・グリーンを登場させ、さらに別のタグライン「Be Yourself. Be Refreshing. Be 7 UP（自分らしく。気分爽快。セブンアップ）」を使用している。

　ブランドときわめて強く同一視されるようになったスローガンは、ブランドと一体化する場合がある。あるいは、良くできたスローガンはそれ自体に命が吹き込まれ、世の中一般のキャッチフレーズへと成長する。たとえば80年代ならウェンディーズの「ビーフはどこ」、90年代ならマスターカードの「プライスレス（お金で買えない価値がある）」、2000年代なら「Got Milk?（牛乳ある？）」のパロディなどだ。しかし、こうした成功には難点もある。スローガンが瞬く間に露出過剰になり、ブランドや製品の固有の意味が失われてしまうからである。

　スローガンがここまで高い認知や受容のレベルに達すると、ブランド・エクイティへの貢献はかろうじてあるものの、どちらかといえばブランドのリマインダーとしての役割を果たすだけになってしまう。消費者は、あまりに何度もスローガンを見たり聞いたりすると、その意味を深く考えようとはしない。さらに、もう強調する必要のない製品の意味をスローガンが伝達し続けると、潜在的な問題が発生する。このような場合、新しく望まし

141

いブランド連想のリンケージが促進されないため、スローガンが限定的になってしまい、ブランドを望ましい、あるいは必要な水準に更新できなくなる。

スローガンは、時とともに変化させるのがおそらく最も簡単なブランド要素である。しかしスローガンを変更するにあたっては、以下に述べることを実施しなければならない。

1. ブランド認知やイメージの向上など、スローガンがどのような形でブランド・エクイティに貢献しているのかを認識する。
2. ブランド・エクイティの向上がさらにどれだけ必要かを決定する。
3. スローガンが有している望ましいエクイティをできるかぎり維持しながら、違った形でエクイティに貢献できる新たな意味を与える。

場合によっては、まったく新しい意味を持つ新しいスローガンを導入するよりも、既存のスローガンに手を加えるほうが有益なこともある。たとえば、ドッカーズは1990年代後半に、受けのよかった「ナイス・パンツ」から「脚は1度に1本ずつ」へとスローガンを切り替えたが、その後、元のスローガンへと戻した。築き上げたエクイティをあまりに多く失ったことに気づいたからである。

■ ジングル

ジングルとは、ブランドについての音楽によるメッセージである。プロのソングライターが作るのが一般的で、多くの場合、（本人が望むと望まないとにかかわらず）聞く者のマインドに長期間記憶されるよう、覚えやすいフレーズやコーラスからなる。20世紀前半、放送広告は基本的にラジオに限られていたため、ジングルは重要なブランディング手段だった。

ジングルは音楽による広義のスローガンであり、ブランド要素として分類できる。しかし音楽という性質から、他のブランド要素と違って移転は不可能に近い。ブランド・ベネフィットの伝達は可能だが、どうしても製品の意味を間接的・抽象的に伝えることになる。このため、ジングルがブランドのために作り出す潜在的な連想のほとんどは、感覚やパーソナリティといった実体のない概念になる。

ジングルはおそらく、ブランド認知を高める上で最も有効である。多くの場合、ジングルは面白おかしくブランド・ネームを巧みに繰り返し、消費者が何度も記憶する機会を提供する。また消費者は、広告が終わってからもマインド内で何度もキャッチーなジングルを繰り返すので、記憶可能性も増大する。

認知度の高いジングルは、何年にもわたって広告の基盤としての役割を果たす。チョコレート・バーのキットカットの馴染み深いジングル「ギブ・ミー・ア・ブレイク」は

1988年以来ずっと広告で使われており、おかげで同製品は、アメリカで最も売れている
チョコレート・バーの6位に入るブランドに成長した[49]。アメリカ陸軍が20年間使い慣れ
た「なりたい自分になる」から「1人の軍隊」へと切り替えたときにはひと騒動だった。
最後に、インテルの広告では、独特の4つの音符からなるテーマ曲に乗せて「インテル・
インサイド」と同社のスローガンが繰り返される。一見単純なジングルだが、最初の1音
だけでも、タンバリンや、金属パイプをハンマーで叩く音など、16音のミックスになっ
ている[50]。

■ パッケージング

パッケージングとは、製品の容器あるいは包装をデザインし、制作する活動のことであ
る。他のブランド要素と同様、パッケージには長い歴史がある。原始人は食物を包んだり
水を運んだりするのに、木の葉や動物の皮を使用した。ガラス容器が初めて登場したのは、
紀元前2000年頃のエジプトである。その後、フランス皇帝ナポレオンは、優れた食物の
保存法を考案したコンテストの優勝者に1万2000フランの賞金を出した。これが、不完
全ながらも初めての真空パック法の発見につながった[51]。

パッケージングにおいては、企業と消費者双方の観点から、達成しなければならない目
的がいくつもある[52]。

● ブランドの識別
● 記述的および説得的情報の伝達
● 製品輸送および保護の支援
● 家庭内保管の支援
● 製品消費の促進

マーケティング目的を達成し、消費者のニーズを満たすためには、パッケージングの審
美的かつ機能的な構成要素を正しく選択する必要がある。審美的な考慮点とは、パッケー
ジのサイズと形状、材質、色、文字、およびグラフィックスに関わるものである。現在で
は、印刷工程の革新により、「真実の瞬間」すなわち購買時点に、精緻でカラフルなメッ
セージを伝えるとともに、目を引き訴求力のあるグラフィックスのパッケージが実現して
いる[53]。

機能の点では、構造的デザインが決め手である。たとえばここ数年、食品パッケージの
イノベーションにより、繰り返し封ができ、いたずらされにくく、使いやすい（持ちやす
い、開けやすい、絞り出しやすいなど）パッケージが生み出されてきた。たとえば、チュー
ブに入れるというコンセプトで子どもたちと親に大ヒットしたヨーグルト「ヨープレイ

ト・ゴーグルト」は、ゼネラルミルズのパッケージングのイノベーションの例である。また、ベティクロッカーの「ウォーム・ディライツ」は、電子レンジ可能（2分間）で手軽な1回分のデザートのパッケージングである。グリーンジャイアントの「バレー・フレッシュ・スチーマーズ」は電子レンジの加熱に耐える素材を使用し、蒸す調理が可能な野菜をソースつきで提供している[54]。

■ ベネフィット

消費者がブランドに対して抱く強力な連想は、パッケージの外観と結びついている場合が多い。たとえば、平均的消費者に「ハイネケン」のビールと聞いて何を思い浮かべるかたずねると、共通した答えは「グリーンのボトル」である。パッケージはブランド認知の重要な手段となり、有益なブランド連想を構築したり強化したりする情報を伝達することができる。「モルソン」のビールは、ボトルの背ラベルを改良したらアメリカでの売上が40％上昇した。新しいラベルには「失恋から立ち直り中」、「もちろん、電話番号を教えるわ」、「コワイくらいにきれいだね」など、バーの常連に「会話のきっかけとなる一言」を印刷したのである。この成功に気を良くした同社は、さらに「正直に答えて」という背ラベルを導入し、酒飲みに熟考を求める難しい選択を提供した[55]。

パッケージのイノベーションは、差別化ポイントの創出によりマージンを高めることができる。また、パッケージを新しくすることで、市場を拡張したり新たな市場セグメントを獲得することも可能である。パッケージの変更は、顧客の購買行動と売上に即効的な影響を与えることができる。ハーゲンダッツはパッケージングの刷新によりフレーバーのショッパビリティが21%向上した。ゼネラルミルズは「ビスクイック・シェイクン・ポア」のパッケージを人間工学的に改良し、「ブランド・エクイティを強化する、滑らかでカーブを描いた形」に刷新したあと、売上が80％伸びた。また、ジミー・ディーンの「ビスケット・サンドイッチ」は、パッケージの刷新により家庭への浸透が13％も向上した[56]。

最近の傾向としては、新しい市場セグメントに訴求するため、同じ製品の大型パッケージと小型パッケージが作られている[57]。特大サイズの製品は、ホットドッグ、ピザ、イングリッシュマフィン、冷凍ディナー、ビールでの導入に成功した。既存製品よりサイズが40％大きいピルズベリー社のビスケット「グランド」は、発売当時、同社126年の歴史の中で、最も成功をおさめた新製品だった。

■ 購買時点におけるパッケージング

適切なパッケージングは陳列棚で強力な訴求力を発揮し、氾濫する製品の中で目立つ手段となる。スーパーマーケットの平均的な買い物客が、2万点以上の製品を目にし、店の滞在時間が30分以内であり、多くが非計画購買であることを考えれば、パッケージング

は非常に重要である。多くの消費者が新しいブランドと最初に遭遇するのは、スーパーマーケットの陳列棚や店舗内だろう。カテゴリーによっては、製品間に差異がほとんどないことから、パッケージングのイノベーションが、競争において少なくとも一時的な強みとなる。

　こうした理由から、パッケージングは、ブランド・エクイティを構築する上で特に費用対効果の高い方法である[58]。パッケージは「マーケティングにおける最後の５秒」、「永続的なメディア」、「最後のセールスマン」と呼ばれることもある。ウォルマートはパッケージを重視し、消費者がパッケージの裏にあるブランド・プロミスを、３秒以内で、かつ棚から５メートル離れた場所で理解できるかをチェックしている。消費者がパッケージを目にするのは、購買時点や消費時点だけではない。ブランド・パッケージは、広告においても中心的な役割を担うことが多いからである。

■ パッケージング・イノベーション

　パッケージングのイノベーションはコストを下げ需要を促進する可能性がある。供給サイドで見ると多くの企業にとって重要な目標の１つは、パッケージを刷新してリサイクル可能な素材を用い、紙とプラスチックの使用を減らすことである。この目標に向け、アメリカの食品、飲料、消費財メーカーは2005年から2011年の間に15億ポンド（６億8040万キログラム）のパッケージングを減らし、2020年までにはさらに25億ポンド（11億3400万キログラム）を減らす見込みであると報告した。合計するとアメリカのパッケージング重量の19％の削減にあたる[59]。需要サイドで見ると、成熟市場では、特にパッケージのイノベーションによる短期間での売上増加が可能である。飲料業界は一般的にパッケージング・イノベーションが頻繁だという特徴がある。アイスティーやフルーツドリンクの「アリゾナ」は、「スナップル」の広口ガラス・ボトルに追随した。特大サイズ（24オンス、約720ml）で、南西部をモチーフとしたパステルカラーの缶を用いることにより、POPと屋外広告以外のマーケティング支援を行わず、数年間で３億ドルを売り上げるまでになった[60]。

■ パッケージ・デザイン

　製品の開発や発売において不可欠であるパッケージ・デザインは、以前に比べてより高度なプロセスとなった。かつてパッケージ・デザインは単なる思いつきであることが多く、色や材質が気ままに選択されていた。たとえば、有名なキャンベルスープの缶の色は、同社のある経営幹部がコーネル大学フットボール・チームの紅白のユニフォームを気に入っていたことから決まったといわれている。

　現在は、専門のパッケージ・デザイナーが、ブランドのマーケティング目的の達成を目

指して、パッケージ・デザインにアート技法とサイエンス技法を導入している。彼らは詳細な分析を行い、パッケージを多様な要素に分解する[61]。そして各要素の最適な外観と内容を決定し、ブランド・ネーム、イラスト、あるいは他のグラフィック要素のうち、どの要素を中心に据えるべきか、また要素どうしをどのように関連させるかを決める。さらに、パッケージ間で共有すべき要素と変化させる要素、および変化の方法を決定する。

デザイナーは、パッケージの「シェルフ・インパクト」まで考慮することが多い。「シェルフ・インパクト」とは、購買時点で消費者が同一製品カテゴリーの他のパッケージと一緒に見たとき、当該パッケージが有するビジュアル効果である。たとえば、あるパッケージが「大きくて鮮やかな色を使って」いても、競合製品のパッケージも同様ならば、優位性は失われる[62]。しかし十分なシェルフスペースが獲得できれば、自社ブランドによってビルボード効果を創出し、自社を目立たせインパクトを高めることができる。ゼネラルミルズは意図的にパッケージングのグラフィック要素を色違いにし、「チェリオ」、「ネイチャー・バレー・グラノーラ・バー」、「プログレッソ・スープ」など複数のシリーズ製品を持つメガブランドを目立たせるようにしている[63]。

パッケージには、食品の栄養素表示など、法律的に満たさなければならない要件があるが、ブランド認知を向上させ、ブランド連想を形成するための工夫の幅は大きい。パッケージにとっておそらく最も重要な視覚的デザイン要素の1つは色である[64]。パッケージ・デザイナーの中には、消費者は製品に関して「色のボキャブラリー」を持っていて、あるタイプの製品には特定の外観を期待していると考える者もいる。

たとえば、牛乳を白色以外の容器で販売したり、ソーダ水を青色以外のパッケージで販売したりするのは難しいだろう。さらに、「色の所有権」を持つブランドもあり、他のブランドがそれに類似した外観を使用するのは困難である。専門家は、ブランド・カラー・パレットを次のように表している[65]。

赤：クラッカーの「リッツ」、コーヒーの「フォルジャーズ」、練り歯磨きの「コルゲート」、小売業の「ターゲット」、ソフトドリンクの「コカ・コーラ」

オレンジ　衣料用洗剤の「タイド」、シリアルの「ウィーティーズ」、小売業の「ホーム・デポ」、冷凍食品の「ストウファー」

黄：フィルムの「コダック」、チューインガムの「ジューシー・フルーツ」、ファストフードの「マクドナルド」、小売業の「イケア」、シリアルの「チェリオ」、ビスケット・ミックスの「ビスクイック」

緑：缶詰野菜の「デルモンテ」、冷凍野菜の「グリーン・ジャイアント」、小売業の「ウォルマート」、コーヒーチェーンの「スターバックス」、ガソリン小売の「BP」、レモン・ライム味ソフトドリンクの「セブンアップ」

青：テクノロジーサービスの「IBM」、自動車の「フォード」、クリーナーの「ウィンデックス」、柔軟剤の「ダウニー」、ソフトドリンクの「ペプシコーラ」

　パッケージ・カラーは、消費者による製品知覚に影響を及ぼす[66]。たとえば消費者は、オレンジ飲料の缶やボトルのオレンジ色の濃さと、中身の飲料の甘さが比例すると考える。このように、色はパッケージにおける重要要素である。他のパッケージ・デザイン要素と同様、色も、マーケティング・プログラムの他の要素が伝達する情報と矛盾しないようにすべきである。

■ パッケージの変更
　パッケージの変更はコストがかかるが、他のマーケティング・コミュニケーションに比べれば費用対効果が高い。企業がパッケージを変更するのには多くの理由がある[67]。

- **製品の値上げを知らせるため、あるいは、新しい流通チャネルを通してより効果的に製品を販売するため**。たとえば、「ケンドール・オイル社」がパッケージを変更したのは、ガソリンスタンドよりもスーパーマーケットやホームセンターの売上のほうが伸びていることに気づき、DIYを趣味とする層に訴求するためだった。
- **大規模な製品ライン拡張が実施され、外観を揃えたほうが都合が良い場合**。ナッツの「プランターズ」や、食品の「ウェイト・ウォッチャーズ」、冷凍食品の「ストウファー」などがその例である。
- **新たな製品イノベーションを消費者に伝達するため**。ステビアはブランドの「グリーン」な伝統を強調するため、「スウィートリーフ」製品のパッケージを更新し、外観とサイズを変更して製造過程でリサイクル率100%の素材が使われていることをプロモーションした[68]。
- **古いパッケージが時代後れに見えるため**。クラフトは「マカロニ＆チーズ」のパッケージを2010年に10年以上ぶりに更新し、「マカロニ・スマイル」のシンボルを通じてブランドのコア・エクイティ（幸福、笑顔、喜び）をより強調するとともに、3つのサブ・ブランドを統合した[69]。

　パッケージ変更の頻度は近年ますます高まっている。マーケターは、できるだけ多くの点で優位性を得ようと考えるからである。コカ・コーラのある幹部も述べているように、「モノがあふれる市場において、企業がイレモノを頻繁に変えるのは当然だ。どんどん新しいものに変わっているように見せるには、プロモーション手段としてのパッケージが大いに役立つのだ」。

147

パッケージを変更する際には、当該ブランドの古くからの顧客愛顧、あるいは現在の顧客愛顧への効果を認識する必要がある[70]。これまでに構築した重要なパッケージ・エクイティを失わないようにするためである。

重要なパッケージ・エクイティを識別したり確認したりするには、通常、消費者調査が有効である。しかし、もしパッケージングの再認がブランドにとって重要な消費者成功要素ならば、マーケターは特に慎重になるべきである。消費者が店内で気づかないほどの大幅なパッケージ変更は、失敗に終わる可能性が高い。

マーケティングの専門家の中には、マーケティング・ミックスの「5番目のP」といってよいほどパッケージを重視する者もいる。パッケージは、機能的ないし審美的な要素によって作り出される差別化ポイントを通じて直接的に、また、ブランド認知やブランド・イメージの強化を通じて間接的に、ブランド・エクイティを構築するという重要な役割を担う[71]。

それぞれのブランド要素は、ブランド・エクイティの構築に果たす役割において異なっている。そこでマーケターは、ブランド・エクイティを最大化するために各要素を「ミックスし、マッチさせる」[72]。たとえば、ロゴを通じて視覚的に表現されている意味のあるブランド・ネームは、視覚表現による強化を伴わないブランド・ネームよりも覚えやすい[73]。

ブランド要素の集まりが**ブランド・アイデンティティ**を形成している。すべてのブランド要素が、認知とイメージの形成に貢献しているのである。ブランド・アイデンティティの凝集性は、ブランド要素がどの程度一貫しているかに左右される。各要素が互いに助け合うように、そしてブランドの他の側面やマーケティング・プログラムに組み入れやすいように選択するのが理想である。

強力なブランドには、相互に強化し合う価値の高いブランド要素を多く持つものがある。たとえば、トイレットペーパーの「チャーミン」を考えてみよう。このネーム自体が音声的に柔らかさを伝えている。ブランド・キャラクターである「ミスター・ホイップル」と、「チャーミンは優しくちぎって」というスローガンも、「柔らかさ」というこのブランドの差別化ポイントを強調するのに役立っている。

豊かで具体的なビジュアル・イメージを備えたブランド・ネームは、強力なロゴやシンボルを生み出す場合が多い。カリフォルニアを拠点とする大手銀行ウェルズ・ファーゴは、マーケティング・プログラム全体で利用できる西部風のブランド・ネームを有している。ウェルズ・ファーゴはシンボルとして駅馬車を採用し、個々のサービスのネーミングにも一貫性がある。たとえば投資ファンドは「駅馬車ファンド」というブランド・アンブレラの下に位置づけられている。

強いブランドの構築には製品やサービスそのものが重要であるが、適切なブランド要素

はブランド・エクイティの開発に非常に有益なものとなりうる。

Notes

1. Bernd H. Schmitt and Alex Simonson, *Marketing Aesthetics: The Strategic Management of Brands, Identity, and Image* (New York: Free Press, 1997)（邦訳：『「エスセティクス」のマーケティング戦略：" 感覚的経験 " によるブランド・アイデンティティの戦略的管理』バーンド・シュミット、アレックス・シモンソン著、河野龍太訳、トッパン、1998 年).

2. "In Pictures: America's Best-Loved Spokescreatures," www.forbes.com, 18 March 2010; www.m-ms.com/us/about/characters; Bernadette Casey, "A New Message from Your Mars," *License Global*, October 2009.

3. Nick Farrell, "Latvians Laugh at Vista," *The Inquirer*, 8 September 2006.

4. 以下の書籍には啓発される論考がある。Matt Haig, *Brand Failures* (London: Kogan Page, 2003)（邦訳：『あのブランドの失敗に学べ!』マット・ヘイグ著、田中洋、森口美由紀訳、ダイヤモンド社、2005 年）and www.snopes.com

5. ブランド・ネーミングに関しては、以下の書籍が触発される取り上げ方をしている。Alex Frankel, *Word Craft* (New York: Crown, 2004).

6. 本項で取り上げたトピックについては、以下の論文で優れた概論を読むことができる。Kim R. Robertson, "Strategically Desirable Brand Name Characteristics," *Journal of Consumer Marketing* 6, no. 4 (1989): 61-71.

7. 興味深いことに、GM が 2010 年 6 月に本社のシボレーの従業員に対し、ブランドの一貫性を保つため「シェビー」というニックネームを使わないようにというメモを送っている。これは多くのブランディングの専門家から、消費者の要望を汲んでいないとして批判された。Richard S. Chang, "GM Wants to Kick Popular Nickname 'Chevy' to the Curb," *New York Times*, 10 June 2010.

8. のちに、イギリスでの成功を受け、ビーバロバはふたたびこのネームで広告キャンペーンを開始した。「ウォッカに V は入っていません」というテーマのこの広告は、ウォッカ発祥の地であるポーランドではこの蒸留酒は「(vodka ではなく) wodka」と綴られる事実をもとにしていた。"Wyborowa Campaigns for No V in Wodka," *Harpers Wine & Spirits Trades Review*, 6 June 2008.

9. Frances Leclerc, Bernd H. Schmitt, and Laurette Dube, "Foreign Branding and Its Effects on Product Perceptions and Attitudes," *Journal of Marketing Research* 31 (May 1994): 263-270. 以下も参照されたい。 M. V. Thakor and B. G. Pacheco, "Foreign Branding and Its Effect on Product Perceptions and Attitudes: A Replication and Extension in a Multicultural Setting," *Journal of Marketing Theory and Practice* (Winter 1997): 15-30.

10. Eric Yorkston and Geeta Menon, "A Sound Idea: Phonetic Effects of Brand Names on Consumer Judgments," *Journal of Consumer Research* 31 (June 2004): 43-51; Richard R. Klink, "Creating Brand Names with Meaning: The Use of Sound Symbolism," *Marketing Letters* 11, no. 1 (2000): 5-20.

11. Kim R. Robertson, "Recall and Recognition Effects of Brand Name Imagery," *Psychology and Marketing* 4 (1987): 3-15.

12. Robert N. Kanungo, "Effects of Fittingness, Meaningfulness, and Product Utility," *Journal of Applied Psychology* 52 (1968): 290-295.

13. Kevin Lane Keller, Susan Heckler, and Michael J. Houston, "The Effects of Brand Name Suggestiveness on Advertising Recall," *Journal of Marketing* 62 (January 1998): 48-57.

14. Luk Warlop, S. Ratneshwar, and Stijn M. J. van Osselaer, "Distinctive Brand Cues and Memory for Product Consumption Experiences," *International Journal of Research in Marketing* 22 (2005): 27-44.

15. Daniel J. Howard, Roger A. Kerin, and Charles Gengler, "The Effects of Brand Name Similarity on Brand Source Confusion: Implications for Trademark Infringement," *Journal of Public Policy & Marketing* 19 (Fall 2000): 250-264.

16. Rob Lammle, "How Etsy, eBay, Reddit Got Their Names," www.cnn.com, 22 April 2001.

17. William L. Moore and Donald R. Lehmann, "Effects of Usage and Name on Perceptions of New Products," *Marketing Science* 1, no. 4 (1982): 351-370.

18. Yih Hwai Lee and Kim Soon Ang, "Brand Name Suggestiveness: A Chinese Language Perspective," *International Journal of Research in Marketing*, 20 (December 2003): 323-335.

19. Keller, Heckler, and Houston, "Effects of Brand Name Suggestiveness on Advertising Recall."

20. Robert A. Peterson and Ivan Ross, "How to Name New Brands," *Journal of Advertising Research* 12, no. 6 (December 1972): 29-34.

21. Robert A. Mamis, "Name Calling," *Inc.*, July 1984.

22. Tina M. Lcwrey, L. J. Shrum, and Tony M. Dubitsky, "The Relationship Between Brand-Name Linguistic Characteristics and Brand-Name Memory," *Journal of Advertising* 32, no. 3 (2003): 7-17; Tina M. Lowrey and L. J. Shrum, "Phonetic Symbolism and Brand Name Preference," *Journal of Consumer Research* 34 (October 2007): 406-414.

23. Michael McCarthy, "Xterra Discovers Extra Success," *USA Today*, 26 February 2001,4B.

24. C. Miguel Brendl, Amitava Chattopadyhay, Brett W. Pelham, and Mauricio Carvallo, "Name Letter Branding: Valence Transfers When Product Specific Needs Are Active," *Journal of Consumer Research* 32 (December 2005): 405-415.
25. Jennifer J. Argo, Monica Popa, and Malcolm C. Smith, "The Sound of Brands," *Journal of Marketing* 74 (July 2010): 97-109.
26. Bruce G. Vanden Bergh, Janay Collins, Myrna Schultz, and Keith Adler, "Sound Advice on Brand Names," *Journalism Quarterly* 61, no. 4 (1984): 835-840; Bruce G. Vanden Bergh, Keith E. Adler, and Lauren Oliver, "Use of Linguistic Characteristics with Various Brand-Name Styles," *Journalism Quarterly* 65 (1987): 464-468.
27. Daniel L. Doeden, "How to Select a Brand Name," *Marketing Communications* (November 1981): 58-61.
28. Timothy B. Heath, Subimal Chatterjee, and Karen Russo, "Using the Phonemes of Brand Names to Symbolize Brand Attributes," in *The AMA Educator's Proceedings: Enhancing Knowledge Development in Marketing*, eds. William Bearden and A. Parasuraman (Chicago: American Marketing Association, August 1990).
29. John R. Doyle and Paul A. Bottomley, "Dressed for the Occasion: Font-Product Congruity in the Perception of Logotype," *Journal of Consumer Psychology* 16, no. 2, 2006: 112-123. 以下も参照されたい。 Pamela W. Henderson, Joan L. Giese, and Joseph A. Cote, "Impression Management Using Typeface Design," *Journal of Marketing* 68 (October 2004): 60-72; Terry L. Childers and Jeffrey Jass, "All Dressed Up with Something to Say: Effects of Typeface Semantic Associations on Brand Perceptions and Consumer Memory," *Journal of Consumer Psychology* 12, no. 2 (2002): 93-106.
30. この部分の多くは、以下の論文に拠っている。Teresa M. Paiva and Janeen Arnold Costa, "The Winning Number: Consumer Perceptions of Alpha-Numeric Brand Names," *Journal of Marketing* 57 (July 1993): 85-98. 以下も参照されたい。 Kunter Gunasti and William T. Ross Jr., "How and When Alphanumeric Brand Names Affect Consumer Preferences," *Journal of Marketing Research* 48 (December 2010): 1177-1192.
31. Beth Snyder Bulik, "Tech Sector Ponders: What's in a Name?" *Advertising Age*, 9 May 2005, 24.
32. John Murphy, *Brand Strategy* (Upper Saddle River, NJ: Prentice Hall, 1990), 79.
33. Alex Frankel, "The New Science of Naming," *Business 2.0*, December 2004, 53-55; Chuck Slater, "Project Runway," *Fast Company*, October 2010, 170-174.
34. Matt Hicks, "Order Out of Chaos," *eWeek*, 1 July 2001.
35. Anticybersquatting Consumer Protection Act (ACPA), November 29, 1999; "Cybersquatting Hits Record Level, WIPO Center Rolls Out New Services," www.wpio.int, 31 March 2011; Evan Brown and Brian Beckham, "Internet Law in the Courts," *Journal of Internet Law* (May 2009): 24-26.
36. ACPA; "Cybersquatting Hits Record Level"; Brown and Beckham, *Journal of Internet Law*.
37. Rachel Konrad, "Companies Resurrect Abandoned Names, Ditch `.com,'" www.CNET News.com, 13 November 2000.
38. Murphy, *Brand Strategy*.
39. Young Jee Han, Joseph C. Nunes, and Xavier Dreze, "Signaling Status with Luxury Goods: The Role of Brand Prominence," *Journal of Marketing* 74 (July 2010): 15-30.
40. Murphy, *Brand Strategy*.
41. Michael McCarthy, "More Firms Flash New Badge," *USA Today*, 4 October 2000, B3.
42. McCarthy, "More Firms Flash New Badge"; Natalie Zmuda, "What Went into the Updated Pepsi Logo," *Advertising Age*, October 27, 2008.
43. Dorothy Pomerantz and Lacey Rose, "America's Most Loved Spokescreatures," www.forbes.com, 18 March 2010.
44. Andrew Ross Sorkin, "The Aflac Duck Will Quack Again," *New York Times*, 22 March 2011.
45. David A. Aaker, *Building Strong Brands* (New York: Free Press, 1996), 203 (邦訳:『ブランド優位の戦略:顧客を創造する BI の開発と実践』D・A・アーカー著、陶山計介、梅本春夫、小林哲、石垣智徳訳、ダイヤモンド社、1997 年).
46. Hiroko Tabuchi, "In Search of Adorable, as Hello Kitty Gets Closer to Goodbye," *New York Times*, 14 May 2010, Bl.
47. Claudiu V. Dimotfe, "Consumer Response to Polysemous Brand Slogans," *Journal of Consumer Research* 33 (March 2007): 515-522.
48. Claudiu V. Dimofte and Richard F. Yalch, "Consumer Response to Polysemous Brand Slogans," *Journal of Consumer Research*, 33 (March 2007): 515-522.
49. 有名な歌詞は次のとおりである。: Gimme a break, Gimme a break, Break me off a piece o' that Kit Kat bar That chocolatey taste is gonna make your day, Everywhere you go you hear the people say Gimme a break, Gimme a break, Break me off a piece o' that Kit Kat bar
50. Dirk Smillie, "Now Hear This," *Forbes*, 25 December 2000, 234.
51. Nancy Croft, "Wrapping Up Sales," *Nation's Business* (October 1985): 41-42.
52. Susan B. Bassin, "Value-Added Packaging Cuts Through Store Clutter," *Marketing News*, 26 September 1988, 21.
53. Raymond Serafin, "Packaging Becomes an Art," *Advertising Age*, 12 August 1985, 66.
54. Pan Demetrakakes, "Packaging Innovator of the Decade," *Food and Beverage Packaging*, 1 April 2009.

第4章　ブランド・エクイティ構築のためのブランド要素の選択

55. Nate Nickerson, "How About This Beer Label: 'I'm in Advertising!,'" *Fast Company*, March 2004, 43; "Coors Brewing Company Reveals 2008 Advertising," *Business Wire*, 8 April 2008.

56. Stephanie Hildebrandt, "A Taste-full Redesign," *Brand Packaging*, July/August 2010; Pan Demetrakakes, "Packaging Innovator of the Decade," *Food and Beverage Packaging*, 1 April 2009; Elaine Wong, "IRI Summit: How Sara Lee Beefed Up Jimmy Dean Brand," *Brandweek*, 23 March 2010.

57. Eben Shapiro, "Portions and Packages Grow Bigger and Bigger," *Wall Street Journal*, 12 October 1993, Bl.

58. Alecia Swasy, "Sales Lost Their Vim? Try Repackaging," *Wall Street Journal*, 11 October 1989, Bl.

59. "CPGs Cutting 4 Billion Pounds of Packaging," *Supermarket News*, 17 March 2011.

60. Gerry Khermouch, "John Ferolito, Don Vultaggio," *Brandweek*, 14 November 1995, 57.

61. パッケージ・デザインに対する学術的な観点については、以下を参照されたい。Ulrich R. Orth and Keven Malkewitz, "Holistic Package Design and Consumer Brand Impressions," *Journal of Marketing* 72 (May 2008): 64-81.

62. 興味深い論考を以下の論文で読むことができる。Margaret C. Campbell and Ronald C. Goodstein, "The Moderating Effect of Perceived Risk on Consumers' Evaluations of Product Incongruity: Preference for the Norm," *Journal of Consumer Research* 28 (December 2001): 439-449.

63. Pan Demetrakakes, "Packaging Innovator of the Decade," *Food and Beverage Packaging*, 1 April 2009.

64. ブランド・ネームに色彩を適用する例として、以下の論文が興味深い。Elizabeth G. Miller and Barbara E. Kahn, "Shades of Meaning: The Effect of Color and Flavor Names on Consumer Choice," *Journal of Consumer Research* 32 (June 2005): 86-92.

65. Michael Purvis, president of Sidjakov, Berman, and Gomez, as quoted in Carla Marinucci, "Advertising on the Store Shelves," *San Francisco Examiner*, 20 October 1986, C1-C2; Angela Bright, "Why Color Matters," *Beneath the Brand*, 13 December 2010.

66. Lawrence L. Garber Jr., Raymond R. Burke, and J. Morgan Jones, "The Role of Package Color in Consumer Purchase Consideration and Choice," MSI Report 00-104 (Cambridge, MA: Marketing Science Institute, 2000); Ronald Alsop, "Color Grows More Important in Catching Consumers' Eyes," *Wall Street Journal*, 29 November 1984, 37.

67. Bill Abrams and David P. Garino, "Package Design Gains Stature as Visual Competition Grows," *Wall Street Journal*, 14 March 1979, 48.

68. Ann Marie Mohan, "Established Stevia Brand Refreshes Packaging for Greater Green Mileage," *Packaging World*, October 2010.

69. Jim George, "Kraft Says 'Smile' With Updated Macaroni & Cheese," *Shelf Impact!*, 17 February 2011.

70. Garber, Burke, and Jones, "Role of Package Color."

71. 以下も参照されたい。Peter H. Bloch, "Seeking the Ideal Form-Product Design and Consumer Response," *Journal of Marketing* 59, no. 3 (1995): 16-29; Peter H. Bloch, Frederick F. Brunel, and T. J. Arnold, "Individual Differences in the Centrality of Visual Product Aesthetics: Concept and Measurement," *Journal of Consumer Research* 29, no. 4 (2003): 551-565; Priya Raghubir and Aradna Krishna, "Vital Dimensions in Volume Perception: Can the Eye Fool the Stomach?" *Journal of Marketing Research* 36 (August 1999): 313-326; Valerie Folkes, Ingrid Martin, and Kamal Gupta, "When to Say When: Effects of Supply on Us-age," *Journal of Consumer Research* 20 (December 1993): 467-477; Valerie Folkes and Shashi Matta, "The Effects of Package Shape on Consumers' Judgment of Product Volume: Attention as Mental Containment," *Journal of Consumer Research* 31 (September 2004): 390-401.

72. Alina Wheeler, *Designing Brand Identity: An Essential Guide for the Whole Branding Team*, 3rd ed. (Hoboken, NJ: John Wiley & Sons, 2009).

73. Terry L. Childers and Michael J. Houston, "Conditions for a Picture Superiority Effect on Consumer Memory," *Journal of Consumer Research* 11 (September 1984): 551-563; Kathy A. Lutz and Richard J. Lutz, "Effects of Interactive Imagery on Learning: Application to Advertising," *Journal of Applied Psychology* 62, no. 4 (1977): 493-498.

第5章
ブランド・エクイティ構築のためのマーケティング・プログラムの設計

プレビュー

　本章では、マーケティング活動全般──特に、製品戦略、価格戦略、流通戦略──がどのようにブランド・エクイティの構築に貢献するのかについて考察する。ブランド認知を拡大し、ブランド・イメージを向上させ、ポジティブなブランド・レスポンスを引き出し、ブランド・レゾナンスを高めるには、こうした各活動をどのように統合したらよいだろうか。

　本章では、ブランディングの観点から、マーケティング活動の設計を取り上げる。ブランドとマーケティング・プログラムを効果的に統合し、ブランド・エクイティを創出する方法について考察する。紙幅の都合上、マーケティング活動に関するより広い捉え方については、基本的なマーケティング・マネジメントのテキストを参照されたい[1]。まず、マーケティング・プログラムの設計における新しい動きから考察していこう。そして製品戦略、価格戦略、流通戦略について検討していく。

マーケティングに関する新しい視点

　マーケティング環境の大きな変化に伴って、マーケティング・プログラムの背後にある戦略や戦術は、近年劇的に変化した。第1章で述べたように、経済的、技術的、法－政治的、社会文化的、競争的な環境の変化により、マーケターは新しいアプローチと理念を持たざるをえなかった。具体的には次のようなものがある[2]。

- テクノロジーの急速な発展
- 力をつけてきた顧客
- 利用メディアの分化
- 双方向型・モバイル型マーケティング手法の成長
- チャネルの変化と中抜き
- 競争の激化と業界の融合
- グローバリゼーションと新興市場の成長
- 環境、コミュニティ、社会問題への関心の高まり
- 深刻な経済不況

　上で示した変化と、民営化や規制といった他の要因が組み合わされ、顧客や企業は新たな能力を手にするようになった（図表5-1を参照）。こうした新しい能力はブランド・マネジメントの実行にさまざまな意味を持つ。マーケターは20世紀に巨大ブランドを生んだマス市場戦略を手放し、マーケティングの新時代に向けて新たなアプローチをとるように

図表5-1　ニュー・エコノミーの新しい可能性
消費者 従来よりも大幅に消費者パワーを行使できる。 よりバラエティに富んだ財やサービスを購買できる。 ほとんどあらゆるものに関する大量の情報を取得できる。 注文したり、注文品を受け取ったりする際、マーケターとより簡単にやりとりできる。 他の消費者と交流し、製品やサービスについてのコメントを比較し合える。
企業 新しい情報と販売チャネルを駆使して、拡大した地理的範囲で自社と自社製品を訴えることができる。 市場、顧客、見込み客、競合他社に関する、より十分で豊かな情報を集められる。 顧客や見込み客との双方向コミュニケーションが容易になり、業務効率を上げられる。 eメールやアプリを使い、パーミション（許可）をくれた顧客や見込み客に対して、広告、クーポン、プロモーション、情報を送ることができる。 自社の提供物やサービスを個々の顧客に合わせてカスタマイズできる。 購買、リクルーティング、トレーニング、社内外とのコミュニケーションを向上できる。

第5章　ブランド・エクイティ構築のためのマーケティング・プログラムの設計

なっている。安定した伝統的産業でさえ、今までの慣習を改め、新たな方法でビジネスを始めている。

　21世紀の新たなマーケティング環境の中、マーケティング・プログラムの方法は根本的な変更を迫られている。企業は自社の標的顧客にとって個人的に意味のあるものに絞り込んだ活動をしなければならない。それにつれて、強いブランドを構築し維持する上で、特に統合とパーソナライゼーションがますます重要な要素となっている。

マーケティングの統合

　今日の市場では、製品やサービスとそれに対応したさまざまなマーケティング活動によって、ブランド・エクイティを構築することができる。チャネル戦略、コミュニケーション戦略、価格戦略をはじめとするマーケティング活動すべてが、ブランド・エクイティを拡大もすれば、損ねもする。顧客ベースのブランド・エクイティ・モデルは、こうした効果を解釈するのにいくつかの有益な指針を提供してくれる。顧客ベースのブランド・エクイティの概念化によって、ブランド連想が形成される方法は問題ではなく、結果として生まれる認知とブランド連想の強さ、好ましさ、ユニークさの重要性が浮き彫りになる。

　たとえば、制酸剤の「ロレイズ」について、消費者が、過去の製品経験や『コンシューマー・レポート』誌の記事、「ロレイズの意味は楽になること」というタグラインで終わる「問題解決」型のテレビCM、あるいは、ロレイズは1976年以来メジャーリーグのロレイズ・リリーフ・ピッチャー・オブ・ジ・イヤー賞のスポンサーであるという知識から、「楽になる（リリーフ）」という概念と同様に強く好ましいブランド連想を持っていたとする。その場合、「テレビで広告されている」といった付加的な連想が作られたり、「効果の速さや強さ」といった既存の連想が何らかの形で影響を受けたりしないかぎり、顧客ベースのブランド・エクイティという点でのインパクトは変わらないのである[3]。

　このため、マーケターは、効率性とコストだけでなく、効果を考えて、知識を創出する可能性のあるすべての手段を評価すべきである。ブランド構築活動の中心にあるのは、製品とサービスそのものである。しかし、製品を取り囲むマーケティング活動は、製品にブランドを付与させる方法と同じくらい重要である。

　これと同じ見解をとるシュルツ、タネンバーム、ロータボーンは、統合型マーケティング（コンタクトという観点からは、統合型マーケティング・コミュニケーション）という概念を生み出した[4]。彼らは、**コンタクト**という言葉を「ブランド、製品カテゴリー、ないし製品やサービスと関連する市場について、顧客や見込み客が有する情報を生み出すような経験のすべて」と定義している。彼らによると、個人は、1ブランドに対して数々の

155

方法でコンタクトする可能性がある。

たとえばコンタクトには、友人や隣人のコメント、パッケージ、新聞、雑誌、テレビの情報、顧客や見込み客が小売店舗でどのような対応をされるか、製品が店舗のどの棚に並べられているか、店舗内でどのようなタイプの表示をされているかといったものがある。また、コンタクトは購買によって終わることはない。友人、親戚、上司が当該製品を使う人物についてどうコメントするかということまでコンタクトに含まれる。返品や問い合わせに対するカスタマー・サービスの対応、企業による問題解決や今後の愛顧を願うための手紙の書き方も含まれる。こうしたものすべてが、顧客とブランドとのコンタクトなのである。長い時間を経て作り出されるこうした細切れの情報、経験、関係が、顧客、ブランド、マーケターの間の潜在的リレーションシップに影響を与える。

同様に、チャトパディエイとラボリーは、ブランド経験のコンタクト・ポイントを管理する手法を開発した[5]。

要するに、ブランド・エクイティを構築する方法は多数あるということである。その一方、市場でブランド・エクイティを構築したいと願う企業も多数存在するので、市場のノイズを突破して顧客とつながることのできる斬新なマーケティング・プログラムを作り出すには、創造的で独創的な考え方が必要である。マーケターは、慣例にとらわれないブランド・エクイティ構築手段をさまざまに試みるようになっている。

しかし、創造性はブランド構築という目標を犠牲にしてはいけないし、マーケターはプログラムを調整して、顧客のためのソリューションと経験を継ぎ目なく統合し、顧客に提供する必要がある。そうして認知が生まれ、需要が刺激され、ロイヤルティが育まれるのである。

■ マーケティングのパーソナライズ化

インターネットが急速に拡大し、マス・メディアの分化に歯止めがかからないため、パーソナライズド・マーケティングの必要性が鮮明になってきた。ニュー・エコノミーでは個々の消費者の力を称賛する者が多い。パーソナライゼーションを求める消費者欲求の高まりに対応するため、マーケターは、経験価値マーケティング、リレーションシップ・マーケティングといった概念を採用するようになった。

■ 経験価値マーケティング

経験価値マーケティングは、製品の特徴やベネフィットを伝えるだけでなく、製品をユニークで面白い経験と結びつけることによってプロモーションする方法である。あるマーケティングのコメンテーターは、経験価値マーケティングを次のように説明している。

「この概念は何かを売るのではなく、ブランドによっていかに顧客の生活が豊かになるかを示すことである」[6]。このテーマの先駆者であるパインとギルモアは10年以上も前に、我々はまさに「経験経済」に突入していると主張した。「経験経済」の時代では、顧客の思い出に残るイベントの演出が追求されるようになる[7]。2人は以下のように論じている。

- 素材を売るなら、それは**コモディティ・ビジネス**である。
- 有形の物品を売るなら、それは**商品ビジネス**である。
- 自身のパフォーマンスを売るなら、それは**サービス・ビジネス**である。
- 自社とともに過ごす時間を顧客に売るとき、それは唯一、**経験ビジネス**と呼べる。

　ディズニーからAOLまで一連の企業を例に挙げ、彼らは売ることのできる経験には、娯楽、教育、審美性、脱日常の4種類があると論じている。

　このテーマを専門とするもう1人の先駆者であるコロンビア大学のバーンド・シュミットは、次のように述べている。「経験価値マーケティングは、通常顧客中心のマーケティング活動と広義に定義される。さまざまなタッチポイントにおいて、顧客との間に感覚的・感情的なつながりを創出する活動ならすべて経験価値マーケティングである」[8]。シュミットは消費者のブランド知覚にとって重要性を増しつつある5種類のマーケティング経験を挙げている。

- **センス・マーケティング**は消費者の五感（視覚、聴覚、触覚、味覚、嗅覚）に訴える。
- **フィール・マーケティング**は顧客の内面の感性や感情に訴える。ブランドに関連した軽い好意的な気分（例：関与度の低い、非耐久財の食料雑貨ブランド、サービス、B2B製品）から、喜びや誇りという強い感情（例：耐久消費財、テクノロジー、ソーシャル・マーケティング・キャンペーン）まで含む。
- **シンク・マーケティング**は顧客を創造的な形で関与させる認知的な問題解決経験を提供するため、知性に訴える。
- **アクト・マーケティング**は物理的な行動、ライフスタイル、交流を目的とする。
- **リレート・マーケティング**は社会的状況に参加したいという個々人の欲求を考慮して経験を創造する（例：自尊心、サブカルチャーやブランド・コミュニティの一員になりたいなど）。

　彼はまた、多種多様な「経験プロバイダー」（コミュニケーション、視覚や言語によるアイデンティティとサイネージ、プロダクト・プレゼンス、コ・ブランディング、空間環境、電子媒体、販売員など）がいかにしてマーケティング・キャンペーンの一部となり、経験を作り出すかについて説明している。ますます要求が大きくなる消費者について、シ

ュミットは「顧客は楽しませてもらい、刺激され、感情的に影響を受け、創造的な挑戦を受けたいと願っている」と書いている。

図表5-2では、シュミットと同僚が開発した各経験とその次元を計測する基準を示している。調査の対象者は「レゴ」、「ビクトリアズ・シークレット」、「iPod」、「スターバックス」を最も経験価値の高いブランドとして評価した[9]。

マイヤーとシュワッガーはカスタマー・エクスペリエンス・マネジメント（CEM）のプロセスを3つのパターンの観察であるとして説明している。その3つのパターンとは、過去のパターン（完了した取引の評価）、現在のパターン（現在のリレーションシップの追跡）、可能性のパターン（将来の機会を明らかにするような調査の実施）である[10]。THE SCIENCE OF BRANDING 5-1では、ブランド経験の中でも特に興味深い一側面、すなわちブランド・セント（匂い）について、一部のマーケターがいかに気を配っているかについて述べている。

図表5-2　ブランド経験の基準	
感覚	このブランドは私の視覚など五感に強い印象を与える。 このブランドは五感を楽しませてくれる。 このブランドは私の五感に訴えない。
感情	このブランドは感性や感情を刺激する。 このブランドに対しては強い感情を覚えない。 このブランドは感情を揺さぶるブランドである。
行動	このブランドを使用するときは物理的な行為や行動を起こす。 このブランドは身体体験をともなう。 このブランドは行動を促さない。
知性	このブランドに出会うととても考えさせられる。 このブランドは私に何も考えさせない。 このブランドは好奇心を刺激し問題解決を促す。

出典：Based on J. Joško Brakus, Bernd H. Schmitt, and Lia Zarantonello, "Brand Experience: What Is It? How Is It Measured? Does It Affect Loyalty?," *Journal of Marketing* 73 (May 2009): 52-68.

THE SCIENCE OF BRANDING 5-1
ブランド・セント（匂い）を理解する

新車には独特の匂いがある。1990年代にロールスロイスの顧客が新型モデルは旧モデルほど良くないという苦情を受けて問題を調査したところ、原因は意外なところにあった。車の匂いだったのだ。そこで同社は1965年モデルのロールスロイスの匂いを再生し、す

べての新型モデルの内部に吹きつけるようにしている。匂いには顧客の行動や記憶に影響する力があるのだろうか。

ラスベガスのカジノは以前からゲームエリアに香りを漂わせ、ギャンブラーが少しでも長くとどまるようにしている。匂いとショッピング体験の関係を模索する企業は少なくない。優位性を求め、自社ブランドや店舗を目立たせる手段として匂いを研究する企業が増えているのだ。消費者に向けられる広告の量は増える一方だが、視覚に大きく偏っている。特徴のある着メロなどの音がブランド認知の構築に使われはするものの、ほとんどのコミュニケーションは視覚という人間の五感の1つだけにしか訴えない。

小売業者は匂いを利用して顧客を店舗に誘引し、通常よりも長く滞留してもらう方法を模索している。ビクトリアズ・シークレットは以前から店舗にバニラの香りを使用してきたが、今ではサムスンのコンセプト・ストア「サムスン・エクスペリエンス・ショップ」のような小売業者も競争相手から差別化する方法として同じことを始めている。しかし、匂いで売上が伸びる保証はないと専門家は警告する。存在感を主張しないのが最高の匂いであり、うっとうしく感じられるようなものは逆効果になりかねない。また、製品をアピールしたい人に働きかける匂いでなければならない。

製品に適していたり一致したりしている匂いは、ブランド評価やジャッジメントに影響を及ぼすことができる。ウェスティンホテルは「ホワイトティー」という新しいフレグランスを細部にまで気を配って開発し、ホテル内のパブリックスペースに漂わせた。この香りはどんな国の人にも好感を持たれ、ロビーのさりげなくくつろいだ雰囲気を高めるように作られている。また、シンガポール航空ではすべての便で独特の香りをつけたおしぼりを配っている。ほのかな香りで乗客に心地良いリラックス体験を連想させる狙いである。

感覚的なマーケティング上の優位性があらかじめ組み込まれているブランドもある。クレオラ・クレヨンはもともと特徴のある匂いをつける意図はなかったが、製造過程でクレオラ独特の匂いがついた。多くの大人がクレオラの匂いを子ども時代に結びつけており、これがクレオラにとって非常に価値の高い付随的なブランド要素となった。クレオラの親会社が、最近新市場で一般競争から抜きん出る方法を検討し、匂いを商標登録することにした。さまざまな製品属性の中で、匂いは製品の記憶を向上させることが証明されたわけである。

もちろん、匂いが要となっている製品もある。P&Gは消臭剤の「ファブリーズ」を10億ドルのブランドに育て上げた。元々はコートやカーテンやマットレスについた臭いを消す布製品用消臭剤だったが、このブランドの製品ラインは自動車用、スポーツウェア用、ペット用、カーペット用の専用スプレー、さらにアレルゲン除去、インテリア用キャンドル、センテッド・リードディフューザー（訳注：ボトルにスティックを刺して香りを漂わせるルームフレグランス）、フレームレス・センテッド・ルミナリー（訳注：火を使わな

い香りの出るライト）に成長した。問題（ペット臭など）の解決や家周りの雰囲気作りを求める人に匂いを提供している。

出典：Linda Tischler, "Smells Like Brand Spirit,"*Fast Company*, August 2005; Martin Lindstrom, "Smelling a Branding Opportunity," *Brandweek*, 14 March 2005; Lucas Conley, "Brand Sense,"*Fast Company*, March 2005; Maureen Morrin and S. Ratneshwar, "Does It Make Sense to Use Scents to Enhance Brnd Memory?,"*Journal of Marketing Research* 40 (February 2003)：10-25; Anick Bosmans, "Scents and Sensibility: When Do (In) congruent Ambient Scents Influence Product Evaluations?,"*Journal of Marketing* 70 (July 2006)：32-43; Aradhna Krishna, A., Ryan S. Elder, and Cindy Caldara, "Feminine to Smell but Masculine to Touch? Multisensory Congruence and Its Effects on the Aesthetic Experience,"*Journal of Consumer Psychology* 20, no. 4 (2010)：410-418; Aradhna Krishna, May Lwin, and Maureen Morrin, "Product Scent and Memory,"*Journal of Consumer Research* 37 (June 2010)：57-67; Ellen Byron, "Febreze Joins P&G's ＄1 Billion Club,"*Wall Street Journal*, 9 March 2011; Joann Peck and Terry L. Childers, "Effect of Sensory Factors on Consumer Behavior," in *Handbook of Consumer Psychology*, eds. Curtis T. Haugtvedt, Paul M. Herr, and Frank R. Kardes (New York: Taylor & Francis, 2008), 193-220.

■ リレーションシップ・マーケティング

　マーケティング戦略では、製品やサービスそのものを越えて、消費者とのより強い絆を作り出し、ブランド・レゾナンスを最大化しなければならない。この、より幅広い一連の活動は**リレーションシップ・マーケティング**と呼ばれており、現在の顧客が長期にわたるブランドの成功の鍵であるという前提に立っている[11]。リレーションシップ・マーケティングは、ホリスティックでパーソナライズしたブランド経験を提供することで、消費者とのつながりを強めようとするものである。このアプローチはブランド構築マーケティング・プログラムの深さと幅の両方を拡大する。

　次に示すのは、リレーションシップ・マーケティングがもたらす基本的なベネフィットである[12]。

・新規顧客の獲得は、現在の顧客を満足させ維持するのに比べ、5倍のコストを必要とする。
・平均的な企業は、毎年顧客の10%を失う。
・業種によって異なるが、顧客の離反率を5％減らせば、利益は25〜85%増加する。
・顧客の利益率は、維持されている顧客の生涯を通じて増える傾向にある。

　次に、リレーションシップ・マーケティングに役立つ3つの概念、マス・カスタマイゼーション、ワン・トゥ・ワン・マーケティング、パーミッション・マーケティングを見ていこう。

マス・カスタマイゼーション

　マス・カスタマイゼーションの背後にあるコンセプトとは、製品を顧客の仕様書どおりに生産することであり、古くから存在している。しかし、デジタル時代のテクノロジーの進展により、企業はカスタマイズした製品を以前には考えられなかったスケールで提供できるようになった。インターネットを通じて、顧客は自分の好みをダイレクトに製造者に

第5章　ブランド・エクイティ構築のためのマーケティング・プログラムの設計

伝えることができる。製造者は、先進的な製造手法を使い、カスタマイズされていないアイテムと比べて、それほど変わらない価格でカスタマイズされた製品を生産できる。

　マス市場製品の普及が目覚ましい現代、消費者はマス・カスタマイゼーションのおかげで、基本的な購買においてさえも個性を発揮できる。オンライン宝石店のブルー・ナイルは顧客に自分で指輪のデザインをさせている。カスタム・メッセンジャーバッグ・メーカーのリックショー・バッグワークスは、顧客に自分でバッグのデザインをさせてから注文を受け付けている。スポーツウェア販売業のショートマティックは、顧客に自分で用意した画像をアップロードさせ、カスタムデザインのショーツにプリントしている。ランズエンドも自社のウェブサイト上で、一部のパンツとシャツについては体によりフィットするようカスタマイゼーションしている[13]。

　マス・カスタマイゼーションは製品に限らない。銀行など多くのサービス企業は、顧客特定型のサービスを開発し、サービス・オプションや顧客対応人員を増やしたり営業時間を延ばしたりして、自社サービスの個人的性質を向上させようと努力している[14]。

　マス・カスタマイゼーションは供給側にもベネフィットをもたらす。小売業者は在庫を減らせるので、倉庫スペースと製品の追跡費用を節約でき、売れ残りを値引きせずにすむ[15]。しかし、マス・カスタマイゼーションには限界もある。すべての製品が簡単にカスタマイズできるわけではなく、また、カスタマイズを必要とするわけでもないからである。個に

NIKEiDを利用すると、顧客は自分のシューズをカスタマイズして自分の作品をオンラインで他の人とシェアすることができる。
出典：Getty Images/Getty Images for Nike

向けられたカスタマイズ製品の場合、返品も悩みの種になる。

　ソーシャルメディアの登場により、顧客は企業との共同作業で作った製品を他の人々と共有できるようになった。たとえば、ナイキは、NIKEiDプログラムと銘打ち、消費者が自分のシューズにパーソナライズしたメッセージを入れられるようにしている。NIKEiDのウェブサイトでは、訪問者はサイズ、幅、色を選び、8文字からなる自作のパーソナルIDを添えて、カスタマイズしたシューズを作ることができる。顧客はそのシューズを他の人々にシェアして見てもらうことができる[16]。

ワン・トゥ・ワン・マーケティング

　ドン・ペパーズとマーサ・ロジャーズは、ワン・トゥ・ワン・マーケティングという概念を広めた[17]。これは、リレーションシップ・マーケティングに対して影響力を持つ考え方の1つである。消費者は、マーケターに情報を提供することで価値の付加を手助けし、反対にマーケターは、その情報によって価値を付加して消費者に経験を提供する、というのがこの概念の基本原理である。こうして企業はスイッチング・コストを生み出し、取引コストを削減し、消費者にとっての利便性を最大化できる。そしてこれらはみな、利益を生む強固なリレーションシップ構築の助けとなる。

　ワン・トゥ・ワン・マーケティングは、以下に述べるいくつかの基本的な戦略を基盤としている。

- 消費者データベースを通じた個々の消費者への注目──「消費者一人ひとりを選び出す」
- 双方向性を通じた消費者コメントへの対応──「消費者は我々に語りかけている」
- 製品とサービスのカスタマイズ──「彼、彼女に合わせたものを作る」

　ワン・トゥ・ワン・マーケティングのもう1つの主張は、消費者それぞれのニーズに合わせ、消費者の価値に応じて、個別に扱うということである。とりわけ、ペパーズとロジャーズは最も価値ある消費者に対して、より多くのマーケティング努力を注ぐことの重要性を強調している。

　ペパーズとロジャーズは、エイボン、オーウェンスコーニング、アムウェイ、ナイキなど、ワン・トゥ・ワン・マーケティングを長年にわたって実行しているブランドの例を挙げている[18]。また、ホテルのリッツ・カールトンの取り組みについても述べている。同社はデータベースを使って消費者の好みを蓄積し、もしある顧客がリッツのどこかのホテルで特別なリクエストをすると、その顧客が別のリッツに滞在したときにはすでにリクエスト内容が連絡されている。

ペパーズとロジャーズは、ワン・トゥ・ワン・マーケティングのローカライズ・バージョンの例も挙げている。母親に贈るために地域の花屋で花を注文した顧客は、「去年はお母様にバラとヒメユリをお贈りになりました。お電話１本くだされば、今年のお誕生日にも、また美しい花束をお届けできます」という内容のハガキを受け取ることになる。こうしたオンラインやオフラインでの「お知らせ」は役に立つだろうが、顧客が常に同じ行動を繰り返したがっていると考えてはいけない。たとえば、もし前回の花束が、今にもダメになりそうな関係を修復しようと、一縷の望みをかけた花束だったとしたら――そうした状況下での「お知らせ」は、歓迎されないだろう。

パーミション・マーケティング

パーミション・マーケティングとは、消費者から許可（パーミション）を得て初めてマーケティングを実施するというもので、企業がクラッターを突破して顧客ロイヤルティを構築できる、もう１つの影響力を持つ考え方である。このトピックのパイオニアであるセス・ゴーディンによれば、マーケターはもはや「インタラプション・マーケティング」、すなわち雑誌、ダイレクトメール、ビルボード広告、ラジオやテレビのCMなどを使ったマス媒体キャンペーンを採用することはできないという。なぜなら、消費者はこうしたものをインタラプション（いきなり割り込んでくるもの）と受け止め、ありがたく思っていないからである[19]。対照的に、消費者は許可を与えた相手からマーケティング・メッセージを受け取ることは喜ぶ。「クラッターの度合いが増すほど、パーミション・マーケティング活動の価値は高まる」とゴーディンは言う。

ゴーディンいわく、日々、消費者めがけて大量に投下されるマーケティング・コミュニケーションを考えれば、マーケターが消費者の注意を引きたいなら、まず、無料サンプル、セールス・プロモーションや値引き、コンテストなど、何らかの誘因によって許可を得る必要がある。このような方法で消費者の協力を引き出すことにより、マーケターは消費者との強力なリレーションシップを構築でき、消費者は今後さらに情報を送ってほしいと望む可能性がある。こうしたリレーションシップは、マーケターが消費者の希望を尊重し、消費者が当該ブランドとより深く関わりたいという意思を表明したときのみ発展する[20]。

膨大なデータベースと先進のソフトウェアの助けを借りて、企業は大量の顧客データを蓄積し、その情報を加工して、パーソナライズしたマーケティング・メッセージを顧客に送ることができる。ゴーディンは効果的なパーミション・マーケティングを行うための５つのステップを示している。

１．見込み客に、魅力的なインセンティブを与えよ。
２．製品やサービスについて理解してもらうための情報を、興味を持った見込み客に提供

せよ。

3．見込み客がパーミションを確実に維持するよう、インセンティブを強化せよ。

4．消費者からもっとパーミションを得るため、さらにインセンティブを与えよ。

5．時とともに、消費者行動を利益に転換するよう、パーミションを活用せよ。

　彼によれば、パーミション・マーケティングが機能するのは、それが「期待されていて、個人的なもので、関連性がある」からだ。最近の消費者調査もそれを裏づけている。回答者の87%が、メールは「小売企業から新製品のお知らせをもらうのに良い手段である」と答え、88%が小売業者からのメールによってクーポンのダウンロードやプリントアウトを促されたと回答した。また75%はメールがきっかけとなりオンラインで製品を購入し、67%はメールによってオフラインの購入へと結びついている。さらに60%が「新製品の初回購入を試す」気になったと回答している[21]。

　パーミション・マーケティングは、ワン・トゥ・ワン・マーケティングの「消費者との対話」という要素をより詳細に発展させる方法である。しかし、パーミション・マーケティングの弱点は、消費者が自分の望むものをある程度わかっていると仮定するところにある。消費者の好みは、不明確で、あいまいで、矛盾していて、自分では表現しにくいことも多い。それゆえマーケターは、消費者が自分の選好を形成し伝達するのにアドバイスや支援が必要な場合もあることを認識しなければならない。その点では、**パーティシペーション（参加）・マーケティング**のほうがより適切な用語であり、概念であるかもしれない。マーケターと消費者はともに協力し、どうすれば企業が消費者の目標を最も満足させられるかを見つけ出す必要がある[22]。

■ さまざまなマーケティング・アプローチを機能させる

　こうしたさまざまなパーソナライゼーションへのアプローチは、多くの重要なマーケティング・コンセプトと技術を強化するのに役立つ。ブランディングの観点からは、それらはポジティブなブランド・レスポンスを引き出し、かつブランド・レゾナンスを創出して、顧客ベースのブランド・エクイティを構築するのに便利な手段である。マス・カスタマイゼーション、ワン・トゥ・ワン・マーケティング、パーミション・マーケティングは、いずれも消費者により積極的にブランドと関わってもらう効果的な手段となる可能性がある。

　しかし、顧客ベースのブランド・エクイティ（CBBE）モデルに従えば、アプローチによって重点が置かれるブランド・エクイティ要素は異なる。たとえば、マス・カスタマイゼーションとワン・トゥ・ワン・マーケティングとパーミション・マーケティングは、より強力な関連性と行動上のロイヤルティと態度上の愛着を創出するのに効果的である。一方、経験価値マーケティングは、ブランド・イメージを確立し、さまざまな種類の感情を

刺激し、ブランド・コミュニティの構築を助けるのに効果的であるようだ。強みのある領域は潜在的に異なるものの、この4つのアプローチすべてが、消費者とブランドのより強力な絆づくりに貢献できる。

このような新しいアプローチが現れたのは、従来の「マーケティング・ミックス」という概念と、マーケティングの「4つのP」——製品（Product）、価格（Price）、場所または流通（Place）、プロモーションまたはマーケティング・コミュニケーション（Promotion）——という考え方では、現代のマーケティング・プログラム、ロイヤルティ・プログラム、ポップアップ・ストアなど多くの活動を十分に説明できないからだ。それでもなお、企業は、自分たちが何を売ろうとするのか、どのように（そしてどこで）それを売るのか、いくらで売るのかという決定をしなければならない。つまり、企業は今でもマーケティング・プログラムの一環として、製品戦略、価格戦略、流通戦略を考えなければならないのである。

しかし、それぞれの戦略を策定する具体的方法は大きく変化した。そうしたトピックと各分野の最近の動きを取り上げるが、本書では語りきれない重要な分野はほかにも多数ある。製品戦略に関しては外部要因の果たす役割に注目し、価格戦略ではバリュー・プライシングを、チャネル戦略についてはチャネル統合を中心に解説する。

製品戦略

ブランドについて消費者が経験すること、消費者が他人から耳にすること、企業が顧客に語れることに、最も大きな影響を与えるのは製品そのものである。すばらしいブランドの真髄は、すばらしい製品なのである。

製品が有形財であれ、サービスであれ、組織であれ、消費者のニーズとウォンツを満足させる製品を設計し提供することは、マーケティングの成功に欠かせない条件である。ブランド・ロイヤルティを構築するには、製品に対する消費者の経験が、期待を超えるほどではないにせよ、少なくとも満足のいくレベルでなくてはならない。

消費者が製品の品質と価値についての意見をどのように形成するかを考察したあと、マーケターは、どうすれば製品使用前、使用中、使用後に製品経験を実際の製品以上に高め、付加価値を生み出せるのかについて検討する。

知覚品質

知覚品質とは、顧客の知覚に基づく製品またはサービスの総合的な品質、あるいは代替製品や意図された目的と比較した際の優越性である。満足のいくレベルの知覚品質を実現

するのは難しくなっている。長年にわたる継続的な製品改良により、顧客の期待が高まっているからである[23]。

　消費者が知覚品質を評価するプロセスを理解するために、数多くの研究が行われている。製品品質の具体的な属性は、カテゴリーによって異なる。しかし、研究により確認された以下の一般的要因は、第3章で紹介したブランド・レゾナンス・モデルとも符合している。すなわち、主要な成分と補足的な特徴、製品の信頼性と耐久性とサービス性、スタイルとデザインである[24]。

　こうした要因に対する消費者の信念が品質を定義づけ、それがさらにブランドに対する態度や行動に影響を及ぼすことが多い。

　製品品質は、機能的な意味での製品パフォーマンスだけでなく、納品と取りつけにおけるスピード、正確さ、丁寧さ、あるいは、カスタマー・サービスと顧客教育における迅速さ、礼儀正しさ、親切さ、修理サービスの品質など、より広いパフォーマンスという点にも左右される。

　ブランド態度も、ブランドに反映されるシンボリズムやパーソナリティといった、どちらかというと抽象的な製品イメージに左右される場合がある。こうした製品の「膨張された」属性は、しばしばエクイティにとって重要な意味を持つ。最後に、消費者評価は製品の知覚品質に対応しない場合もあるし、ブランドの評判や、色や匂いなどの製品特性に基づいた単純な経験則と意思決定ルールのような、あまり深く考えない意思決定によって形成される場合もある。

■　アフターマーケティング

　望ましいブランド・イメージを獲得するには、購買と消費の両方に製品戦略の主軸を置くべきである。多くのマーケティング活動は、消費者の試用を促し、リピートさせる方法を見つけ出すことに力を入れている。しかし、おそらく最も強力で、潜在的に最も好ましい連想は、実際の製品経験——P&Gが「2度目の真実の瞬間」と呼ぶもの（1度目は購買時点に起きる）——の結果だろう。

　残念ながら、消費者に製品の優位性と性能をきちんとわかってもらう新たな方法を発見することに、マーケティングではあまり関心を向けていない。おそらく、この無関心に対する反動の中でも目覚ましいトレンドが、**アフターマーケティング**——顧客が購買したあとのマーケティング活動——の役割の拡大である。マス・カスタマイゼーションをはじめとする手段による、革新的デザイン、徹底的なテスト、質の高い生産、効果的コミュニケーションは、ブランド・エクイティを構築する製品消費経験の向上における重要な考慮点であることは間違いない。

　しかし多くの場合、それらはブランド構築の必要条件にすぎず、十分条件ではない。マ

ーケターは消費経験を向上させる、他の手段も使う必要がある。ここで、ユーザー・マニュアル、カスタマー・サービス・プログラム、ロイヤルティ・プログラムの役割を考えてみよう。

■ ユーザー・マニュアル

　多くの製品の取扱説明書、いわゆるユーザー・マニュアルはあとづけで作られ、技術者が専門用語や難解な言葉を多用していることが多い。オンラインフォーラムで助けを求めても、製品を良く知らないユーザーや平均的な消費者は、彼らが遭遇するトラブルに理解の乏しい自称専門家に翻弄されるはめになる。

　その結果、消費者の最初の製品経験はストレスフルなものになり、さらに悪ければ失敗に終わることさえある。製品の基本操作法は理解できたとしても、もっとたくさんある先進的な特徴――きわめて望ましく、潜在的にブランドにユニークな特徴――は評価できない消費者が多いだろう。

　消費者の消費経験を向上させるため、マーケターは自社製品に何ができ、どうすれば製品ベネフィットを理解してもらえるかについての明確かつ包括的なユーザー・マニュアルないしヘルプ機能を開発する必要がある。グローバリゼーションの進展とともに、使いやすい操作法を書くことの重要性も増している。多言語に翻訳する必要が出てくるからである[25]。製造業者は、できるだけユーザー・フレンドリーなマニュアルを設計し、チェックすることに、いっそう時間をかけるようになっている。

　ユーザー・マニュアルは、製品の機能やベネフィットを最も効果的に示せるように、ネット上やマルチメディア・フォーマットで作る必要性が増している。個人資産管理ソフト「クイッケン」のメーカーであるインテュイットは、初回購入者の自宅に調査担当者を派遣し、ソフトが簡単にインストールできるかをチェックさせ、問題発生源の有無を確認させることを定型業務としている。ソフトウェアの「コーレル」は、同様の「フォロー・ミー・ホーム」戦略を採用し、マーケティング・チーム、エンジニア・チーム、品質保証チームが集まる社内「ピザ・パーティ」を開いて、市場調査結果をともに分析し、マーケティング・チームが他部署に結論を言い渡すだけにならないよう配慮している[26]。

■ カスタマー・サービス・プログラム

　しかし、アフターマーケティングは、製品マニュアルの設計と伝達だけを意味するのではない。この分野の専門家は次のように述べている。「『アフターマーケティング』という用語は、顧客と生涯にわたる継続的なリレーションシップを構築することの重要性を企業に思い出させるための必須で新しい考え方である。また、広告のような獲得活動と顧客コミュニケーション・プログラムのような維持活動に、マーケティング資金をよりバランス

良く配分することの重要性を指摘している[27]」。

　消費者とより強いつながりを作るということは、どのような組織にとっても軽視できない。アクセンチュアが2010年に行った調査では、顧客サービスが悪かったという理由で顧客の3人に2人が過去1年間に会社を乗り換えたことがわかった[28]。自動車業界では、ディーラーのアフターサービスがロイヤルティおよびブランドの反復購買の決定要因として重要である。定期メインテナンスや突発的な修理は、ディーラーにとって顧客との結びつきを強化するチャンスである[29]。

　アフターマーケティングには、システムの構築を支援したり、核となる製品の価値を何らかの方法で高めたりする補完製品の販売も含まれる。ヒューレット・パッカードなどのプリンター製造業者は、インクジェット・カートリッジ、レーザー・トナー・カートリッジ、PCプリンター専用の印刷紙など、高マージンの周辺アイテムから収益の多くをあげている。家庭用PCプリンターの平均的所有者は、プリンター本体よりも、本体を使っている間に使用する消耗品のほうにはるかに多額のお金をかけている[30]。

　アフターマーケティングは利益性の重要な決定要因となりうる。たとえば、航空宇宙・防衛企業の収益のおよそ4分の3はアフターサポートとそれに関連した売上によるものである。顧客がサービス契約、独占技術ないし特許、あるいは独自のサービス専門知識により、最初の製品を買った企業から固定的に購入を続ける場合、アフターマーケットの存在は最も強力になる[31]。

■ ロイヤルティ・プログラム

　ロイヤルティ・プログラムもしくは**フリークエンシー・プログラム**は、顧客とより強いつながりを作り出せる手段としてポピュラーになった[32]。その目的は、「長期的で、相互作用的で、付加価値のあるリレーションシップを通じ、企業にとって『最上の』顧客がもたらす利益を識別し、維持し、増加させる」ことである[33]。航空業界において最も顕著であるが、あらゆる業界の企業が、特化したサービス、ニュースレター、プレミアム、インセンティブをさまざまにミックスして、ロイヤルティ・プログラムを確立している。こうしたプログラムには、コ・ブランディングやブランド・アライアンスが含まれることが多い。

　これまでに、航空会社のほかにも多くの企業がロイヤルティ・プログラムを導入した。ロイヤルティ・プログラムが幅広い業種で採用されたのは、成果が出やすかったからである[34]。あるマーケティング担当幹部によれば、「ロイヤルティ・プログラムは離反率を減らし維持率を増加させ、顧客の購買シェアを今まで以上に獲得できる」という。ロイヤルティ・プログラムが作り出す価値は消費者側にスイッチング・コストを生み、ブランド間の価格競争を減少させる。

第5章　ブランド・エクイティ構築のためのマーケティング・プログラムの設計

ヒューレット・パッカード（HP）は、プリンター本体の販売よりプリンター用のカートリッジの販売ではるかに大きな利益をあげている。
出典：Brown Adrian/SIPA/Newscom

　ただし、プログラムの対象になるためには、消費者は通常個人データを提供しなければならず、プライバシーへの懸念を引き起こしている。ロイヤルティ・プログラムがクレジットカードと連動していると、プライバシーへの懸念はいっそう高まる。しかし特典の魅力は消費者にとって大きく、2011年にはロイヤルティ・プログラムの加入者数が20億人を超え、平均して世帯あたり622ドル相当のポイント価値になった。ただしそのうち3分の1は使用されていない[35]。

　マーケターにとっての魅力は明らかである。最もロイヤルティの高い顧客の15%が小売業者の売上の半分を占め、ロイヤルティの高い顧客1人を失った埋め合わせをするには新規顧客を12〜20人獲得しなければならない[36]。効果的なロイヤルティ・プログラムを構築するための秘訣を以下に示した[37]。

- **オーディエンスを知れ**：多くのロイヤルティ・マーケターは、高度なデータベースとソフトウェアを採用し、当該プログラムでどの顧客セグメントを標的にすべきかを決定する。標的となるのは、プログラムで購買行動を変えられる顧客である。

- **変化を良しとせよ**：マーケターは常にプログラムを更新して新規顧客を引きつけ、同業他社による「模倣」プログラムの開発を防ぐ必要がある。ある幹部いわく、「旧態依然のロイヤルティ・プログラムはダメになる」。

169

- **最上顧客の声を聞け**：最上顧客からの提案や苦情は、注意深く検討するに値する。プログラムの改善につながる可能性があるからだ。また、最上顧客はビジネスで大きな割合を占めるので、サービスや配慮の比重を大きくすべきである。
- **人々を巻き込め**：プログラムに参加したいと顧客に思わせよう。プログラムは使いやすくし、登録時にすぐに見返りを提供しよう。メンバーになってもらったら、バースデー・カードを送ったり、特別オファーをしたり、特別イベントに招待したりして、「特別感」を与えるとよい。

　製品はブランド・エクイティの要である。強く、好ましく、ユニークなブランド連想を持つポジティブなブランド・イメージを創出し、ブランドに関する好ましい判断や感情を引き出し、より大きなブランド・レゾナンスを育てる。マーケターはそうなるように製品を設計し、製造し、市場に出し、販売し、納品し、サービスしなければならない。

　製品戦略では、製品が具体化する有形・無形のベネフィットを選択し、消費者が望むようなマーケティング活動を実施する必要がある。それによって、さまざまな連想——機能的でパフォーマンスに関連した連想や、抽象的でイメージに関連した連想など——をブランドに結びつけることができる。とりわけ、知覚品質と知覚価値は、消費者の意思決定をあと押しすることが多く、重要なブランド連想である。

　ロイヤル・カスタマーの重要性が認識された結果、リレーションシップ・マーケティングはブランディングの優先事項となった。消費者の実際の製品経験とアフターマーケティング活動は、顧客ベースのブランド・エクイティ構築においてますます重要性を増している。CBBE構築において最も成功するマーケターならば、顧客を十分に理解し、購買前、購買時、購買後に、優れた価値を確実に提供するためのステップを踏むだろう。

価格戦略

　価格は伝統的マーケティング・ミックスにおける収益を生み出す唯一の要素であり、価格プレミアムは、強力なブランドによってもたらされる最も重要なブランド・エクイティ・ベネフィットである。ここでは、消費者が形成するさまざまな価格知覚、そして企業がブランド・エクイティを構築するために採用するさまざまな価格戦略について検討する。

消費者の価格知覚

　価格戦略とは、消費者がブランドの価格をどう分類するか（安い、中ぐらい、高い）、値引きの程度や頻度をもとに価格の柔軟性をどう捉えるかを規定するものである。

消費者はカテゴリー内の価格層に応じてブランドを格付けすることが多い[38]。たとえば、図表5-3はアイスクリーム市場についての調査結果から得られた価格層を示している[39]。図表が示すように、この市場では価格と品質の間に相関関係がある。どの価格層においても、**価格帯**と呼ばれる許容可能な価格範囲が存在しており、これはブランドの価格設定の柔軟性と幅をいう。複数のカテゴリーでの競争力を高めるため、複数のブランドを販売する企業もある。次ページの図表5-4は、幅広い価格とそれに対応する小売店舗を擁した「フィリップス・ヴァン・ヒューゼン」のアパレル・ブランドを示したものである[40]。

こうしたわかりやすい「平均と分散」の価格知覚に加え、消費者は、より本質的な価格知覚を抱くこともある。多くのカテゴリーにおいて、消費者は価格をもとに製品品質を推測し、知覚品質と価格を利用して知覚価値の査定を行う。ここでいうコストは実際の金額に限定されず、消費者側が負担する時間、エネルギー、意思決定における心理的わずらわしさといったコストも含まれる[41]。

知覚価値に関する消費者連想は、購買決定において重要な要素である場合が多い。このため、多くのマーケターが**価値ベースの価格戦略**を採用している。これは、適切な製品を

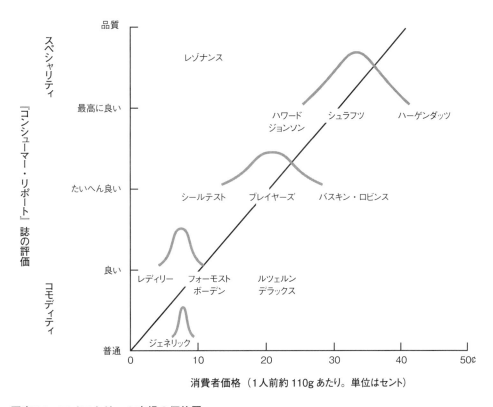

図表5-3　アイスクリーム市場の価格層

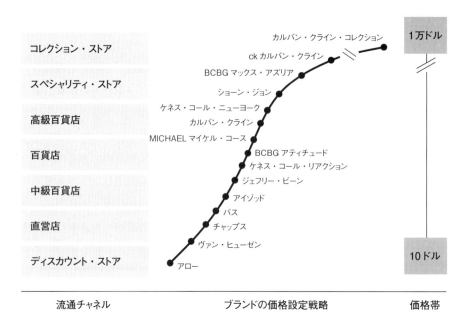

図表5-4　フィリップス・ヴァン・ヒューゼンのブランド価格階層

適切な価格で販売しようという試みで、次項で述べるように、消費者の要望にいっそう応えるためのものである。

　つまり、価格の意味は複雑であり、消費者に対して多様な役割を果たす可能性がある。マーケターは、消費者がブランドに対して持つあらゆる価格知覚を理解し、品質と価値が持つ言外の意味や、存在する価格プレミアムを明らかにする必要がある。

ブランド・エクイティ構築のための価格設定

　ブランド・エクイティ構築のための価格戦略の選択とは、以下の事項を決定することである。

- 現行価格の設定方法
- プロモーションと値引きの規模や期間を決める方針

　価格設定には多くのアプローチがあり、選択の際の考慮点も数多い。ここでは、ブランド・エクイティに影響するような、特に重要な問題をいくつか取り上げる[42]。

　製品の生産コストと販売コストに関わる諸要素や競合製品の相対的な価格は、価格戦略における重要な決定要因である。しかし、企業は消費者の知覚や選好を重視するようになっている。今や多くの企業が価格設定にバリュー・プライシングというアプローチを、ま

た、長期にわたる値引き方針を決定するのにエブリデイ・ロー・プライシング（EDLP）というアプローチを採用している。この2つのアプローチを詳しく見てみよう。

■ バリュー・プライシング

バリュー・プライシングの目的は、消費者のニーズと企業の利益目標を満たすような製品品質、製品コスト、製品価格の最適な組み合わせを見出すことである。マーケターは長い間、さまざまな方法でバリュー・プライシングを採用してきた。しかし、消費者はもはやブランドの知覚価値を上回る価格プレミアムを払おうとはしない。

　そこから、2つの重要な教訓が得られる。まず第1に、強いブランドは価格プレミアムを得られる点である。価格が受け入れやすい範囲に入ると、消費者は高い価格でも支払う気になり、ブランドの売上は伸び始める。第2に、強いブランドといえども、過度の価格プレミアムは得られない点である。世のマーケターに知らしめられた明確な警告は、ブランドの価値に相応の投資をしないまま価格を上げれば、低価格の競合ブランドに対する抵抗力が弱まってしまうということである。こうした場合、消費者は「安いブランドへのスイッチ」をしようという気持ちになる。もはや高価格ブランドにそれだけの価値があると自分を納得させられないからである。値引きは短期的な収益減少をもたらすが、市場シェアを回復させ、長期的にはより強い地位をブランドにもたらす可能性がある。

　最近の厳しい環境のもと、バリュー・プライシング戦略の採用によって成功をおさめている企業もある。たとえば、ウォルマートのスローガン「お金を節約して、より良い生活を」は、同社が世界最大の小売業となることを可能にした価格戦略を示している。サウスウエスト航空は、航空業界における一大勢力となるために、無駄を削ぎ落とした（しかしフレンドリーな）サービスと低料金を組み合わせた。こうした企業の成功は、バリュー・プライシング戦略がもたらす潜在的なベネフィットを明確に示している。当然ながら、価値ベースの価格アプローチによる成功の鍵については多くの見解がある。一般に、効果的なバリュー・プライシング戦略では、以下の3つの事項の適切な均衡点を見つけることが重要である。

- 製品の設計と導入
- 製品コスト
- 製品価格

　要するに、これまで見てきたように、適切な製品が適切な方法で作られ、適切な価格で販売される必要がある。続いては、これら3つの要素をそれぞれ検討していく。

製品の設計と導入

　第1の鍵は、製品の適切な設計と導入である。製品価値は、本章や他章で紹介している優れたさまざまなマーケティング・プログラムによって高めることができる。バリュー・プライシングの提唱者によると、バリュー・プライシングの概念は、必要最低限の機能を備えた製品を低価格で販売するという意味ではない。消費者は、製品とサービスに付加価値を知覚できればプレミアムを払おうとするものだ。

　新しい、または改良された「付加価値」製品を導入することにより、実際に値上げを可能にした企業もある。少なくとも一部の市場セグメントには受け入れられる均衡点を発見して、製品のイノベーションや改良と高価格を結びつけることに成功した企業もある。P&Gがこの方式を使って、2008～2010年にかけての深刻な不況のさなかに成功をおさめた例を2つ紹介しよう。

- P&Gは自社で最も価格の高い「ジレット　フュージョンプログライド」を発売した際、革新的な製品に強力なマーケティング支援を組み合わせた。「ジレット　フュージョンプログライド」の「実感。剃るから、すべらせるへ」キャンペーンでは、ブロガーに剃刀のサンプルを提供し、男性たちに自宅の外で突然この新製品で髭剃りを試してもらうコマーシャルをインターネットとテレビで流した[43]。

ウォルマートのスローガン「お金を節約して、より良い生活を」は同社の強いバリュー・ポジショニングを簡潔に表現している。
出典：Beth Hall/Bloomberg via Getty Images

第5章　ブランド・エクイティ構築のためのマーケティング・プログラムの設計

• P&Gの液体胃腸薬「ペプトビスモル」は、製品イノベーション（これまでにないチェリー味）と、当該ブランドのコピーテスト調査記録を更新した広告キャンペーン（「カバレッジ編」では、ピンク色のベストを着た「ペプト・ガイ」が胃腸の悩みを抱える人々からの電話相談にユーモラスなアドバイスで軽妙に回答する）によって、プライベート・ブランドより60％も高い価格設定に成功した[44]。

　インターネットの登場とともに、顧客が簡単にオンライン検索をできるようになれば、生き残るのは低コスト業者だけになる——多くの批評家は、そう予言した。しかし実際には、強力なブランド差別化に結びつく優位性によって、オンライン販売でも、オフライン販売と同様の価格プレミアムがもたらされている。たとえば、アマゾン・ドットコムより安売りしている書籍や音楽CDのオンライン販売業者は数多いが、同社は市場リーダーシップを維持し、結局、ブックス・ドットコムなどの低価格の競合他社を廃業に追い込んだ[45]。

製品コスト

　バリュー・プライシング戦略を成功させる第2の鍵は、できるだけコストを下げることである。コスト目標を達成するには、生産性の向上、アウトソーシング、（より安価で無駄の少ない）原材料への変更、製品の改良、オートメーション化をはじめとする工場の改良など、製造工程の変更を通じたコスト削減が求められる[46]。あるマーケティング担当幹部は次のように述べている。

　顧客は、本当に付加価値があると知覚したものだけにお金を払う。顧客の支払分について検討するときには、顧客がそのコストを本当に喜んで支払ってくれるかどうか自問しなければならない。もし答えがノーなら、コストの削減方法を考え出す必要がある。そうしなければ、売上は見込めない[47]。

　コスト削減によってバリュー・プライシングを実現するために、P&Gは4つの単純なガイドラインに従い経費をカットした。すなわち、業務を変更する、少ない原資で大きな成果を出す、業務を廃止する、消費者に転嫁できないコストを削減する、である。P&Gは流通網を簡易化して製品の補充を間断なく行うことにより、在庫補充の効率化を果たした。また、最小在庫管理単位を25％削減することにより製品ポートフォリオを縮小した。

　ビジネスモデルとコスト構造の開発は、企業のプライシング計画を支援するものでなければならない。タコ・ベルは、業務コストを削減してメニュー上の多くを1ドル以下の低価格に抑え、ファストフード業界に旋風を巻き起こした。残念ながら、他のファストフードチェーンの多くは経費を低減しきれなかったり、バリューメニューが利益率の高いアイテムに対してカニバリゼーションを起こしてしまったりした[48]。

コスト削減が品質や効果や効率を犠牲にしてはならない。トヨタとジョンソン・エンド・ジョンソンは製品トラブルでブランドの危機を経験したが、アナリストや両社の一部の経営陣までもが、その原因は過剰なコスト削減にあるとしている。H&Rブロックが税務処理以外の分野に進出する際、コスト削減を行ったときは、顧客サービスが低下して、待ち時間の長さと従業員の態度の悪さに顧客が苦情を言うようになった[49]。

製品価格

　バリュー・プライシング戦略を成功させる最後の鍵は、消費者がブランドに対してどのくらいの価値を知覚し、製品コスト以上のプレミアムをどの程度まで支払ってくれるかを正しく理解することである[50]。このような消費者価値知覚を評価する技法はたくさんある。おそらく最も直接的な手法は、価格と価値の知覚をさまざまな方法で消費者に直接たずねることだろう。

　知覚価値評価によって示される価格は、コストと競争条件によって必要に応じて調整した上で、実際の市場価格の決定における出発点となることが多い。たとえば、H・J・ハインツのペット製品事業部は、旗艦ブランドである「9-ライブズ」の急激な市場シェアの下落を止めるため、価格設定戦略に新しい方針を採用した。同社のキャット・フードのコストは1缶あたり29〜35セントであるにもかかわらず、消費者は「4缶1ドル」で買いたいと考えていることが調査によって判明した。それに応えて同社は、必要コスト、価格、マージン目標を達成できるように、製品パッケージを変更し、製造工程を見直した。当該ブランドの利益は、低価格になったにもかかわらず2倍に増えた。

バリューの伝達

　上で見てきた3つの鍵を適切に組み合わせて、バリューを創出することが重要である。望ましいバリューを提供することは必要ではあるが、プライシングに成功するにはそれだけでは不十分である。消費者にブランドのバリューを実際に理解し評価してもらわなければならない。多くの場合、バリューはわかりやすい。製品やサービスのベネフィットが明確で、競合品との比較も容易であっても、バリューがわかりにくい場合もあるし、また消費者はとかく価格の安い競合品の購入に走りやすい。そこでマーケターは消費者にバリューを認めてもらえるよう、マーケティング・コミュニケーションを行う必要がある。価格に見合った品質を強調するなど、単純にブランドのバリュー要因を説明する直球のコミュニケーションがその解となる場合もあるだろう。しかし、「フレーミング」を使って、消費者に自社のブランドと製品について別の視点から判断してもらわなければならない場合もある。

　たとえば、P&Gの「パンテーン」のようなプレミアム価格ブランドを考えてみよう。

この製品は多数の競合ブランドからプレッシャーを受けているが、特に価格が大幅に安いプライベート・ブランドや、ストア・ブランドとディスカウント・ブランドからのプレッシャーが強い。不況時には、わずかな節約も、財布の紐を引き締めている消費者にとっては重要になる。「パンテーン」1本が主要な競合製品より1ドル高く、分量はシャンプー100回分だとしよう。この場合、実際の価格差はシャンプー1回あたりわずか1セントということになる。シャンプー1回あたりのコストという視点で購買意思決定をフレーミングすれば、P&Gは「より美しい髪のためなら1セント余分に支払う価値があると思いませんか？」と広告することができる。

■ 価格細分化

消費者によって価値知覚はさまざまなので、価格の受け止め方も異なる可能性がある。価格細分化では、適切な市場セグメントに対して価格が設定、調整される。アップルはiTunesのダウンロードに3層の価格体系を持っている。基本価格は99セントだが、人気のヒット曲は1.29ドル、それほど人気のない古い曲は69セントに設定している[51]。スターバックスも同様に一部の人気のドリンクを値上げする一方、基本的な飲み物は値下げした[52]。

インターネットの利用が広がったこともあり、企業はますます航空会社型の**イールド・マネジメント方式**、別の呼び方では**ダイナミック・プライシング**を採用するようになっている。これは、要求や価値知覚の違いに応じて、市場セグメントごとに異なる価格を設定する方法である。いくつか例を挙げてみよう。

- オールステート保険は、ドライバーの信用履歴、デモグラフィック・プロフィール、その他の要素を検討し、顧客のリスク・プロフィールに適合した自動車保険料を設定するイールド・マネジメント・プライシング・プログラムを始めた[53]。
- チケット転売業者やスタブハブのようなオンラインのチケットブローカーに対抗するため、コンサートチケット販売大手のチケットマスターは、より効率的な変動価格体系を実施するようになった。これはスポーツイベントやコンサートで最も人気のあるチケットには高めの価格を、あまり人気のない座席には安めの価格を設定するというものである[54]。
- サンフランシスコ・ジャイアンツは、チームが現在のチケット売上、天気予報、投手のマッチアップ相手などさまざまな変化要素を試合当日まで確認できるソフトウェアシステムを使用している。このソフトウェアのおかげで、チームは野球界が伝統的に利用してきた価格層戦略を取り、しかもさらにダイナミックに実施できるようになっている[55]。
- 新興企業のビレッジバインは、レストランに需要マネジメント・ソリューションを提供している。お得料金を好む顧客に対し、あまり人気のない曜日や時間帯に予約すれば飲

食代金の合計から３割引きにするというオプションを提供して、効果的な価格差別を可能にするものだ[56]。

■エブリデイ・ロー・プライシング

エブリデイ・ロー・プライシング（EDLP） は、長期的に値引きやプロモーションを決定する手段として注目を集めるようになっている。EDLPは、値上げや値下げを交互に繰り返し、のこぎり状に波を描くパターンを避け、一貫性を有した「エブリデイ」ベースの製品価格設定を目指す。多くの場合、EDLP価格は、上で述べたバリュー・プライシングの考慮点に基づいて決定される。

P&Gの経験

P&Gは1990年代の初め、EDLPへの転換を果たしたことで知られている[57]。自社ブランドの半数の価格を値下げし、一時的な値引きを廃止することで、同社は1991年に前年利益の10％にあたる１億7500万ドルを節約した。EDLPの賛成派は、主要アイテムを常に一貫して低価格に抑えることで、ブランド・ロイヤルティの構築、プライベート・ブランド侵入の回避、製造コストと在庫コストの削減に結びつくという[58]。

しかし、EDLPを全面的に支持する者でさえ、何らかの値引きは必要であると考えている。P&Gは1990年代後半に厳しい財務状況に陥ると、一部のセグメントでバリュー・プライシング戦略を変更し、選択的に価格プロモーションを復活させた。さらに最近では、市場状況に対応してより流動的なプライシング戦略を採用している[59]。P&Gは厳しい不況のどん底で、市場シェアを獲得するため2010年に値下げを行ったが、2011年には商品原価の上昇を相殺するため一部の製品については値上げしている。同社の経営陣は人気のあるプレミアム価格ブランド（「フュージョンプログライド」、「クレスト３-D」シリーズ、「オールドスパイス　ボディウォッシュ」など）の強さに自信があった。実際、これらの製品は需要が供給を上回るほどだった。

十分に計画されたタイムリーな販売促進は、消費者にとって大きな金銭的インセンティブとなり、購買を促す。収益管理システムやイールド・マネジメント（集客管理）・システムの一環として、多くの企業が精緻なモデルとソフトウェアを使い、値下げや値引きの最適なスケジュールを決定している[60]。

価格の安定性の理由

なぜ企業は価格の安定性を求めるのだろうか。製造業者は、流通業者や消費者に向けたプロモーションに依存しすぎたり、何らかの理由で価格が変動したりすることで打撃を受ける場合がある。

たとえば、流通業者向けプロモーションが期間と地域を限定した製品の値引きにのみ使われることが計画されていても、必ずしもそのとおりにはならない。小売業者は**フォワード・バイイング**といって、販促期間中に販売する予定よりも多く製品を発注し、販促期間終了後に残りの商品を通常価格で販売して、多めのマージンを得るのである。また、**ダイバーティング**といって、小売業者が指定販売地域外の小売業者に値引きされた製品を回したり販売したりする。

製造業者からすれば、このような小売慣行は生産を複雑にしていた。プロモーション期間には過剰需要で工場の稼働時間が延び、プロモーション期間が終われば暇になってしまうため、コスト負担が大きかった。さらに何よりも需要面で、製品価格の上下動に慣らされた消費者が、値引きや特売の時期を待ってブランドを買うようになっており、そのために知覚価値が崩れていくと多くのマーケターは感じていた。「値引き」や「正価で買ってはダメ」というブランド連想ができあがることで、ブランド・エクイティが下がってしまったのである。

ブランド・エクイティを構築するには、短期的・長期的に価格を設定し調整する戦略をとらなければならない。このような意思決定が、消費者の価値知覚を反映する度合いは増していくだろう。バリュー・プライシングは、製品設計、製品コスト、製品価格のバランスをとる。ブランド・エクイティの観点からすると、消費者には製品から得られると感じるベネフィット、特に競合他社の提供物との相対的な優位性に照らして、ブランドの価格が適正で正当であると思ってもらわなければならない。EDLPとは、価値に基づいた低価格を日常的に主要アイテムで実現する価格設定手法である。

価格の引き下げと、製品品質に対する消費者知覚の向上の間では、常に綱引きが行われている。学術研究者であるリーマンとワイナーによれば、知覚価値向上のための値引きはよくある方法だが、実際には、価値を引き上げる方法として、値引きはブランド構築のためのマーケティング活動よりもコストがかかる場合が多い[61]。販売されているアイテムごとのマージン引き下げによる収益減少分は、価値付加活動による追加コストよりはるかに大きくなるというのである。その主な理由は、値下げの結果生じる単位あたりの収益減少とは異なり、追加コストの多くは固定費であり、全販売単位に分散されるからである。

チャネル戦略

製品をいかに販売したり流通させるかは、ブランド・エクイティや最終的な販売成果に大きく影響する。**マーケティング・チャネル**は、「製品あるいはサービスの使用と消費を可能にするプロセスに関わる、相互に依存した組織の集合体」と定義される[62]。チャネル

戦略とは、卸売業者、流通業者、仲買人、小売業者といった仲介業者の設計と管理のことである。ここでは、チャネル戦略がどのようにブランド・エクイティに貢献できるのかについて見てみよう[63]。

■ チャネル設計

チャネルのタイプと配置には多くの選択肢があるが、大きく分けるとダイレクト・チャネルとインダイレクト・チャネルの2つになる。**ダイレクト・チャネル販売**とは、郵便、電話、電子媒体、訪問などにより、企業が見込み顧客個人に直接行う販売のことである。**インダイレクト・チャネル販売**とは、代理店、仲買人、卸売業者や流通業者、小売業者やディーラーといった第三者である仲介業者を通じての販売のことである。

今後は、実際の店舗、インターネット、電話、カタログを組み合わせた「統合型ショッピング経験」の展開が成功していくだろう。例として、ナイキがシューズ、衣料、用具を販売するのに使っている、さまざまなダイレクト・チャネルとインダイレクト・チャネルについて考察してみよう[64]。

- ●ナイキ・タウン：世界の大都市の主要ショッピング・センターに500店舗以上あるナイキ・タウンは、全ナイキ製品を扱い、最新スタイルのショーケースとして機能している。各ストアは多数のショップや展示コーナーからなり、テニス、ジョギング、自転車、ウォータースポーツなどさまざまなスポーツ向けのシューズ専門、衣料専門、用具専門ショップや、同じスポーツでライン別の品揃えをしているショップ（たとえば、3つのバスケットボール・ショップと2つのテニス・ショップ）がある。各ショップは独自のコンセプトに基づいて展開され、それに応じた照明、音楽、室温、マルチメディア・ディスプレイが採用されている。またナイキは特定の顧客とスポーツをターゲットにした、より小規模な店舗による実験も行っている（たとえば、カリフォルニア州パロアルトにあるランニング専門店、イギリスのマンチェスターにあるサッカー専門店など）。
- ●ナイキストア・ドットコム：ナイキのeコマース・サイトでは、さまざまな製品をインターネット上で注文できたり、一部の製品についてはNIKEiDを通じてカスタムデザインの発注ができたりする。2010年には売上が1億ドルを超えた。
- ●アウトレット：アウトレット店では、ナイキ製品のディスカウント品を扱っている。
- ●小売：ナイキ製品は、シューズ・ショップ、スポーツ用品店、百貨店、衣料品店といった小売店舗で販売されている。
- ●カタログ販売：靴、スポーツ用品、衣料を扱う多数のカタログで、ナイキ製品が購入できる。
- ●専門店：ナイキ・ゴルフといった製品ラインの商品は、たいていゴルフ・プロ・ショッ

プのような専門店で購入できる。

多くの研究によって、さまざまなチャネルを通じた販売の賛否両論が考察されている。チャネルの決定は、最終的には各選択肢の相対的な収益性に左右されるが、もう少し具体的なガイドラインがいくつか提案されている。たとえば、工業製品に関するある研究では、製品情報のニーズが高い、製品のカスタマイゼーション度が高い、製品の品質保証が重要、購買ロットのサイズが重要、ロジスティックスが重要という場合には、ダイレクト・チャネルが望ましいという。一方、この研究では幅広い品揃えが不可欠、入手可能性がきわめて重要、アフターサービスが重要という場合には、インダイレクト・チャネルが望ましいとしている。対象とする市場セグメントによっては、このような一般論にも例外が存在する[65]。

消費者の購買行動という観点からは、チャネルは3つの重要な要素、すなわち情報、エンターテインメント、体験の融合であると見ることができる。

●消費者はブランドについて、そのブランドに何ができ、どこが違うのか、どこが特別なのかを知る。
●消費者はチャネルが提供するショッピングや購買手段を楽しむ。
●消費者はチャネルの活動に参加したり、その活動を体験したりできる。

製造業者は単一のチャネル・タイプだけを利用することはほとんどなく、多様なチャネル・タイプを組み合わせたハイブリッド・チャネルを利用することが多いだろう[66]。マーケターはこうしたチャネルを慎重に管理しなければならない。

ハイブリッド・チャネル・システムを設計する際のリスクは、使うチャネルが多すぎるとチャネル・メンバー間でのコンフリクトや支援の欠落が起こりかねず、少なすぎると市場機会を見逃すことである。チャネルのカバレッジと効果の最大化、チャネル・コストとコンフリクトの最小化を目指すべきである。

マーケターはダイレクト・チャネルとインダイレクト・チャネルの両方を利用するので、この主要な2つのチャネル設計がブランド・エクイティに与える影響について検討しておこう。

■ インダイレクト・チャネル

インダイレクト・チャネルは多種多様な仲介業者で構成されるが、ここでは小売業者に注目する。小売業者は最も目に見えやすく、顧客との直接的な接触を持つ傾向があり、そ

れゆえブランド・エクイティへの影響力が最も大きい。第7章で詳述するが、品揃え、価格設定およびクレジット政策、サービスの質、その他の要素をもとに、消費者は小売業者自体に対して連想を持つ。在庫製品やブランドおよび販売方法を通じて認知を確立し、強く、好ましく、ユニークな連想を生み出すことで、小売業者は自身のブランド・エクイティを構築しようとする。

　同時に、小売業者は販売するブランドのエクイティに強い影響を与えることができる。ブランドに結びついたサービスは小売業者が支援できるので、なおさらである。さらに、店舗のイメージと販売する製品のブランド・イメージの相互作用も重要である。消費者は「この店は高品質で高価値の商品しか売らないから、この製品も高品質で高価値に違いない」と推測するのである。

■ プッシュ戦略とプル戦略

　イメージ移転という間接的方法のほかにも、小売業者は販売するブランドのエクイティに直接の影響を与えることができる。製品を在庫し、陳列し、販売する方法いかんで、ブランド・エクイティは高くも低くもなる。したがって、製造業者は自社のブランドに小売業者が価値を付加できるよう、積極的に支援しなければならない。近年、大きな関心を集めているテーマはショッパー・マーケティングである。

　人によって定義はさまざまであるが、**ショッパー・マーケティング**の要点は、製造業者と小売業者が協力して、ブランド構築のためのディスプレイやサンプリングなど、小売業者自体や小売業者が抱える顧客をフルに生かした活動で店内マーケティングを行うことである。

　このような両者の協力によってブランドの売上は大きく伸びる可能性がある。しかし反面、製造業者とチャネルメンバーの一員である小売業者との間に戦いが勃発している。小売業者の目から見れば差がなくなってきているブランド間で、棚スペースの獲得競争が激化しているため、小売業者は大きな力を持つようになり、製造業者との取引条件を設定する上で優位に立っている。その結果、小売業者は流通業者向けプロモーションを頻繁かつ有利な条件で要求できるようになった。

　小売業者に奪われた力の一部を製造業者が取り戻す1つの方法は、本書で述べているブランド構築によって強いブランドを作り上げることである。たとえば、消費者が求める革新的でユニークな製品を適切な価格設定と広告によって訴求すれば、消費者は製品の取り扱いを小売業者に要求するか、あるいは圧力さえかけてくれるかもしれない。

　最終消費者に向けてマーケティング施策を展開している製造業者は、**プル戦略**を採用していることになる。消費者が自分らの購買力を利用して小売業者に影響を与え、チャネルを通じて製品を「引き寄せる」からである。一方、直接的なインセンティブをチャネル・

メンバーに対して提供するという形で、チャネル・メンバーに自社製品の仕入れと販売を促す方法もある。このアプローチは、製造業者が流通経路の各段階を通じて製品を「押す」ことで消費者に到達しようとするので、**プッシュ戦略**と呼ばれる。

　ブランドによって力を入れる戦略はいずれかに偏って見えるが（プッシュ戦略は通常どちらかといえば流通経路を絞り込み、プル戦略はより幅広い流通経路で使われる）、最も成功しているマーケター（アップル、コカ・コーラ、ナイキなど）は、プッシュ戦略とプル戦略の両方を巧みに組み合わせている場合が多い。

■ チャネル・サポート

　チャネル・メンバーが提供する多種多様なサービスによって、消費者があるブランド製品を購入し消費することで受け取る価値は高められる（図表5-5を参照）。フリーダイヤルやウェブサイトを通じて企業自身が提供するサービスも増えてはいるが、それでも小売業者との「マーケティング・パートナーシップ」を構築することは、適切なチャネル・サポートとさまざまなサービスの実施を確保する上で欠かせないだろう。

　製造業者が小売パートナーを満足させ、サプライ・チェーンの分断を防ぐ方法はいろいろある。再販業者は自社施設の維持と販売スタッフへの給与支払いに多額の資金を注ぎ込んでいることが多い。その埋め合わせとして、製造業者は特定の販売業者だけが入手できる新製品やブランデッド・バリアント（チャネル限定商品）を提供することができる。また、製造業者が消費者に直接製品を提供する場合は、定価を守るよう専門家はアドバイスしている。大幅なディスカウントをする場合は、消費者を混乱させないようアウトレットモールで提供すべきである。

　また、小売パートナーが効果的な販売部隊を構築できるよう、流通業者に製品教育を実施して支援することもできる。化粧品大手のメアリーケイは1997年にオンライン販売を

図表5-5　チャネル・メンバーによって提供されるサービス

マーケティング・リサーチ	顧客とのインタラクションを計画・促進するために必要な情報の収集
コミュニケーション	製品やサービスに関するコミュニケーションの開発と実行
コンタクト	見込み顧客の発見、ならびに顧客とのインタラクション
マッチング	顧客の要求への製品やサービスの適合
交渉	価格や他の条件における最終合意の達成
物流	製品の輸送と保管（在庫）
融資	取引を促進するための信用や資金の提供
リスク負担	企業から顧客のもとに製品やサービスを届けることに伴うリスクの負担
サービス	メインテナンスや修理を含む、顧客との継続的リレーションシップの開発と実行

出典：Donald Lehmann and Russell Winer, *Product Management*, 2nd ed (Burr Ridge, IL: Irwin, 1997), Figure 13- 8 on p. 379から転載。
©The McGraw-Hill Companies

開始した際、直販部隊の販売員が個々のオンラインストアを開設する支援も行った。製品情報の提供と優れた広告も流通業者の成功をあと押しする。

結局のところ、製造業者は流通業者にも意思決定の力を与え、流通業者が成功すれば自社にも利益があると理解する必要がある。多くの市場で流通業者があげる売上高のほうが大きいのだから、製造業者がスムーズなサプライ・チェーンによるベネフィットを享受したいのであれば、彼らを満足させ利益があがるようにしなければならない。パートナーシップ戦略には、小売細分化活動と共同広告プログラムの2つがある。

小売細分化

小売業者は「顧客」でもある。小売業者のマーケティング・ケイパビリティやニーズはそれぞれに異なるため、必要なブランド支援を提供してもらうには、彼らをいくつかのセグメントに分類したり、個別に対応を変えたりする必要があるだろう[67]。以下は、一般消費財企業が特定の小売業者向けにマーケティング施策をカスタマイズした例である[68]。

• フリトレーは、コーンチップス市場とポテトチップス市場それぞれに合わせたサプライ・チェーン・システムを作ることで、さまざまな小売顧客に対して、迅速で幅広い流通、在庫切れの削減、店舗ディスプレイの回転率の改善を実現できた。
• SCジョンソンは、カスタマイズした市場調査から得たインサイトを活用して、同社の戦略上重要な小売顧客向けにユニークなカテゴリー管理ソリューションを開発した。
• スコッツ・ミラクル−グロは、いわゆる大規模小売店、クラブ、ハードウェア・コープそれぞれのチャネルに向け、製品ライン、マーケティング・イベント、サプライ・チェーンをカスタマイズしている。

小売業者に応じて、異なる製品ミックス、特別な納品システム、カスタマイズしたプロモーションが必要で、場合によっては、小売業者のブランドがついた製品まで求められることもある。

多様な耐久消費財・半耐久消費財カテゴリーにおいて、同じブランド・ネームであっても何らかの点で違いがあり、他のアイテムとは直接比較できないアイテムのことを**ブランデッド・バリアント**という[69]。製造業者は、色、デザイン、味、オプション、スタイル、染料、モチーフ、特徴、レイアウトなどを変化させてブランデッド・バリアントを作り出す。たとえば、ソニー、パナソニック、東芝といったブランドの携帯型オーディオ・プレイヤー、いわゆる「ラジカセ」には幅広いラインナップのバリアントがあり、その違いはスピーカー・サイズ、重量、オーディオ・コントローラーの数、録音機能、SKU（最小在庫管理単位）数などである。

ブランデッド・バリアントは、消費者にとって価格を直接比較しづらくするので、小売段階における価格競争を軽減する手段となる。そこで、小売業者が異なれば、同じブランドでも異なるアイテムやモデルが供給される。シューガンらによると、製造業者がある製品においてより多くのブランデッド・バリアントを供給するほど、当該製品を扱う小売業者が増え、店舗ではより高水準な小売サービスが提供されるようになるという[70]。

共同広告

チャネル・サポートを増やす手段として見過ごされがちなのが、適切に設計された共同広告プログラムである。小売業者が製造業者の製品を自社店舗で扱っていることをプロモーションするために実施する広告に対し、製造業者が共同広告という形態で費用の一部を負担することは以前からあった。共同広告の資金を出してもらうためには、広告の中でブランドをどのように露出するかについて、小売業者は製造業者の条件に従わなければならないのが通例である。一般に、製造業者はある一定の割合（通常は50対50）で小売業者と広告費を分担する。製造業者が小売業者に提供する共同広告資金の総額は、小売業者による製品購入額の割合に基づくことが多い[71]。

製造業者が共同広告を行うのは、消費者にとってより関連性と販売インパクトを持つ販売の現場でコミュニケーション施策を展開できるからである。だが、共同広告によって伝達されるブランド・イメージは、製造業者が考えるほど十分にはコントロールできない上、共同広告の強調点が、ブランドではなく小売店舗や特売のほうに注がれてしまう危険性をはらんでいる。さらに悪くすると、ブランドに望まれるイメージとは逆のメッセージを伝えてしまう恐れさえある。

理想は、製造業者自身によるブランド広告キャンペーンと、それに対応する小売業者との共同広告キャンペーンの間にシナジーを生み出すことである。効果的な共同広告をデザインする上での課題は、ブランドを前面に押し出すことと、店舗を売り込むことのバランスである。その点で、共同広告は文字どおり「共同」でなければならないし、製造業者はただ単にお金を出したり、ありきたりで面白味のない広告を提供したりするのではなく、小売業者のキャンペーンの設計と実行に関わる必要がある。

■ ダイレクト・チャネル

前述したような理由によって、製造業者は消費者への直接販売を選択することもある。ダイレクト・チャネルによる販売にまつわるブランド・エクイティの諸問題について考察してみよう。

■ 製造業者直営店

　販売プロセスのコントロール力を確保し、顧客との強いリレーションシップを構築するため、製造業者の中には、自社の小売販売店を導入したり、さまざまな手段で自社製品を顧客に直接販売したりしているところもある。こうしたダイレクト・チャネルには多くの形態があり、その中で製造業者の関与が最も高いのが直営店である。ホールマークやグッドイヤーなどの企業は、長年直営店による自社製品の販売を続けている。近年、最大手を含む多くの企業が直営店を持ち始めている。

　たとえば、16年間ジーンズ・メーカーによる自社製品の販売は禁じられていたが、連邦取引委員会がこの禁止令を修正したことを受け、1994年12月にリーバイ・ストラウスは国内外にリーバイス・ストアをオープンし始めた。そのほとんどはダウンタウンと高級な郊外型モールに出店された[72]。アップルは2001年にようやく直営店を始めたが、今では収益の20%をそうした店舗であげており、年間1平方フィートあたり約4000ドルの収益を達成している。アップル直営店の成功は、優れた顧客サービス、店舗スペースとユーザーフレンドリーな製品デザインの明確なリンク、「コミュニティセンター」的な環境があいまって、アップル独特のリテール・エクスペリエンスを創出していることによる[73]。

　オーディオ機器のバング＆オルフセン、子ども服のオシュコシュビゴッシュ、ブーツやシューズのドクターマーチン、エンターテインメントのワーナー・ブラザーズなど、ほかにも多数のブランドが直営店を展開している。しかし製造業者による直営店は巨大な在庫を備えた大型店ばかりではない。小売とイベント・マーケティングを混合した期間限定店舗、ポップアップ・ストアが最近のトレンドの１つになっている[74]。

　直営店は多くのベネフィットをもたらす[75]。第１に、通常の小売チャネルではなかなか実現できないやり方で、ブランドと製品のすべてを展示することができる。たとえばナイキにとって、自社製品はすべての百貨店やスポーツ専門店に行き渡っているかもしれないが、製品の陳列は脈絡がなくばらばらで、在庫すらされていない製品ラインもあるだろう。直営店をオープンすれば、自社製品の深さ、幅、多様性を示して、効果的に好印象を与えることができる。直営店にはまた、製品デザイン、外観、価格の違いに対する消費者反応を測定するテスト市場としての機能もあり、企業は消費者の購買習慣の実態を把握することができる。

　製造業者による直営店のマイナス面としては、小売業者としてのスキル、資源、効果的に運営するための人脈などに欠けるかもしれないということだ。たとえば、1987年にオープンしたディズニーストアは、玩具やビデオから収集コレクション、衣料など、単価３ドルから3000ドルにいたるディズニー・ブランド製品だけを販売した。ディズニーはこうした店舗を「ディズニー体験」の延長と考え、テーマパークと同じように、顧客を「ゲスト」、従業員を「キャスト」と呼んだ。しかし、適切な小売方法をうまく見出せないま

ま、日本と北米の店舗チェーンを売却し、その後買い戻すなどしている[76]。

直営店の抱えるもう1つの問題は、当然のことながら、既存の流通業者との間にコンフリクトが発生する可能性である。しかし多くの場合、直営店は直接的な販売経路というより、むしろブランド・イメージを上げ、ブランド・エクイティを構築する手段となる。たとえばナイキは、自社店舗を、基本的に広告、観光名所と考えている。ナイキ・タウンは自社のスポーツ・ラインとフィットネス・ラインすべてを展示して、ナイキ製品の価値、品質、ベネフィットについて「顧客を教育する」ことで、ブランド・イメージを高めている。さらに、ナイキ・タウン来店者のうち実際に購買したのは約25％にすぎないが、非購買者の40％は、その後、他の店舗でナイキ製品を購入している。

製造業者による直営店は、プライベート・ブランドに力を入れる小売業者への防衛手段と見ることもできる。リーバイスの主要取引先の1つであるJ.C.ペニーは、プライベート・ブランドのジーンズ「アリゾナ」を販売しているが、リーバイスは自らの流通チャネルを構築することで、ブランド愛顧をある程度防衛できている。しかし、多くの小売業者や製造業者は、競合する流通チャネルの正面衝突を避け、縄張り問題の表面化を避けている。特に製造業者は、直営店が自社ブランドを扱う小売業者にとって脅威となるのではなく、むしろ商品の販売を支援する「ショーケース」であることを強調している。

■ 店舗内店舗

ナイキ、ポロ、リーバイス（ドッカーズを含む）といった企業は、直営店に加え、大手百貨店内に自社のショップを持とうとしている。アジアなどで良く見られるこうしたアプローチにより、小売業者を満足させ、かつ小売業者のブランド・イメージの恩恵もこうむるという二重のベネフィットが得られる。さらに、購買時点における製品プレゼンテーションの設計と実行をコントロールすることもできる[77]。

店舗内店舗のコンセプトは、リース契約もしくはそれほど形式ばったものではない取り決めで実現でき、ブランドを冠したミニストアを利用する。小売業者にとってこのような店は、集客や新しい可能性の実現に役立つ。クローガー（訳注：スーパーマーケットチェーン）と契約を結んでいるマレーズ・チーズ・ショップのような小規模ブランドにとっては、流通範囲を急速に拡大することができる。

一部の小売業者は、他の小売業者と手を結んで同様のベネフィットを追求することもできる[78]。シアーズは旬の小売業者フォーエバー21と提携して自社イメージを高めるとともに、ゴルフ用品店エドウィン・ワッツ、制服販売のワークン・ギア、オーガニック食品販売のホールフーズと店舗内リース契約を結んだ。メイシーズはサングラス・ハット、マタニティウェア・ブランドのデスティネーション・モダニティ、イギリスのトイレタリー・ブランドのラッシュと提携した。

こうした動きの目的は、チャネルパートナーどうしと消費者がともに利益を得る「ウィン－ウィン」ソリューションを見出すことである。美容品販売のセフォラの専門店を自社店舗内に置く理由として、J.C.ペニーのある幹部は「セフォラの長年のファンが来店して、結果的にJ.C.ペニーのロイヤルな顧客になってくれるし、セフォラにとっても同様の効果があるからだ」と述べている[79]。

■ その他の手段

チャネルにおける最後の選択肢は、電話、郵便、電子媒体を通じて消費者に直接販売することである。小売業者は、これまでにもカタログを通じて商品を販売してきた。多くのマス・マーケター、特に直営店による販売も行っているマス・マーケターは、メアリーケイやエイボンのようなブランドが長年成功させてきた直接販売戦略を使うようになっている。こうした媒体は製品販売に役立つだけでなく、ブランドに関連するさまざまな製品を消費者に認知させ、それらの製品の主要なベネフィットに対する理解を向上させることにより、ブランド・エクイティ構築にも貢献する。ダイレクト・マーケティング活動には、カタログ、ビデオ、店舗など多くの方法があるが、それらはすべて消費者と対話し、リレーションシップを構築する機会となる。

オンライン戦略

実店舗の「ブリック・アンド・モルタル」チャネルと、バーチャルなオンライン小売チャネルの両方を持つことは、多くの企業にとって利点がある。統合型チャネルならば、消費者は好きなときに好きな方法で買い物ができる。多くの消費者が、オンラインで企業にオーダーしても発送は依頼せず、製品は地元の店舗で受け取る。消費者はもともと実店舗以外の場所で購入し受け取った商品を、店舗で返品したいという要望も持っている[80]。

また多くの消費者は、店内で自分のオンラインアカウントにアクセスし、インターネットキオスクで店頭での購買決定のための調査ができることを喜ぶ[81]。インターネットの影響は店舗の外にまで拡大しているのだ。フォレスターの調査報告によれば、店舗売上の16%が、まず店の外でネット検索する消費者の影響を受けているという[82]。

チャネル統合の恩恵を受けるのは消費者だけではない。図表5-6は、J.C.ペニーのチャネル・ミックスを分析している。これによると、最も収益率の高い顧客は、複数のチャネルで買い物をしていることがわかる。同様に、デロイトの調査でも、複数チャネルで買い物をする人のほうが1店舗のみで買い物をする人よりも、1回あたりに使う金額が82%も多いことが明らかになっている[83]。

ボストンコンサルティンググループが結論づけたところによると、マルチチャネル小売業者は、ネット専業小売業者と比べて半分のコストで顧客を獲得できたといい、次のよう

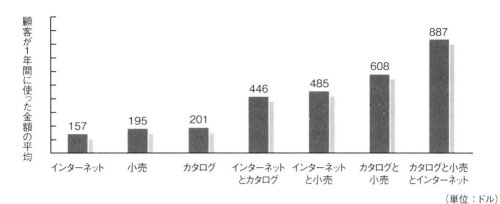

図表5-6　J.C.ペニーの顧客チャネル価値分析
出典：顧客価値分析　ダブルチェック(2004)アバカス・ダイレクトの好意による。

な複数の利点を挙げている[84]。

- マルチチャネル小売業者は、供給業者に対して強い市場影響力を持っている。
- マルチチャネル小売業者は、流通と注文処理のシステムを確立している（L.L.Bean、ランズエンド）。
- マルチチャネル小売業者は、ウェブサイトと店舗のクロスセリングが可能である（GAP、バーンズ&ノーブル）。

　マルチチャネル製造業者にも、同様の利点が多く当てはまる。統合型チャネルの力を認識した多くのネット企業は、「現実世界」での活動でブランドを高めようとしている。たとえばヤフーは、ニューヨークのロックフェラーセンターにプロモーション・ストアをオープンし、イー・トレードはマディソン街に自社ブランドの旗艦金融センターを、ターゲット・ストア内にはミニセンターやキオスクを開いた。

Notes

1. Philip Kotler and Kevin Lane Keller, *Marketing Management*, 14th ed. (Upper Saddle River, NJ: Prentice Hall, 2012).

2. 同上。

3. ブランド露出の別の低レベルな効果のいくつかについては、興味深い検証を以下の論文で読むことができる。S. Adam Brasal and James Gips, "Red Bull Gives You 'Wings' for Better or for Worse: A Double-Edged Impact of Brand Exposure on Consumer Performance," *Journal of Consumer Psychology* 21 (2011): 57-64.

4. Don E. Schultz, Stanley I. Tannenbaum, and Robert F. Lauterborn, *Integrated Marketing Communications* (Lincolnwood, IL: NTC Business Books, 1993)（邦訳：『広告革命 米国に吹き荒れる IMC 旋風：統合型マーケティングコミュニケーションの理論』ドン・E・シュルツほか共著、有賀勝訳、電通、1994 年）.

5. ブランドのコンタクト・ポイントを特定し優先順位づけするためのこの手法についての説明は、以下の論文で読むことができる。Amitava Chattopadhyay and Jean-Louis Laborie, "Managing Brand Experience: The Market Contact Audit," *Journal of Advertising Research* (March 2005): 9-16.

6. Peter Post, "Beyond Brand-The Power of Experience Branding," *ANA/The Advertiser*, October/November 2000.

7. B. Joseph Pine and James H. Gilmore, *The Experience Economy: Work Is Theatre and Every Business a Stage* (Cambridge, MA: Harvard University Press, 1999)（邦訳：『経験経済：エクスペリエンス・エコノミー』B・J・パイン、J・H・ギルモア著、電通「経験経済」研究会訳、流通科学大学出版、2000 年）.

8. Bernd H. Schmitt and David L. Rogers, *Handbook on Brand and Experience Management* (Northampton, MA: Edward Elgar Publishing, 2008); Bernd H. Schmitt, *Customer Experience Management: A Revolutionary Approach to Connecting with Your Customers* (Hoboken, NJ: John Wiley & Sons, 2003)（邦訳：『経験価値マネジメント：マーケティングは、製品からエクスペリエンスへ』バーンド・H・シュミット著、嶋村和恵、広瀬盛一訳、ダイヤモンド社、2004 年); Bernd H. Schmitt, *Experiential Marketing: How to Get Customers to Sense, Feel, Think, Act, and Relate to Your Company and Brands* (New York: Free Press, 1999)（邦訳：『経験価値マーケティング：消費者が「何か」を感じるプラスαの魅力』バーンド・H・シュミット著、嶋村和恵、広瀬盛一訳、ダイヤモンド社、2000 年）.

9. Liz Zarantonello and Bernd H. Schmitt, "Using the Brand Experience Scale to Profile Consumers and Predict Consumer Behaviour," *Journal of Brand Management* 17 (June 2010): 532-540.

10. Christopher Meyer and Andre Schwager, "Understanding Customer Experience," *Harvard Business Review*, February 2007.

11. Jennifer Aaker, Susan Fournier, and S. Adam Brasel, "When Good Brands Do Bad," *Journal of Consumer Research* 31 (June 2004): 1-16; Pankaj Aggarwal, "The Effects of Brand Relationship Norms on Consumer Attitudes and Behavior," *Journal of Consumer Research* 31 (June 2004): 87-101; Pankaj Aggarwal and Sharmistha Law, "Role of Relationship Norms in Processing Brand Information," *Journal of Consumer Research* 32 (December 2005): 453-464.

12. Frederick F. Reichheld, *The Loyalty Effect* (Boston: Harvard Business School Press, 1996)（邦訳：『顧客ロイヤルティのマネジメント：価値創造の成長サイクルを実現する』フレデリック・F・ライクヘルド著、伊藤良二、山下浩昭訳、ダイヤモンド社、1998 年); Robert W. Palmatier, Rajiv P. Dant, Dhruv Grewal, and Kenneth R Evans, "Factors Influencing the Effectiveness of Relationship Marketing: A Meta-Analysis," *Journal of Marketing* 70 (October 2006): 136-153.

13. Dave Sloan, "5 Signs That Customer Co-creation Is a Trend to Watch," www.venturebeat.com, 19 July 2010.

14. Roland T. Rust, Christine Moorman, and Peter R. Dickson, "Getting Returns from Service Quality: Revenue Expansion, Cost Reduction, or Both?," *Journal of Marketing* 66 (October 2002): 7-24.

15. Chris Woodyard, "Mass Production Gives Way to Mass Customization," *USA Today*, 16 February 1998, 3B.

16. Sloan, "5 Signs That Customer Co-creation Is a Trend to Watch."

17. Don Peppers and Martha Rogers, *The One to One Future: Building Relationships One Customer at a Time* (New York: Doubleday, 1997); Don Peppers and Martha Rogers, *Enterprise One to One: Tools for Competing in the Interactive Age* (New York: Doubleday, 1999); Don Peppers and Martha Rogers, *The One to One Fieldbook: The Complete Toolkit for Implementing a 1 to 1 Marketing Program* (New York: Doubleday, 1999). この著者らによる最近の論考については、以下の書籍で読むことができる。Don Peppers and Martha Rogers, *Return on Customer: Creating Maximum Value from Your Scarcest Resource* (Currency, 2005). 以下も参照されたい。Sunil Gupta and Donald R. Lehmann, *Managing Customers as Investments: The Strategic Value of Customers in the Long Run* (Cambridge, MA: Harvard Business School Press, 2005)（邦訳：『顧客投資マネジメント：顧客価値の可視化によるファイナンスとマーケティングの融合』スニル・グプタ、ドナルド・R・レーマン著、スカイライトコンサルティング株式会社訳、英治出版、2005 年）.

18. Don Peppers and Martha Rogers, "Welcome to the 1:1 Future," *Marketing Tools*, 1 April 1994.

19. Seth Godin, *Permission Marketing: Turning Strangers into Friends, and Friends into Customers* (New York: Simon & Schuster, 1999)（邦訳：『パーミッション・マーケティング』セス・ゴーディン著、谷川連 訳、海と月社、2011 年）.

20. Susan Fournier, Susan Dobscha, and David Mick, "Preventing the Premature Death of Relationship Marketing," *Harvard Business Review* (January-February 1998): 42-51. 以下も参照されたい。 Erwin Danneels, "Tight-Loose Coupling with Customers: The Enactment of Customer Orientation," *Strategic Management Journal* 24 (2003): 559-576.

21. Mark Dolliver, "Permission-Based Email Affects Purchase Decisions," *Advertising Age*, 24 February 2009.

22. Neeli Bendapudi and Robert P. Leone, "Psychological Implications of Customer Partici-pation in Co-Production," *Journal of Marketing* 67 (January 2003): 14-28.

23. Stratford Sherman, "How to Prosper in the Value Decade," *Fortune*, 30 November 1992, 91.

24. David Garvin, "Product Quality: An Important Strategic Weapon," *Business Horizons* 27 (May-June 1985): 40-43; Philip Kotler, *Marketing Management*, 10th ed. (Upper Saddle River, NJ: Prentice Hall, 2000).

25. Jessica Mintz, "Using Hand, Grab Hair. Pull," *Wall Street Journal*, 23 December 2004, Bl, B5.

26. Jacqueline Martense, "Get Close to Your Customers," *Fast Company*, August 2005, 37.

27. Terry Vavra, *Aftermarketing: How to Keep Customers for Life Through Relationship Marketing* (Chicago: Irwin Professional Publishers, 1995) （邦訳：『失われる顧客：アフターマーケティングの理論と実際』テリー・G・ヴァヴラ著、平原英夫、伊達勝治訳、電通、1994 年）.

28. Accenture 2010 Global Consumer Research executive summary, white paper, www.accenture.com, 2011.

29. Lori Flees and Todd Senturia, "After-Sales Service Key to Retaining Car Buyers," *Bloomberg Businessweek*, 23 September 2008.

30. Clif Edwards, "HP Gets Tough on Ink Counterfeiters," *Bloomberg Businessweek*, 28 May 2009; Tom Spring, "Why Do Ink Cartridges Cost So Much?," *PCWorld*, 28 August 2003.

31. Michael Bean, "Developing an Aftermarket Strategy," *Forio's Forum*, 29 June 2003.

32. "Loyal, My Brand, to Thee," *Promo*, 1 October 1997; Arthur Middleton Hughes, "How Safeway Built Loyalty-Especially Among Second-Tier Customers," *Target Marketing*, 1 March 1999; Laura Bly, "Frequent Fliers Fuel a Global Currency," *USA Today*, 27 April 2001.

33. www.frequencymarketing.com, accessed December 10, 2011.

34. James L. Heskett, W. Earl Sasser Jr., and Leonard A. Schlesinger, *The Service Profit Chain*(New York: Simon & Schuster, 1997) （邦訳：『カスタマー・ロイヤルティの経営：企業利益を高める CS 戦略』ジェームス・L・ヘスケット、W・アール・サッサー・ジュニア、レオナード・A・シュレシンジャー著、島田陽介訳、日本経済新聞社、1998 年）; Michael Lewis, "The Influence of Loyalty Programs and Short-Term Promotions on Customer Retention," *Journal of Marketing Research* 41 (August 2004), 281-292; Yuping Liu, "The Long-Term Impact of Loyalty Programs on Consumer Purchase Behavior and Loyalty," *Journal of Marketing* 71 (October 2007): 19-35.

35. Dennis Armbruster, "Understanding What's in Consumers' Wallets, and on the Table," *Colloquy*, 21 April 2011.

36. Elizabeth Holmes, "Why Pay Full Price?," *Wall Street Journal*, 5 May 2011.

37. Grahame R. Dowling and Mark Uncles, "Do Customer Loyalty Programs Really Work?" *Sloan Management Review* (Summer 1997): 71-82. 以下も参照されたい。 Steven M. Shugan, "Brand Loyalty Programs: Are They Shams?" *Marketing Science* 24 (Spring 2005): 185-193.

38. Robert C. Blattberg and Kenneth Wisniewski, "Price-Induced Patterns of Competition," *Marketing Science* 8 (Fall 1989): 291-309.

39. Elliot B. Ross, "Making Money with Proactive Pricing," *Harvard Business Review* (November-December 1984): 145-155.

40. www.pvh.com/annual_pdfs/pdf_2004/corp_strategy. pdf. 図表のブランドはすべて、「フィリップス・ヴァン・ヒューゼン」またはそのライセンサーの登録商標である。

41. Kotler and Keller, *Marketing Management*.

42. 価格戦略については、以下の書籍でより詳細かつ包括的に扱っている。Thomas T. Nagle and Reed K. Holden, *The Strategy and Tactics of Pricing: A Guide to Profitable Decision-Making*, 5th ed. (Upper Saddle River, NJ: Prentice Hall, 2011); Kent B. Monroe, *Pricing: Making Profitable Decisions*, 3rd ed. (New York: McGraw-Hill/Irwin, 2002); and Robert J. Dolan and Hermann Simon, *Power Pricing* (New York: Free Press, 1997) （邦訳：『価格戦略論』ヘルマン・サイモン、ロバート・J・ドーラン著、吉川尚宏、エコノミクスコンサルティング研究会訳、ダイヤモンド社、2002 年）.

43. Jack Neff, "Gillette Fusion ProGlide," *Advertising Age*, 15 November 2010; Claudia H. Deutsch, "Gillette Is Betting That Men Want an Even Closer Shave," *New York Times*, 15 September 2005.

44. Jack Neff, "Pepto Beats Private-Label Despite 60% Price Premium," *Advertising Age*, 21 September 2009.

45. Peter Coy, "The Power of Smart Pricing," *Businessweek*, 10 April 2000, 600-164.

46. Allan J. Magrath, "Eight Timeless Truths About Pricing," *Sales & Marketing Management* (October 1989): 78-84.

47. 電子機器やモーターのメーカーであるシーメンスの CEO、トーマス・J・マロットの言葉が次の記事に引用されている。Stratford Sherman, "How to Prosper in the Value Decade," *Fortune*, 30 November 1992, 90-103.

48. Emily Bryson York, "Burger King Franchisee in New York Shutters Stores, Blames Dollar Offerings," *Advertising Age*, 31 March 2008.

49. Rose Gordon, "H&R Block Bets on Customer Service For Turnaround," *Direct Marketing News*, 30 June 2010.

50. 顧客価値マッピング (CVM: Customer Value Mapping) と経済価値マッピング（EVM: Economic Value Mapping）のメリットとデメリットについては、以下を参照されたい。Gerald E. Smith and Thomas T. Nagle, "Pricing the Differential," *Marketing Management*, May/June 2005, 28-32.

51. Brad Stone, "Making Sense of New Prices on Apple's iTunes," *New York Times*, 7 April 2009.

52. Claire Cain Miller, "Will the Hard-Core Starbucks Customer Pay More? The Chain Plans to Find Out," *New York Times*, 21 August 2009.

53. Adrienne Carter, "Telling the Risky from the Reliable," *Businessweek*, 1 August 2005, 57-58.

54. Ben Sisario, "Ticketmaster Plans to Use a Variable Pricing Policy," *New York Times*, 18 April 2011.

55. Ken Belson, "Baseball Tickets Too Much? Check Back Tomorrow," *New York Times*, 18 May 2009.

56. Howard Greenstein, "Demand Management Provides a Business Model," *Inc.* , 17 September 2010.

57. Alecia Swasy, "In aFast-PacedWorld, Procter & Gamble Sets Its Store in Old Values," *Wall Street Journal*, 21 September 1989, Al; Zachary Schiller, "The Marketing Revolution at Procter & Gamble," *Businessweek*, 25 July 1988, 72; Bill Saporito, "Behind the Tumult at P&G," *Fortune*, 7 March 1994, 74-82; Zachary Schiller, "Procter & Gamble Hits Back," *Businessweek*, 19 July 1993, 20-22; Zachary Schiller, "Ed Artzt's Elbow Grease Has P&G Shining," *Businessweek*, 10 October 1994, 84-86; Zachary Schiller, "Make It Simple," *Businessweek*, 9 September 1996, 96-104; "Executive Update: Value Pricing Plan Helps Push Products," *Investor's Business Daily*, 30 August 1995. 以下の論文の分析が興味深い。Kusum L. Ailawadi, Donald R. Lehmann, and Scott A. Neslin, "Market Response to a Major Policy Change in the Marketing Mix: Learning from P&G's Value Pricing Strategy," *Journal of Marketing* 65, no. 1 (2001): 71-89.

58. Richard Gibson, "Broad Grocery Price Cuts May Not Pay," *Wall Street Journal*, 7 May 1993, Bl.

59. Ellen Byron, "P&G Puts Up Its Dukes Over Pricing," *Wall Street Journal*, 30 April 2010; Jack Neff and E. J. Schultz, "P&G, Colgate, Clorox to Raise Prices, Marketing Spending," *Advertising Age*, 25 February 2011.

60. Amy Merrick, "Retailers Try to Get Leg Up on Markdowns with New Software," *Wall Street Journal*, 7 August 2001, Al, A6; Kinshuk Jerath, Serguei Netessine, and Senthil Kumar Veeraraghavan, "Revenue Management with Strategic Customers: Last-Minute Selling and Opaque Selling," *Management Science* 56 (March 2010): 430-448; Eyal Biyalogorsky and Eitan Gerstner, "Contingent Pricing to Reduce Price Risks," *Marketing Science* 23 (Winter 2004): 146-155; Ramarao Desiraju and Steven M. Shugan, "Strategic Service Pricing and Yield Management," *Journal of Marketing* 63 (January 1999): 44-56.

61. Donald R. Lehmann and Russell S. Winer, *Product Management*, 4th ed. (New York: McGraw-Hill, 2007).

62. Kotler and Keller, *Marketing Management*.

63. チャネル戦略については、以下の書籍で詳しく包括的に扱っている。Anne T. Coughlan, Erin Anderson, Louis W. Stern, and Adel I. El-Ansary, *Marketing Channels*, 7th ed. (Upper Saddle River, NJ: Prentice Hall, 2006).

64. Erik Siemers, "Nike Veers from Large Niketown Format," *Portland Business Journal*, 16 May 2010; Mark Brohan, "Nike's Web Sales Flourish in Fiscal 2010," www.internetretailer.com, 30 June 2010.

65. V. Kasturi Rangan, Melvyn A. J. Menezes, and E. P. Maier, "Channel Selection for New Industrial Products: A Framework, Method, and Applications," *Journal of Marketing* 56 (July 1992): 69-82.

66. Rowland T. Moriarty and Ursula Moran, "Managing Hybrid Marketing Systems," *Harvard Business Review* 68 (1990): 146-155.

67. マルチチャネル小売業者の CRM の課題については、以下で論じられている。Jacquelyn S. Thomas and Ursula Y. Sullivan, "Managing Marketing Communications," *Journal of Marketing* 69 (October 2005): 239-251.

68. Matthew Egol, Karla Martin, and Leslie Moeller, "One Size Fits All," *Point*, September 2005, 21-24; Matthew Egol, Paul Leinwand, Leslie Moeller, "Beyond the Brand: Fighting the Retail Wars with Smart Customization," Booz Allen Hamilton white paper, www.booz.com, 2005.

69. Steven M. Shugan, "Branded Variants," *Research in Marketing*, AMA Educators' Proceedings, Series 'no. 55 (Chicago: American Marketing Association, 1989), 33-38. Shugan は目覚まし時計、留守番電話、家電、赤ちゃん用品、双眼鏡、食洗機、旅行鞄、マットレス、電子レンジ、スポーツ用具、ステレオ、テレビ、道具類、腕時計を例に引いている。

70. Mark Bergen, Shantanu Dutta, and Steven M. Shugan, "Branded Variants: A Retail Perspective," *Journal of Marketing Research* (February 1995): 9; Yuxin Chen and Tony Haitao Cui, "The Benefit of Uniform Price for Branded Variants," working paper, Kellogg School of Management, Northwestern University, 2011.

71. George E. Belch and Michael A. Belch, *Introduction to Advertising and Promotion* (Chicago: Irwin, 1995).

72. Bill Richards, "Levi-Strauss Plans to Open 200 Stores in 5 Years, with Ending of FTC Ban," *Wall Street Journal*, 22 December 1994, A2.

73. Katie Hafner, "Inside Apple Stores, a Certain Aura Enchants the Faithful," *New York Times*, 27 December 2007.

74. Matt Townsend, "The Staying Power of Pop-Up Stores," *Bloomberg Businessweek*, 11 November 2010; Keith Mulvihill, "Pop-Up Stores Become Popular for New York Landlords," *New York Times*, 22 June 2010.

75. Mary Kuntz, "These Ads Have Windows and Walls," *Businessweek*, 27 February 1995, 74.

76. "Disney Takes Back Disney Stores from Children's Place," *Associated Press*, 1 May 2008; Brooks Barnes, "Disney's Retail Plan Is a Theme Park in Its Stores," *New York Times*, 12 October 2009.

77. Kinshuk Jerath and Z. John Zhang, "Store Within a Store," *Journal of Marketing Research*, 42 (August 2010): 748-763.

第 5 章 ブランド・エクイティ構築のためのマーケティング・プログラムの設計

78. Kit R. Roane, "Stores Within a Store, www.cnnmoney.com, 24 January 2011.
79. David Kaplan, "Stores That Dwell in Stores," *Houston Chronicle*, 10 January 2001.
80. "Clicks, Bricks, and Bargains," *The Economist*, 3 December 2005, 57-58.
81. "Catering to Multichannel Consumers, "www.emarketer.com, 8 September 2008.
82. Tamara Mendelsohn, "The Web's Impact on In-Store Sales: US Cross-Channel Sales Forecast, 2006 To 2012," *Forrester Research*, May 2007.
83. Chloe Rigby, "Multichannel Shoppers Spend 82% More," *InternetRetailing*, 14 December 2010.
84. "The Real Internet Revolution," *The Economist*, 21 August 1999, 53-54; Scott A. Neslin and Venkatesh Shankar, "Key Issues in Multichannel Customer Management: Current Knowledge and Future Directions," *Journal of Interactive Marketing* 23 (February 2009), 70-81; Jie Zhang, Paul Farris, Tarun Kushwaha, John Irvin, Thomas J. Steenburgh, and Barton Weitz, "Crafting Integrated Multichannel Retailing Strategies," *Journal of Interactive Marketing*, 24 (May 2010): 168-180; Jill Avery, Thomas J. Steenburgh, John Deighton, and Mary Caravella, "Adding Bricks to Clicks: Predicting the Patterns of Cross-Channel Elasticities over Time," *Journal of Marketing*, forthcoming.

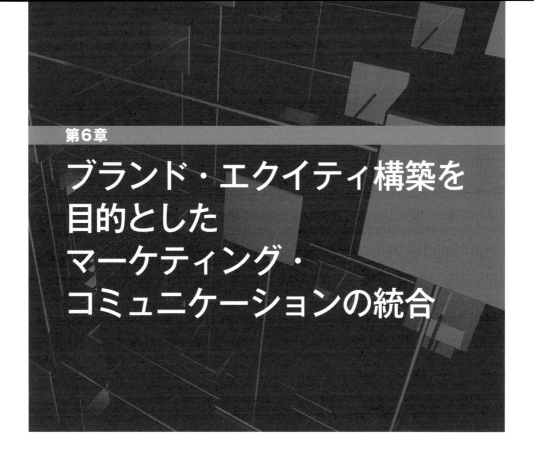

第6章
ブランド・エクイティ構築を目的としたマーケティング・コミュニケーションの統合

プレビュー

　前章では、さまざまなマーケティング活動と製品戦略、価格戦略、流通戦略がどのようにブランド・エクイティの構築に貢献するかについて説明した。本章では、マーケティング・プログラムにおける最後の、そしておそらく最も柔軟性のある要素について考えよう。**マーケティング・コミュニケーション**とは、企業が有するブランドについて、直接的または間接的に消費者に情報を提供し、説得し、記憶を喚起するための手段である。マーケティング・コミュニケーションはブランドの声であり、消費者との対話を確立し、リレーションシップを構築する手段である。広告はマーケティング・コミュニケーション・プログラムの中心的要素であることが多いが、ブランド・エクイティ構築のための唯一の要素ではなく、最も重要な要素でさえない。次ページの図表6-1は、消費者市場における一般的なマーケティング・コミュニケーション手段である。

　マーケティング・コミュニケーション・プログラムの設計は複雑な仕事である。ここではまず、変化する媒体の状況とマーケティング・コミュニケーションの最近の実情について述

図表6-1　マーケティング・コミュニケーション手段	
メディア広告 テレビ ラジオ 新聞 雑誌	**消費者向けプロモーション** サンプル クーポン プレミアム 払い戻しおよびリベート コンテストおよび懸賞 ボーナスパック 値引き
ダイレクト・レスポンス広告 郵便 電話 放送メディア 印刷メディア コンピュータ関連 メディア関連	**インタラクティブ** ウェブサイト eメール バナー広告 リッチメディア広告 検索 動画 掲示板とフォーラム チャットルーム ブログ フェイスブック ツイッター ユーチューブ
場所広告 ビルボード広告およびポスター 映画館、飛行機、ラウンジ プロダクト・プレイスメント POP広告	
購買時点広告 シェルフ・トーカー（棚広告） アイル・マーカー（通路標識） ショッピング・カート広告 店内ラジオまたはテレビ	**イベント・マーケティングとスポンサーシップ** スポーツ 芸術 エンターテインメント フェアおよびフェスティバル コーズ・リレーテッド
流通業者向けプロモーション トレード・ディールと 　　バイイング・アローワンス 陳列アローワンス 報奨金 コンテストおよび 　　ディーラー・インセンティブ トレーニング・プログラム トレード・ショー 共同広告	**モバイル** SMSおよびMMSメッセージ 広告 位置情報サービス **パブリシティとパブリック・リレーションズ** クチコミ 人的販売

べる。次に、必要な背景知識として、主要なコミュニケーション手段のブランド・エクイティへの貢献度とコストやベネフィットについて評価する。最後に、ブランド・エクイティ構築のためにコミュニケーション手段をいかにミックスしてマッチさせるか、すなわち一連のコミュニケーション手段を統合させた形で用いるための方法を考察する。BRAND FOCUS 6.0では、広告に関する教訓について検討している。簡潔にとどめるため、メディア・スケジ

ューリングや予算推定手法、調査アプローチ、人的販売といった具体的なマーケティング・コミュニケーションの問題には踏み込んではいない[1]。

新たな媒体環境

　広告その他のコミュニケーション手段がマーケティング・プログラムにおいて担う役割は異なるが、すべてに共通する目的はブランド・エクイティに貢献することである。顧客ベースのブランド・エクイティ・モデルに従えば、マーケティング・コミュニケーションはさまざまな形でブランド・エクイティに貢献する。たとえば、ブランド認知を創出する、消費者の記憶内で類似化ポイントと差別化ポイントをブランド連想につなげる、ポジティブなブランド・ジャッジメントやブランド・フィーリングを引き出す、消費者とブランドの結びつきやブランド・レゾナンスの強化を促す、などだ。マーケティング・コミュニケーションは、望ましいブランド知識構造を形成するだけでなく、顧客ベースのブランド・エクイティを成り立たせている反応差をも引き出す。

　マーケティング・コミュニケーションが柔軟なのは、1つにはブランド・エクイティへの貢献の方法が多数あるからである。また、ブランド・エクイティがマーケティング・コミュニケーション手段に関する意思決定を助ける面もある。本章では、ブランド・エクイティ構築のためのマーケティング・コミュニケーション・プログラム開発方法について考察する。その際、マーケティング・プログラムの他の要素は適切に実行されているものとする。つまり、最適なブランド・ポジショニングが定められ（特に希望する標的市場に関して）、製品、プライシング、流通、その他のマーケティング・プログラムの意思決定が適切になされているものとする。

　しかし、マーケティング・コミュニケーション・プログラムの状況を複雑にしているのは、媒体環境の劇的な変化である。テレビ、ラジオ、雑誌、新聞といった従来型の広告媒体は、消費者の関心をめぐる競争の激化により、消費者の心をつかむ力を失いつつあるようだ。デジタル革命によって、消費者は企業や他の消費者との間で、ブランドについて知ったりブランドについて発信したりする新たな手段を多数手に入れた。

　この変化する媒体の状況により、マーケターは、どうすれば消費者と最もうまくコミュニケーションがとれるか再検討せざるをえなくなった[2]。

ブランド構築のコミュニケーション設計における課題

　新たな媒体環境は、効果的かつ効率的なマーケティング・コミュニケーション・プログラムを構築するというマーケターの永遠の課題をさらに複雑なものにした。巧みに設計さ

197

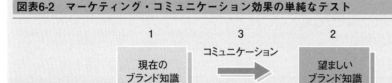

図表6-2 マーケティング・コミュニケーション効果の単純なテスト

1. 現在のブランド知識は、詳しいメンタル・マップを作り上げたか。
2. 望ましいブランド知識は、最適の類似化ポイントと差別化ポイント、ブランド・マントラを明確にしたか。
3. そのコミュニケーション手段は、消費者の持つブランド知識を現在のものから望ましいものに変えるのにどのように役立つか。
コミュニケーションによって生じる知識に対する具体的効果を明確にしたか。

れ実行されるマーケティング・コミュニケーション・プログラムには、慎重な計画と独創的な工夫が不可欠である。まず、有効なツールをいくつか見ていこう。

　コミュニケーション手段の判断において、おそらく最も単純な——しかし最も有効な——方法は、ブランド・エクイティへの貢献による判断である。たとえば、提案された広告キャンペーンがブランド認知あるいは特定のブランド連想の形成や維持や強化にどれだけ貢献するか、スポンサーシップによって消費者がより好ましいブランド・ジャッジメントやブランド・フィーリングを抱くか、オンライン・プロモーションによってどれだけ消費者が商品を多く買う気になるか、いくらの価格プレミアムが生じるか、といったことである。上の図表6-2は、ブランド・エクイティの構築に役立つ、広告などコミュニケーション手段の効果を判断するための単純な3ステップのモデルを示している。

■ コミュニケーションの情報処理モデル
　理解の手助けとして、マーケティング・コミュニケーションが消費者に影響を与えるプロセスをもっと詳しく見ていこう。これまで、コミュニケーションと説得プロセスのステップを説明するモデルが多数提案されてきた。たとえば、何らかのコミュニケーション（テレビ広告、新聞記事、ブログ記事）によって人が説得されるとき、その人は次の6つの段階を経ることになる[3]。

1．露出：そのコミュニケーションを見たり聞いたりする。
2．注目：そのコミュニケーションに気がつく。
3．理解：そのコミュニケーションの意図されたメッセージや論点を理解する。
4．受容：そのコミュニケーションの意図されたメッセージや論点に対し好意的な反応を

する。

5．意図：そのコミュニケーションにとって望ましい行動をしようと思う。

6．行動：そのコミュニケーションにとって望ましい行動をする。

　説得しようとする消費者が6つの段階を必ず経ることがわかれば、成功するマーケティング・コミュニケーション・プログラムを作成する難しさが理解できる。途中でステップの1つでも欠落していたり失敗したりすれば、コミュニケーションの成功は望めない。例として、新しい広告キャンペーンを打つ際に陥りやすい落とし穴について考えてみよう。

1．媒体計画が的外れであったため、消費者に対して広告が露出されない。

2．クリエイティブ戦略が退屈で創造性に欠けているため、消費者が広告に注目しない。

3．製品カテゴリーの知識や専門的な知識が欠けているため、あるいはブランドそのものについての認知や親しみが不十分であるため、消費者が広告を理解しない。

4．製品の宣伝文句が関連性や説得力を欠いているため、消費者が好意的な反応をしたりポジティブな態度を形成したりしない。

5．当面のニーズが知覚されていないため、消費者が購買意図を形成しない。

6．消費者が店舗内で入手可能なブランドに接したとき、広告のことを何も覚えていないため、その製品を実際に買わない。

　コミュニケーション・プロセス全体がいかに脆弱なものかを示すため、6つの段階のそれぞれが達成される確率を50％と仮定してみる（これはかなり楽観的な仮定である）。確率の定理によれば、それらが独立の事象だと仮定すると、6段階すべてがうまく実現する可能性は$0.5 \times 0.5 \times 0.5 \times 0.5 \times 0.5 \times 0.5$で1.5625％になる。各段階が実現する確率を平均してもっと悲観的な10％と仮定すると、6つの事象すべてが起こる確率は0.0001％になる。言い換えれば、なんと100万回にたった1回である。広告主が広告の力の限界を嘆くことがあるのも当然である。

　この情報処理モデルが意味しているのは、優れたマーケティング・コミュニケーション・キャンペーンの成功率を向上させるには、各段階が起こる可能性を高めるということである。たとえば、広告の見地からいえば、理想的な広告キャンペーンでは、次のことが確実に起こらなければならない。

1．適切な消費者が、適切な場所で適切なときに適切なメッセージに接する。

2．広告のクリエイティブ戦略によって、消費者が広告に気づいて注目し、意図されたメッセージから注意をそらさない。

３．広告が、製品やブランドについての消費者理解のレベルに正しく対応している。

４．広告が、望ましくかつ実現可能な差別化ポイントと類似化ポイントでブランドを正しくポジショニングしている。

５．広告が消費者を動機づけして、ブランドの購入を検討する気にさせる。

６．広告により、これらのコミュニケーション効果すべてに結びついた強いブランド連想が作られ、消費者の購入に影響を及ぼせる。

　マーケターが望ましい効果を消費者に与えようとするなら、マーケティング・コミュニケーション・プログラムを慎重に設計し実行する必要がある。

■ 複合コミュニケーションの役割

　どのような種類のマーケティング・コミュニケーションがどれくらい必要だろうか。経済理論では、限界収入と限界コストに従って、マーケティング・コミュニケーション予算に資金を投入し、複数のコミュニケーション手段に配分するよう示唆している。たとえば、各コミュニケーション手段にそれ以上資金を投じてももう利益が変わらないとき、コミュニケーション・ミックスは最適に分配されている。

　しかしこのような情報を得るのは難しいため、他の予算配分モデルは、ブランド・ライフサイクルのステージ、企業の目標と予算、製品特性、予算規模、競合他社の媒体戦略といった、もっと観測可能な要因を重視している。通常、これらの要因が媒体のさまざまな特性と対比される。

　たとえば、チャネルの支援が少ない、時間の経過とともにマーケティング・プログラムが大きく変化する、到達困難な顧客が多い、顧客の意思決定が比較的複雑である、製品が差別化されており顧客ニーズが均一でない、製品の購入が少量で頻繁である、などの場合には、マーケティング・コミュニケーション予算は高くなりやすい[4]。こういった効率性を考慮するほかに、コミュニケーション手段によって、標的とする市場セグメントが異なるという面もある。たとえば、広告で新しい顧客を市場に呼び込んだり、競合他社の顧客を自社ブランドに引きつけようとする一方、自社ブランドの愛用者に報いる目的でプロモーションを行うことがある。

　マーケターは、目標を達成するために複合的なコミュニケーションを用いる。そのときには、各コミュニケーション手段がどのように機能し、選択肢の最良の組み合わせをどう組み立て、統合すればよいか理解しておく必要がある。次項では、主要なマーケティング・コミュニケーション手段の概要をブランド構築の観点から説明する。

4つの主要なマーケティング・コミュニケーション手段

　ブランドを構築するための最適なコミュニケーション・プログラムには、4つの重要な構成要素が含まれるというのが本書の主張である。すなわち、(1) 広告とプロモーション、(2) インタラクティブ・マーケティング、(3) イベントと経験、(4) モバイル・マーケティングである。順に見ていこう。

■ 広告

　広告は、明示された広告主による、アイデア、商品、およびサービスの、有料で非人的な提示と促進である。広告は、強く、好ましく、ユニークなブランド連想を生み出し、ポジティブなジャッジメントとフィーリングを引き出すための強力な手段であるが、具体的な効果を数値化し予測するのが難しく、賛否両論がある。それでも、さまざまなアプローチを用いた多数の研究によって、売上に対する広告の潜在力が証明されている。第1章でも触れたが、先の不況では広告費を増やすことで恩恵を受けたブランドの例が多数あった。それ以前の調査研究も、この考え方と一致する[5]。

　広告を設計することの複雑さ（広告が果たす可能性のある戦略的役割の数、しなければならない意思決定そのものの多さ、消費者に与える複雑な影響）を考えると、詳細な管理上のガイドラインを包括的な形で示すのは困難である。しかし、広告媒体が有する強みはそれぞれ異なるため、コミュニケーション・プログラムにおいて最も適した役割というものがある。BRAND FOCUS 6.0は経験に基づく広告の一般原則を示している。これから、広告媒体のタイプごとの重要課題を順に取り上げていく。

■ テレビ

　テレビは映像、音、動きで幅広い消費者層に到達するための強力な広告媒体である。アメリカのほぼ全家庭にテレビがあり、2010年度の週の平均視聴時間は過去最高の34時間だった[6]。テレビ広告の到達範囲が広いということはすなわち、露出1回あたりのコストが低いということである。

長所と短所

　ブランド・エクイティの観点から、テレビ広告にはとりわけ重要な強みが2つある。第1に、テレビは製品の属性を生き生きと示し、それがもたらす消費者のベネフィットを、説得力を持って説明するのに効果的な手段である。第2に、テレビ広告は使用者と使用イメージ、ブランド・パーソナリティなど、ブランドの無形の特徴を鮮烈に表現でき、人を引きつける力のある手段である。

図表6-3　効果的な広告キャンペーンを設計する要因

●ブランド・エクイティの構築を目的としたポジショニングの規定

競争上のフレーム・オブ・レファレンス
競争の性質
標的市場

類似化ポイントの属性またはベネフィット
カテゴリー
競争性
相関性

差別化ポイントの属性またはベネフィット
望ましさ
配達可能性
特殊性

●ポジショニング・コンセプトを伝えるためのクリエイティブ戦略の明確化

情報型（ベネフィットの詳述）
問題解決
デモンストレーション
製品比較
証言（有名人または無名の消費者）

変容型（イメージ描写）
典型的な、または望ましいと思う使用状況
典型的な、または望ましいと思う製品使用者
ブランド・パーソナリティおよび価値

動機づけ
ユーモア
温かさ
セックス・アピール
音楽
恐怖
特殊効果

出典：一部は、John R. Rossiter and Larry Percy, *Advertising and Promotion Management*, 2nd ed.（New York: McGraw-Hill, 1997）に示された、洞察に満ちたフレームワークをもとに作成した。

　その一方で、テレビ広告には短所もある。テレビ広告にはメッセージが一瞬で終わってしまうという性質があり、テレビ広告中に注意をそらす可能性のあるクリエイティブ要素も多いため、消費者が製品に関するメッセージやブランドそのものを見過ごしてしまうことがある。さらに、テレビで放送される広告や番組以外の素材も多いためにクラッターが生じ、消費者が広告を無視したり忘れたりしやすい。チャンネルが多数あることで細分化が進み、また広く普及したDVR（デジタルビデオレコーダー）は、視聴者がコマーシャル

をスキップする手段となっている。

　テレビ広告のもう１つの重要な短所は、制作と放映のコストが高いことである。たとえば2010年には、FOXテレビの人気テレビ番組『アメリカン・アイドル』への30秒のスポットが36〜49万ドルだった。キー局であれば、新番組でさえ30秒のスポットには10万ドルかかるのが普通である[7]。テレビ広告費が急上昇したにもかかわらず、主要ネットワークのプライムタイムの視聴率は一定して減少を続けている。どの指標をとっても、１広告あたりの効果は平均して低下した。

　適切に設計され実行されるテレビ広告は、売上と利益に影響を及ぼす。たとえば、何年にもわたって、最も着実に成功をおさめてきたテレビ広告主の１つがアップルである。マッキントッシュ・パーソナル・コンピュータを紹介した「1984年」の広告（殺伐としたオーウェル風の未来世界を長編映画風に描いた）はテレビで1度しか放映されなかったが、史上最も有名な広告といってよいだろう。その後の数年で、アップルの広告は製品の認知とイメージを確立することに成功し、最近ではグローバル広告キャンペーン「Get a Mac（マックを始めよう）」が高く評価されている[8]。

ガイドライン

　広告キャンペーンの設計と評価において、**メッセージ戦略**つまり広告のポジショニング（広告がブランドについて何を伝えようとしているのか）と**クリエイティブ戦略**（広告がブランドの主張をどのように表現しようとしているのか）は区別しなければならない。効果的な広告キャンペーンを設計することは、アートであると同時にサイエンスである。アートの側面は、広告のクリエイティブ戦略と、その実行に関わる部分である。サイエンスの側面は、メッセージ戦略と、広告が主張しているブランド情報に関わる部分である。したがって、図表6-3に示すように、広告戦略立案においては次の２つが重要である。

・ブランド・エクイティを最大化するための適切なポジショニングを規定する。
・望ましいポジショニングを伝えるための最良のクリエイティブ戦略を明確化する。

　第２章で、ブランド・エクイティを最大化するためのポジショニング戦略に関する多くの問題について説明した。クリエイティブ戦略は、大別すると特定の製品に関する属性またはベネフィットについて詳述する**情報型**か、製品に関係のない特定のベネフィットまたはイメージを描く**変容型**のいずれかである[9]。これら２つのカテゴリーには、それぞれ固有のクリエイティブ手法が含まれる。

　しかし、どちらのクリエイティブ手法をとるかに関係なく、何らかの動機づけの仕掛けで消費者の注意を引き、広告への関与を高めることができる。そういった仕掛けには、か

わいい赤ちゃん、飛び跳ねる子犬、流行の音楽、好感度の高い有名人、楽しい状況、挑発的なセックス・アピール、恐怖感を含む脅しなどがある。低関与の消費者を相手にし、競合する広告や番組のクラッターの増加という最近の厳しい媒体環境にあっては、多くの人がそういったテクニックが必要だと考えている。

　残念なことに、注意を引く作戦はしばしば効きすぎてしまい、ブランドや製品の主張から注意をそらしてしまう。このため、最良のクリエイティブ戦略を考案するための課題は、クラッターを突破して消費者の注意を引きつけると同時に、意図するメッセージを伝える方法を考え出すことである。チョコレートバー「スニッカーズ」®の取り組みを見てみよう。

「スニッカーズ」®ブランド

　「スニッカーズ」®は売上の落ち込みを受け、おいしくて食べごたえがあり空腹を満たしてくれるという主要な差別化ポイントに基づいて、若い男性というコア・オーディエンス以外にリーチを広げる必要に迫られていた。「You're Not You When You're Hungry®（空腹のときの君は君じゃない）」というキャンペーンテーマで、人々が空腹のせいで別人のようにふるまう（実際に別人になってしまう）さまざまな日常シーンを描いた、ユーモラスなコマーシャルが制作された。彼らは「スニッカーズ」®を食べてようやく我に返り、元の自分に戻るのである。アメリカ市場で注目度が高い、2010年のスーパーボウル放映中のコマーシャルでは、フットボールの試合中の男性が、有名な女性コメディアンのベテ

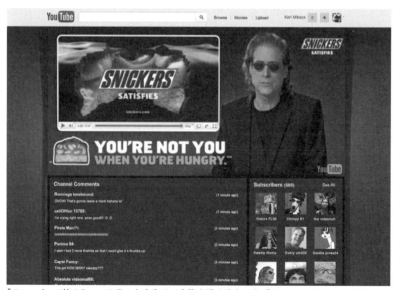

「スニッカーズ」®のユーモラスな広告は、空腹を満たすというブランドのバリューを強化した。
出典：「スニッカーズ」®はマース社および関連会社の登録商標である。この商標は許可を得て使用している。マース社はピアソン・エデュケーションとは無関係である。「スニッカーズ」®の広告はマース社の許可を得て掲載している。

ィ・ホワイトみたいなプレイだと意地悪を言われる（そしてプレイしている彼は実際にベ
ティ・ホワイトになってしまう）が、「スニッカーズ」®をかじって元に戻る。続きのスポ
ットでは、車で旅行をしている4人組の男性の1人が気難しいスターみたいな態度だと言
われ（伝説の女性ソウルシンガー、アレサ・フランクリンが演じている）、「スニッカー
ズ」®を渡される。強力なPR、補完する印刷広告、デジタルメディアの活用、フェイスブ
ックやユーチューブやツイッターでの展開が、このメッセージをさらに強化した。発想と
実行ともに優れたこのキャンペーンは、市場での売上増を認められ、アメリカ・マーケテ
ィング協会からEFFIE賞を受賞している[10]。

　効果的なテレビ広告の要件とは何だろうか[11]。基本的にテレビ広告は、たとえば、認知
を高める、主要な連想を強化するか新たな連想を加える、あるいは、ポジティブな消費者
の反応を引き出すといった、何らかの実証可能な形でブランド・エクイティに貢献しなけ
ればならない。我々は、広告の成功に影響を及ぼすものとして、消費者ターゲティング、
広告クリエイティブ、消費者理解、ブランド・ポジショニング、消費者動機づけ、広告の
記憶しやすさという、6つの広範な情報処理要因があることを明らかにした。

　このような基準を用いたマネジメント上の判断は広告の評価に採用すべきであるが、調
査もまた重要な役割を果たす。広告戦略の調査は、コミュニケーション目的、標的市場、
ポジショニングの選択肢を明らかにする上で非常に有益なことが多い。メッセージとクリ
エイティブ戦略の効果を評価するため、しばしば**コピーテスト**が行われる。コピーテスト
では、消費者のサンプル集団に広告を提示して、何らかの方法で彼らの反応を測定する。

　しかし、コピーテストの結果は、実施方法次第で大きく変わってしまう。このため、広
告コピーテストの結果は単に1つの可能なデータポイントとして解釈し、広告の利点を評
価する際には、マネジメント上の判断や他の情報と組み合わせなければならない。おそら
くコピーテストが最も役に立つのは、マネジメント上の判断では広告について明確なプラ
ス面とマイナス面が示され、どうしても結論が出ないときである。この場合には、コピー
テストの調査によって、さまざまな相反する面がどのように絡み合っていて、全体として
消費者の情報処理にどのような影響を及ぼすかがある程度明らかになるかもしれない。

　それでも、コピーテストは「やる」、「やらない」の意思決定をする手段とみなすべきで
はない。理想的には、コピーテストは広告がどのように効いているのかを理解する助けと
なる診断的な役割を果たすべきである。

将来展望

　現在のインターネット時代、トップ企業は新たなコミュニケーション手段を比較検討し

ており、テレビと従来型のマス・マーケティング広告の将来は不透明である。2010年に向けて描かれた「新年の抱負」が大企業のマインドセットの変化を表している[12]。

• シアーズのマーケティング担当バイスプレジデント、リチャード・ガーステイン「当社の店舗、ウェブサイト、コールセンター、革新的なモバイル・ショッピングサイトを使った統合的な方法でお客様の個々のニーズに応えることにより、パーソナライズしたデジタルなお客様とのリレーションシップ創出に今後も力を入れていく」
• アンハイザー・ブッシュのマーケティング担当バイスプレジデント、キース・レビー「次代のフェイスブックやツイッター現象を捉え（中略）、消費者が向かう先に当社がいること、しかも確かな存在としてそこにいることを目指す」

デジタルは各業界のマーケターの心を捉えたが、少なくとも一部ではテレビ広告の力もまだ健在である。2011年のインタビューでは多くのCMOたちが依然としてテレビ広告への支持を表明した。P&GのCMO、マーク・プリチャードは次の発言ではっきりと語っている。「テレビは今後も、当社のブランドが消費者に到達するためのマーケティング・ミックスに不可欠である」[13]。テレビへの支出は、2015年までアメリカの全広告費の40％近くを占めると予測されている。

■ ラジオ
ラジオは広く普及している媒体で、12歳以上の全アメリカの消費者の93％が毎日ラジオを聴き、平均して週に15時間以上聴いている。ただし、流しっ放しにした「ながら聴取」が多い[14]。おそらくラジオの主な長所は柔軟性である。ラジオ局は明確にターゲティングされ、広告の制作と放送が比較的安価にでき、契約期間が短いため、すばやい対応が可能になる。
ラジオは午前中に特に効果的な媒体で、テレビ広告を効果的に補完または補強できる。また、ラジオによって、企業は広範な市場と局所的な市場のカバレッジのバランスをとることが可能になる。しかし、ラジオの明らかな短所は視覚イメージが欠如している点で、その結果、消費者の情報処理が比較的受動的になる。とはいえ、ラジオ広告でブランド・エクイティを効果的に構築したブランドもある。
効果的なラジオ広告の要件とは何だろうか[15]。ラジオは他の媒体に比べてあまり研究されていない。関与が低いという性質と、使われる感覚が聴覚に限られていることから、ラジオでの広告はかなり焦点を絞ったものにならざるをえない。たとえば、広告のパイオニアであるデビッド・オグルビーは、次の4つの要因が非常に重要であると考えている[16]。

1．コマーシャルの冒頭で、ブランドが何であるかを明示する。

2．それを何度も明示する。

3．コマーシャルの冒頭で、リスナーにベネフィットを約束する。

4．それを何度も繰り返す。

　それでも、ラジオ広告には大きな工夫の余地がある。視覚的イメージがないことをプラスと考える人たちもいる。音楽、音響効果、ユーモア、その他のクリエイティブ上の仕掛けをうまく使うことで、リスナーの想像力を刺激して、関連性を持った好まれるイメージを強力に生み出すことができると考えられているからだ。

■ 印刷物

　消費者が情報収集源やエンターテインメントをインターネットに求めるようになり、印刷媒体は、近年大きな打撃を受けた。それを受け、出版社はiPadアプリやウェブ上のプレゼンスを高めるなどの形で、独自のデジタル革命に取り組んでいる。

　印刷媒体は放送媒体とまったく対照的である。最も重要な点は、印刷物は自分のペースで読めるため、雑誌や新聞で詳細な製品情報を提供できることである。しかし、印刷媒体では視覚的イメージが静止しているため、動的な表現や説明をするのは困難である。印刷広告のもう1つの短所は、かなり受動的な媒体となりやすい点である。

長所と短所

　雑誌と新聞という2つの主要印刷媒体は、長所と短所の多くが共通している。雑誌は、使用者および使用イメージの構築に特に効果的である。雑誌はまた、非常に人を引きつけるものにもなりうる。ある研究によれば、消費者は雑誌広告を、どちらかというと他のメディアより押しつけがましくなく、事実に即しており、自分との関連性があるとみなしており、読みながら何かをすることはあまりない[17]。

　しかし、新聞はもっとタイムリーで広く普及している。日刊紙は人口の30％が読んでおり（ただしインターネットでニュースを読む消費者が増え、年を追うごとにその数は減少している）、地域の（特に小売業者の）広告に多く利用される傾向がある[18]。その一方で、新聞広告のデザインと掲載についてある程度の柔軟性があるものの、再現の品質が低く保存期間が短いため、新聞広告の潜在的な効果は小さくなりやすい。こういったことは、通常は雑誌広告にはない欠点である。

　印刷広告は製品情報を伝えるのに特に適しているが、使用者および使用イメージを効果的に伝えることもできる。カルバン・クライン、ラルフ・ローレン、ゲスといったファッションブランドは、印刷広告によって強い非製品連想を形成してきた。ブランドによって

は、印刷広告で製品ベネフィットと使用者または使用イメージの両方を伝えようとしているものもあり、たとえばフォード、フォルクスワーゲン、ボルボといった自動車メーカーや、メイベリン、レブロンといった化粧品メーカーなどがそれである。

ガイドライン

効果的な印刷広告の要件は何だろうか。先に述べたテレビ広告の評価基準を適用できるが、印刷広告にはいくつか特殊な要件とルールがある。たとえば雑誌に掲載された印刷広告に関する調査によれば、雑誌読者の3分の2がどの印刷広告にも気づきさえしないとか、広告のコピーをほぼ最後まで読む読者は10％ほどしかいないといったことはめずらしくない。多くの読者は、印刷広告の最も視覚に訴える要素をちらりと見るだけであるため、イラストと見出しで、広告が明確に、直接的に、一貫性を持って伝達することが非常に重要となる。また、容易に目につくようになっていなければ、多くの消費者はブランド名を見逃してしまう。印刷広告のクリエイティブに関するガイドラインは、明瞭さ、一貫性、ブランディング、の3つの基準に要約することができる。

■ ダイレクト・レスポンス

不特定多数の消費者に非指示的なやり方でコミュニケーションする従来の放送媒体や印刷媒体の広告とは対照的に、**ダイレクト・レスポンス**は郵便、電話、インターネットなどの連絡手段を使って、特定の顧客や見込み顧客とコミュニケーションをとったり、レスポンスを求めたりする。ダイレクト・レスポンスはさまざまな形態をとり、従来の媒体による勧誘に限定されない。

ダイレクトメールは今も良く使われており、2010年のアメリカ企業の売上のうち5710億ドルがダイレクトメールによるものである[19]。しかしマーケターは他の手段を模索している。利用が高まりつつあるダイレクト・マーケティングの手段が、正式にはダイレクト・レスポンス・テレビ・マーケティングと呼ばれるインフォマーシャルである[20]。インフォマーシャルは、コマーシャルの販売力と啓発的な情報およびエンターテインメントの魅力を合体させたものである。インフォマーシャルは、セールスの会話とテレビ広告の両方の性格を兼ね備えたものと考えることができる。業界サイトのインフォマーシャルDRTVによれば、インフォマーシャルの長さは通常28分30秒で、製作費の平均は15～25万ドルである（ただし製作費は、7万5000ドルから50万ドルまで幅がある）[21]。

ガシー・レンカーは、インフォマーシャルから始めて、現在はインターネットに移行し、ソーシャルメディアも利用して、ジャスティン・ビーバー、ジェニファー・ラブ・ヒューイット、ケイティ・ペリー、アブリル・ラビーン、ジェナ・フィッシャーなどの有名人が推奨するニキビケア製品「プロアクティブ」から8億ドルの収益をあげている。インフォ

マーシャルで取り上げる製品の多くが、現在では「テレビで紹介」という小さなポップを
つけて店頭にも並んでいる。テレブランズ社はかかとの角質取り「ペッドエッグ」を
3500万個売ったが、同社製品の売上の90%はCVSや「ターゲット」などの大手小売業者が
占める。ダイレクト・レスポンス・テレビ・マーケティングは、2014年までに2010年か
ら30%増の1740億ドルの売上を生むと予想した[22]。

ガイドライン

　ダイレクト・マーケティングの近年の安定した成長には、フリーダイヤル設置やウェブ
サイト開設が簡単になったというような技術的進歩、便利さへのさらなる要求といった消
費者行動の変化、ターゲット以外の顧客グループへの無駄なコミュニケーションを避けた
いというマーケターのニーズが作用している。ダイレクト・レスポンスの長所は、マーケ
ターにとって、消費者とのリレーションシップ構築が容易になることである。

　紙や電子媒体のニュースレターやカタログなどによって、マーケターは消費者に自社ブ
ランドの新たな展開について現在進行形で説明できる上、消費者は自分の好き嫌い、具体
的なニーズやウォンツについてマーケターへフィードバックできる。顧客について深く知
ることにより、マーケターはマーケティング・プログラムを微調整して、適切な製品を適
切な顧客に適切なタイミングで提供できる。事実ダイレクト・マーケティングは、しばし
ば、第5章で概説した重要なマーケティング・トレンドであるリレーションシップ・マー
ケティングの主要要素とみなされる。一部のダイレクト・マーケターは、いわゆる**プレシ
ジョン・マーケティング**（データ解析と、戦略的なメッセージおよび人を引きつける色や
デザインを組み合わせてコミュニケーションを制作する）を採用している[23]。

　その名が示すように、ダイレクト・レスポンスの目標は、消費者から何らかの行動を引
き出すことである。その点では、ダイレクト・マーケティング施策の効果を測るのは容易
である。相手が反応するか否かに尽きるからである。一方、ダイレクト・レスポンスの短
所は、押しつけがましさとクラッターである。効果的なダイレクト・マーケティング・プ
ログラムを実施するには、マーケターは（1）既存の顧客および見込み顧客の最新の有益
な情報を含むリストを作成し、（2）適切なやり方で適切なオファーをし、（3）マーケティ
ング・プログラムの効果を追跡する必要がある。ダイレクト・マーケティング・プログラ
ムの効果を上げるため、多くのマーケターはデータベース・マーケティングを採用して
いる。

■ プレイス

　最後の広告カテゴリーであるプレイスは、「非従来型」、「代替的」、「補助的」広告と呼
ばれることが多い。なぜなら、それが近年、従来の広告媒体を補完する手段として台頭し

てきたからである。**プレイス広告**は従来の屋外媒体にとどまらず、より広く定義された広告を指している。広告とコマーシャルはこれまでにない場所に現れることが増えており、時には経験価値マーケティング・プログラムの一貫として行われている。

その理由は、従来型の広告媒体（特にテレビ広告）は効果が低下しているため、仕事、遊び、そしてもちろん買い物をする場となる、家庭以外の環境でのほうが人々に到達しやすいからである。2010年に景気が上向くと屋外広告も上向き、この年には61億ドルが投入されたと推定されている[24]。利用可能な手段としては、ビルボード広告とポスター、映画や飛行機やラウンジなどの場所、プロダクト・プレイスメント、POP広告などがある。

ビルボード広告とポスター

ビルボード広告は古くから存在しているが、長年の間に形態を変え、現在では注意を引くため、カラフルでデジタルに表示されるグラフィックス、バックライティング、音、動き、そして奇抜な（立体的なものさえある）イメージが採用されている。この媒体は効果（および測定可能性）と技術面（今ではデジタル化したビルボード広告もある）で向上し、ビルボード戦略をモバイル広告と連動させることも可能になっている。

ポスター広告は、ブランドの露出とグッドウィルを高めようと、現在ではアメリカのあらゆるところで目立つようになってきた。バス、地下鉄、通勤電車の交通広告は何年も前からあるが、現在では働く女性に到達するための貴重な手段になった。ストリート・ファニチャー（バスの待合所、キオスク、公共エリア）は急成長中のエリアである。日本では、看板や電子広告ディスプレイにカメラとセンサーをつけ、携帯電話技術と組み合わせて、よりインタラクティブかつパーソナライズ化させている[25]。

ビルボード広告は必ずしもひとところにとどまっている必要はない。マーケターは、ビルボード広告を積んだトラックの広告スペースを買って、指定した場所を1日中走らせることもできる。オスカー・マイヤーは毎年7台の「ウィンナーモービル」を全国で走り回らせている。ニューヨーク市は大都市として初めて、タクシー内に設置したテレビで広告を流すことを許可した。2009年から2010年にかけて、タクシーで広告を流す広告主の数は倍増したが、その中にはAOL、シティバンク、スプリントなどのブランドも含まれる。調査結果によれば、乗客の85%は乗車中テレビをつけたままにしているという[26]。

広告主はスタジアムやアリーナ、ゴミ箱、駐輪場、パー

図表6-4　オービー・ホール・オブ・フェイム受賞者 （アメリカ屋外広告協会が選出）
チックフィレイ（2006年）
ウォルト・ディズニー・カンパニー（2007年）
アルトイズ（2008年）
アブソルート（2009年）
ミニクーパー（2010年）
クラッカー・バレル・オールド・カントリー・ストア（2011年）

カッコ内は選考年

キング・メーター、空港の荷物コンベヤー、エレベーター、ガソリン・ポンプ、ゴルフの
カップの底、飛行機の軽食、そしてリンゴやバナナについている小さなラベルという形で
スーパーマーケットの生鮮食品にまで、スペースを買うことができる。どんな場所も見逃
されず、広告主はトイレの個室や小便器の上さえ買うことができる。調査によれば、ビジ
ネスパーソンは1日に平均3～4回トイレに行き、1回あたり約4分間を過ごす。シカゴ
のオヘア空港では、トイレの洗面所の150枚の鏡にデジタルコマーシャルが流れている[27]。
図表6-4に、非常に成功した屋外広告の広告主をいくつか示そう。

映画館、飛行機、ラウンジ、その他の場所

　従来型のテレビ広告や印刷広告を、これまでになかったような場所に出す広告主が増え
ている。ホイットル・コミュニケーションやターナー・ブロードキャスティングは、テレ
ビやコマーシャル・プログラムを、教室、空港のラウンジなど公共の場所で流そうとして
いる。航空会社は現在、媒体スポンサーつきのオーディオ番組やビデオ番組を提供し
（『USAトゥデイ・スカイ・ラジオ』や『ナショナル・ジオグラフィック・エクスプロー
ラ』）、大手通信販売会社のカタログ（『スカイモール』誌）を座席のポケットに入れてい
る。ロウズ・シネプレックスのような映画館チェーンは、30秒、60秒、あるいは90秒の
広告を2000以上のスクリーンで流している。テレビや雑誌で見かけるのと同じ広告が以
前にはなかった場所で見られるようになっており、多くの広告主は、消費者の期待にさら
に応えるため、こういった家庭外での露出向けに、特別にデザインされた広告を制作する
ことが重要だと考えている。

プロダクト・プレイスメント

　多くの主要マーケターが、5～10万ドル、さらにはそれ以上の料金を支払って製品を
映画やテレビに登場させている。正確な料金はブランド露出の時間や状態によって変わっ
てくる。このやり方が盛んになったのは、マースがM&Mブランドの使用オファーを辞退
したあと、大ヒットした映画『E.T.』にキャンディがはっきりと映ったリーセスピーセス
の売上が65％も増加した1982年である[28]。

　もっと最近の例では、チェース、ヒルトン、ATクロス、ハイネケンなど多くのブラン
ドが対価を払って人気テレビシリーズ『マッドメン』に登場している[29]。マーケターはプ
ロダクト・プレイスメントと特別プロモーションを組み合わせ、ブランドとエンターテイ
ンメントを抱き合わせて提示し、「ブランデッド・エンターテインメント」を創出する。
たとえばBMWはジェームズ・ボンド映画『ゴールデンアイ』でのプロダクト・プレイス
メントを大規模なダイレクトメールと広告キャンペーンで補い、Z3ロードスターの発売
を支援した。

露出の見返りに製品を映画会社に提供することによって、あるいは単にストーリー上の必要から、費用をかけずにプロダクト・プレイスメントの恩恵を受けている企業もある。『マッドメン』にはキャデラック、コダック、ポテトチップスの「Utz」など象徴的なブランドも目立つ形で登場するが、これはストーリー上必要なためで、各社は一銭も支払っていない。プロダクト・プレイスメントの効果を調べるため、シネマスコアなどのマーケティング調査会社は、鑑賞者の出口調査を行って、上映中にどのブランドが実際に注目されたかを調べている。

購買時点

近年、購買時点で消費者とコミュニケーションをとる方法として、無数の可能性が考えられるようになっている。店舗内広告には、ショッピング・カート、カートのストラップ、通路、棚につけた広告のほか、店内実演販売、現物サンプル、インスタント・クーポン・マシーンといったプロモーション手段がある。POPラジオは、全国の数千の食料品店とドラッグストアに、FMスタイルの番組とコマーシャル・メッセージを流している。番組には、店が選んだ音楽、消費者向けのちょっとした情報、コマーシャルが盛り込まれている。小売大手ウォルマートのスマート・ネットワークは2700以上の店舗で流されているが、これは情報コンテンツと広告の混合である[30]。

POP広告が魅力的であるのは、多くの研究が証明しているように、さまざまな製品カテゴリーで、消費者の最終的なブランド決定が店内で行われるという事実にある。店内媒体は、非計画的および計画的な購買意思決定の数と質を引き上げることを目的に設計される。大手小売チェーンの入り口のセキュリティパネルに広告を掲載しているある企業は、広告対象のブランドの売上が掲載期間の4週間のうちに平均20%も伸びたという[31]。

ガイドライン

非従来型媒体は、新しいやり方で消費者に到達する興味深い手段をいくつか提供する。現在では、消費者がたとえ数分あるいは数秒でも、広告に注目するのに十分な時間を過ごす場所であれば、ほとんどどのような場所にも広告が出現する。非従来型媒体の主な長所は、嫌でもそこから離れることのできない特定の人々に費用効果の高い、なおかつ関与度の高い方法で到達できる点である。

しかし屋外広告はごく短時間での情報処理を迫られるため、メッセージは簡潔で直接的でなければならない。実際、屋外広告はしばしば「15秒営業」と呼ばれる。屋外広告は21世紀の消費者に向いているとして、ある評者は、短時間に大量のコンテンツを求める移動中の人々にとって、「ビルボード広告はツイートの元祖である。興味が移る前にすばやく画像や知識を提供するのだ」と述べている[32]。このため、戦略上、屋外広告は新しい

ブランド連想の構築よりも、認知の向上や既存のブランド連想の強化に効果的であることが多い。

非従来型媒体の課題は、信頼できる独立した調査によってその到達性と効果を実証することである。またもう1つの危険は、行きすぎた商業化に対する消費者の反発である。しかし広告が完全に普及したため、消費者は以前ほど非従来型媒体に悩まされていないようである。

非従来型媒体へのマーケティング支出を正当化するには、消費者が何らかの好ましい影響を受けていなければならない。スーパーマーケットのレジ前の列、ファストフード店、病院の待合室、ヘルスクラブ、ドライブインで広告の掲示をしていた企業のいくつかは事業を中断したが、その理由の少なくとも一部は消費者が関心を持たないことにあった。しかし重要なのは、消費者の前にブランドを提示するクリエイティブ手段の余地は必ずあるということだ。可能性は無限である。

▌プロモーション

広告とプロモーションの役割は大きく異なるが、連携をとることが多い。**セールス・プロモーション**は、製品またはサービスの試用や採用を促すための短期的インセンティブである[33]。セールス・プロモーションの対象は流通業者でも最終消費者でもよい。広告と同様、セールス・プロモーションの形態もさまざまである。通常、広告が消費者に買う理由を与えるのに対し、セールス・プロモーションは消費者に買うためのインセンティブを与える。このため、セールス・プロモーションは次のことを目的に設計される。

● 流通業者が当該ブランドを扱い、積極的に支援するよう、彼らの行動を変える。
● 消費者が当該ブランドを初めて買ったり、より多く買ったり、より早くあるいはより頻繁に買ったりするように、彼らの行動を変える。

セールス・プロモーションの利用が1980年代から1990年代にかけて増えたのには、多くの理由があるとアナリストは言う。四半期ごとの評価を伴うブランド・マネジメント・システムは短期的な問題解決を促すとともに、アカウンタビリティへの要求も高くなり、広告の比較的「ソフト」になりがちな知覚上の効果よりも、行動上の効果が短時間で簡単に現れやすいプロモーションのようなコミュニケーション・ツールが支持されるようになった。マーケターから見れば、媒体環境のクラッター化とオーディエンスの細分化が進んでいるのに、広告料金は上がる一方であり、このような経済的要因は広告の効果に不利に作用している。消費者は店舗内で意思決定することが多くなり、ブランド・ロイヤルティが低下し、以前よりも広告の影響を受けにくくなっている。多くの成熟ブランドが差別化

しづらくなり、小売業者はより力を持つようになった。

　こうした理由により、一部のマーケターからは、ブランドの売上に影響を及ぼすには、消費者向けと流通業者向けのプロモーションのほうが広告よりも効果的な手段であると考えられるようになった。セールス・プロモーションには明らかに長所がある。消費者向けセールス・プロモーションにより、メーカーは、価格感度の異なる消費者グループに対して異なる価格設定を効果的に行い、価格を特徴づけることができる。消費者に切迫感を与えるだけでなく、慎重に設計されたプロモーションは、強く、好ましく、ユニークな連想を生むのを助ける情報や実際の製品経験を通して、ブランド・エクイティを築くこともできる。セールス・プロモーションは、流通業者にフル・ストックを維持し、メーカーのマーチャンダイジング活動を積極的に支援するよう促す。

　一方、消費者行動の観点からすると、ブランド・ロイヤルティの低下、ブランド・スイッチングの増加、品質知覚の低下、価格感度の上昇など、セールス・プロモーションには多くの短所がある。愛顧を構築する広告などのコミュニケーションの使用が抑制されてしまうことに加え、マーケティング資金をクーポンをはじめとするセールス・プロモーションに回したために、研究開発の予算とスタッフが削減されてしまうこともあった。最も重要なのは、流通業者向けプロモーションによって安売りが広くはびこったため、消費者の意思決定要因としての価格の重要性が増し、従来のブランド・ロイヤルティのパターンを壊したことかもしれない。

　セールス・プロモーションのもう1つの短所は、何もしなくても当該ブランドを買っていたであろう買い手に援助金を与えているだけだという点である。興味深いことに、比較的裕福で教育程度が高く、郊外に住む白人家庭ほど、クーポンを使う傾向が強い。このような人々は新聞を読む傾向が強いが、クーポンの多くは新聞に入っているからである。また、セールス・プロモーションは「クーポンマニア」に援助金を与えているだけではないかという可能性もある。クーポンマニアはクーポンを頻繁かつ広範囲に利用する（年間188品目以上に利用している）。2009年上期に製造業者のクーポンを利用して購入された製品の81%は、アメリカの世帯のわずか19%に購入されていた。ある「極端な」クーポン利用者は1週間の買い物で40〜60%も節約したと自慢し、クーポン利用のコツを自分のブログで公開している[34]。

　ブランドに引きつけられた新規顧客の購入理由が、ブランド自体のメリットではなくプロモーションにあるかもしれないという課題もある。その結果、プロモーション期間が終了すると、購入を繰り返してくれない可能性がある。さらには、小売業者が業者間割引を期待するようになり、今では要求するようになっている。流通業者が、プロモーションに乗じて同意したマーチャンダイジングを実際に行わず、フォワード・バイイング（プロモーション期間終了前に在庫を確保すること）やダイバーティング（プロモーション対象外

のエリアに製品を回すこと）といったメーカー側にメリットのない活動を行うこともある[35]。

　プロモーションの目的として考えられるものは多数ある[36]。消費者については、新規カテゴリーのユーザー、既存カテゴリーのユーザー、あるいは既存ブランドのユーザーをターゲットとする。流通業者については、流通、支援、在庫、グッドウィルが主要目的となる。次に、消費者向けプロモーションと流通業者向けプロモーションに関する具体的な問題をいくつか取り上げよう。

■ 消費者向けプロモーション

　消費者向けプロモーションは、消費者の製品購入における選択、量、タイミングを変えることを目的とする。さまざまな形をとるが、サンプル、実演販売、教材のようなCFB（顧客愛顧の構築）プロモーションと、値引きパック、プレミアム、懸賞、払い戻しの提供のような非CFBプロモーションの2つに分けられる[37]。CFBプロモーションは、ブランドに対する消費者の態度やロイヤルティを強化し、ブランド・エクイティに影響を及ぼす。

　たとえばサンプリングは重要なブランド連想を構築する手段であると同時に、おそらく消費者間のクチコミのきっかけになる。マーケターは使用時点でのサンプリングを多用するようになり、ブランド・エクイティを最大化するために、どこでどのようにサンプルを配るかについて気を遣うようになっている。バーチボックスという新興企業は、ベネフィット、キールズ、マークジェイコブスなどの有名美容ブランドのサンプルを大きな箱で消費者に送る。会員は同社のウェブサイトで詳しい製品情報を得たり、レビューを書き込んだりしてポイントを獲得し、フルサイズの製品をもらうことができる。消費者を絞り込み、関与させるこのプロモーションは、美容ブランドから評価されている[38]。

　このようにマーケターは、売上を増やせるかどうかだけでなく、ブランド・エクイティ構築に貢献できるかどうかでセールス・プロモーションを判断するようになっている。広告やその他あらゆる形態のマーケティング・コミュニケーションと同様、プロモーションにとっても創造性は非常に重要である。プロモーション・マーケティング協会（PMA）は、「プロモーション・マーケティングの全領域にわたる、優れたプロモーションの考え方、創造性、実施」を表彰するため、レジー賞を授与している。2011年には、ウォルグリーンズが統合性に優れたプロモーション・プログラムでスーパーレジー賞を獲得した。

　プロモーション戦略は、消費者の態度や行動に対応したものでなければならない。消費者のクーポン利用率は、何年にもわたって減少の一途をたどっていた。多くの理由が考えられるが、大量に配布されるようになったクーポンのクラッターが一因である。しかし最近になって上向きの変化が生じた。クーポン利用率は1992年をピークにその後15年間は減少していたが、2008年後半の厳しい不況期に増加したのだ。クーポンの90%近くは新聞の日曜版に折込広告として挿入される。

従来型の店舗外クーポンの利用率が下がるにつれて、マーケターは店舗内クーポンに目を向けるようになり、店舗内配布クーポンが成長領域の１つになっている。もう１つの成長領域はデジタルクーポンで、利用率（６％）はクーポンの中で最も高く、新聞に挿入されるクーポンの10倍にもなる。グルーポンは巧みなプロモーション計画で大きな成功をおさめ、2010年にグーグルから持ちかけられた60億ドルの買収案をはねつけている[39]。

■ 流通業者向けプロモーション

流通業者向けプロモーションは、在庫、陳列その他の方法で製品の販売を促進するために、小売業者、卸業者、その他の関係業者に与えられる金銭的インセンティブまたは割引であることが多く、スロッティング・アローワンス（仕入れ時の手当て）、店頭ディスプレイ、コンテストおよびディーラー・インセンティブ、トレーニング・プログラム、トレード・ショー、共同広告などを通して実施される。流通業者向けプロモーションは、通常新ブランドの棚スペースと流通の確保、あるいは棚や店舗内でより目立つようにすることを目的とする。店舗内の棚や通路の位置は、ブランドが消費者の目を引くことができるかどうかに影響する。あるブランドを目の高さの棚に置くと、一番下の棚に置いた場合に比べて売上が2倍になることもある[40]。

流通業者向けプロモーションに費やされる金額は大きいため、流通業者向けプロモーション・プログラムの効果を上げることへのプレッシャーが高まっている。だが、多くの企業は流通業者向けプロモーションにブランド構築上の価値はないと見切りをつけ、できるだけ支出を削減したり、廃止しようとしている。

オンライン・マーケティング・コミュニケーション

21世紀の最初の10年間に、多数の企業がインタラクティブなオンライン・マーケティング・コミュニケーションの世界に飛び込んだ。インターネットが日常の生活や仕事の一部になるとともに、マーケターは先を争うようにサイバースペースに居場所を確保しようとした。ウェブ上でマーケティングを行う大きな利点は、コストが抑えられることと、カスタマイゼーションがきめ細かくしかも高い自由度で行えることである。オンライン・マーケティング・コミュニケーションはほぼあらゆるマーケティング・コミュニケーション目的を達成でき、特に堅固なリレーションシップの構築に有効である。

有力業界誌『アドバタイジング・エイジ』が媒体計画における革新的なテクノロジー利用を表彰した2010年度メディア・バンガード賞では、さまざまなオンライン・アプリケーションが対象となった。受賞したのは「マルチメディア・ビジョン」が評価されたマーサ・スチュアート、無料コンテンツと有料コンテンツをうまくマネジメントしたフィナンシャル・タイムズ、店舗内の商品プロモーションのために一連のオンライン動画を紹介し

たKマート、10代の若者の言葉でうまく「語りかけ」、ティーン・ドライバー（訳注：車を運転する10代向けの）・ウェブサイトを再開し、インタラクティブなゲームや機能を活用して若者たちを取り込んだオールステート保険などである。

　オンライン・マーケティング・コミュニケーションのガイドラインをすべて概説することは、本書の範囲を越えている[41]。ここでは、(1)ウェブサイト、(2)オンライン広告と動画、(3)ソーシャルメディア、という３つの重要なオンラインのブランド構築ツールに注目しよう。

■ ウェブサイト

　最も歴史が古く定着しているオンライン・マーケティング・コミュニケーションの一形態が、企業ウェブサイトである。そのインタラクティブな性質を利用することにより、マーケターは消費者が自分のニーズに関連性のあるブランド情報を選択できるウェブサイトを構築できる。市場セグメントごとにブランドについての知識や関心のレベルは異なるが、上手に設計したウェブサイトは個人ごとのブランドやコミュニケーションの体験歴がどうであろうと、消費者と効果的なコミュニケーションをとることができる。

　消費者は娯楽よりもむしろ情報を求めてネットに接続するので、より成功するウェブサイトは、消費者に関心領域の専門知識を伝えることができる。たとえば、P&Gのwww.pampers.comやゼネラルミルズのwww.cheerios.comなどのウェブサイトは、赤ちゃんの世話や子育てについてのアドバイスを提供している。ウェブサイトには企業や製品の情報、プレスリリース、広告やプロモーション情報のほか、提携企業や主要ベンダーへのリンクも入れておくことができる。多くのウェブ・マーケターは、データベースに顧客情報を収集し、eメール調査やオンラインでのフォーカス・グループ・インタビューを実施している。

　ブランド構築は消費者とブランド・マーケターの共同作業になりつつある。このプロセスの一環として、ブランドについての評価やレビューやフィードバックを掲載した消費者発信型のウェブサイトやウェブページが増えるだろう。また、イェルプ（Yelp）、トリップアドバイザー、イーピニオンズのような商業サイトに意見やレビューを書き込んだり、他人にアドバイスやフィードバックを求める消費者も増えている。のちほど詳しく論じていくが、マーケターはさまざまなフォーラムを注意深くモニタリングし、必要に応じて参加しなければならない。

　企業ウェブサイトに消費者向けのオンライン情報源を制作するにあたっては、最新かつ信頼できる情報を提供しなければならない。ウェブサイトの更新はまめに行い、できるだけカスタマイズした情報を、特に既存顧客向けに提供すべきである。ウェブサイトのデザインでは、閲覧者の関心を維持できるような目を引くページを作成し、最新の技術を取り

入れ、企業のメッセージを効果的に伝える必要がある。非常に競争が激しくクラッターの多いオンラインの世界では、消費者がポジティブな経験をしなければ、彼らを再び誘い戻すことは非常に困難なため、ウェブサイトのデザインはきわめて重要である。

■オンライン広告と動画

インターネット広告には、バナー広告やリッチメディア広告などさまざまな形態がある。インターネット広告は急速に成長し、2010年にはアメリカで新聞広告（228億ドル）を抜きテレビ広告（286億ドル）に次いで第2位の総額260億ドルに達した[42]。

インターネット広告には多くの潜在的長所がある。どの広告がどの売上につながったかをソフトウェアで追跡できるため、因果関係の説明が可能である。生活に踏み込み消費者の邪魔をすることはなく、最も有望な見込み客だけに接触するようターゲットとなる消費者を絞ることができ、消費者は望むだけの量の情報を探すことができる。またオンライン広告と動画は、従来の印刷媒体や放送媒体に合ったクリエイティブ上の制約や法律上の制約を乗り越え、ブランド・ポジショニングを広く伝達してポジティブなジャッジメントやフィーリングを引き出すことができる。

残念ながら、もちろん短所も多くある。多くの消費者は簡単にバナー広告を無視したり、ポップアップブロック機能を使って排除したりできる。2010年のアメリカの標準的なバナー広告のクリック率は平均0.08％だった。ただし拡大可能なリッチメディアバナー広告についてのクリック率は0.14%と増えている。ヨーロッパと中南米においてもクリック率は同程度である。消費者の関心が並外れて高い広告分野でさえ、クリック率の増加はほとんど見られない（イタリアの自動車広告が1.02%、ポーランドの美容と健康の広告が1.9%、最も高いベルギーのレストラン広告で8％弱である）[43]。

ウェブ広告は、ストリーミング広告のように、従来型のテレビ広告の形態にますます近づいている。動画はさらに一歩進んで、短編映画のようになってきた。そのパイオニア的存在であるBMWは、ガイ・リッチーのような有名な監督やマドンナのような俳優を使って、ウェブ用のムービー・シリーズを制作し大いに成功している。動画の利点は、工夫に富んだ動画が消費者の心の琴線に触れれば、クチコミで広まる可能性を秘めているということである。それが次のコカ・コーラの事例である[44]。

コークの「ハピネス・マシン」

コカ・コーラのグローバル・ブランド・スローガン「ハッピーをあけよう」は、さまざまなクリエイティブ案や実施策に展開された。同社は通常のお馴染みの広告のほかにも、デジタルの世界で、しかも面白いやり方でこのプラットフォームを活用したいと考えた。

そこで、コカ・コーラ社はニューヨーク市クイーンズにあるセント・ジョンズ大学に「ハピネス・マシン」と称する特殊な自動販売機を設置した。自販機の裏は小部屋につながっており、そこにはドッキリを仕掛けるのに必要な人間と小道具が控えている。何も知らない学生が自販機を利用すると、まずコカ・コーラが出てくるが、それに続いてヒマワリの花束、動物の形の風船、長さ180cmもあるサンドイッチ、さらには焼きたてのペパロニピザまで、いろいろなモノが出てくる。学生たちが驚いたり喜んだりするリアクションが隠しカメラで撮影され、ユーチューブにその動画が投稿されると何百万回も視聴されて、30秒のテレビスポット広告にまで発展し、世界中に放映された。

コカ・コーラの「ハピネス・マシン」はほぼ全世界で視聴され、上手なブランド構築の好例となった。
出典：Photographed by Lauren Nicole Maddox

コカ・コーラの事例にもあるように、グーグルが所有する動画共有サイトのユーチューブは、動画を拡散し、対話のきっかけを作り、ブランドを取り巻くコミュニティを育てるための特に重要な手段となっている。

インターネットに接続した高精細テレビ（HDTV）の売上の伸びにともない、ブランド構築に動画を活用する機会も成長の一途をたどっている[45]。どのような規模のブランドにも利用可能だ。ティップエックスの「ハンターがクマを撃つ」キャンペーンはユーチューブで大評判となり、視聴回数は何百万回にもなった。この動画では、ハンターが自分のテントにクマが近づいてくるのに気づくが、撃たないことにする。彼は修正テープ「ティップエックス」を使って、「撃つ」という言葉を消し、視聴者に向かって別の言葉を募る。かわりの言葉が入るごとに、用意された続きのビデオがユーモラスにその言葉どおりの行動を描き出す[46]。

パーミション・マーケティングの表れとして、eメール広告全般（パーソナライズした音声メッセージ、カラー写真、ストリーミング・ビデオなどの高度な機能を含むことが多い）の人気が高まってきた。eメール広告は、バナー広告よりも少ないコストで20〜30％のレスポンス率を得られることが多い。マーケターは、このレスポンス率を追跡しながら、

メッセージを微調整できる。ダイレクト広告と同様、鍵となるのは優れた顧客リストの作成である。

広告主にとってバナー広告にかわるもう１つの選択肢が検索広告で、スポンサーなしの検索結果の脇に、検索語に関連したスポンサーつきリンクが表示される。これらのリンクは特定のキーワードに結びつけられているため、マーケターはバナー広告より効果的にターゲットを絞ることができ、おかげでより高いレスポンス率を得ることができる。2010年のインターネット広告のほぼ半数（120億ドル以上）が検索広告だった[47]。

グーグルは検索広告のパイオニアで、スポンサーリンクが実際にクリックされた回数に基づいて広告主への課金が行われる「１クリックあたりのコスト」価格を提供し、検索広告をオンライン広告主にとって費用対効果の高い選択肢とした。たとえばキーワード単価など、詳細な検索広告戦略を立てている企業もある。

■ ソーシャルメディア

ソーシャルメディアは大きく成長するにしたがい、ブランド・コミュニケーションにおいて重要な役割を果たすようになっている。消費者はソーシャルメディアを使ってテキスト、画像、音声、動画をオンラインで共有し、本人の意思があれば、企業とも共有することができる。ソーシャルメディアにはさまざまな形態があるが、主に（1）掲示板とフォーラム、（2）チャットルーム、（3）ブログ、（4）フェイスブック、（5）ツイッター、（6）ユーチューブの６つである。

ソーシャルメディアにまつわる数字は実に驚くべきものだ。2010年11月にはアメリカで閲覧されたページの４件に１件がフェイスブック上のものだった。2014年までにアメリカのインターネットユーザーの約３分の２は、ソーシャルメディアネットワークの日常的な利用者になるという予測もある[48]。

ソーシャルメディアには多くの利点がある。ブランドは公に発信し、ウェブ上においてプレゼンスを確立できる。他のコミュニケーション活動を補完し、ブランドのイノベーションの促進にも役立つ。掲示板とチャットルームとブログは独立した個人としての発信ができるため、コミュニティ意識を創出し積極的な関与を育てることができる。

ソーシャルメディアの中には、シュガー（Sugar）やゴーカー（Gawker）のように、消費者が簡単に他人の意見や情報を集めたり、自分の意見を発信したりできる手段を提供しているものもある。これらのメディアはフィードバックも可能であるため、ブランド・マーケティング・プログラムのさまざまな側面を改善することができる。ドクターペッパーはフェイスブック上に850万人ものファンを抱えている。ブランドに対して「いいね！」を押したフェイスブックユーザーを注意深くトラッキングしテストを行えば、マーケティング・メッセージを微調整できる。消費者は調査を嫌がるようになってきているので、多

くのマーケティング・リサーチャーがソーシャル・ネットワークからマーケット・インサイトを得られる可能性に期待を寄せている[49]。

　ソーシャルメディアがマーケターに、これまでは不可能だった形で消費者とつながる大きなチャンスを提供していることは明らかだ。ソーシャルメディアに関わるべきかどうか迷っているマーケターもいたが、望むと望まざるとにかかわらずオンライン上の対話は発生するのだから、いかにうまく参加し関与するかを決断するのが最善の戦略である。こうして多くの企業が、今では自社ブランドの公式のツイッターアカウントとフェイスブックページを持っている。

　ソーシャルメディアによって達成できる目的は異なる。ランドーのアレン・アダムソンによると、ツイッター（投稿に140文字までの制限がある）の主な役割は、マーケターにとって、市場で何が起きているか、その時々にどう反応すべきかが正確にわかる「早期警告システム」であるという。たとえば、ザッポスで嫌な思いをしたと顧客がツイートしたとき、ザッポスはソーシャルメディアをモニタリングしていたおかげで、ただちに事情説明と謝罪とクーポンを送ることができた[50]。

　一方、フェイスブックは長期的なリレーションシップ構築に向いており、消費者を関与させたり彼らの関心や好みを深く掘り下げたりするために使うことができる。非常に人気があるとはいえ、もちろんフェイスブックは唯一のプレイヤーではない。15万人以上の釣りファンを擁するGoFISHnや60万人以上の愛犬家を擁するDogsterのように、特定のテーマを持つコミュニティサイトのほうが、ターゲットの絞り込みという点では優れている。[51]

　ソーシャルメディアに全面的に取り組んできたブランドもある。レゴはかねてからブランド・マーケティング活動にリーダー的なユーザーやファンを取り込んできたので、ユーチューブへの動画投稿やフリッカーへの画像投稿が何千件もある。ヴァージンのリチャード・ブランソンやザッポスのトニー・シェイのようなブランドのトップでさえ、コメントを書き込んでいる。企業がソーシャルメディアに取り組む決断をした際には、レスポンスのスピードと適切な語調が非常に重要である。

　一部の消費者はブランドにより深く広く関与するようになっており、マーケターは消費者にそのような関与を働きかけるべく、あらゆる手を尽くさなければならない。P&Gは2010年、自社ブランドのフェイスブック上のプレゼンスを拡大するために大きな投資をした。同社の15ブランドは短期間のうちに10万人以上のフォロワーを獲得し、「プリングルス」と「オールドスパイス」はそれぞれ900万人と130万人のフォロワーを獲得した。デオドラント剤「シークレット」のフェイスブック向けいじめ撲滅アプリ「Mean Girls Stink（意地悪な女の子は最低）」は25万回以上もダウンロードされた[52]。

　これらの可能性はおおいに期待できるが、すべての人がソーシャルメディアに積極的に参加しているわけではないことも忘れてはいけない。消費者の一部だけが一部のブランド

についてのみ関与したいと考えており、しかも時によっては、なのである。このような消
費者の背景と関心の多様性を念頭に置いた上で、ブランドの最も良い売り方を理解するこ
とが非常に重要であり、今後はそれがデジタル・マーケティングの勝敗を分けていくだ
ろう。

　インタラクティブ・マーケティング・コミュニケーションは一緒に使うと効果が高い。
関心を引くオンライン広告と動画で消費者をブランドのウェブサイトに誘導でき、ウェブ
サイト上で消費者にブランドについてさらに知ったり体験したりしてもらえる。その後、
企業が運営する掲示板やブログでさらに深い関与を創り出す。インタラクティブ・マーケ
ティング・コミュニケーションは、他の形態のマーケティング・コミュニケーションも強
化する。
　デジタルベースのブランドキャンペーンで成功しているのは、ペイドメディア、オウン
ドメディア、アーンドメディアという3つのメディア形態を巧みに組み合わせているもの
が多いと専門家は述べている。**ペイドメディア**とは、テレビ広告や印刷広告など、これま
でに説明した従来型の広告媒体すべてを指す。**オウンドメディア**は、ウェブサイト、eメ
ール、ソーシャルメディアなど、ブランド側がある程度コントロールできる媒体をいう。
アーンドメディアとは、ソーシャルメディアなどのように、消費者自身がブランドについ
て行うコミュニケーションを支える媒体である。これらの境界線は時としてあいまいで、
1つの媒体が複数の側面を備えている場合もあることは認識しておくほうがよい。たとえ
ば、ユーチューブは維持に費用がかかるが、コントロールでき、ソーシャルな面も有して
いる。
　この3形態のメディアにおける相互作用が重要である。ある評者が述べたように、「ペ
イドメディアがオウンドメディアの起点となる。オウンドメディアはアーンドメディアを
維持する。そしてアーンドメディアはコストを下げ効果を増大させる」[53]。元フットボー
ル選手のイザイア・ムスタファを起用して大成功したP&Gの「The Man Your Man Could
Smell Like（あなたの彼もこんないい男と同じ香りに）」は、ユーモラスでふざけたコマー
シャル（ペイドメディア）からスタートし、ユーチューブ、フェイスブック、ブランドの
マイクロサイト（オウンドメディア）とオンラインに移行して、それからさらにクチコミ、
メディア報道、ソーシャルネットワーク上のやりとり（アーンドメディア）で世間の関心
を獲得した。
　公式にしても非公式にしても、あらゆる形態のソーシャルメディアのトラッキングを行
うのは大事である。企業のソーシャルメディア・トラッキングを支援する企業が多数出て
きている。ペプシコは「ゲータレード」ブランドのために自前の「ミッション・コントロ
ール」を作り、専任の社員4名が24時間体制でソーシャルメディアの投稿を監視している。

ツイッター、フェイスブックその他でゲータレードについての書き込みがあれば、連絡が回る。たとえば、フェイスブックでゲータレードにはブドウ糖果糖液糖が使われているという誤った投稿があったときなど、必要かつ適切な場合は、同社が会話に参加することができる[54]。

マーケターは、ソーシャルメディアの効果測定やインタラクティブ・マーケティングの成功を判断する方法に慎重になってきた。フェイスブックのファンやツイッターのフォロワーの数がどれだけ多くても、ブランドに関与していなければ重要ではない。バーガーキングの「服従するニワトリ」のように人気のあるバイラルビデオも、何らかの形で売上増の役に立たなければほとんど意味はないのである[55]。

■ イベントと経験

ブランド・マネジメントにおいて、オンライン・マーケティングと同様に重要な役割を果たすのがイベントと経験である。仮想空間のブランド構築は、現実の世界（実体の世界）でのブランド構築によって補完しなければならない。イベントと経験には、大規模な国際イベントの数百万ドル単位という多額のスポンサーシップから、店舗内の製品デモンストレーションやサンプリング・プログラムのような単純なものまでいろいろある。こうしたさまざまなイベントと経験に共通するのは、ブランドが何らかの形で消費者の五感と想像力を魅了し、その過程でブランド知識を変化させる点である。

経験はマーケターの想像力次第で、ありとあらゆる形態をとることができる。パナソニックは光学8倍ズームが可能なカメラ「ルミックスZX1」の認知を創出するために、人目を引く巨大な彫刻（特大サイズの鳩、トラフィックコーン、コーヒーカップなど）をロンドンやエジンバラほか、イギリスの4都市に配置した。デジタルの世界でも、フェイスブックで、カメラのズームレンズを使って日常的な物をデフォルメした画像の投稿を呼びかけるコンテストを行い、このキャンペーンを支援した[56]。

イベント・マーケティングとは、正式にはスポーツ、芸術、エンターテインメント、社会活動に関連したイベントや活動の公的スポンサーシップのことである。インターナショナル・イベント・グループによれば、近年、イベント・スポンサーシップは急速に成長し、2010年には全世界で463億ドルの規模になった。イベント支出の大半（68%）はスポーツ向けである。ほかはエンターテインメントツアーとアトラクション（10%）、社会活動（9%）、芸術（5%）、フェスティバル・フェア・年間行事（5%）、協会や会員組織（3%）となっている。

かつて、スポーツ・マーケティングの大部分はタバコ会社、ビール会社、自動車会社によって行われていたが、今日ではほとんどあらゆる種類の企業に採用されている。さらに現在では、犬ぞりレースからフィッシング・トーナメント、トラクター牽引レースからプ

ロ・ビーチバレーまで、ほぼあらゆるスポーツが企業から何らかの形で後援を受けている。なお、第7章ではイベント・マーケティングとスポンサーシップの問題について、それがブランドにもたらす二次的連想という切り口から検討している。

■ 論理的根拠

　イベント・スポンサーシップは、マーケターにさまざまな種類のコミュニケーション手段を提供する。消費者の生活において特別で個人的に関連性を持つ瞬間となることによって、スポンサーは標的市場とのリレーションシップを広げ、深めることができる。マーケターたちは、イベントのスポンサーになる理由を多数挙げている[57]。

・**特定の標的市場やライフスタイルと一体となるため**：自社ブランドを、特定の消費者グループに人気のあるイベントと結びつけることができる。スポンサーとなったイベントに応じて、地理的、デモグラフィック的、サイコグラフィック的に、あるいは行動面から、顧客のターゲティングができる。特に、マーケターは参加者の態度や特定の製品またはブランドの使用に基づいてイベントを選択することができる。アメリカで全米オープン・テニス・トーナメントほど「ペンタミリオネア」（500万ドル以上の資産家）が集まるスポーツ・イベントはほかにない。この大会のスポンサーがレクサス、ティファニー、アメリカン・エキスプレス、ハイネケンなど、主に富裕層をターゲットにする高級ブランドであるのも不思議ではない[58]。

・**企業や製品名の認知を高めるため**：スポンサーシップは、ブランド認知の構築に必要なブランドの持続的な露出を可能にする。スポンサーとなっているイベントや活動を上手に選択すれば、製品とのアイデンティフィケーションが強まり、それによってブランド想起も促進できる。ウォーターフォードクリスタルは、タイムズスクエアで大晦日の真夜中に落下するボールの提供で有名である。

・**主要なブランド・イメージ連想の消費者知覚を形成したり補強したりするため**：イベント自体が有する連想が、ブランド連想を形成したり補強したりするのに役立つ。セイコーは何年間もオリンピックをはじめとする主要スポーツ・イベントの公式時計となってきた。スバルはスキーイベントと自社の全輪駆動車の潜在購買者は相性が良いと考えている。

・**企業イメージを強化するため**：スポンサーシップはソフトセル（間接的な訴求方法）で、その会社が好ましく一流であるというように知覚を改善する手段となる。スポンサーシップによって消費者がその会社を認め、製品を選択するときに好ましいと思うことをマーケ

ターは期待している。マウンテンデューは移り気な12〜24歳の標的市場に到達し好印象を与えたいと考え、複数都市でアスリートにスケートボーディング、BMX、フリースタイル・モトクロスなどさまざまなイベントで競わせるデューツアーを開催している。

・**経験を創出しフィーリングを呼び起こすため**：イベントは経験価値マーケティング・プログラムの一部となりうる。エキサイティングだったり参加のしがいがあるイベントによって生じたフィーリングが、間接的にブランドと結びつくかもしれない。マーケターはウェブを利用して、さらにイベントを支援し、追加の経験を提供することもできる。2011年3月のNCAAファイナルフォー・ブラケットタウン・ファン・エクスペリエンスに「LGエクスペリエンス」を提供したLGは、自社の新製品の3Dテレビ、携帯電話端末、家庭電化製品を展示した。目的はスポーツファンの熱意をつかんで自社のブランドや製品への熱意に転化させることである。スキャン可能なバーコードのついたファン通行証によって参加者をトラッキングし、彼らが何をどのくらいの時間見ていたかを知ることができた[59]。

・**コミュニティや社会問題に対するコミットメントを表明するため**：コーズ・リレーテッド・マーケティングと呼ばれることが多い、コミュニティのためや社会問題に取り組むために行われるこのスポンサーシップによって、企業は非営利組織や慈善団体との提携関係を作る（第9章を参照）。コルゲート・パルモリブは20年以上年にわたって、重病の子どもたちの願いをかなえるスターライト子供財団のスポンサーをしている。

・**大切なクライアントを楽しませたり、重要な従業員に報いたりするため**：多くのイベントには、スポンサーとそのゲストだけが利用できる、ぜいたくな接待用テントや特別なサービスあるいは活動がある。バンク・オブ・ボストンの音楽演奏会のスポンサーシップやバンク・オブ・アメリカのゴルフトーナメントのスポンサーシップは、顧客のための特別イベントでもある。このような形でクライアントをイベントに参加させることで、好感を持たせ、有益な仕事上の人間関係を築くことができる。従業員の観点からいえば、イベントは参加意識や士気を高めたり、インセンティブを生み出すことができる。

・**マーチャンダイジングやプロモーションの機会を得るため**：多くのマーケターが、イベントと抱き合わせで、コンテストや懸賞、インストア・マーチャンダイジング、ダイレクト・レスポンスなどのマーケティング活動を行っている。ワーナー・ランバートが「テイスト・オブ・シカゴ」のプロモーションのスポンサーをしたのには、店舗内の棚スペースを獲得し、小売業者の共同広告に参加する狙いもあった。

こういった長所がある一方で、スポンサーシップには多くの短所もある。イベントの成功は予測不可能で、スポンサーにはコントロールできない。また、スポンサーシップには多くのクラッターが存在する。イベント実現のために必要な経済的支援をスポンサーが提供したことを多くの消費者は認めるだろうが、スポンサーシップによってイベントが商業化されることを不快に思う消費者もいるかもしれない。

ガイドライン

成功するイベント・スポンサーシップを展開するには、適切なイベントを選択し、最適なスポンサーシップ・プログラムを設計し、ブランド・エクイティに対するスポンサーシップの効果を測定しなければならない。

スポンサーシップ機会の選択

イベントには巨額の資金が必要であり、イベント機会は数多くあるため、多くのマーケターは関与しようとするイベントや関与方法について、より戦略的に考えるようになっている。イベント選択のガイドラインはいくつもある。まず、イベントがブランドに対して設定されたマーケティング目的とコミュニケーション戦略に整合していなければならない。つまり、イベントのオーディエンスがブランドの標的市場に一致しており、イベントが十分に認知されており、望ましいイメージがあり、標的市場に望ましい効果を及ぼすことができなければならない。とりわけ重要なのは、イベントに関与することで消費者がスポンサーを好ましく思うかどうかである。

「理想的なイベント」とは、そのオーディエンスが理想的な標的市場に一致していて、かなり好意的な注目を生み、ほかのスポンサーに邪魔されず、それ自体が補助的なマーケティング活動になり、スポンサーのブランド・イメージや企業イメージを反映したり高めたりするものである。

自社のネームをつけて、アリーナやスタジアムなど、実際にイベントが開催される会場のスポンサーになる企業も増えている。ステープルズは20年にわたり1億ドルを支払って、NBAのレイカーズやクリッパーズ、NHLのキングズがプレイし、コンサートやその他のイベントも開催される、ロサンゼルスのダウンタウンにある屋内競技場にネームをつけた。スタジアムの命名権は高額になるが、ブランド・エクイティへの直接的な貢献は（ブランド再生ではなく）主にブランド再認であり、ブランド・イメージについては一定水準の範囲と規模を伝達する以外はあまり期待できない。

スポンサーシップ・プログラムの設計

多くのマーケターは、スポンサーシップに伴うマーケティング・プログラムが最終的に

成功を左右すると考えている。スポンサーは、イベントで横断幕、看板、プログラムといったさまざまな方法で戦略的に自社を認識させることができる。しかしスポンサーは通常、より広範囲で大きなインパクトを得るため、サンプル、賞品、広告、小売業者向けプロモーション、パブリシティなどで補っている。マーケターたちは多くの場合、スポンサーシップの支出に対して少なくとも2〜3倍の予算を関連するマーケティング活動にあてるべきだという。

スポンサーシップ活動の測定

スポンサーシップ活動の効果を測定するには、2つの基本的アプローチがある。**サプライ・サイド法**は媒体カバレッジの範囲を評価してブランドに対する露出の可能性に注目し、**デマンド・サイド法**は消費者から報告された露出に注目する。

サプライ・サイド法では、イベントの媒体カバレッジに使われた時間やスペースを概算しようとする。たとえば、テレビ画面でブランドがはっきり見える秒数や、ブランドに言及しているイベント記事のサイズを推定する。次に、このイベント・スポンサーシップによってもたらされる潜在的なインプレッションの尺度を、特定の媒体ビークルにおける実際の広告料に照らして、広告費の相当額に変換すればよい。

サプライ・サイド露出法は定量化できる尺度を与えるが、媒体カバレッジを広告露出に等しいものとして扱うことは、消費者が受け取る各コミュニケーションの内容を無視している。広告主は媒体のスペースや時間を使用して、戦略的に設計されたメッセージを伝達するが、スポンサーシップの媒体カバレッジとテレビ放送はブランドを露出しているだけであって、必ずしも直接的な方法でブランドの意味を演出しているわけではない。パブリック・リレーションズの専門家の中には、肯定的な記事は同じような広告の5〜10倍の価値があると主張している者もいるが、スポンサーシップによってブランドがそのような好意的な扱いをされることはまれである。ある批評家グループは次のように述べている。

偶発的な映像や音声の露出は、有料の広告と同一視しにくいだろう。コマーシャルは手をかけて制作しており、製品価値を説得したり主張したりする。コマーシャルなら、視聴者の注目をめぐってカメラに写った試合やレースと競い合うようなことはない。背景にあるビルボード広告の30秒の露出は、製品が唯一のスターである場合の30秒の価値にはかなわない[60]。

もう1つの測定法であるデマンド・サイド法では、スポンサーシップが消費者のブランド知識構造に及ぼす影響を明らかにしようとする。つまり、トラッキングやカスタム・サーベイによって、イベント・スポンサーシップが認知、態度、あるいは売上に影響を及ぼす力を調査する。イベント後に観客がどういった人々かを特定して調査し、スポンサーが想起されるか、イベントの結果、スポンサーに対する態度や意図がどうなったかを測定す

ることができる。また、社内トラッキングを行い、販売プロセスのどの要素が影響を受けたかを知ることもできる。

■ モバイル・マーケティング

第4の主要なコミュニケーション手段であるスマートフォンは、今後のブランド構築において大きな役割を果たすようになるだろう。スマートフォンが消費者の生活に果たす役割が大きくなりつつあるのを受けてマーケターの注目も集まり、モバイル広告支出は2011年に10億ドルを超えた[61]。

消費者は情報収集、エンターテインメント、コミュニケーションのためにすでにスマートフォンを利用している（さらにショッピングや決済用の端末としても利用を始めている）ため、新たな収益源への進出を狙うさまざまなセクターからのモバイル・マーケティング投資は急成長すると見込まれている。端末メーカーは、大型で高解像度の画面、高速の処理装置、ソーシャルネットワークへの容易なアクセスなど、より性能の優れたスマートフォンを先を争うように製造している。こうした新技術は、かつてないほどのターゲットの絞り込みが可能で、インタラクティブ性と有用性に優れたモバイル広告を生み出している[62]。

モバイル広告支出で最も成長の著しい分野の1つが、アップルの新しいiAdモバイルネットワークである。これはiPhone、iPod Touch、iPadのソフトウェアアプリケーション（アプリ）にインタラクティブなバナー広告が掲載できるというものである。ユニリーバは石鹸「ダヴ」のプロモーションにiAdを利用して成功した。ユニリーバのバナー広告に触れると、ダヴのプロモーションをする動画などのコンテンツのライブラリが開く。この広告に入った人の20%がライブラリを複数回訪れている[63]。グーグルのアンドロイドOS向けに開発された広告も多数ある。

スマートフォンは、マーケターにほかにはない機会を提供する。購買や消費の場で消費者の手の中にあるからだ[64]。レストランチェーンのIHOP（アイホップ）では、あるキャンペーンのモバイルクーポン利用率が10%にも達した。ドミノ・ピザは新製品レジェンズ・ピザの認知向上、店舗への集客、売上増を目標にモバイル・キャンペーンを実施した。各種の印刷媒体や電子媒体に別々の問い合わせ用短縮コードを記載して、どの広告媒体が消費者の認知や反応を刺激するのに最も効果があったかを見きわめることもできる。

ジオターゲティングとは、デジタル技術を利用して、消費者が今いる場所や今行っている行動に対応したメッセージを送ることである[65]。単純なアプリケーションは、ウェブのIPアドレスを使い、閲覧者が現在いるエリアのさまざまな機会を知らせる広告を表示する。最近の面白い動きとして、1日の中でたえず移動する消費者に、いつどのように到達すべきかを知りたいマーケターは携帯電話をこのように利用している。

第6章　ブランド・エクイティ構築を目的としたマーケティング・コミュニケーションの統合

　モバイル広告にはプライバシーや規制の大きな問題がついてまわる。**オプトイン**広告について見てみよう。これは、ターゲットを絞った広告とプロモーションを送付するために、時間の選好、場所の選好、買い物の選好に関する特定の個人情報を、ユーザーが同意の上で広告主に提供するものである[66]。消費者は次第にさまざまなサービスにオプトインして自分の居場所を知らせ、それと引き換えにクーポンや割引、より関連性の高い販促資料やメッセージをもらうようになっている。良く知られた例がフォースクエアである[67]。

フォースクエア

　2009年にデニス・クローリーとナビーン・セルバドゥライが開発したフォースクエアは、登録したユーザーが友達とつながって自分の位置情報を更新できるウェブとモバイルのアプリケーションである。ユーザーはレストランやバーなどのベニュー（施設）に入ると「チェックイン」して、フェイスブックやツイッターなどのソーシャルネットワーキングサイトにいる他の人たちに自分の位置情報を発信する。ベニューにチェックインするとポイントが付与され、割引や特典に利用できる。60日間に特定の場所に最も多くチェックインしたユーザーには「メイヤー」の称号が与えられる。スターバックス、百貨店のバーグドーフグッドマン、フィットネスクラブのクランチなどの企業が位置情報を活用して顧客にプロモーションを提供する方法を実験したため、フォースクエアは急成長している。

消費者のスマートフォン利用が爆発的に増え、フォースクエアのような位置情報を利用したソーシャルネットワーキングサービスが急成長の兆しを見せている。
出典：Foursquare Labs, Inc.

フォースクエアのアプリとは異なり、ショップキックのアプリはユーザーが店舗の付近ではなく実際に店舗内に入ったタイミングをマーケターに知らせてくれる。ユーザーは参加店（メイシーズ、ベストバイ、ターゲット）でバーコードをスキャンして「キックバック」という報酬ポイントを獲得し、貯めてプレゼントの資格を得る。小売業者がショップキックにお金を払えばアプリに加えられ、特別プロモーションで取り上げてもらえる。コストはユーザーの来店1回につき1ドル未満だが、「確実に客足が増えた」とある参加店のCMOは語っている。服の試着、商品の検討など、さまざまな買い物行動でそれぞれ異なるポイントが獲得できる。ユーザーの10%は毎日このアプリを利用しているようである[68]。

　オンライン小売業者はmコマース（モバイル端末経由の販売）の力も認識しつつある。モバイルアプリを導入してオンラインストアを改良すれば、モバイルトラフィックが管理しやすくなる。2010年にイーベイはモバイル端末経由の売上が15億ドルに達したと推定されている。ギルトでは、夜間と週末における収益の20%がモバイル端末経由だという[69]。

　数年前、モバイル・マーケティングという考え方は、うるさい製品の売り込みで消費者を遠ざけてしまうのではないかという懸念を持って迎えられた。しかし、意思のある消費者をブランドとの対話に引き込む洗練されたメッセージは、特にそれが他の媒体を巻き込んだより大きなキャンペーンの一部であるとき、ブランド認知を増大させる訴求方法に発展する。

ブランド・アンプリファイアー（増幅手段）

　上述した4つのマーケティング・コミュニケーション活動を補完するのが、クチコミやパブリック・リレーションズとパブリシティを通じて消費者や一般社会を関与させる活動である。これらが果たす機能は多数あるが、他のマーケティング活動が生み出した効果を増幅することに適している[70]。

■ パブリック・リレーションズとパブリシティ

　パブリック・リレーションズとパブリシティはさまざまなプログラムと関連しており、企業イメージや個々の製品をプロモーションしたり、保護したりすることを目的とする。**パブリシティ**は、プレスリリース、メディアのインタビュー、記者会見、特集記事、ニュースレター、写真、フィルム、テープといった、広告とは異なり媒体費を伴わない非人的コミュニケーションである。**パブリック・リレーションズ**には、年次報告書、募金や会員募集活動、ロビー活動、特別なイベントのマネジメント、広報業務などが含まれる。

　パブリック・リレーションズのマーケティング的価値が一気に高まったのは1983年のことである。ジョンソン・エンド・ジョンソンのタイレノール毒物混入事件をパブリッ

ク・リレーションズ会社のバーソン・マーステラはうまく処理し、ブランドの救済に功績をあげた。その頃、報道が手短にまとめて引用するサウンドバイト（ハイライトシーン）が、費用効率の良い候補者の露出手段として威力を発揮することに政治家も気づいた。

　現在、マーケターは、パブリック・リレーションズがマーケティング危機において重要なのはもちろん、マーケティング・コミュニケーション・プログラムの一部として日常的に実施されるべきであることを認識している。広告とプロモーションを主に使っている企業でも、優れたパブリシティからベネフィットを得られる。2011年度の『PRウィーク』誌によるキャンペーン・オブ・ジ・イヤーを受賞した、マテル社のバービーキャリア人形シリーズ「I Can Be」のPRキャンペーンでは、50年におよぶバービーの歴史の中で初めて、女の子たちによる投票でバービーの次の職業を決定した。オンライン投票は100万票を超え、宇宙飛行士、獣医、アメリカ合衆国大統領など、125の職業の中で最多票を獲得したのはコンピュータエンジニアだった。キャンペーンは話題を呼び、売上増をもたらすとともにコア領域の外にもブランドを拡大した[71]。

クチコミ

　パブリシティとパブリック・リレーションズ（PR）は、もう1つの重要な役割を果たす。すなわち人々の話題になることである。消費者どうしがブランドに関する自分の好き嫌いや経験を伝え合うクチコミは、ブランド構築の重要な一要素である[72]。クチコミの力はそれがもたらす信頼性と適切性にある。いかなる調査でも、最も信頼されている製品情報源は友人と家族であることがわかっている。

　求められているベネフィットを消費者に上手に提供するマーケティング・プログラムをうまく創出できれば、人々はそのブランドについて書いたり話したりして、マーケティング効果を拡大してくれる。その結果、消費者の間で噂が生まれる。多くの企業が、**バズ・マーケティング**と呼ばれるさまざまなテクニックで、消費者のクチコミを生み出そうとしている[73]。

　一部の企業は、時間的な制約を考慮して、新製品の導入にバズ・マーケティングの効果を使おうとする。良く使われる方法は、他の消費者に影響を与えそうな消費者に製品を「発見」させるやり方である。それは彼らが仲間にポジティブな推奨をするだろうと期待してのことである。

　バズ・マーケティングがうまく機能するのは、マーケティング・メッセージがブランドとは無関係の発生源から出ていると思われるときである。消費者は従来の広告に対して懐疑的で用心深くなっているため、バズ・マーケターはユニークで不快感を与えないやり方で消費者をブランドに露出しようとする[74]。1つのやり方は、ブランドに真実味のある推奨を与えてくれる本物の消費者の協力を得ることである。ベイツUSAのある広告担当役員

がこの戦略の目標を説明して、「社会集団に受け入れられているメンバーは、ブランドから直接発せられるいかなるコミュニケーションよりも信用できるから、最終的にはブランドは恩恵を受ける」と述べている[75]。

バズ・マーケティングは、マーケターが根本レベルで文化を作っている「一種の文化的な買収」だと批判する人もいる。その批判によれば、参加者が必ずしもセールストークを見破れるわけではないから、バズ・マーケティングが消費者の生活に干渉するのは狡猾なことだという。バズ・マーケティングのもう1つの問題と考えられるのは、噂に値する製品でなければならないという点である。あるマーケティングの専門家が述べているように、「困ったことに、バズ・マーケティングは関心の高い製品カテゴリーでしか機能しない」。

統合型マーケティング・コミュニケーション・プログラムの開発

ここまで、マーケターが利用できるさまざまなコミュニケーション手段について掘り下げた説明をしてきた。次に、統合型マーケティング・コミュニケーション（IMC）・プログラムの開発、最適な手段の選択、それらの管理について考えていく[76]。中心となるテーマは、マーケターがブランド・エクイティを構築するためにコミュニケーション手段を「ミックスさせマッチさせ」なければならない、という点である。つまり、共通した意味や内容を持つが、異なる補完的な長所を持つさまざまなコミュニケーション手段を選択して、全体が単なる部分の合計よりも大きくなるようにするのだ[77]。

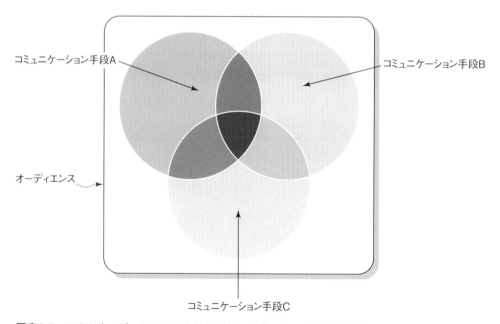

図表6-5　IMCのオーディエンスにおけるコミュニケーション手段の重複

多くの企業が、コミュニケーション・プログラムの開発にIMCアプローチを採用するようになっている。ケロッグは2011年第1四半期に同社史上最大の統合型マーケティング・キャンペーンを開始した[78]。「シェア・ユア・ブレックファスト」と題されたこのキャンペーンでは、ウェブサイトに消費者が自分の朝食の画像をアップロードすると、それに対してケロッグが提携する非営利団体、アクション・フォー・ヘルシー・キッズを通じて1食分を寄付する。キャンペーンではウェブサイトのほかに放送媒体、デジタル媒体、ソーシャル媒体、印刷媒体も活用した。ケロッグは媒体ごとに異なる広告会社を使っている。キャンペーンは特定の小売業者向けプロモーションにも拡大され、同社の多くのブランドに適用された。

■ IMCプログラムの基準

IMCプログラムの全体としての影響力を評価する際、マーケターの最も重要な目標は、できるかぎり効果的で効率的なコミュニケーション・プログラムを作ることである。以下に6つの関連した基準、略して「6つのC」を示す[79]。

1．カバレッジ（Coverage）
2．貢献度（Contribution）
3．共通性（Commonality）
4．補完性（Complementarity）
5．コンフォーマビリティ（適応性）（Conformability）
6．コスト（Cost）

カバレッジの概念がどのようにほかの5つの基準と関係しているかを述べたのち、各基準を簡単に見ていこう。

■ カバレッジ

カバレッジは、各コミュニケーション手段が到達したオーディエンスの割合で、コミュニケーション手段でどれくらいの重複があるかについても関わっている。つまり、各コミュニケーション手段が特定の標的市場、そしてその市場を構成している消費者にどの程度到達するかということである。図表6-5で描いているように、カバレッジの個別部分は、コミュニケーションの主要な直接的効果を示している。共通部分は、連動する2つのコミュニケーション手段の相互作用あるいは相乗的な効果を示している。

カバレッジの個別部分は、第2の基準となっている貢献度であり、マーケティング・コミュニケーション固有の能力である。しかし、コミュニケーション手段に重複がある場合

は、特定のコミュニケーション手段への露出に先立って、すでに何らかのコミュニケーション効果が消費者の記憶に存在している可能性を考慮して、コミュニケーション・プログラムの設計を考えなければならない。

あるコミュニケーション手段は、他のコミュニケーション手段が目指している連想の補強やリンクの強化をしてもよいし、第3および第4の基準である共通性と補完性が示すように、別の連想やリンクに取り組んでもよい。さらに、重複が不完全な場合（ほとんどはそのケースである）、第5の基準である適応性が示すように、消費者が他のコミュニケーション手段に接したことがあるなしのいずれも考慮して、コミュニケーション手段を設計する。最後に、第6の基準が示すように、これらの考慮点はすべて、それぞれのコストを勘案しなければならない。

■ 貢献度

貢献度とは、他のコミュニケーション手段への露出がない状態で、消費者から望ましい反応やコミュニケーション効果を引き出すマーケティング・コミュニケーション固有の能力である。つまり、消費者のコミュニケーション処理とその結果として得られる成果にどれくらい影響を及ぼすかという観点から、マーケティング・コミュニケーション手段の主要効果を説明したものである。すでに述べたように、マーケティング・コミュニケーションは、認知を構築し、イメージを向上させ、反応を引き出し、販売を促進するといった、さまざまな役割を果たす。マーケティング・コミュニケーション手段の貢献度は、そうした役割をどれだけうまく果たしたかで決まる。今までに多くの研究が、コミュニケーションの本側面について検討し、このプロセスについての概念的ガイドラインと評価基準を設定してきた。しかしコミュニケーション手段に重複があることから、マーケターは以下に示すような他の要因も考慮に入れなければならない。

■ 共通性

マーケターは、どのコミュニケーション手段を選ぶかにかかわらず、マーケティング・コミュニケーション・プログラム全体を調整して、共通の内容と意味を持つ一貫性とまとまりのあるブランド連想とブランド・イメージを作り上げなければならない。ブランド・イメージの一貫性やまとまりが重要なのは、イメージによって、消費者がどれくらい容易に既存の連想と反応を想起できるか、そして消費者がどれくらい容易に追加の連想と反応をブランドと結びつけられるかが決まるからである。

共通性は、異なるコミュニケーション手段によって伝達される共通の情報が、コミュニケーション手段どうしでどの程度同じ意味を共有しているかということである。IMCの定義では、たいていがこの基準だけを強調している。たとえばバーネットとモリアーティは、

統合型マーケティング・コミュニケーションを「企業目標を推進する一貫した説得力のあるメッセージを標的オーディエンスに送るため、広告からパッケージングまで、すべてのマーケティング・コミュニケーション・ツールを一体化すること」と定義している[80]。

通常、意味に一貫性のある情報のほうが、関連性のない情報よりも覚えやすく想起しやすい。時には矛盾した情報が、その意外性から、一貫性のある情報よりも精緻な情報処理がなされて強い連想をもたらすこともある[81]。しかし、連想に一貫性がなく、ブランド・イメージにまとまりがないと、消費者は一部の連想を見落としたり、ブランドの意味について混乱したりするため、新しい連想が強くて好ましいものでなくなる可能性がある。

したがって、長い目で見れば、さまざまなコミュニケーション要素を設計し、それらが協調して効果的に作用し、一貫性とまとまりのあるブランド・イメージを生み出すように組み合わせるべきである。マーケティング・コミュニケーションによって構築または補強される連想が抽象的であるほど、それを異なるコミュニケーション手段どうし、異なる方法で効果的に補強することができる[82]。

たとえば、構築したいと望んでいる連想が「現代風」であれば、ブランドをモダンに見えるようにする方法は数多くあるだろう。それに対し、望んでいる連想が具体的な属性、つまり「リッチなチョコレート風味」であれば、製品について明示的に述べることができないスポンサーシップのようなコミュニケーション手段で、それを伝えることは難しいだろう。

ハイネケンを例にとろう。このブランドはコミュニケーションによって強い高級イメージとポジショニングを達成しようとしている。ハイネケンの「ウォークイン・フリッジ（冷蔵庫）」キャンペーンは動画としてスタートし、その後、テレビコマーシャルになった。動画ではグループの1人が手に入れたウォークインクローゼットに女性友人が大喜びして飛び跳ねているが、そのあとに登場する男性のグループが、ハイネケンがぎっしり並んだウォークイン冷蔵庫に同じように興奮する。次にハイネケンは「ウォークイン・フリッジ」とラベルを貼った巨大な段ボール箱を、ゴミに出したように見せかけてアムステルダム中に置いた。最後に、ハイネケンはさまざまなビールフェスティバルで本物のウォークイン・フリッジを置いた。多数の友人のグループがコマーシャルを真似た動画を撮影しユーチューブに投稿した[83]。

共通性についてのもう1つの問題は、実行にあたってのコミュニケーション手段どうしの一貫性の程度である。つまり、異なるコミュニケーション手段で、製品に関係のない情報をどの程度伝達できるかという問題である。実行時の情報が調和しているほど、当該情報は他のコミュニケーション効果の検索手がかりとして作用しやすい[84]。つまり、デオドラントのテレビ広告においてマイルドさとソフトさを伝えるための「羽」のように、あるコミュニケーション手段においてシンボルが確立されていると、他のコミュニケーション

でもそれを使って、以前のコミュニケーションへの露出で記憶に貯蔵されていた知識、考え、フィーリング、イメージを呼び出すきっかけにすることができる。

■ 補完性

コミュニケーション手段は、連携して使われるとより効果的であることが多い。補完性とは、異なる連想とリンクがコミュニケーション手段をまたがって強まる度合いをいう。理想的なマーケティング・コミュニケーション・プログラムは、選択されたコミュニケーション手段が相互に補完し補強して、望ましい消費者知識構造を形成するというものである。

特定の消費者反応を引き出したり、特定のブランド連想を構築したりするのに最も適したマーケティング・コミュニケーション手段を利用することによって、さまざまなブランド連想をきわめて効果的に構築することができる。たとえば、サンプルなどのセールス・プロモーション手法は、長期的なロイヤルティを発生させるより、試用をさせるのに明らかに適している。いくつかの生産財流通業者を対象とした調査によると、トレード・ショーで顧客に自社製品が露出していると、フォローアップ・セールスによってセールスの効率は高まる[85]。

■ コンフォーマビリティ

コンフォーマビリティは、マーケティング・コミュニケーション手段が異なる消費者集団に対して、どの程度強固で効果があるかをいう。コンフォーマビリティには、コミュニケーションと消費者の2つのタイプがある。消費者が特定のマーケティング・コミュニケーションに接したとき、一部の消費者はすでに当該ブランドについて別のマーケティング・コミュニケーションに接したことがあり、他の消費者は接したことがないというのは、どのようなIMCプログラムも抱える現実である。このようなとき、マーケティング・コミュニケーションが2つのレベルで作用（両方のグループに効果的に伝える）できるかどうかが非常に重要である。あるマーケティング・コミュニケーション手段が、消費者の過去のコミュニケーション接触状況に関係なく望ましい効果をもたらすとき、それはコンフォーマブル（適合性が高い）と考えられる。

コミュニケーション・コンフォーマビリティに加え、消費者コンフォーマビリティが広いか、つまり別のコミュニケーションに接したかどうかという履歴以外の要素が異なる消費者に、どれくらいうまく情報を伝えたり説得したりできるか、という点からコミュニケーション手段を判断することもできる。スポンサーシップのように、主にブランド認知の構築を目指すコミュニケーションは、その単純さゆえ比較的コンフォーマブルである。この2つのコミュニケーション能力を得るには、次の2つの戦略が考えられる。

1．**複合的情報供給戦略**：異なる種類の消費者に訴求するため、1つのコミュニケーション手段内で異なる情報を供給する。ここで重要な問題は、ある標的市場の消費者に訴求するために設計された情報が、他の消費者や標的市場にどのように処理されるかという点である。コミュニケーションに内容を詰め込みすぎると、情報過負荷、混乱、不快感といった問題が起こることがある。

2．**広範的情報供給戦略**：消費者の事前知識に関係なく機能するだけの、豊富なまたは多義的な情報を供給する。ここで重要な問題は、その情報をどれくらい影響力のあるものあるいは成功するものにできるかという点である。最低限の共通分母に訴求しようとすると、消費者に意味ある影響を与えるだけの正確さや詳細な内容が情報から欠ける可能性がある。異なる背景を持つ消費者は、自分の製品知識やブランド知識あるいはコミュニケーション履歴に応じて、自分の目標に沿う関連性を持った情報をコミュニケーションの中に探さなければならない。

■ コスト

　最後に、上記の基準すべてについてのマーケティング・コミュニケーションの評価にあたっては、それぞれのコストを秤にかけて、最も効果的かつ効率的なコミュニケーション・プログラムに到達しなければならない。

▌IMC選択基準を使う

　IMC選択基準から、統合型マーケティング・コミュニケーション・プログラムの設計と実施のためのガイドラインを得ることができる。コミュニケーション手段の評価、優先順位とトレードオフの設定という主要な2つのステップがある。

■ コミュニケーション手段の評価

　マーケティング・コミュニケーション手段あるいはコミュニケーションの種類は、生み出す反応やコミュニケーション効果のほか、IMC選択基準によって判断することができる。コミュニケーションの種類や手段によって、強みや弱みは異なり、起こる問題も異なる。

　IMC選択基準の判定については、注意すべきポイントがいくつかある。まず、貢献度と補完性については、複数のコミュニケーション・タイプの間に必ずしも固有の違いがあるとは限らない。適切に設計されていれば、各コミュニケーション・タイプはコミュニケーション目的の達成に重要かつユニークな役割を果たすことができる。同様に、コスト効率の差はある程度あっても、マーケティング・コミュニケーションはすべて高額な費用がかかる。しかし、コミュニケーション・タイプごとにオーディエンス・カバレッジの広さと

深さ、また用いられる様式の数によって共通性とコンフォーマビリティは異なる。コミュニケーション・タイプで使える様式が多いほど、潜在的な共通性とコンフォーマビリティは大きくなる。

　最終的なミックスに到達するには、IMC選択基準の間の優先順位とトレードオフに関して意思決定をする必要があり、次にそれについて述べる。

■ 優先順位とトレードオフの設定

　マーケターがさまざまな手段の特徴を把握した上で採用するIMCプログラムは、選択基準のランク付けにある程度左右される。IMC選択基準それ自体が関連し合っているため、トレードオフも必要である。マーケティング・コミュニケーション・プログラムの目的と、それが短期的なものか長期的なものかとともに、本章では取り上げない多数の要因があいまって優先順位を決める。カバレッジの重複が要因となっているIMC選択基準について、考えられる3つのトレードオフを見ていこう。

・**共通性と補完性はしばしば逆相関の関係にある。**同じブランド属性ないしベネフィットを強調するマーケティング・コミュニケーション手段の種類が多いほど、それ以外のすべてが同じになり、他の属性やベネフィットを強調する効果が薄れる。

・**コンフォーマビリティと補完性もしばしば逆相関の関係にある。**コミュニケーション・プログラムが複数のコミュニケーション手段にまたがる消費者の違いに対応するものであればあるほど、1つのコミュニケーションを多種類のグループに訴求するように設計する必要はなくなる。

図表6-6　マーケティング・コミュニケーションの一般的ガイドライン

1．分析的であれ：消費者行動や経営上の意思決定の枠組みを用いて、理路整然としたコミュニケーション・プログラムを開発せよ。
2．好奇心を持て：あらゆる形態の調査を用いて顧客をより良く理解し、どうすれば消費者のために付加価値の創造ができるかを常に考えよ。
3．1つのことに専念せよ：明確な標的市場に絞り込んでメッセージを送れ（絞り込んだほうが精度は高くなる）。
4．統合的であれ：あらゆるコミュニケーション手段と媒体をまたがる一貫性と手がかりによってメッセージを補強せよ。
5．創造的であれ：ユニークなやり方でメッセージを述べよ。強く、好ましく、ユニークなブランド連想を形成するため、既存のものにかわる新しいプロモーションや媒体を使用せよ。
6．良く観察すべし：モニタリングや追跡調査によって、競合、顧客、チャネル・メンバー、従業員を把握せよ。
7．忍耐強くあれ：ブランド・エクイティを構築し管理するため、コミュニケーションの効力について長期的な見方をせよ。
8．現実的になれ：マーケティング・コミュニケーションには複雑な様相があることを理解せよ。

・**共通性とコンフォーマビリティにははっきりした関係がない**。たとえば、広告、インタラクティブ、スポンサーシップ、プロモーションなど複数のコミュニケーション・タイプをまたぐ形で、ブランドを効果的に強化する「ブランドXは現代的だ」のような抽象的メッセージ開発は可能だろう。

BRAND FOCUS 6.0 ────────────────────
経験に基づく広告の一般原則

　包括的な学術研究が行われる中で、多数の研究者が共同で、いわゆる広告の「経験に基づく一般原則」（Empirical Generalizations：EG）を蓄積してきた。第一人者のジェリー・ウィンドとバイロン・シャープは、この研究に一貫した柱を見出して次のように述べている。「広告にも、科学的法則、広範な既知の条件を一般化する経験的なパターンがある。この経験に基づく一般原則は、デジタル革命が広告にどう影響するかについてのベンチマークとなり、予測や貴重なインサイトを授けてくれる」。

　経験に基づく一般原則は、慎重かつ入念な研究から浮かび上がってくる。ウィンドらはいくつかの警告を付け加えることも忘れない。経験に基づく一般原則は正式な法則ではなく、重要な例外もあり、どういう状況で作用するかについては境界条件もある。それでも、経験に基づく一般原則のベネフィットとして考えられることを3つ提言している。すなわち、(1) 広告戦略の開発の出発点として、(2) 経営陣が従う当初の仮のルールとして、(3) 広告を実施したり広告環境に変化があった際に、どの程度の変化を予測すべきか、ある程度の感覚がつかめるベンチマークとして、である。

　ウィンドらが特定した経験に基づく一般原則は、大きく4つのテーマに分類できる。ROI、360度媒体計画、テレビの価値、クリエイティブの質、である。

ROI
・広告の半減期は通常3～4週間である。長期的な売上効果のある広告は、シングルソース・データに即時の売上効果を示すはずである。
・広告の弾力性はおよそ0.1であるとするEGの実証に基づけば、純利益は広告予算を粗利益の10％に設定することによって最適化される。弾力性が0.15であれば広告予算は粗利益の15％となる。
・（シングルソース・データに示されるように）ブランド広告は短期的な売上に明らかな影響がある。この影響は時間の経過とともに衰えていく。短期的な効果に最も影響が大きいのはクリエイティブ・コピーである。
・クリック数がゼロもしくは最小限であっても、オンライン・ディスプレイ広告は、サイ

ト訪問、トレードマーク検索ワード、オンラインおよびオフラインの売上を上昇させる。

・「ニュース価値のある」情報を取り上げた店舗内のデジタルサイネージ（例：新しいアイテム、季節限定のオファー、プロモーション）は、売上に顕著なプラスの影響がある。この効果は、感性を楽しませる商品（食品やエンターテインメント）においてより強い。

・消費者向けサービスのテレビ広告は70:30の法則（注ぎ込んだ努力の70%が関心を生み出し、30%が行動を生み出す）に従う。さらに消費者向けサービスのテレビ広告の90%は、（消費財の4カ月以内に対して）3カ月以内に効果が消える。

・広告が1%変化すると、売上や市場シェアは0.1%変化する（つまり、広告の弾力性は0.1である）。広告の弾力性はアメリカに比べてヨーロッパのほうが高く、非耐久財に比べて耐久財のほうが高い。また、製品ライフサイクルの後期に比べて、初期のほうではテレビ広告に比べて印刷広告のほうが高い。

・典型的なテレビ広告キャンペーンが、短期的にも長期的にも無駄な投資になる可能性は50%以上である。無駄になるリスクは年を追って変動するが、常に50%以上であった。テレビ広告の平均的な弾力性は、過去25年間に0.043から0.163だった。

・広告レスポンス率曲線は「凸型」である。最大の限界反応は最初の露出から得られたものである。一定期間の累積露出回数が増えるにつれ、限界効果は下がっていく。

360度媒体計画

・買い物を急がせる小売店舗のレイアウトは買い物支出を増やす。

・ブランドに関するクチコミ（word-of-mouth, WOM）の約20%が、ペイドメディアについてのものである。WOMのレベルと効果は、広告によって刺激されたり、促されたり、支援されたりするときに大きく向上し、消費者が製品の購買や試用を強く勧める可能性を約20%上昇させる。

・直近に想起された広告が従来型の媒体のものであれば、デジタル媒体の広告よりもプラスの印象を残していた可能性が高い。直近に想起された広告で宣伝されたブランドや製品について消費者が以前からプラスの印象を持っていれば、広告は媒体に関係なくプラスの印象を残していた可能性が高い。

・クラッターが倍増しても、想起される広告の数は半減しない。クラッターの度合いが大きい中でも、想起される広告は平均して好感度が高い。

・反復視聴率は38%で、番組の時間帯が変わってもこれは変わらない。反復視聴率は警察ドラマよりもコメディのほうが低く、視聴率の低い番組のほうが低いが、同じタイプの番組や同じ視聴率の番組の中では、時間帯が変更しても反復視聴率は一貫して低いまま、あるいは高いままである。

・テレビやラジオや雑誌（特に専門的な内容の）が特定のオーディエンスを引きつけると

謳っていても、通常、ターゲット集団はその媒体の全視聴者数の半分以下であり、競合する媒体のほうがそのサブセグメントへの到達に優れていることが多い。

• 複数の露出を間隔を空けて行った（分散型）ほうが、短い間隔で露出を繰り返す（集中型）よりも覚えてもらいやすい。露出の間隔が長いほど学習効果が高まる。

テレビの価値

• 過去15年間で、テレビの売上増効果は下がらなかった。また、ブランド認知やブランド再認を生み出す効果は、オンライン媒体や印刷媒体よりも優れているようである。

• 広告効果（想起と再認）の基本的な尺度に関して、DVR（デジタルビデオレコーダー）のある家庭はDVRのない家庭と同じである。

• テレビは依然として高い到達率を誇っている。視聴率の低下は細分化（チャンネル数の増加）によるもので、テレビ視聴レベルの低下によるものではない。テレビ視聴は社会の変化や技術の変化、また「ニューメディア」の登場に意外に強い。チャンネル数が倍になれば平均視聴率は半分になると思われるが、実際にはチャンネル数が多いほど視聴者数も増え、視聴者の視聴時間も増える。

• テレビのチャンネル数が増加し視聴者は細分化したが、アジア、ヨーロッパ、北米のターゲット視聴者に対するテレビの影響力は衰えず、ここ数年間持ちこたえているようである。デジタル媒体の影響力は増したが、テレビの影響力低下の原因にはなっていない。

クリエイティブの質

• ユニーク・セリング・プロポジション(USP)を伝達する広告は、USPを伝達しない広告より効果が高い。理想的には、USPは重要なベネフィットに基づいたものであるべきだ。リスクは高くなるが、別の方法として、ベネフィットをわかりやすく伝えるようなUSPも考えられる。他のブランドに同じ主張ができたとしても、消費者の頭の中でユニークであれば効果がある。しかし、競合ブランドが簡単に対抗できなければ、効果は特に高い。

• テレビコマーシャルで画面にブランドが登場する回数は、そのコマーシャルのブランド連想の正確性を向上させる。

• テレビ広告に対する感情的な反応は、ブランド関与（直接的に）とブランド説得（間接的に）の両方に影響し、したがって短期的な売上にも影響する。このパターンはアルゼンチン、ブラジル、メキシコのテレビ広告にもあてはまるが、効果の大きさは異なる。

出典：Yoram Wind and Byron Sharp, "Advertising Empirical Generalization: Implications for Research and Action," *Journal of Advertising Research* 49 (June 2009): 246-252. See also Scott Koslow and Gerard J. Tellis, "What Scanner Panel Data Tell Us About Advertising: A Detective Story with a Dark Twist," *Journal of Advertising Research* 51 (March 2011): 87-100; Raj Sethuraman, Gerard J. Tellis, and Richard A. Briesch, "How Well Does Advertising Work? Generalizations from Meta-Analysis of Brand Advertising Elasticities," *Journal of Marketing Research* 48 (June 2011): 457-471.

Notes

1. さらに広い視点を得るには、下記のような良質の広告テキストを参照する必要がある。George E. Belch and Michael A. Belch, *Advertising and Promotion: An Integrated Marketing Communications Perspective*, 9th ed. (Homewood, IL: McGraw-Hill, 2012); Thomas C. O'Guinn, Richard J. Seminik, and Chris T. Allen, *Advertising and Integrated Brand Promotion*, 6th ed. (Cincinnati, OH: South-Western, 2012); or John R. Rossiter and Larry Percy, 2nd ed. (New York: McGraw-Hill/Irwin, 1997).

2. ブランド構築の新しいルールを、以下の書籍で刺激的にしかし実践的に扱っている。Christopher Grams, *The Ad-Free Brand: Secrets to Building Successful Brands in a Digital World* (Indianapolis, IN: Que-Publishing, 2012). 以下も参照されたい。Allen P. Adamson, *Brand Digital: Simple Ways Top Brands Succeed in a Digital World* (New York: Palgrave Macmillan, 2008).

3. William J. McGuire, "The Nature of Attitudes and Attitude Change," in *The Handbook of Social Psychology*, Vol. 3, 2nd ed., eds. G. Lindzey and E. Aronson (Reading, MA: Addison-Wesley, 1969): 136-314; Robert J. Lavidge and Gary A. Steiner, "A Model for Predictive Measurements of Advertising Effectiveness," *Journal of Marketing* 25 (October): 59-62; Thomas E. Barry and Daniel J. Howard, "A Review and Critique of the Hierarchy of Effects in Advertising," *International Journal of Advertising* 9, no. 2 (1990): 121-135.

4. Thomas C. Kinnear, Kenneth L. Bernhardt, and Kathleen A. Krentler, *Principles of Marketing*, 4th ed. (New York: HarperCollins, 1995).

5. Alexander L. Biel, "Converting Image into Equity," in *Brand Equity and Advertising*, eds. David A. Aaker and Alexander L. Biel (Hillsdale, NJ: Lawrence Erlbaum Associates, 1993), 67-82.

6. "TV Viewing at All-Time High," *Adweek Media*, 13 December 2010.

7. Brian Sternberg, "'Sunday Night Football' Remains Costliest Show," *Advertising Age*, 26 October, 2009.

8. Geoffrey Fowler, Brian Steinberg, and Aaron O. Patrick, "Globalizing Apple's Ads," *Wall Street Journal*, 1 March 2007; Joan Voight, "Best Campaign of the Year: Apple "Mac vs. PC," *Adweek*, 17 July 2007.

9. Rossiter and Percy, *Advertising and Promotion Management*.

10. "A Spot Sure to Satisfy: SNICKERS® Will Unveil Newest 'You're Not You When You're Hungry' Spot During Super Bowl XLV," *PR Newswire* 27 January 2011; http://www.effie.org/winners/showcase/2011/5176; www.snickers.com.

11. アメリカ・マーケティング協会は、売上と利益に効果を示せる広告キャンペーンにエフィー賞を授与している。この賞は、次の主観的な基準をもとに与えられる。すなわち、背景／戦略（マーケティング課題、ターゲット・インサイト、キャンペーン目的）、クリエイティブ（アイデア、戦略との関連性、実行品質）、媒体（市場戦略との関連性、クリエイティブ戦略との関連性）の合計が広告キャンペーンの得点の70％を占める。結果証明が残りの30％である。以下を参照されたい。www.effie.org.

12. "Marketing World's New Year Resolution: to Further Evolution," *Advertising Age*, 11 January 2010.

13. "For Top CMOs, TV Remains Surest Bet for Advertising," *Advertising Age*, 17 April 2011.

14. "Radio Today: How Americans Listen to Radio," 2009 edition, www.arbitron.com.

15. 以下の書籍で包括的な概説を読むことができる。Bob Schulberg, *Radio Advertising: The Authoritative Handbook* (Lincolnwood, IL: NTC Business Books, 1990).

16. David Ogilvy, *Ogilvy on Advertising* (New York: Vintage Books, 1983)（邦訳：『「売る」広告』デイヴィッド・オグルヴィ著、山内あゆ子訳、海と月社、2010年）.

17. Magazine Publishers of America, "How Do You Measure a Smile?" *Advertising Age*, 26 September 2005, M6.

18. "Internet Gains on Television as Public's Main News Source," *Pew Research Center for the People & Press*, 4 January 2011.

19. "By the Numbers," *Deliver*, 5 April 2011.

20. Matt Robinson, "As Seen on TV-and Sold at Your Local Store," *Businessweek*, 1 August 2010, 21-22; Lacey Rose, "Shill Shocked," *Forbes*, 22 November 2010, 146-148.

21. Peter Koeppel, "What You Should Know About Infomercial Production," www.infomercialdrtv.com.

22. Matt Robinson, "The Infomercial Business Goes Mainstream," *Businessweek*, 22 July 2010; Jim Edwards, "The Art of the Infomercial," *Brandweek*, 3 September 2001, 14-19.

23. Bruce Britt, "The Medium Gets Larger," *Deliver*, April 2011, 15-17; Jeff Zabin and Gresh Brebach, *Precision Marketing: The New Rules for Attracting, Retaining and Leveraging Profitable Customers* (Hoboken, NJ: John Wiley & Sons, Inc., 2004).

24. "Out of Home Advertising Revenue up 4.1% in 2010," *Outdoor Advertising Association of America*, 24 February 2011.

25. Daisuke Wakabayashi, "Billboards That Can See You," *Wall Street Journal*, 2 September 2010; Emily Steel, "The Billboard That Knows," *Wall Street Journal*, 28 February 2011.

26. Michael N. Grynbaum, "Taxi TV Screens Gain Ad Business in New York," *New York Times*, 12 December 2010.

27. Jeff Pelline, "New Commercial Twist in Corporate Restrooms," *San Francisco Chronicle*, 6 October 1986; Ben Mutzabaugh, "Wash Your Hands, Watch a Commercial," *USA Today*, 12 March 2011.

28. David T. Friendly, "Selling It at the Movies," *Newsweek*, 4 July 1983, 46.

29. "Mad Men Is Back and So Is Product Placement," www.money.cnn.com, 10 July 2010.

第6章　ブランド・エクイティ構築を目的としたマーケティング・コミュニケーションの統合

30. "Walmart Updates In-Store TV Network," *Promo*, 8 September 2008.
31. "Michael Applebaum, "Run from Interactive Digital Displays to Traditional Billboards, Out-of-Home is on an Upswing," *Adweek*, 15 April 2011.
32. "Michael Applebaum, "Run from Interactive Digital Displays to Traditional Billboards, Out-of-Home is on an Upswing," *Adweek*, 15 April 2011.
33. セールス・プロモーションの設計の種類、範囲、戦術に関する課題は、以下の資料にうまくまとめられている。John A. Quelch, "Note on Sales Promotion Design," Teaching Note N-589-021 (Boston: Harvard Business School, 1988).
34. Jack Neff, "Coupons Are Hot, But Are They a Bargain for Brands?," *Advertising Age*, 11 July 2011, 10; Kunar Patel, "Marketers: Beware the Coupon Mom, *Advertising Age*, 11 July 2011, 1, 11-12; Kenneth Hein, "Coupon Enthusiasts Drive Up Redemption Rates," *Adweek*, 8 September 2009; Teddy Wayne, "Coupons Are Making a Comeback," *New York Times*, 8 September 2009.
35. Andrew Ehrenberg and Kathy Hammond, "The Case Against Price-Related Promotions," *Admap*, June 2001.
36. Quelch, "Note on Sales Promotion Design."
37. Michael L. Ray, *Advertising and Communication Management* (Upper Saddle River, NJ: Prentice Hall, 1982).
38. Suzy Evans, "Random Samples No More," *Fast Company*, February 2011, 35.
39. Cassie Lancellotti-Young, "Groupon Case," Glassmeyer/McNamee Center for Digital Strategies, Dartmouth College, 2011; Brad Stone and Douglas MacMillan, "Are These Four Words Worth $25 Billion," *Bloomberg Businessweek*, 27 March 2011; Brad Stone, "Coupon Deathmatch, Party of Two?," *Bloomberg Businessweek*, 10 October 2010.
40. Rossiter and Percy, *Advertising and Promotion Management.*
41. 以下を参照されたい。Jakki J. Mohr, Sanjit Sengupta, and Stanley J. Slater, *Marketing of High-Technology Products and Innovations*, 3rd ed. (Upper Saddle River, NJ: Prentice Hall, 2010) and Eloise Coupey, *Digital Business: Concepts & Strategies*, 2nd ed. (Upper Saddle River, NJ: Prentice Hall, 2005).
42. Erick Schonfeld, "IAB: Internet Advertising Reached $26 Billion in 2010, Display Grew Twice as Fast as Search," www.techcrunch.com, 13 April 2011.
43. Mike Chapman, "What Clicks Worldwide," *Adweek*, 30 May 2011, 12-13.
44. "Coke's Happiness Machine," *Adweek*, 1 November 2010; "Machine Dispenses Happiness for Unsuspecting College Students in Viral Video Hit," *PR Newswire*, 15 January 2010; "How Coca-Cola Created Its 'Happiness Machine,'" www.mashable.com, 21 July 2010.
45. Mark Borden, "Repeat Offenders," *Fast Company*, May 2010, 96-99.
46. "Helping Marketers Harness Consumers," *Adweek*, 21 January 2011.
47. Tanzina Vega, "Online Ad Revenue Continues to Rise," *New York Times*, 13 April 2011.
48. "Social Net Growth: No End in Sight," *Adweek*, 11 August 2010.
49. Geoffrey Fowler, "Are You Talking to Me?," *Wall Street Journal*, 25 April 2011; Jack Neff, "Why Social Networks Are Cool on Sharing," *Advertising Age*, 2 May 2011.
50. Allen Adamson, "No Contest: Twitter and Facebook Can Both Play a Role in Branding," *Forbes*, 6 May 2009.
51. Douglas MacMillan, "With Friends Like This, Who Needs Facebook," *Bloomberg Businessweek*, 10 September 2010.
52. Jack Neff, "Digital A-List: P&G," *Advertising Age*, 28 February 2011, 34-35.
53. Kirk Cheyfitz, "Advertising's Future Is 3 Simple Words: Paid. Owned. Earned.," *Huffington Post*, 27 October 2010.
54. Valerie Bauerlein, "Gatorade's 'Mission'," *Wall Street Journal*, 13 September 2010.
55. Dan Ouellette, "The Value of Social Media," *Adweek*, 21 January 2011; Simon Dumenco, "Metrics Mess: Five Sad Truths About Measurement Right Now," *Advertising Age*, 28 February 2011; Rance Crain, "Just How Influential Is Your Social-Media Program If It Isn't Helping to Sell Product?," *Advertising Age*, 17 January 2011, 14.
56. David Kiley and Robert Klara, "Panasonic '8x Life'," *Adweek* Media, 1 November 2010, 14.
57. 以下も参照されたい。"IEG's Guide to Why Companies Sponsor," www.sponsorship.com.
58. Tom Van Riper, "Open Sponsors, Open Wallets," *Forbes*, 6 September 2007.
59. "LG Experience at NCAA Final Four Nets Big Resuits," *Event Marketer*, 7 June 2011.
60. William L. Shankin and John Kuzma, "Buying That Sporting Image," *Marketing Management* (Spring 1992): 65.
61. "U.S. Mobile Ad Spending to Top $1 Billion for First Time This Year," www.iab.net, 4 October 2011.
62. Tom Farrell, "Selling Smart with Smartphones," *Adweek*, 23 May 2011.
63. Olga Kharif, "Apple Takes Share from Google in Mobile Ads," *Bloomberg Businessweek*, 10 October 2010, 40; Yukari Iwatani, "Apple's Ad Service Off to a Bumpy Start," *Wall Street Journal*, 16 August 2010.
64. Dan Butcher, "Macy's, Domino's and Unilever's Dove Case Studies Shared at Mobile Marketing Day," *Mobile Commerce Daily*, 5 March 2010.
65. Bette Marston, "Where in the World?," *Marketing News*, 30 September 2010, 6.
66. Ruth Bender, "Mobile-Ad Market Still Faces Hurdles," *Wall Street Journal*, 18 February 2011.

67. Spencer E. Ante, "Foursquare Locates New Funds to Expand," *Wall Street Journal*, 28 June 2010; Geoffrey Fowler, "Mobile Apps Drawing in Shoppers, Marketers," *Wall Street Journal*, 31 January 2011.

68. Ozier Muhammad, "Aisle by Aisle, an App That Pushes Bargains, *New York Times*, 16 August 2010; Sarah Lacy, "The Power of Velveeta: Shopkick Announces 3 Million Product Scans," *Wall Street Journal*, 8 February 2011; Jennifer Valentino-DeVries, "Paying People to 'Check In' and Promote Products," *Wall Street Journal*, 18 June 2010.

69. Cate R. Corcoran and Jean E. Palmieri, "M-Commerce Gets Ready for Takeoff as Men Go Mobile," *Menswear*, February 2011, 36-37.

70. John E. Hogan, Katherine N. Lemon, and Barak Libai, "Quantifying the Ripple: Word-of-Mouth and Advertising Effectiveness," *Journal of Advertising Research* (September 2004): 271-280.

71. "Ketchum and Mattel Capture PRWeek's 2011 Campaign of the Year Award, Marking an Unprecedented Third Time an Agency Takes the Honor," *PR Newswire*, 11 March 2011.

72. Jonah Berger and Eric Schwartz, "What Drives Immediate and Ongoing Word-of-Mouth?," *Journal of Marketing Research* 48 (October 2011): 869-880.

73. Gerry Khermouch, "Buzz Marketing," *Businessweek*, 30 July 2001; Mark Hughes, *Buzzmarketing: Get People to Talk About Your Stuff* (New York: Penguin Books, 2005)（邦訳：『バズ・マーケティング：クチコミで注目を確実に集める6つの秘訣』マーク・ヒューズ著、依田卓巳訳、ダイヤモンド社、2006年）; "What's the Buzz About Buzz Marketing?," *Knowledge@Wharton*, 12 January 2005.

74. Mark Hughes, *Buzzmarketing* (New York: Penguin/Portfolio, 2005).

75. Gerry Khermouch, "Buzz Marketing: Suddenly This Stealth Strategy Is Hot," *Businessweek*, 30 July 2001, 50.

76. IMCに関する学術上および実務上の問題は、以下で論考を読むことができる。Prasad A. Naik, "Integrated Marketing Communications: Provenance, Practice and Principles," in *Handbook of Advertising*, eds. Gerard J. Tellis and Tim Ambler (Thousands Oaks, CA: Sage Publications, 2007); and Tom Duncan and Frank Mulhern, eds., "A White Paper on the Status, Scope, and Future of IMC," March 2004, Daniels College of Business at the University of Denver.

77. Prasad A. Naik, Kalyan Raman, and Russ Winer, "Planning Marketing-Mix Strategies in the Presence of Interactions," *Marketing Science* 24, no. 10 (2005): 25-34.

78. Tanzina Vega, "Taking Photos of Breakfast and Giving Meals to Children," *New York Times*, 7 March 2011.

79. ここでは、マーケターがすでに標的市場を徹底調査し、標的市場が誰であるか（知覚、態度、行動）を十分に理解し、コミュニケーション目的を果たすために何をすべきかを正確にわかっていることを前提としている。

80. Sandra Moriarty, Nancy D. Mitchell, and William D. Wells, *Advertising & IMC: Principles & Practice*, 9th ed. (Upper Saddle River, NJ: Prentice Hall, 2012).

81. Susan E. Heckler and Terry L. Childers, "The Role of Expectancy and Relevancy in Memory for Verbal and Visual Information: What Is Incongruency?" *Journal of Consumer Research* 18 (March 1992): 475-492; Michael J. Houston, Terry L. Childers, and Susan E. Heckler, "Picture-Word Consistency and the Elaborative Processing of Advertisements," *Journal of Marketing Research* 24 (November 1987): 359-369; Thomas K. Srull and Robert S. Wyer, "Person Memory and Judgment," *Psychological Review* 96, no. 1 (1989): 58-83.

82. Michael D. Johnson, "Consumer Choice Strategies for Comparing Noncomparable Alternatives," *Journal of Consumer Research* 11 (December 1984): 741-753.

83. David Kiley and Robert Klara, "Heineken's Walk-In Fridge'," *Adweek* Media, 1 November 2010, 15.

84. Julie A. Edell and Kevin Lane Keller, "The Information Processing of Coordinated Media Campaigns," *Journal of Marketing Research* 26 (May 1989): 149-163; Julie Edell and Kevin Lane Keller, "Analyzing Media Interactions: The Effects of Coordinated Print-TV Advertising Campaigns," *Marketing Science Institute Report*, no. 99-120.

85. Timothy M. Smith, Srinath Gopalakrishna, and Paul M. Smith, "The Complementary Effect of Trade Shows on Personal Selling," *International Journal of Research in Marketing* 21, no. 1 (2004): 61-76.

第7章
ブランド・エクイティ構築のための二次的ブランド連想の活用

プレビュー

　これまでの章で、ブランド要素の選択（第4章）、あるいはマーケティング・プログラム活動や、製品戦略、価格戦略、流通戦略、およびマーケティング・コミュニケーション戦略（第5章および第6章）によって、いかにブランド・エクイティを構築するかについて述べてきた。本章では、ブランド・エクイティ構築に関する第3の方法、すなわち二次的ブランド連想の活用について考察する。

　ブランド自体が、消費者のマインド内にすでに知識構造を有する他のエンティティと結びつけられていることがある。そのリンクがあるため、消費者は他のエンティティを特徴づける連想や反応の一部が当該ブランドにも当てはまると想定したり推測したりする。実際、ブランドは他のエンティティから一部のブランド知識を、そしておそらくは連想や反応の性質に応じて一部のブランド・エクイティを「借用している」のである。

　ブランド・エクイティを構築するためのこの間接的なアプローチは、**ブランドへの二次的ブランド連想の活用**という。既存のブランド連想が何らかの点で不十分な場合、二次的ブラ

ンド知識は、強く、好ましく、ユニークな連想、あるいはポジティブな反応を生み出すためにきわめて重要となる。既存の連想や反応を新鮮な別のやり方で強めるのも効果的な方法である。

二次的ブランド連想の創造

　二次的ブランド連想は、以下の項目をブランドに結びつけることによって生み出すことができる（詳しい説明は図表7-1を参照）。

1. 企業（ブランディング戦略によって）
2. 国や地域（製品の原産地を明示することによって）
3. 流通チャネル（チャネル戦略によって）
4. 他のブランド（コ・ブランディングによって）
5. キャラクター（ライセンス供与によって）
6. スポークスパーソン（推奨によって）
7. イベント（スポンサーシップによって）
8. その他の第三者ソース（賞や論評によって）

　最初の3つは、製品を誰が作るか、どこで作られるか、そしてどこで購入されるかとい

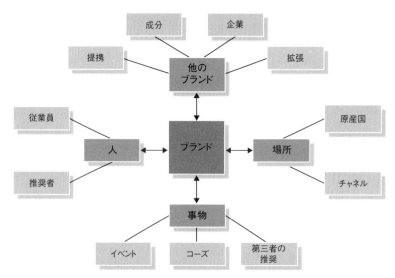

図表7-1　ブランド知識の二次的源泉

う源泉要因を表し、残りは、関連する人、場所、事物を表している。

　例として、サロモン（アルペンおよびクロスカントリー・スキーのビンディング、スキー靴、スキー板のメーカー）が「アベンジャー」という新しいテニスラケットを導入することを決めたと仮定しよう。サロモンは1947年以来、安全性の高いスキー・ビンディングを販売しているが、スキー靴への多角化やモノコックと呼ばれる革新的なスキー板の導入（1990年）によって成長してきた。サロモンの革新的でスタイリッシュな高品質の製品は、強いリーダーシップ・ポジションをもたらした。

　この新しいアベンジャー・テニスラケットを支援するマーケティング・プログラムの構築において、サロモンはさまざまな方法で二次的ブランド連想を活用することができる。

●サロモンは、その製品をサブ・ブランディングすることにより、コーポレート・ブランドへの連想を活用できる（たとえば「アベンジャー・バイ・サロモン」と呼ぶ）。こうした新しい製品拡張に対する消費者評価は、サロモンのスキー製品によって企業あるいはブランドとしてのサロモンに対して消費者がどの程度好意的な連想を有していたか、そしてそうした知識からサロモンのテニスラケットの品質をどれくらい予測できると思っているかに左右されるだろう。

●テニスとあまり関連性があるとは思えないが、サロモンの発祥地がヨーロッパであること（本社はアルプス山脈のふもとに位置するアヌシー湖の近くにある）を利用する。

●小売業者の信頼性がアベンジャー・ブランドにも移転することを期待して、高級プロテニス・ショップやテニスクラブを通じて販売する。

●サロモンは、そのグリップ、フレームあるいはガットに強い成分ブランドを使うことによって、コ・ブランディングを試みることができる（たとえばウィルソンはプロスタッフ・クラシック・テニスシューズのソールにグッドイヤーのタイヤ・ゴムを使用して、コ・ブランディングを行った）。

●契約キャラクターを効果的に活用できるかどうかは疑わしいが、1人あるいは複数のトップ・プロテニス・プレイヤーをラケットの推奨者に起用したり、テニス・トーナメント、さらにはATP男子やWTA女子のプロツアーのスポンサーになることも考えられる。

●『テニス』誌のような第三者から好意的な評価を得て、それを公表することも可能だろう。

　このようにサロモンは、ラケット自体、ブランド・ネーム、あるいはマーケティング・プログラムなどの要素によって形成される連想とは関係なく、ブランドをさまざまな方法で他のエンティティに結びつけることにより、エクイティを構築できる。

　本章ではまず、他のエンティティから移転可能なブランド知識の性質と移転のプロセスについて考える。次に、二次的ブランド連想を活用する8つの方法について詳しく考察する。

活用プロセスの概念化

ブランドを他のエンティティ（何らかの源泉要因、または関連する人、場所、事物）に結びつけることにより、ブランドからそのエンティティへの新たな連想集合が形成されるだけでなく、既存のブランド連想が影響を受けることがある。これら2つの項目について見ていこう[1]。

■ 新たなブランド連想の形成

ブランドと他のエンティティを関係づけることにより、消費者は、ブランドからエンティティへの連想を形成する。それにより、エンティティにリンクされた連想、ジャッジメント、フィーリングなどのいずれか、またはすべてへの連想をマインド内に形成することがある。一般に、消費者が製品を判断する動機または能力に欠けているときは、この二次的ブランド連想が新製品の評価に影響を及ぼす可能性が非常に高い。つまり、関与度が低いとき、適切なブランドを選択するための知識を持っていないと感じるとき、消費者は、製品が作られた国、売られている店、その他の特性についての自分の考え、気持ち、知識といった二次的な事柄をもとにブランドを決定する可能性が高くなると考えられる。

■ 既存のブランド連想への影響

ブランドを他のエンティティに結びつけることにより、エンティティへの新しいブランド連想が形成されるだけでなく、既存のブランド連想も影響を受ける。基本的なメカニズムは次のとおりである。消費者があるエンティティについて何らかの知識を持っている。あるブランドがそのエンティティにリンクしていると識別されたとき、消費者は、エンティティを特徴づける特定の連想、ジャッジメント、あるいはフィーリングのいくつかが当該ブランドを特徴づけるものでもあると推測する。この種の推論を予測する心理学の理論的メカニズムは多数ある。1つは「認知的一貫性」である。すなわち消費者のマインド内では、エンティティに当てはまることは、当該ブランドにも当てはまるに違いないと考えるのである[2]。

このプロセスをもっと概念的に説明すると、ブランドが他のエンティティへのリンクをどの程度活用できるかについて予測する上で重要な要因が3つある。

1. **エンティティについての認知と知識**：消費者が二次的エンティティについての認知や知識を有していない場合、当然ながらそのエンティティからは何も移転できない。消費者がそのエンティティを認知しており、ある程度強く、好ましく、そしてできればユニークな連想を抱いており、またそれについてポジティブなジャッジメントとフィーリングを有

第7章 ブランド・エクイティ構築のための二次的ブランド連想の活用

しているのが理想的である。
2. **エンティティについての知識の意味性**：エンティティがポジティブな連想、ジャッジメント、あるいはフィーリングを喚起するとして、その知識はブランドに対して関連性と意味性があるだろうか。意味性はブランドと製品のコンテクストによって変わってくるだろう。連想、ジャッジメント、あるいはフィーリングには、ブランドに関連性や価値があるように思えるものもあれば、ほとんど関係がないように思えるものもある。
3. **エンティティについての知識の移転可能性**：エンティティに関して何らかの潜在的に有用で意味のある連想、ジャッジメント、あるいはフィーリングが存在し、それがブランドに移転可能であるとすれば、その知識はどのくらい強くそのブランドにリンクするだろうか。

つまり、別のエンティティからの二次的な知識の移転に関する基本的な問題は、消費者が他のエンティティについて知っていることは何か、ブランドが何らかの形でこのエンティティとリンクされたり関連づけられたりしたとき、その知識が消費者のブランドについての考えに影響を与えるのかどうか、ということである。

理論的には、知識のどの要素も他のエンティティから当該ブランドへ移転可能である（図表7-2を参照）。ただし、ある種のエンティティは、本質的に特定の種類のブランド知識を生み出したり影響を与えたりする傾向が強い。たとえばイベントは経験の創出を促進しやすく、人はフィーリングを効果的に引き出しやすく、他のブランドは特定の属性やベネフィットを確立するのに適している。また、1つのエンティティが知識の複数の次元と関連づけられ、それぞれの次元がブランド知識に直接的または間接的に影響を及ぼすこともある。

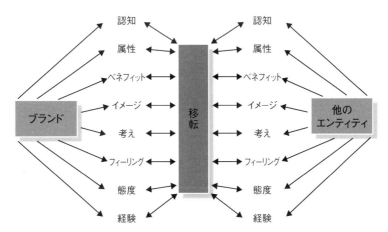

図表7-2　ブランド知識の移転を理解する

たとえば、エイボンによる乳癌撲滅運動のように、ブランドをコーズにリンクさせることが知識へどのような影響を与えるのかについて考えてみよう。コーズ・マーケティング・プログラムは、再生と再認によってブランド認知を構築し、親切で気前が良いといったブランド・パーソナリティまたは使用者イメージなどの属性面でブランド・イメージを高め、社会的承認や自尊心といったブランド・フィーリングを喚起し、信頼でき好ましいなどのブランド態度を確立し、コミュニティ意識や社会貢献活動への参加を通して経験を創出することができる。

　関連性がないように思えたり、移転するにはもとのエンティティに強く結びつきすぎているといった、比較的特異性の強い連想に比べると、ジャッジメントやフィーリングは移転しやすい。移転のプロセスは、消費者のマインド内におけるブランドと他のエンティティとの結びつきや関係づけの強さに大きく依存する。消費者がエンティティとブランドの間に類似性を認めれば認めるほど、そのブランドについて類似した知識を移転する可能性は高くなる。

ガイドライン

　二次的ブランド知識の活用によって、競合他社に対する重要な差別化ポイントや、必要なまたは競争力のある類似化ポイントを創出したり強化したりすることができる。源泉要因あるいは特定の人、場所、事物を強調する場合は、そのエンティティに対する消費者認知のほか、エンティティについての連想、ジャッジメント、あるいはフィーリングがブランドにどのようにリンクし、既存のブランド連想に影響を及ぼすかについて考慮すべきである。

　マーケターは、消費者がある程度の、場合によっては大量の、類似した連想を持っているエンティティを選ぶこともできる。**共通性**を活用するという戦略は、望ましいブランド連想を別のエンティティが持っているとき理にかなっている。たとえば、人間よりヒツジのほうが多いことで知られるニュージーランドのような国について考えてみよう。多くの人々にとって、すでにニュージーランドといえば「ウール」であるため、自社製品をその「ニュージーランド・ウール」をベースにポジショニングしたニュージーランドのセーター・メーカーは、比較的容易に強く好ましいブランド連想を確立できる。

　その一方で、共通あるいは類似の連想が仮にあったとしても、わずかなため、ブランドにとっては新たな出発を意味するエンティティが選ばれる場合もある。このような**補完型**ブランディング戦略は、望ましいポジションを得るという点で戦略的に重要である。この場合、マーケターにとって課題となるのは、エンティティについての一致性の低い知識が既存のブランド知識に直接または間接的な影響を及ぼすようにすることである。それには、消費者の最初の混乱や懐疑を克服するマーケティング・プログラムをうまく設計する必要

がある。たとえば、ビュイックがタイガー・ウッズを推奨者として起用する契約を結んだとき、消費者はゴルファーと自動車メーカーの適合性あるいは一致性を認めるのか、もしも認めなかったとしたら、推奨者がビュイック・ブランドにどれだけの価値を付加するのだろうか、と疑問を持つ者が多かった。

消費者がその連想を受け入れたとしても、二次的ブランド連想を活用するのはリスクが高いかもしれない。マーケターがブランド・イメージのコントロールをある程度放棄することになるからである。源泉要因あるいは関連する人、場所、事物は明らかに多数の連想を有しているが、マーケターにとって関心があるのはそのうちのごく一部である。関連性のある二次的知識のみがブランドと結びつくように移転プロセスを管理するのは難しいだろう。さらにこの知識は、時がたち、消費者がエンティティについてもっと知るようになるにつれ変化する。新しい連想、ジャッジメント、フィーリングは、ブランドにとって都合が良いこともあれば、良くないこともある。

以降の項では、二次的ブランド連想をブランドに結びつける主な方法について見ていく。

企業

ブランディング戦略は、ブランドから企業および他の既存ブランドへの連想における強さを決定づける重要な要因である。新製品のためのブランディングの主な選択肢は次の3つである。

1. 新ブランドの創造
2. 既存ブランドの採用あるいは修正
3. 既存ブランドと新ブランドの結合

既存ブランドはコーポレート・ブランドと関係づけられていることがある。たとえばサムスンのGalaxy S 4G携帯電話のような特定の製品ブランドである。選択肢の2および3のように、当該ブランドが他の既存ブランドにリンクされると、既存ブランドについての知識も当該ブランドにリンクされるかもしれない。

コーポレート・ブランドやファミリー・ブランドは大きなエクイティの源泉となりうる。たとえばコーポレート・ブランドは、共通の製品属性やベネフィットや態度、人とのリレーションシップ、プログラムと価値、企業の信頼性といった連想を喚起することがある。BRANDING BRIEF 7-1では、IBMのコーポレート・イメージ・キャンペーンを取り上げた。

しかし、コーポレート・ブランドの活用がいつも有効であるというわけではない。むしろ、大企業が「もっと小さな」イメージを伝達する目的で、わざと新ブランドを導入した

り成功しているニッチなブランドを買収したりする場合もある。既存顧客さえ驚かせたであろう後者の戦略の例は、ベン＆ジェリーズ（訳注：アイスクリーム）（ユニリーバ）、カシ（訳注：高級シリアルブランド）（ケロッグ）、オドワラ（訳注：高級ジュース）（コカ・コーラ）、トムズオブメイン（訳注：歯磨き粉）（コルゲート・パルモリブ）である。クロロックスは、ミツロウのリップバーム、ローション、石鹸およびシャンプーで有名なバーツビーズを10億ドル近くかけて買収したが、その理由は市場機会もさることながら、企業の重要課題になりつつある環境持続性のベストプラクティスを学ぶためでもあった[3]。アンハイザー・ブッシュも、ライバルであるミラークアーズのブランドで大成功している「ブルームーン」に対抗する目的もあり、中西部のクラフトビールで好調な「グースアイランド」を買収した[4]。

　ブランドと企業は、属しているカテゴリーや産業に結びつけられやすく、それが時には逆効果になることもある。評価がさまざまに分かれる産業もあるが、一般に消費者からの見方が否定的な石油やガス産業で、ブランドが直面する課題を考えてみるとよい[5]。石油産業の構成員であるという理由で、石油会社は会社自身が何をしているかに関係なく、社会から懐疑の目を向けられる可能性につきまとわれている。

　第９章と第10章で、既存ブランドのエクイティを活用して新ブランドを立ち上げる方法を詳しく解説する。

BRANDING BRIEF 7-1 –
IBMが推進する「スマーター・プラネット」

　IBMの「ビッグブルー」としての長い伝統は、同社が20世紀に世界で最も成功した企業の１つとなるあと押しをした。しかし、IBMがその成功を築いた製品分野の多くは、21世紀に入って競争が激しくなり、コモディティ化が進んできた。そのため、IBMは製品中心の企業から付加価値とサービス志向の企業への大胆な変革が必要だと決断した。

　IBMのサム・パルミサーノ会長兼CEOは、定評のあったPC部門を売却し、ソフトウェアとビジネスコンサルティングに投資の重点を移した。企業変革のもう１つの重要な側面は、IBMに対する世間の見方をこの新しいビジョンと一致させることだった。ビジョン（およびそれに対応したマーケティング・コミュニケーション・プログラム）の根本にあったのは、世界は大きく３つの点で変化しており、IBMの新たなミッションは明確にその方向に向かっている、という基本認識だった。世界の変化とは具体的には次の３つである。

●機能化（「世界中のシステムを機能化する」）
●相互接続（「世界中のシステムを相互接続する」）

●インテリジェント化（「世界中のシステムをインテリジェント化する」）

　IBMはこれら３分野におけるリーダーを目指した。この新しいポジショニングを表すために選んだ当初の名称は、その名のとおり「統合インテリジェント・インフラストラクチャー」だったが、その後、もっとわかりやすくて心に訴える「スマーター・プラネット」というフレーズに落ち着き、これがコーポレート・キャンペーンのスローガンにもなった。キャンペーンでは、あらゆる企業が技術企業になり、新たな難しい方針変更、特に持続可能性、セキュリティ、プライバシー保護に向き合わざるをえなくなることを基本前提に掲げた。そしてIBMはこれらへの対応を支援する理想的なパートナーであると位置づけた。ポジショニングの対象範囲の大きさから、ビジネスリーダーだけでなく政府機関もターゲットにした。

　「スマーター・プラネット」というポジショニングのルーツは、IBMの近年の成果にあった。たとえば、スウェーデンのストックホルムでは、IBMの高度道路交通システムが渋滞を20％解消し、排出ガスを12％削減し、公共交通機関の利用を大幅に増加させた。世界各地のスマートグリッド・プロジェクトでは、すでに消費者の電気料金を10％低下させ、ピーク時の電力需要を15％削減している。

　こうした成果を背景に、「スマーター・プラネット」キャンペーンの当初の目標は、IBMを世界の最も差し迫った問題を解決するリーダー企業としてポジショニングすることだった。具体的なマーケティング目的は次のとおりである。

●50カ国以上で定着させる。
●300件の新しい顧客推薦と事業機会を創出する。
●IBMに対する知覚を変え、取引の可能性を向上させる。

　2008年11月に開始された最初のキャンペーン活動の１つが、先進的な考えを持つリーダーたちをターゲットとした「地球を、より賢く、よりスマートに」という意見広告シリーズである。この全面広告は『ウォール・ストリート・ジャーナル』、『ニューヨーク・タイムズ』、『フィナンシャル・タイムズ』などの有力紙に掲載された。長文の文章が入った異例の広告だった。図表7-3は最初の広告からの抜粋で、キャンペーンの背後にある論理を説明している。

　このキャンペーンでは、テレビ広告と３つのグループ（大企業と政府機関のリーダー、ITの専門家、中規模企業市場）をターゲットとした広告も実施された。デジタル要素にも力を入れ、IBMの拡張ウェブサイトやスマーター・プラネット・ブログを開設した。動画が制作され、大手８社の動画共有サイトに配信された。また、「スマーター・シティー」

IBMの「スマーター・プラネット」というポジショニングは、コーポレート・ブランドを強化し、同社のすべての関連製品やサービスにプラスとなった。
出典：IBMの厚意により転載。© International Business Machines Corporation.

図表7-3　IBMの最初の意見広告「地球を、より賢く、よりスマートに」からの抜粋

ちょうど1年余り前、私たちは地球がいかにスマート化しつつあるかについて、グローバルな論議を始めました。スマート化とは、世の中を動かすシステムやプロセスにインテリジェンスが入り込むことをいいます。誰も認識しないような、自動車や家電、道路、電力網、衣服、さらには農業や河川といった自然のシステムにまで、インテリジェンスは入り込んでいるのです。

インターネットを介して接続した何兆台ものデジタル端末が、膨大なデータの海を作り出しています。市場の流れから社会の鼓動まで、この情報のすべては知識に変えることが可能です。なぜなら、今の私たちには情報を解明する計算能力と進化した分析手法があるからです。この知識があれば、企業から都市まであらゆるもののコストやムダを削減し、効率性や生産性や質を向上させることができます。

この新時代に入って1年、スマーター・プラネットの兆しは私たちの身近にあふれています。先進国でも発展途上国でもあらゆる地域で、あらゆる主だった産業で、スマーター・システムが導入され、価値を生み出しています。これは比喩でも、ビジョンでも、提案でもありません。急速に姿を現しつつある現実なのです。

出典：www.ibm.com/smarterplanet　IBMの許可を得て使用。

と銘打ったグローバルツアーも開始し、主要な政策立案者や意思決定者を集めて、交通、エネルギー、ヘルスケア、教育、公共の安全など、彼らが直面する時事的な課題を議論させた。

　IBMのアナリストは、スマーター・プラネット戦略によって同社の市場ポテンシャルは世界で40％増、収益にして23億ドル増に拡大したと推定している。IBMのブランド・トラ

ッキングでは、さまざまなイメージ評価基準（「世界をより良い場所にする」、「世の中の仕組みの専門家」など）が全体的に向上し、さらに考慮、選好、取引可能性に関する判断全般においても向上が見られた。キャンペーン中のIBMの株価は、同時期のダウ指数の上昇がわずか14％であったのに対して、64％増にも及んでいた。

出典：IBMマーケティング＆コミュニケーションズのシニア・バイスプレジデント、ジョン・イワタが2010年2月10日にダートマス大学タック経営大学院にて行った講演、"Let's Build a Smarter Planet," 2010 Gold Effie Winner, www.effie.org/winners/showcase/2010/4625; www.ibm.com/smarterplanet; www.ibm.com

原産国および原産地

　製品を製造する企業だけでなく、製品を産する国や土地もブランドに結びつけられ二次的連想を生み出す[6]。多くの国が、特定の製品カテゴリーにおける専門性や、特定の種類のイメージを伝えることで知られている。

　世界は「文化バザール」になりつつある。特定国の特定製品の品質に関する信念や、特定国のブランドや製品が伝えるイメージに基づいて、消費者は各国が産するブランドを選ぶことができる[7]。つまり世界のどこの消費者も、イタリア製のスーツを着て、アメリカ製のスポーツシューズを履いてエクササイズし、日本製や韓国製のMP3プレイヤーを聴き、ドイツ車を運転し、英国産のエールを飲むことができるのだ。

　特定の国との強い結びつきを持つブランドを選択するということは、その国原産の製品について消費者が信じていることに基づいた、製品の効用を最大化し自己イメージを伝達しようとする意思決定の表れかもしれない。多くのブランドは、原産国についての消費者の認識と信念を1つの要因として、強い差別化ポイントを作り出すことができる。ブランドと国が強く結びついている例を以下に挙げる。

リーバイスのジーンズ——アメリカ　　　　デュワーズのウィスキー——スコットランド
シャネルの香水——フランス　　　　　　　キッコーマンのしょうゆ——日本
フォスターズのビール——オーストラリア　キャドバリーの菓子・飲料——イギリス
バリラのパスタ——イタリア　　　　　　　グッチの靴と財布——イタリア
BMWの自動車——ドイツ　　　　　　　　　モンブランのペン——スイス

　州、地方、都市など、原産国以外の地理的連想も可能である。有名なアメリカの観光スローガン「I Love New York（アイラブニューヨーク）」、「Virginia Is for Lovers（恋人たちのためのバージニア州）」、ラスベガスの「What Happens Here, Stays Here（ベガスで起きたことはベガスに置いていけ）」は、都市により特化したタイプの連想である。

　マーケターは、さまざまな方法で原産地連想または原産国連想を確立することができる。

たとえば、アイダホ・ポテト、アイリッシュ・スプリング・ソープ、南アフリカ航空といったようにブランド・ネームに地名を入れたり、ベイリーズ・アイリッシュ・クリームのように何らかの形でブランド・ネームと組み合わせたりできる。また、クアーズが「フォスターズ」のビールで行ったように、ブランド広告で場所を主要なテーマとすることもできる。

さらには、自国製品をプロモーションする広告キャンペーンを制作した国もある。たとえば、「プエルトリコのラム酒」は最高級のラム酒だと広告して、アメリカにおいて70％のシェアを占めるようになった[8]。自国製品のためにラベルやシールを開発し、広告している国もある[9]。

通常、原産国を製品やパッケージ上に明記することが法律で求められているため、購買時点で原産国への連想が生み出され、そこでのブランド決定に影響を与える可能性が必ずといっていいほどある。したがって本当に問題となるのは、相対的な重点をどこに置くかという問題と、マーケティング・プログラムの中での原産国や原産地の役割である。原産国や特定の地域と強い結びつきを持つことは、不利になる可能性がないわけではない。イベントや活動が国と関連づけられたことで、人々の見方に色がつくこともある[10]。

最後に、原産国連想の好感度を、国内と国外の両面から検討してみよう。国内市場においては、原産国の知覚は消費者の愛国心を喚起したり、国の歴史を思い起こさせたりする。国際貿易が発展するにつれ、消費者は特定のブランドを自身の文化的伝統とアイデンティティを象徴するものとして重視するようになる。調査によれば、強い集団規範と家族や国との絆がある日本などのアジア諸国では、国内ブランドが比較的強く好まれる。個人の利益や個人的目標に導かれる欧米諸国では、製品の優越性における強い証拠が要求される[11]。

愛国的訴求は世界中でマーケティング戦略の基礎となってきた。しかし、それはユニークさに欠け、さらには濫用される可能性がある。たとえば、1980年代のレーガン政権下において、自動車、ビール、衣料など幅広い製品カテゴリーの広告でアメリカ賛美のテーマが用いられたが、結果的には全体的な効果を弱めてしまったようである。最近では、アウトソーシングとオフショアリングをめぐる議論、そして悲劇的な2001年9月11日の事件によって、再び愛国的訴求が目立つようになってきた。

原産国のもう1つの課題は、消費者が原産国を実際にどう定義しているかということと、どのような状況で原産国にこだわるかである。多くのアメリカ企業は製造を海外に移転している。コンバース、リーバイス、マテル、野球用品のローリングスなどアメリカを象徴するブランドが、本社はまだアメリカにあっても、もはやアメリカ国内では製造していない。ベン＆ジェリーズ、バドワイザー、ガーバーなどのように、アメリカのブランドとして知られているが、実際には外国企業が所有しているものもある。

グローバルなつながりが進む世界では、原産国という概念が時として誤解を招きかね

い。国によっては政府が人気業種の保護政策すらとっている。スイス議会では、スイス以外で生産された部品が時計のムーブメントにおける価値の50％未満である場合に限り、スイスの時計メーカーが自社製品にスイス製のラベルを貼ることができると決定した[12]。

流通チャネル

　第5章において、流通チャネルのメンバーは、販売しているブランドのエクイティに直接影響を与えることができると説明した。次に、小売店にリンクした消費者の連想によって、小売店が「イメージ移転」プロセスを通じて、ブランド・エクイティに間接的に影響を及ぼすことについて考えていこう。

　製品の品揃え、価格設定およびクレジット政策、サービスの質などとの連想により、小売業者は自身のブランド・イメージを消費者マインド内に形成することができる。小売業者は、仕入れる製品やブランド、そして販売する方法によって、こうした連想を作り上げている。イメージをより直接的に形成するため、多くの小売業者は直接顧客に向けた広告やプロモーションを積極的に行っている。

　どこで売られているかに基づいて、消費者は製品に関する一定の特徴を推論する。「ノードストロームで売られているなら、品質が良いに違いない」といった具合である。消費者は、有名で高級とみなされている店で売られているか、それともバーゲン好きの客向けで大衆受けする店で売られているかによって、同じブランドでも異なった受け止め方をする。

　店舗のイメージ連想の移転は、ブランドにとってプラスにもなればマイナスにもなる。多くの高級ブランドにとって、新しい流通チャネルを利用した顧客基盤の拡大は一般的な成長戦略である。しかし、このような戦略は、既存の顧客と小売業者の反応次第では危険な場合もある。ヴェラ・ウォンがウェアの流通にコールズも使うことを決めると、メイシーズはヴェラ・ウォンの人気のランジェリーラインの扱いをやめる決断をした。また、メイシーズはリズ・クレイボーンがJ.C.ペニーにリズ＆Co.と銘打ったラインを提供することにした際にも、リズ・クレイボーンとの提携を打ち切っている[13]。

コ・ブランディング

　すでに述べたように、ブランド拡張戦略によって、自身の連想集合を有する既存のコーポレート・ブランドないしファミリー・ブランドに新製品を結びつけることができる。既存のブランドも、自社または他社の別のブランドと結びつけることにより、連想を活用することができる。**コ・ブランディング**（ブランド・バンドリングあるいはブランド・アラ

257

イアンスとも呼ばれる）は、複数の既存ブランドが何らかの形で１つの製品に結合された
り、一緒にマーケティングされることをいう[14]。この戦略の特殊なケースが成分ブランデ
ィングで、これについては次項で論じる[15]。

　コ・ブランディングは何年も前から行われている。たとえばベティ・クロッカー社は、
1961年にサンキスト・グロワーズ社と手を組んで、レモン・シフォンケーキ・ミックス
のマーケティングに成功した[16]。近年、ブランド・エクイティ構築の手段として、コ・ブ
ランディングへの関心が高まっている。たとえばハーシーの「ヒース・トフィー」・キャ
ンディバーは、「ヒース・センセーションズ」（一口サイズのキャンディ）、「ヒース・ビッ
ツ」と「バイツ・オブ・ブリックル」（チョコレートがけとプレーンのトフィー製菓材料）
などいくつかの新製品に拡張されただけでなく、「デイリー・クイーン」（ブリザードドリ
ンク）、「ベン＆ジェリーズ」、「ブルー・バニー」（アイスクリームバー）などさまざまな
ベンダーへのライセンス供与もされた。

　その他注目すべきスーパーマーケットのコ・ブランディングの例として、「ヨープレイ
ト・トリックス」のヨーグルト、ベティ・クロッカーのブラウニーミックスとハーシーの
チョコレートシロップ、およびケロッグのシリアル「シナボン」がある。クレジットカー
ド市場でのコ・ブランディングは、シティカードが出している「シェル・マスターカー
ド」の場合のように、しばしば３つのブランドが結びつく。航空会社の場合、ユナイテッ
ド航空、ルフトハンザ航空、シンガポール航空など16の航空会社が参加した「スターア
ライアンス」のように、ブランド・アライアンスによって多数のブランドが連合すること
もある。

　図表7-4は、コ・ブランディングとライセンス供与の長所と短所をまとめたものである。
コ・ブランディングの主な長所は、キャンペーンに複数のブランドが参加する効果で、製
品にユニークかつ説得力のあるポジショニングができる。コ・ブランディングはブランド
に、それをしなかった場合よりも説得力のある差別化ポイントや類似化ポイントを作り出
すことができる。その結果、既存の標的市場における売上を増大させ、新しい消費者やチ
ャネルを獲得できるチャンスが増える。クラフトが人気のある子ども向けのランチセット
「ランチャブルズ」ラインにドールのフルーツを加えたのは、栄養の専門家たちによる健
康面への懸念や批判に対処するという理由もあった[17]。

　コ・ブランディングは２つのすでに良く知られたイメージを結びつけるので、製品導入
にかかるコストを減らすことができ、製品採用の可能性を高めることができる。またコ・
ブランディングは消費者に対する理解を深めるとともに、他の企業が消費者にどうアプロ
ーチしているかについての理解を深めてくれる。あまり差別化されていないカテゴリーに
おいて、コ・ブランディングは独特の製品を生み出す重要な手段となる[18]。

> **図表7-4　コ・ブランディングとライセンス供与の長所と短所**
>
> **長所**
> 必要とされる専門技術の借用
> 有していないエクイティの活用
> 製品導入のコスト削減
> ブランド・ミーニングの関連カテゴリーへの拡張
> 　　意味の拡大
> 　　アクセスポイントの増加
> 追加売上の源泉
>
> **短所**
> コントロールの喪失
> ブランド・エクイティ希釈化のリスク
> ネガティブなフィードバック効果
> ブランドの焦点と明快さの欠如
> 組織的な混乱

　コ・ブランディングの潜在的な短所は、消費者のマインド内で別のブランドと一組にされることによって生じるリスクとコントロールの喪失である。コ・ブランドに対する消費者の関与とコミットメントの水準は高くなりやすい。したがって、消費者が満足できないパフォーマンスであれば、提携したすべてのブランドにネガティブな影響を与えかねない[19]。ブランドの個性が強ければ、それぞれのブランドが何を表現しているのかについて消費者に迷いを与えかねない[20]。相手のブランドが多数のコ・ブランディングに参加したりすれば、連想の移転効果を希釈化してしまう過剰露出のリスクもあるだろう。また、既存ブランドへの集中を乱し、焦点を失うことにもつながる。

ガイドライン

　強いコ・ブランドを作るには、両ブランドが、適切なブランド認知、十分に強く、好ましく、ユニークな連想、ポジティブな消費者のジャッジメントとフィーリングを有していなければならない。つまり、コ・ブランディング成功のための十分条件ではないが必要条件は、2つのブランドがそれぞれにある程度のブランド・エクイティを有していることである。最も重要な要件は、結合されたブランドやマーケティング活動が個々のブランドの欠点を最小にし、長所を最大にするような、ブランド間における論理的適合性の存在である[21]。

スマートカー

　ダイムラー・クライスラー社のメルセデス・ベンツ部門は、SMHのカラフルでファッ

ショナブルなスウォッチ時計にちなんで名づけられた「スウォッチ・モービル」の製造に同意し、一部の人々を驚かせた。その後「スマートカー」の名で知られるようになったこの自動車は、SMHのカリスマ会長、ニコラス・ハイエクの肝入りで、全長10フィート（訳注：3メートル）未満と小型でローコスト（1万ドル未満）に設計された。この自動車はスウォッチ時計の最も重要な特徴である手頃な価格、耐久性、スタイリッシュさの3つと、メルセデス・ベンツの自動車の重要な特徴である衝突時の安全性を兼ね備えていた。もしこの自動車が売れなければ、メルセデス・ベンツのイメージに傷がつくだろうと考える批評家が多かった。そしてスウォッチの名前を冠した多くの製品（衣料、バッグ、電話、ポケベル、サングラスなど）が期待外れの売上に終わったり、市場から撤退したりした事実を考えれば、売れない可能性も十分にあった。しかしヨーロッパでの発売は大成功し、この懸念は杞憂だったことがたちまち証明された。以来「スマート」は世界的なヒットとなり、「スマートフォーツー」は世界35カ国以上で売れている[22]。

自動車「スマート」はコーポレート・ブランド連想ではなく、製品自体の斬新な特徴をもとにエクイティを築いた。
出典：ダイムラー社の厚意により転載。

　こうした戦略上の考慮点に加え、コ・ブランディングの実施は慎重に行わなければならない。ブランド・エクイティの適度なバランスに加え、価値、ケイパビリティ、目標を適合させなければならない。実施することになれば、法律上の正式な契約、金銭的な取り決め、マーケティング・プログラムの調整といった細かな計画が必要となる。ナビスコのある幹部は、「ブランドを他者に託すのは、自分の子どもを他人に託すようなものだ。すべ

てが完璧であるようにしておきたい」と述べている。他社のブランドを使用する企業は売上から何らかのライセンス料や使用料を支払うのが通常であるが、ブランド間の金銭的な取り決めは一様ではない。エクイティの共有とともに、ライセンサーにとっては認知の増大、ライセンシーにとっては売上増という結果をもたらすが、ライセンサーとライセンシーは合意に基づいて利益を得ることになる。

　一般的に、コ・ブランディングのようなブランド・アライアンスにおいて、マーケターは次のような問題を確認しなければならない。

● 自社が持っていないケイパビリティは何か。
● 直面している経営資源の制約は何か（人、時間、金）。
● 成長の目標あるいは必要な収益はどのくらいか。

　コ・ブランディングの機会を評価する際には、次のことを確認する。

● それは利益になる事業か。
● ブランド・エクイティの維持または強化にどのように役に立つか。
● ブランド・エクイティが希釈化されるリスクはあるか。
● 学習機会などの付帯的な利点が提供されるか。

　最も有名なブランド・アライアンスにディズニーとマクドナルドの事例がある。マクドナルドは1996年から2006年まで、ファストフード業界でディズニーの映画とビデオからテレビ番組やテーマパークにいたるまで、すべてを世界的にプロモーションする排他的な権利を得た。マクドナルドは、ハッピーセットに使う玩具やエンターテインメントにおけるトップ企業、デザートの「マックフルーリー」に使うクラフトの「オレオ」、ハーシーの「M&M'S」や「ロロ」など、多数のブランドと提携している。

■ 成分ブランディング

　成分ブランディングはコ・ブランディングの特殊なケースで、ブランド化された他の製品に含まれている材料、構成要素、部品のブランド・エクイティが対象とされる[23]。成功している成分ブランドには、ドルビーのノイズリダクション技術、ゴアテックスの耐水性繊維、テフロンのこびりつかないコーティング、ステインマスターのしみにならない繊維、スコッチガードの布地がある。成分ブランドの目的は、消費者がその成分を含まない製品を買わなくなるほど、自社製品に対する認知と選好を生み出すことである。

　消費者行動の観点からは、ブランド化された成分は品質を示すサインであることが多い。

カーペンター、グレイザー、ナカモトによる実験によると、ブランド化された属性が含まれているかどうか（ダウンジャケットに「アルパイン・クラス」を充填）は、消費者がその属性は自分の意思決定に関係ないと明言するときでさえ、消費者の選択に有意な影響を及ぼした[24]。明らかに、消費者はブランド化された成分を踏まえて、特定の品質特性を評価するのである。

　成分ブランドの画一性と予測可能性により、リスクを減らし、消費者を安心させることができる。その結果、成分ブランドは業界標準になることができ、消費者は当該成分を含んでいない製品を買いたがらなくなる。つまり、成分ブランドは、事実上カテゴリーの類似化ポイントとなり、消費者は当該成分がどのような働きをするのかを正確に知る必要はなく、それが価値を付加することだけを知ればよい。

　一方では、成熟ブランドが自身を差別化する高コストの手段を求め、他方では、成分になりうる製品が販売機会の拡大を求めているという事情を背景に、成分ブランディングは広がりを見せている。シェブロンのガソリン添加剤「テクロン」、ウェスティンの「ヘブンリーベッド」、ベストバイのテクニカルサポートチーム「ギークスクワッド」など、自前の成分ブランドを作る企業もある[25]。成分ブランディングの適用範囲を示す例として、シンガポール航空がサービスの提供にコ・ブランドの成分と自社ブランドの成分をどのように利用しているかについて考えてみよう。

シンガポール航空

　シンガポール航空は、スイートクラスのサービスに「ジバンシィ」の寝具とテーブルウェア、"イタリアの名匠"「ポルトローナ・フラウ」の職人が手作りした新しいチェアを提供している。ファーストクラス「スカイスイート」の売りはバーウッド材で縁どられた革張りのシートである。機内エンターテインメント・システム「クリスワールド」と「ジバンシィ」のフリースのブランケットも提供している。料金の高いスイートクラス、ファーストクラス、ビジネスクラスではボーズ社のアコースティック・ノイズキャンセリング・ヘッドフォン「QuietComfort 2」が楽しめる（エコノミークラスは「ドルビー」のヘッドフォン）。機内食は「インターナショナル・カリナリー・パネル（国際料理委員会）」が考案したもので、上位クラスでは「シャヒ・タリー」（スイートクラスとファーストクラス）や「ハナコイレキ」（ビジネスクラス）など、エスニックなブランドがついた食事を楽しめる。すべての乗客がマイレージプログラム「クリスフライヤー」に加入できる[26]。

　この例が示すように、1つの製品が多種多様なブランド化された成分を含むことができ

第7章 ブランド・エクイティ構築のための二次的ブランド連想の活用

シンガポール航空は、自社サービスのブランディングにコ・ブランドの成分と自社ブランドの成分を組み合わせて利用している。
出典：Eric Piermont/AFP/Getty Images

る。成分ブランドは製品やサービスに限られたものではない。たとえばエレクトロニクス専門の小売業者ラジオシャックは、長年にわたってヒューレット・パッカード、マイクロソフト、RCA、スプリント、ベライゾン・ワイヤレスなどと戦略的提携を結び、これらメーカーに全米7000のラジオシャック店舗の多くでキオスクを設置させている。ラジオシャック自身も全米の1500近いターゲットの店舗に携帯電話キオスクを設置し、黒いシャツを着たラジオシャックの従業員が自社独自の店頭システムを使って応対している[27]。

■ 長所と短所

　成分ブランディングの長所と短所は、コ・ブランディングの長所と短所と同様である[28]。成分を製造し供給している企業の側から見れば、自社製品を成分としてブランディングすることのベネフィットは、消費者プルを創出することによって高いマージンで売上を増やせる点である。また、顧客の需要を安定させ拡大し、供給業者と購買企業の長期的リレーションシップを改善できる。供給した成分からの直接的収益に、成分ブランドの表示によって支払われるライセンス使用料からの付加的収益が加わることも期待できる。

　ホスト製品の製造業者の立場からは、自社製品のブランド・エクイティを高めるために、成分ブランドのエクイティを活用できるというベネフィットがある。ホスト製品ブランドは、この方法でなければ期待できないような新しい製品カテゴリー、別市場セグメント、もっと多くの流通チャネルへの参入が可能となる。また、製造コストと開発コストの一部

263

を成分の供給業者と分担できる可能性がある。

　成分ブランディングにも、リスクとコストが伴わないわけではない。支援的マーケティング・コミュニケーション・プログラムのコストは高く、消費財の場合、広告の売上高比率が５％を上回ることもめずらしくない。また多くの供給業者は、無関心な消費者や非協力的な流通業者に訴えかけなければならないマス媒体コミュニケーションを設計した経験があまりない。コ・ブランディングと同様、供給業者と製造業者のマーケティング・プログラムは目的が異なるため、消費者に別々のシグナルを送ってしまう。

　製造業者の中には、供給業者への依存に気が進まなかったり、ブランド化された成分によって価値が付加されると考えなかったりするところもあり、そのために、見込まれる取引先が失われる場合もある。ブランド化された成分のエクイティがあまりにも大きくなると、何が「本当のブランド」なのか消費者が混乱するので、製造業者が憤慨してしまう危険性もある。また、消費者が成分の役割を理解するようになることは後発ブランドに有利に働くため、先発ブランドの競争優位がいくぶん不確実になる。後発ブランドは、成分の重要性を伝える必要はそれほどなく、特定の成分ブランドが先発ブランドや他のブランドよりも優れたパフォーマンスをもたらす理由を伝えればよい。

ガイドライン

　成分ブランディング・プログラムも、従来のブランディング・プログラムと同様の方法でブランド・エクイティを構築する。成功する成分ブランディングの具体的要件は何だろうか。一般に、成分ブランディングは次の４点を達成しなければならない。

1．まず、当該成分が最終製品のパフォーマンスや品質にとって重要であることを消費者が知覚しなければならない。この内在的価値が目に見えること、または容易に経験できることが理想である。
2．次に、すべての成分ブランドが同じわけではなく、当該成分がほかより優れていることを消費者が納得しなければならない。当該成分が既存の代替物にまさる革新性などの重要な優位性を有していなくてはならない。
3．ホスト製品が当該成分を含むことを消費者に明確に知らせるため、目安となるシンボルまたはロゴをデザインしなければならない。そのシンボルまたはロゴは、本質的に「印章」として機能し、ほぼどこにでも表示でき、単純で融通がきき、品質と信用性を消費者に確実に伝えるものであることが理想である。
4．最後に、プッシュとプルを連携させたプログラムを実施し、消費者がブランド化された成分の重要性と優位性を理解できるようにしなければならない。多くの場合、これには消費者向けの広告とプロモーション、時として製造業者と共同による小売業者向

けマーチャンダイジング・プログラムとプロモーション・プログラムが含まれる。プッシュ戦略の一環として、製造業者あるいは他のチャネル・メンバーの協力や支援を得るためのコミュニケーション施策を展開する必要もある。

ライセンス供与

ライセンス供与とは、企業が自社製品を市場に出すため、一定の料金で他社のブランドのネーム、ロゴ、キャラクターなどを使用できる契約を結ぶことである。要するに、企業が別のブランドを「賃借」して自社製品のブランド・エクイティに貢献させるのである。ブランド・エクイティ構築の近道となることから、近年、ライセンス供与は人気が高まっている。2010年には、世界のライセンサーのトップ125社がライセンス供与された製品の売上から1840億ドル以上を稼ぎ出している。ライセンス供与の最大の成功者はおそらくウォルト・ディズニーだろう[29]。

ディズニー・コンシューマ・プロダクツ

ウォルト・ディズニー・カンパニーは世界最強のブランドの１つとみなされている。同社の成功の大部分は、勢いのあるテレビ、映画、テーマパーク、その他のエンターテインメント事業にある。これらさまざまな媒体が多数の愛されるキャラクターを生み出し、質の高いエンターテインメントという評判を作り上げてきた。ディズニー・コンシューマ・プロダクツ（DCP）は、多様な取扱品目（ディズニー・トイズ、ディズニー・ファッション＆ホーム、ディズニー・フード・ヘルス＆ビューティ、ディズニー・ステーショナリー）を通じて、消費者のマインド内におけるディズニーの社名とキャラクターの鮮度保持を目的としている。

DCPには長い歴史があり、その起源はウォルト・ディズニーがミッキーマウスの絵を子ども用の石板に使用する権利を供与した1929年にさかのぼる。1950年代、マテル社製造の玩具に、自社のキャラクターのライセンス供与を始めた。ディズニー・コンシューマ・プロダクツ（DCP）はライセンス商品の全世界での売上額が286億ドルであると公表し、2010年における世界のライセンサーの第１位になった。DCPの『トイ・ストーリー』フランチャイズは、映画のヒットと『トイ・ストーリー３』商品需要に牽引され、24億ドルの売上をあげてこの年のトップとなった。時代を越えて愛されているミッキーマウスのフランチャイズとくまのプーさんのフランチャイズを合わせれば、DCPの全収益のおよそ３分の１になる。2000年に始まったディズニー・プリンセス・フランチャイズと2002年に始まったディズニー・フェアリー・フランチャイズは、すでに合わせてDCPの全収益の４

『トイ・ストーリー』のような人気映画が、ディズニー・コンシューマ・プロダクツの数十億ドルにのぼるライセンス事業をあと押ししている。
出典：ZUMA Press/Newscom

分の1近くを占めるまでになっている。ディズニー・ライセンシングのクリエイティブ・リソーシズ部門に所属するアーティストは、デザイン、試作品づくり、製造、パッケージング、広告など、マーケティングのあらゆる面にわたってメーカーと綿密な共同作業を行う。ディズニーは2009年8月にマーベル・エンターテインメントを40億ドルで買収して完全子会社とし、コミック作品のキャラクターや2011年の『マイティ・ソー』と『キャプテン・アメリカ』、2012年の『アベンジャーズ』と『アメイジング・スパイダーマン』などの映画化で新たに世界を広げた。マーベルは2010年にライセンス商品を世界で56億ドル売り上げている。

近年、エンターテインメントのライセンス供与も大きなビジネスとなっている。成功しているライセンサーとして、『ハリー・ポッター』、『トランスフォーマー』、『スパイダーマン』などの映画のタイトルやロゴ、『ガーフィールド』や『ピーナッツ』のような漫画のキャラクター、『セサミストリート』、『ザ・シンプソンズ』、『スポンジ・ボブ／スクエアパンツ』などのテレビやアニメのキャラクターがある。毎年夏になると、マーケターは次のビッグヒットの販売権を狙って、映画とのタイインに何百万ドルも使う。

ライセンス供与はライセンサーにかなりの利益をもたらす。たとえば、デザイナーズ・ブランドの衣料とアクセサリーでは、昔からライセンス供与が重要なビジネス戦略であった。ダナ・キャラン、カルバン・クライン、ピエール・カルダンなどのデザイナーは、服、ベルト、ネクタイ、鞄などのさまざまな商品に自分の名前を使用する権利に対し、高額のライセンス使用料を取ることができる。30年の間に、ラルフ・ローレンは世界で最も成功したデザイナーになり、ラルフ・ローレン、ダブルアールエル、ポロのブランドを多種類の製品にライセンス供与して、50億ドルの事業を創出している。誰もがライセンス供与に手を出そうとしており、衣料その他のスポーツ用品におけるライセンス供与は著しく成長し、数十億ドル規模のビジネスになっている。

ライセンス供与は商標に法的保護を与えることにもなる。ある製品カテゴリーにブランド使用のライセンス供与を行えば、他の企業や潜在的な競争相手は、法的に同じブランド・ネームを使用して同じカテゴリーに参入できない。たとえば、コカ・コーラはラジオ、ガラス製品、おもちゃのトラック、衣料品など多数の製品分野でライセンス供与契約を結んでいるが、これには法的保護の意味合いもあった。結局、ライセンス供与プログラムが大成功したため、今ではコカ・コーラ自身がコカ・コーラの名を冠したさまざまな商品を消費者に直接販売している。

ライセンス供与にはリスクもある。開放策をとれば商標が過剰露出になりかねない。製品の裏にある動機やマーケティング協定を消費者はかならずしも知っているわけではないため、一見何の関係もない製品にブランドがライセンス供与されれば、混乱したり、腹を立てたりすることさえある。さらに、製品が消費者の期待に見合うものでなければ、ブランド・ネームに傷がつく可能性もある。

ガイドライン

ライセンス供与における１つの危険は、ライセンス供与を受けているブランドの人気が単なる一時的流行にすぎず、売上が長続きしないこともあるという点である。複数のライセンス供与がなされると過剰露出となりやすく、結果としてたちまち飽きられる。お馴染みのワニのマークを持つアイゾット・ラコステの売上は、1982年に４億5000万ドルとピークに達したが、このブランドが過剰露出となり値引きの対象となったのち、1990年にはシャツの売上が推定１億5000万ドルにまで減少した[30]。その後フィリップス・ヴァン・ヒューゼンに買収され、慎重なマーケティングによって、このブランドは返り咲いている。

ライセンス供与の契約において、企業は自己防衛のために多くの手段を講じている。特に独自のブランド・エクイティをわずかしか有しておらず、ライセンサーのイメージに頼っている企業はその傾向が強い[31]。たとえば、リスクを分散するため、幅広い（長く続く

ものもある）エンティティでライセンス権を取得している。ライセンシーはユニークな新製品、販売方法、マーケティング・アプローチを開発しており、その売上はライセンサーのブランドの人気だけによるものではない。マーケティング・リサーチを行って、製品とライセンス供与されたエンティティが確実に適合するように努めたり、効果的な在庫管理のためにより正確な販売予測を心がけたりしている企業もある。

　企業の商標のライセンス供与とは、企業名、ロゴ、あるいはブランドのライセンスが、さまざまな製品、しばしば関係のない製品にまで供与されることである。たとえばハーレーダビッドソンは、何年か前の財務危機のどん底のとき、ポロシャツ、金の指輪、さらにはワインクーラーにまでその名をライセンス供与した。財務状況が持ち直してからは、もっと統一感のある戦略を立て、2011年の年次報告書によれば大きな成功をおさめている。

　　　当社は「ハーレーダビッドソン」の社名および当社が所有する他の商標をライセンス供与することにより、愛好家向けのさまざまな商品を通じて、お客様およびオートバイに乗らない一般の方々におけるハーレーダビッドソン・ブランドの認知を創出しています。当社のライセンス許諾商品にはTシャツ、自動車および自動車付属品、ジュエリー、小型革製品、玩具など多数あります。ライセンス供与の大半はアメリカで行っていますが、海外市場にもライセンス供与活動を拡大していきます。ライセンス供与による使用料収入は、オートバイセグメントの純利益に含まれますが、2010年に3980万ドル、2009年に3830万ドル、2008年に4540万ドルでした。

　ほかにも、ジープ、キャタピラー、ディア、ジャックダニエルなど、一見ターゲットを絞っているように思えるブランドも、ライセンス供与契約をしている多数の企業リストの中に入っている。

　企業が自社の商標のライセンス供与をする動機は、売上や利益を伸ばす、商標を守る、自社ブランドの露出を増やす、ブランド・イメージを高めるなど、さまざまだろう。在庫費用、売掛金、製造費用が発生しないため、利益面での魅力は無視できない。実際の割合は2％から10％までさまざまであるが、平均的な取り決めでは、ライセンシーは製品1点について卸売価格の約5％のライセンス使用料を支払っている。今では、ライセンス供与した商品を自社のカタログを通じて販売している企業もある。

　しかし、コ・ブランド契約と同様、当該製品がブランドの評判に見合わないというリスクを伴う。不適切なライセンス供与によって、消費者にとってのブランド・ミーニングや組織内マーケティングの焦点が希釈化されることもある。消費者は特定の製品やサービスの背後にある財務上の取り決めなど意に介さない。ブランドが使用されるのであれば、ブランド・プロミスは守られなければならない。

有名人による推奨

製品のプロモーションに憧れの対象となっている有名人を起用することは、長いマーケティングの歴史の中で広く行われてきた。元アメリカ大統領の故ロナルド・レーガンでさえ、俳優時代には、有名人推奨者としてタバコをはじめさまざまな製品の宣伝をしていた。アメリカにおいては製品の推奨を断る俳優や女優でも、海外では喜んでそれをしている人たちがいる。たとえばアーノルド・シュワルツネッガー（アリナミンＶドリンク）、ブラッド・ピット（ソフトバンク）、ハリソン・フォード（キリンビール）など男性的なイメージの強いアメリカ人俳優は、みな日本でブランドの広告に出演している。ミルウォード・ブラウンの推定によると、有名人が登場する広告はアメリカでは全体の15％であるが、インドではその数字が24％、台湾では45％に跳ね上がる[32]。

消費者が有名人に対し有している知識に基づいて行う推論のおかげで、有名人はブランドに注意を引きつけ、ブランドについての知覚を形成できるというのが、有名人を起用する戦略の論理的根拠である。有名人のファンは、その有名人が推奨する製品やサービスのファンにもなるだろうという期待がある。そうした有名人には、ブランドの認知、イメージ、レスポンスを向上させることができるほど、十分な知名度がなければならない。

特に、有名人推奨者は目立つ存在であり、潜在的に有益な連想とジャッジメントとフィーリングを豊富に有していなければならない[33]。推奨をする有名人が、専門的知識、信頼性、好感度や魅力という点で信用できるとともに、製品の潜在的な重要性に結びつくような連想を有していれば理想的である。

潜在的諸問題

有名人の推奨者をブランドに結びつけることには、プラス面もあるが潜在的な問題も多数ある。第1に、有名人推奨者があまりに多くの製品を推奨すると、特定の製品ミーニングを欠いたり、日和見主義だとか不誠実だとみなされる可能性がある。NFLの名クウォーターバック、ペイトン・マニングはフットボール選手としての成功と朴訥な人柄を見込まれて、多数のブランド（ディレクTV、ゲータレード、マスターカード、オレオ、リーボック、スプリントなど）の推奨契約を結んだ。しかし特にフットボールシーズン中は彼が出演するコマーシャルの多くが同時に流れるため、過剰露出のリスクを冒している[34]。

第2に、有名人と製品の組み合わせが妥当なものでなければならない[35]。この点をテストすれば、過去の多くの推奨が不合格となるだろう。NBAのスター選手、コービー・ブライアントはトルコ航空に、レーサーのダニカ・パトリックはインターネットドメイン登録とウェブホスティング会社のゴーダディの広告に起用されているが、2人ともこれらのサービスと明確な関係があるようには見えない。近年の上手な組み合わせとしては、コメデ

ィアンのビル・コスビーが茶目っ気たっぷりに出演したジェロー、癌から生還した自転車
競技のチャンピオン、ランス・アームストロングとブリストル・マイヤーズスクイブの抗
癌剤の例がある。

　第3に、有名人の推奨者がトラブルに巻き込まれたり人気を失ったりして、ブランドに
とってのマーケティング上の価値が下がったり、期待したほどの効果をあげられなかった
りすることがある。ほとんどの企業は有名人と契約を結ぶ前に身辺調査を行うが、将来の
不品行を防げるわけではない。O・J・シプソン、マーサ・スチュワート、マイケル・ジ
ャクソンなど、多くのスポークスパーソンが法律的なトラブルや私生活上の問題に巻き込
まれたり、何らかの形で物議をかもしたりして、マーケティング上の価値を低下させた[36]。
図表7-5は、特に良く知られている、有名人の推奨が裏目に出た例の一覧である。一部の
企業は、訴求の幅を広げ、1人の有名人と結びつけるリスクを下げるため、複数の有名人
を起用したり、すでに他界して評価が定まっている有名人を使ったりするようになってい
る。他界した有名人は2009年に北米で22億5000万ドルを稼いだと推定されている[37]。

図表7-5　有名人推奨の失敗例

有名人（ブランド）：失敗

ジェームズ・ガーナーとシビル・シェパード（牛肉）：ガーナーは心臓病にかかり、シェパードは雑誌の
インタビューで自分は赤身肉は食べないと語ったあと、2人とも降板させられた。

マルチナ・ヒンギス（セルジオ・タッキーニ）：5年契約の途中に、女子テニスの元チャンピオンのヒン
ギスは慢性的な足の故障の原因になったとして、テニスシューズを提供していたイタリアのメーカー、
セルジオ・タッキーニを相手取り3500万ドルの訴訟を起こした。

マイケル・ビック（ナイキ、リーボック、アッパー・デックなど）：元フットボールのスター選手だった
ビックは闘犬賭博問題で有罪判決を受けたのち、契約企業に降板させられ、5000万ドル以上の推奨契約
を失ったとされる。

ウーピー・ゴールドバーグ（スリムファースト）：コメディ女優のゴールドバーグは民主党のイベントで
当時のジョージ・W・ブッシュ大統領について失言をし、契約を打ち切られた。

コービー・ブライアント（マクドナルド、スプライト、ヌテラ）：バスケットボールのスター選手、ブラ
イアントは、強姦罪で告発されたのち、数百万ドルに相当する推奨契約を失った。

ケイト・モス（H&M、ペプシ、バーバリー、シャネル）：モデルのモスはタブロイド紙にコカイン使用
を暴露されたのち、多数の企業からスポークスパーソン契約を打ち切られた。

マイケル・フェルプス（ケロッグ）：オリンピックの水泳金メダリストだったフェルプスは、マリファナ
を吸っている写真を撮られたのち、契約を打ち切られた。

タイガー・ウッズ（アクセンチュア、ジレット、ゲータレード、AT&T）：ゴルフチャンピオンのウッズ
は複数の不倫報道が出たため、多数の推奨契約を失った。

出典：以下の資料を参考にした。Jack Trout, "Celebs Who Un-Sell Products," *Forbes*, 13 September 2007; Mike Chapman, "Celebrities
　　　Moving Products? Not So Much," *Adweek*, 8 June 2011; Steve McKee, "The Trouble With Celebrity Endorsement," *Bloomberg
　　　BusinessWeek*, 14 November 2008.

第7章　ブランド・エクイティ構築のための二次的ブランド連想の活用

　第4に、多くの消費者は、有名人がお金のために推奨をしているだけで、そのブランドを良いと思っているとは限らず、使いさえしていないのではないかと感じている。さらに悪いことに、有名人のコマーシャル出演料でブランドは多額の不必要なコストを支払っていると思う消費者もいる。実際、多くの場合、有名人の起用は安くはなく、1つのブランドを推奨するのに何百万ドルも要求されることがある。

　また、有名人はともに仕事をするのが難しかったり、当該ブランドのマーケティング上の方針に従いたがらないこともある。テニス選手のアンドレ・アガシがナイキの広告と同時期にキヤノンのカメラ「Rebel」のコマーシャルにも出たときは、ナイキは忍耐力を試された。キヤノンの広告で彼はカメラを覗き、「イメージがすべて」と言った。それはナイキのブランド・エクイティの基礎である「信頼できる運動性能」というポジショニングとは正反対だ。しかし全仏オープンの優勝で、アガシとナイキは良好な関係に戻っている。

　最後に、第6章で述べたように、有名人が広告の中で注目を奪ってしまい、消費者が有名人には気づいても、広告されているブランドを思い出しにくくなることがある。ペプシは話題になった広告キャンペーンから、歌手のビヨンセ・ノウルズとブリトニー・スピアーズを降ろすことにした。このスターたちがキャンペーンから得たのと同等のプロモーション効果を、ペプシ・ブランドは得ていないと感じたからである。ペプシはその後、推奨者なしで製品にスポットライトを当てた「ペプシ、これこそコーラ」という広告を実施した。セリーヌ・ディオンとの3年間1400万ドルの契約にサインしたクライスラーは、1年目に彼女を降ろした。「パシフィカ」を運転するディオンを起用したコマーシャルによって大きく伸びたのは、車ではなく彼女の売上のほうだったからである。

　ブランドが有名人に依存しすぎるようになる場合もある。レストラン・チェーン、ウェンディーズの創始者で会長だったデイブ・トーマスは、素朴で慎み深く庶民的なスタイルと製品への強い思い入れにより、同社の効果的な宣伝マンであった。成人消費者の90%以上に認知されていたトーマスは、2002年初めに死去するまで、12年間にわたって何百本ものコマーシャルに出演した[38]。しかしその後、トーマスにかわる適切な広告アプローチがなかなか見つからず、ウェンディーズのブランドは何年間も低迷した。

ガイドライン

　こうした問題を克服するため、マーケターは有名人のスポークスパーソンを戦略的に評価し、選択し、起用しなくてはならない。第1に、ブランドと関連性を有し、移転の可能性が高く、知名度があり、評価の定まっている有名人を選ぶべきである。たとえば、ブレット・ファーブは引退表明と現役復帰騒動を繰り返したものの、たくましく堅実な彼の人柄は、ラングラーのコマーシャル「Real. Comfortable. Jean.（リアル。着心地の良い。ジーンズ。）」の草フットボールの試合に良く似合う。

271

第2に、ブランドと人との間に論理的な適合性がなければならない[39]。混乱や希釈化を避けるため、有名人が他の多くのブランドと結びつけられていたり、過度に露出していないことが理想である。香港の人気俳優ジャッキー・チェンは電動自転車やアンチウイルスソフトから冷凍水餃子まで、コマーシャルに出演しすぎるとして批判されてきた。しかも運の悪いことに、彼が推奨した製品の多くがトラブルに巻き込まれている。シャンプーは発癌性物質の使用を指摘され、自動車修理学校は修了証をめぐるスキャンダルに見舞われ、ビデオコンパクトディスクのメーカーと教育用コンピュータのメーカーはいずれも倒産した。ある中国紙の論説は「ジャッキー・チェンは史上最もクールなスポークスパーソンだ。あらゆるものを破壊する男だ！」とコメントしている[40]。

第3に、広告とコミュニケーション・プログラムでは、関連性のある連想を強調し、移転の方法を工夫しながら、有名人を使わなければならない。デニス・ヘイスバートはテレビドラマ『24』でアメリカ合衆国大統領を演じ、その役柄と同じような風格のある頼もしい口調で、オールステート保険の「守ってくれる手」のスポークスパーソンを演じた。ウィリアム・シャトナーのユーモラスなプライスラインのコマーシャルはそれとは正反対に、この俳優の自虐的でクセのあるウィットを武器に、同社のディスカウントのメッセージに注目させている。

最後に、マーケティング・リサーチを行って、推奨者の候補を探し出し、適切なマーケティング・プログラムの開発を容易にするとともに、候補者の効果を追跡調査する必要がある。

有名人自身も自分の「ブランド」を管理して、価値を提供できるようにしなければならない。同様に、公の顔を持つ人は誰でも、自分のブランドイメージをいかに上手に管理するかを考えるべきだろう[41]。

スポーツ、文化、その他のイベント

第6章で説明したように、イベントにはそれ自体の連想集合があって、一定の条件下でスポンサーのブランドに結びつく。イベントのスポンサーをすると、そのイベントがブランドに関連づけられ、ブランド認知を高めたり、新たな連想を追加したり、既存の連想の強さ、好ましさ、ユニークさを向上させたりして、ブランド・エクイティに貢献する[42]。

イベントが連想を移転できるのは、主に信頼性によってである。ブランドは、イベントにリンクされることによって、好ましい、信頼がおける、専門性が高いと思われたりする。この移転がどの程度起こるかは、イベントの種類、スポンサーシップ・プログラムの設計、ブランド・エクイティの構築を目的とする全体のマーケティング・プログラムとの統合によって決まる。

第三者ソース

　ブランドを第三者ソースとリンクさせることで二次的連想を構築するという方法もある。たとえば、『グッド・ハウスキーピング』誌のシールは数十年にわたって高品質のマークとみなされており、購入から2年までは欠陥のある製品について交換または返金が行われている。『PC』誌のような主要な雑誌、米国歯科医師会のような組織、映画評論家ロジャー・エバートのような一般に認知された専門家、あるいは消費者レビューサイト、Yelpでエリートステータスを獲得したユーザーからの推奨は、明らかにブランドに対する知覚と態度を向上させることができる。

　第三者ソースは信頼性が高いため、広告キャンペーンや販売活動に第三者ソースが大々的に取り上げられることも多い。J.D.パワーズ・アンド・アソシエイツの有名な顧客満足度インデックスは、1980年代に日本の自動車メーカーの品質イメージを高め、相対的にアメリカのライバルメーカーの品質イメージに負の影響を与えた。1990年代には、航空会社、クレジットカード、レンタカー、電話サービスといった他の産業の品質格付けも始め、これらのカテゴリーでトップに評価されたブランドは、広告キャンペーンの中でその栄誉を取り上げるようになった。

　ソーシャルネットワークやブログの成長にともない、ブランドの運命に影響を与える可能性のあるさまざまなネット上のオピニオンリーダーが新しく登場しつつある。その中には、従来の企業や組織での実績を持つ者もいる。たとえば、『ウォール・ストリート・ジャーナル』のITコラムニスト、ウォルター・モスバーグは同僚のカーラ・スウィッシャーとITに特化したウェブサイト、www.allthingsd.comを立ち上げ成功している。2人は毎年恒例のITカンファレンス「D: All Things Digital」も運営しているが、このカンファレンスにはビル・ゲイツやスティーブ・ジョブズなどIT業界のトップリーダーが台本なしのインタビューに応じるなど、影響力を持っている。

　一連の出来事を通じて影響力を持つようになったオピニオンリーダーもいる。ジャスティン・エザリック（ハンドルネームiJustine）は自分の活動をインターネット上に「ライフキャスティング」し始めたが、彼女の名が本当に知れ渡ったのは、2007年8月に自分の所有する第1世代iPhoneの300ページにおよぶ請求書をAT&Tから受け取ったバイラルビデオを投稿してからだった。AT&Tに請求書の記載方法を改めるよう説得した（同社は利用明細のかわりに利用概要を送るようになった）ことで注目を浴びた彼女は、それを足場にユーチューブでの存在感を高めた。彼女の動画は数百万回も視聴され、エザリックはGE、インテル、マテルなど、彼女の信頼性を評価した企業とパートナーシップを築いた[43]。

Notes

1. Kevin Lane Keller, "Brand Synthesis: The Multi-Dimensionality of Brand Knowledge," *Journal of Consumer Research* 29, no. 4 (2003): 595-600.
2. 低レベルの移転効果の検証については、以下を参照されたい。Claudiu V. Dimofte and Richard F. Yalch, "The Mere Association Effect and Brand Evaluations," *Journal of Consumer Psychology* 21 (2011): 24-37.
3. Louise Story, "Can Burt's Bees Turn Clorox Green?," *New York Times*, 6 January 2008.
4. Heather Landi, "A-B Gets the Golden Egg," *Beverage World*, April 2011.
5. Jeff Smith, "Reputation Winners and Losers: High-lights from Prophet's 2010-2011 U.S. Reputation Study," white paper, 1 March 2011, www.prophet.com.
6. Wai-Kwan Li and Robert S. Wyer Jr., "The Role of Country of Origin in Product Evaluations: Informational and Standard-of-Comparison Effects," *Journal of Consumer Psychology* 3, no. 2 (1994): 187-212.
7. Tulin Erdem, Joffre Swait, and Ma Valenzuela, "Brands as Signals: A Cross-Country Validation Study," *Journal of Marketing* 70 (January 2006): 34-49; Yuliya Strizhakova, Robin Coulter, and Linda Price. Branding in a Global Marketplace: The Mediating Effects of Quality and Self-Identity Brand Signals," *International Journal of Research in Marketing* 28 (December 2011): 342-351.
8. "Rums of Puerto Rico Uncorks New Ad Campaign," *Caribbean Business*, 17 August 2011; "Rums of Puerto Rico Encourages Consumers to 'Just Think, Puerto Rican Rum,'" *PR Newswire*, 23 February 2011.
9. 「国のブランディング」についてより広範な論考は、以下の書籍で読むことができる。Philip Kotler, Somkid Jatusriptak, and Suvit Maesincee, *The Marketing of Nations: A Strategic Approach to Building National Wealth* (New York: Free Press, 1997); Wally Olins, "Branding the Nation-The Historical Context," *Journal of Brand Management* 9 (April 2002): 241-248; また、アイルランドに関しての興味深い分析は、以下の論文で読むことができる。Hlynur Gudjonsson, "Nation Branding," *Place Branding* 1, no. 3 (2005): 283-298.
10. 以下のサイトで、刺激的かつ啓発的な論考を読むことができる。www.strengtheningbrandamerica.com.
11. Zeynep Gurhan-Canli and Durairaj Maheswaran, "Cultural Variations in Country of Origin Effects," *Journal of Marketing Research* 37 (August 2000): 309-317.
12. Thomas Mulier, "Clash of the Angry Swiss Watchmakers," *Bloomberg Businessweek*, 8 May 2011.
13. Eric Wilson and Michael Barbaro, "Big Names in Retail Fashion Are Trading Teams," *New York Times*, 8 March 2008; Stephanie Rosenbloom, "Liz Claiborne to Be Sold Only at J.C. Penney Stores, *New York Times*, 9 October 2009.
14. Akshay R. Rao and Robert W. Ruekert, "Brand Alliances as Signals of Product Quality," *Sloan Management Review* (Fall 1994): 87-97; Akshay R. Rao, Lu Qu, and Robert W. Ruekert, "Signalling Unobservable Product Quality through Brand Ally," *Journal of Marketing Research* 36, no. 2 (May 1999): 258-268; Mark B. Houston, "Alliance Partner Reputation as a Signal to the Market: Evidence from Bank Loan Alliances," *Corporate Reputation Review* 5 (Winter 2003): 330-342; Henrik Uggla, "The Brand Association Base: A Conceptual Model for Strategically Leveraging Partner Brand Equity," *Journal of Brand Management* 12 (November 2004): 105-123.
15. Robin L. Danziger, "Cross Branding with Branded Ingredients: The New Frontier," the ARF Fourth Annual Advertising and Promotion Workshop にて発表された論文, February 1992.
16. Kim Cleland, "Multimarketer Melange an Increasingly Tasty Option on the Store Shelf," *Advertising Age*, 2 May 1994,5-10.
17. E. J. Schultz, "How Kraft's Lunchable Is Evolving in the Anti-Obesity Era," *Advertising Age*, 19 April 2011.
18. Ed Lebar, Phil Buehler, Kevin Lane Keller, Monika Sawicka, et al., "Brand Equity Implications of Joint Branding Programs," *Journal of Advertising Research* 45, no. 4 (2005).
19. Nicole L. Votolato and H. Rao Unnava, "Spillover of Negative Information on Brand Alliances," *Journal of Consumer Psychology* 16, no. 2 (2006): 196-202.
20. Ed Lebar, Phil Buehler, Kevin Lane Keller, Monika Sawicka, Zeynep Aksehirli, and Keith Richey, "Brand Equity Implications of Joint Branding Programs," *Journal of Advertising Research* 45, no. 4 (2005): 413-425; Tansev Geylani, J. Jeffrey Inman, and Frenkel Ter Hofstede, "Image Reinforcement or Impairment: The Effects of Co-Branding on Attribute Uncertainty," *Marketing Science*, 27 (July-August 2008): 730-744.
21. 一般的な背景については、以下を参照されたい。Akshay R. Rao, "Strategic Brand Alliances," *Journal of Brand Management* 5, no. 2 (1997): 111-119; Akshay R. Rao, L. Qu, and Robert W. Ruekert, "Signaling Unobservable Product Quality through a Brand Ally," *Journal of Marketing Research* (May 1999): 258-268; Allen D. Shocker, Raj K. Srivastava, and Robert W. Ruekert, "Challenges and Opportunities Facing Brand Management: An Introduction to the Special Issue," *Journal of Marketing Research* 31 (May 1994): 149-158; Tom Blackett and Bob Boad, *Co-Branding-The Science of Alliance* (London: Palgrave MacMillan, 1999).
22. Kevin Helliker, "Can Wristwatch Whiz Switch Swatch Cachet to an Automobile?" *Wall Street Journal*, 4 March 1994, A1; Beth Demain Reigber, "DaimlerChrysler Smarts as BMW Mini Looms," *Dow Jones Newswire*, 20 June 2001; Chris Reiter, "U.S. Sales of Daimler's Smart Brand Minicar Plummet," *Washington Post*, 11 January 2010; "2012 Smart Fortwo Electric Drive Hits 75 mph, Whizzes to 60 in 13 Seconds," www.autoblog.com, 16 August 2011.
23. Philip Kotler and Waldemar Pfoertsch, *Ingredient Branding: Making the Invisible Visible* (New York: Springer, 2010); John Quelch, "How to Brand an Ingredient," www.blogs.hbr.org, 8 October 2007.

24. Gregory S. Carpenter, Rashi Glazer, and Kent Nakamoto, "Meaningful Brands from Meaningless Differentiation: The Dependence on Irrelevant Attributes," *Journal of Marketing Research*(August 1994): 339-350. 以下も参照されたい。 Christina Brown and Gregory Carpenter, "Why Is the Trivial Important? A Reasons-Based Account for the Effects of Trivial Attributes on Choice," *Journal of Consumer Research*, 26 (March 2000): 372-385; Susan M. Broniarczyk and Andrew D. Gershoff, "The Reciprocal Effects of Brand Equity and Trivial Attributes," *Journal of Marketing Research*41 (2003): 161-175.

25. Martin Bishop, "Ingredient Branding, Or, Finding Your Nemo," www.landor.com, July 2010.

26. www.singaporeair.com; Bettina Wassener, "Airlines in Asia Resist the No-Frills Trend," *New York Times*, 24 December 2009.

27. Kit R. Roane, "Stores Within Stores: Retail's Savior?," www.money.cnn.com, 24 January 2011. 以下も参照されたい。 Kinshuk Jerath and Z. John Zhang, "Store Within a Store," *Journal of Marketing Research*47 (August 2010), 748-763.

28. Philip Kotler and Waldemar Pfoertsch, *Ingredient Branding: Making the Invisible Visible* (New York: Springer, 2010); Donald G. Norris, "Ingredient Branding: A Strategy Option with Multiple Beneficiaries," *Journal of Consumer Marketing* 9, no. 3 (1992): 19-31.

29. "Top 125 Global Licensors," *License*, May 2011; "Disney's 2011 Investor Conference: Disney Consumer Products," www.disney.com/investors, 17 February 2011; Bruce Orwall, "Disney's Magic Transformation?" *Wall Street Journal*, 4 October 2000.

30. Teri Agins, "Izod Lacoste Gets Restyled and Repriced," *Wall Street Journal*, 22 July 1991, B1.

31. Udayan Gupta, "Licensees Learn What's in a Pop-Culture Name: Risk," *Wall Street Journal*, 8 August 1991, B2.

32. Cate Doty, "For Celebrities, Ads Made Abroad Shed Some Stigma," *New York Times*, 4 February 2008; Dean Crutchfield, "Celebrity Endorsements Still Push Product," *Advertising Age*, 22 September 2010.

33. Grant McCracken, "Who Is the Celebrity Endorsor? Cultural Foundations of the Endorsement Process," *Journal of Consumer Research* 16 (December 1989): 310-321.

34. "Manning's Roster of Endorsements," *USA Today*, 16 November 2006; Curtis Eichelberger, "Colts Victory May Bring Manning $3 Million More in Endorsements," www.bloomberg.com, 5 February 2010.

35. Shekhar Misra and Sharon E. Beatty, "Celebrity Spokesperson and Brand Congruence," *Journal of Business Research* 21 (1990): 159-173.

36. Eugenia Levenson, "Risky Business," *Fortune*, 17 October 2005; Steve McKee, 'The Trouble with Celebrity Endorsements," *Bloomberg Businessweek*, 14 November 2008.

37. Jonathan Keehner and Lauren Coleman-Lochner, "In Death, Endorsements Are a Girl's Best Friend," *Bloomberg Businessweek*, 23 January 2011; "I See Dead People," *Adweek Media*, 14 March 2011.

38. John Grossman, "Dave Thomas' Recipe for Success," *Sky*, November 2000, 103-107; Bruce Horvitz, "Wendy's Icon Back at Work," *USA Today*, 31 March 1997, B1-B2.

39. Misra and Beatty, "Celebrity Spokesperson and Brand Congruence."

40. David Pierson, "If Jackie Chan Says It's Good-Well, Get a Second Opinion", *Los Angeles Times*, 23 August 2010; ジャッキー・チェンについては、以下の記事がもっと好意的である。 Ron Gluckman, "Kicking It Up for Kids," *Forbes*, 18 July 2011.

41. Tom Peters, "A Brand Called You," *Fast Company*, 31 August 1997; Doric Clark, "Reinventing Your Personal Brand," *Harvard Business Review*, March 2011, 78-81.

42. スポンサーシップの多数の課題に関する一般的背景と掘り下げた研究については、以下を参照されたい。*Journal of Sponsorship*, a Henry Stewart publication.

43. Mark Borden, "The New Influentials," *Fast Company*, November 2010,125-131.

第8章
ブランド・エクイティの測定およびお管理システムの開発

プレビュー

　第2章から第7章では、ブランド・エクイティを構築するさまざまな戦略やアプローチについて述べている。本章では、消費者がブランドについて何を知っており、何を感じ、ブランドに対してどのように行動するのか、また、マーケターが自社のブランド・パフォーマンス評価手順をどのように構築すればよいのかについて見ていく。

　CBBEモデル（顧客ベースのブランド・エクイティ・モデル）からは、ブランド・エクイティ測定法に関する指針を得ることができる。顧客ベースのブランド・エクイティを、顧客反応に及ぼすブランド知識の差別化効果だとするなら、エクイティの測定として基本的アプローチは2つある。**間接的アプローチ**では、消費者のブランド知識——ブランドに結びつくすべての思考、感情、イメージ、知覚、信念——を識別し、トラッキングして、顧客ベースのブランド・エクイティの潜在的源泉を評価する。一方、**直接的アプローチ**では、マーケティング・プログラムのさまざまな側面に対する消費者反応にブランド知識が及ぼす実際の影響を評価する。

これら2つのアプローチは補完的な関係にあり、マーケターは両者を用いるべきである。つまり、ブランド・エクイティが有益な戦略機能を果たし、マーケティングにおける意思決定の指針となるためには、マーケターはブランド・エクイティの源泉と、それが売上等の成果にどのような影響を与えるのか、また、これら源泉と成果が長期的に変化するとしたらどのように変化するのかについて、しっかりと理解しなければならない。

本章ではブランド・エクイティの測定および管理をどのように捉えたらよいのか、全体像を押さえておこう。具体的には、ブランド・エクイティ測定システムの開発と実行の方法について考察する。**ブランド・エクイティ測定システム**とは、ブランドについての、タイムリーで、正確で、実用的な情報をマーケターにもたらすよう設計された一連の調査手順である。それにより、マーケターは可能なかぎり最善の短期的戦術と長期的戦略を決定できる。ブランド・エクイティの源泉と成果を完全に理解し、この2つをできるかぎり関連づけることになる。

理想的なブランド・エクイティ測定システムを実施すれば、組織内のしかるべき意思決定者が、しかるべきときに、ブランドや競合相手に関して、完全で、最新で、かつ適切な情報を得ることができる。マーケティングのアカウンタビリティに対するニーズの高まりの背景について説明したあと、この理想を達成するための3ステップ——すなわちブランド監査の実施、ブランド・トラッキング調査の設計、およびブランド・エクイティ管理システムの構築——を詳述する。

新たなアカウンタビリティ

多くの企業の上級管理職は、マーケティング概念やブランドの重要性を認識しているが、以下のような疑問に苦労している人が多い。我が社のブランドはどのくらい強いのか。どうしたら我が社のマーケティング活動に価値を生み出させることができるか。その価値をどのように測定したらよいのか。

使われているマーケティング支出は、**マーケティング投資収益率**（ROMI）[1]によって効果や効率が証明されるべきである。アカウンタビリティが増してきたことにより、マーケターは新たな測定手法を開発するという難しい課題に取り組まなくてはならなくなった。

問題を難しくしているのは、業種やカテゴリーにもよるが、マーケティング支出の最大70％（あるいはそれ以上）が、ブランド・エクイティを改善すると見られるプログラムや活動に費やされており、それらは短期増益に結びつかない点である[2]。したがって、投資収益率を正確に評価するには、消費者への短期的かつ長期的な影響の両方から、マーケティングの価値を測定することが非常に重要なのである。

第8章　ブランド・エクイティの測定および管理システムの開発

　売上の短期的な変化を測定するROMI以外に、マーケティング支出の価値を明らかにし立証する新たなツールや手順がマーケターに必要なのは明らかである。第3章では、ブランド・レゾナンスとブランド・バリュー・チェーンを紹介した。それぞれ、消費者がどのようにブランドと強い絆を作るか、マーケターがどうすればブランディング施策の成功を評価できるかを知るための体系的な手段である。本章では、それらを探す助けとなる概念と考え方について述べよう。

ブランド監査の実施

　ブランドと製品について消費者がどう考え、感じ、行動するかを知り、情報に基づいた戦略的なポジショニング意思決定を行うためには、まずブランド監査を実施しなければならない。**ブランド監査**とは、ブランド・エクイティの源泉を見つけ出すためにブランドを包括的に調査することである。会計の世界でいう監査とは、外部の会社が会計記録を分析、テスト、確認など系統的な検査を行うことである[3]。会計監査の結果は会計報告という形で、企業の財務上の健全性を示している。

　マーケティングにおいても、同じような考え方が提案されている。**マーケティング監査**は、「企業もしくは事業単位のマーケティング環境、目的、戦略、活動を、包括的、系統的、独立性を持って定期的に調査することであり、問題のある領域と機会を判断し、企業のマーケティング成果を向上させるための活動提案を目的としている」[4]。マーケティング監査プロセスには3つの段階がある。第1段階は目的、範囲、アプローチへの合意、第2段階はデータ収集、第3の最終段階は報告書の準備とプレゼンテーションである。これらは、マーケティング活動が効果的かつ効率的に実施されているかどうかを確認するための、企業内部に焦点を合わせた活動である。

　一方、ブランド監査は外部の消費者に焦点を合わせて実施されるもので、ブランドの健全性を評価し、ブランド・エクイティの源泉を明らかにし、エクイティを向上させ活用するための方法を提示している。ブランド監査では、企業と消費者の双方の視点から、ブランド・エクイティの源泉を理解する必要がある。企業の視点からは、現在どのような製品やサービスが消費者に提供されているのか、それらはどのような方法で市場に出されブランド化されているのか、そして消費者の視点からは、心に深く抱かれたどのような知覚や信念が、ブランドや製品の真の意味を創出しているのかに焦点が当てられる。

　ブランド監査の実施によって、ブランドの戦略的方向性が設定できる。戦略的方向性を変更する見込みがあれば、経営陣はブランド監査を必ず実行しなければならない[5]。現在のブランド・エクイティの源泉は満足できるものか。特定のブランド連想を追加、除去、強化する必要はないか。どのようなブランド機会が存在し、ブランド・エクイティにどの

279

ような問題が発生する可能性があるのか。このような問いに答えることにより、売上と長期的なブランド・エクイティを最大化するマーケティング・プログラムを実行できる。

ブランド監査を定期的に、たとえば毎年の計画サイクルに組み入れることで、ブランドの状態を常に把握できる。このように、ブランド監査は、マーケティング計画を立案する際にきわめて有益な予備知識を提供してくれる。また、ブランドの戦略的方向性と、その結果である成果に重大なインプリケーションを有することがある。

ブランド監査は、ブランド棚卸しとブランド探索という2段階で構成されている。それぞれ順に論議していこう。BRAND FOCUS 8.0では、ロレックスを例にブランド監査のサンプルを示している。

■ ブランド棚卸し

ブランド棚卸しの目的は、企業が販売するすべての製品とサービスが、どのように市場に出されブランド化されているか、包括的な最新のプロファイルを描き出すことである。製品とサービスを個別にプロファイリングするには、製品やサービスそれぞれについて、ネーム、ロゴ、シンボル、キャラクター、パッケージ、スローガン、その他の商標、固有の製品属性やブランドの特性、価格設定、コミュニケーション、流通政策、そしてブランドに関連したすべての重要なマーケティング活動を、文字や図を用いて整理しなければならない。

さまざまなマーケティング活動とマーケティング・プログラムをすべて掲示するか、アクセス可能な状態にした「作戦司令室」を設けている企業もある。

ブランド棚卸しの結果、すべての製品とサービスがどのようにブランド化されているかが、使用されているブランド要素や支援的マーケティング・プログラムとの関連で、正確、網羅的、かつ最新の状態でプロファイリングされなければならない。また、競合ブランドについてもできるかぎり詳細にプロファイリングし、類似化ポイントと差別化ポイントを決定することが望ましい。

■ 論理的根拠

ブランド棚卸しがブランド監査の重要な第1段階である理由はいくつかある。まず、消費者の現在の知覚が何に基づいているのかを示唆してくれる。消費者の連想は、通常、連想に付随するブランド要素の意図的な意味に根ざしているが、そうでない場合もある。そのため、ブランド棚卸しは、次に論じるブランド探索のようなフォローアップ調査を解釈する上で、有益な情報をもたらしてくれる。

ブランド棚卸しは基本的には記述的な性格を持つ活動だが、有益な分析結果や、ブランド・エクイティ管理の向上につながる洞察をもたらすこともある。たとえば、1つのブラ

ンド・ネームを共有するさまざまな製品やサービスすべての一貫性を評価することができる。異なったブランド要素が一貫性のある根拠の上で用いられているか、それとも市場の地理的条件や標的市場セグメントに応じて（明確な理由もなく）、同一製品であってもブランド・ネームやロゴなどを使い分けているか。同様に、支援的マーケティング・プログラムが論理的であるか、関連する製品すべてに一貫しているかなどについての洞察を与えてくれる。

　企業が製品の販売地域を拡張したり、他のカテゴリーに拡張したりする際、ブランドの利用やマーケティングに偏り——時には著しい偏り——が現れることがよくある。ブランド棚卸しを徹底すると、ブランドの一貫性の度合いを明らかにすることができる。また、たとえばライン拡張の結果として、同一のブランド・ネームを共有するようになった複数の製品は、重要な次元で差が出るように設計されているが、その差異が消費者に知覚されていない事実がブランド監査で明らかになることもある。明確なポジショニングを有するサブ・ブランドを創出することがマーケティングの優先事項となるケースは多いが、ブランド棚卸しは、消費者の混乱や小売業者の抵抗を招きかねない、望ましくないポジショニングの重複を明らかにしてくれる。

■ ブランド探索

　ブランド棚卸しで明らかになる供給者側の視点は有用だが、当然、実際の消費者知覚がマーケティングで意図された知覚を必ずしも反映していない場合もある。したがって、ブランド監査の第2段階は、**ブランド探索**によって、消費者がブランドをどのように考えているかについて詳細な情報を得ることである。ブランド探索とは、ブランド・エクイティの源泉と潜在的な障壁をより良く理解するために、消費者がブランドやブランドに対応した製品カテゴリーをどのように考え、感じ、どのような行動をとっているのかを理解することを目的とした調査である。

■ 予備的活動

　ブランド探索には、いくつかの予備的活動が有効である。多くの場合、先行する研究調査が多数存在している。たとえば、会社の記録を見直してみよう。埋没していたり長く忘れ去られていたけれども、多くの重要な疑問への回答や洞察を含んでいたり、今でも問う必要のある新たな疑問を示唆したりする報告書が見つかるかもしれない。

　次に、自社ブランドと競合ブランドに対する消費者の知覚について、社内スタッフがどのように考えているかを理解するため、社内スタッフにインタビューすることも有益である。その結果、過去の調査報告書からは必ずしも得られない知恵を、以前のマーケティング責任者に教えてもらえることもある。内部インタビューから浮かび上がる多様な意見は、

図表8-1　質的技法の要約	
自由連想	日常の行動再構成
形容詞による評価とチェックリスト	写真と文章による日記
告白インタビュー	参加型デザイン
投影法	消費者主導の問題解決
フォト・ソート	実生活での実験
原型調査	コラージュとドローイング
バブル・ドローイング	消費者シャドーイング
ストア・テリング	消費者と製品の相互作用
擬人化	ビデオ観察
ロール・プレイング	
メタファー表出法*	

*ZMET（Zaltman Metaphor Elicitation Technique：ザルトマン・メタファー表出法）

有用な洞察やアイデアを生み出したり、ブランドについての一貫性の欠如や誤解を指摘したりする機能を果たす。

　このような予備的活動は有用であるが、消費者がさまざまなブランドをどのように購買し使用するのか、それらのブランドについてどのように考え感じているのかに関する理解を深めるために、追加調査が必要になる場合も多い。広範囲にわたる問題をカバーし、そのいくつかを深く追究するために、ブランド探索は、図表8-1に要約したような質的調査の技法を第1ステップとして使用し、それからもっと絞り込んだ限定的なサーベイ調査による量的調査を行うことが多い。

■ 質的調査の解釈

　質的調査の技法にはさまざまな種類がある。何を利用するかは慎重に考慮すべきである。

基準

　レビューによると、質的調査の技法を分類し判断するためには、方向性、深さ、多様性の3つの基準がある[6]。たとえば投影法は、刺激情報の性質（人に関連しているのか、ブランドに関連しているのか）、反応がどの程度表層的で具体的か、それとも逆に深層的で抽象的か（この場合はさらに解釈が必要）、今回の情報は他の投影法で集められた情報とどのように関連しているのかなどに応じてさまざまに変わってくる。

　図表8-1において、左側のリストの上位にある技法では、回答を解釈するのが簡単であり、非常に具体的な質問がなされる。リストの下位にある技法では、内容は豊かだが解釈が難しい質問がなされる。右側のリストの上位にある技法は、消費者が自分で行うようにうまく作られた設問であり、具体的であるか、対象範囲が広い。リストの下位にある技法は、消費者のさまざまな行動を直接観察する方法である。

レビューによれば、質問が具体的になるほど、回答者がもたらす情報の範囲は狭くなる。質問の刺激情報が自由回答式で、回答の自由度が高いか制約が少ない場合、回答者はより多くの情報をもたらす傾向がある。しかし、調査技法が抽象的、象徴的になるほど、消費者の回答の背後にある動機や理由を明らかにする追跡調査や質問でフォローアップすることが重要になる。

ブランド探索の一環として実施される質的調査では、方向性、深さ、使用される技法が多岐にわたることが望ましい。しかし問題は、正確に解釈することである。消費者が明確に述べている内容にとどまらず、暗黙のうちに言おうとしている内容を判断しなければならない。

メンタル・マップとコアとなるブランド連想

質的調査によって得られる有用な成果がメンタル・マップである。**メンタル・マップ**は、特定の標的市場で突出しているすべてのブランド連想や反応を、詳細かつ正確に描き出してくれる。消費者にメンタル・マップを作ってもらう方法として最も単純なのは、真っ先に思い浮かぶブランド連想をたずねることである（「このブランドについて考えたとき、何が思い浮かびますか」）。第3章で紹介したブランド・レゾナンス・ピラミッドは、メンタル・マップから生まれる連想や反応のタイプを明確化するのに役立つ。

ブランド連想を関連カテゴリーにグループ分けしてみるのもよいだろう。**コアとなるブランド連想**とは、ブランドにおける5～10の最も重要な側面や次元を特徴づける抽象的な連想（属性とベネフィット）のことである。コアとなるブランド連想は、類似化ポイントと差別化ポイントをどのように創出するのかという点で見れば、ブランド・ポジショニングの基盤として役立つ。たとえば、ナイキのブランド調査で、消費者がレブロン・ジェームズ、タイガー・ウッズ、ロジャー・フェデラー、ランス・アームストロングを挙げるとすれば、彼らは「トップ・アスリート」として分類できる。難しいのは、関連するすべての連想を含める一方で、可能なかぎり明確にそれらを区分することである。図表8-2は、MTVの仮説的なメンタル・マップとコアとなるブランド連想を示している。

ブランド・コンセプト・マップ（BCM）という方法論では、ブランド連想のネットワーク（ブランド・マップ）を消費者から抽出し、個々のマップを統合してコンセンサス・マップを作り上げる[7]。このアプローチでは、マップ化ステージで用いたブランド連想の集合を被験者に提示することにより、ブランド連想を識別するブランド抽出ステージが構造化される。マップ化ステージも構造化されており、提示したブランド連想を使って個々のブランド・マップを被験者に構築してもらう。そのマップは、ブランド連想どうしがどのように結びついているか、ブランド連想とブランドがどのように結びついているか、ま

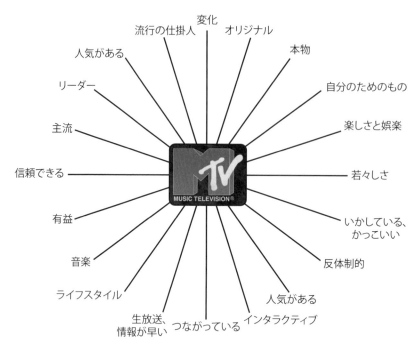

図表8-2a　典型的なMTVのメンタル・マップ
出典：MTV logo, MCT/Newscom

図表8-2b　MTVのコアとなるブランド連想	
音楽	**コミュニティ**
流行の曲と新しい曲	経験の共有（文字どおり、話題として）
信用性	**現代的**
専門家、信頼できる、真実性	いかしている、かっこいい
パーソナリティ	**自発性**
反権威、いかしている、かっこいい	情報通、迅速性
接近しやすさ	**オリジナリティ**
関係性、みんなのもの	本物、クリエイティブ
インタラクティブ性	**流動性**
つながっている、参加形式	常に変化し、進化し続ける

たその結びつきがどの程度の強さを表している。最後の統合ステージも構造化されている。個々のブランド・マップを段階を追って分析し、そこに含まれる共通の思考を明らかにする。図表8-3は、患者のサンプルが提供したメイヨークリニックのブランド・コンセプト・マップである。

　ブランド探索において質的調査と量的調査を行うのは、標的市場の明確かつ包括的なプロフィールを描くためである。このプロセスの一環として、標的市場の輪郭を把握するため、文字どおり人物像を創造してみる企業も多い。

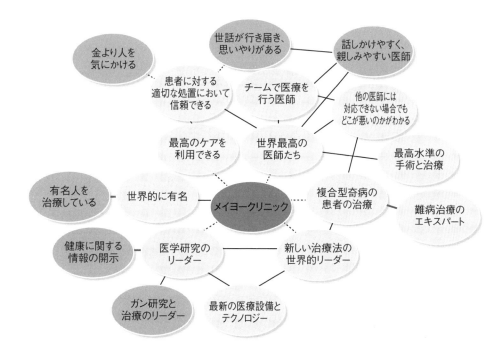

図表8-3　メイヨークリニックのブランド・コンセプト・マップのサンプル

■ 量的調査の実行

　質的調査は示唆に富んでいるが、ブランド認知の深さと幅、ブランド連想の強さ、好ましさ、ユニークさをより確実に評価するためには、量的な調査が必要になることが多い。

　ブランド探索の量的調査の指針は、比較的はっきりしている。まず、質的調査で特定された突出しうる連想すべてを、強さ、好ましさ、ユニークさの点から評価しなければならない。また、ブランド・エクイティの潜在的な源泉と成果を明らかにするために、特定のブランド信念と全体的な態度や行動を検討しなければならない。さらに、さまざまな手がかりを用いてブランド認知の深さと幅を評価する必要がある。一般に、競争相手に対しても同様の調査を実施して、相手のブランド・エクイティの源泉は何であり、ターゲット・ブランドと比較してどうであるかについて、理解を深める必要もある。

　上記の質的測定と量的測定についての議論の多くは、ブランド・ネームへの連想に集中していた。たとえば、調査でブランド・ネームを示したときに、消費者がブランドについて何を思い浮かべるかといったことである。ブランド探索にあたっては、ネーム以外のブランド要素も調査する必要がある。他のブランド要素も、ブランドの意味や側面を喚起する可能性があるからである。

　たとえば、製品パッケージやロゴだけに基づいて、消費者はブランドについて何を推測するだろうか。「パッケージだけを見て、ブランドについて何を思い浮かべますか」と質

問してもよい。パッケージのラベルやパッケージ自体の形状など、ブランド要素の特定の側面がブランド連想やブランド・エクイティの源泉を創出する上で果たしている役割を明らかにすることもできる。ブランド全体を最も効果的に表現し、象徴しているのはどの要素かを判断しなければならない。

ブランド・ポジショニングと支援的マーケティング・プログラム

ブランド探索では、コア・ブランドや競合ブランドの現在の知識構造を明らかにすると同時に、望ましいブランド認知、ブランド・イメージ、類似化ポイントと差別化ポイントを判断すべきである。現在のブランド・イメージを望ましいブランド・イメージに移行させることとは、一般に、第2章で説明したガイドラインにしたがって、消費者のマインド内に新たな連想を追加し、既存の連想を強化し、望ましくない連想を弱めたり排除したりすることである。

オーストラリアの著名なマーケティング学者であるジョン・ロバーツは、ブランドの理想的なポジショニングを達成する上での最大の課題は、以下の4つの考慮点を調和させることであると考えている。すなわち、(1)ブランドについて顧客が現在どう思っているか（そして何を信じられると思っているか）、(2)顧客が今後ブランドについて評価するのは何か、(3)企業が現在ブランドについて何を訴えているか、(4)企業がブランドをどこに移行させたいかの4点である（図表8-4参照）[8]。4つの考慮点の一つひとつは、ポジショニングに対する別々のアプローチを提案しているため、できるだけ4つの考慮点のバランスが良いポジショニングを見出さなければならない。

ブランド、マーケティング調査、製造の各担当マネジャーを含め、多数の社内の管理職が、計画策定とポジショニングのプロセスに参加できるはずである。マーケティング調査会社や広告会社など、関係する外部のマーケティング・パートナーも同様である。ブラン

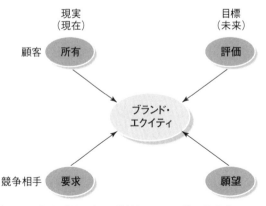

図表8-4　ジョン・ロバーツによるブランド・ポジショニングの考慮点
出典：オーストラリア国立大学商学・経済学部ジョン・ロバーツの許可を得て使用。

ド監査によって、標的消費者の現在のブランド知識構造を十分に理解し、最適なポジショニングのための望ましいブランド知識構造を決定してからも、そのポジショニングを達成するための戦術的プログラム候補をテストするための追加調査が必要となることもある。

ブランド・トラッキング調査の設計

　ブランド監査とは、ブランドの長期的戦略の方向性を設定するために不可欠な、掘り下げた情報と洞察をもたらす手段である。しかし、短期的戦術の決定に必要な情報を収集するためには、継続的なトラッキング調査を実施し、ブランド関連の概略的な情報を収集しなければならない。

　ブランド・トラッキング調査では、長期間にわたって定期的に消費者から情報を収集する。通常は、ブランド監査などから特定できる多数の主要次元に照らしたブランド・パフォーマンスの量的測定を用いる。ブランド・バリュー・チェーンの構成要素を適用して、どこで、どの程度、どのように、ブランド価値が創出されているのかをより良く理解し、それによって、当該ブランドが狙ったポジショニングをどれだけ達成できているかについての貴重な情報が得られる。

　ブランドを取り巻くマーケティング活動——企業によるブランド拡張や、ブランド支援を目的としたさまざまなコミュニケーション手段など——が盛んになるにつれ、個々についての調査の実施は困難になり、費用もかさむ。しかし、時間の経過とともに、マーケティング・プログラムに加えられた変更が多いか少ないかに関係なく、必要に応じて調整できるよう、ブランドとブランド・エクイティの健全性をモニターしなければならない。

　トラッキング調査は、日々の意思決定に役立つ基本情報を提供するという重要な役割を果たす。優れたトラッキング・システムがあれば、カテゴリー・ダイナミクス、消費者行動、競争上の脆弱性と機会、マーケティングの効果と効率性など、多くの重要な考慮点をより良く理解することができる。

■ トラッキングの対象

　第3章では、顧客ベースのブランド・レゾナンス・モデルに対応した測定尺度の詳細なリストを挙げたが、それらはすべてトラッキング調査に活用できる。しかし通常は、対象ブランドが直面している特定の課題に取り組むために、トラッキング調査をカスタマイズする必要がある。個々のブランドはそれぞれ固有の状況に直面しているため、トラッキング調査でもそれを反映して質問を変えなくてはならない。

■ 製品およびブランドのトラッキング調査

　各ブランドのトラッキング調査では、ブランド認知とブランド・イメージを測定する。再生と再認の測定尺度を用い、一般的な質問から特定の質問へと移行していく。したがって、消費者にはまず特定の状況でどのブランドが頭に浮かぶかをたずね、次に、さまざまな製品カテゴリーの手がかりをもとにブランド再生を求め、最後に、必要に応じて、ブランド再認テストを行う。

　ブランド・イメージ測定のためのトラッキング調査を行う場合も、一般的な測定尺度から特定の測定尺度へと移行するのが望ましい。とりわけ、「消費者が考える当該ブランドの特徴」といった特定の知覚や、「消費者にとって当該ブランドが意味するもの」といった評価の場合にはこの方法がよい。一般に、消費者の知識構造の豊かさに応じて特有のブランド連想が多数存在しているので、マーケターは長期にわたってそれらのトラッキング調査を行うべきである。

　ブランド間の競争が最も発生するのは膨張製品レベルであることを考慮すると（第1章を参照）、競合ブランドとの差別化につながるすべての連想を調査することが重要である。したがって、特定の「低レベル」なブランド連想の測定尺度には、パフォーマンス属性やイメージ属性、機能面および感情面でのベネフィット等、ブランド・エクイティの潜在的源泉がすべて含まれていなければならない。ベネフィット連想は主要な類似化ポイントや差別化ポイントを表していることが多いため、これらのトラッキングも重要である。しかし、ブランドのベネフィット信念に起きる何らかの変化をうまくつかむためには、こうした信念の奥にある属性信念も測定しなくてはならない。言い換えれば、記述的な属性信念の変化は、ブランドに対する、より望ましいベネフィット信念の変化を説明するのに役立つと考えられる。

　マーケターはこういった主要なブランド連想を評価すべきである。ブランド連想は、強さ、好ましさ、ユニークさに（この順序で）基づき、ブランド・エクイティの潜在的な源泉を構成している。消費者に想起してもらえるほど連想が強くなければ、いくら好ましくても意味がない。また、消費者の意思決定に影響を及ぼすほど好ましくなければ、ユニークであっても意味がない。3つの次元すべてを測定するのが理想であるが、おそらく連想の種類や回数は限られるだろう。たとえば、主要な3～5の連想の好ましさとユニークさを、年に1度だけ測定するという具合になる。

　さらに、もっと全般的で「より高いレベル」のジャッジメント、フィーリング、その他の成果に関連した測定尺度もトラッキングしなければならない。消費者に総括的な意見を求めたあとで、最近の数週間あるいは数カ月間で、態度、意図、行動に変化があったかどうか、あったならそれはなぜかをたずねるべきである。

　BRANDING BRIEF 8-1では、マクドナルドの簡単なトラッキング調査の実例を解説して

いる。

BRANDING BRIEF 8-1 –
ブランド・トラッキング調査のサンプル

　マクドナルドが簡単なオンライントラッキング調査の設計を検討しているとしよう。あなたならどのように作成するだろうか。質問の数も種類も多数あるが、構成は次のようになる。

導入部：当社はクイックサービスレストラン、いわゆる「ファストフード」レストランチェーンについての消費者のご意見を収集するため、簡単なオンラインサーベイ調査を行っております。

ブランド認知と使用
a. ファストフードレストランチェーンとして、あなたが認知しているブランドは何ですか。
b. ファストフードレストランチェーンで食事をするとしたら、どのブランドに行きたいと思いますか。
c. 先週、ファストフードレストランチェーンで食事をしましたか。どのレストランで食べましたか。
d. 明日のお昼をファストフードレストランチェーンで食べるとしたら、どこに行きますか。
e. 夕食を食べるとしたら、どのファストフードレストランチェーンに行きますか。
f. 朝食を食べるとしたら、どのファストフードレストランチェーンに行きますか。
g. あなたが好きなファストフードレストランチェーンはどこですか。

ファストフードレストランチェーンの中でマクドナルドについて、一般的な質問をします。
マクドナルドの名前を聞いたことがありますか。［名前が知られているかどうかを確認］
マクドナルドで食事をしたことがありますか。［試用の有無を確認］
マクドナルドという名前を聞いて、最初に連想するのは何ですか。
　ほかには何を連想しますか。［すべてリストアップしてください］

ブランド・ジャッジメント
マクドナルドについての全般的なご意見をお聞かせください。
a. マクドナルドに対してどの程度好感を持っていますか。
b. マクドナルドはどの程度あなたのニーズを満たしていますか。

c. 他の人にどの程度マクドナルドを勧めたいと思いますか。

d. マクドナルドはどの程度お得感がありますか。

e. マクドナルドはプレミアム価格に見合っていますか。

f. マクドナルドについて一番好きな点はどこですか。一番嫌いな点はどこですか。

g. マクドナルドの最もユニークな点はどこですか。

h. 他のファストフードレストランにはない、マクドナルドならではの長所はどの程度ありますか。

i. ファストフードレストランの他のブランドに比べて、マクドナルドはどの程度優れていますか。

j. ファストフードレストランの他のブランドに比べて、マクドナルドはどの程度あなたの基本的ニーズを満たしていますか。

次に、企業としてのマクドナルドについておたずねします。次の文章について、そのとおりだと思うかどうかお答えください。

マクドナルドは、

a. 革新的である

b. 良く勉強している

c. 信頼できる

d. 好感が持てる

e. 顧客に配慮している

f. 社会全体に配慮している

g. 尊敬できる

ブランド・パフォーマンス

マクドナルドについての具体的な質問にお答えください。次の文章について、そのとおりだと思うかどうかお答えください。

マクドナルドは、

a. 食事に便利である

b. 迅速で効率の良いサービスを提供してくれる

c. 店内が清潔である

d. 家族連れに理想的である

e. 食べ物がおいしい

f. 食べ物が健康に良い

g. メニューがバラエティ豊かである

h. スタッフが感じが良く礼儀正しい

i. 楽しいプロモーションを提供している

j. 外観とデザインがスタイリッシュで魅力的である

k. 食べ物の質が良い

ブランド・イメージ

a. あなたが憧れ尊敬している人々は、どの程度マクドナルドで食べていますか。

b. マクドナルドで食事をする人に、どの程度好感を持ちますか。

c. 次の言葉は、それぞれどの程度マクドナルドに当てはまりますか。

　堅実な　正直な　大胆な　時代に即している　頼りになる　成功している　上流である

　チャーミングである　アウトドア派である

d. マクドナルドは、あなたがいろいろな食事の場面で使えるレストランですか。

e. マクドナルドにどれだけ楽しい思い出がありますか。

f. 自分はマクドナルドとともに育ったとどの程度思えますか。

ブランド・フィーリング

マクドナルドに対して、あなたはどのような感情を有していますか。

a. 温かい

b. 楽しい

c. わくわくする

d. 安心感がある

e. 社会的に受け入れられている

f. 自尊心

ブランド・レゾナンス

a. 私はマクドナルドの得意客だと思う

b. なるべくマクドナルドで買うようにしている

c. わざわざ遠回りしてでもマクドナルドで食べる

d. マクドナルドが本当に好きだ

e. マクドナルドがなくなったら本気でさびしい

f. マクドナルドは私にとって特別な存在だ

g. マクドナルドは単なる商品以上の存在だ

トラッキング調査ではさまざまな質問を使い、マクドナルドのブランド・エクイティの源泉と成果を理解することができる。
出典：Kim Karpeles/Alamy

h. マクドナルドで食事をする人に親近感を覚える
i. マクドナルドで食事をする人と深い結びつきを感じる
j. 他の人にマクドナルドの話をするのが好きだ
k. 常にマクドナルドについての情報を知りたい
l. マクドナルドの名前入りのグッズがあったら興味がある
m. 他の人に自分がマクドナルドで食べていることを知られたら誇りに思う
n. マクドナルドのウェブサイトを見るのが好きだ
o. 他の人よりもマクドナルドについてのニュースを熱心に追いかけている

■ コーポレート・ブランドおよびファミリー・ブランドのトラッキング調査

　コーポレート・ブランドやファミリー・ブランドのトラッキングも、個別製品と別にまたは並行して（あるいは両方）行うべきである。また、第3章で述べた企業の信頼性に関する測定尺度のほか、以下のようなコーポレート・ブランド連想の測定尺度もある（GEのコーポレート・ブランドで例証）。

・GEの経営はどの程度優れているか。
・GEとはどの程度ビジネスをしやすいか。
・GEは顧客のことをどれだけ気にかけているか。
・GEはどの程度親しみやすいか。

- GEはどの程度アクセスしやすいか。
- GEとビジネスをすることをどの程度好ましく思うか。
- GEの株にどの程度投資したいと思うか。
- GEに友人が就職するとしたらどう思うか。

　実際の質問は、被験者が当該企業に対して有するであろう経験のレベルや性質を反映していなければならない。

　コーポレート・ブランディング戦略やファミリー・ブランディング戦略のように、1つのブランドが複数の製品を持っている場合に重要となるのは、消費者が当該ブランドのどの製品を思い出すかである。また、ブランドについて消費者の知覚に最も影響を及ぼすのはどの製品であるかも把握しておくほうがよい。

図表8-5　ブランド・コンテクスト尺度

経済指標
国内総生産
金利
失業率
平均賃金
可処分所得
持ち家率および住宅ローン
為替レート、株式市場、国際収支

小売業
スーパーマーケットでの支出総額
経年変化
プライベート・ブランドの成長

テクノロジー
家庭用コンピュータ
DVR（デジタルビデオレコーダー）
インターネットのアクセスおよび利用
電話
PDA（携帯情報端末）
電子レンジ
テレビ

個人の態度と価値観
信頼
安全
家族
環境
伝統的価値観
外国製品vs.国産品

メディア指標
メディア消費：テレビを見るなど、メディアに費やす時間
広告費：合計、メディア別、製品カテゴリー別

デモグラフィック・プロファイル
人口プロファイル：年齢、性別、収入、世帯規模
地域分布
民族および文化プロファイル

その他の製品とサービス
移動手段：自家用車−台数
最高の車種
オートバイ
持ち家または賃貸
昨年行った国内旅行
過去2年間に行った海外旅行

ブランドとショッピングに対する態度
価格を基準にした購入
新商品を好んで買う傾向
原産国や製造国
広告された商品を好んで買う傾向
馴染みのあるブランドの重要性

この点を明らかにするため、ブランド名からどの製品を連想するか、消費者に2通りの質問をする。助成なしの質問（「ナイキのブランドと聞いて、どの製品を思い浮かべますか」）と、サブ・ブランドの名を挙げる助成つきの質問（「バスケットボールシューズの『ナイキ・エアフォース』を知っていますか。テニスウェアの『ナイキ・スフィアリアクト』はどうですか。ランニングシューズの『ナイキ・エアマックス』はどうですか」）である。ブランドと製品間のダイナミクスを深く理解するために、両者の関係についても消費者に質問してみるとよい（「ナイキに関連する製品はいろいろありますが、あなたがこのブランドに対する考えを形成する上で最も重要な製品は何ですか」）。

■ グローバル・トラッキング

トラッキング調査の対象となる市場が広域にわたる場合、特に途上国も先進国も含むとしたら、これらの市場におけるブランドの発展を正しい視点で捉えるため、幅広い測定尺度が必要になる。頻繁に調査しなくてもよいが、役に立つ解説的情報が得られるはずである（図表8-5に代表的な測定尺度を示す）。

■ トラッキング調査の実施方法

トラッキング調査では、どのブランド要素を用いるべきだろうか。一般にはブランド・ネームを用いるが、ロゴやシンボルが意思決定プロセスにおいて明らかに重要な役割を果たしている場合には、ブランド構造を探るためにこれらを使うのもよいだろう。

また、トラッキング調査の対象者、タイミング、場所も決定しなくてはならない。

■ トラッキング調査の対象者

トラッキングは現在の顧客を対象にしがちである。しかし、たとえば細分化戦略の可能性を検討する場合、ブランドの非使用者あるいは製品カテゴリー全体の非使用者をモニターするのも有益である。対象ブランドへのロイヤルティが高い顧客と、他のブランドへのロイヤルティが高い人々、あるいは、ブランド間を渡り歩く人々を比較してトラッキングするのもよい。また、現在の顧客をヘビー・ユーザーとライト・ユーザーに区分することもできる。市場を区分した場合には、通常各セグメント特有の問題点をより良く把握するため、別々の質問票（少なくとも、基本的質問票にそれぞれの項目を設けること）が必要となる。

チャネル・メンバーや仲介業者など、他のタイプの顧客を細かくトラッキングして、ブランドに対する彼らの知覚や行動を深く理解することも有益である。特に注目すべきは、彼らがブランドにどのようなイメージを抱いているか、彼ら自身がどのような形でブランド・エクイティに貢献したり損害を与える可能性があると感じているか、である。小売業

者は、「あなたの店の製品にこのブランド・ネームがついていたら、もっと早く売れると思いますか。それはなぜですか」といった直接的な質問に答えてくれるだろう。また、マーケターは販売員をはじめとする従業員もトラッキングして、彼らのブランド信念や、彼らがブランド・エクイティに現在どれだけ貢献していると感じているか、あるいは今後貢献できると考えているか、についてを把握すべきである。このようなトラッキングは、従業員がブランド・エクイティに多大な影響を及ぼすサービス業において、とりわけ重要である。

■ トラッキングのタイミングと場所

　どれくらいの頻度でトラッキング情報を収集すべきだろうか。ブランド連想をモニタリングするために有益なトラッキング手法の１つに、長期間、継続的に消費者から情報を収集する継続的トラッキング調査がある。継続的トラッキングの長所は、例外的な状況、デジタルキャンペーンのような、通常と異なるマーケティング活動やイベント、マーケティング環境における予想外のできごとを避け、より典型的な情報が得られる点である。

　こうしたトラッキング調査の頻度は、一般的に、製品購入頻度（通例、購入頻度の低い耐久財についてはトラッキングの頻度も低い）と製品カテゴリーにおける消費者行動やマーケティング活動によって変わる。多くの企業は、毎週、あるいは毎日、さまざまな消費者に対して決まった回数のインタビューを実施し、集めた結果の移動平均を出して月次や四半期の報告書を作成している。

　ブランドに、安定したゆるぎない連想がある場合は、トラッキング調査の頻度を減らしてもかまわない。しかし、ブランドのマーケティングを長期間にわたって大きく変更しない場合でも、競合の参入によって市場のダイナミクスに対する消費者知覚が変化する可能性があるため、トラッキングの実施は重要になる。また、トラッキング調査の頻度の決定には、製品やブランドのライフサイクルの段階も影響する。成熟市場では消費者の意見はさほど変わらないが、成長市場では、急に、しかもおそらくは前触れもなく変わるかもしれないのである。

トラッキング調査の解釈法

　実用的な洞察と提案を生み出すには、トラッキングの測定尺度はできるかぎり信頼性と感度が高くなければならない。マーケティング現象を測る多くの伝統的な尺度の１つの問題は、時間の経過に従って変化することがあまりない点である。安定しているということは、データがさほど変化していないということかもしれないが、ブランドの何らかの次元

がある程度変化しているにもかかわらず、測定尺度自体が微妙な推移を感知できていないとも考えられる。感度の高いトラッキング尺度を開発するには、比較（他のブランドと比べて、どれくらい……）や、時間（１カ月前あるいは１年前と比べて、どれくらい……）を質問に組み込む必要がある。

　トラッキング調査を解釈する際のもう１つの課題は、適切なベンチマークを設定することである。たとえば、十分に高いブランド認知レベルとはどの程度なのか。ブランド連想が十分に強く、好ましく、ユニークであるとはどの時点をいうのか。ブランド・ジャッジメントやブランド・フィーリングは、どの程度ポジティブであるべきなのか。ブランド・レゾナンスに対する適度な期待とはどれくらいなのか。カットオフは不合理であってはならず、経営者層の関心を正しく反映しなければならない。適切に定義し吟味した目標があれば、経営者層が競合相手をベンチマークし、ブランド・マーケティング・チームの生産性を評価するのに役立つ。

　また、その目標は競争上の考慮点とカテゴリーの性質を見越して設定しなければならない。自動車やコンピュータなどの高関与製品カテゴリーに比べ、電球などの低関与製品カテゴリーでは、独自性のあるイメージ構築が難しい。マーケターはブランド・トラッキング調査で「わからない」と答える人や無回答の人の数も加味し、観察しなければならない。この種の回答が多いほど、消費者の関心が低いことになる。

　ブランド・トラッキング調査の実施にあたって最も重要な課題の１つは、ブランド・エクイティの決定要素を特定することである[9]。消費者態度と行動に実際に影響を与え、ブランドの価値を創出しているのはどのブランド連想だろうか。マーケターはブランドの真の価値ドライバーを明らかにしなければならない。価値ドライバーとは、消費者の製品選択やブランド選択に影響を与え、決定づける有形無形の差別化ポイントである。同様に、ブランド知識や消費者露出に、最も効果的なマーケティング活動を特定しなければならない。

　こうした問題を解決するには、ブランド・エクイティの主要な源泉と成果の測定尺度を慎重にモニタリングし、関連づけることが助けとなる。ブランド・レゾナンス・モデルとブランド・バリュー・チェーン・モデルは、ブランド・エクイティへの影響を探るためのさまざまな関連づけや筋道を示唆してくれる。

ブランド・エクイティ管理システムの構築

　ブランド監査同様、ブランド・トラッキング調査によって、ブランド・エクイティを構築し測定する最善策について、多くの情報を得ることができる。こうした調査から最大の価値を引き出すには、企業に、ブランド・エクイティ概念の有用性や収集した情報を活用

できる適切な内部組織と手順ができていなければならない。ブランド・エクイティ管理システムは、マネジャーによるブランドに関する「正しい」判断を常に保証するものではないが、その可能性を高め、少なくとも「誤った」判断を下す可能性を低くしてくれるはずである。

ブランディングやブランド・エクイティの概念を取り入れた多くの企業は、いかにして組織内にそれを定着させるかについて絶えず検討している。興味深いのは、ブランド・エクイティに対する最大の脅威の１つが、おそらく組織内に存在するということである。マーケティング・マネジャーの大半は、在職期間がごく限られている。在職期間が短いため、見通しも短期的なものとなり、ライン拡張、カテゴリー拡張、セールス・プロモーションなど、売上に即効性のある戦術に依存する傾向にある。こうしたマネジャーには、ブランド・エクイティ概念の理解と認識がないため、「実質的に『無免許で』ブランドを管理している」という指摘もある。

ブランドの長期的管理の効果を妨げる組織内の潜在的要因を排除するため、多くの企業はインターナル・ブランディングを重視している。その施策の一環として、企業はブランド・エクイティ管理システムを設けなければならない。**ブランド・エクイティ管理システム**とは、ブランド・エクイティ概念の企業内での理解と活用を促すよう考案された一連の組織的プロセスである。ブランド・エクイティ管理システムを実施するにあたって、大きく３つのステップがある。ブランド・エクイティ憲章の確立、ブランド・エクイティ報告書の作成、そしてブランド・エクイティ責任者の任命である。次の各項で順に説明していく。

ブランド憲章

ブランド・エクイティ管理システムを構築するための第１ステップは、ブランド・エクイティに対する企業の見解を**ブランド憲章**（ブランド・バイブルと呼ばれることもある）として明文化することである。この憲章は、社内のマーケティング・マネジャーだけでなく、マーケティング調査会社や広告会社の社員など、社外の主要なマーケティング・パートナーにとっての有力なガイドラインとなる。ブランド・エクイティ憲章は、以下の条件を満たさなければならない。

● ブランディングおよびブランド・エクイティ概念に対する企業の見解を定義し、それがなぜ重要なのかを説明する。
● 主要ブランドの範囲について関連製品を挙げながら解説し、それらがブランド化され、市場に出された経緯を述べる（社史や最新のブランド監査より）。
● ブランド階層の各レベル、たとえば企業レベルおよび個別の製品レベルにおいて、ブラ

ンドにとって現実的で望ましいエクイティとは何かを明記する（第9章で解説）。類似化ポイントと差別化ポイント、さらにブランド・マントラを定義し明確化する。

●トラッキング調査によるブランド・エクイティの測定法と、それによって作成されるブランド・エクイティ報告書（このあとすぐ説明）について解説する。

●一般的な戦略ガイドラインによって、マーケターがどのようにブランドを管理すべきかについて提示する。長期的なマーケティングの考え方の明確性、一貫性、革新性を強調する。

●具体的な戦術ガイドラインに沿って、差別化、関連性、統合性、価値、卓越性の基準を満たすマーケティング・プログラムの作成法を概説する。広告評価基準やブランド・ネームの選択基準など、具体的なブランド・マネジメント業務のガイドラインを加えてもよい。

●商標の使用、デザインの考慮点、パッケージング、コミュニケーションなどの視点から、ブランドの適切な取り扱いを明記する。この種の指示は長く詳細にわたる可能性があるので、細かい考慮点については別途『ブランドまたはコーポレート・アイデンティティ・スタイル・マニュアル』あるいは指針を作成するほうがよい場合が多い。

　ブランド・エクイティ憲章には変更の必要のない部分もあるが、意思決定者に現在のブランド・プロファイルを示し、ブランドの新たな機会や潜在的なリスクを知らせるために、更新は毎年必要である。マーケターは、新製品を導入し、ブランド・プログラムを修正し、その他のマーケティング施策を実施する際、ブランド・エクイティ憲章を適切に反映させなければならない。ブランド監査から得られた多くの深い洞察もブランド・エクイティ憲章に盛り込むべきである。

　たとえば、スカイプのブランド・バイブルは、自社の製品とサービスのイメージを概説している[10]。そこでは、スカイプが消費者からどのように見てもらいたいか、そのためにブランディングをどのように利用するのか、そして、なぜそれが重要なのかを明確に述べている。また、スカイプの雲のロゴと鮮やかな青色が、いかにすっきりしたラインで創造的かつシンプルな外観になるようにデザインされているかも解説している。ブランド・バイブルには、スカイプの製品とサービスをマーケティングするにあたっての「やるべきこと、やってはいけないこと」と、ブランド・ガイドラインを守らなかった場合に企業イメージにもたらされる危険を説明している。

■ ブランド・エクイティ報告書

　有効なブランド・エクイティ管理システムを構築するための第2ステップは、トラッキング調査をはじめとするブランド・パフォーマンスの測定結果を、ブランド・エクイティ

報告書やスコアカードにまとめ、定期的（週次、月次、四半期、年次）に経営者に提出することである。報告書に必要な情報のほとんどは、すでに組織内に存在しているはずである。しかし、ばらばらに経営者に報告されるため、誰も全体像を理解していなかったかもしれない。ブランド・エクイティ報告書では、こうしたさまざまな測定結果を有効な形に統合する[11]。

■ 内容

ブランド・エクイティ報告書には、当該ブランドに何が起こっているかだけでなく、なぜ起こっているかも記さなくてはならない。ブランド・パフォーマンスに関する業務の効率や効果を測定する社内基準および社外基準に加えて、ブランド・エクイティの源泉と成果も織り込む必要がある[12]。

特に、報告書の1つの項として、トラッキング調査によって明らかになった主な属性やベネフィット連想に関する消費者の知覚、選好、行動を要約しなければならない。また、以下のような、より記述的な市場レベルの情報も織り込むべきである。

- 製品出荷と流通チャネルを通過する製品の動き
- 小売カテゴリーの動向
- 関連費用の明細
- 価格設定と必要に応じた値引きスケジュール
- 要素別（地域、取引先、顧客等）の売上高と市場シェア情報
- 利益評価

こうした評価基準を用いれば、ブランド・バリュー・チェーンによる市場パフォーマンスの要素を洞察できる。経営者は、傾向がプラスなのか、変わっていないのか、マイナスなのかによって、さまざまな視点（前月／前四半期／前年の業績）で比較検討し、青、黄、赤のカラーコードをつけることができる。社内の測定基準は、各種のマーケティング活動にかけた時間、費用、労力を中心にするとよいだろう[13]。

■ ダッシュボード

ブランド・エクイティ報告書の情報そのものと同じくらい、情報の見せ方も重要である。そこで企業は現在、マーケティング意思決定者に影響を与える適切なデータの表示方法も模索している。たとえばデジタル広告のトップ企業R/GAは、クライアントに対する情報提示の重要性の高まりを受け、データ・ビジュアライゼーション部門を創設した[14]。

包括的で有益なブランド関連情報のサマリーを提供するために、**マーケティング・ダッ**

シュボードを取り入れている企業も多い。マーケティング・ダッシュボードはちょうど自動車のダッシュボードのように機能する。ダッシュボードは企業にとって貴重なツールになりうるが、適切に設計し運用しなければ、時間と費用の大きなムダ遣いになる可能性もある。このテーマについて早くから第一人者であったパット・ラポイントは、ダッシュボードを成功させるための4つの条件を挙げている[15]。

1. 上級幹部がダッシュボードの開発に必要なリソースを充て、積極的な関与を続ける。この仕事は組織の下級レベルに委譲しても、まずうまくいかない。
2. リソースへの投資は、ダッシュボードの運用開始後もやめない。適切な情報の収集、整理、正しい解釈には、さらなるリソースが必要である。
3. グラフと分析が重要である。安価で使いやすいが、エクセルなどでは思考を制約するおそれもある。
4. 現在測定できることに集中すべきだが、将来的なダッシュボードの改善方法についても研究すべきである。

　IT企業のユニシスは、自社が事業展開する地域と自社の全部門および事業単位を網羅するダッシュボードの開発に成功した。さまざまなソース（ブランド・トラッキング、CRMプログラム、展示会、メディア報道、満足度調査、ブログ）からデータが収集され、上はCMOまで組織のあらゆる階層が一覧できるようになっている[16]。元ハーバード・ビジネス・スクールのゲイル・マクガバンとジョン・クウェルチは、市場パフォーマンスのフィードバックを経営陣に提出する手段として、3〜4つのマーケティング関連ないし顧客関連の測定基準を使った四半期ごとのトラッキング報告書を提唱している。その測定基準は、真に企業のビジネス・パフォーマンスの原動力となりその未来を予測するもの、すなわち、企業のビジネスモデル特有の行動尺度でなければならない[17]。一例として、彼らはカジノ経営業ハラーズの役員がこだわる3つの尺度に注目している。その3つとは、顧客が使う賭け金のシェア（財布シェア）、ロイヤルティ・プログラムの更新（顧客がハラーズで賭博をする集中度の指標）、30あるハラーズのカジノを複数箇所訪れる顧客から得られる売上のパーセンテージ（クロス・セリング指数）である。このトラッキングを実施するため、ハラーズは顧客情報システムに年間5000万ドルを費やしている。

　同様に、アンブラーとクラークは以下の3点を推奨している[18]。第1に、マーケターはCFO（最高財務責任者）と協力してマーケティング・ダッシュボードを開発し、測定基準や予測の責任を財務部門に移すこと。第2に、マーケターは各代理店とともに、測定可能な目的に関する要綱、および結果志向の（代理店に対する）報酬内容を決めること。第3に、マーケターは自分のビジネスモデル、戦略、測定基準に関して同僚から賛同を得られ

るよう尽力すること。

　ブランド・エクイティ報告書ないしダッシュボードの具体的な測定基準を選ぶにあたって、アンブラーとクラークはさらに3つのガイドラインを提案している[19]。第1に、自社のビジネスモデルと戦略に合った測定基準を選ぶこと。第2に、オーディエンス、包括性、効率性、その他の考慮点も含めて、バランスがとれた測定基準のポートフォリオを作ること。第3に、ニーズの変化に応じて測定基準の見直しと調整を行うこと、である。

　コンピュータ技術の発達のおかげで、ブランド・エクイティ報告書の構成要素となる情報のオンライン化は、ますます容易になっていくだろう。それにより、マネジャーは社内のイントラネットなどを通じて、こうした情報にアクセスできる。たとえば、調査業界のパイオニアであるNFOマーケット・マインドは、ブランド・マネジメント・データベース・システムを開発し、継続的に行っている消費者のトラッキング調査データ、メディア・ウェイト（あるいはコスト）・データ、卸売の売上高や小売のスキャンデータ、PRや記事広告の内容を統合している。

ブランド・エクイティ責任者

　長期的なブランド・エクイティを最大化するブランド・エクイティ管理システムを開発するために、マネジャーはブランドに関する組織内の責任者とプロセスを明確に定めなければならない。ブランドが成長するためには、継続的で一貫した育成が必要である。概して、弱いブランドはブランド構築の際に、規律、責任、投資が欠けている。この項では、ブランド・エクイティを適切に管理するための責任者の任命と任務の設定という社内の問題と、マーケティング・パートナーの適切な役割に関する社外の問題について検討する。

■ ブランド・エクイティの監督

　中心的な調整役を果たすために、ブランド・エクイティ憲章の実施とブランド・エクイティ報告書の作成に監督責任を持ち、マーケティング活動が部門や地域を越えて可能なかぎり忠実にブランド・エクイティ憲章の精神を反映するよう監視し、ブランドの長期的エクイティの最大化に責任を有するポジションを設けるべきである。こうした監督の任務と責任を有するポジションは、当然ながら、経営幹部に報告を行う立場にある、社内のマーケティング・グループ内に設置される。

　ナイキやスターバックスのブランドが最も成功した時期、その指揮を手がけたスコット・ベドバリーは、「トップダウン型ブランド・リーダーシップ」の必要性を強調し[20]、また、CEOに直接報告を行うCBO（チーフ・ブランド・オフィサー）というポジションの設置を提唱している。CBOとは、次のような役割を果たす。

- **あらゆる場面に目を配り、社内でも社外でも、ブランド（の外観と雰囲気）を擁護し、守る仕事をする。** CBOはブランドが自社のあらゆる活動の総計であると認識し、全社員がブランドとブランド価値を理解し、その過程で「ブランド信奉者」となるよう尽力する。
- **ブランドの構築に貢献するだけでなく、計画、予測、調査、探査、聞き取り、情報提供も行うアーキテクトの役割を果たす。** 上層部と協力し、ブランドのために何をするのがベストなのかだけでなく、何をすれば将来的にブランドを成長させられるかについて構想する。
- **長期的（2～3年）展望を持ち、継続してブランドの声を決め、守る。** CBOは、広告、ポジショニング、コーポレート・デザイン、コーポレート・コミュニケーション、消費者インサイトや市場インサイトなど、ブランドに不可欠で全社的な活動に責任を負う。

ベドバリーは、ブランドが逆境に立たされたときに備え、定期的なブランド開発レビュー（四半期ごとに丸1日、あるいは毎月半日かけて行う会議）を提唱し、その一環として、以下のようなトピックや活動を提案している[21]。

- **ブランドに密接に関連した要素をレビューする：** たとえば、ブランドの競争力モニターやトラッキング調査、ブランド監査、フォーカス・グループをはじめ、公式性の低い個人的な見解や「直感」をレビューする。
- **主要ブランド関連の取り組みの現状をレビューする：** ブランド関連の取り組みには、ブランドの弱点を補強したり、逆に新たな分野で成長したりするための戦略的行動があるので、顧客の知覚が変わる可能性がある。よって、マーケターはそれを評価しなければならない。
- **ブランドに密接に関連したプロジェクトをレビューする：** 広告キャンペーン、コーポレート・コミュニケーション、販売会議のアジェンダ、重要な人材プログラム（ブランド価値を理解し投影させる組織の能力に大きな影響を及ぼす、採用、トレーニング、維持）などを評価する。
- **新製品や流通戦略をコア・ブランド価値の観点からレビューする：** 新市場にブランドを普及させるためのライセンス供与、新製品や新ブランド開発のためのジョイント・ベンチャー、大規模なディスカウント店など非従来型流通への拡張を評価する。
- **ブランド・ポジショニングに関するコンフリクトを解決する：** チャネル、事業単位、市場におけるポジショニングについて、すべての矛盾点を明らかにし解決する。

強いブランドにおいても、マネジャーがブランド・エクイティに関して「小さなミス」

や「放置」が許されると思わないように、慎重に監視する必要がある。コルゲート・パーモリーブ、カナダドライ、クエーカーオーツ、ピルズベリー、コカ・コーラ、ネスレ・フーズなど多くのトップ企業が、かつて、一部あるいはすべての自社ブランドに、ブランド・エクイティの門番を設けた[22]。

　経営幹部の重要な役割の1つは、マーケティング予算を決め、組織内のどこに、どのように、企業の資源を配分するかについて決定することである。ブランド・エクイティ管理システムは、ブランド・エクイティに関する自分の意思決定が短期および長期にどのような影響を及ぼすかがわかるような情報を意思決定者に提供できなければならない。どのブランドに投資するのかという意思決定や、ブランド構築のマーケティング・プログラムを実施するのか、それともブランド拡張を通してブランド・エクイティを活用するのかという意思決定は、ブランド・トラッキングなどの測定尺度で明らかになったブランドの現状や望ましいあり方を反映しなければならない。

■ 組織の設計と構造

　企業は、ブランド・エクイティを最適化できるよう、マーケティング機能を体系化しなくてはならない。ブランドの重要性やブランド・エクイティを慎重に管理することの難しさへの認識が高まり、組織の設計と構造にいくつかのトレンドが現れてきた。たとえば、ブランド管理を実施する企業が増加している。自動車、ヘルスケア、医薬品、コンピュータのソフトウェアとハードウェアなどさまざまな業界で、組織にブランド・マネジャーを導入するようになっている。こうした企業は、一流の消費財企業からマネジャーを雇い入れているため、結果として、類似したブランド・マーケティング施策を採用していることも多い。

　興味深いことに、P&Gのような消費財企業はブランド管理システムを進化させ続けている。製造業者はカテゴリー・マネジメントを用いて小売業者に最善の陳列法をアドバイスするので、カテゴリー・マネジメントの論理を採用する小売業者が増えてきている。カテゴリーのキャプテンとして機能する製造業者は売上アップを図ることができるが、小売業者については、自身の洞察や価値観を働かせて市場における独自性を保持するよう、専門家が警告している。

　多くの企業は、自社ブランドが直面している課題にうまく対処しようとマーケティング組織を再設計している。同時に、業務に求められる要件や職務内容が変わってきたため、多くの企業から従来のマーケティング部門が姿を消しつつある。こうした企業は、ビジネス・グループや専門家を集めたチームなどによって、マーケティングを行う別の方法を探っている[23]。

　このような新しい組織体制が目標としているのは、社内の調整や効率化とともに、小売

業者や消費者など社外との関係も改善することである。新しい組織設計の課題として1つはっきりしているのは、ブランド・エクイティの監督がおろそかにされないよう注意するという点である。

複数の製品を擁し複数の市場に対応している組織の場合、市場と製品のバランスを保つのに苦労する。多くのマーケティング活動やブランディング活動では、市場と製品の強みを最大限に生かし、弱みを最小限にとどめるために、適正なバランスを達成することが目標となる。

■ マーケティング・パートナーの管理

ブランドのパフォーマンスは社外の供給業者やマーケティング・パートナーの活動にも左右されるため、企業は彼らとのリレーションシップを慎重に管理しなくてはならない。マーケティングの提携先を統合し、社外の供給業者の数を減らす企業が増えている。

この傾向が特に顕著なのはグローバルな広告主であり、多くの企業が、すべてとはいわないまでもほとんどの業務を1つの広告会社に委託している。たとえば、コルゲート・パルモリブは主にヤング＆ルビカム、アメリカン・エキスプレスとIBMはオグルヴィ＆メイザーとだけ仕事をしている。

ある1つの領域で雇う社外供給業者の数には、コスト効率、組織の活用、クリエイティブの多様性といった要因が影響を及ぼす。ブランディングの観点からいうと、広告会社など主要供給業者1社のみと取引する利点は、ブランドの理解と取り扱いの一貫性が強まることである。

他のマーケティング・パートナーも重要な役割を持つことがある。たとえば、第5章では、ブランド・エクイティを高める上でのチャネル・メンバーと小売業者の重要性や、巧みに設計されたプッシュ・プログラムの必要性について述べた。ブランド憲章ないしブランド・バイブルを持つことの1つの重要な効用は、マーケティング・パートナーに情報を与えたり教育したりして、よりブランドに合致した支援を提供してもらえることである。

BRAND FOCUS 8.0 ───────────────────────
ロレックスのブランド監査

ロレックスは100年以上にわたり、世界で最も認知され人気のある高級ブランドであり続けてきた。2009年に『ビジネスウィーク』とインターブランドは、ロレックスのブランド価値は50億ドルと推定し、最も価値の高いグローバル・ブランドの71位に格付けしている[24]。ロレックスのブランド・エクイティはその歴史を通じて強固だが、弱い部分もあり、徹底した監査によりロレックスの機会と課題を特定することができる。

「ロレックスは品質の代名詞である。ロレックスは、全段階で厳密なテストを通過しており、品質という言葉の意味を書き換えた」

——www.rolex.com

背景

歴史

ロレックスは、1905年、ドイツのハンス・ウィルスドルフと義兄弟のウィリアム・デイビスによって、時計メーカーのウィルスドルフ＆デイビス社としてイギリスのロンドンに設立された。完璧主義者を自認するウィルスドルフは、設立当初から主流だった懐中時計の改善に乗り出し、1908年には、正確に時を刻みながら腕に着用できるほど小型の時計を創り出した。同年、ウィルスドルフは「ロレックス」の名称を商標登録する。時計のねじを巻くときに聞こえる音に似ているとして考案したもので、外国語でも発音しやすい名前だった。

1912年、ロレックスはスイスのジュネーブに本社を移し、時計の信頼性向上に着手した。当時は時計のケースに塵や湿気が入り込むことがあり、時計のムーブメントや内部のメカニズムを損傷する原因となっていた。やがてウィルスドルフはねじ込み式の竜頭と防水仕様のケースを開発し、時計産業に革命をもたらした。1914年、ロレックスの腕時計は、ロンドンのキュー天文台が実施する、極度の高温と低温でのテストを含む世界で最も厳しい計時テストに合格し、初のA級証明書を獲得した。

12年後、ウィルスドルフは現在でも有名な防水仕様の「オイスター」ケースとねじ込み式の竜頭を開発し、特許を得た。このメカニズムは、初めて真の防水・防塵構造を実現したものであった。話題作りのため、宝石店ではショーウィンドウの水槽に「オイスター」を沈めて陳列した。1927年10月7日には、メルセデス・グライツがオイスターをつけてドーバー海峡を泳いで渡り、オイスターの防水性が試された。グライツは15時間かけて渡りきったが、時計は完璧に機能しており、このことにメディアも世間も驚愕した。グライツは、ロレックスが腕時計を宣伝する際に使う大勢の「アンバサダー」の最初の1人になった。

ロレックスは長年にわたって腕時計の革新を新たなレベルに引き上げてきた。1931年、回転錘による自動巻きのパーペチュアル機構を作り出し、いちいちねじを巻く必要がなくなった。1945年には、3時の位置に日付の数字を表示した最初の腕時計を発明し、「デイトジャスト」と命名した。1953年には、耐水仕様で水深100メートルまでの水圧に耐える「サブマリーナー」を発売している。スポーツタイプの腕時計は、1950年代のジェームズ・ボンド映画にたびたび登場し、高級感と耐久性のシンボルになった。

スイス製腕時計は何十年間も中級および高級市場を占有し、1969年のクオーツ時計の

発明までは実質的にライバルがいなかった。しかしクオーツ時計は正確さに優れ、製造コストが安く、たちまち中級市場を支配した。10年後には、クオーツ時計が世界の腕時計売上の半数近くを占めるまでになった[25]。アメリカの業界誌『モダーン・ジュエラー』の編集長であるジョー・トンプソンは、「1980年までに機械式時計は死んだとみなされるだろう」と述べている[26]。

　ロレックスはそのような専門家の意見が間違っていたことを証明した。同社はクオーツ時計の流行に屈しなかった。しかし生き残りのため、中級市場をクオーツ時計に明け渡し、高級市場専門に移行せざるをえなかった。そして高級市場で自社のポジションを守り、築き上げる戦略を作り出したのである。

株式非公開

　ロレックスは株式非公開企業であり、100年の歴史を通じて、経営の舵取りをしたのはたった3人であった。ウィルスドルフは亡くなる前にハンス・ウィルスドルフ財団を設立し、同社の収益の一部が慈善事業に充てられるように、また会社の経営権は財団が持つようにした[27]。この手続きは、ロレックスが高級ブランドとして長期にわたって成功する決め手となった。これまでに多くの高級ブランドが競争力を維持するためコングロマリットの傘下に入ることを余儀なくされたが、ロレックスは独立企業の立場を守り、一貫してコアとなる事業に注力することができた。1980年代にロレックスの会長を務めたアンドレ・ハイニガーは、「ロレックスの戦略の方針として、マーケティング、品質の維持、そして競争力を発揮できない分野には参入しない」と語っている。

ブランド・ポートフォリオ

　ロレックスの腕時計には、「コレクションズ」と呼ばれる3つのファミリー・ブランドがあり、それぞれに一連のサブ・ブランドがある（図表8-6を参照）。

• 「オイスター・パーペチュアル・コレクション」は、「伝統的な」ロレックスの腕時計であり、機能とデザインで差別化された9つのサブ・ブランドに分かれている。「パーペチュアル・コレクション」のターゲットは、富裕層の男女である。
• 「オイスター・プロフェッショナル・コレクション」は、特有の機能とイメージによって、スポーツ愛好家や冒険好きなユーザー・グループをターゲットにしている。同ブランドには10のサブ・ブランドがある。
• 「チェリーニ・コレクション」は、エレガントなデザインでフォーマルな場での使用に焦点を合わせており、7つのサブ・ブランドがある。「チェリーニ・コレクション」は、カラフルなレザーバンドや、ダイヤモンドを散りばめるといった、ファッションやスタイ

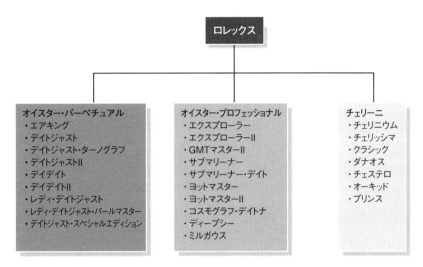

図表8-6　ロレックスの製品ポートフォリオ

ルの特徴を組み込んでいる。

　ロレックスには3つのコレクションとは別に、タグ・ホイヤー、シチズン、ラドーといった中間層の時計ブランドとの競合を避けるために1946年に開発した「チュードル」という「ファイター・ブランド」がある。チュードルにも「プリンス」、「プリンセス」、「モナーク」、「スポーツ」という一連のファミリー・ブランド（コレクション）があり、それぞれに多くのサブ・ブランドがある。チュードルの時計はブランド直営専門店や、ロレックスを専門に扱う販売業者のネットワークを通じて販売されている。アメリカではもう販売されていないが、ヨーロッパとアジアには多数の販売店がある。チュードルは若い消費者をターゲットとしており、低価格帯の腕時計を提供している。このブランドははっきりと区別されており、チュードルの腕時計にはロレックスの社名は入っていない。

ブランド棚卸し

　唯一最大の高級腕時計ブランドとしてのロレックスの成功には、いくつか要因がある。ロレックスはきわめて高品質な腕時計を製造しているだけでなく、自社の腕時計の販売方法を厳重にコントロールしており、高い需要とプレミアム価格を確保している。さらに、高度なマーケティング戦略により、多くの人々が所有したいと憧れる高級プレミアム・ブランドを創り上げた。ブランド棚卸しによって、これらの要因をさらに深く解説していこう。

ブランド要素

ロレックスの最も目立つブランド要素は王冠のロゴである。1925年に商標登録した王冠のロゴは、1939年から腕時計につけられるようになった。ロゴは数回の改訂を経たが、特徴である5つの先端は長年変わっていない。ロレックスの腕時計は「ロレックス」の名前を文字盤に入れているが、これは1926年に始まった伝統である。この社名が、当初はブランド認知の広がりに役立った。また、多くのロレックスの腕時計には、大きな丸いフェイスと幅広のベルトなど、ロレックス特有の外観がある。

製品関連の属性

長年にわたって、ロレックスの時計は同社がその名を築いた基盤である最高の品質、耐久性、プレステージを維持してきた。特に、金、プラチナ、宝石など最高級の素材を用い、卓越した職人技によるきわめて正確な時計を提供することに神経を注いできた。腕時計の機能向上にたえず努め、より優れたムーブメントと新しく洗練された特徴を追求している。その結果、ロレックスの腕時計は大半の大量生産品に比べると複雑なメカニズムになっている。たとえば、クオーツ時計の部品は50～100個であるが、ロレックスのオイスターの部品は220個もある[28]。

ロレックス製品はどれも、同社が「10の黄金律」と語るユニークな10の特徴を有している。

1. 防水ケース
2. パーペチュアル回転錘
3. バックケース
4. オイスターケース
5. ねじ込み式竜頭
6. 最高品質、最高純度の材料
7. 品質管理
8. ロレックス自動巻き機構
9. スイス・クロノメーター検定協会による試験
10. ロレックスによる試験

ロレックスは自社ブランドのライセンス供与をしておらず、腕時計以外の製品を製造していない。製品ポートフォリオは明確かつ簡潔で、焦点が絞り込まれている。

ロレックスは偽造業者との戦いに、他の時計メーカー以上の時間と費用を費やしている。現在、25ドルの偽造品と1万ドルの本物のロレックスの腕時計の違いを見つけるのはな

ロレックスの腕時計には、同社特有のデザインと外観がある。
出典：Lee Hacker/Alamy

かなか難しい。ロレックスの腕時計の偽造は巧妙な産業となり、その売上は年間18億ドルを上回る。

価格設定

　ロレックスは生産を1日約2000本に制限することにより、消費者の需要を高く保ち、プレミアム価格を維持している。価格はスチールやホワイトゴールド、プラチナといった材料の違いによって、基本的な「オイスター・パーペチュアル」の2500ドルから始まり、高価なものでは20万ドルにも達する。希少性もロレックスの腕時計の再販価格にプラスに影響している。あるレポートによれば、「ロレックスの昔のモデルのほぼすべてが、元の販売価格より高い価値がついている」という[29]。

流通

　ロレックスは自社の腕時計の販売方法にも注意深く目を光らせており、世界中におよそ6万ある「オフィシャル・ロレックス・ディーラー」だけを通じて販売している。オフィシャル・ディーラーは高級イメージ、適切なスペース、魅力的な立地、傑出したサービスなど、いくつかの基準を満たさなければならない。これに加えロレックスには、イーベイのようなインターネットのオークションサイトと、クリスティーズやサザビーズが運営するライブオークションを通じた、巨大な中古市場が存在する。

コミュニケーション

　ロレックスのマーケティングおよびコミュニケーション戦略は、高品質で高級なブランド・イメージの創出を目指している。同社は「アンバサダー」（名声を確立したアーティスト、一流スポーツ選手、たくましい冒険家、果敢に挑戦する探検家）と関わりを持ち、イメージの創出に役立てている。また、さまざまなスポーツイベントや文化的イベント、慈善活動プログラムのスポンサーになり、ターゲット購買層の共感を得るとともに、消費者のマインド内にプラスの連想を創り出している。

広告

　ロレックスは腕時計における世界最大の広告主である。2008年には広告に4900万ドル以上費やし、2位の競争相手のブライトリングに2000万ドル以上の差をつけた[30]。ロレックスが最も費用をかけているのは雑誌広告である。ロレックスの印刷広告は、シンプルで飾らないものが多い。数多いブランド・アンバサダーの1人を登場させたり、自社の腕時計のクローズアップ写真を使い、「Rolex. A Crown for Every Achievement.（すべての偉業のための王冠）」のタグラインを添えるのが一般的である。ロレックスはテレビコマーシャルを大々的に行わないが、テレビ放映されるいくつかのイベントのスポンサーをしている。

アンバサダー

　ロレックスの有名人推奨者は、その業績に応じてたえず入れ替えられている。アンバサダーは、アーティスト、スポーツ選手、探検家、ヨットマンの4種類に分類される（図表8-7を参照）。評価の高いアーティストたちとの提携は、完璧さの追求を象徴している。トップアスリートとの関係は、同社の卓越性の追求を意図したものである。たとえば、セイリング大会を後援することで、同社のコアバリューである卓越性、正確さ、チーム・スピリットにスポットライトを当てている[31]。探検家も、極限状況でのロレックスの卓越性と革新性を証明してくれる。ロレックスのアンバサダーの中には、エベレスト山に登頂した人、音速の壁を越えた人、大洋の深海へ潜った人、宇宙に出た人などもいる。印刷広告では通常、きわめて限定された購買層または消費者グループをターゲットとする目的で、1人のアンバサダーと1本の腕時計を取り上げている。

　2011年、ロレックスはゴルファーのタイガー・ウッズとアンバサダー契約を結び、業界の専門家をおおいに驚かせた。というのも、ウッズは腕時計の有名人推奨者として、長く複雑な経歴があったからである。1997年、プロ転向した直後に、ロレックスの「チューダー」がウッズとパートナー契約を結び、契約は5年近く続いた。ところがウッズは2002年に契約を解消し、ライバルのタグ・ホイヤーと年間約200万ドルで契約を結んだ。チューダーとの契約を解消した理由をウッズは、「好みが変わり、ロレックスとつながり

を感じられなくなったから」と説明して正当化している[32]。2009年になると形勢が変わる。タグ・ホイヤーがウッズの不倫スキャンダルを受け、関係の解消を発表したのだ。

　ロレックスのスポンサーシップは、ウッズにとって2009年以来初の有名人推奨者としての仕事となった。「タイガー・ウッズは今後も長く活躍し、ゴルフの歴史に足跡を残すにふさわしい資質の持ち主だと確信している。当社のブランドは彼の新たな挑戦に寄り添っていく。(中略) ウッズとの契約は、タイガー・ウッズというたぐいまれな才能と、ゴルフというスポーツの魅力を世界にアピールする先導者としての役割に敬意を表するものである。将来もパートナーとして活動していく」とロレックスはコメントしている[33]。

スポーツと文化

　ロレックスは、アンバサダーの推奨と同様に、厳選されたさまざまなスポーツや文化イベントのスポンサーとなることによっても、同社のメッセージ、価値観、連想を強化している。すなわち、卓越性の追求、完璧さの追求、チームワーク、タフさである。ロレックスはゴルフ（全米オープン、全英オープン、ライダーカップ）、テニス（ウィンブルドン、全豪オープン）、スキー（ハーネンカムレース）、モータースポーツ（ロレックス・デイトナ24時間耐久レース）、馬術大会などのスポーツ大会のスポンサーをしている。

　また、ロレックス・シドニー・ホバート・レース、ロレックス・ファストネット・レース、マキシ・ヨット・ロレックス・カップなど、複数のヨットレースのスポンサーもしている。ザ・ディーペスト・ダイブやディープシー・アンダー・ザ・ポールといった極限の探検調査とも提携している。さらに、ロンドンのロイヤル・オペラ・ハウスとミラノのスカラ座などの劇場に多額の寄付をし、文化に関心の高い層とのつながりを図っている。

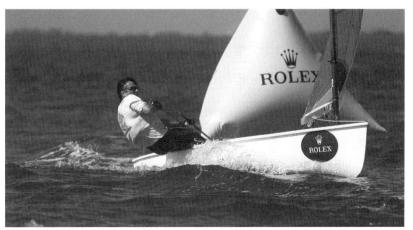

ロレックスはヨットレースをはじめ、あらゆるスポーツ大会のスポンサーとなっている。
出典：AP Photo/Pat Carter

図表8-7　2011年のロレックスのアンバサダー

アーティスト
チェチーリア・バルトリ
マイケル・ブーブレ
プラシド・ドミンゴ
グスターボ・ドゥダメル
ルネ・フレミング
シルヴィ・ギエム
ヨナス・カウフマン
ダイアナ・クラール
ヨーヨー・マ
アヌーシュカ・シャンカール
ブリン・ターフェル
ローランド・ヴィラゾン
ユジャ・ワン
ロイヤル・オペラ・ハウス
スカラ座
ウィーン・フィルハーモニー管弦楽団オーケストラ

探検家
デイヴィッド・デュピレ
シルビ・アール
アラン・ユベール
ジャン・トロワイエ
エド・ヴィエスチャーズ
チャック・イェーガー
セッティング・アウト・トゥ・コンカー・ザ・ワールド
ディープシー・アンダー・ザ・ポール
ザ・ディープ
ザ・ディーペスト・ダイブ

ヨットマン
ロバート・シェイド
ポール・ケイヤード
ロレックス・シドニー・ホバート・レース
マキシ・ヨット・ロレックス・カップ
ロレックス・ファストネット・レース
ロレックスFARR® 40ワールド・チャンピオンシップ
ロレックス・スワン・カップ

馬術競技
ロドリゴ・ペソア
ゴンサロ・ピエレス・ジュニア

ゴルファー
ポール・ケーシー
ルーク・ドナルド
リッキー・ファウラー

レティーフ・グーセン
チャールズ・ハウエル
トレヴァー・イメルマン
マーティン・カイマー
マッテオ・マナセロ
フィル・ミケルソン
ジャック・ニクラウス
ロレーナ・オチョア
アーノルド・パーマー
ゲイリー・プレーヤー
アダム・スコット
アニカ・ソレンスタム
カミロ・ビジェガス
トム・ワトソン
全米オープン
全英オープン
ライダーカップ
プレジデンツカップ
エヴィアン選手権
ソルハイムカップ

レーシング・ドライバー
ジャッキー・スチュワート卿
トム・クリステンセン
ロレックス・デイトナ 24時間耐久レース®
グッドウッド リヴァイヴァル
ル・マン24時間レース

テニスプレイヤー
ロジャー・フェデラー
ジュスティーヌ・エナン
アナ・イワノビッチ
ジェン・ジー
ファン・マルティン・デル・ポトロ
リー・ナ
ジョー＝ウィルフリード・ツォンガ
キャロライン・ウォズニアッキ
ウィンブルドン
全豪オープン
モンテカルロ・ロレックス・マスターズ
上海ロレックス・マスターズ

スキー
ヘルマン・マイヤー
リンゼイ・ボン
カルロ・ヤンカ
ハーネンカムレース

フィランソロピー

ロレックスは、3つの慈善活動プログラムを構築している。

1．「ロレックス賞」は、地域や世界に貢献する活動に取り組む個人を支援している。科学と健康、応用技術、探検と発見、環境、文化遺産などのプロジェクトが対象となっている[34]。
2．「ヤングローリエイツ・プログラム」は「ロレックス賞」の一部門で、18歳から30歳までの傑出したイノベーターの支援をするものである[35]。
3．「ロレックス・メントー&プロトジェ・アートプログラム」は、際立った才能を持つ若いアーティストを世界中から探し出し、定評ある巨匠とペアを組ませることにより育成を図っている。これまでに若いアーティストがペアを組んだ相手には、実力のある映画監督、ダンサー、アーティスト、作曲家、俳優がいる[36]。

ブランド探索

消費者知識

　ロレックスは、革新性と優秀さという歴史と伝統を巧みに活用して、知名度の高い世界最強の時計メーカーとなっている。ロレックスに対する消費者のプラスの連想は、「洗練されている」、「高級な」、「影響力が強い」、「エレガント」、「高品質」などだろう。しかし消費者は、このブランドを「派手」「スノッブな」といったマイナスの連想に結びつける可能性もある。図表8-8は、ロレックスの仮想上のメンタル・マップを示している。

　ニューヨークのリサーチ組織であるラグジュアリー・インスティテュートのある報告書によると、消費者はロレックスの購入において肯定的な態度を持っていた。富裕層は、次に購入する腕時計は他のブランドよりロレックスになる可能性が高いと述べている。ロレックス・ブランドは、ブルガリ（39%）やカルティエ（63%）よりはるかに認知度が高い（84%が知っていた）が、知覚品質と高級さに関してはロレックスを上回るライバルがいくつかあった[37]。

　2008年にミンテルが腕時計業界について実施した調査では、「女性は今でも腕時計をアクセサリーと考える傾向が強く、外観だけで腕時計を選ぶ購入者が多い。しかし高級品市場のトップエンドでは、機械式腕時計に関心のある女性の数が増えている。また、男女両用ないし男女の区別のない腕時計を選ぶ女性が増えている」ことを明らかにしている[38]。

　年齢が高く裕福な人々は、新製品としても収集品としてもロレックスの所有に高い価値を置いている。2011年、ロレックスの腕時計に初めて100万ドルの売値がついた。1942年に製造された特大のステンレス製スプリットセコンドクロノグラフが、ジュネーブで行われたクリスティーズのオークションにおいて116万3340ドルで落札されたのである。ロレ

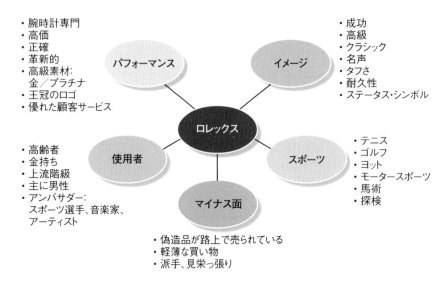

図表8-8　ロレックスのメンタル・マップ

ックスの腕時計としては史上最高値だった[39]。

　ロレックスのブランドと製品ラインは、年齢の高い裕福な個人とのレゾナンスが高いものの、ロレックスは若い消費者との関係作りに苦戦している。NPDグループの世論調査では、25歳未満の36%は腕時計を着用していない[40]。パイパー・ジャフレーによる別の調査では、10代の59%が腕時計をまったく使わず、82%が6カ月以内に腕時計を買う計画がないと答えている。

ブランド・レゾナンス・ピラミッド

　ロレックスのブランド・レゾナンス・モデル・ピラミッド（第3章参照）は、左右とも同じように強力である。ピラミッドの左右に強いシナジーがあり、ロレックスが提供しようと努力している機能的なベネフィットと情緒的なベネフィットは、ブランドについての消費者のイメージおよびフィーリングと調和している。また、下位から上位まで強力で、高級なブランドとして最高のブランド認知を得ると同時に、高い反復購買率と顧客ロイヤルティを享受している。ロレックスは、優れた製品属性と、ロレックスを所有して身につけることから連想するイメージの両方に、うまく焦点を合わせてきた。図表8-9は、ロレックスのブランド・レゾナンス・ピラミッドの重要な側面を示している。

競合分析

　265億ドルの腕時計業界にはロレックスの競争相手が多数存在する。しかし、ハイエンド市場の競合ブランドはわずかしかない[41]。ロレックスは価格設定戦略と流通戦略を通じ、

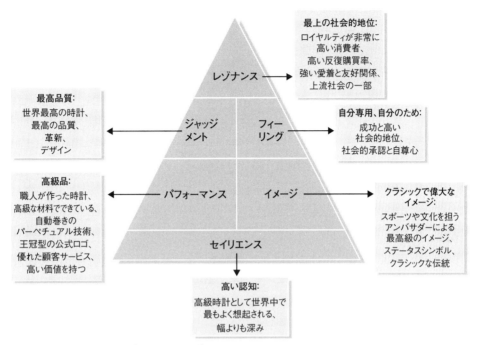

図表8-9　ロレックスのブランド・レゾナンス・ピラミッド

自社をハイエンドの高級腕時計ブランドとしてポジショニングしてきた。ローエンドにはタグ・ホイヤーやオメガなどの競合他社がおり、ハイエンドには世界で最も高価な腕時計メーカーであるパテック・フィリップなどのブランドがある。

タグ・ホイヤー

　スイス企業で高級腕時計のトップメーカーであるタグ・ホイヤーは、クロノグラフの究極の正確さを追求し、広告ではマリンスポーツやモータースポーツのスポンサーシップに専念することで差別化している。1876年にエドワード・ホイヤーが設立したタグ・ホイヤーは、高級腕時計ビジネスの主役であり続けてきた。1887年に初めて振動ピニオンを開発、これはクロノグラフ業界を大きく躍進させ、現在の腕時計の多くに今も使用されている技術である。1895年には懐中時計の耐水ケースを初めて開発、特許を取得している。1910年にアメリカに進出し、1914年にクロノグラフの腕時計を発売。以来、クロノグラフの革新に専念している。

　タグ・ホイヤーのイメージとポジショニングはクロノグラフの正確さと密接に結びついている。同社の時計は1920年、1924年、1928年のオリンピック大会の公式ストップウォッチとなった。1971年から1979年までフォーミュラワンのフェラーリチームのスポンサーを務め、1985年から2002年までマクラーレン・レーシングチームとパートナー関係に

あった。また、1990年代から2000年代初めまでF1レースの公式計時を担っている[42]。さらに、タグ・ホイヤーは長年にわたってアメリカズカップなどのヨットレースに参加した多数のチームのスポンサーになってきた。

タグ・ホイヤーは公式にライセンス供与した小売業者を使い、自社の腕時計を店舗とオンラインの両方で販売している。これらライセンス供与された小売業者は、宝飾専門店からノードストロームやメイシーズなどの百貨店まで多岐にわたる。同社はブランド・アンバサダーとスポーツイベントのスポンサー、および大規模な雑誌広告を通じてブランド認知を創出している。1999年、タグ・ホイヤーは高級品コングロマリットのLVHMに買収された。

オメガ

1848年にルイス・ブラントが創業したオメガは、長年にわたり腕時計や計時装置の正確さを誇ってきた。アメリア・エアハートが大西洋横断飛行をした際に選んだ腕時計を制作し、以来ずっと航空業界とスポーツの世界の計時に関わっている。1936年の冬季オリンピック大会の計時装置に選ばれ、このとき初めて同期クロノグラフが使用された。1937年に同社初の防水腕時計を発売、1967年には最初の水中タッチパッド計時装置を発明、オリンピックの水泳競技で使用された。オメガの腕時計は北極点の正確な位置を特定するための調査団に携行され、アポロ11号に搭載されて月面着陸を果たした最初にして唯一の腕時計となった。現在は腕時計のコングロマリット、スウォッチの傘下にある。

オメガも、ロレックスやタグ・ホイヤーと同様、アンバサダーを利用してブランド認知を創出している。オメガのアンバサダーには、マイケル・フェルプス、アレクサンドル・ポポフ、アーニー・エルス、レーサーのミヒャエル・シューマッハーなどのスポーツ選手をはじめ、ハリウッドスターのニコール・キッドマンやシンディ・クロフォードがいる。1995年、オメガは映画『007』シリーズの公式腕時計になった。

オメガの腕時計には、女性用と男性用のコンステレーション、シーマスター、スピードマスター、デ・ヴィルの4つのコレクションがある。同じコレクションでも価格には大きな開きがあり、デ・ヴィル・コレクションの腕時計の価格は1650ドルから10万ドル以上まで幅がある。

パテック・フィリップ

1839年、アントワーヌ・ノルベール・ド・パテックとフランソワ・チャペックが創設した、スイスに拠点を置く腕時計メーカーであるパテック・フィリップは、独立性、革新、伝統、品質と職人技、希少性、価値、美意識、サービス、感性、遺産の10の価値観を土台としている。創設期に何度かの社名変更を経たのち、パテック・フィリップの名になっ

た。今日のハイエンド腕時計に見られる多くの技術を切り拓いた同社は、高級時計の絶対的な頂点といえる存在である。特にスプリットセコンドクロノグラフやパーペチュアルデイト技術の革新により、世界で最も複雑な腕時計を数多く生み出してきたことに誇りを持っている。

　他の高級腕時計のトップメーカーとは異なり、パテック・フィリップはイベントのスポンサーシップやブランド・アンバサダーに社名認知の向上を頼っていない。そのかわり、1851年以来、ヨーロッパ各地の王室の腕時計を制作してきた。同社の腕時計は世界で600の公認小売業者のみを通じて販売されている。同社は1996年に、遺産と伝統という価値に基づき、「パテック・フィリップは所有するものではない。次の世代のために大切に預かっているだけ」というタグラインを打ち出すという、「ジェネレーションズ」キャンペーンを開始した。

　パテック・フィリップは全公認ディーラーの店頭を審査して、自社の品質基準を満たしているかどうかを確認している。価格も他の時計メーカーとは別格であり、最も低価格のカスタマイズされていないタイプの定価が1万1500ドル、最も高価な腕時計は60万ドル以上である。

戦略上の提言

ポジショニング

　図表8-10はポジショニング分析と以下に記す類似化ポイントおよび差別化ポイント提案の要約である。

類似化ポイント

　ロレックスは、ハイエンドの高級腕時計市場に位置する他の腕時計メーカーといくつかのレベルにおいて似通っている。いずれのメーカーも、時計作りの優れた職人技で知られるスイスで製造しており、高品質を実現している。そして、細部まで神経の行き届いた緻

ブランド・マントラ:
「クラシックなデザイン、永遠のステータス」

類似化ポイント	差別化ポイント
・スイスの時計メーカー	・革新的な製品
・耐久性	・ユニークな外観
・高品質の材料	（大きなフェイス、幅の広いベルト）
・優秀な職人芸	・象徴的な王冠ロゴ
・精密	・特権的で高級なイメージ
・魅力的	・豊かな歴史と遺産
	・長く続くプレミアム価値

図表8-10　ロレックスのブランド・ポジショニング提案

密さと腕時計業界のたゆまぬ革新を誇りとしている。

差別化ポイント

　ロレックスはいくつかの点で競合他社と一線を画している。第1に、ロレックスの腕時計は王冠ロゴ、大きなフェイス、幅の広いベルトという外観に特徴がある。第2に、ロレックスは流通チャネルと生産レベルを戦略的に厳しくコントロールし、消費者のマインドに高級感、重要性、特別感を醸成してきた。第3に、ロレックスは腕時計専業を守りブランド・ネームのライセンス供与を行わないことで、自社ブランドの純粋性を維持してきた。慎重に選択したイベントのスポンサーシップとブランド・アンバサダーを通じ、クラッターから抜け出て世界中の消費者とのレゾナンスを形成し、高級感を維持している。

ブランド・マントラ

　ロレックスはブランドの統一感について妥協しない賢明なマーケティングとコミュニケーションによって、グローバル・ブランドをきわめて上手に構築している。ロレックスの腕時計を手に入れることが人生の1つの到達点であるという信念を醸成し、エレガンスとステータスで全世界に認知される有名ブランドを構築してきた。こうした考えを内包するブランド・マントラは、「クラシックなデザイン、永遠のステータス」となるだろう。

戦略上の提言

　ロレックスのブランド監査によって、ロレックスが大きなブランド・エクイティを有する非常に強いブランドであることが証明された。ブランド監査では、ロレックスのいくつかの機会と課題も特定できた。

ロレックスの独立性、受け継いだ遺産と腕時計専業を活用する

・ロレックスは世界最大かつ最も成功している腕時計メーカーである。そのため、同社が株式非公開企業でありながら、タグ・ホイヤーの親会社であるLVMHやオメガの親会社であるスウォッチと肩を並べていることを知らない消費者が多い。株式非公開企業であることはさまざまな理由で利点があるが、課題もいくつかある。ロレックスは自社の10倍もの規模の企業と競争しなければならない。大企業のほうが労働コストは安く、流通網が大きく、広告シナジーは絶大である。

・ロレックスは成功するためにさまざまな面で人一倍の努力を強いられている、という事実を活用しプロモーションするとよいだろう。ロレックスは100年前から、耐久性と信頼性に優れた高級腕時計を単独で作り続けている。現在はアンチ・ウォール街の気運が高まっているため、このポジショニングは消費者とのレゾナンスが高いと考えられる。

ロレックスの卓越した職人技と革新性を活用する

• ラグジュアリー・インスティテュート・グループの調査によれば、消費者はロレックスを品質と高級感におけるトップブランドと考えていない。しかし、ロレックスの腕時計が実は職人技と革新性の両面でリーダーであることは歴史が証明しており、これらの側面を強調したキャンペーンを実施するとよいだろう。

女性消費者との連携

• 宝石と時計を購入する消費者の大多数は女性である。2008年のミンテルの調査で、女性らしいスタイルの腕時計よりも、男女の区別のない機械式腕時計の購入に女性の関心が高まっていることがわかった。男性的なデザインが主力のロレックスにとっては大きなチャンスである。装飾的な宝石をちりばめた腕時計から、もっと力強い中性的な腕時計への方向転換をしてもよいだろう。2009年のオイスター・パーペチュアル・デイトジャスト・ロレゾール36mmはその一例である。この腕時計は堅牢な作りで、文字盤の数字は実用的に大きく、水深100メートルまでの防水仕様となっている[43]。しかし、花模様の文字盤のデザインとダイヤモンドをちりばめた縁取りは、不必要に女性的な要素になっているかもしれない。

• 女性アンバサダーの顔ぶれを、より中性的な製品ラインに合わせて調整してもよいだろう。コンドリーザ・ライスやケイティ・クーリックのように、男性中心の世界で成功した女性が強力なブランド推奨者となるかもしれない。

偽造品のオンライン販売への対抗

• 偽造品はロレックスのブランド・エクイティにダメージを与え、ブランドに大きなリスクをもたらしている。eコマースの人気が高まるにつれ、偽造ロレックス販売の場は露店からインターネットへと移っている。インターネットでは、従来よりはるかに多くの消費者が偽造品販売の対象となってしまう。その結果、昔からあった偽造品問題は従来よりも大きな脅威となっている。限定的な流通チャネルを維持するため、ロレックスは自社の時計のインターネット販売を認めていない。しかし、偽造品のオンライン販売に対抗するため、独占的なオンライン・ストアや、公認のオンライン小売業者すべてがリンクしなければならない独占的流通サイトの構築を考慮したほうがよいだろう。実際、国際偽造品対策連合の後援、ロレックスの偽造品を販売する会社の提訴など、ロレックスはブランドの非合法使用に対抗するために、多大な資源を投入している。

若年層の消費者に到達するためのマーケティングの利用

• 若い消費者は上の世代と同じようには腕時計を評価していないことが調査でわかってい

る。したがって、ロレックスは次の疑問について調査すべきである。21世紀には、プレ
ステージはどのように定義されるのか。2000年代に生まれた世代が成長してロレックス
の標的市場に入ってきたとき、従来どおりの方法は通用するだろうか。

長期にわたる価値の伝達

• ロレックスは、衣料品、靴、ハンドバッグなど、高級品の購買層を対象とした時計以外
の多くの商品と競合している。それらの商品の多くは、ロレックスの時計ほど耐久性がな
く、流行に左右されやすい。贅沢品への支出をめぐる時計以外との競争を優位にするため
に、ロレックスは自社ブランドの優れた保有価値（再販価値と「親から子に受け継ぐ品」
としての品質）を活用すべきである。

• 高級時計の競争相手であるスイスのパテック・フィリップは、自社の時計の「親から子
に受け継ぐ品」としての品質を伝達するため、印刷広告を出した。ロレックスも、自社の
「親から子に受け継ぐ品」としての品質を伝達するために、知名度の高いアンバサダーを
起用して、同様のアプローチを実行できるはずである。

Notes

1. Frederick E. Webster, Jr., Alan J. Malter, and Shankar Ganesan, "Can Marketing Regain Its Seat at the Table?" *Marketing Science* Institute Report No. 03-113, Cambridge, MA, 2003. 以下も参照されたい。Frederick E. Webster Jr., Alan J. Malter, and Shankar Ganesan, "The Decline and Dispersion of Marketing Competence," *MIT Sloan Management Review* 46, no. 4 (Summer 2005): 35-43.
2. Patrick LaPointe, *Marketing by the Dashboard Light-How to Get More Insight, Foresight, and Accountability from Your Marketing Investment* (New York: Association of National Advertisers, 2005).
3. Clyde P. Stickney, Roman L. Weil, Katherine Schipper, and Jennifer Francis, *Financial Accounting: An Introduction to Concepts, Methods, and Uses* (Mason, OH: Southwestern Cengage Learning, 2010).
4. Phillip Kotler, William Gregor, and William Rogers, "The Marketing Audit Comes of Age," *Sloan Management Review* 18, no. 2 (Winter 1977): 25-43.
5. Laurel Wentz, "Brand Audits Reshaping Images," *Ad Age International* (September 1996): 38-41.
6. Sidney J. Levy, "Dreams, Fairy Tales, Animals, and Cars," *Psychology and Marketing* 2 (Summer 1985): 67-81.
7. Deborah Roeddder John, Barbara Loken, Kyeongheui Kim, and Alokparna Basu Monga, "Brand Concept Maps: A Methodology for Identifying Brand Association Networks," *Journal of Marketing Research* 43 (November 2006): 549-563.
8. オーストラリア国立大学マーケティング教授 John Roberts との私的やりとり、23 June 2011.
9. Na Woon Bong, Roger Marshall, and Kevin Lane Keller, "Measuring Brand Power: Validating a Model for Optimizing Brand Equity," *Journal of Product and Brand Management* 8, no. 3 (1999): 170-184.
10. http://download.skype.com/share/brand/Skype BrandBook.zip.
11. Joel Rubinson, "Brand Strength Means More Than Market Share," ARF Fourth Annual Advertising and Promotion Workshop にて発表された論文、New York, 1992.
12. Tim Ambler, *Marketing and the Bottom Line*, 2nd ed. (London: FT Prentice Hall, 2004).
13. Michael Krauss, "Marketing Dashboards Drive Better Decisions," *Marketing News*, 1 October 2005.
14. Kunur Patel, "Data Moves From Research to Consumer Lure," *Advertising Age*, 6 June 2011, 4.
15. Pat LaPointe, "Dashboards-Huge Value or Big Expense," www.marketingNPV.com, 10 August 2010; 以下も参照されたい。Koen Pauwels, Tim Ambler, Bruce Clark, Pat LaPointe, David Reibstein, Bernd Skiera, Berend Wierenga, Thorsten Wiesel, *Dashboards & Marketing: Why, What, How and What Research Is Needed?*, Report no. 08-203, Marketing Science Institute Electronic Working Paper series, 2008.
16. Amy Miller and Jennifer Cloffi, "Measuring Marketing Effectiveness and Value: The Unisys Marketing Dashboard," *Journal of Advertising Research* 44 (September 2004): 237-243; "Unisys Overcomes 6 Common Dashboard Mistakes," www.marketingnpv.com, 4 October 2004.

17. Gail McGovern and John Quelch, "Sarbox Still Putting the Squeeze on Marketing," *Advertising Age*, 19 September 2005, 28.
18. Tim Ambler and Bruce Clark, "What Will Matter Most to Marketers Three Years from Now?" Marketing Science Institute Conference にて発表された論文、*Does Marketing Measure Up? Performance Metrics: Practices and Impacts*, 21-22 June 2004, London, United Kingdom. 以下も参照されたい。 Bruce H. Clark and Tim Ambler, "Marketing Performance Measurement: Evolution of Research and Practice," *International Journal of Business Performance Management* 3, nos. 2/3/4 (2001): 231-244; and Bruce H. Clark, Andrew Abela, and Tim Ambler, "Organizational Motivation, Opportunity and Ability to Measure Marketing Performance," *Journal of Strategic Marketing* 13 (December 2005): 241-259.
19. Bruce Clark and Tim Ambler, "Managing the Metrics Portfolio," *Marketing Management* (Fall 2011): 16-21.
20. Scott Bedbury, *A New Brand World* (New York: Viking Press, 2002)（邦訳:『なぜみんなスターバックスに行きたがるのか?』スコット・ベドベリ著、土屋京子訳、講談社、2002 年).
21. Bedbury, *A New Brand World*（邦訳:『なぜみんなスターバックスに行きたがるのか?』スコット・ベドベリ著、土屋京子訳、講談社、2002 年).
22. Betsy Spethman, "Companies Post Equity Gatekeepers," *Brandweek*, 2 May 1994,5.
23. "The Death of the Brand Manager," *The Economist*, 9 April 1994, 67-68.
24. www.Businessweek.com; www.interbrand.com; "Best Global Brands 2010."
25. David Liebeskind, "What Makes Rolex Tick?" *Stern Business*, Fall/Winter 2004.
26. Peter Passell, "Watches That Time Hasn't Forgotten?" *New York Times*, 24 November 1995.
27. Gene Stone, *The Watch* (New York: ABRAMS, 2006).
28. David Liebeskind, "What Makes Rolex Tick?" *Stern Business*, Fall/ Winter 2004.
29. 同上。
30. Joe Thomas, "Rolex Leads U.S. Watch Advertiser Pack." *Watch Time Magazine*, 12 July 2009.
31. www.rolex.com, accessed 15 November 2011.
32. Suzanne Vranica and Sam Walker, "Some Find Tiger's Move Untimely-Golfer Switches Watches to TAG Heuer From Rolex; Brand Experts Disapprove," *Wall Street Journal*, 7 October 2002.
33. "Tiger Woods Signs Endorsement Deal with Tiger," *Watch Time Magazine*, October 2011.
34. www.rolex.com, accessed November 15, 2011.
35. 同上。
36. 同上。
37. Christina Binkley, "Fashion Journal: Celebrity Watch: Are You a Brad or a James?" *Wall Street Journal*, 11 January 2007.
38. Jemima Sissons, "Haute Couture Takes On Horlogerie: Fashion's Big Guns Continue to Impress in the Battle for Women's Wrists," *Wall Street Journal*, 19 March 2010.
39. "Christie's Achieves World Record Price for Any Rolex Sold at Auction," *Watch Time Magazine*, 27 May 2011.
40. Hurt Harry, "The 12-Watches-a-Year Solution," *New York Times*, 1 July 2006.
41. Women's Wear Daily, July 2005; www.fashion products.com; Federation of Swiss Watch Industry, 2010.
42. http://www.flscarlet.com/historyoftag_fl.html.
43. Sissons, "Haute Couture Takes on Horlogerie."

第9章

ブランド・アーキテクチャー戦略の設計と実行

プレビュー

　本書の第2章から第8章では、ブランド・エクイティの構築と測定について考察した。ここからは視野を広げ、さまざまな状況や環境のもとで、いかにしてブランド・エクイティを維持し、育成し、成長させていくかについて検討する。

　新しい製品やサービスの発売を成功させることは、企業が長期にわたって経済的に繁栄するために最も重要である。企業は販売するさまざまなブランドや製品を網羅する形で、ブランド・エクイティを最大化しなければならない。企業のブランド・アーキテクチャー戦略とは、新製品および既存製品全体に、どのブランド要素を選択し適用するのかということであり、消費者が企業の製品やサービスを理解して、マインド内に知識を形成するのを助ける手段である。

　多くの企業は複雑なブランド・アーキテクチャー戦略を採用している。たとえば、ブランド・ネームは、複数のブランド・ネーム要素から成り立ち（例：トヨタ カムリ XLE）、また幅広い種類の製品に適用される（例：トヨタの乗用車とトラック）。企業はさまざまな方法で

ブランド・アーキテクチャー戦略の特性を引き出している。企業の全製品にわたってブランド・エクイティをうまく管理できるような、ブランド・ネームをはじめとするブランド要素の適切な組み合わせを選択するためのガイドラインはあるのだろうか。

まず、効果的なブランド・アーキテクチャー戦略を開発するための3段階プロセスの説明から始めよう。次に、重要な戦略ツール、すなわちブランド＝製品マトリクスとブランド階層について説明する。このツールは、ブランドと製品の間の関係を明らかにすることにより、ブランド・アーキテクチャー戦略を特徴づけ、策定するのに役立つ。さらに、コーポレート・ブランディング戦略について考察する。企業イメージのさまざまな局面について概略を説明したのち、コーポレート・ブランドにおける3つの具体的な問題、すなわち企業の社会的責任、企業イメージ・キャンペーン、社名変更を検討する。BRAND FOCUS 9.0では、コーズ・マーケティングとグリーン・マーケティングというトピックに注目している。

ブランド・アーキテクチャー戦略

企業の**ブランド・アーキテクチャー戦略**は、どのような製品やサービスを導入すべきか、新製品や既存製品にどのようなブランド・ネーム、ロゴ、シンボルマークなどを適用すべきかについての判断を助ける。以下に説明するように、ブランド・アーキテクチャーは、ブランドの幅すなわち境界と深さ、つまり複合性を決定する。どの製品またはサービスどうしに、同一のブランド・ネームを共有させるとよいのか。ブランド・ネームのバリエーションをいくつ使うとよいのか。ブランド・アーキテクチャーを決定することによって、次の2つの効果が生じる。

- ブランド認知の明確化：製品やサービス間の類似点と相違点について、消費者の理解を深め、伝達しやすくする。
- ブランド・イメージの向上：個々の製品やサービスとブランドの間におけるエクイティの移転を最大化し、新規購入と再購入を促進する。

ブランド・アーキテクチャー戦略には、次の3つの主要ステップが必要である。（1）ブランドの「マーケット・フットプリント（市場での存在感）」という観点からブランドの潜在力を明確にする。（2）ブランドにその潜在力を発揮させる製品拡張やサービス拡張を特定する。（3）当該ブランドを冠する具体的な製品やサービスで使うブランド要素とポジショニングを定める。ここでは3つのトピックをすべて紹介するが、本章では第1と第3のトピックの考察とガイドラインを中心とし、第10章で第2のトピック、ブランド拡張

の導入を成功させる方法を取り上げる。

第1ステップ：ブランドの潜在力の明確化

アーキテクチャー戦略の第1ステップは、ブランドの潜在力を明確化することである。それには（1）ブランド・ビジョン、（2）ブランドの境界、（3）ブランド・ポジショニング、という3つの重要な特性を考慮しなければならない。

■ ブランド・ビジョンの明瞭化

ブランド・ビジョンとは、ブランドの長期的な潜在力に対する経営上の観点であり、現在のブランド・エクイティおよびブランド・エクイティの将来性を企業がどれだけ認識できているかに左右される。多くのブランドが潜在的なブランド・エクイティを有していながら実現できていないのは、企業がそのブランドにできること、あるべき姿のすべてを考慮できない、あるいは考慮したがらないためである。

その一方で、当初の市場の境界を越えて大きく成長するブランドも数多くある。ウェイスト・マネジメント社は「廃棄物処理企業」から、単なるゴミの収集と処理にとどまらない「グリーンサービス・環境サービスのワンストップ・ショップ」への転換を図ろうとしている。同社の新しいタグライン「Think Green（グリーンな発想をしよう）」は、「シングルストリーム方式のリサイクル」を可能にする資源回収施設（MRF）によって、廃棄物の流れから価値を引き出す方法を探そうという同社の方向性を発信している[1]。グーグルは提供するサービスを増やし、明らかに検索エンジンからの脱皮を図ろうとしている。

しかし、現在のエクイティを明確に把握しなければ、ブランド構築の土台となるものを理解することも難しい。優れたブランド・ビジョンでは、現在と将来の両方が押さえられている。ブランドが将来の成長と向上の余地を持てるように目標を高く設定する必要があるのは当然だが、達成不可能なビジョンであってはならない。重要なのは現在のブランドとブランドが秘めた可能性の絶妙なバランスをつかむことと、そこに到達するまでの適切なステップを見きわめることである。

基本的に、ブランド・ビジョンはブランドの「高次の目的」に結びついており、消費者の願望とブランドの真の姿に関する十分な理解に基づいている。ブランド・ビジョンはブランドの物理的な製品カテゴリーや境界を越えたものである。P&Gの有名な元CMOのジム・ステンゲルは、成功しているブランドは明確な「理想」（たとえば「喜びを生む、つながりを創る、探求を動機づける、誇りを呼び覚ます、社会に影響を与えるなど」）を掲げており、顧客ロイヤルティを築いて収益拡大を牽引するという強い目的意識がある、と述べている[2]。THE SCIENCE OF BRANDING 9-1では、ブランドの潜在力についてのビジ

ウェイスト・マネジメント社は「廃棄物処理企業」から、「グリーンサービス・環境サービスのワンストップ・ショップ」への転換を図ろうとしている。
出典：ウェイスト・マネジメント社

ョンに従って、ブランドの長期的な価値を企業がいかにすれば最大化できるかについて、1つの見解を述べている。

■ ブランドの境界の定義

　世界最強のブランドの中には、GE、ヴァージン、アップルのように複数のカテゴリーにまたがって拡張してきたものがある。したがって、ブランドの境界を定義するとは、ブランド・ビジョンとブランド・ポジショニングをもとに、当該ブランドが提供する製品やサービス、ブランドが与えるベネフィット、ブランドが満足させるべきニーズを特定することを意味する。

　ブランド拡張の候補として有望に見える製品カテゴリーは数多くあり、「スパンデックスの法則」に従うのが賢明だろう。これはナイキの広告担当副社長とスターバックスのマーケティング担当副社長を歴任したスコット・ベドバリーが提唱した「できるからといって、やるべきだとは限らない」というもので、ブランド拡張については慎重な評価を重ね、新製品は厳選して発売すべきである。

　「幅の広い」ブランドとは、複数の製品に関連性を持ち高次の約束を支えることができる、抽象的なポジショニングのブランドをいう。「幅の広い」ブランドは、信じる理由または裏づけとなる属性が複数あるおかげで、ベネフィットの関連性の幅が広いため、差別化ポイントは移転可能であることが多い。たとえば、デルタ・フォーセット・カンパニーはコアとなるブランド連想に「スタイリッシュ」と「革新的」を採用し、水栓から多種多様なキッチン用品とバス用品および付属品へのブランド拡張に成功した。

　しかし、すべてのブランドには境界がある。デルタが、自動車、テニスラケット、あるいは芝刈り機を発売するのは困難をきわめるはずだ。日本の自動車メーカーのホンダ、日産、トヨタは、北米でそれぞれアキュラ、インフィニティ、レクサスという新しいブラン

ド・ネームで高級車ブランドを導入するという選択をした。ナイキは自社の成長を見すえて、ドレッシーでフォーマルな靴市場への進出を狙い、コールハーンを買収した。

　市場カバレッジを拡大するには、複数のブランドで複数のセグメントを標的にする。ただし過剰なブランド化、つまりあまりに多くのブランドに対応しようとしてはいけない。マーケティングに優れた企業の間では、少数の強いブランドに注力するのが最近のトレンドになっている。各ブランドは明確に差別化され、マーケティング・コストと製造コストを正当化できるだけの規模がある市場セグメントに訴求すべきである。

THE SCIENCE OF BRANDING 9-1
ブランドの潜在力の活用

　ブランドに求められるのは、その潜在力の発揮である。長期的なブランド価値は、企業がブランドの潜在力をどれだけ理解し、市場で活用できるかにかかっている。長期的なブランド価値がどのように創出されるかを、さまざまな側面から考察してみよう。図表9-1は概略図である。

長期的なブランド価値に影響するプロセス

　長期的なブランド価値は、2つの基本的なプロセスに左右される。ブランド・ビジョン（ブランド固有の潜在力を見通す能力）とブランド実現化（ブランドの潜在力を実際に活用して最大収益を引き出す能力）である。

ブランド・ビジョン

　ブランド・ビジョンではブランドの潜在力の定義が必要である。**ブランド固有の潜在力**とは、最適に設計したマーケティング戦略、マーケティング・プログラム、およびマーケティング活動を通じてブランドから引き出せる価値をいう。つまり、たとえば将来、別の製品を導入し、新しい市場に参入し、別の顧客に訴求したとしたらブランド価値がどうなる可能性があるかを示している。製品や市場を越えてブランドを拡張する方法は多数ある。

　ブランドの潜在力とは、実はブランド資産を認識し活用した場合のブランドの「オプション価値」のことである。株式公開企業であれば、現在の事業のキャッシュフローから説明できる価値に対して、株価に乗せられたプレミアムという形で現れる。このように見ると、ブランドを獲得することは理にかなっており、買収側の企業に前の所有者よりも優れたビジョンや実行力さえあれば、プラスのリターンがもたらされるはずである。

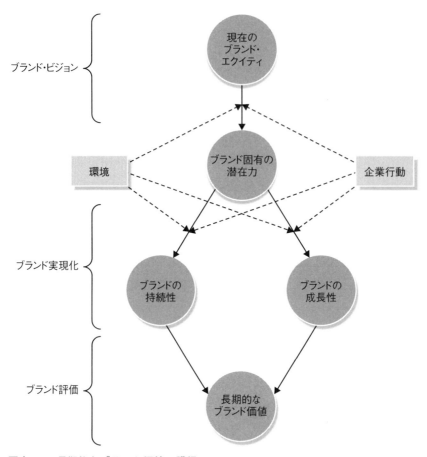

図表9-1　長期的なブランド価値の獲得

ブランド実現化

　ブランド・ビジョンがブランド固有の潜在力を理解することであるのに対し、**ブランド実現化**とはその潜在力を実現することをいう。当然ではあるが、企業によってリソースと経営スキルは異なるため、ブランドの潜在力とは何かというビジョンを構想し、それを活用してブランド固有の潜在力を活性化する能力も企業によって異なる。

長期的なブランド価値の構成要素

　ブランド実現化（または潜在力の活性化）は、企業がブランドの潜在力を、いかにうまく長期的なブランド価値の2つの主要構成要素、すなわちブランドの持続性とブランドの成長性に転換できるかにかかっている。

ブランドの持続性

ブランドの持続性とは、現在の顧客愛顧と顧客の支出レベルが時を経ても維持される度合いである。投資を継続しないかぎり、ブランドはさまざまな理由によって価値が低下していきやすい。コダック、リーバイス、ボーダーズなどのように、従来は資金が潤沢で高いエクイティを有していたブランドでさえ、あえなく運命が変わったり破綻したりすることもある。

ブランドのポジションとエクイティの耐久力は、主に3つの要因に依存している。

1. 主要なブランド連想の強さ、好ましさ、ユニークさ
2. これらの特性が将来にわたって継続する可能性
3. これらを長期的に保持するマーケティング・プログラムを開発し、マーケティング活動を実行する企業の能力

ブランド連想の中には、ほかよりも耐久性に優れたものがある。たとえば、トレンディさや若さのようなイメージ連想が時間の経過とともに大きく色あせやすいのに対して、品質は比較的時代に左右されない属性である。しかし、ブランドの持続性にとって最大の課題は、おそらくブランドが差別化を維持できるかどうかだろう。競合の反応、市場の変化、その他の外部要因があいまって、ブランドが当初有していたユニークさの維持を困難にしている。

ブランドの成長性

こうしたことから、成長の要件にはブランドの売上を持続し、衰退に抵抗する力が暗に含まれる。**ブランドの成長性**とは、既存製品や新製品によって現在の顧客が実際に支出を増やし、新規顧客がブランドに引きつけられる度合いをいう。第10章でこの問題を詳しく取り上げる。

ブランドの持続性と成長性に影響を与える要因

最後に、ブランドの持続性と成長性（ひいては長期的なブランド価値）は、マーケティング環境に見られるリスク、それらのリスクに対するブランドの脆弱性、そして企業が脆弱性にどう対処するかに左右される。

マーケティング環境のリスク

ブランド固有の潜在力の創造と実現に、有利に働いたり不利に働いたりする環境要因は多数ある。マーケティング環境は、おおまかに見ると競争要因、デモグラフィック要因、

経済的要因、物理的要因、技術的要因、社会・法的要因、社会・文化的要因の 7 つの要因
で構成されている。いくつか例を挙げれば、競争の性質、市場を構成する年齢層や文化層、
所得と税の基盤、天然資源の供給、政府の政策と規制、社会のトレンドなど、いずれもブ
ランドの運命を大きく変える可能性があり、マーケターの腕が試される。

　長期的なブランド価値は、短期的なブランド価値に比べるとはるかに予測しやすい。企
業が競争などの環境の変化に強く、ブランド固有の潜在力を活用する能力が高ければ、長
期的なブランド価値は上がる。消費者のロイヤルティが高く、スイッチング・コストも高
ければ、ブランドが難局や課題に直面した際も顧客を維持できる確率は高まる。参入障壁
も競合の動きに対する保険となる。

　ブランドの持続性と成長性は、競合がどれだけ効果的に活動しているかにも左右される。
重要なのは、市場で起こる変化やシフトを予測し、それに適応し、むしろ活用するだけの
備えが自社にどれだけあるかである。IBM、マイクロソフト、コーニングのような企業は、
自社が蓄積してきたブランド価値を基盤として数十年の間に大きな進化を遂げたが、それ
は必ずしも楽にできたわけではない。

企業行動

　ブランド・ビジョンの開発と潜在力の実現化は、想定される環境変化の中で、ブランド
の潜在力を認識し最大化する企業の動機づけと能力と機会に左右される。まず、企業はブ
ランドとブランドの潜在力を利用する動機づけを持ち、全力でそれに取り組まなければな
らない。多くのブランドが放置されたり忘れられたりするが、企業の所有ブランド数が多
ければなおさらである。

　ブランドの潜在力を最大化できるかどうかは、主にブランドの潜在力を認識し特定する
企業の手腕にかかっている。この評価が正しく行われたとすれば、次の問題は、特定した
潜在力を活用するのに必要な資源、スキル、その他の資産を企業が有しているか（利用で
きるか）どうかである。

　最後に、企業にはブランドの潜在力を明確化し、活性化させる機会がなければならない。
資源、スキル、その他の資産を他分野に転用してしまうと、ブランドの潜在力の実現を難
しくし、不可能にするかもしれない。市場パフォーマンスにおける変動や企業の意思決定
の紆余曲折、その結果を受けての予算配分の変更によって、練り上げられた計画が放棄さ
れてしまう例はあとを絶たない。

重要なインプリケーション

　ブランドの長期的な価値を実現するのは、ブランド・ビジョンとブランド実現化活動を
通じたブランドの潜在力の認識と実現という働きであることを見てきた。重要な 1 つのイ

ンプリケーションは、ブランドは所有する企業によって成長の可能性が異なるという点である。コスト削減の難しさを考えると、合併買収が本当に功を奏するのは、買収側の企業のほうが現在ブランドを所有している企業よりも賢明で知識があり、創造力に富んでいる（あるいは、もっと低いコストで資源を利用できる）場合のみである。しかし、買収しようとしている企業よりも現在ブランドを所有している企業のほうが、ブランドのことを全般的に良く知っていると考えれば、買収側の企業の多くがブランドの成長可能性を過大に評価し、高すぎる金額を支払っているのかもしれない。

出典：Kevin Lane Keller and Don Lehmann, "Assessing Brand Potential," in special issue, "Brand Value and Valuation," of *Journal of Brand Management* 17, eds. Randle Raggio and Robert P. Leone (September 2009): 6-17; Kevin Lane Keller and David A. Aaker, "The Effects of Sequential Introduction of Brand Extensions," *Journal of Marketing Research* 29 (February 1992): 35-50; Randle Raggio and Robert P. Leone, "The Theoretical Separation of Brand Equity and Brand Value: Managerial Implications for Strategic Planning," *Journal of Brand Management* 14 (May 2007): 380-395; S. Cem Bahadir, Sundar G. Bharadwaj, and Rajendra K. Srivastava, "Financial Value of Brands in Mergers and Acquisitions: Is Value in the Eye of the Beholder?." *Journal of Marketing* 72 (November 2008): 49-64; Yana Damoiseau, William C. Black, and Randle D Raggio, "Brand Creation vs. Acquisition in Portfolio Expansion Strategy," *Journal of Product & Brand Management* 20, no. 4 (2011): 268-281.

■ ブランド・ポジショニングの策定

ブランド・ポジショニングによって、ブランド・ビジョンはある程度の具体性が与えられる。第2章ではブランド・ポジショニングの考慮点を詳しく検討した。その4つの主要な構成要素は、（1）競争上のフレーム・オブ・レファレンス、（2）差別化ポイント、（3）類似化ポイント、（4）ブランド・マントラである。とくにブランド・マントラは製品の強化、つまりブランドの「ガードレール」を確立する上で非常に役に立つ。ブランド・マントラは理性的なベネフィットと感情的なベネフィットを提供し、成長できるだけの強さがあり、消費者と小売業者の関心を高めるだけの関連性を有し、長期間持続するだけの差別化がなされていなければならない。

第2ステップ：ブランド拡張機会の特定

第1ステップでブランド・ビジョン、ブランドの境界、ブランド・ポジショニングを決めれば、ブランドの潜在力が定義でき、ブランドの方向性が明確になる。第2ステップでは新製品や新サービスを特定し、ブランド拡張の上手な設計と実行を通じて、ブランドの潜在力を引き出す。

ブランド拡張とは、既存のブランド・ネームで新製品を導入することである。既存カテゴリー内で新製品を導入する**ライン拡張**（洗濯洗剤「タイド・トータルケア」）と、既存カテゴリー外で新製品を導入する**カテゴリー拡張**（クリーニング店「タイド・ドライクリーナーズ」）とは用語を区別している。

ブランドの潜在力を引き出すには、ブランド拡張の最適な順番を慎重に計画する必要がある。その鍵は、各拡張のエクイティ上のインプリケーションを類似化ポイントと差別化ポイントという視点から理解することである。ブランド・プロミスを忠実に守り、ブラン

ドを注意深く着実に成長させれば、ブランドを必ず大きく発展させることができる。

たとえば、ナイキは25年以上かけてカテゴリー拡張という形で、一連の新製品の導入を巧みに計画・実行することにより、1980年代半ばに北米で12〜29歳の主に男性にランニングシューズ、テニスシューズ、バスケットボールシューズを販売していた会社から、ほぼ全世界のあらゆる年齢層の男女に各種スポーツ用の運動靴、衣料、用具を販売する現在の会社へと進化を遂げた。

ブランド拡張品の導入は、想像する以上に難しい。新製品の大半が拡張品であり、新製品の大半が失敗することを考えると、ブランド拡張が失敗に終わることが多いのは明らかである。今後、競争が激しさを増す市場は、ポジショニングとマーケティングの下手な企業にとっていっそう過酷になるだろう。成功の確率を上げるためには、ブランド拡張の分析と開発を厳密にしっかりと行わなければならない。第10章でブランド拡張戦略を成功させるためのガイドラインを詳しく紹介する。

■ 第3ステップ：新製品と新サービスのブランディング

ブランド・アーキテクチャー開発の最終ステップは、当該ブランドの新製品または新サービスに用いる具体的なブランド要素の決定である。新製品や新サービスは、ブランド全体の明確さと消費者や顧客の理解を最大化するようにブランド化しなければならない。どのような名前、外観、その他のブランディング要素を、ブランドの新製品および既存製品に適用すべきだろうか。

ブランド・アーキテクチャー戦略は、アンブレラ・ブランドとしてのコーポレート・ブランドやファミリー・ブランドを自社のすべての製品に使うか（いわゆるbranded house）、あるいは個々に異なる複数のブランドを使うか（いわゆるhouse of brands）、に大別される。

● 主にbranded house戦略を採用している企業には、シーメンス、オラクル、ゴールドマン・サックスなどのB2B企業が多い。

● 主にhouse of brands戦略を採用している企業には、P&G、ユニリーバ、コンアグラなどの消費財企業が多い。

実際には大半の企業が両者の中間に位置する戦略を採用し、さまざまなタイプのサブ・ブランドを使用していることが多い。**サブ・ブランド**はブランド拡張に非常によく見られる形態で、親ブランドの名前と新しい名前の両方を新製品に付与する（アップルのiPad、フォード・フュージョン、アメリカン・エキスプレス・ブルーカードなど）。

優れたサブ・ブランディング戦略は、企業ブランドやファミリー・ブランド全体の連想と態度を利用しつつ、新しいカテゴリーで拡張品をポジショニングするために、新しいブ

第9章 ブランド・アーキテクチャー戦略の設計と実行

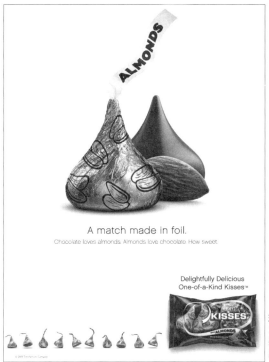

理想的なサブ・ブランドであるハーシーのキスチョコは、ハーシーの評判の良いブランド・イメージに楽しく遊び心のある要素を加えている。
出典：©The Hershey Company

ランド信念を創出することもできる。たとえば、ハーシーのキスチョコはハーシーブランドの品質、伝統、知名度を利用しながら、同時にもっと遊び心があり楽しいブランド・イメージを生み出した。象徴的なブランドであるハーシーのキスチョコは、2010年のハリス・インタラクティブ・エクィトレンドのブランド・エクイティ調査で第1位を獲得している[3]。

　サブ・ブランドは、新製品に類似性と差異の両方を期待するようにと消費者に合図を送ることで、ブランド・アーキテクチャーにおいて重要な役割を果たす。こうしたベネフィットを実現するためには、サブ・ブランディングには、通常、消費者に正しいブランドの意味を定着させるべく、多額の投資としっかりした一貫性のあるマーケティングが必要になる。そのような資金の投入ができない場合、製品ディスクリプタをつけた企業ブランド・ネームやファミリー・ブランド・ネームでbranded house的なアプローチを用いるなど、できるだけ単純なブランド階層を採用するとよいだろう。サブ・ブランディングを採用するのは、明確な補完的ベネフィットがあるときだけにすべきである。それがない場合には、新製品または新サービスを示す製品ディスクリプタを使うだけにしたほうがよい。

333

ブランド・ポートフォリオ

ブランド・ポートフォリオとは、ある製品カテゴリー内で企業が販売しているすべての
ブランドをいう。ブランド・ポートフォリオはブランド・エクイティの最大化という視点
で判断する。ポートフォリオ内のブランドが、他のブランドのエクイティを損ねたり低下
させたりするようなことがあってはならない。各ブランドが他のブランドとの相乗効果に
よってエクイティを最大化しているのが、理想的なブランド・ポートフォリオである。

なぜ企業は同一の製品カテゴリー内で複数のブランドを持つのだろうか。その主な理由
は市場カバレッジである。複数ブランディングを最初に採用したのはGMであるが、それ
を普及させたのはP&Gだと認識されている。P&Gは、すでに成功をおさめていた洗剤「タ
イド」に追加して「チアー」というブランドを導入し、結果的に製品カテゴリー全体の売
上を大きく伸ばし、複数ブランディングの提唱者となった。

さまざまな市場セグメントから等しく選好されるような単一のブランドは存在しないた
め、企業は複数のブランドを導入する。複数のブランドを有することによって、異なる価
格セグメント、異なる流通チャネル、異なる地域等を追究できるようになる[4]。　最適な
ブランド・ポートフォリオを設計するためには、まず関連性の高い顧客セグメントを明確
にしなければならない。セグメント間の重複がどれだけあり、製品のクロスセルの可能性
はどれくらいだろうか[5]。1つのカテゴリーに複数のブランドを導入する理由としては、
ほかにも次のような点が挙げられる[6]。

- 店舗における陳列商品を増やし、小売業者の自社への依存度を高めるため。
- 他のブランドにスイッチし、バラエティを求めるような消費者を引きつけるため。
- 社内競争を活性化させるため。
- 広告、販売、マーチャンダイジング、物流において規模の経済を得るため。

一般的に、市場カバレッジなどについて考慮するとともに、コストや収益性とのトレー
ドオフの検討が必要になる。ブランドを削除することによって利益が増加するなら、ポー
トフォリオは大きすぎるし、ブランドを追加することによって利益が増加するなら、その
ポートフォリオはもっと大きくてもよい。十分に差別化されていないブランドで構成され
たブランド・ラインは、カニバリゼーションが生じる傾向にあり、適切な間引きを必要と
する[7]。

ブランド・ポートフォリオを設計する上での基本原則は、潜在的な顧客を取り逃がさな
いように市場カバレッジを最大化しつつ、同じ顧客層の支持を得ようとして顧客の取り合
いにならないように、ブランドの重複を最小化することである。各ブランドは、それぞれ

> **図表9-2　ブランド・ポートフォリオ内でブランドが果たしうる特定の役割**
>
> 1. 現在、自社ブランドによってカバーされていない市場セグメントを引きつける。
> 2. フランカー・ブランドとして、旗艦ブランドを防御する。
> 3. キャッシュ・カウ・ブランドとして、利益を絞り出す。
> 4. ロー・エンドの入門ブランドとして、新規顧客のブランド愛顧を確立する。
> 5. ハイ・エンドの威光ブランドとして、ブランド・ポートフォリオ全体に高級感と信頼性を与える。
> 6. 店舗における陳列スペースを増やし、小売業者の自社への依存度を高める。
> 7. 他のブランドにスイッチし、バラエティを求めるような消費者を引きつける。
> 8. 社内競争を活性化する。
> 9. 広告、販売、マーチャンダイジング、物流において規模の経済を生み出す。

異なる標的市場とポジショニングを有していなければならない[8]。

　たとえば過去10年間、P&Gは市場カバレッジを拡大しつつブランドの重複を解消したいと考え、新しいブランドを多数導入するのではなく、既存のコア・ブランドによる有機的な成長を追求することにした。「10億ドル」を稼ぎ出すコア・ブランドのイノベーションに集中した結果、漂白剤「クレスト」、トイレ・トレーニング用おむつの「パンパース」、掃除用品の「ミスター・クリーン・マジックイレイサー」など、市場をリードするブランド拡張品を多数成功させた[9]。

　これらの考慮点のほかに、ブランドにはブランド・ポートフォリオの一部として果たす特定の役割がたくさんある。図表9-2はそれをまとめたものである。次項からは各役割について見ていく。

■ フランカー・ブランド

　フランカー・ブランドあるいはファイター・ブランドとして、防御の役割を果たすブランドがある[10]。フランカー・ブランドの一般的な狙いは、競合ブランドに対して強い類似化ポイントの確立により、より重要で収益性の高い旗艦ブランドが望ましいポジショニングを確保できるようにすることである。とりわけ、第5章で論じたように、多くの企業はストア・ブランドやプライベート・ブランドとの競争を有利に展開し、自社の高価格帯ブランドを防御するために、フランカー・ブランドとして低価格ブランドを導入している。オーストラリアのカンタス航空は、格安航空ヴァージン・ブルーに対抗する低価格ファイター・ブランドとしてジェットスター航空を導入し、大きな成功をおさめ、旗艦プレミアム・ブランドであるカンタスを守った[11]。

　ポートフォリオ内の既存のブランドをリポジショニングして、ファイター・ブランドの役割を持たせる場合もある。たとえば、一時期「ビールのシャンパン」といわれた「ミラー・ハイライフ」ビールは、1990年代には低価格ブランドに格下げされて、より高価格の「ミラー・ドラフト」と「ミラー・ライト」を防御する役割になった。同様に、P&G

はかつて高価格おむつブランドだった「ラブズ」にプライベート・ブランドやストア・ブランドと価格競争する役割を与え、プレミアム・ブランドとしてポジショニングされている「パンパース」を防御すべくリポジショニングをした。

　ファイター・ブランドを設計するにあたっては、慎重に事を進めなければならない。ファイター・ブランドが魅力的すぎて、より高価格の自社ブランドや関連ブランドから売上を奪うようなことは避けなければならない。同時に、ファイター・ブランドがポートフォリオ内の他のブランドと何らかの関連性があるならば（たとえば共通のブランディング戦略に則っている場合など）、ファイター・ブランドは他のブランドに悪影響を及ぼすほど安っぽく設計されてはならない。

■ キャッシュ・カウ・ブランド

　売上が減少傾向にあり、しかもマーケティング支援をほとんど受けなくても、十分な数の顧客を手放さず、収益性を維持して生き残っているブランドもある。こうした「キャッシュ・カウ」ブランドからは、既存のブランド・エクイティの蓄積を利用することにより、効率的に利益をしぼり出すことができる。たとえばジレットは、技術的進歩によって新しい剃刀のブランド「フュージョン」に市場の大半が移っているにもかかわらず、今なお従来の「トラックⅡ」、「アトラ」、「センサー」、「マッハ３」といったブランドも販売し続けている。これらのブランドを廃止することは、必ずしも他の自社ブランドへ顧客をスイッチさせる結果にはならないため、廃止するよりもポートフォリオ内に維持するほうが、より高い収益をもたらすことになる。

「トラックⅡ」、「アトラ」、「センサー」、「マッハ３」といったジレットの古いブランドの多くはキャッシュ・カウであり、大きなマーケティング支援を受けなくてもほどほどに良く売れ続けている。
出典：Keri Miksza

■ ロー・エンド入門ブランドとハイ・エンド威光ブランド

多くのブランドは、ある特定の製品カテゴリーにおいて、価格と品質の異なるライン拡張品ないしブランド・バリアントを導入しており、価格と品質において一線を画しつつ、他のブランドからの連想を活用している。この場合、ブランド・ラインの両端が特別な役割を果たすことが多い。

ブランド・ポートフォリオにおいて相対的に低価格なブランドの役割は、多くの場合、顧客のブランド愛顧を確立することである。小売業者はこの種のトラフィック・ビルダーを使いたがる。なぜならば、それによって得た顧客をより高価格なブランドへと買い換えさせることができるからである。たとえばベライゾン・ワイヤレスは、顧客が所有していた古くて安い携帯電話から小売価格より安い新しい機種にアップグレードできる料金プランを用意している。

BMWは、3シリーズの自動車にいくつかの新モデルを投入した。これは、将来車を下取りに出したときに高価格帯モデルに乗り換えさせるという期待のもとに、新規顧客のブランド愛顧を確立するための手段の1つである。3シリーズが徐々に高級市場に移行したため、BMWは2004年に1シリーズを導入した。価格は3シリーズとミニの中間で、3シリーズと同じ製品ラインで組み立てられた。

一方、ブランド・ファミリーにおいて、相対的に高価格なブランドの役割は、多くの場合、ポートフォリオ全体に高級感と信頼性を付与することである。たとえば、あるアナリストによると、「シボレー」にとって、高性能スポーツカー「コルベット」の真の価値は、「好奇心の強い顧客をショールームに誘い込む力、それと同時に、他のシボレー車のイメージを向上させる力にある。GMの収益全体に占める割合は決して大きくはないが、トラフィック・ビルダーであることは間違いない」[12]。コルベットの技術的イメージと高級感は、「シボレー」のライン全体に好影響を及ぼしている。

ブランド階層

ブランド階層とは、企業のブランディング戦略を図式的に表す方法であり、全製品に共通するブランド要素と異なるブランド要素を明らかにし、ブランド要素の序列を明示している。ある製品に新しいブランド要素と既存のブランド要素をいくつ使うか、それらの要素をどのように組み合わせるかにより、さまざまなブランド化が可能になるという理解に基づいている。

たとえば、「デルInspiron 17R」というノートブック型コンピュータは、「デル」、「Inspiron」、「17R」という3つの異なるブランド・ネームの要素を持っている。これらのブランド・ネーム要素は他の多くの製品にも用いられるものもあれば、限定された製品に

のみ用いられるものもある。デル社は、自社製品の多くをブランド化するのに社名を使用しているが、特定のタイプ（ポータブル型）のコンピュータを表すために「Inspiron」を用い、「Inspiron」のうち特定のモデル（ゲーム・パフォーマンスとエンターテインメントおよび17インチスクリーンの搭載を強化したもの）を識別するために「17R」を用いている。

共通のブランド要素を介して、ある製品群が他の製品群とどのような入れ子構造になっているかについて、階層を作って示すことができる。図表9-3では、ESPNのブランド階層を一覧にしてある。ESPNはウォルト・ディズニー・カンパニーの傘下にあり、同社のブランド・ポートフォリオの中でファミリー・ブランドとして機能していることに注意されたい。図表が示すように、ブランド階層には複数のレベルが含まれる場合がある。

ブランド要素と階層レベルの定義の方法はいろいろある。上層から下層までを最も簡単に示すと次のようになるだろう。

1. コーポレート・ブランド（GM）
2. ファミリー・ブランド（ビュイック）
3. 個別ブランド（リーガル）
4. モディファイアー（アイテムやモデルを識別する要素）（GS）

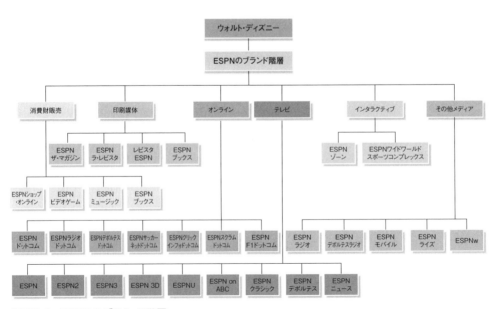

図表9-3　ESPNのブランド階層

ブランド階層のレベル

階層の各レベルには、それぞれ異なる問題点がある。それらについて見ていこう。

■ コーポレート・ブランド・レベル

階層の最上レベルには、必ず1つのブランド、つまり**コーポレート・ブランド**が位置している。コーポレート・ブランドもしくはカンパニー・ブランドという言い方があるが、消費者にとって両者を区別したり、コーポレーションが複数のカンパニーの集合であると認識したりする必要はないので、本章では両者を互換性のあるものとみなし、まとめてコーポレート・ブランドと呼ぶことにする。

法的な理由によって、コーポレート・ブランドはほぼ間違いなく製品あるいはパッケージのどこかに示されているが、企業名のかわりに子会社のネームが用いられることもある。たとえば、フォーチュン・ブランズは、ウィスキー「ジム・ビーム」、コニャック「クルボアジェ」、錠前「マスター・ロック」、水栓「モーエン」など、異業種社を数多く所有しているが、どのラインにもフォーチュンという企業名を使用していない。

GEやヒューレット・パッカードのように、実質的にコーポレート・ブランドだけを用いている企業もある。コングロマリットであるシーメンスは、さまざまな電気工学および電子工学分野の事業を展開しているが、たとえば「シーメンス・トランスポーテーション・システムズ」のように、事業内容がわかるようなモディファイアーをつけてブランド化している。実際は階層の一部であるにもかかわらず、企業名が実質的に表に出ておらず、マーケティング・プログラムにおいて注意が向けられていないケースもある。ブラック＆デッカー社は、プロユーザー向け電動工具の高価格帯ブランド「デウォルト」には自社名を使用していない。

以下で詳述するが、**企業イメージ**は、製品を製造したりサービスを提供したりしている企業に対する消費者の連想と考えることができる。コーポレート・ブランドがブランディング戦略において重要な役割を果たす場合には、企業イメージがとくに大きな意味を有してくる。

■ ファミリー・ブランド・レベル

その下のレベルが**ファミリー・ブランド**（**レンジ・ブランド、アンブレラ・ブランド**と呼ばれることもある）である。複数の製品カテゴリーで用いられるが、必ずしも企業名と同一とは限らない。たとえば、コンアグラ社の「ヘルシー・チョイス」というファミリー・ブランドは、パッケージ入り肉類、スープ、パスタソース、パン、ポップコーン、アイスクリームなど幅広い食品で用いられている。ほかにも、ネスレ社の「ピュリナ」と「キットカット」、ペプシコ社の「マウンテンデュー」、「ドリトス」、「クエーカーフーズ」、

クラフト社の「オレオ」、「キャドバリー」、「マックスウェルハウス」など、売上10億ドル以上を生み出す有名なファミリー・ブランドの例がある。

　ファミリー・ブランドはコーポレート・ブランドと異なるため、企業レベルの連想がそれほど突出していない。ほとんどの企業は、ほんのわずかなファミリー・ブランドしか持っていない。

　コーポレート・ブランドのかわりにファミリー・ブランドが用いられる理由はいくつかある。製品間の類似性が低下するにつれて、コーポレート・ブランドによって製品の意味を維持したり、共通点のない製品どうしの統一感を保ったりすることが困難になる。それに対して、独自性のあるファミリー・ブランドは、関連製品のグループ全体に特定の連想集合を想起させることができる[13]。

　このように、ファミリー・ブランドは、複数の異なる製品を共通の連想で結びつける有効な手段である。新製品のブランドとして既存のファミリー・ブランドを用いれば、その新製品の導入コストを抑えつつ、受け入れられる可能性を高めることができる。

　ただし、ファミリー・ブランドに結びつけられた製品とそれを支援するマーケティング・プログラムを慎重に考慮して設計しなければ、ファミリー・ブランドへの連想は弱まり、好ましさが低下するおそれがある。さらに、同一ブランドで販売される製品はすべて共通のブランド・アイデンティティを有するので、1つの製品における失敗が他の製品に悪影響を及ぼすこともある。

■ 個別ブランド・レベル

　個別ブランドは、基本的に1つの製品カテゴリーに限定して用いられるものであるが、その製品のタイプはモデル、パッケージ・サイズ、風味などの違いにより多様である。たとえば、フリトレー社は「塩味スナック菓子」という製品クラスにおいて、コーン・チップス「フリトス」、トルティーヤ・チップス「ドリトス」、ポテトチップス「レイズ」と「ラッフル」、プレッツェル「ロールドゴールド」を販売している。それぞれのブランドは、塩味スナック菓子という幅広い製品クラス内の各カテゴリーにおいて圧倒的優位に立っている。

　個別ブランドの主な利点は、特定の顧客グループのニーズを満たすために、ブランドと支援的マーケティング活動をカスタマイズできることである。つまり、ブランド・ネームやロゴといったブランド要素のみならず、製品デザイン、マーケティング・コミュニケーション・プログラム、価格および流通戦略といったすべてを、特定の標的市場に焦点を合わせることができる。さらに、ブランドが行き詰まったり失敗したりした場合、他のブランドや企業自体へのリスクは最小限に抑えられる。しかし、個別ブランドの採用には不利な点もある。それは、十分なレベルのブランド・エクイティを構築するための個別マーケ

ティング・プログラムの開発が困難かつ複雑で、費用がかさむことである。

■モディファイアー・レベル

コーポレート・ブランド、ファミリー・ブランド、個別ブランドのいずれを選択しても、アイテムやモデルのタイプによって、ブランドをさらに区別しなければならないことがある。**モディファイアー**とは、製品の特定のアイテムやモデル、あるいはバージョンや形状を示す働きをする。たとえば、ランド・オレイクス社が販売するバターには「ホイップバター」、「無塩バター」、「レギュラー」という種類がある。ヨープレイト社のヨーグルトは「ライト」、「カスタード・スタイル」、「オリジナル」という風味に分かれている。

モディファイアーを追加することによって、ブランド内の品質レベル（例：スコッチウィスキー「ジョニー・ウォーカー」"赤ラベル"、"黒ラベル"、"ゴールドラベル"、"ブルーラベル"）、属性（例：チューインガム「リグレー」"スペアミント"、"ダブルミント"、"ジューシーフルーツ"、"ウィンターフレッシュ"）、機能（例：ドッカーズのパンツ「フィット」"リラックスド"、"クラシック"、"ストレート"、"スリム"、"エキストラスリム"）といった要素の差異を示すことができる[14]。したがって、モディファイアーの働きの1つは、同じファミリー・ブランドに属するあるブランド・バリエーションが、ほかとどのような関係にあるかを示すことである。

モディファイアーには、消費者のみならず流通業者にとっても、製品をより理解しやすくする働きがある。親ブランドとの間に独自の連想を確立できれば、モディファイアーは強力な商標にもなりうる。たとえば、アンクル・ベンだけが「コンバーテッド・ライス」を有し、オーヴィル・レデンバッカー社だけが「グルメ・ポッピング・コーン」を販売している[15]。

ブランド階層の設計

ブランド階層は複数のレベルで構成される可能性があるので、各レベルを用いるかどうか、どのように用いるかによって、ブランディングの選択肢は多数ある。適切なブランド階層の設計は非常に重要である。

各階層レベルのブランド要素は、製品の認知を創出する能力と、強く好ましくユニークなブランド連想とポジティブなレスポンスを育成する能力によって、ブランド・エクイティに貢献するだろう。そこで、ブランド階層を構築してブランディング戦略を策定するにあたっては、以下について決定しなければならない。

1．あるブランドで導入する具体的な製品
2．利用する階層レベルの数

３．各レベルの望ましいブランド認知とブランド・イメージ

４．特定の製品に異なるレベルのブランド要素を用いる場合、その組み合わせ

５．あるブランド要素を複数の製品に結びつける場合、その最適な方法

　以下、この５つの意思決定について検討していく。図表9-4は、ブランド階層を設計するにあたっての５つのガイドラインをまとめたものである。

■ 導入する製品

　あるブランドでどのような製品を導入すべきかについて、他の章でも述べたが、ここで改めて３つの原則を挙げる。

　成長性の原則とは、あるブランドの市場浸透や市場拡大への投資は、製品開発投資と比較したROIに応じて行うべきであるという考え方である。つまり、あるブランドの既存製品について、新しい顧客に向けての販売量を増やすことに資源を投じるなら、新製品の発売への投資との比較でコストとベネフィットの計算をしなければならないということである。

　従来のネットワーク事業の衰退を受け、シスコは新たなインターネット動画製品に大きな投資を決断した。動画はほぼあらゆるメディア（携帯電話、インターネットなど）に浸透しているが、ファイルが大容量であるため送信に困難をもたらしていた。シスコは企業顧客向けに高解像度のビデオ会議を可能にするテレプレゼンス技術を発売し、自社のメディアネット・アーキテクチャーを通じて拡大した動画機能を製品ライン全体に盛り込んだ[16]。

　ブランド拡張を成功させるための原則があと２つある。**存続性の原則**は、カテゴリー内のブランド・エクイティを構築しなければならないとするものである。要するに、安易な模倣をするだけの拡張は避けなければならない。**相乗作用の原則**は、ブランド拡張は親ブランドのエクイティも向上させるべきという考え方である。

■ ブランド階層レベルの数

　製品の境界とブランド拡張戦略が定まったら、ブランディング戦略の策定で最初に決めることは、全体として、どのようなブランド階層を用いるかである。大半の企業は複数のレベルを使用するが、それには主に２つの理由がある。１つは、下位階層レベルの使用によって、その製品に関する追加的で具体的な情報を伝えることができるためである。下位階層レベルのブランドを開発することで、企業は製品のユニークさを伝達する上で柔軟性が得られる。また、上位階層レベルのブランドを開発することは、共通あるいは共有する情報を伝達したり、企業の内外の活動に相乗作用をもたらしたりするための経済的な手段となるからである。

図表9-4　ブランド階層設定のためのガイドライン

1. 導入する製品を決める
   - 成長性の原則：市場浸透や市場拡大に投資するか、あるいは製品開発に投資するか、投資利益率に従って決定する。
   - 存続性の原則：ブランド拡張は拡張先における、それぞれのカテゴリー内においてブランド・エクイティを構築しなければならない。
   - 相乗作用の原則：ブランド拡張は、親ブランドのエクイティを強化するものでなければならない。
2. レベルの数を決める
   - 単純性の原則：階層の数をできるだけ少なくする。
   - 明確性の原則：すべてのブランド要素の論理と関係性を明白かつ透明にする。
3. 各レベルで形成する認知と連想のタイプを決める
   - 関連性の原則：できるだけ多くの個別アイテムと関連する抽象的連想を生み出す。
   - 差別性の原則：個々のアイテムやブランドの差別化を図る。
4. 同一製品に異なるレベルのブランドを結びつける方法を決める
   - 突出性の原則：ブランド要素の相対的突出性は、製品の差異や新製品のイメージのタイプについての知覚に影響を及ぼす。
5. 複数の製品に同一ブランドを結びつける方法を決める
   - 共通性の原則：複数の製品に共通要素が多いほど、結びつきが強くなる。

先に述べたように、既存のブランドに新しいブランドを結合させることをサブ・ブランディングと呼ぶ。このとき下位ブランドは上位ブランドを修飾する手段となる。サブ・ブランド戦略（あるいはハイブリッド・ブランド戦略ともいう）には、特定のブランド信念を生み出す働きもある。

サブ・ブランディングは、コーポレート・ブランドまたはファミリー・ブランドと、それに付随するすべての連想との間に強い結びつきを生み出す。それと同時に、サブ・ブランドの開発により、ブランド特有の信念を生み出すこともできる。この詳しい情報のおかげで、製品間の差異やどれが自分に適した製品かが消費者に理解しやすくなる。

またサブ・ブランドによって、販売員や小売業者が製品ラインの構成や最適な販売方法を明確に把握できるため、販売努力を組織化するのにも役立つ。たとえばナイキは、人気の高い「ジョーダン」ラインに加えて「エア・マックス・レブロン」、「エア・ズーム・ハイパーダンク」、「ハイパーフューズ」などのバスケットシューズ・ラインのサブ・ブランドを絶えず生み出し続けているが、その大きな利点の１つは、小売業者の関心と熱意を引き起こすことである。2010年に最も売れたバスケットボールシューズ100点のうち92点がナイキの製品だった[17]。

名前、製品形態、形状、グラフィック、色、バージョンなど、さまざまなブランド要素をサブ・ブランドの一部に使うことができる。既存のブランド要素と新しいブランド要素をうまく組み合わせることにより、新しい拡張ブランドと親ブランドとの意図した類似性もしくは一致性を効果的に伝えることができる。

単純性の原則とは、消費者に対して提供するブランディング情報の量が適切でなければならないということである。多すぎても少なすぎてもいけない。ブランド階層における望ましいレベルの数は、製品ラインや製品ミックスの複雑さの度合いによって決まる。つまり、企業がある製品に関連づけたい共通のブランド連想や個別のブランド連想の組み合わせ方にも左右される。

電球、乾電池、チューインガムのような比較的単純で低関与の製品では、製品の特徴の違いを説明するモディファイアーを個別ブランドやファミリー・ブランドに組み合わせる、というブランディング戦略をとることが多い。たとえば、GEは電球のブランドとして3つの主要ブランド（「エジソン」、「リビール」、「エナジー・スマート」）を保有しており、それに機能別呼称（「スタンダード」、「リーダー」、「3ウェイ」）と色味（柔らかい白と太陽光）および明るさ（40ワット、60ワット、100ワット）を組み合わせている。

自動車、コンピュータ、その他の耐久財のような複雑な製品には、より多くの階層レベルが必要である。そのため、ソニーは、カメラには「サイバーショット」、テレビには「ブラビア」、ビデオカメラには「ハンディカム」などのファミリー・ブランド・ネームを使用している[18]。高級車のように強い企業ブランドがあり比較的少数の製品を販売している企業は、製品について説明しないアルファベットや数字を使いやすい。消費者が親ブランドと重ね合わせて見てくれるからである。

とはいえ、4つ以上のレベルのブランド・ネームで製品をブランド化すると、消費者を閉口させたり混乱させたりする。そこで、より良いアプローチは、同一レベルに複数のブランドを導入し（複数のファミリー・ブランドなど）、ブランディング戦略の深さを広げることである。

■ 各階層レベルにおける望ましいブランド認知とイメージ

各レベルにおけるブランド要素は、どれくらいの認知度で、どのようなタイプの連想を作り出すことが望ましいのだろうか。望ましい水準のブランド認知の度合いおよびブランド連想の強さ、好ましさ、ユニークさを達成するためには、ある程度の時間を要する上、消費者知覚をかなり変えなくてはならない。複数のブランド・レベルにおいてサブ・ブランディング戦略を採用する場合、各レベルでのブランド知識創造のプロセスは、関連性と差別性という2大原則によって導かれる。

関連性の原則は、効率性と経済性という利点に基づいている。できるだけ多くの下位レベルのブランドで、コーポレート・ブランド・レベルやファミリー・ブランド・レベルのブランドと関連づけられるような連想を生み出すことが望ましい。自社製品のマーケティングにおいて連想の価値が高まるほど、全製品に結びついている上位レベルのブランドにその価値を統合すると効率性と経済性が高まる[19]。たとえば、ナイキのスローガン「Just

Do It」は、パフォーマンスという主要な差別化ポイントを強化している。これは同社が販売するほぼすべての製品に関連性を持つ。

　一般に、連想が抽象的であるほど、異なる製品に対して関連性を持ちやすい。そのため、ベネフィット連想は多くの製品カテゴリーにまたがるので、きわめて有効な連想となる可能性が高い。しかし、製品カテゴリーや製品属性との強い連想を伴うブランドは、新しいカテゴリーへの拡張を成功させるようなブランド・イメージを作り出すことが難しい場合がある。

　たとえばブロックバスターは、より多くの製品に関連性を持つ幅広いブランド・アンブレラを作り出すため、「ビデオレンタル店」から「あなたの近くのエンターテインメント・センター」へとブランドの意味を拡大しようとした。結局、同社は倒産して2011年4月に衛星テレビ局のディッシュ・ネットワークにオークションで買収された[20]。

　差別性の原則は、重複性の欠点に基づいている。同一レベルにある複数のブランドは、可能なかぎり差別化すべきである。2つのブランドを容易に識別できなければ、小売業者などのチャネル・メンバーが両方のブランドを支援する正当性を納得しにくいだろうし、消費者にとっても選びにくいだろう。

　ブランドの革新性や関連性を維持するために新製品やブランド拡張は重要であるが、導入は慎重かつ選択的に行うべきである。節度なく行うと、ブランドのバリエーションはあっという間にコントロール不能になる[21]。

　食料品店が扱うアイテム数は4万アイテムにのぼり、このことが問題を引き起こしている。9種類の「クリネックス」ティッシュペーパー、16種類のフレーバーの「エッゴ」ワッフル、72種類の「パンテーン」シャンプー。これだけの種類が同時に手に入ることが、消費者にとって本当に必要なのだろうか。より適切な在庫コントロールを行い、ブランドの増殖を避けるために、コルゲート・パルモリブは、導入する製品1つにつき1アイテムの廃番を始めている。

　差別性の原則は個別ブランドやモディファイアーのレベルにおいて特に重要であるが、ファミリー・ブランド・レベルにおいても有効である。たとえば、GMのマーケティングに対する批判の1つに、GMが自動車のファミリー・ブランドを十分に差別化できていないというものがある。それが結果的には「オールズモビル」、「ポンティアック」、「サターン」ブランドの廃止につながった。

　差別性の原則は、ブランド階層のあらゆるレベルにおいて、すべての製品に同じ力を注ぐ必要はないということも意味している。ブランド階層を設計するにあたって重要なポイントは、ブランド階層を構成している個々の製品に相対的にどれだけ重点を置くかを決めることである。コーポレート・ブランドやファミリー・ブランドが複数の製品に結びついている場合、どの製品を中核製品あるいは旗艦製品とするべきなのか。消費者に対して

「そのブランド」の代表となるべきなのは何だろうか。

旗艦製品とは消費者が最もそのブランドらしい、あるいはブランドを体現していると考える製品である。旗艦製品は当該ブランドが有名になるきっかけとなった最初の製品、広く受け入れられているベストセラー、あるいは高く評価されたり賞を受賞したりした製品であることが多い。たとえば、ブランドと結びつく製品はほかにもあるが、石鹸の旗艦製品なら「アイボリー」、クレジットカードなら「アメリカン・エキスプレス」、ケーキミックスなら「ベティ・クロッカー」となろう[22]。

旗艦製品はブランド・ポートフォリオで重要な役割を果たすため、旗艦製品のマーケティングは短期的なベネフィット（売上増加）も長期的なベネフィット（ブランド・エクイティの向上）ももたらす。クライスラーは「300」モデルが売れていたとき大規模なマーケティング活動を行った。「300」は売上全体の22％を占めるにすぎなかったが、他の車種にハロー効果を及ぼし、GMの売上が４％落ちていたときも、クライスラーの売上は10％も伸びている[23]。

■ 異なるレベルのブランド要素の組み合わせ

異なるブランド階層レベルのブランド要素を複数組み合わせる場合、それぞれの要素にどれだけ重点を置くかを決めなければならない。たとえば、サブ・ブランド戦略を採用する場合、コーポレート・ブランドやファミリー・ブランドを犠牲にして、個別ブランドをどれだけ突出させるべきだろうか。

突出性の原則

ブランド要素の**突出性**とは、他のブランド要素と比較して、相対的に目立ちやすい状態のことである。突出性は、意味的な連想に加えて、等級、サイズ、外観といったさまざまな要因によって決まる。一般にブランド・ネームが突出するのは、最初に登場する、ほかより大きい、独自性が目立つといった場合である。たとえば、ペプシコ社が新製品のビタミン強化コーラを導入するためにサブ・ブランディング戦略を採用し、コーポレート・ブランド・ネームに新しい個別ブランド・ネーム（たとえば「ビタコーラ」）を組み合わせると仮定しよう。「ペプシ・ビタコーラ」と先頭にほかより大きな文字で配置することによって、「ペプシ」のネームを突出させることができる。同様に、「ビタコーラ・バイ・ペプシ」とすれば個別ブランドを突出させることができる。

突出性の原則では、ブランド要素の相対的な突出性によってブランド要素の優先順位が決まり、第１要素と第２要素に分けられる（どちらも複数の要素が含まれる場合もある）。第１ブランド要素は、製品の主要なポジショニングと差別化ポイントを伝達すべきものである。第２ブランド要素は、類似化ポイントや追加的な差別化ポイントなどの、限定され

た支援的な連想を伝達する。第2ブランド要素は認知を容易にする働きもある。

　たとえば、スマートフォン「Droid by Motorola」シリーズの場合、第1ブランド要素は、グーグルのアンドロイドOSの使用を強調する「Droid」というネームであり、滑らかな刃先のようなスタイルを暗示し、期待されるユーザー像と使用イメージを作り上げている。一方、モトローラというネームは、第2ブランド要素として、信頼性、品質、専門性を申し分なく伝えている。突出性の原則によれば、ブランド要素の突出性が高いほど、消費者はブランドについての意見形成でそのブランド要素を重視する。個別ブランドとコーポレート・ブランドの相対的突出性は、新製品のために創出される製品の知覚とイメージのタイプに影響を与える。

　消費者は非常にストレートな反応をする。コーポレート・ブランドやファミリー・ブランドの突出性が高い場合、その連想はより強力になる。一方、個別ブランドの突出性が高い場合は、独自性の強いブランド・イメージを作り上げることが容易になる。「マリオット・コートヤード」であれば、社名が先にきているため、「コートヤード・バイ・マリオット」よりもはるかにマリオット・ホテルのイメージが強かっただろう。この場合、コーポレート・ブランド・ネームやファミリー・ブランド・ネームは同じであっても、当該新製品は他の製品とあまり密接な関連性はないということを消費者に知らせている。その結果、消費者がコーポレート・ブランド連想やファミリー・ブランド連想を移転する可能性は低くなる。また、相違の知覚が大きいほど、新製品の失敗や成功がコーポレート・ブランドやファミリー・ブランドのイメージに及ぼす影響は抑えられる。コーポレート・ブランドやファミリー・ブランドが突出しているほど、フィードバック効果はおそらくより顕著になるだろう。

　ブランド要素どうしに明確な結びつきがない場合もある。**ブランド・エンドースメント戦略**では、あるブランド要素（コーポレート・ブランド・ネームかロゴであることが多い）がパッケージ上、看板、製品の外観などに表れているが、直接的にブランド・ネームの一部には含まれていない。ブランド・エンドースメント戦略は、コーポレート・ブランドやファミリー・ブランドと個別ブランドとの間の距離感を最大にするが、それにより、新製品へのブランド連想の移転を最小限にとどめ、ネガティブなフィードバック効果の可能性を最小限に抑えようとする。

　たとえば、ゼネラルミルズは「ビッグＧ」のロゴをシリアルのパッケージにつけているが、「チェリオ」、「ウィーティーズ」、「ラッキー・チャーム」などの目立つブランド・ネームも残している。一方、ケロッグは、「ケロッグ・コーンフレーク」、「ケロッグ・スペシャルＫ」など、企業名と個別ブランド名を組み合わせてシリアル名とするサブ・ブランド戦略を採用している。ケロッグはサブ・ブランディング戦略とマーケティング活動を通じて、ゼネラルミルズよりも効果的に自社のコーポレート・ネームを製品に結びつけてお

り、その結果、自社のコーポレート・ネームへの好ましい連想を創出している。

ブランディング戦略スクリーン

　図表9-5に示すブランディング戦略スクリーンは、ブランド要素の調整に役に立つ。検討中の新しい製品やサービスと親ブランドとの関係が、親ブランドのエクイティを引き継げそうなほど強く、エクイティのリスクがわずかであれば、製品ディスクリプタか親ブランドを前面に出したサブ・ブランドにするべきである[24]。

　それに対して、新しい製品やサービスが親ブランドと距離があり親ブランドのエクイティを引き継げそうになかったり、エクイティのリスクが高い場合は、親ブランドを補助的に使ったサブ・ブランドか、むしろ新しいブランドを導入するほうが妥当かもしれない。新しいブランドを導入する場合には、親ブランドはエンドーサーとしてのみ用いる。

　このようなプラスマイナスの検討が、「branded house」か「house of brands」のいずれがふさわしい戦略かを決めるのに役立つ。消費者がブランドについて何を知っており何を求めているか、実際にブランドをどのように使用するのかも重要である。ブランド・ファミリーを細かく分けて複数のサブ・ブランドを提供するほうが、ブランドについてきめ細かな情報を提供できるように思えるかもしれないが、それもやりすぎれば逆効果になりやすい。

　たとえば、かつて技術企業として一世を風靡したシリコングラフィックスは、新製品の3-Dワークステーションを「インディゴ２ソリッド・インパクト」と名づけたが、顧客は単に「ソリッド」と呼んで名前を省略してしまった。低レベルのブランド・モディファイアー（ソリッド）にエクイティを創出するのは上手なブランディング手法とはいえないだろう。ブランド・エクイティは、その恩恵を受ける製品やサービスが多くなるよう、ブラ

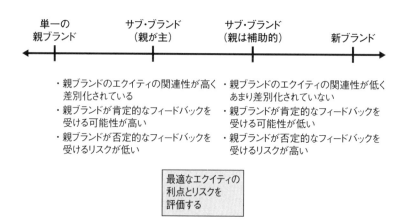

図表9-5　ブランディング戦略スクリーン

ンド階層のできるだけ高いレベルにあるのが理想である。

■ 複数製品へのブランド要素の結合

ここまで、さまざまなブランド要素が特定の製品にどのように適用されるのかについて見てきた。つまり、ブランド階層の「垂直的」側面に注目してきたわけである。次に、1つのブランド要素を複数の製品にどのように結びつけるか、すなわちブランド階層の「水平的」側面について考察しよう。**共通性の原則**では、製品間に共通するブランド要素が多いほど、製品どうしの関連性が強いと考える。

製品どうしを関連づける最も単純な方法は、ブランド要素をそのまま複数の製品に用いることである。ブランドやブランドの一部を改変して、関連性を生み出すこともできる。

• ヒューレット・パッカード社は、大成功した「レーザージェット」というプリンターのネームにちなみ、プリンターの新製品に「ジェット」という接尾語を多用している。「デスクジェット」、「ペイントジェット」、「シンクジェット」、「オフィスジェット」という具合である。
• マクドナルドは、「チキンマックナゲット」、「エッグマックマフィン」、「マックリブサンド」など「マック」という接頭語を多くの製品に用いている。
• ダナ・キャランの「DKNY」ブランド、カルバン・クラインの「CK」ブランド、ラルフ・ローレンの「ダブルアールエル」などでは、イニシャルがブランド・ネームに用いられている。

1つのブランドと複数の製品の関係を、共通のシンボルによって形成することもできる。たとえば、「ナビスコ」のようなコーポレート・ブランドの製品では、ブランド・ネームそのものよりも企業のロゴのほうが目立つようになっている。強力なブランド・エンドースメント戦略である。

さらに、製品どうしの関連性を伝達したり、消費者の意思決定を簡易化するために、製品ライン内のブランドに論理的な順序づけをするのもよい。順序づけを示す方法としては、色（例：アメリカン・エキスプレスのカードはレッド、ブルー、グリーン、ゴールド、プラチナ、センチュリオンとも呼ばれるブラックと色分けされている）、数字（BMWの3シリーズ、5シリーズ、7シリーズ）などがある。この戦略は、企業によって提供されるブランド間を顧客がスイッチするための、ブランド移動経路を開発する上で特に重要である。ブランド・ライン内におけるブランドの相対的なポジションは、消費者の知覚と選好に影響する[25]。

コーポレート・ブランディング

コーポレート・ブランディングはブランド・アーキテクチャーにおいて根本的に重要であるため、さらに詳しく見ていこう。コーポレート・ブランドは、はるかに幅広い連想を網羅できるという点で、製品ブランドとはまったく別のものである。このあと詳述するが、コーポレート・ブランド・ネームのほうが、共通する複数の製品やそれらが共有する属性ないしベネフィット、人材とリレーションシップ、プログラムと価値観、企業の信頼性についての連想を想起しやすい。

こうした連想は、ブランド・エクイティや個々の製品の市場パフォーマンスに重要な効果をもたらすことがある。たとえば、ある調査によると、デュポン社に対して好ましい企業イメージを有している消費者は、「ステインマスター」（編集者注：現在はインビスタ社の登録商標）ブランドの防汚機能カーペットの広告で示されている宣伝文句に好意的な反応をしやすく、実際に製品を購入する傾向も高い[26]。

しかし、強いコーポレート・ブランドを構築し管理するためには、特に抽象的なタイプの連想を形成しなければならず、企業は社会において常に知名度の高さを保つ必要がある。CEOあるいは経営トップは、コーポレート・ブランドとの連想が存在する場合、ニュースや情報の伝達を助けたり、必要に応じて現在のマーケティング活動のシンボルとして、社会的な知名度の維持に積極的でなければならない。また企業は、知名度上昇によって世間の目にさらされることを受け入れ、自社の価値観、活動、プログラムについて透明性を高める努力をすべきである。このようにコーポレート・ブランドは、公開性の高さに慣れるべきである。

コーポレート・ブランドによって多くのマーケティング上の優位性を得られるが、それはコーポレート・ブランド・エクイティが慎重に構築され育成された上でのことである。もちろん、これは非常に難しい課題である。今後マーケティングで勝利する企業の多くは、コーポレート・ブランド・エクイティを適切に構築し管理する企業であろう。THE SCIENCE OF BRANDING 9-2では、ブランドと密接に関連する概念である企業の評判を解説し、企業の評判を消費者や他社の視点から見る方法について述べている[27]。

コーポレート・ブランド・エクイティは、消費者、顧客、従業員、他社、その他関係者が、企業のものと確認されたブランド・エンティティによる言動、コミュニケーション、製品、サービスに対して示す差異性のある反応である。つまり、ある企業の広告キャンペーン、コーポレート・ブランドの製品やサービス、企業が発行したプレスリリースなどに対する関係者の反応が、未知のあるいは架空の企業によって同じものが提供された場合よりも好意的であれば、ポジティブなコーポレート・ブランド・エクイティが発生しているといえる。

コーポレート・ブランドは特定の製品やサービスに限定されることなく、社名を人目に触れさせる強力な手段になりうる。

THE SCIENCE OF BRANDING 9-2
コーポレート・ブランド・パーソナリティ

　21世紀に企業が成功するためには、ミッション、構造、プロセス、社内文化など多数の特性がうまく機能する必要がある。その特性の1つがコーポレート・ブランド・パーソナリティである。

　コーポレート・ブランド・パーソナリティを定義すると、「コーポレート・ブランドに特化したブランド・パーソナリティの一形態」であり「コーポレート・ブランドに付与される人格あるいは人間的な特徴」となる。ブランド・パーソナリティの概念は製品ブランドにもコーポレート・ブランドにも適用されるが、コーポレート・ブランドは製品ブランドよりも幅広い連想（製品ブランドがその下に属する場合もある）を包含するため、次元は必ずしも同じではない。

　ただし、21世紀に成功する企業のブランド・パーソナリティでは、3つのコアとなる次元、すなわち「心」、「精神」、「体」を反映させなければならない（図表9-6参照）。

- 企業の「心」には、情熱と共感という2つの特徴がある。従業員は自分の仕事、事業と業界、自社の製品とサービス、顧客のためにできることに情熱を持つべきである。また企業は顧客、従業員、ステークホルダー、自社が事業活動を行っている地域社会、環境全体に共感を持ち深く心を配らなければならない。
- 企業の「精神」は創意に富み、規律正しくなくてはならない。21世紀に成功する企業は、顧客への対応手法に創意を凝らし、現状を凌駕して、古い問題に新しい解決策を見出し、あらゆる企業が直面するトレードオフを克服しなければならない。そして、規律を守っ

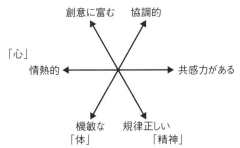

図表9-6　コーポレート・パーソナリティの特徴

て集中力を失わず、「隣の芝生は青い」症候群や最新流行の経営手法に惑わされず、真に将来性のある成長機会を見出して、適切で一貫性のある行動をとるようにすべきである。

●企業の「体」は機敏で協調的である。企業は将来必要となる変化を予期していち早く前に進み、市場の変化に速やかに対応しなければならない。21世紀に成功する企業は協調性も高くなければならない。部署間が連携するような社内文化を醸成し、共通の価値観と信念を持つパートナー企業と社外ネットワークを確立して、相互補完し相乗効果のある資産と能力を獲得しなければならない。

これらコーポレート・パーソナリティの3つのコアとなる次元には、単なる足し算ではなく掛け算の効果がある。たとえば、情熱は社内の創意を引き出し、創意はさらに機敏さを生む。創意に富む企業ほど、問題への解決策を早く発見したり、新しい機会を認識したりできるからだ。規律正しければ、ガイドラインやパートナーシップ原則の策定と遵守がスムーズに行われるため、協調も容易になる。

コーポレート・パーソナリティの特徴の次元は、ブランド構築に重要である。21世紀を戦っていく企業は「何をしているかだけでなく何者であるか」によって判断されるからだ。これは、販売している製品やサービス、市場での活動が主たるアイデンティティであった過去の企業のあり方とは対照的である。

多くの場合、企業の従業員は消費者が目にする企業の顔であり、従業員が企業の「人となり」を決める。従業員は企業が確立したパーソナリティ特徴を体現しているのである。すべての従業員が「心」と「精神」と「体」を持って行動すれば、企業は21世紀の事業環境で成功にいたる有利なポジションを獲得することになる。

出典：Kevin Lane Keller and Keith Richey, "The Importance of Corporate Brand Personality Traits to a Successful 21st Century Business," *Journal of Brand Management* 14 (September-November 2006): 74-81; Thomas J. Brown, "Corporate Associations in Marketing: Antecedents and Consequences," *Corporate Reputation Review* 1 (Autumn 1998): 215-233; Majken Schultz, Yun Mi Antorini, and Fabian F. Csaba, eds., *Corporate Branding: Purpose, People, and Processes* (Herndon, VA: Copenhagen Business School Press, 2005); Lynn B. Upshaw and Earl L. Taylor, *The Masterbrand Mandate* (New York: John Wiley & Sons, 2000).

■ 企業イメージの諸次元

生産している製品、企業が取る行動、消費者とのコミュニケーションの方法など、企業イメージは多数の要因に左右される。本項では、コーポレート・ブランドと結びつくことが多く、ブランド・エクイティに影響を与える可能性のあるさまざまなタイプの連想を取り上げる（図表9-7を参照）[28]。

■ 共通する製品属性、ベネフィット、態度

個別ブランドと同様に、コーポレート・ブランドは消費者に強い連想を想起させる。す

なわち、製品カテゴリー（例：「ハーシー」といえば「チョコレート」）、使用者のタイプ（「BMW」といえば「ヤッピー」）、使用状況（「クラブメッド」といえば「楽しい時間」）、総合的判断（「ソニー」といえば「品質」）に対する連想である。

コーポレート・ブランドが多様な製品カテゴリーに結びついている場合、コーポレート・ブランドの最も強い連想は、各製品カテゴリーに共通した無形の属性、抽象的なベネフィット、または態度であったりする。たとえば、特定の問題を解決してくれる（ブラック

図表9-7　主要な企業イメージ連想
共通する製品属性、ベネフィット、態度 　　品質 　　革新性 **人材とリレーションシップ** 　　顧客志向 **価値観とプログラム** 　　環境配慮 　　社会的責任 **企業の信頼性** 　　専門度 　　信用度 　　好感度

＆デッカー）、ある種の活動に興奮と楽しみをもたらしてくれる（任天堂）、最高の品質基準で製造されている（モトローラ）、1歩先を行く革新的特徴を備えている（ラバーメイド）、市場リーダーシップを発揮している（ハーツ）といった製品やサービスが、企業から連想されるかもしれない。

製品に関連した2つの企業イメージ連想、すなわち高品質と革新性は特に注目に値する。

高品質という企業イメージ連想は、当該企業が最高品質の製品を作っているという消費者知覚を形成する。J.D.パワー、『コンシューマー・リポート』誌、自動車関連の業界紙など、多くの団体が製品の評価を行っており、またマルコム・ボルドリッジ賞のように企業の品質評価をする賞も多数ある。消費者にとって品質が唯一とはいわないまでも、きわめて重要な意思決定要因の1つであることは間違いない。

革新性という企業イメージ連想は、特に製品導入と製品改良において、新しく独自性のあるマーケティング・プログラムを展開している企業という消費者知覚を形成する。ケラーとアーカーは、革新性、環境意識、地域密着性といったさまざまな企業イメージ戦略が、企業の信頼性に影響を与え、結果的にブランド拡張の受容性を高めるので、戦略として有効であると実証している[29]。興味深いことに、革新的なイメージのある企業に対しては、専門性が評価されただけでなく、信頼性と好感度も高かった。革新的であるということは、現代的で最先端であり、研究開発に投資し、最新鋭の生産設備を備え、最新の製品特徴を取り入れているとみなされるのである。

花王などの消費財企業からキヤノンのような技術志向の企業にいたるまで、多くの日本企業にとって、最優先されるイメージは革新性である[30]。革新性の知覚は、日本以外の国の企業にとっても、競争上の武器であり、優先されるべきポイントである。「タイヤ科学の推進」を掲げるミシュランでは、環境、安全性、価値、運転する喜びを意識した取り組

みが技術革新につながっているという。

■ 人材とリレーションシップ

　企業イメージ連想において、従業員の特徴を反映することもある。サウスウエスト航空、レンタカー会社のエイビス、リッツ・カールトン・ホテルなどのサービス企業や、ウォルマートなどの小売業者にとっては当然のポジショニング戦略であるが、デュポンなどの製造企業も、過去に従業員をコミュニケーション・プログラムの中心に据えたことがある。その根拠は、従業員の示す特性が企業の製品やサービスに直接的にも間接的にも関係するからである。

　とくにサービスの現場において、顧客は企業の従業員について漠然としたイメージを形成しているかもしれない。ある大手公共事業会社は、「35～40歳の中流世帯の男性で、結婚して子どもがおり、ネルシャツにカーキズボンという服装。頼りになり、有能で、プロ意識があり、知的で誠実で倫理観があり、仕事志向」として顧客に描写された。しかし懸念すべきは、同じ顧客が公共事業に対して「よそよそしくて人間味がなく、自分のことしか考えない」と述べたことである。このあたりに企業のブランド・イメージの改善点があるといえる。

　小売店も、従業員から多くのブランド・エクイティを引き出している。たとえば、シアトルを本拠地とするノードストロームは、小さな靴屋から出発し、品質、価値、品揃え、そして特にサービスへの取り組みによって、全米トップのファッション専門店の１つに成長した。「個客対応」と顧客を満足させるためには何事もいとわないことで有名なノードストロームは、販売員の努力および彼らが顧客との間に築き上げたリレーションシップによって、ブランド・エクイティの大部分を生み出した。

　このように、**顧客志向型の企業イメージ連想**は、顧客への対応と思いやりという消費者知覚を形成する。顧客は、企業が自分たちの声に耳を傾け、自分たちの利益を考えてくれていると信じている。この理念は、マーケティング・プログラム全体に反映されていたり、広告を通じて伝達されることが多い。

■ 価値観とプログラム

　企業イメージ連想は、製品とは必ずしも直接の関係がない企業の価値観やプログラムを反映することもある。消費者や従業員その他に対して、組織的、社会的、政治的、経済的問題に関する自社の理念や行動を示すための手段として、企業は企業イメージ広告キャンペーンを活用することができる。

　たとえば、最近の企業広告キャンペーンは、環境問題や社会的責任に焦点を当てたものが多い。**社会的責任型の企業イメージ連想**は、地域社会プログラムに貢献し、芸術活動や

社会活動を支援し、全般的に社会全体の福祉の向上を試みているという企業像を描き出す。**環境配慮型の企業イメージ連想**は、環境の保護や改善、希少な自然資源のより効率的な活用に努める企業像を形成する。本章の後半では、企業の社会的責任をさらに詳細に考察する。BRAND FOCUS 9.0では、コーズ・マーケティングという問題について取り上げている。

■ 企業の信頼性

　抽象的なブランド連想において特に重要なのが、企業の信頼性である。企業の信頼性とは、企業が顧客のニーズとウォンツを満たす製品やサービスを設計し供給できるということを、消費者がどの程度信じているかの尺度である。企業の信頼性とは、企業が市場で獲得した評判なのである。企業の信頼性（および成功とリーダーシップ）は、次の3つの要因に左右される。

1．**企業の専門度**：消費者から見て、どの程度、その企業がうまく製品を製造・販売できているか、あるいはサービスを提供できているか。
2．**企業の信用度**：消費者から見て、どの程度、その企業が誠実で、頼りがいがあり、顧客ニーズに対して敏感であろうとしているか。
3．**企業の好感度**：消費者から見て、どの程度、その企業が好ましく、魅力的で、一流で、躍動的であるか。

　ブランドの信頼性が知覚されれば、消費者の考慮と選択の対象となる可能性は高まるが、強力で信頼性のある評判を確立することで、さらなるベネフィットが得られる場合もある[31]。

　信頼性の高い企業は、政府の役人や司法担当者といった外部関係者から、好意的に扱われることもある。より質の高い人材を集めることもできるし、従業員の生産性と忠誠心を高める上での動機づけにもなるだろう。シェル石油の社内CI調査の折に、ある社員は次のように述べた。「自分の職場に誇りを持っているならば、自分はそこで何ができるか、もう1歩踏み込んで考えてみるはずだ」。

　企業の好ましい評判が確立していれば、ブランド危機の中でも生き延びやすくなり、販売を低下させ、拡大計画を妨げることにもなりかねない世論の圧力が生じても、それを回避するのに役立つだろう。ハーバード大学のスティーブン・グレイサーは、「企業の好ましい評判は（中略）、企業トラブルを緩和してくれる好意的態度という資本勘定の働きをする」と述べている。

　さまざまな無形のブランド連想が、物理的な製品特性を超越し、ブランド・エクイティ

にとって貴重な源泉となり、重要な類似化ポイントや差別化ポイントとして役立つ[32]。こうした連想を生み出す方法には、直接的方法も間接的方法も数多くある。そして、企業は「言うべきことをきちんと言い」、「言ったことは実行する」。つまり消費者に対して自社の主張を伝達するとともに、消費者がたやすく理解でき、経験できるような具体的プログラムによって自らその主張を裏づけなければならない。

■ コーポレート・ブランドの管理

コーポレート・ブランドを管理するにあたっては、数々の具体的な問題が出てくる。ここでは企業の社会的責任、企業イメージ・キャンペーン、社名変更の3つについて考察する。

■ 企業の社会的責任

企業が社会で果たしている役割についての消費者知覚が、購買決定における重要なファクターになってきている、と考えるマーケティング専門家は少なくない。たとえば消費者は、企業が従業員、株主、近隣住民その他のステークホルダーや関係者にどのような待遇をしているかについて知りたがっている[33]。ある大手広告会社のトップは、「企業にとって唯一、持続性のある競争優位は、評判である」と述べている[34]。

この見解と一致するように、ファイナンシャル・アナリストなど金融業界の関係者を対象に行われた大規模なグローバル調査によると、回答者のうち91%が、自社の評判を軽視する企業は財務上の苦境に立たされることになると考えている。さらに、格付けを行う際にCEOの評判を重視するかという問いに対しては、「まあ重要」、「とても重要」、「非常に重要」と答えた回答者が96%にも上った[35]。

消費者やその他の関係者が製品特性以外の問題に関心を有していることもあるので、企業は適切な企業イメージを確立するための多くのマーケティング活動に取り組まなければならない[36]。いくつかの企業は、社会的責任を自社の存在意義の中心としている[37]。ベン&ジェリーは、フェアトレードの材料を使い、税引前利益の7.5%を各種の社会活動に寄付することにより、「善良な会社」という強いイメージを構築している。同社は毎年発行している『社会と環境アセスメント報告書』に主な社会的使命の目標を詳述し、その達成に向けてどのような取り組みをしているかを説明している。

BRAND FOCUS 9.0に、コーズ・マーケティングの利点とその障害となるもの、そしてグリーン・マーケティングに重点を置きながら、キャンペーンを成功させるための上手な設計方法を概説する。

■ 企業イメージ・キャンペーン

企業イメージ・キャンペーンとは、全体としてのコーポレート・ブランドに対する連想を創造するための企画であり、個々の製品やサブ・ブランドはほとんど考慮されない[38]。この種のキャンペーンに大きな投資をしているのは、予想されるとおり、ブランディング戦略に企業名を前面に出している有名な大企業、たとえばGE、トヨタ、ブリティッシュ・テレコム、IBM、ノバルティス、ドイツ銀行などである。

企業イメージ・キャンペーンは自己満足的な時間の浪費だと批判されることもあるし、消費者が目を向けない可能性もある。しかし、強力なキャンペーンによって企業の姿勢が表現でき、コーポレート・ブランドと個別製品に意味と連想を付与することに成功すれば、マーケティング上も財務上もはかりしれないベネフィットがある。

しかし成功を期するためには、企業イメージ・キャンペーンの目的を明確にし、なおかつその目的に照らして慎重に成果測定をしなければならない[39]。コーポレート・ブランド・キャンペーンの目的には、次のようなものが考えられる[40]。

- 企業に対する認知、および事業の本質に対する認知を確立する。
- 企業の信頼性に対する好ましい態度と知覚を生み出す。
- 特定製品のマーケティングに活用できるブランド信念どうしを関連づける。
- 金融界に好ましい印象を与える。
- 従業員のモチベーションを上げ、有望な人材を集める。
- 世論に影響を与える。

顧客ベースのブランド・エクイティを構築するためには、最初の３つの目標が特に重要である。企業イメージ・キャンペーンは、コーポレート・ブランドに対する認知を高め、ポジティブな企業イメージを創造することが可能であり、それによって消費者の評価が左右され、個別ブランドや関連するサブ・ブランドのエクイティが引き上げられる。しかし場合によっては、後半の３つのほうが重要性が高いこともある[41]。

買収や合併によって企業が変わるとき、企業イメージ・キャンペーンは役に立つだろう。金融サービス業界の統合によって、チューリッヒやUBSのような企業は強力なコーポレート・ブランディング戦略を策定し実行せざるをえなかった。

製品広告と同様、企業イメージ・キャンペーンも趣向が凝らされるようになり、デジタル戦略が不可欠な要素として組み込まれるようになっている。ダウ・ケミカルは「Solutionism. The New Optimism.」キャンペーンで、マンハッタンのソーホーに46フィート（約14メートル）もある巨大な黒板を立てた。数日間にわたって数学の詩として書か

れた複雑な方程式が現れ、それぞれの数字は歴史上の重要な人間の偉業（たとえば「ギザのピラミッドが完成した年」、「ゴールデンゲートブリッジの長さ」、「人類にとっての大きな飛躍（訳注：1969年の月面着陸のこと）」）を表していた。一般の人々にも参加を呼びかけ、詩を構成するそれぞれの要素の意味をツイッター（@giantchalkboard）やウェブサイト（giantchalkboard.com）で推理させた。5日目に方程式がその全容を現した。答えは70億、世界の総人口だった[42]。

特定製品についてはほとんど触れずに抽象的な言葉でブランドを表現する企業イメージ・キャンペーンとは異なり、**ブランド・ライン・キャンペーン**では1つのブランド・ラインに属する一連の関連製品をプロモーションする。ブランド・ライン広告やブランド・ライン・プロモーションは、同一ブランドで提供される複数の製品について、それぞれの用途やベネフィットを消費者に示すことにより、ブランド認知を確立し、ブランド・ミーニングを明確にし、追加的な用途を提案するのに特に効果が高い。ブランド・ライン・キャンペーンは、同一ブランドすべての製品の共通項を強調する場合もある。

■ 社名変更
さまざまな理由から社名変更の必要性が生じることもあるが、社名変更の理由と実施方法は適切でなければならない。

論理的根拠
買収や合併は、ネーミング戦略の見直しやそれぞれのブランドが有する既存のブランド・エクイティや潜在的ブランド・エクイティを、合併後の新しい事業との関連で比較検討するきっかけになることが多い[43]。
・合併や買収による新しい社名が、従来の2つの社名の組み合わせという場合がある。これは両社の社名がともに強力な場合である。たとえば、グラクソ・ウエルカムがスミスクライン・ビーチャムと合併したときの新会社はグラクソ・スミスクラインとなり、J.P.モルガン・アンド・カンパニーとチェース・マンハッタン・コーポレーションは、合併後J.P.モルガン・チェースと改名した。ユナイテッド航空とコンチネンタル航空が合併したときは、ユナイテッド航空の社名とコンチネンタル航空の地球儀のロゴが組み合わされた。
・ブランド・エクイティに不均衡がある場合は、企業は通常、ブランド・エクイティとして価値の高いほうの社名を選び、もう一方の社名をサブ・ブランドに格下げするか、完全に抹消してしまう。たとえば、シティコープがトラベラーズと合併したとき、後者の社名は捨てられた。もっとも、トラベラーズ社のお馴染みの赤い傘のシンボルは、新しいシティグループ・ブランドの顔として残された。

第9章　ブランド・アーキテクチャー戦略の設計と実行

・いずれの社名も望ましいブランド・エクイティを有していない場合は、社名の一新によって、事業の新しいケイパビリティを表すことができる。ベル・アトランティックが2000年にGTEを買収したとき、合併で新たに誕生した会社はブランド・ネームに「ベライゾン」を採用した。信頼を意味するラテン語の「veritas」と未来志向を表す「horizon」を組み合わせたものだ。

　社名変更の理由が、企業分割、レバレッジド・バイアウト、資産売却という場合もある。アンダーセンコンサルティングは、2000年に国際商工会議所の調停により、大手監査法人アーサーアンダーセンから事業の完全独立が認められたが、「アンダーセンコンサルティング」の社名を年内に手放すことを求められた。アンダーセンコンサルティングは、大規模な社名調査とリブランディング・プロジェクトを実施した結果、「アクセンチュア」に社名変更した。これは一従業員の提案による、「accent on the future」を意味する社名である。新しい社名に変更したことは、2002年にアーサーアンダーセンがエンロン疑惑を受け、司法妨害の罪に問われて解散に追い込まれた経緯を考えると、非常に幸運なことだった。アンダーセンコンサルティング・ブランドのままでは、アーサーアンダーセンからのネガティブな知覚が移転したに違いない。

　企業の事業内容を一般の人が誤解している場合、社名変更によってそれを修正することもできる[44]。たとえば、ヨーロッパ第3位の食品会社BSNは、大成功している乳製品の子会社「ダノン」ブランド（ヨーロッパにおけるブランド別売上でコカ・コーラに次ぎ第2位）にちなんで社名変更した。なぜなら、多くの消費者はBSNが何を意味するか知らなかったからである。さらにいえば、BSNという名称は他国の企業によってすでに使用されていた。たとえば、スペインの銀行やアメリカの織物会社、日本のテレビ局である[45]。

　企業戦略の大きな変更に際し、社名変更が必要になることもある。たとえば、USスチールは、製品ミックスにおける鋼鉄と金属の重要性の低下を受けて、「USX」に社名を変更した。アルゲニーエアラインズは、地方路線の航空会社から全国的な航空会社へ発展する際に「USエアー」に社名変更し、国際線として見てもらうために「USエアウェイズ」に変更した。その後、同社がアメリカウエスト航空を買収した際は戦略変更の必要がなく実施もしなかったが、物流上は大きな障害が発生した。

　もとの社名があまり良くなく、そもそもその名前を選ぶべきではなかったという理由で社名変更が行われる場合もある。

　最後に、スキャンダルから距離を置くことをもくろんで、社名変更を実施する場合がある。だが、新しい社名が傷ついた会社の評判を修復することはできない。専門家は、悪評の渦中にあるときの社名変更に否定的である。そのようなことをすれば、汚名や疑惑を新しい社名が引きずることになる。フィリップモリスはタバコとの連想を払拭し、クラフトフーヅなど多様な企業を所有していることを強調するため社名変更を決意し、2003年に

359

社名を「アルトリア・グループ」に改めた。民間軍事会社のブラックウォーター社は人権侵害事件で社名に傷がつくと、2007年にXeに社名変更した。さらに2011年にも再度社名変更を行い、アカデミ社となった[46]。

ガイドライン

　社名変更は企業が成長する機会を生み出すが、社名変更には慎重であるべきだと専門家は助言する。社名変更は、一般に複雑で、時間がかかり、費用もかさむため、マーケティング上あるいは財務上、どうしてもやるべきだという理由があり、適切な支援的マーケティング・プログラムが実施可能な場合のみ行われるべきである。新しい社名によって、製品やマーケティングの欠点が覆い隠されるわけではない。新しい社名が使用可能で適切なことを確かめるには、広範な法律上の調査やURLの調査が必要となる。しかもリブランディング・キャンペーンでは、旧称に付随していたブランド再認やブランド・ロイヤルティが失われる場合が多い。

　第4章で論じたブランディングに関する課題の多くが、社名の選択や変更にも当てはまる。つまり、候補となる社名を、コーポレート・ブランディング戦略とマーケティング目的に照らして、記憶可能性、意味性、選好性、防御可能性、適合可能性、移転可能性の観点から評価しなければならない。消費者市場が最優先される場合には、製品の特徴、ベネフィット、価値を反映するか、もしくは示唆する社名が選ばれるだろう。コンソリデーテッドフーズ社からサラ・リー・コーポレーション、キャッスル&クックからドール・フード・カンパニー・インク、ユナイテッド・ブランズ・カンパニーからチキータ・ブランド・インターナショナルへの変更は、その代表例である。

　新社名を選択したならば、従業員、顧客、供給業者、世間一般に対する新社名紹介の大仕事が始まる。新しいマーケティング・キャンペーンを展開し、白紙の状態から始める好機となる。社名のリブランディングを成功させるためには、企業が総力を挙げて時間と資源を集中投入しなければならない。消費者への露出が少なかった企業でも、コーポレート・アイデンティティを変えるためには、調査、広告、その他のマーケティングの費用（新しい看板、文具、名刺、ウェブサイトなど）として500万ドルかかり、有名企業ともなれば、その費用は1億ドル以上にも及ぶことがある[47]。

　リブランディングは急ぎすぎないことが大事である。どのような形であれブランド・アーキテクチャーを更新するにあたっては、ブランド・エクイティを向上しないまでも少なくとも保持するのが目的となる。ブランド更新で先走りすぎてしまった2社の例を挙げよう。

・メイシーズは全国的な小売店になる戦略の一環として、メイ・デパートメント・ストア

ーズとシカゴの老舗百貨店だったマーシャルフィールズを2005年8月に買収した。ステートストリートに面し、そのブロックの端から端までを占有している1892年建設のマーシャルフィールズの旗艦店は、1978年に国定歴史建造物に指定されている。12階建ての8フロアが百貨店となっており、シカゴ市民は代々そこで買い物をしてきた。買収直後にメイシーズがマーシャルフィールズの有名な店頭の軒、看板、緑色の紙袋を廃止し、メイシーズとしてリブランディングしようとしたところ、消費者から大きな反発が起きた。抗議の声が鎮静化するまでには何年も要した[48]。

- オンライン小売業者のオーバーストック・コムは、2011年6月にリブランディングを行いオー・コーに社名変更し、新社名に合わせてウェブサイトを一新、広告とスポンサーシップも変更した。ところが、同社とは関係のないオー・コムのウェブサイトに間違えて行ってしまう消費者が続出した。半年後、同社は「当面の措置として」ウェブサイト、オンライン広告、新しいテレビコマーシャルの社名をオーバーストック・コムに戻す決断を下したが、オー・コーの社名をすぐには手放さなかった。オー・コーの社名は海外やモバイル事業、オークランドのNFLスタジアムの看板に現在も使用されている。「当社は急ぎすぎて消費者を混乱させてしまった。やり方が良くなかった」とジョナサン・ジョンソン社長は認めている[49]。

人々は変化を嫌うので、最初は社名変更にネガティブな反応を示すことが多い。時には反発が激しいために、企業は新社名をあきらめることもある。大株主だったイギリス政府から多少距離を置くようになり始めた際に、ロイヤルメールはコンシグニアという新社名を採用しようとした。世間から大きな抗議の声があがり、数カ月のうちに社名はもとに戻された[50]。プライスウォーターハウスクーパースはコンサルティング部門を分離させ、新会社の社名をマンデイとした。この社名は世間でからかいの種となり、9カ月後に同グループは売却されIBMに吸収された。マンデイの失敗の理由の大部分は、社名変更とブランディングにあったとされている[51]。

ユナイテッド航空の親会社UALは、ホテルの「ウェスティン」や「ヒルトンインターナショナル」、レンタカーの「ハーツ」などを所有し、ワンストップ・ショッピングを提供する総合旅行会社としての実態を表す社名変更が必要であると判断し、「allegiance」（忠誠）と「aegis」（ゼウスの神盾）を合成した「Allegis（アレジス）」を新しい社名に選んだ。しかし、人々の反応は明らかに否定的であった。批判する人々の言い分は、その社名が発音しにくく、気取りすぎており、旅行サービスとはほとんど関連がないというものだった。以前UALの大株主であった不動産王のドナルド・トランプは、「その新しい社名は、次に発生する世界的な疫病にこそ似つかわしい」と述べた。6週間後、すでに700万ドルを調査やプロモーションに費やしたあとではあったが、同社はレンタカー事業とホテル事業を

手放すことに決め、社名もユナイテッド航空とした[52]。

　新しい社名の選択と取り扱いが適切であれば、新社名もいずれは人々に親しまれ、受け入れられていく。ブランドの外観や使用に統一性と一貫性を持たせるためのガイドラインは、社名変更を効果的に実施する手助けとなる。これらのガイドラインは、ブランド憲章の改訂版に含めるべきである（第8章を参照）。

ブランド・アーキテクチャーのガイドライン

　ブランド・アーキテクチャーは、マーケティングが「技術と科学の両輪（アート・アンド・サイエンス）」であることを示す典型例といえる。規則と規約を確立し、規律と一貫性を守ることが重要であると同時に、柔軟性と創造性も重要となる。ブランド・アーキテクチャーの課題に完璧な解決策はないに等しく、すべての企業のすべての製品に適用できる万能なブランディング戦略などは存在しない。同じ企業内でも複数の戦略が混在していることが多く、製品に応じて異なるブランディング戦略が採用されることもある。

　たとえば、ミラー社は長年にわたりさまざまなビールに対して「ミラー・ハイライフ」、「ミラー・ライト」、「ミラー・ドラフト」のように、それぞれのサブ・ブランドを社名とともに用いてきたが、ノンアルコール・ビールは「シャープス」、アイス・ビールは「アイス・ハウス」、低価格ビールは「ミルウォーキーズ・ベスト」と、ブランド・ネームに「ミラー」を冠せず慎重なブランド化を行った。企業ブランドのネームがこれらのターゲット市場には適切でなかったり、価値を付加するものでないと考えたからである。

　ブランド階層は必ずしも均整がとれたものではない。企業の目的、消費者行動、競合企業の動きによって、ブランディング戦略および製品や市場ごとのブランド階層の構成は、大きく逸脱することもあるだろう。

　製品や市場によって、強調されるブランド要素は異なり、まったく表に出ないブランド要素もある。たとえば、「デュポン」というブランド・ネームがより重要視される対組織市場セグメントに訴求する場合、「デュポン」は付随のサブ・ブランドよりも強調される。消費者市場セグメントに訴求する場合には、「テフロン」などのサブ・ブランドのほうが意味を持つため、相対的に強調される（図表9-8参照）。

　ブランド・アーキテクチャーを査定するにあたっては、次のような点を確認しなければならない。

●ブランド・ポートフォリオについては、すべてのブランドに決められた役割があるか。ブランド全体で、カバレッジを最大限にしつつオーバーラップを最小限に抑えられているか。

図表9-8　デュポンの製品エンドースメント戦略（左→右）
　　　　　デュポンの強調、デュポンとサブ・ブランド双方の強調、エンドースメント・ブランドの強調

出典：デュポンの好意により転載

- ブランド階層については、ブランドに拡張の可能性があるか。カテゴリー内では、あるいはカテゴリー外ではどうだろう。ブランドが拡張されすぎてはいないだろうか。
- 親ブランドが個別ブランドに及ぼすブランド・エクイティの好影響と悪影響、逆に個別ブランドから親ブランドへのフィードバック効果は何だろうか。
- それぞれのブランディングは、どのような利益の流れを生み出すか。各ブランドからどれだけの収益が生み出されるのか。かかるコストはいくらか。ブランド間のクロスセリングの機会はあるか。

これらの点に答えを出し、最適なブランド・アーキテクチャー戦略を計画・実行するに際して、次の5つのガイドラインを念頭に置くべきである。

1. **強い顧客志向を持つ**。顧客が何を知っていて何を望んでいるか、どのように行動するかを認識する。
2. **しっかりとした幅広いブランド・プラットフォームを作る**。強いアンブレラ・ブランドがきわめて望ましい。相乗効果と流れを最大化する。
3. **過剰なブランディングは避け、ブランドを多く持ちすぎない**。たとえばハイテク製品はあらゆる成分をブランディングするため、全体としてNASCARのレーシングカーがロゴやステッカーだらけになっているのと同じ状態になっていると批判されることが多い。
4. **場合に応じてサブ・ブランドを活用する**。サブ・ブランドは関連性と独自性の両方を伝達でき、ブランドの補填と強化の手段となる。
5. **場合に応じてブランド拡張を行う**。第10章で説明するが、新しいブランド・エクイティを確立し、既存のブランド・エクイティを強化するためにブランド拡張を行う。

BRAND FOCUS 9.0
コーズ・マーケティング

1980年代にコーズ・マーケティングが出現した。コーズ・リレーテッド・マーケティング（あるいはコーズ・マーケティング）とは、「組織あるいは個人の目的を満足させるとともに、収益が発生する交換に顧客が関わるとき、企業が特定の社会活動（コーズ）に対して一定額を提供するというマーケティング活動を企画し実施するプロセス」であると定義されている[53]。バラダラジャンとメノンが述べているように、コーズ・マーケティングの大きな特徴は、特定の社会活動に対する企業の貢献と、収益をもたらす取引への顧客の参加が結びついているという点である。

コーズ・マーケティングの利点

コーズ・マーケティングが盛んになっている理由の1つは、消費者からポジティブな反応が引き出せることである[54]。企業に対してコーズ・マーケティングに関するアドバイスを行っているトップ企業の1社であるコーン・コミュニケーションズ社が発表した2011年コーン／エコー・グローバルCRオポチュニティ調査によると、次のような結果が出ている[55]。

- 消費者の81%が、企業には自社の周囲の地域にとどまらない、主要な社会問題や環境問題に対応する責任があると答えている。
- 消費者の93%が、企業は法令順守にとどまらず、責任ある事業活動を行うべきだと答えている。
- 消費者の94%が、企業は自社のビジネス手法を分析し、できるだけ社会に良い影響を与えるように進化させるべきだと答えている。
- 消費者の94%が、環境に良い製品を購入する意思があり、76%が過去12カ月間に環境に優しい製品を購入している。
- 消費者の93%が、コーズ（訳注：社会活動）に関連した製品を買う意思があり、65%が過去12カ月間にコーズ関連製品を購入している。

コーズ・マーケティング（あるいは企業の社会活動マーケティング［CSM］）プログラムは、企業に以下のような多くの潜在的ベネフィットをもたらす[56]。

- **ブランド認知を確立する**：ブランドを露出するという性質から、コーズ・マーケティング・プログラムはブランド再生の向上には必ずしもつながらないが、ブランド再認を向

上させる手段となりうる。スポンサーシップなどの間接的なブランド構築コミュニケーションと同様、コーズ・マーケティング・プログラムのほとんどはブランドの露出を増やすのに適しているが、製品情報を含有させるのが難しかったり不適切だったりするため、特定の消費状況や使用状況にブランドを結びつけるには不向きだといえる。コーズ・マーケティング・プログラムでは、ブランドが繰り返し露出されたり目立つ形で露出されたりするので、ブランド再認が促進される。

- **ブランド・イメージを強化する**：コーズ・マーケティング・プログラムは、ほとんどの場合製品情報を含まないので、製品の機能や性能に関する考慮への影響はあまり期待できない。その一方で、コーズ・マーケティングを通して、2つのタイプの抽象的連想あるいはイメージ連想をブランドに結びつけることができる。1つはユーザーのプロフィールである。消費者はブランドのユーザーにポジティブなイメージを持つようになり、その親切心、寛容さ、善意の行動に憧れさえ抱くようになる。もう1つは、パーソナリティと価値観である。ブランドのパーソナリティとして誠実さという側面が明らかに強調され、ブランドの背後にいる人々のことを、消費者は思いやりがあって純粋だと考えるようになる。

- **ブランドの信頼性を確立する**：コーズ・マーケティングは、信頼性の3つの次元すべてに影響を与えることができる。消費者はコーズ・マーケティングに投資しようという意思のある企業を、顧客思いで、少なくとも広い意味で他社よりも信頼でき、「正しいことをしている」ので好感が持てると考えるからである[57]。ワールプール社はハビタット・フォー・ヒューマニティと協力し、建設された家1軒ごとにレンジと冷蔵庫を寄付する「モア・ザン・ハウジズ」コーズ・プログラムを実施して、多大な好意を獲得した。

- **ブランド・フィーリングを喚起する**：コーズ・マーケティングに特に適していると思われるブランド・フィーリングには2つのカテゴリーがある。それは社会的賛同と自尊心である。言い換えれば、コーズ・マーケティングは、消費者が他者や自分に対して自分の存在価値を納得させる助けとなる。コーズ・マーケティング・プログラムでは、バンパー・ステッカー、リボン、バッジ、Tシャツなど、目に見えるシンボルを用いてはっきりと広告したり、仲間意識を示す目印になるものを消費者に提供したりすることも必要だろう。それによって、消費者に自分が正しい行動をしているのだという実感を与えることもできるし、良い行動をして気分が良いと感じさせることもできる。この場合、目に見えるシンボルそのものよりも、消費者がそうした感情を経験している「内省の時間」を作り出すことのほうが重要である。それを経験するきっかけになるのが、コーズ・プログラムと結びついたポジティブな成果や、プログラムの成功に消費者がいかに関わったかを強調するコミュニケーションである。消費者の貢献にスポットを当てるために、収益のうち一定の割合や所定の金額を消費者に寄付してもらうなど、ある行動や

成果を勧めることも必要になるだろう。

● **ブランド・コミュニティの感覚を創造する**：コーズ・マーケティングおよび選定された社会活動は、ブランド・ユーザーにとって気持ちの拠りどころの役割を果たし、他の消費者や当該企業の社員たちとのつながりを感じたり経験を分かち合ったりするという手段となる[58]。同じ気持ちを持ったユーザーのコミュニティが存在する場所の１つに、インターネットがある。社会活動に関するテーマを中心に緊密な関係のオンライン・グループが数多く発生しており（たとえば、アルツハイマー、がん、自閉症といった病気に関心のあるグループなど）、マーケターはそうしたグループに接触することができる。ブランドは、このようなオンライン活動の中心あるいは協力者となることで、よりポジティブな評価を得られるかもしれない。

● **ブランド・エンゲージメントを引き出す**：コーズ・マーケティング・プログラムの一環として社会貢献活動に参加することは、ブランドが積極的なエンゲージメントを引き出す１つの手段である。活動の一端として、顧客自身がブランドの情報を広め、ブランドを取り巻く人々の結束を促す、いわばブランドの伝道師や大使のような役目を果たすのである。コーズ・マーケティング・プログラムは「戦略的ボランティア」ともいえる。つまり、企業の社員たちが自分の時間を提供して非営利的プログラムを支援するボランティア活動であり、そうした活動とブランドの両方に消費者の積極的なエンゲージメントを促すことができる。

　コーズ・リレーテッド・マーケティングの最も重要なベネフィットは、企業の人格化によって、消費者が企業との間に通常の市場取引を超越した、強固で独自の絆を作り上げるのを促すことだろう。その顕著な成功例がマクドナルドである。同社のフランチャイズ店は、昔から地域社会と緊密な関係を維持することが求められている。「ドナルド・マクドナルド・ハウス・チャリティーズ」は、世界各地に300カ所以上ある「ドナルド・マクドナルド・ハウス」と45台の「ドナルド・マクドナルド・ケア・モバイル」への支援や、恵まれない子どもたちのために活動する非営利団体への助成金を通じて、病気の子どもたちとその家族に心身のケアを提供している。「ドナルド・マクドナルド・ハウス」は、同社のキャラクター、ドナルド・マクドナルドと子どもとの一体感を効果的に活用しており、同社の「良いことをしよう」という努力の具体的なシンボルとなっている。この上手にブランディングされたコーズ・プログラムにより、マクドナルドは顧客を気遣い心にかけているという評判が上がっている[59]。

コーズ・マーケティング・プログラムの策定

　コーズ・マーケティングの形態は、教育、健康、環境、アートなど多様である。コー

ズ・マーケティングをきわめて戦略的に活用し、マーケティング上の優位性を獲得している企業はいくつかある[60]。トヨタは、いかにアメリカの地域社会に根づいているかを示すために、長年にわたって企業広告を実施してきた（最近の例は、「Moving Forward（前に進もう）」キャンペーン）。トヨタにとってこのキャンペーンは、単にコーズ・マーケティングにとどまるものではなく、トヨタ・ブランドが「カントリー・オブ・オリジン」という利点を有するアメリカ国内の自動車会社に対して、重要な類似化ポイントを創出する手段となるだろう。

シニカルな消費者が製品と社会活動の関連性に疑問を抱き、自社の利益のために社会活動を利用しているとみなす場合、コーズ・マーケティング・プログラムによるプロモーション活動は逆効果となりかねない。ブランド・エクイティの恩恵を得るためには、企業はコーズ・マーケティング活動を適切にブランドと結びつけなければならない。特に、社会活動からブランドへ何らかの関連づけを消費者ができるようにしなければならない[61]。

期待される点は、コーズ・マーケティングが消費者や従業員の共感を得て、企業イメージを向上させ、人々を活性化して行動を促すことである。製品が類似していてほとんど差がない場合、製品に独自のポジショニングを与えるためには、地域社会への関与や関心に基づいた差別化ポイントを有することが最良の方法であり、場合によっては唯一の方法である、と考えるマーケターもいる。非常に成功しているコーズ・プログラムの２つの事例は乳がんに関するものである。

● **エイボンの乳がん撲滅キャンペーン**：1993年に始まった「エイボン乳がん撲滅運動」は、アメリカのエイボン・プロダクツの取り組みである。特に医療を十分に受けられない女性に、乳がんについての知識を広める啓蒙活動と、早期発見のためのマンモグラフィーなどの乳がん検診サービスを行うことを目的としている。アメリカでは、エイボンは乳がん撲滅運動に最大の支援を行っている企業であり、設立以来19年間で、総額約７億4000万ドルを寄付している。その基金を集めるために、２つの方法を実施している。１つは、世界に650万近くあるエイボンの販売代理店によって販売される寄付金つきの特別製品（ピンクリボン・グッズ）の売上を通して、もう１つはウォーキング大会を通してである。アメリカでは全国の大都市で２日間で50キロ近くを歩く「エイボン乳がん撲滅ツー・デイ・ウォーク」を開催し、数千人の参加者を集めている。「エイボン乳がん撲滅運動」は、1500万人以上の女性を早期発見プログラムに参加させ、41の研究プロジェクトに2500万ドルを提供した[62]。

● **ヨープレイトのSave Lids to Save Lives（フタを集めて命を救おう）キャンペーン**：ヨープレイトはアメリカで最も売れているヨーグルトであり、親会社のゼネラルミルズの2010年度の売上112億ドルのうち11億ドルを占めている。ゼネラルミルズは1998年、

ゼネラルミルズのコーズ・キャンペーン「フタを集めて命を救おう」は、乳がん研究の寄付金を集めながらヨープレイトのブランド構築もできた双方にとっての成功例である。
出典：©2012 YOPLAIT USA, INC.ヨープレイトと「フタを集めて命を救おう」キャンペーンはYOPLAIT Marques Internationales SAS（フランス）の登録商標でありライセンスの下で使用される。© Susan G. Komen for the Cure®. 許可を得て使用。

　ヨープレイトの「フタを集めて命を救おう」というコーズ・マーケティング・プログラムを開始し、大きな成功をおさめた。毎年9月から12月までの間にオンラインか郵送でピンク色のフタを送ると、ヨープレイトは200万ドルに達するまで、1枚につき10セントをスーザン・G・コーメン・フォー・ザ・キュアに寄付する。また、スーザン・G・コーメン・レース・フォー・ザ・キュアのナショナルシリーズ・スポンサーも務めている。プログラム専用のウェブサイトでは参加者が体験談を投稿したり、メッセージを送り合ったり、乳がんについての知識を学ぶことができる。このプログラムは開始後の13年間で3000万ドル以上の寄付金を集め、ヨープレイトの売上も大幅に伸びた[63]。

グリーン・マーケティング

　コーズ・マーケティングの特殊なケースとして、**グリーン・マーケティング**がある。環境問題は、特にヨーロッパにおいてマーケティング活動に影響を与えてきたが、企業は顧客や株主、ひいては自社の利益にとって、環境が重要な問題であることへの認識を高めつつある。ある調査によれば、若者が関心を持っている問題の上位5件に環境が入っている。

　大手ブランドのリーダーの3分の2が、競争力を維持するためには持続可能性への取り組みが不可欠だと考えていることも調査から明らかになった。キンバリークラーク、HP、GEなどの企業が、環境問題は重要な優先事項だと表明している。「当社にとって、それは持続可能性をあらゆる角度から検討することです」とキンバリークラークの上級幹部は述べている。この幹部によれば、同社は2015年の純売上高の25%を日用消費財（FMCG）群の持続可能な製品からあげようとしている[64]。GEは次のような取り組みをしている。

GE

かつては工業中心の事業に従事していたGEだが、環境配慮型製品を高成長ビジネスと考えている。環境を懸念する顧客からの声に促され、GEのCEOであるジェフリー・イメルトは、2005年に以前から実施している「イマジネーション・アット・ワーク」からの造語「エコマジネーション」を開始した。「エコマジネーション」はいかに効果的かつ効率的に「電力と水を作り出し、配給し、利用する」かをテーマとした取り組みで、クリーンな技術の研究に年間15億ドルを投資している。環境に良い製品やサービスの売上による収益を倍増させたり、事業活動から排出される温室効果ガスを削減し、エネルギー効率を向上させたりすることなどを目標に掲げている。B2Bの顧客、投資家、従業員、消費者をターゲットとした「エコマジネーション」広告キャンペーンも企画した。2011年の投資家、顧客、その他関係者への手紙によると、GEはプログラムの最初の5年間で以下の項目を達成したと報告している。

- クリーン技術の研究開発に50億ドル
- 「エコマジネーション」の製品やソリューションからの収益850億ドル
- 温室効果ガスの排出量を22%削減
- 水の消費量を30%削減
- 省エネにより1億3000万ドルを節約

また、GEはスマートグリッドへの取り組みを開始した。「GEの技術はよりスマートで、効率的であり、持続可能性の高い、電気エネルギーグリッドのビジョンの実現を支援しています」[65]。

さまざまな企業が多数のマーケティング施策を環境に結びつけるようになってきた。自動車業界は消費者の懸念と原油価格の高騰という2つの要因に応える形で、ガソリン消費量と排出ガスの少ないハイブリッドモデルを導入している。マクドナルドはここ数年、テイクアウト用の紙袋を無漂白紙にしたり、ハンバーガーのポリエチレン製パッケージを廃止して紙やリサイクル可能な軽量のボックスに入れるなど、環境に配慮した施策を多数導入し、広く報道されている。しかし、ブランディングの観点から考えると、グリーン・マーケティング・プログラムは必ずしも成功しているとはいえない[66]。グリーン・マーケティング活動に立ちはだかる壁とは何なのだろうか。

過度な露出と信頼性の欠如

人々が実効性を疑うような環境配慮を主張する企業はあまりにも多い。製品が「オーガ

ニック」、「フェアトレード」、「環境に優しい」と謳う場合、それは何を意味するのだろうか。有機分解性ゴミ袋など「環境に優しい」と謳った施策に対する政府の調査や、ムラのある環境配慮の実績を取り上げたメディア報道によって、消費者の疑念は増すばかりである。こうした反発から、多くの消費者は、企業の環境配慮に関する主張がマーケティングのギミックではないかと考えている。

消費者にもっと情報を提供しようとする努力が、かえって状況を複雑にしてしまう場合もある。たとえば何百もの異なる製品ラベルが導入されてきた。ウォルマートは環境対応のトップ企業を目指して、多数の環境や持続可能性の要素をもとに供給業者と製品を格付けする持続可能性指数を2009年に公表した。しかしそのような型どおりの格付けを実施するのは難しいことがわかり、消費者に提供する製品情報を増やすことのみに取り組むと表明した[67]。

難しいのは、製品の製造と消費には、かならずトレードオフがついてまわることである。どれだけ「環境に優しく」見えても、あるいは環境への配慮が謳われていても、すべての製品は何らかの形で環境に影響を与える。ある製品の環境への影響を完全に理解するためには、原料の投入から最終的な廃棄にいたるまでの製造と消費のプロセス全体を理解しなければならない。

さらに「環境に優しい」活動の成果は常に目に見えるとは限らない。ストーニーフィールド・ファームの創業者でCEOのゲイリー・ハーシュバーグは、再生利用可能なパッケージの使用を環境に優しいと見る人は多いが、ストーニーフィールドではヨーグルトの容器を再生利用不可能な、つまり廃棄されるものに変えることで二酸化炭素排出量を削減したという。この容器は植物から作られたもので、埋め立てゴミとなるが、再生利用されたプラスチック容器よりも温室効果ガスの排出は少ないのである。

パタゴニアも、自社のアウトドア衣料ラインの繊維が環境に及ぼす影響を見直したところ、最も環境に悪影響があるのは石油を原料とする合成繊維ではなく綿だとわかった。綿花の栽培には殺虫剤の使用が必要となるからだ。パタゴニアはオーガニックコットンに切り替えたが、これにも水の消費量が多いという欠点がある。1本のジーンズの製造に1200ガロン（4536リットル）もの水を必要とするのだ[68]。

このように、環境に優しいという謳い文句の解釈は単純ではない。ここを明確にするために、アメリカ政府が介入して企業に環境対応の説明をもっと具体的かつ実証的にするよう要求した。「再生利用」という謳い文句は、製品やパッケージがどれだけ再生利用されているのか、「消費者使用後」（以前使われた製品）なのか「消費者使用前」（製造廃棄物）なのかを明らかにしなければならない。連邦取引委員会は指導の先頭に立ち、独自の製品テストを要求して、あいまいで根拠のない主張を厳重に取り締まっている。たとえば、第三者によるテストで比較可能な通常製品よりも省エネ率が高いことが証明されないかぎり、

エネルギースターのロゴを使用することはできない[69]。

消費者動向

　広く知られている多くの社会的トレンドと同様に、企業の環境意識も現実にはかなり複雑で、世間の認識とは必ずしも一致しないことが多い。消費者の環境意識を知るのに役立つ調査事例をいくつか挙げてみよう。

　消費者は環境に優しい製品を支持したいと主張しながら、実際の行動はその意図とは必ずしも一致しないことが多い[70]。大半の市場セグメントにおいて、消費者は他の選択肢から得られるベネフィットをあきらめてまで環境配慮製品を選択しようとは思わないようだ。たとえば、再生紙やリサイクル材家庭用品は、機能、外観、質感が気に入らないという消費者もいる。たとえばおむつなど、使い捨て製品の便利さを手放したくないという消費者は少なくない。

実行面での失敗

　グリーン・マーケティングの流行に乗り遅れまいと先走り、当初失敗した企業も多い。設計が不十分で、設定価格は高すぎ、プロモーションも適切に行われなかった。製品の品質が向上しても、広告が的外れで強引すぎたり説得力が弱かったりした。ある調査研究によると、重要な環境保護要因にはやんわりと主張する環境メッセージが最も効果的で、それ以外では、より穏やかなタッチのほうが有益である[71]。

実行可能な解決法

　ヨーロッパや日本の環境運動は、アメリカよりも歴史が長く、しっかりと定着している。ヨーロッパでは、P&Gの洗剤など基本的な家庭用品の多くは、袋入りの詰め替え用が販売されている。アメリカの消費者は詰め替え用は買わないだろうとP&Gはいう。アメリカの企業は、必要な収益性を維持しながら、自社製品の環境的ベネフィットを気にする消費者の希望に添うための努力を続けている。

Notes

1. Marc Gunther, "Waste Management's New Direction," *Fortune*, 6 December 2010.

2. Jim Stengel, *Grow: How Ideals Power Growth and Profitability at the World's Greatest Companies* (New York: Crown Business, 2011)（邦訳：『本当のブランド理念について語ろう：「志の高さ」を成長に変えた世界のトップ企業50』ジム・ステンゲル著、川名周解説、池村千秋訳、阪急コミュニケーションズ、2013年）；"Ideals Key for Top Brands," WARC, 4 January 2012; Jack Neff, "Just How Well-Defined Is Your Brand's Ideal?," *Advertising Age*, 16 January 2012.

3. "Harris Poll Finds That Consumers Love Kisses: Hershey's Ranks Highest Overall in Brand Equity," www.harrisinteractive.com, 24 February 2010; "One of a Kind Hershey's Kisses," www.thearLorg/ogilvy10-winners.php, accessed January 14, 2012.

4. Neil A. Morgan and Lopo Leotte do Rego, "Brand Portfolio Strategy and Firm Performance," *Journal of Marketing* 73 (January 2009): 59-74.

5. Bharat N. Anand and Ron Shachar, "Brands as Beacons: A New Source of Loyalty to Multiproduct Firms," *Journal of Marketing Research* 41 (May 2004): 135-150.

6. Kotler and Keller, *Marketing Management*; Patrick Barwise and Thomas Robertson, "Brand Portfolios", *European Management Journal* 10, no. 3 (September 1992): 277-285.

7. カニバリゼーションの度合いと性質を査定する方法論的アプローチについては、以下の論文を参照されたい。Charlotte H. Mason and George R. Milne, "An Approach for Identifying Cannibalization within Product Line Extensions and Multi-brand Strategies," *Journal of Business Research* 31 (1994): 163-170. 分析的な説明については、以下を参照されたい。Preyas S. Desai, "Quality Segmentation in Spatial Markets' When Does Cannibalization Affect Product Line Design," *Marketing Science* 20 (Summer 2001): 265-283.

8. Jack Trout, *Differentiate or Die: Survival in Our Era of Killer Competition* (New York: Wiley, 2000)（邦訳：『独自性の発見』ジャック・トラウト著、スティーブ・リヴキン著、吉田利子訳、海と月社、2011年）.

9. Patricia Sellers, "P&G: Teaching an Old Dog New Tricks," *Fortune*, 31 May 2004, 166-172; Jennifer Reingold, "CEO Swap: The $79 Billion Plan," *Fortune*, 20 November 2009.

10. Mark Ritson, "Should You Launch a Fighter Brand?," *Harvard Business Review* 87 (October 2009): 65-81.

11. Mark Ritson, "Is Your Fighter Brand Strong Enough to Win the Battle?," *Advertising Age*, 13 October 2009; Mark Ritson, "Should You Launch a Fighter Brand?," *Harvard Business Review* 87 (October 2009): 65-81.

12. Paul W. Farris, "The Chevrolet Corvette," Case UVA-M-320 (Charlottesville, VA: Darden Graduate Business School Foundation, University of Virginia, 1995).

13. Zeynep Gurhan-Canli, "The Effect of Expected Variability of Product Quality and Attribute Uniqueness on Family Brand Evaluations," *Journal of Consumer Research* 30 (June 2003): 105-114.

14. 本項の多く（事例も含む）は、以下の優れた記事に基づいている。Peter H. Farquhar, Julia Y. Han, Paul M. Herr, and Yuji Ijiri, "Strategies for Leveraging Master Brands," *Marketing Research* (September 1992): 32-43.

15. Farquhar, Han, Herr, and Ijiri, "Strategies for Leveraging Master Brands."

16. Jon Fortt, "Cisco's Online Video Gamble," *Fortune*, 1 November 2010.

17. "Top 100 Best Selling Basketball Shoes (November 2010)," www.counterkicks.com, accessed January 1, 2012.

18. Beth Snyder Bulik, "Tech Sector Ponders: What's in a Name?" *Advertising Age*, 9 May 2005, 24.

19. Tulin Erdem and Baohung Sun, "An Empirical Investigation of the Spillover Effects of Advertising and Sales Promotions in Umbrella Branding," *Journal of Marketing Research* 39 (November 2002): 408-420.

20. Ben Fritz, "Dish Network Wins Bidding for Assets of Bankrupt Blockbuster," *Los Angeles Times*, 7 April 2011.

21. Emily Nelson, "Too Many Choices," *Wall Street Journal*, 20 April 2001, B1, B4.

22. Deborah Roedder John, Barbara Loken, and Christopher Joiner, "The Negative Impact of Extensions: Can Flagship Products Be Diluted?," *Journal of Marketing* 62 (January 1998): 19-32.

23. Derrick Daye and Brad VanAuken, "Creating the Brand Halo Effect," www.brandingstrategyinsider.corn, 21 September 2009.

24. Guido Berens, Cees B.M. van Riel, and Gerrit H. van Bruggen, "Corporate Associations and Consumer Product Responses: The Moderating Role of Corporate Brand Dominance," *Journal of Marketing* 69 (July 2005): 35-48.

25. France Leclerc, Christopher K. Hsee, and Joseph C. Nunes, "Narrow Focusing: Why the Relative Position of a Good Within a Category Matters More Than It Should," *Marketing Science* 24 (Spring 2005): 194-206.

26. "DuPont: Corporate Advertising," Case 9-593-023 (Boston: Harvard Business School, 1992); John B. Frey, "Measuring Corporate Reputation and Its Value," Marketing Science Conference, Duke University にて行われたプレゼンテーション、17 March 1989.

27. Charles J. Fombrun, *Reputation* (Boston: Harvard Business School Press, 1996).

28. コーポレート・イメージについての良く考えられた論考がいくつか入手できる。たとえば、以下を参照されたい。James R. Gregory, *Marketing Corporate Image: the Company as Your Number One Product* (Lincolnwood, IL: NTC Business Books, 1999); Grahame R. Dowling, *Creating Corporate Reputations: Identity, Image and Performance* (Oxford, UK: Oxford University Press, 2001).

29. Kevin Lane Keller and David A. Aaker, "The Effects of Sequential Introduction of Brand Extensions," *Jour-

nal of Marketing Research 29 (February 1992): 35-50. 以下も参照されたい。 Thomas J. Brown and Peter Dacin, "The Company and the Product: Corporate Associations and Consumer Product Responses," *Journal of Marketing* 61 (January 1997): 68-84.

30. Masashi Kuga, "Kao's Strategy and Marketing Intelligence System," *Journal of Advertising Research* 30 (April/May 1990): 20-25.

31. Tulun Erdem and Joffre Swait, "Brand Credibility, Brand Consideration and Choice," *Journal of Consumer Research* 31 (June 2004): 191-198; Marvin E. Goldberg and Jon Hartwick, "The Effects of Advertiser Reputation and Extremity of Advertising Claim on Advertising Effectiveness," *Journal of Consumer Research* 17 (September 1990): 172-179.

32. Majken Schultz, Mary Jo Hatch, and Mogens Holten Larsen, eds., *The Expressive Organization: Linking Identity, Reputation, and the Corporate Brand* (New York: Oxford University Press, 2000); Mary Jo Hatch and Majken Schultz, "Are the Strategic Stars Aligned for Your Corporate Brand?" *Harvard Business Review* (February 2001): 129-134; Mary Jo Hatch and Majken Schultz, *Taking Brand Initiative: How Companies Can Align Strategy, Culture, and Identity Through Corporate Branding* (San Francisco, CA: Jossey-Bass, 2008). 以下も参照されたい。 James Gregory, *Leveraging the Corporate Brand* (Chicago: NTC Press, 1997)（邦訳：『企業ブランド強化の経営戦略』ジェームズ・R・グレゴリー、ジャック・G・ウィッチマン著、猿山義広監訳、日本経済新聞社、2000 年）; Lynn B. Upshaw and Earl L. Taylor, *The Masterbrand Mandate* (New York: John Wiley & Sons, 2000).

33. ある程度広範な論考を以下で読むことができる。the Special Issue on Stakeholder Marketing, *Journal of Public Policy and Marketing* 29 (May 2010).

34. Laurel Cutler, vice-chairman of FCB/Leber Katz Partners, a New York City advertising agency, quoted in Susan Caminit, "The Payoff from a Good Reputation," *Fortune*, 6 March 1995,74. 以下も参照されたい。 Michael E. Porter and Mark R. Kramer, "The Competitive Advantage of Corporate Philanthropy," *Harvard Business Review* 80 (December 2002): 56-69; Steve Hoeffler, Paul Bloom, and Kevin Lane Keller, "Understanding Stakeholder Responses to Corporate Citizenship Initiatives: Managerial Guidelines and Research Directions," *Journal of Public Policy & Management* 29 (Spring 2010): 78-88; Frank Huber, Frederik Meyer, Johannes Vogel, and Stefan Vollman, "Corporate Social Performance as Antecedent of Consumer's Brand Perception," *Journal of Brand Management* 19 (December 2011): 228-240.

35. Hill & Knowlton, Return on Reputation Study, March 2006.

36. Tillmann Wagner, Richard J. Lutz, and Barton A. Weitz, "Corporate Hypocrisy: Overcoming the Treat of Inconsistent Corporate Social Responsibility Perceptions," *Journal of Marketing* 73 (November 2009): 77-91.

37. Raj Sisodia, David B. Wolfe, and Jag Sheth, *Firms of Endearment: How World-Class Companies Profit from Passion and Purpose* (Upper Saddle River, NJ: Wharton School Publishing, 2007); John A. Quelch and Katherine E. Jocz, *Greater Good: How Good Marketing Makes for Better Democracy* (Boston, MA: Harvard Business School Press, 2007).

38. 現在と過去の慣行についての検証は、以下を参照されたい。David W. Schumann, Jan M. Hathcote, and Susan West, "Corporate Advertising in America: A Review of Published Studies on Use, Measurement, and Effectiveness," *Journal of Advertising* 20 (September 1991): 35-56. 以下も参照されたい。 Zeynep Giirhan-Canli and Rajeev Batra, "When Corporate Image Affects Product Evaluations: The Moderating Role of Perceived Risk," *Journal of Marketing Research* 41 (May 2004): 197-205.

39. David M. Bender, Peter Farquhar, and Sanford C Schulert, "Growing from the Top: Corporate Advertising Nourishes the Brand Equity from Which Protits Sprout," *Marketing Management* 4, no. 4 (1996) 10-19; Nicholas Ind, "An Integrated Approach to Corporate Branding," *Journal of Brand Management* 5, no. 5 (1998): 323-329; Cees B. M. Van Riel, Natasha E. Stroker, and Onno J. M. Maathuis, "Measuring Corporate Images," *Corporate Reputation Review* 1, no. 4 (1998): 313-326.

40. Gabriel J. Biehal and Daniel A. Shenin, "Managing the Brand in a Corporate Advertising Environment," *Journal of Advertising* 28, no. 2 (1998): 99-110.

41. Mary C. Gilly and Mary Wolfinbarger, "Advertising's Internal Audience," *Journal of Marketing* 62 (January 1998): 69-88.

42. "Dow Chemical Company: Giant Chalkboard," www.adsoftheworld.com, September 2011; Charles Muir, "'Solutionism': Brain Busting Brand Positioning," www.corebrand.com/views, 23 September 2011.

43. Richard Ettenson and Jonathan Knowles, "Merging the Brand and Branding the Merger," *MIT Sloan Management Review* (Summer 2006): 39-49.

44. Mark P. DeFanti and Paul S. Busch, "Image-Related Corporate Name Changes: Their Effect Upon Firm's Stock Prices," *Journal of Brand Management* 19, no. 3 (2011): 241-253.

45. "BSWho?" *The Economist*, 14 May 1994, 70.

46. Nathan Hodge, "Company Once Known as Blackwater Ditches Xe for Yet Another New Name," *Wall Street Journal*, 12 December 2011.

47. Dottie Enrico, "Companies Play Name-Change Game," *USA Today*, 28 December 1994, 4B.

48. Associated Press, "Protesters Gather as Chicago's Landmark Marshall Fields Store Is Replaced By Macy's," 9 September 2006; Sandra M. Jones, "A Year Later, Field's Followers Still Protesting, *Chicago Tribune*, 8 September 2007. メイシーズの戦略のより 広い成功については、以下を参照されたい。Cotton Timberlake, "With

Stores Nationwide, Macy's Goes Local," *Bloomberg Businessweek*, 4 October 2011.

49. Beth Snyder Bulik, "O, No! Overstock Backs Off O.co Name Change," *Advertising Age*, 14 November 2011; Matt Brownell, "Why 'O.co' Didn't Work for Overstock.com," www.mainstreet.com, 16 November 2011; George Anderson, "O.co Is out in Overstock Name Change Part Two," www.retailwire.com, 16 November 2011.

50. Mike Verdin, "Consignia: Nine Letters That Spelled Fiasco," *BBC News*, 31 May 2002.

51. Tania Mason, "PWC Defends Monday as IBM Removes Name," *Marketing*, 8 August 2002.

52. "Allegis: A $7 Million Name Is Grounded," *San Francisco Examiner*, 16 June 1987, C9.

53. P. Rajan Varadarajan and Anil Menon, "Cause-Related Marketing: A Coalignment of Marketing Strategy and Corporate Philanthropy," *Journal of Marketing* 52 (July 1988): 58-74.

54. Sankar Sen and C. B. Bhattacharya, "Does Doing Good Always Lead to Doing Better? Consumer Reactions to Corporate Social Responsibility," *Journal of Marketing Research* 38 (May 2001): 225-243; Xueming Luo and C. B. Bhattacharya, "The Debate over Doing Good: Corporate Social Performance, Strategic Marketing Levers, and Firm-Idiosyncratic Risk," *Journal of Marketing* 73 (November 2009): 198-213.

55. "Global Consumers Voice Demand for Greater Corporate Responsibility," www.coneinc.com, 4 October 2011; Paul N. Bloom, Steve Hoeffler, Kevin Lane Keller, and Carlos E. Basurto Meza, "How Social-Cause Marketing Affects Consumer Perceptions," *MIT Sloan Management Review* 47, no. 2 (2006): 49-55.

56. Paul N. Bloom, Steve Hoeffler, Kevin Lane Keller, and Carlos E. Basurto, "How Social-Cause Marketing Affects Consumer Perceptions," *MIT Sloan Management Review* (Winter 2006): 49-55; Carolyn J. Simmons and Karen L. Becker-Olsen, "Achieving Marketing Objectives through Social Sponsorships," *Journal of Marketing* 70 (October 2006): 154-169; Guido Berens, Cees B. M. van Riel, and Gerrit H. van Bruggen, "Corporate Associations and Consumer Product Responses: The Moderating Role of Corporate Brand Dominance," *Journal of Marketing* 69 (July 2005): 35-48; Donald R. Lichtenstein, Minette E. Drumwright, and Bridgette M. Braig, "The Effect of Social Responsibility on Customer Donations to Corporate-Supported Nonprofits," *Journal of Marketing* 68 (October 2004): 16-32; Stephen Hoeffler and Kevin Lane Keller, "Building Brand Equity through Corporate Societal Marketing," *Journal of Public Policy and Marketing* 21, no. 1 (Spring 2002): 78-89.

57. 信頼性の向上は、関わっているブランドの種類に依存することに注意されたい。ラグジュアリー・ブランドが CSR プログラムによって傷ついてしまう状況を示す研究もある。以下を参照されたい。Carlos J. Torelli, Alok-parna Basu Monga, and Andrew M. Kaikati, "Doing Poorly by Doing Good: Corporate Social Responsibility," *Journal of Consumer Research* (February 2012): 948-963.

58. Sankar Sen, Shuili Du, and C. B. Bhattacharya, "Building Relationships through Corporate Social Responsibility," in *Handbook of Brand Relationships*, eds. Joseph Priester, Deborah MacInnis, and C.W. Park (New York: M. E. Sharp, 2009): 195-211.

59. www.rhmc.org, accessed January 22, 2012.

60. C.B. Bhattacharya, Sankar Sen, and Daniel Korschun, "Using Corporate Social Responsibility to Win the War for Talent," *MIT Sloan Management Review* 49 (January 2008): 37-44; Xueming Luo and C. B. Bhattacharya, "Corporate Social Responsibility, Customer Satisfaction, and Market Value," *Journal of Marketing* 70 (October 2006): 1-18; Pat Auger, Paul Burke. Timothy Devinney, and Jordan J. Louviere, "What Will Consumers Pay for Social Product Features?" *Journal of Business Ethics* 42 (February 2003): 281-304; Dennis B. Arnett, Steve D. German, and Shelby D. Hunt, "The Identity Salience Model of Relationship Marketing Success: The Case of Nonprofit Marketing," *Journal of Marketing* 67 (April 2003): 89-105; C. B. Bhattacharya and Sankar Sen, "Consumer-Company Identification: A Framework for Understanding Consumers' Relationships with Companies," *Journal of Marketing* 67 (April 2003): 76-88; Sankar Sen and C. B. Bhattacharya, "Does Doing Good Always Lead to Doing Better? Consumer Reactions to Corporate Social Responsibility," *Journal of Marketing Research* 38 (May 2001): 225-244.

61. Xiaoli Nan and Kwangjun Heo, "Consumer Responses to Corporate Social Responsibility (CSR) Initiatives: Examining the Role of Brand-Cause Fit in Cause-Related Marketing," *Journal of Advertising* 36 (Summer 2007): 63-74.

62. Hamish Pringle and Marjorie Thompson, *Brand Spirit: How Cause Related Marketing Builds Brands* (Chichester, NY: Wiley, 1999); www.avonfoundation.org/breast-cancer-crusade, accessed February 27, 2012; David Hessekiel, "The Most Influential Cause-Marketing Programs of All Time," www.bestcm.posterous.corn, accessed February 27, 2012.

63. David Hessekiel, "The Most Influential Cause-Marketing Programs of All Time," www.bestcm. posterous.com; www.yoplait.com; 乳がんのコーズ・マーケティングに関するより広範な課題については、以下の書籍で刺激的な論考を読むことができる。Gayle A. Sulik, *Pink Ribbon Blues: How Breast Cancer Culture Undermines Women's Health* (New York: Oxford University Press, 2011).

64. David Kiron, Nina Kruschwitz, Knut Haanaes, Martin Reeves, and Ingrid von Streng Velken, "Sustainability Nears a Tipping Point," *MIT Sloan Management Review* (Winter 2012): 69-74.

65. Geoff Colvin, "Grading Jeff Immelt," *Fortune*, 28 February 2011, 75-80. Beth Comstock, Ranjay Gulati, and Stephen Liguori, "Unleashing the Power of Marketing," *Harvard Business Review* (October 2010): 90-98; Bob Sechler, "GE's 'Green' Effort Fails to Strike Investors' Imagination," *Chicago Tribune*, 6 July 2008, 8; Anne Fisher, "America's Most Admired Companies," *Fortune*, 19 March 2007, 88-94; Daniel Fisher, "GE Turns Green," *Forbes*, 15 August 2005, 80-85; www.ecomagination.com/progress/overview/letter.

66. Joanne Lipman, "Environmental Theme Hits Sour Notes," *Wall Street Journal*, 3 May 1990, B6.

67. Stephanie Rosenbloom, "Wal-Mart Unveils Plan to Make Supply Chain Greener," *New York Times*, 26 February 2010.

68. Paul Keegan, "The Trouble with Green Product Ratings, *Fortune*, 25 July 2011; Karen Weise, "Who's the Greenest of Them All?," *Bloomberg Businessweek*, 28 November 2011.

69. Wendy Koch, "Green, Green, It's Green They Say," *USA Today*, 21 April 2011.

70. Katherine White, Rhiannon MacDonnell, and John H. Ellard, "Belief in a Just World: Consumer Intentions and Behaviors Toward Ethical Products," *Journal of Marketing* 76 (January 2012): 103-118; Remi Trudel and June Cotte, "Does It Pay to Be Good?," *Sloan Management Review* 50 (Winter 2009): 61-68; Michael G. Luchs, Rebecca Walker Naylor, Julie R. Irwin, and Rajagopal Raghunathan, "The Sustainability Liability: Potential Negative Effects of Ethicality on Product Preference, *Journal of Marketing* 74 (September 2010): 18-31.

71. Ann Krorod, Amir Grinstein, and Luc Wathieu, "Go Green! Should Environmental Messages Be So Assertive?," *Journal of Marketing* 76 (January 2012): 95-102.

第10章
新製品の導入とネーミング、およびブランド拡張

プレビュー

　第9章ではブランド・アーキテクチャーの概念を紹介し、その開発プロセスについて説明した。その中でも重要な部分が、ブランドが成長し、その潜在力を開花させるための新製品の市場導入である。そこで本章では、ブランド・エクイティを創出し、維持し、強化するための製品戦略の役割について詳しく考察する。特に新製品の導入とネーミング、およびブランド拡張のためのガイドラインを提示する。

　簡単に歴史を振り返ってみると、P&Gやコカ・コーラなどの主要な消費財企業にならい、長い間、多くの企業は新製品の導入に既存のブランド・ネームを採用しない傾向にあった。だが時を経て、厳しい経済状況や競争状況などにより、企業は「ワンブランド・ワンプロダクト」方針を見直さざるをえなくなった。企業はブランドが企業にとって最も価値ある資産の1つだと認識し、新製品を自社の最強のブランド・ネームのもとで導入して、その価値を活用するようになっている。

　幅広い市場で足跡を確立する「パワー」・ブランドや「メガ」・ブランドを打ち立てようと

して、同じブランド・アンブレラの下に、複数の製品で、複数の顧客セグメントに訴求している企業が増えてきている。ユニリーバのブランド「ダヴ」は、「リアル・ビューティ（ほんとうの美しさ）」というメディア・キャンペーンに支えられ、基盤とする石鹸からスキンケア製品やボディケア製品への進出に成功している。その一方でマーケターは、製品の種類が多すぎると逆効果になり、無分別なブランドの増殖が現実には消費者に嫌がられることも理解し始めている。

これまでブランド拡張のベスト・プラクティスといえるマネジメントについて、多くを学んできた。本章ではまずブランド拡張について説明し、ブランド拡張の利点と欠点の概要を述べる。次いで、消費者がブランド拡張をどのように評価するのかについて単純なモデルで示し、新製品の導入とネーミングおよびブランド拡張に関するマネジメント上のガイドラインを提示する。そして、ブランド拡張に関する学術的な研究成果の概要を紹介する。BRAND FOCUS10.0では、ライン拡張の成功可能性を評価するチェックリストが示されている。

新製品とブランド拡張

背景として、まず企業の成長の源泉を考えてみよう。良く知られている枠組みの１つとして、アンゾフの製品＝市場拡大グリッド（成長マトリクスとも呼ばれる）がある。図表10-1が示すように、成長戦略は既存製品と新製品のどちらに依存するか、またターゲットとする顧客や市場は既存と新規のどちらに依存するかに応じて分類できる。

既存製品は既存顧客市場へのさらなる浸透や新規顧客市場への進出に有効だが、企業の長期的成功には新製品の導入が不可欠であることが多い。新製品の開発と導入の効果的マネジメントにまつわる諸問題をすべて論じることは、本章の範囲を越えている。ここでは、

	既存製品	新製品
既存市場	市場浸透戦略	製品開発戦略
新規市場	市場開拓戦略	多角化戦略

図表10-1 アンゾフの成長マトリクス

新製品におけるブランド・エクイティの意味について述べるにとどめよう[1]。

　まず、いくつかの用語を定義しておこう。企業が新製品を導入する際、そのブランディングには3つの選択肢がある。

1．それぞれの新製品に固有の新ブランドを開発する。
2．既存ブランドの1つを適用する。
3．新ブランドと既存ブランドを組み合わせて使用する。

　ブランド拡張とは、企業が新製品の導入にあたり、すでに確立されているブランド・ネームを用いることである（2または3の方法）。第9章でも述べたように、新ブランドを既存ブランドと結びつける場合（3の方法）、そのブランド拡張は**サブ・ブランド**ともいう。ブランド拡張のもととなった既存ブランドは**親ブランド**という。親ブランドがすでにブランド拡張によって多くの製品と結びついている場合には、**ファミリー・ブランド**とも呼ばれる。

　ブランド拡張は、一般に2つのカテゴリーに分類される[2]。

● **ライン拡張**：現在の親ブランドと同一製品カテゴリー内で、新しい市場セグメントをターゲットとする新製品に親ブランドを適用すること。ライン拡張は、そのブランドに、異なる風味や成分の種類、異なる形状やサイズ、異なる用途を加えることが多い（たとえば、シャンプーのヘッド＆ショルダーズ・ドライ・スカルプ）。
● **カテゴリー拡張**：親ブランドを用いて、現在の製品カテゴリーとは異なる製品カテゴリーへ参入すること（たとえば、スイスアーミーの腕時計）。

　一般に、毎年導入される新製品の大半はブランド拡張である。2009年に発売され初年度の売上が750万ドルを超えた食品や飲料の新製品の93%はブランド拡張だった。この年に発売された食品や飲料の新製品で特に注目を集めたのは、キャンベルのスープ「セレクト・ハーベスト」、ビールの「バド・ライト・ライム」、パンの「アーノルド・セレクト・サンドイッチ・シンズ」、ケロッグのスナックバー「ファイバープラス」である[3]。食品飲料以外の新製品で成功をおさめたのは、洗濯用液体洗剤「タイド・トータル・ケア」、トイレットペーパーの「キルテッド・ノーザン・ウルトラ・プラッシュ」、剃刀の「ジレット・ヴィーナス・エンブレイス」、ペーパータオルの「バウンティ・エクストラソフト」である。これらの新製品はすべて拡張品として発売された[4]。

　新ブランドとして導入されている新製品も少なくない。最近では、オンライン調査ツールの「サーベイモンキー」、音楽サイトの「スポティファイ」、携帯端末用セキュリティソ

フト「ルックアウト」、音声通話とテキストメッセージ送受信のアプリケーションツール「Twilio」など、多彩な新しい技術ブランドが頭角を現している。「ドロップボックス」はユーザーがソフトウェアをダウンロードし、ドキュメントをデジタルで保存しシェアできるサービスを有料で提供している。もちろん新しいブランドは、技術に限定されるものではない。

　単純ですでに確立したハンバーガーのような製品カテゴリー（アメリカの消費者は、年間130億個のハンバーガーを食べている。男性、女性、子どもも含め１人4.3個に相当する）でも、新ブランドが世に出る余地はある。『フォーブス』誌は、デンバーに本社のあるスマッシュバーガーを最も将来性のあるアメリカ企業の１つと評した。「熟慮された製品設計と巧みな実行力」、そして同社が「妥当な価格プレミアムで、他社よりも面白い料理を（少しばかり）良い雰囲気で」提供している、というのがその根拠である。また、シェイク・シャックの最新の「路上バーガースタンド」は、今や『ザガット・ガイド』で上位５位にランクインしたレストランのうち３店をマンハッタンに有するユニオン・スクエア・ホスピタリティ・グループの収益の３分の１近くを稼ぎ出している[5]。

　こうしたサクセス・ストーリーはあるものの、新製品の大半は拡張品としてブランド化され発売されている。その理由を理解するために、次にブランド拡張の主な利点と欠点について見てみよう。

拡張の利点

　ほとんどの企業にとって問題なのは、ブランドを拡張するか否かではなく、ブランドをいつ、どこへ、どのように拡張するかである。入念に計画され、実施された拡張は、マーケターに多くの利点を提供する。それらの利点は、新製品の受容を容易にするものと、親ブランドや企業全体にベネフィットをもたらすものに、おおまかに分類できる（図表10-2を参照）。

新製品の受容を容易にする

　新製品の失敗率の高さはこれまでに十分に立証されてきた。マーケティング・アナリストは、新製品の成功率がわずか10分の２、場合によっては10分の１程度しかないと推定している。確かに、ブランド拡張にも、新製品が直面するのと同じ欠点がいくつかある。しかしブランド拡張として導入された新製品は、次項で述べる利点によって受容されやすく、少なくともある程度は成功しやすい。

第10章　新製品の導入とネーミング、およびブランド拡張

図表10-2　ブランド拡張の利点
新製品の受容を容易にする
ブランド・イメージの向上
顧客の知覚リスクの低減
流通経路の獲得とトライアルの獲得可能性の増大
プロモーション費用効率の向上
導入やフォローアップにおけるマーケティング・プログラムのコスト削減
新ブランド開発コストの回避
パッケージング効率とラベリング効率の向上
消費者へのバラエティ・シーキング機会の提供
親ブランドへベネフィットをもたらす
ブランド・ミーニングの明確化
親ブランドのイメージ強化
ブランド愛顧者の新たな獲得と市場カバレッジの拡大
ブランドの再活性化
さらなる拡張の可能性

■ ブランド・イメージの向上

　第2章で述べたように、有名で好感度の高いブランドの利点の1つは、消費者が当該ブランドのパフォーマンスに対する期待をすでに形成していることである。ブランド拡張では、消費者はブランド自体に関して知っていることと、その情報が新製品にどの程度関連性があると感じるかに基づいて、新製品が持っていそうな構成要素やパフォーマンスを推論し、期待を形成する[6]。

　こうした推論は拡張品のブランド連想の強さ、好ましさ、ユニークさを高めるだろう。たとえばソニーがマルチメディア対応の新しいノートパソコン、VAIOを導入した際には、その製品にソニーがまったく新しいブランドを用いた場合よりも、消費者は他のソニー製品の経験や知識から、予想されるパフォーマンスについて安心したはずである。

■ 顧客の知覚リスクの低減

　ある調査によると、新製品のトライアルを促す最も重要な要因は、当該製品が有名なファミリー・ブランドと、どの程度結びついているかであった[7]。GE、HP、モトローラなどの有名なコーポレート・ブランドからの拡張は、伝統と歴史を伝達するだろう。コーポレート・ブランドは、そのネームがつけられた製品が多岐にわたるために特定の製品連想を欠くこともあるが、質の高い製品を導入し、それらの後ろ盾になっているという評判が、消費者にとって重要なリスク低減要因になるはずである[8]。

　専門性と信用性に関する企業への信頼感は、ブランド拡張における貴重な連想になりうる[9]。同様に、スーパーマーケットでお馴染みのベティ・クロッカー、グリーンジャイア

381

ント、デルモンテ、ペパリッジファームといった広く拡張されたファミリー・ブランドも、特定製品を意味してはいないかもしれないが、消費者のマインド内では製品品質の象徴となり、知覚リスクを低減することでブランド拡張を容易にしている。

■ 流通経路の獲得とトライアルの獲得可能性の増大

拡張という形で導入すると、新製品の消費者需要の増加が見込めるので、小売業者に仕入れとプロモーションを説得しやすい。ある調査によると、新製品をスーパーマーケットに置くかどうかを決定する際、ブランドの評判は重要な審査基準であることを示している[10]。

■ プロモーション費用効率の向上

マーケティング・コミュニケーションの見地によると、ブランド拡張による新製品導入の明白な利点は、導入キャンペーンでブランドと新製品の両方を認知してもらう必要がなく、新製品だけに集中できることである[11]。

この拡張のベネフィットは、いくつかの調査研究によって立証されている。11の市場における98の消費財ブランドを調査したところ、ブランド拡張による製品は、新しいネームで参入した製品より広告費が少ないことがわかった[12]。別の包括的な研究でも同様の結果が得られ、ブランド拡張では売上高に対する広告費比率の平均が10％なのに対し、新ブランドでは19％であることが示されている[13]。

■ 導入やフォローアップにおけるマーケティング・プログラムのコスト削減

流通やプロモーションにおけるこれらのプッシュ要因やプル要因によって、企業は全米のスーパーマーケットに新製品を投入するための推定コストである3000万〜5000万ドルの40〜80％を節約できると考えている。投入後の別の効果も期待できる。たとえば1つのブランドが複数の製品と結びつくようになれば、ファミリー・ブランド全体で広告の費用効果が高まるだろう。

■ 新ブランド開発コストの回避

新しいブランド要素の開発は、アートでありサイエンスでもある。必要な消費者調査を行い、質の高いブランド・ネーム、ロゴ、シンボル、パッケージ、キャラクター、スローガンを設計できる社員を雇うには費用がかかる上、成功の保証もない。利用可能で、しかも魅力的なブランド・ネームの数が減るにつれ、法律上の争いも起こりやすくなっている。そうした争いを避けるため、グローバルな商標調査は主要な新ブランド投入にもリブランディングにも必須であり、そのコストは時として数百万ドルにもなる。

■ パッケージング効率とラベリング効率の向上

拡張の際、類似した、もしくは同一のパッケージやラベルを用いれば、生産コストは引き下げられる。もし適切にコーディネートされていれば、小売店舗で目立ち、「ビルボード」効果も得られる。たとえばストウファーが提供しているさまざまな冷凍食品は、オレンジ色のパッケージングで統一されているため、フリーザー内にまとめて置かれると目を引く。コカ・コーラのソフトドリンクやペパリッジファームのクッキーも、同様の効果をあげている。

■ 消費者へのバラエティ・シーキング機会の提供

ある製品カテゴリー内でブランド・バリアントのポートフォリオが提供されれば、退屈や飽きなどによって変化を求める消費者は、ブランド・ファミリーから離れることなくスイッチできる。ライン拡張の補完財は、顧客が当該ブランドをもっと使うことや、異なる用途で使うことを促す場合もある。さらに、カテゴリー内で有利に競争するためにも、凝集性のある製品ラインを形成する複数のアイテムをそろえることが必要になるだろう。

■ 親ブランドへベネフィットをもたらす

ブランド拡張は新製品の受容を容易にするほか、親ブランドにさまざまなプラスのフィードバックをもたらしてくれる。

■ ブランド・ミーニングの明確化

拡張は、消費者に対してブランドの意味を明確にしたり、ブランドが競争の場としている市場の種類を特定したりするのに役立つ。これはブランド・アーキテクチャーのプロセスにおける重要な最初の一歩にあたる。ブランド拡張を通じて、ハンツは「トマト」、クレイロールは「ヘアカラー」、ガーバーは「ベビー用品」、ナビスコは「クッキーやクラッカー」という意味を消費者に伝えている。次ページの図表10-3は、多様なブランド拡張を導入したブランドが、どのように消費者にとっての意味を広げてきたかを示している。

ブランド・ミーニングを拡大することは、企業が「マーケティング・マイオピア」を回避し、ブランドに狭い境界を設ける誤りを犯して市場機会を逃したり、よく練られた競合他社の戦略に無防備になったりしないですむために必要である。ハーバード大学のセオドア・レビットは、先駆的な論文の中で、鉄道会社が行っているのは「鉄道」事業ではなく「輸送」事業であると指摘した[14]。

製品の意味をより広く捉えることで、これまでとは違うマーケティング・プログラムや新製品のヒントが得やすくなる。たとえばスチールケース社のかつてのスローガンである「もっとスマートな働き方」は、同社がその事業を机、椅子、ファイル・キャビネット、

図表10-3　拡張によるブランドの意味の広がり

ブランド	オリジナル製品	拡張製品	新しいブランドの意味
ウェイトウォッチャーズ	フィットネスセンター	低カロリー食品	減量と体重維持
サンキスト	オレンジ	ビタミン剤、ジュース	健康
ケロッグ	シリアル	ニュートリ・グレイン・バー、スペシャルK・バー	身体にいい軽食
アーントジェマイマ	パンケーキ・ミックス	シロップ、冷凍ワッフル	朝食用食品

サイドボードの製造ではなく、「オフィスの生産性向上の支援」と定義していることの表れであった。ブランドにとって、意味を拡大することは重要であり、売上を拡大する唯一の手段にもなる。

　消費者ニーズを完全に満たす関連製品のポートフォリオの確立が、有利になるような領域もある。たとえばライゾール、コメット、ミスタークリーンなど特定用途であった多くのクリーニング製品も、意味を拡大して多目的製品とみなされるようになっている。同様に2450億ドル規模の事業者向けソフトウェア市場は、オラクルやSAPのような少数のメガ・ブランドが、複数の製品を提供して複数のセグメントで競争するのが特徴になっている。これらのブランドは、かつては少数の特定製品に限定されていたが、ブランド拡張や買収を通じて、その意味を「完全なビジネス・ソフトウェア・ソリューション」へと拡大してきた[15]。

■ 親ブランドのイメージ強化

　顧客ベースのブランド・エクイティ・モデルによると、成功したブランド拡張の長所として、既存のブランド連想を強めたり、既存のブランド連想の好ましさを高めたり、新たなブランド連想を加えたり、あるいはこれらの組み合わせによる親ブランドのイメージ強化がある。

　ブランド拡張は、通常、コアとなるブランド価値やブランド連想の明確化に役立つことで、親ブランドのイメージに影響を与える。第8章で述べたように、コアとなるブランド連想は、当該ブランド・ラインの全製品を特徴づける属性やベネフィットであり、その結果、消費者にとって最も強い連想となっている。たとえばナイキは、ランニングシューズから他のスポーツシューズ、スポーツウェア、スポーツ用品にまで拡張することで、「極限のパフォーマンス」や「スポーツ」という連想を強めている。

　ブランド拡張の成功によって改善されると考えられるもう1つのタイプの連想は、企業

の信頼性に対する消費者知覚である。たとえばコーポレート・ブランドの拡張により、企業の専門性、信用性、好感度についての知覚が改善されることが、ある研究によって示された[16]。

　新製品や新サービスの発売でまったく新しいブランド・ネームを選択すると、このような利点を見送ることになる。1990年代末、インターネット時代の到来を受け、複数の企業が別のブランド・ネームを冠したオンライン・サービスを導入した。たとえば当時トップ企業だったバンク・ワンは、オンラインバンクをウイングスパンというブランド・ネームで導入した。新ブランド導入の難しさや費用の増大に加え、これらの企業は、親ブランドのイメージを刷新して技術面での信用を高める機会も失った。新しいベンチャー企業は失敗し、そのケイパビリティは母体となっていた会社へ戻されるケースが多かった。

■ブランド愛顧者の新たな獲得と市場カバレッジの拡大

　もしそれがなかったら消費者が試さなかったかもしれない製品ベネフィットを提供する、という形で親ブランドを拡張で用いる場合がある。たとえばタイレノールがアセトアミノフェン鎮痛剤にカプセル型を導入したときには、錠剤が飲み込みづらいためカプセル型がなければそのブランドを避けていた消費者を引きつけることができた。

　「話題性」を作り出して親ブランドに注意を引きつけ、ファミリー・ブランド全体を利することもある。タイドは拡張品の巧みな導入によって、ファミリー・ブランドとして1950年代から現在まで市場リーダーシップと市場シェア（アメリカで約40%）を維持している。オーシャンスプレーは多彩な拡張品をうまく導入して、消費者にクランベリーを楽しむ選択肢の提供を増やしつつある。

■ブランドの再活性化

　時としてブランド拡張は、ブランドに対する関心や好感を回復させる手段になる。典型的な例はGMの高級車ブランド、キャデラックである。キャデラックの売上は1990年代末までに急速に落ちていた。当時、多くのマーケティングの専門家が、キャデラックはもう虫の息でありいずれ死ぬだろうと予測していた。しかし1999年に流線型のCTSセダンが発売され（広告には力強いレッド・ツェッペリンの曲をBGMとして起用）、ブランド復活の兆しを告げた。これに続く派手でがっしりしたエスカレードSUVは、ブランドのイメージを完全に塗り替えた。都会的で先端を行くイメージのエスカレードは、古くなりつつあったブランドを現代化し、時代にマッチした今日的な意味を与えた[17]。

■さらなる拡張の可能性

　拡張（特にカテゴリー拡張）の成功によるベネフィットの1つは、将来の拡張基盤を生

み出すことである。ビラボンがサーファーというルーツを越え、関連するライフスタイル
に踏み込んだ製品を販売するようになったのはその例である。

ブランド拡張の欠点

ブランド拡張には潜在的な利点もあるが、欠点も多数ある（図表10-4を参照）。

消費者の混乱や不満を招くことがある

ライン拡張が多岐にわたっていると、消費者はどの製品のバージョンが自分にとって
「正しいもの」なのか混乱し、さらには不満を持ってしまうことがある。16種類のコカ・
コーラ、35種類のクレスト練り歯磨きなどに、消費者は閉口してしまうだろう[18]。たとえ
ばある調査によると、消費者が製品を試食した（さらにクーポンをもらった）のち購入す
る傾向が高いのは、製品のフレーバーが24種類のときより6種類のときであることがわ
かった[19]。

このように、製品の種類が多いために買物客が買わなくなる場合もある。消費者は新し
い拡張製品を拒んで、いつもの確実なお気に入りや、特化された製品よりも優れていると
いう触れ込みの万能タイプを選ぶかもしれない。コルゲートの「トータル」が世界的に成
功したのは、練り歯磨きとして必要もしくは望ましいベネフィットをすべて備えていると
いうポジショニング（製品名に表現されている）によるだろう。

また、大量の新製品や新ブランドが絶えず導入されるため、多くの小売業者はそれらす
べてを保管するのに十分な棚や陳列スペースを確保できていない。小売業者が拡張製品を
仕入れることができない、あるいは仕入れたがらないために、広告されている拡張ブラン
ドを見つけられず、失望する消費者もいるかもしれない。もし企業が投入した拡張製品を
消費者が不適切だとみなせば、消費者はブランドの統一性やコンピタンスに疑問を抱くだ
ろう。

図表10-4　ブランド拡張の欠点

消費者の混乱や不満を招くことがある
小売業者の反発を受けることがある
失敗すると親ブランドのイメージを損なうことがある
成功しても親ブランドとカニバリゼーションを起こすことがある
成功しても特定カテゴリーとの一体感を弱めることがある
成功しても親ブランドのイメージを損なうことがある
ブランドの意味を希釈化することがある
会社が新ブランドの開発機会を逸することがある

小売業者の反発を受けることがある

　消費財の最小在庫単位（SKU）の対前年伸び率は、小売スペースの伸びをしのぐ。またプライベート・ブランド品が食品雑貨類の総売上に占める割合も増え続けている。現在では、多くのブランドがさまざまなバリエーションを出している。たとえばキャンベルは、スープのラインを多数（コンデンス、ホーム・クッキン、チャンキー、ヘルシー・リクエスト、セレクト、シンプリー・ホーム、レディトゥサーブ・クラシック、携帯用のスープ・アットハンド）導入し、全部で100を超える味を提供している。

　その結果、食料雑貨店やスーパーマーケットが、製品カテゴリー内のすべてのブランドで入手可能な種類をすべて提供することは、実質的に不可能になっている。さらに小売業者は、多くのライン拡張が製品カテゴリー内の既存のブランドを真似た「模倣」製品にすぎず、たとえスペースがあっても仕入れる必要はないと感じることも多い。アメリカ最大の小売業者ウォルマートは、最も良く売れるアイテムを仕入れるべく、売れ行きの緩慢なアイテムを年に20％もカットしている[20]。

　影響力のある米国食品マーケティング協会では、6つの製品カテゴリー（シリアル、練り歯磨き、サラダドレッシング、トイレットペーパー、パスタソース、ペットフード）内の最小在庫単位（SKU）を削減した場合の影響についてテストしている。その結果、SKUを5～25％削減しても、店舗の品ぞろえに関する消費者知覚や売上を損なわないことがわかり、ブランドの増殖に対抗する形となった。米国食品マーケティング協会の「製品多様性」調査によると、模倣アイテムや売れ行きの緩慢なアイテムを体系的に特定し、排除して、収益性を最大化すべきであると小売業者に勧めている[21]。

　大手加工食品ブランドの多くがこの助言を真剣に考え、最も売れるブランドに集中するため、自社の製品ラインを削り始めた。ハインツは2年間で40％のアイテムを削減し、この処置により2003年に営業収益を18％増加させた。ゼネラルミルズは販売する製品数を20％減らし、ハーシー・フーズも同様の削減を行った[22]。

失敗すると親ブランドのイメージを損なうことがある

　拡張で考えられる最悪のシナリオは、拡張が失敗するだけでなく、その過程で親ブランドのイメージを傷つけてしまうことである。残念ながら、時としてこのようなマイナスのフィードバック効果が発生する。

　GMのキャデラック・シマロンのケースを考えてみよう。1980年代初めに導入されたキャデラック・シマロンは、ポンティアック2000やシボレー・キャバリエといったGMにおける他のモデルの「親類」であった。標的市場は、ある程度裕福ではあるが、フルサイズのキャデラックを買うほどの余裕はないため、小型の高級車を買おうとしている消費者だった。キャデラック・シマロンはこの市場セグメントにおいて新たな売上を生み出せなか

GMにとって1980年代のキャデラック・シマロンの導入は、新しい消費者を引きつけられなかっただけでなく、既存のオーナーにも嫌われて大失敗に終わった。
出典：Newscast / Alamy

っただけでなく、既存のキャデラックのオーナーからも嫌われた。彼らはキャデラック・シマロンが、キャデラックに求められる大型車のイメージと高級なイメージに合わないと感じたのである。その結果、1980年代半ばにキャデラックの売上は激減した。当時を振り返り、GMのある幹部は次のように述べている[23]。

　あの決定は短期的な利益と財務分析のみをもとに下され、長期的な顧客ロイヤルティやエクイティへの影響がまったく考慮されていなかった。典型的な財務分析では、シマロンがキャデラックの大型車の売上を奪うことはほとんどなく、シマロンを導入しなければ得られない売上が得られるとされた。長期的な影響を一番心配していた社員たちは猛反対したが、財務担当者たちは「そんなことはない。1台売るごとにこんなに儲かる」と言い、ブランド・エクイティはまったく考慮されなかった。その後、シマロンはその報いを受けた。今では、キャデラックの拡張品としてあのモデルを出したのは大間違いだったと、全員が認識している。

　たとえ初期の段階で拡張が成功しても、複数の製品に同一のブランドを結びつけると、ブランド・ファミリー内におけるある製品の予期しなかった問題や悲劇が、他の製品のイメージを損なうというリスクが増大する。

　どのような場合に、ブランド拡張の不成功が親ブランドを傷つけるのかを理解することは重要である。本章の後半では、この問題に関する概念モデルを提示し、いくつかの重要

な研究結果を紹介する。1つの見方として、ブランド拡張の不成功は必ずしも親ブランドを傷つけるとは限らず、その理由こそ、ブランド拡張が不成功だったそもそもの原因ということもある。つまりブランド拡張品の存在すら、誰にも知られていなかったのである。このように、ブランド拡張が十分なブランド認知を得られなかったり、適切な流通経路を確保できなかったりした場合の小さな救いは、親ブランドが無傷で生き延びる可能性が高いという点である。だが以下で論じるように、このような「市場に出す際の」失敗よりも、拡張ブランドのパフォーマンスが不釣り合いだと思われるという製品に起因した失敗のほうが、親ブランドに対する知覚を傷つける可能性が高い。

成功しても親ブランドとカニバリゼーションを起こすことがある

　ブランド拡張の売上が好調で目標を達成したとしても、親ブランドが提供する既存製品から拡張製品へ、消費者が単にスイッチした結果だったということもある。つまり親ブランドとカニバリゼーションを起こしているのである。親ブランドのカテゴリーで現在提供されているものとの類似化ポイントを確立するよう設計されたライン拡張品は、とりわけカニバリゼーションを起こしやすい。しかし、このようなブランド内部での売上のシフトは、必ずしも望ましくないわけではない。そのようなシフトを「先制カニバリゼーション」の1形態と考えることができるからだ。言い換えれば、そのライン拡張を実施していなければ、消費者はかわりに競合ブランドへスイッチしていたかもしれないのである。

　たとえば、ダイエットコークの通常のコークに対する類似化ポイントが「おいしさ」で、差別化ポイントが「低カロリー」であったため、ダイエットコークの売上の一部は通常のコークから奪ったものであることは間違いない。実際、コカ・コーラ社のコーラ製品のアメリカにおける売上は1980年から横ばいだが、1980年の売上がコークのみから得られていたのに対し、現在の売上にはダイエットコーク、コーク・ゼロ、チェリーコーク、カフェイン抜きやフレーバーつきといったコークが多く含まれている。しかしこれらの拡張製品が導入されていなければ、コカ・コーラの売上の一部は、競合するペプシの製品や他のソフトドリンクなどに奪われていたかもしれない。

成功しても特定カテゴリーとの一体感を弱めることがある

　単一のブランドに複数の製品を結びつけると、ブランドと個々の製品との強力な一体感を弱めてしまうというリスクもある。そのため、ブランド拡張によって当該ブランドと元のカテゴリーとの一体感が不明瞭になり、ブランド認知が弱まってしまうことがある[24]。たとえばイギリスで、キャドバリーにインスタント・ポテト「スマッシュ」のような一般食品を結びつけた際、担当のマーケターは高級チョコレートへの本来の連想を弱めてしまうリスクを冒していたかもしれない。またペパリッジファームのブランドも、（ペストリ

ー、パン、スナックへ）拡張しすぎたために、「おいしい高品質クッキー」というブランド本来の意味を失ってしまったとの批判を受けた。

しかし、このような希釈効果の反証となる、注目すべき魅力的な例がいくつかある。企業が異質の製品群をブランド化しているにもかかわらず、各製品について妥当なレベルの知覚品質を獲得している場合である。第9章で述べたように、多くの日本企業は、広範な製品ポートフォリオを持つコーポレート・ブランド戦略を採用している。たとえばヤマハはオートバイ、ギター、ピアノなど多岐にわたるブランド・ラインを販売しながらも、強力な評判を作り上げた。三菱はそのネームを、銀行、自動車、航空機のブランドに用いている。キヤノンはカメラ、コピー機、オフィス用品のマーケティングで成功している。

同様にヴァージン・レコードの創業者であるリチャード・ブランソンは、野心的でリスクさえ伴うブランド拡張計画を実践してきた。いずれのケースにおいても、当該ブランドは、連想を限定していたかもしれない製品との強い一体感なしに、品質への強固な連想を消費者のマインド内に確立しているようである。

成功しても親ブランドのイメージを損なうことがある

ブランド拡張品に親ブランドの連想と一貫性がなく、矛盾さえするような属性連想やベネフィット連想がある場合、消費者は親ブランドに対する知覚を変えるかもしれない。

たとえば、ミラー・ブリューイング社は、同社の旗艦ブランドであるミラー・ハイライフに「こく」という連想を形成するのに非常に苦労してきた。透明の瓶であることや、長年「ビールのシャンパン」という広告が使われてきたことがその一因である。ミラー・ライトの初期の成功は（拡張市場シェアが1978年の9.5％から1986年には19％に急伸した）、ミラー・ハイライフが「水っぽい」味で、こくのあるビールではないと消費者が考える傾向に拍車をかけただけだと良くいわれている。このような好ましくない知覚は、ミラー・ハイライフの売上減少の一因になったと考えられる。ミラー・ハイライフの市場シェアは、上記の8年間で21％から12％にまで縮小した。

ブランドの意味を希釈化することがある

ブランド拡張の潜在的な短所ともいえる、特定カテゴリーとの一体感の欠如やイメージの弱まりが特に顕著に見られるのは、高級ブランドや名声のあるブランドの場合である。

ブランドの希釈化を防ぐため、現在、ブランド拡張品のファミリーによってブランドを確立しようとする新進気鋭のファッション企業の多くが、小売業者と独占的ライセンス契約で提携している。たとえば「ターゲット」は、建築家でデザイナーのマイケル・グレイブスやトッドオールダム、モッシモ、アイザック・ミズラヒと契約したほか、2011年のホリデーシーズンには歌手のグウェン・ステファニーと独占的な契約をしている[25]。こう

した独占的ライセンスによって、ライセンサーは在庫をコントロールしやすく、値引きを回避でき、さらに最も重要なこととして、ブランドを守ることができる。

会社が新ブランドの開発機会を逸することがある

　ブランド拡張の見落としやすい欠点の１つは、新製品をブランド拡張品として導入することによって、企業がユニークなイメージやエクイティを備えた新ブランドを生み出す機会を逃してしまうことである。たとえば映画会社タッチストーンを導入したディズニー（ディズニーの従来の家族向けの映画より、大人向けのテーマや設定の作品に関心のある観客を引きつけた）、ドッカーズを導入したリーバイス（カジュアル・パンツに関心を持つ顧客セグメントを引きつけた）を考えてみてほしい。アマゾンがキンドルで果たした圧倒的な成功もその一例である。

キンドル

　アマゾンは「地球上最大の書店」と銘打ったオンラインの書籍販売サービスを立ち上げ、革命を起こした。さらに書籍販売店というルーツを越え、現在では素朴な玩具からハイビジョンテレビまで、ありとあらゆる種類の商品とサービスを販売しており、現在も幅広い品揃え、行き届いたサービス、低価格という魅力的な組み合わせに細かい改善を重ね続けている。製品開発に何年もかけた革新的な電子書籍リーダー、キンドルも発売した。この

キンドルの大成功によって、アマゾンは市場での足掛かりとなるブランドをまた１つ手に入れた。
出典：Kristoffer Tripplaar/Alamy

製品を使えば、ワイヤレスネットワークを介して電子書籍や他のデジタル媒体を検索し購入できる。アマゾンの事業戦略を踏襲して、キンドルも次世代機種が出るたびに価格を下げていった。また次世代モデルは前のバージョンよりも薄く軽くなり、ページめくり速度も速くなり、解像度は上がり、読みやすさも向上した。2010年4月にアップルがiPadを発売すると、キンドルの衰退を予測する声が多かったが、キンドルの売上はむしろ加速化した。アマゾンの電子書籍の売上はたちまちハードカバーやペーパーバック書籍の売上を上回ったのだ。2011年末には、キンドルファミリーの週間販売台数は100万台を突破。キンドル・ブランドの成功は白熱するタブレット市場への進出に道を拓いた。キンドル・ファイアは新製品発売としてアマゾン史上最も成功し、2011年のクリスマス商戦で贈り物に選ばれた商品の1位となり、売上でも首位となった。アマゾンはキンドルによって、成長の機会を数多く備えた典型的なパワー・ブランドを確立したのである[26]。

これらのブランドはいずれも独自の連想やイメージを形成し、それまで自社が販売していた他のブランドの既存市場とはまったく異なる市場に参入している。新製品をブランド拡張として導入することは、新しいブランド愛顧を作り出す機会を逸するという、大きくかつ隠れたコストを抱えているのである。さらに、拡張品が親ブランドのブランド・プロミスやイメージに従わなければならない場合、拡張品のブランド・ポジショニングでは柔軟性が失われることもある。新ブランドを採用していれば、最大の競争優位性を獲得できるポジショニングで導入したり、更新したりできたかもしれない。

消費者はブランド拡張をどのように評価するのか

ブランド拡張が、前述したような潜在的な利点を活用し、潜在的な欠点を回避できるか、あるいはせめて最小限に抑えられるかどうかは、何によって決まるのだろうか。図表10-5では長年のブランド拡張の成功と不成功の例を示している。マーケティングのリーダー的な企業でさえ、最善を尽くしたにもかかわらず、時にはブランド拡張に失敗していることに注目されたい。

本項では、消費者がブランド拡張をどのように評価するのかについて考察する。そしてマーケティング・マネジャーがブランド拡張の成功確率をより正確に予測し、その確率を高める上で役立つ考えを提示する[27]。

第10章　新製品の導入とネーミング、およびブランド拡張

図表10-5　カテゴリー拡張の例	
成功したカテゴリー拡張	**不成功だったカテゴリー拡張**
「ダヴ」シャンプー＆コンディショナー	「キャンベル」トマトソース
「ヴァセリン」インテンシブ・ケアスキン・ローション	「ライフセイバー」チューインガム
「ハーシー」チョコレートミルク	「クラッカージャック」シリアル
「ジェロー・プディング」ポップス	「ハーレーダビッドソン」ワイン・クーラー
「VISA」トラベラーズ・チェック	「ヒドゥン・バレー・ランチ」冷凍食品
「サンキスト」オレンジ・ソーダ	「ベン・ゲイ」アスピリン
「コルゲート」歯ブラシ	「クリネックス」おむつ
「マース」アイスクリーム・バー	「クロロックス」衣料用洗剤
「アーム・アンド・ハマー」練り歯磨き	「リーバイス・テイラード・クラシックス」スーツ
「ビック」使い捨てライター	「ノーチラス」アスレチック・シューズ
「ホンダ」芝刈り機	「ドミノ」フルーツ・フレーバー・バブル・ガム
「ミスタークリーン」オートドライ洗車システム	「スマッカーズ」ケチャップ
「フェンディ」腕時計	「フルーツオブザルーム」洗濯洗剤
「ポルシェ」コーヒーメーカー	「クアーズ」ロッキー・マウンテン・スプリング・ウォーター
「ジープ」ベビーカー	「キャドバリー」石鹸

■ マネジメント上の前提

　ブランド拡張に対する潜在的な消費者の反応を分析する際は、ベースライン・ケースから始めるとよい。ベースライン・ケースとは、消費者が親ブランドと拡張カテゴリーについてすでに有している知識のみに基づいてブランド拡張を評価する場合をいい、広告、プロモーション、詳細な製品情報に接する以前の状態である。このベースライン・ケースは拡張コンセプト自体の最も純粋なテストであり、拡張コンセプトを先に進めるべきか、仮に続行するとしたらどのようなマーケティング・プログラムが必要かについてマネジャーに指針を与えてくれる。

　このベースラインの条件下では、消費者は既存のブランド知識と拡張カテゴリーに関する知識を用いて、拡張製品がどのようなものかについて推測すると考えられる。消費者の推測を拡張品に対する好意的評価につなげるためには、４つの基本的な条件が満たされなければならない。

1. **消費者が、親ブランドについてある程度の認知とポジティブな連想を持っていること。**
   親ブランドについて肯定的な連想を消費者が持っていなければ、消費者が拡張品に対して好意的な期待を形成する可能性は低い。

2. **こうしたポジティブな連想の少なくとも一部が、ブランド拡張品によって想起されること。**親ブランドのどの連想が想起されるかはさまざまな要因によって決まるが、一般に、消費者はブランド拡張品が親ブランドと似ていたり関係があるとみなす場合に、

393

強さ、好ましさ、ユニークさにおいて親ブランドと似た連想を抱きやすい。

3．**ネガティブな連想が親ブランドから移行しないこと**。拡張品の評価において、親ブランドについてのネガティブな連想が移行せず、足を引っ張るような役割を果たさないことが理想である。

4．**ネガティブな連想がブランド拡張によって生み出されないこと**。最後に、親ブランドに関してポジティブな、あるいは少なくとも中立的に捉えられている属性やベネフィットが、拡張によってネガティブに見られてはならない。また、親ブランドを特徴づけるものではないが拡張品の潜在的な短所と見られる属性連想やベネフィット連想を、消費者が新たに抱くようなことがあってはならない。

これら4つの条件が満たされないと、何らかの問題が生じかねない。次に、これらの条件の妥当性に影響を及ぼすいくつかの要因を検討し、さらにブランド拡張がブランド・エクイティにどのように影響するのかについて詳しく考察する。

■ ブランド拡張とブランド・エクイティ

拡張の最終的な成功は、拡張品が新しいカテゴリーにおいて自らのブランド・エクイティを獲得するとともに、親ブランドのエクイティに貢献できるかどうかにかかっている。

■ 拡張におけるエクイティの創出

ブランド拡張品がエクイティを創出するには、十分に高いレベルの認知を得て、必要かつ望ましい類似化ポイントと差別化ポイントを確立しなければならない。ブランド認知は拡張品に対して用いられるマーケティング・プログラムと資源に大きく左右される。また第9章で述べたように、ブランド認知は採用されるブランディング戦略のタイプにも明らかに左右される。ある程度の認知とイメージを獲得している既存ブランドを拡張品のブランド化に目立つ形で利用すれば、拡張品の認知とイメージを記憶させることは容易になるだろう。

拡張品に対するポジティブなイメージの創出は、消費者関連の3つの要因に大きく左右される。

1．拡張において、親ブランドの連想が消費者のマインド内でどれほど強く位置づけられているか。つまり、提示された拡張品やそれらの連想について消費者が考えるとき、親ブランドに関するどのような情報を思い浮かべるか。

2．拡張において、推測される連想がどれほど好ましいか。つまり、当該情報がブランド拡張された製品やサービスのタイプを示唆するかどうか。そして拡張において、消費

者がこれらの連想を良いとみなすか、悪いとみなすか。

3．拡張されたカテゴリーにおいて、推測される連想がどれほどユニークであるか。つまり、拡張品の知覚が競合製品の知覚とどのように比較されるか。

どのブランドにもいえることだが、ブランド拡張を成功させるには、望ましい類似化ポイントと差別化ポイントを備えなければならない。強力な差別化ポイントがないと、ブランドは平凡な「模倣品」になり、適切にポジショニングされた競合品に攻撃されやすいというリスクを負う[28]。トーバーは、ブランドが新しいカテゴリーに拡張された製品に伝える一連の優位性を「競争的レバレッジ」とし、それは「消費者がブランドを単に知っているだけで、新しいブランド拡張品が当該カテゴリーの競合ブランドより優れていると知覚される場合」だと述べている[29]。使い捨てモップ・システム「デトル・イージー・モップ」の発売がこのケースに該当するだろう。これは、レキット・ベンキーザーによる「デトル」家庭用クリーナーのブランド拡張であり、一般に親しまれた「デトル」ブランドを活用して、当該カテゴリーの他ブランドの売上をしのいだ[30]。

それと同時に、求められる類似化ポイントも確立しなければならない。拡張製品が親ブランドと異質であればあるほど、類似化ポイントはポジショニングにおける優先事項になり、カテゴリーの類似化ポイントを十分に確立しておくことがより重要になる。拡張品が既存のブランド・ネームを使用しているため、意図した差別化ポイントを消費者は明確に理解してくれるかもしれない。ただし消費者は、必要な類似化ポイントも拡張品が備えているのかどうかを知って安心したいのだ（したがって、これをマーケティング・プログラムの焦点とすべきである）。

たとえば、ニベアは多くのカテゴリーで消費者が重視する「優しい」、「マイルド」、「ケアする」、「保護する」というベネフィットをもとに強力な差別化ポイントを創出することにより、スキンクリームカテゴリーのリーダーになった。ニベア・ブランドは巧みな製品開発とマーケティングによって、幅広いスキンケア製品カテゴリーとパーソナルケア製品カテゴリーへの拡張に成功した。ニベアはブランド・エクイティを活用してデオドラント、シャンプー、化粧品などのカテゴリーに進出したとき、当該カテゴリーの差別化ポイントをプロモーションする前にまず類似化ポイントの確立の必要性に気づいた。ニベアのデオドラントは十分に効果があり、ニベアのシャンプーは十分に髪を美しくしてくれ、ニベアの化粧品は十分に多彩な色が揃っていると消費者に思ってもらえなければ、差別化ポイントにはほとんど価値がない。類似化ポイントが確立されて初めて、ニベアのコアとなるブランド連想を説得力のある差別化ポイントとして導入できるからだ。

■ 親ブランドのエクイティへの貢献

　親ブランドのエクイティに貢献するためには、拡張品によって親ブランドの連想が強められたり、好ましくて、ユニークな連想が加えられたりしなければならず、また親ブランドにおける既存の連想の強さ、好ましさ、ユニークさが損なわれてはならない。消費者のブランド知識に対する拡張品の影響は、次の4つの要因に左右される。

1．拡張において、対応する属性連想やベネフィット連想に関する証拠はどれほど説得力があるか。つまり情報がどれほど注意を引き、明確で、解釈されやすいか。強力な証拠は、注意を引き明確である。弱い証拠は、無視されるか軽視されるだろう。
2．親ブランドの属性やベネフィットに関し、拡張品の証拠がどれほど関連性があるか、または特徴的であるか。つまり、あるカテゴリー内での製品パフォーマンスやイメージに関する証拠が、別のカテゴリー内における当該ブランドの製品パフォーマンスやイメージをどれほど予見させるものと消費者がみなすか。拡張品のパフォーマンスが何らかの形で親ブランドを暗示していると消費者が感じる場合にのみ、親ブランドの評価に影響を与えるだろう。
3．拡張品の証拠が、対応する親ブランドの連想とどれほど一貫性があるか。拡張品の証拠に一貫性があれば、既存の親ブランドの連想に対する評価は変わりにくい。拡張品の証拠に一貫性がないと、評価が変わる可能性が生じる。変化の方向性や程度は、証拠の相対的な強さや好ましさに左右される。ただし消費者は、あまりに一貫性のない拡張品の証拠を関連性がないと見れば、軽視したり無視したりする傾向にある[31]。
4．親ブランドについての既存の属性連想やベネフィット連想が、消費者の記憶にどれほど強くとどめられているか。つまり、連想がどれほど容易に変化する可能性があるか。

　ブランド知識を変化させるフィードバック効果は、以下のような場合に最も起こりやすい。消費者が、拡張品に関する情報から親ブランドのこともわかるとみなしているとき、そして、親ブランドとその情報の間に、消費者が弱くて一貫性のない連想しか抱いていないときである[32]。もちろん、ネガティブなフィードバック効果は、製品関連のパフォーマンス連想だけに限られるわけではない。前述したように、ブランドが高級で好ましいイメージ連想を有しているなら、消費者は垂直的拡張（その製品の廉価版）に賛成しないばかりか、拒絶さえするかもしれない。

■ 垂直的ブランド拡張

　これまで見てきたように、ブランド拡張には市場カバレッジを広げ、新たなブランド愛顧者を引き入れる可能性がある。垂直的ブランド拡張とは、ブランドを上方の、より高級

第10章　新製品の導入とネーミング、およびブランド拡張

な市場セグメントへ、もしくは下方の、より価格重視のセグメントへ拡張することであり、新たな消費者グループを引きつける常套手段である。垂直的拡張の中心的論拠は、親ブランドのエクイティを上下いずれの方向にも移行して、拡張品がなければ当該ブランドを考慮しなかったであろう消費者に訴求できる、という点にある。

■ 利点と欠点

　垂直的ブランド拡張によって得られる利点は数多い。上方への拡張は、ブランド・イメージを高めることができる。ブランドのより高級なバージョンは、プラスの連想を伴うことが多いからである。どちらの方向に拡張しても、消費者にバラエティ・シーキング機会を提供したり、親ブランドを再活性化したり、所定の方向へのさらなる拡張を可能にしたりする。

　しかし垂直的ブランド拡張は、多くの欠点も備えている。新たなプライス・ポイントへの垂直的拡張は、高くても低くても、ブランドに一定の価格帯を期待するようになっていた消費者の混乱や不満を招くおそれがある。消費者が拡張品を拒否し、親ブランドのイメージが損なわれるという危険性がついてまわる。特に高級ブランドでは、入手可能性と希少性のバランスを維持して、人々が常に顧客になりたいと憧れつつも、疎外感を感じさせないようにしなければならない。

　下方への拡張が成功しても、低価格のブランドに共通する、品質が劣るとかサービスが減るといった連想がもたらされることで、親ブランドのイメージが傷つく可能性もある。しかし興味深いことに、品質を落とした拡張品が親ブランドを傷つける一方で、品質を上げた拡張品は親ブランドの評価を向上させやすいという調査結果もある[33]。

　特に下方への拡張における最大のリスク要因の1つは、成功しても親ブランドとカニバリゼーションを起こしてしまう点である。拡張は新たなブランド愛顧者を呼び込むかもしれないが、親ブランドの既存の顧客をもっと多くスイッチさせるかもしれない。

　たとえば、コダックは「Kodak GOLD」ブランドでグローバル市場シェアの70％を占めていたとき、低価格の富士フイルムの脅威に対抗するため、割引ブランドの「コダック・ファンタイム」を投入した。まもなくKodak GOLDブランドとのカニバリゼーションが起き、コダックは富士フイルムとの価格競争が、結局はKodak GOLDの市場シェアの大幅減をもたらすと気づいた。親ブランドのネームが「低価格帯の市場で、すぐにシェアを得られるだけの信頼性を与える」としても、「最良の製品は自社ブランド品だけであると人々がすでに納得していると、人々は当該ブランド品の最も安いアイテムを喜んで買うだろう」から、カニバリゼーションが起きやすくなるのである[34]。

397

■ 例

　垂直的拡張にはさまざまな問題が内在するとはいえ、多くの企業が自社のブランドを拡張して、幅広いプライス・ポイントにわたる新たな市場への参入を成功させてきた。ファッション分野では、「アルマーニ」ブランドは、高級な「ジョルジオアルマーニ」や「ジョルジオアルマーニ・プリヴェ」から、中価格帯の高級品「エンポリオアルマーニ」、手頃な高級品の「アルマーニ・ジーンズ」や「アルマーニ・エクスチェンジ」まで拡張した。

　「ホリデイ・イン・ワールドワイド」は改善計画の一環として、国内のホテルを5つのチェーンに分割し5つのベネフィット・セグメントへの進出を狙った。高級ホテルの「クラウン・プラザ」、従来どおりの「ホリデイ・イン」、低価格帯の「ホリデイ・イン・エクスプレス」、ビジネスホテルの「ホリデイ・イン・セレクト」（まもなく撤退した）と「ホリデイ・イン・ホテル＆スイーツ」である。別々にブランド化したチェーンには、それぞれ独自のマーケティング・プログラムを適用し、力点も変えた。「Stay You（あなたらしく）」をテーマとして1億ドルをかけた世界的な広告キャンペーンが2010年に開始されたが、これは旗艦ブランドであるホリデイ・インにおける10億ドルのブランド刷新の一環であった[35]。

　ホリデイ・インのケースでは、いずれもブランド間に明らかな違いがあり、ブランドの重複とそれに伴う消費者の混乱やブランドのカニバリゼーションの可能性は最小限に抑えられている。またいずれの拡張品も、親ブランドのコア・ブランド・プロミスを守っていたので、親ブランドのイメージを傷つける危険性も低かった。

■ ネーミング戦略

　企業は、低価格の参入品を区別する手段としてサブ・ブランディング戦略を採用することが多い。USエアウェイズは高収益が期待できる東部路線市場で、余分なサービスを提供しないサウスウエスト航空に対抗するため、「USエアウェイズシャトル」を低価格の短距離便として導入した。こうした拡張の導入は、親ブランドが二次的な役割を果たすため、注意深く扱う必要がある。

　それ以上に難しい垂直的拡張が、上方へのブランド伸張である。一般に、上方への著しい拡張を正当化できるほど、ブランドに対する人々の印象を変えることは困難である。

　消費者が自らのブランド知識を更新したがらないことを考慮して、ホンダ、トヨタ、日産は高級車モデルに独立した名称をつけて導入した（それぞれ、「アキュラ」、「レクサス」、「インフィニティ」）。結果的に、各社はこれらの新しい車の名称を導入してから、ブランド・ラインの上位製品に改良を行ったため、高級車市場と既存のブランドとのギャップを埋めるのが楽になったようである。低所得者層向けに進出する際には、トヨタのイメージの強みを損なうことを避けるためもあって、「サイオン」ブランドを開発した。

劇的というほどではないにしても、注目に値する品質改良を知らせるために、ブランド・モディファイアーを用いることもできる（たとえば、「ウルトラ・ドライ・パンパース」、「エクストラ・ストレングス・タイレノール」、「パワープロ・ダストバスター・プラス」）。この間接的拡張、すなわち「スーパー・ブランディング」の手法は、マスター・ブランドを高級市場へ移行する際、直接的拡張よりリスクが少ない[36]。

しかし、垂直的拡張に伴う困難を避けるために、企業は異なるブランド・ネームを使用して垂直に拡張する方法を選ぶ場合もある。GAPは3階層のアプローチをとった。「バナナ・リパブリック」ブランドを用いて、GAP本体では決してできなかったであろう40％高い価格設定をし、さらに「オールド・ネイビー」ブランドを導入して、40％安い価格を提供した。

独自のブランド・ネームの開発によって垂直的拡張を行う企業は、「低い」ブランドから「高い」ブランドへエクイティがネガティブな形で移転するのを避けることができる。ただし、ポジティブな連想を移転させる力はある程度犠牲になる。それでも親ブランドが垂直的ブランドを所有していることを秘密にしない場合は、GAPやトヨタのケースのように、いくらかの連想は伝わるだろう。親ブランドが新ブランドの「影の保証人」として機能するからである[37]。

ブランド拡張機会の評価

学術研究や実務経験によって、ブランド拡張の成功を左右する多くの原則が明らかになってきた。マーケターは図表10-6に挙げたステップを段階的にたどって、戦略を慎重に検討しなければならない。また、経営上の判断やマーケティング・リサーチを利用して、これらの意思決定を1つずつ行うべきである。

■ ブランドに関する現実の消費者知識と望ましい消費者知識を明確にする

マーケターは、親ブランドの認知の深さと幅、そして親ブランドの連想の強さ、好ましさ、ユニークさを十分に理解することが重要である。さらにポジショニングの基礎となるものと、ブランドによって満たされるコア・ベネフィットとなるものも知らなければならない。現実の知識構造と望ましい知識構造の輪郭を描くことは、拡張先になりそうな製品を特定する手段として、また拡張品の成功を導く判断材料として役立つ。拡張品を評価する際、企業はブランドの長期的な方向性を理解しておかなければならない。拡張品の導入によってブランド・ミーニングが変化する可能性があるため、その後のマーケティング活動すべてに対する消費者の反応に影響しうるからである（第11章を参照）。

図表10-6　ブランド拡張の導入を成功させるためのステップ

1. ブランドに関する現実の消費者知識と望ましい消費者知識を明確にする（たとえばメンタル・マップを作成し、エクイティの主要な源泉を特定する）。
2. 親ブランドの連想、および親ブランドとの全体的な類似性や適合性に基づいて、拡張先の製品候補を特定する。
3. 拡張品候補の潜在力を、3つの要因に従って評価する。
    - 親ブランドの連想の突出性
    - 推測される拡張品の連想の好ましさ
    - 推測される拡張品の連想のユニークさ
4. 拡張品の候補のフィードバック効果を、4つの要因に従って評価する。
    - 拡張品にどれほど説得力があるか
    - 拡張品にどれほど関連性があるか
    - 拡張品にどれほど一貫性があるか
    - 拡張品がどれほど強力か
5. 消費者に知覚される潜在的な競争優位と、競合他社からの反応の可能性を考慮する。
6. 成功の確率と肯定的なフィードバック効果の可能性を最大化するためのマーケティング・キャンペーンを設計する。
7. 拡張品の成功と、親ブランドのエクイティへの影響を評価する。

拡張先の製品候補を特定する

　第9章では、消費者、自社、競合他社に応じて、企業がどのような製品でどのような市場に参入すべきかに関する多くの選択基準を示した。消費者要因については、マーケターは親ブランドの連想（特にブランド・ポジショニングとコア・ベネフィットの関連で）と、そのブランド・イメージに合致すると消費者が考えそうな製品カテゴリーを考慮すべきである[38]。消費者は、通常、拡張コンセプトを提示するより拡張コンセプトに反応するほうが得意だが、新製品を投入するなら、当該ブランドはどのような製品の提供を考慮すべきかについて消費者にたずねてみてもよいだろう。消費者調査のほか、ブレーンストーミングもカテゴリー拡張の候補を生み出す方法である。

　適合性の基礎となる連想は1つとは限らない。ビーチャム社はイギリスで長年にわたり、ルコゼイドを病気の子どもが脱水症状などになるのを防ぐためのブドウ糖飲料として販売していた。同社は新しい風味やパッケージングなどを導入し、「水分補給用」というブランド連想を活用して、ブランド・ミーニングを「あらゆる世代のための健康的なスポーツ飲料」に変換できた。イギリスの有名なオリンピック十種競技選手、デイリー・トンプソンを起用した広告に支援され、ブランドの売上と利益は劇的に伸びた。ビーチャム社は医薬品という枠にとらわれず、ブランド拡張や他のマーケティング活動によってルコゼイドを健康栄養飲料にリポジショニングできることを認識し、確実にブランドを変えている[39]。

拡張品候補の潜在力を評価する

ブランド拡張案の成功を予測する際、マーケターはその拡張品が図表10-2に示したブランド拡張の利点を実現しつつ、図表10-4に示した欠点を回避できる可能性を査定すべきである。新製品と同様、3つのC、すなわち消費者、自社、競争の各要因とカテゴリー要因を分析することが有効であるだろう。

■ 消費者要因

ブランド拡張案の成功可能性を評価する場合には、その拡張品が自らのブランド・エクイティを獲得する能力と、親ブランドの既存のブランド・エクイティに影響を及ぼす可能性を吟味する。まずマーケターはブランド拡張品に対するあらゆる連想の強さ、好ましさ、ユニークさを予測しなければならない。言い換えれば、拡張案の内容において、親ブランドの連想の強さ、好ましさ、ユニークさのうち、何が移転するのかを探るのである。同様に、ほかに推測される連想についても、何が強さ、好ましさ、ユニークさになるのかを吟味する。

拡張品の候補を絞り込むには、消費者調査が必要になることが多い。消費者には、ブランドの受容性について直接問うことができる（「この拡張案は親ブランドとどの程度合っていますか」あるいは「このような新製品が親ブランドから発売されることを期待しますか」)。どの製品が、現在当該ブランドに属していると思いますか、と聞くこともできる。提案された拡張製品が、すでに当該ブランドで販売されていると消費者の大多数が思い込んでいれば、その製品を導入するリスクは、少なくとも消費者の最初の反応に関するかぎり、ほとんどないと考えられる。

拡張案に対する消費者知覚をより深く理解するためには、自由回答式の連想（「このブランド拡張について考えるとき、何を思い浮かべますか」とか「親ブランドが拡張品を導入すると聞いたときの第一印象は」)やコンセプト・ステートメントに対する反応をもとにした評価尺度を用いるとよい。新しい手法として興味深いものとして、ベイズファクター分析を用いてブランドの効果とカテゴリーの効果を分離し、ブランド適合性の評価の精度を上げる統計学的アプローチがある[40]。

落とし穴としてよくある失敗は、消費者のブランド知識構造のすべてを考慮し尽くさないことである。マーケターは適合性の考えられる根拠として、1つからせいぜい数個のブランド連想に集中するという誤りを犯し、その過程で、より重要かもしれない他のブランド連想を見落としてしまうことが少なくない。

ビック

　フランスのビック社は、安価な使い捨て製品に注力することで、1950年代後半に使い捨てボールペン、1970年代初めに使い捨てライター、1980年代初めに使い捨て剃刀の市場を作り出した。しかし1989年に同様の戦略で、アメリカとヨーロッパにおいて売り出したビック香水は失敗した。女性用の香水「ニュイ」と「ジュール」、男性用の香水「ビック・フォー・メン」と「ビック・スポーツ・フォー・メン」は、太いライターのような4分の1オンスのガラス製スプレーボトルに詰められ、各5ドルで販売された。この製品はプラスチックのパッケージに入れられ、ドラッグストア、スーパーマーケット、量販店などビックの広範な流通チャネル10万店ほどのレジ脇のラックに陳列された。当時、ビックのスポークスウーマンは、その新製品を「低価格でも高品質、気軽に購入でき、気軽に使える」従来のビック製品の拡張と説明した[41]。このブランド拡張品は、2000万ドルの広告およびプロモーション・キャンペーンとともに発売された。そこには香水をつけて楽しむおしゃれな人々の姿が登場し、「あなたのポケットにパリを」のタグラインが用いられた。だが、ビックは香水についての名声の欠如とネガティブなイメージ連想を克服できず、重要な類似化ポイントも確立できなかったため、拡張品は失敗に終わった。

ビックには使い捨てのボールペン、剃刀、ライターを愛用する消費者がいたが、携帯用香水コレクション導入の試みは失敗に終わった。
出典：BIC

ブランド拡張を評価する際のもう１つの重大な間違いは、ブランド拡張品の評価に消費者が慣れていない場合があることを見過ごしてしまう点である。消費者の最終的な関心事はベネフィットだが、拡張品に反応する際、属性（特に具体的なもの）に気づいて評価することが多い。ところがブランド・マネジャーは消費者の反応を予測する際、知覚ベネフィットに集中しがちで、その結果、マイナスになるかもしれない属性の連想を見落としてしまうのである。

■ 自社要因と競争要因

マーケターはブランド拡張案を評価する際、消費者の視点だけでなく、より広い企業としての視点と、競争という視点も考慮しなければならない。拡張品の設定に、企業資産がどれだけ有効に活用されるか。既存のマーケティング・プログラム、知覚ベネフィット、標的顧客は、拡張品にとってどれだけ適切か。消費者が知覚する拡張品の競争優位は何であり、その結果として、競合他社はどのような反応をする可能性があるかといったことである。

拡張品の発売に際して犯す最大の過ちの１つが、競争相手の行動や反応を見誤ることである[42]。拡張製品が多すぎたり、競合他社があまりに強力であったりすると、自社の資源に負担がかかる。「アーム・アンド・ハマー」のブランド拡張プログラムは、既存の競合品の反撃に遭い、デオドラントなどのカテゴリーで大きな抵抗を受けた。

対抗的ブランド拡張（拡張カテゴリーの競合ブランドが、親ブランドのカテゴリーに自分の拡張品を導入すること）も大きな脅威となりうる。ハーシーがストロベリー・シロップを導入すると、スマッカーズもチョコレート・シロップを導入した。ディキシーが紙皿を発売すると、チャイネットも紙コップを導入した。拡張が成功するとカテゴリー間の知覚適合性が縮小されるため、ブランドが反撃しやすくなるのである[43]。

■ カテゴリー要因

マーケターは自社ブランドの最適な製品ライン戦略を策定しなければならない。そのためには、市場はもちろん、製品どうしのコスト相互依存性を明確に理解する必要がある[44]。つまり、製品ラインの各アイテムの売上と利益への貢献度、競争への耐性、消費者ニーズへの対応力を検討するということである。

アイテムの追加によって、長期的な利益を増やせるようなら製品ラインは短すぎる。アイテムの廃止によって、利益を増やせるようなら製品ラインは長すぎる[45]。新しいバリアントやアイテムを追加することによって製品ラインを伸ばすと、市場カバレッジが拡大し、市場シェアは増えるがコストも増大する。ブランディングの観点からすると、すべてのアイテムが同じブランドを使用する場合、製品ラインが長いほど連想されるブランド・イメ

ージの一貫性は弱まる。

　レディー、ホラック、バートは、34のたばこブランドに注目し、20年以上にわたる75のライン拡張品のデータを使い、ライン拡張の成功要因について検討した[46]。その主な研究成果は以下のとおりである。

- 強いブランドのライン拡張は、弱いブランドの拡張より成功する。
- 象徴的なブランドのライン拡張は、それほど象徴的でないブランドのライン拡張より大きな成功をおさめる。
- 広告やプロモーションの強力な支援を受けたライン拡張は、支援の貧弱なライン拡張より成功する。
- 製品サブカテゴリーに先に参入したライン拡張は、あとから参入した拡張より成功する。ただし強いブランドの拡張の場合に限られる。
- 企業規模やマーケティング力も、拡張の成功に影響する。
- 早期のライン拡張は、親ブランドの市場拡大に役立っている。
- ライン拡張がもたらす売上の増加は、カニバリゼーションによって失われる売上を埋め合わせて余りある。

　ライン拡張には落とし穴があり、拡張の管理において考慮しなければならない点は多いが、企業にとってライン拡張の誘惑は根強い。その主な原因は、まったくの新ブランドの導入に伴うコストやリスクである。ある報告によると、ライン拡張なら主要な新ブランド導入に比べ、開発期間が半分になり、市場に出すコストが大幅に減り、成功率が2倍になると示している[47]。

■ 拡張品を発売するためのマーケティング・プログラムを設計する

　企業は新製品の導入における手っ取り早い手段として拡張を使うことが多すぎる。しかも、ブランド拡張品のエクイティを最大にするとともに、親ブランドのエクイティを高めるブランディングおよびマーケティング戦略の開発には、十分な注意を払わない。新ブランドの場合と同じく、ブランド拡張品のブランド・エクイティを構築するには、ブランド要素の選択、拡張品を発売するための最適マーケティング・プログラムの設計、二次的連想の活用が必要である。

■ ブランド要素の選択

　あたりまえではあるが、ブランド拡張品には既存ブランドの要素が1つ以上備わっている。ブランド拡張品は、必ずしもブランド・ネームだけでなく、他のブランド要素も活用

できる。たとえばハインツやキャンベルスープは、ライン拡張品やブランドのタイプの違いを際立たせながら、同時に共通のオリジンを表すようなパッケージ・デザインを採用している[48]。

　パッケージングはブランド・エクイティのきわめて重要な構成要素であるため、同一のパッケージ・デザイン要素を用いない拡張は考えにくいことがある。そのような場合、ブランド・マネジャーは著しいジレンマに陥る。なぜなら、類似したパッケージングを採用すれば、拡張品を目立たせられないリスクがあるが、異なるパッケージングを用いると、ブランド・エクイティの重要な源泉をとりこぼすかもしれないからである。

　ブランド拡張では、独自のブランド要素を採用するとともに、親ブランドのブランド要素を保持するか変更することができる。拡張品のための新しいブランド要素を創造する上で、マーケターは、第4章でブランド開発について説明したのと同じく、記憶可能性、意味性、選好性、防御可能性、適合可能性、移転可能性という指針に従うべきである。

　新しいブランド要素は、ブランド拡張品を親ブランドから区別し、独自の認知とイメージを確立するのを助けるために必要なことが多い。第9章で述べたように、既存の親ブランドの要素と新しい拡張ブランドの要素の相対的な突出性が、親ブランドから拡張品への移転の強さと、拡張品から親ブランドへのフィードバックの強さを決める。

■ 最適マーケティング・プログラムの設計

　ブランド拡張品のためのマーケティング・プログラムでは、第5章および第6章で説明したブランド・エクイティ構築の際と同じ指針を考慮する必要がある。価値に対する消費者知覚を価格決定の指針とし、プッシュとプルを織り交ぜた流通戦略を策定し、コミュニケーション・ミックスを適合させた統合型マーケティング・コミュニケーションを展開しなければならない。

　ポジショニングに関しては、拡張品が親ブランドに似ていないほど、競争力のある類似化ポイントの確立が重要になる。カテゴリー拡張の差別化ポイントは親ブランドの差別化ポイントに直接由来していることが多く、消費者にとっては知覚しやすい。したがってニベアがシャンプーやコンディショナー、デオドラント、化粧品などの美容製品へ拡張したとき、「優しさ」という主要な差別化ポイントは、比較的容易に移転できた。これに対してライン拡張では、マーケターは追加的な差別化ポイントとなりえて、拡張品を親ブランドから区別するのにも役立つ新たな連想を作り出さなければならない。

　ライン拡張では、カニバリゼーションや混乱の可能性を最小限にするため、新製品と既存製品の関係を消費者に理解させる必要がある。たとえばアンハイザー・ブッシュは、さっぱりした味わいのローカーボ（低炭水化物）ビール「バドワイザー・セレクト」を「高級なホワイトカラーのビール」というポジショニングで発売した。ところが、さっぱりし

405

た味わいを強調したために、アンハイザー・ブッシュの他の製品が相対的にくすんでしまい、一部の消費者が新ブランドに走って、いつもの「バド」や「バドライト」を買わなくなった。その結果、バド・セレクトが発売された月にスーパーマーケットの売上で獲得した1.3％のシェアのほとんどが、アンハイザー・ブッシュの他のビールを犠牲にしたぶんとなり、それらのビールは同時期のシェア・ポイントを失った[49]。

■ 二次的ブランド連想の活用

ブランド拡張品は親ブランドと同じ二次的連想を活用するが、拡張カテゴリー内で競い合うために、他の何らかのエンティティと結合させるなどの強化が求められる場合がある。本質的にブランド拡張品では、常に他のブランドや企業をある程度活用しているという特徴がある。しかし、他の連想が拡張に結びつく度合いは、企業がどのようなブランディング戦略を採用し、その拡張品をどのようにブランド化するかに左右される。すでに述べたように、ブランド要素の共通性が高くてしかも突出しているほど、親ブランドの連想は移転しやすい。

■ 拡張品の成功と、親ブランドのエクイティへの影響を評価する

ブランド拡張機会を評価する最後のステップは、拡張品が自らのエクイティをどれだけ獲得できるか、また親ブランドのエクイティにどこまで貢献できるかを査定することである。その査定プロセスでは、拡張品と親ブランドの両方を中心に据えた、顧客ベースのブランド・エクイティ・モデルなどの主要な測定基準に基づく、ブランドのトラッキング調査を用いることができる。BRAND FOCUS 10.0では、簡単なチェックリストを紹介し、ブランド拡張機会の評価に役立つ詳細なスコアカードを解説している。

学術的研究に基づく拡張のガイドライン

ここでブランド拡張の具体的指針について見てみよう。幸い、多くの学術的研究によって、この戦略への考察が試みられている。重要な結論は次ページの図表10-7にまとめたが、紙幅を割いて詳しく述べる。

1. **ブランド拡張の成功は、親ブランドが好ましい連想を持ち、親ブランドと拡張製品の間の適合性を消費者が知覚するときに生じる。**消費者がブランド拡張を評価する過程を適切に理解するために、多くの研究者が「カテゴライゼーション」という視点を採用している。カテゴライゼーションの研究は心理学研究にルーツがあり、それによると、人は新しい刺激にさらされると、それらをわざわざ個別には評価せず、当該刺激

が過去に定義されたメンタル・カテゴリーに属するものとして分類できるかどうかを評価することが多い。

消費者はブランドや製品のカテゴリーに関する知識を用いて、取り巻く環境を単純化し、構造化し、解釈していると考えられる[50]。たとえば、消費者はブランド・カテゴリー内の個々の製品が有する多数の明確な属性を備えたカテゴリーとしてブランドを捉えているかもしれない[51]。メソッドが洗剤製品の幅を広げるにつれ、「モダンなデザイン」と「環境への優しさ」というブランド連想はより強化された可能性がある。

このカテゴライゼーションの視点をとると、消費者がブランド拡張品を当該ブランド・カテゴリーと密接に関連しているか似ているとみなせば、親ブランドに対する既存の態度を拡張品へ移転しやすい。消費者が類似性に確信を持てなければ、その拡張品をもっと詳細で個別的な方法で評価することになる。この場合、突出したブランド連想の強さ、好ましさ、ユニークさが、拡張品に対する見方を決定づけるだろう[52]。

このように、カテゴライゼーションの観点からすると、消費者は2段階のプロセスでブランド拡張を評価する。第1に、消費者は親ブランドに関して自分が知っていること

図表10-7　学術的研究に基づくブランド拡張のガイドライン

1. ブランド拡張の成功は、親ブランドが好ましい連想を持ち、親ブランドと拡張製品の間の適合性を消費者が知覚するときに生じる。
2. 多くの適合性の基盤が存在する：製品関連の属性および製品非関連の属性やベネフィットが、拡張品の適合性に影響する場合がある。
3. 適合性に対する消費者の知覚は、当該製品カテゴリーに関する知識にも左右されるが、技術面や製造面での共通性、あるいは必要性や状況という面での補完性といった、表面的な考慮点に基づく場合がある。
4. 高品質ブランドのほうが平均的品質ブランドより広範囲に拡張できるが、どちらにも限界がある。
5. ある製品カテゴリーの典型と消費者にみなされているブランドは、当該カテゴリー外へ拡張することが難しい場合もある。
6. 具体的な属性連想は、抽象的なベネフィット連想よりも拡張が難しい傾向にある。
7. 元の製品クラスではポジティブでも、拡張のコンテクストではネガティブになる連想が、消費者によって移転される可能性がある。
8. たとえポジティブな連想がもとになっていても、消費者は拡張品についてネガティブな連想を抱くこともある。
9. 製造が容易と消費者に思われている製品クラスへの拡張は難しいこともある。
10. 拡張の成功は、親ブランドのイメージに貢献するだけでなく、ブランドのさらなる拡張も可能にする。
11. 拡張品と親ブランドの間に強い適合性の基盤がある場合、拡張の不成功は親ブランドを傷つける。
12. 拡張が不成功でも、企業はいったん後退してさらに類似した拡張品を導入することもある。
13. 垂直的拡張は困難であり、サブ・ブランディング戦略が必要とされることが多い。
14. 拡張品にとって最も効果的な広告戦略は（親ブランドについて思い出させるよりも）、拡張品に関する情報を強調することである。
15. 個人的な差異は拡張品に対する意思決定に影響を与え、拡張品の効果を抑制することがある。
16. 市場間の文化的な差異が、拡張品の成功に影響する可能性もある。

とと、拡張品に当てはまると思っていることが調和しているかどうかを見きわめる。第2に、調和していれば、消費者は既存のブランド態度を拡張品へ移転するだろう。これらの考え方に一致するものとして、アーカーとケラーは、6つの有名ブランドからの20の拡張案に対する消費者の反応を集計し、オリジナル製品のカテゴリーと拡張製品のカテゴリーが適合しているという知覚と、親ブランドが高品質であるという知覚が、拡張品に対するより好意的な評価につながることを発見した[53]。

多数の後続研究は、これらの発見がアメリカ以外の市場でも一般的かどうかを検証しようと試みてきた。世界各地で行われた7つの同様の研究から131のブランド拡張品を総合的に分析した結果、ボトムリーとホールデンは、この基本モデルは明らかに一般化可能だが、異文化間の違いがモデルの構成要素における相対的な重要性に影響を及ぼすと結論づけている[54]。

このようにブランド拡張は、一般に、消費者が拡張品と親ブランドの間に適合性や一致性を見出せば、好意的に評価されやすい[55]。適合性が欠けていると、ブランド拡張品が成功する可能性を摘み取ってしまうかもしれない。興味深いことに、たとえば消費者の関与度が高く、拡張品がそれ以外の点では競合品と差別化されていない、といった特定の状況においては、一致性の高い拡張品よりも一致性がある程度低い拡張品のほうが好ましい評価を引き出すことがある[56]。

2. **多くの適合性の基盤が存在する：製品関連の属性および製品非関連の属性やベネフィットが、拡張品の適合性に影響する場合がある。**親ブランドについて消費者が記憶しているどの連想も、適合性の基盤になりうる。研究者のほとんどが、消費者による類似性の判断は、親ブランドと拡張製品のカテゴリーの間で共有される突出した連想の関数であると考えている。つまり、共通の連想が多くて別々の連想が少ないほど、全体的な類似性の知覚は増大する。それは製品属性に基づいていようと、ベネフィットに基づいていようと同じである[57]。消費者はまた、典型的なブランドの属性や特定製品の属性を拡張カテゴリーの参照基準として用い、それに基づいて親ブランドとの適合性の知覚を形成することがある。

適合性は製品関連の連想だけに基づくわけではないことを示すため、パク、ミルバーグ、ローソンは、（前述した）「製品特性の類似性」に基づく適合性と「ブランド・コンセプトの一致」に基づく適合性を区別した[58]。彼らは**ブランド・コンセプト**を、属性やベネフィットをより高次の意味（たとえば高いステータス）に言い換えるためのマーケティング努力から生じるブランド独自のイメージ連想と定義した。**ブランド・コンセプトの一致**は、ブランド・コンセプトが拡張製品にどれだけ適応するかによって測定される。これらの研究者が指摘する重要な点は、元の製品カテゴリーに属する

ブランド・コンセプトの種類が異なれば、たとえ製品特性の類似性が高くても、同一のカテゴリーへ拡張する際、成功の程度に差が出るだろうということである。

パクらはさらに、主要な連想が製品パフォーマンスに関連する**機能志向ブランド**（たとえば「タイメックス」腕時計）と、主要な連想が消費者の自己概念や自己イメージの表現に関連する**名声志向ブランド**（たとえば「ロレックス」腕時計）とを区別している。ロレックスは柱時計、ブレスレット、指輪といったカテゴリーへの拡張がタイメックスより容易にできるが、タイメックスはストップウォッチ、電池、計算機といったカテゴリーへの拡張がロレックスより容易にできることを、彼らは実験で示した。前者のケースでは、ロレックスのブランド・コンセプトの一致が、製品特性の類似性の欠如を克服できるほど高かった。後者のケースでは、タイメックスのような機能志向ブランドを支持するのに十分な製品特性における類似性があった。

ブロニアルツクとアルバは、突出したブランド連想の重要性を論証して注目された。たとえ本来のカテゴリー内で競合ブランドほど好意的には評価されないブランドでも、別のカテゴリーへの拡張ではもっと成功するかもしれず、それは親ブランドの連想次第である。たとえば「クローズアップ」練り歯磨きは「クレスト」練り歯磨きほど人気はなかったが、クローズアップの口臭予防ミントへの拡張品は、クレストのものより好意的に評価された。そのかわり、クレストの歯ブラシへの拡張品はクローズアップの歯ブラシより好意的に評価された[59]。

　ブロニアルツクとアルバはまた、親ブランドの主要な連想が突出していて拡張カテゴリーにおいて関連性があれば、親ブランドの製品カテゴリーと拡張品のカテゴリーとの適合性における知覚の欠如を克服できることも示した。たとえばシリアルで有名なフルーツループス（「甘い」、「風味」、「子ども」との強いブランド連想を持つ）の拡張は、ワッフルやホットシリアルのような類似している製品カテゴリーよりも、キャンディやアイスキャンディといった類似していない製品カテゴリーにおいて成功した。フルーツループスのブランド連想が、類似していない拡張カテゴリーにおいて関連性を持っていたためである。だがその逆もしかりで、チェリオのシリアルが持っていた「健康的な穀物」という連想は、類似した拡張製品カテゴリーにおいてのみ関連性を持っていた。

このように拡張の適合性は、親ブランドと拡張製品カテゴリーの間に共通した特徴的なブランド連想の数だけでは測りきれない[60]。さまざまな実証研究は、カテゴライゼーションと適合性をより広い視点から捉えることの重要性を示している。たとえばブリッジズ、ケラー、スードは、「カテゴリーの一貫性」について述べている。一貫したカテゴリーとは、そこに属するものが「一体」となって「意味を形成」しているカテゴリーである。ブリッジズらによれば、消費者はあるブランド内における製品グル

ーピングに関する理論的根拠を理解するために、各製品を結びつけて関係をまとめる「説明的リンク」を必要としている。たとえば、フィッシャープライスによる製品ラインの玩具、入浴用品、チャイルドシートは、見た目には似ていないが、「子ども用品」というリンクで結びついている[61]。

また、研究者たちは適合性に関するもっと具体的な側面を探究している。ブーシュは適合性を判断する強度とコンテクストの感度に関する実験データを示した[62]。2つの製品カテゴリー間における類似性の判断は非対称であるが、ブランド・ネームの連想によって、非対称の方向は逆転できることがわかった。たとえば「書籍の『タイム』は雑誌の『タイム』に似ている」という言い方より、「雑誌の『タイム』は書籍の『タイム』に似ている」という言い方に賛同する被験者のほうが多かったが、ブランド・ネームがつかず、「書籍」と「雑誌」だけが使われると、選好は逆転した。スミスとアンドリューズは生産財のマーケターを調査し、適合性と新製品の評価との関係は直接的ではなく、提案されている新製品をその企業が確かに提供できるという顧客の安心感が影響することを見出した[63]。

3. **適合性に対する消費者の知覚は、当該製品カテゴリーに関する知識にも左右されるが、技術面や製造面での共通性、あるいは必要性や状況という面での補完性といった、表面的な考慮点に基づく場合がある。**消費者は適合性について、属性やベネフィット以外の考慮点も根拠にすることがある。アーカーとケラーは消費者知覚を需要サイドと供給サイドから捉え、親ブランドと拡張製品の間に見られる適合性の知覚が、製品使用における代替性や補完性の経済的概念（需要サイドの視点）や、拡張製品を作るのに必要な技術や資産を持っているという企業の知覚（供給サイドの視点）に関係する場合があることを示した。

それゆえ、芝刈り機や自動車のエンジンを製造するホンダの専門性に対する知覚は、ホンダがこれから導入を考えるかもしれない小型エンジンつきの他の機械についても、適合性の知覚という点で役立つだろう。同様にビックの使い捨て小型製品における専門性は、同社に多くの機会をもたらすだろう。他方、製造面での共通性はほとんどないが、使用面での補完性が大きく作用している拡張例もある。たとえばコルゲートの練り歯磨きから歯ブラシへの拡張や、デュラセルの電池から懐中電灯への拡張である。しかしこれらの適合性の知覚は、消費者が製品カテゴリーについてどれだけ知っているかに左右される。ムスクリシュナンとワイツが示したように、知識豊富な「専門家」消費者は、適合性の判断に技術面や製造面での共通性を用いて、技術、デザイン、構成、製造工程で使われる素材や部品についての類似性を考慮する傾向がある。一方、それほど知識のない「初心者」消費者は、共通のパッケージ、形、色、サイズ、利用

法のような、表面的で知覚的な点を考慮する傾向がある[64]。知識の少ない消費者ほど、テニスラケットとゴルフクラブの間より、テニスラケットとテニスシューズの間に適合性の基盤があると感じる。実際には前者のほうが製造面での共通性があるにもかかわらず、である。知識がより豊富な消費者の結果は逆になった。それらの消費者はテニスラケットとゴルフクラブの製造における技術的な共通性を認めていたからである。ジャンとスードは年齢による知識の影響について同様のパターンを証明した。子ども（大人に比べてブランド知識が少ない）のほうが、表層的な手がかり（たとえば、ブランド・ネームが韻を踏んでいるかどうかなど、拡張品のブランド・ネームの言語的特徴）をもとに拡張品を評価する傾向がある。それに対し、大人のほうが深い手がかり（親ブランドと拡張品のカテゴリーの類似性など）を利用する傾向がある[65]。

4. **高品質ブランドのほうが平均的品質のブランドより広範囲に拡張できるが、どちらにも限界がある**。消費者は高品質ブランドのほうが確かで専門的で信頼できるとみなすことが多い。その結果、たとえ比較的隔たりのある拡張品で当該ブランドにあまり適合していないと思っても、平均的品質とみなしたブランドに対してよりも、高品質ブランドに対しては好意的に解釈する[66]。

それゆえ、強いブランドを確立することの重要なベネフィットの1つは、多様なカテゴリーへの拡張可能性である[67]。フェドリーキン、パク、トムソンは、消費者がブランドに高度な愛着を持っている場合、拡張品に高い金額を支払い、他の人に勧め、ミスの容認をいとわないことを発見した[68]。同様に、ヤンとワイアーは、ブランドが強く肯定的な感情的反応を引き出す場合、消費者は拡張品の適合性には影響されにくいことを示した[69]。

それでも、どのブランドにも限界があることは、多くの論者が、ばかげており、コミカルでさえある架空のブランド拡張の可能性を挙げて指摘している。たとえばトーバーがかつて述べたように、ジェローの靴ひもやタイドの冷凍食品をほしがる消費者はほとんどいないだろう。

5. **ある製品カテゴリーの典型と消費者にみなされているブランドは、当該カテゴリー外へ拡張することが難しい場合もある**。消費者がブランドをカテゴリーの典型と見る意識が強いと、消費者は当該ブランドに対して違う見方をしにくくなりやすい。カテゴリー・リーダーがブランド拡張の導入に失敗した例は数多い[70]。

アスピリンと同義語のブランドとなっているバイエルは、非アスピリン系の鎮痛剤に特化した「バイエル・セレクト」ラインの導入で障害にぶつかった[71]。チキータはフローズン・ジュース・バーの拡張品で自社と強く結びついた「バナナ」の連想を超え

ようとしたが、成功しなかった[72]。カントリー・タイムは自社の「レモネード」との連想を払拭してアップルサイダーを導入することができなかった。おそらく最も極端な例は、商標としての特徴を失い、当該カテゴリーの一般名称となっているサーモスやクリネックスのようなブランドだろう。

6. **具体的な属性連想は、抽象的なベネフィット連想よりも拡張が難しい傾向にある。** 市場リーダーの拡張は、さらに融通がきかない。多くの市場リーダーが、強くて具体的な製品属性の連想を有しているからである。このような連想が、ネームによって強化されている場合すらあるかもしれない（たとえば、「リキッドペーパー」、「チーズ・ウィズ」、「シュレッデッドウィート」）[73]。「レイジーボーイ」は、リクライニングチェアという狭い製品ラインの外にその強い使用イメージを拡大するのに苦労している。概して具体的な属性連想は、抽象的な属性連想ほど幅広く拡張できない[74]。たとえばアーカーとケラーの研究では、仮に「ハイネケン」にポップコーンの拡張品があったとしたら、消費者はそれを、おいしくない、もしくはビールのような味だと考え、「クレスト」にチューインガムの拡張品があったとすれば、おいしくないか、練り歯磨きのような味だと考えて退けることを示している。どのケースも、常識からすればメーカーはそのような製品を導入しないだろうと思われるが、消費者は技術的に見て可能な拡張品に、具体的な属性連想を推測したのである。

他方、抽象性の強い連想は、幅広いカテゴリーにおいて関連性を持ちやすいと考えられる。たとえばアーカーとケラーの研究では、「ヴェルネ」ブランドが、スポーツウェア、腕時計、財布、さらにはスキー板といった異質の製品カテゴリーへ進出できるという注目すべき能力を持つことを示した。このようなケースでは、消費者は補完性によってヴェルネというブランド・ネームから、拡張品が「スタイリッシュ」という属性連想を持つと推測し、さまざまな拡張のコンテクストにおいてその連想を高く評価したのである。

しかし、いくつかの留意点がある。まず第1に、具体的な属性でも移転可能な製品カテゴリーもある[75]。たとえば、親ブランドが独自の味、成分、構成要素を生み出し、それゆえに拡張カテゴリーで高く評価される具体的な属性連想を有していれば、拡張が成功する可能性は高い。ファーカーとハーによると、そのような拡張の例には、「タイレノール」の鼻炎薬、「オレオ」のクッキー＆クリーム・アイスクリーム、「アーム・アンド・ハマー」のカーペット用脱臭剤などがある[76]。

第2に、抽象的な連想でも容易に移転できるとは限らない。この第2の留意点は、ブリッジズ、ケラー、スードの研究によって明らかにされた。彼らは製品関連のブランド情報が、抽象的なブランド連想として表されている場合と、具体的なブランド連想

として表されている場合の相対的な移転可能性について検討した。そのような相対的な移転可能性の比較として、「防水性の水晶発振、耐震性スチール・カバーつき計時メカニズム、飛散防止クリスタル」といった具体的な属性連想を主な特徴とする腕時計と、「耐久性」といった抽象的な属性連想を主な特徴とする腕時計を対照させた。彼らは抽象的な場合のブランドのほうが移転しやすいと予想していたが、実際にはいくつかの理由から、2つのタイプのブランド・イメージはハンドバッグという異質な製品カテゴリーへ同じ程度に拡張した。その最大の理由としては、おそらく消費者は抽象的なベネフィットが拡張カテゴリーでも同じ意味を持つとは思わなかったことが挙げられる（腕時計の耐久性はハンドバッグの耐久性と同じではないため、耐久性は必ずしも「移転」しないのである）[77]。

最後に、ジョイナーとロークンは、ブランド拡張における「インクルージョン効果」の説明において、消費者が特定のカテゴリー（たとえばソニーのテレビ）の属性を、より全般的なカテゴリー（たとえばソニーの全製品）へ適用するほうが、特定のカテゴリー（ソニーのテレビ）の属性を別の特定のカテゴリー（ソニーの自転車）へ適用するより容易であることを示した。インクルージョン効果は、特定のカテゴリーが、全般的なカテゴリーにおいて典型的であるほど大きかった（たとえばソニーのカメラはソニーの自転車より典型的である）[78]。

7. **元の製品クラスではポジティブでも、拡張のコンテクストではネガティブになる連想が、消費者によって移転される可能性がある。** 拡張カテゴリーにおける消費者による製品の購入動機や使用状況はさまざまであるため、ブランド連想は元の製品ほど高くは評価されないかもしれない。たとえば、キャンベルがトマトソースをキャンベルのネームでテスト・マーケティングした際は、失敗に終わった。おそらくキャンベルにはスープとの強い連想があったため、消費者から新製品は水っぽいと思われたのだろう。当該製品にもっと信頼性を与えるため、キャンベルはネームをイタリア風の「プレゴ」に改め、長期にわたる成功をおさめることになった。

8. **たとえポジティブな連想が元になっていても、消費者は拡張品についてネガティブな連想を抱くこともある。** たとえ親ブランドのポジティブな連想を拡張品へ移転したとしても、消費者はネガティブな連想を抱くかもしれない。たとえばブリッジズ、ケラー、スードの研究によれば、耐久性に優れた腕時計を作っている架空のメーカーが拡張品としてハンドバッグを出す場合、消費者はハンドバッグもやはり耐久性に優れているだろうと思ったとしても、ファッション性には欠けると推測し、低い拡張評価につながる[79]。

9. **製造が容易と消費者に思われている製品クラスへの拡張は難しいこともある。**見たところ適切な拡張であっても、消費者は当該製品の製造が比較的容易で、ブランドの差別化が図られにくいとみなせば、その拡張品を退けることがある。高品質のブランドは不釣り合いだと思われたり、あるいは、ブランド拡張品が不合理なプレミアム価格を設定していて高価すぎると感じられたりするからである。

たとえばアーカーとケラーは、ハイネケンのポップコーン、ヴィダルサスーンの香水、クレストのシェービング・クリーム、ハーゲンダッツのカッテージチーズのような架空の拡張品が、実験でかなり低い評価を受けたことを示している。これは、拡張カテゴリーのすべてのブランドが同程度の品質に見え、当該ブランド拡張案が既存製品より優れているとは思いにくいからだと思われる。

他方、消費者がその拡張カテゴリーを、製造が難しくて、ブランドごとに品質が大きく異なるとみなせば、消費者は当該拡張品の正確な品質レベルについてあまり確信を持てないが、ブランド拡張品は差別化の機会を増すだろう[80]。

10. **拡張の成功は、親ブランドのイメージに貢献するだけでなく、ブランドのさらなる拡張も可能にする。**拡張品は親ブランドの連想の強さ、好ましさ、ユニークさを高めることで、親ブランドのイメージ強化に役立つこともある[81]。たとえばケラーとアーカー、またスワミナサン、フォックス、レディーは、消費者が親ブランドへの確固たる態度をまだ形成しておらず、親ブランドに対して平均的な品質としか知覚していない場合、ブランド拡張品の成功によって、消費者による親ブランドの選択と評価が向上することを示した。

拡張品がブランドのイメージや意味を変化させれば、それがなければ消費者に不釣り合いだと思われたであろう後続のブランド拡張品も、筋が通っていて適合性が高いと見てもらえる。ケラーとアーカーは、マーケターが小刻みに段階を踏むことで、つまり密接に関連しているものから、次第に距離が開いていく一連の拡張品を段階的に導入することによって、直接的な参入が非常に困難、もしくは不可能な製品カテゴリーへも、ブランドを投入できることを示した[82]。

したがって、拡張品の成功によって、ブランドは3つの重要な面で成長できる。

1.ブランドに新たな市場を確立する。
2.ブランドの既存市場を強化する。
3.ブランドが今後新たな市場に参入する可能性を開拓する。

たとえば、トヨタがガソリンと電気のハイブリッドカー「プリウス」を発売すると、

プリウスはトヨタのコーポレート・ブランド全体に革新的で環境に配慮しているというプラスのハロー効果を及ぼしただけでなく、4種類の異なるモデルのプリウス全シリーズの導入にも道を拓いた。

同様に、アップルがiPodとデジタル音楽システムiTunesを導入したとき、これらはたちまち市場リーダーとなり、アップル史上最も成功した新製品に名を連ねた。そしてハロー効果を及ぼして、アップルの既存のコンピュータとソフトウェア製品の売上を大きく伸ばした。また、スマートフォンiPhoneとタブレットコンピュータiPadの導入が容易になったのもこれらのおかげといえる。

複数の拡張品の成功には別の要因も影響する。ブーシュとロークンは、消費者が「広い」ブランドからの拡張を、「狭い」ブランドからの拡張より好意的に評価することを見出した[83]。デイシンとスミスによると、ブランド・ポートフォリオ内の各製品の知覚品質レベルが均一であるほど、消費者は新たな拡張品に対して、より高い評価を、より確信を持って行う傾向がある[84]。彼らはまた、さまざまな製品カテゴリーでほとんど変わらない品質を示してきた企業は、拡張の適合性における欠如を克服しやすいことも示した。つまり、消費者は「この会社なら、何をやっても上手にやるだろう」と考えるのである。

11の非耐久消費財カテゴリーにおける95のブランドの実証研究で、サリバンは製品カテゴリーのライフサイクルの段階という観点から、初期に参入したブランド拡張品は、平均してみると、初期に参入した新しいネームの製品や、遅く参入したブランド拡張品ほど成果をあげていないことを発見した[85]。

シャイン、パク、ワイアーは、複数の拡張品による興味深いブランド相乗効果を示した。2つのブランド拡張品（たとえば2機種のデジタルカメラ）を同時に導入すると、拡張品に対して消費者が、両者の類似性や親ブランド（たとえばゼロックス）との適合性とは独立した評価を行う傾向がある。消費者は単一のメーカーから出た関連のある複数の製品を本質的に魅力的と見るのである[86]。マオとクリシュナンは、ブランドが複数の製品領域に展開すると、消費者は拡張品の適合性についての知覚をまったく異なる形で形成する可能性があると指摘している[87]。

11. **拡張品と親ブランドの間に強い適合性の基盤がある場合、拡張の不成功は親ブランドを傷つける**。学術研究や実務経験から明らかにされる一般則によると、ブランド拡張の失敗は、たとえば同一カテゴリー内のライン拡張の失敗と同様に、類似性や適合性の度合いが高い場合に限り、親ブランドを傷つける可能性がある。

ローダー・ジョンとロークンは、健康美容用品の分野において、類似している製品カテゴリー（たとえばシャンプー）で低品質の拡張品を導入した場合、親ブランドに対

する知覚品質は低下することを発見した。しかし、類似していない製品カテゴリー（たとえばティッシュペーパー）での拡張品だった場合、親ブランドの品質知覚は影響を受けなかった[88]。

同様に、ケラーとアーカー、またロミオも、類似しない製品カテゴリーにおける拡張の不成功は、親ブランドの評価に影響しないことを見出している[89]。ブランド拡張品がさらに離れると、消費者はその製品を区別し、無関係とみなした製品カテゴリー内でのパフォーマンスだとして度外視する傾向がある。

ほかにもこの結論を裏づけ、詳述している研究がある。ローダー・ジョン、ロークン、ジョイナーは、旗艦製品では希釈効果がもたらされにくく、ライン拡張では生じるものの、あまり類似していないカテゴリー拡張品では目立たないことを発見した[90]。

ギュルハン＝カンリとマヘスワランは、こうした研究結果をさらに進め、消費者の動機と拡張品の典型性による緩和効果について提唱した[91]。動機が高い状況では、拡張品が典型的であるにもかかわらず、不釣り合いな拡張品は詳細に吟味され、ファミリー・ブランドの評価の変更につながる。これに対し、動機が低い状況では、典型性の度合いが高いと（低い場合より）、ブランド評価は極端なものになった。典型性の低い拡張品は例外とみなされたので、影響は弱かった。

高い動機についての研究成果に一致するものとして、ミルバーグらによると、ネガティブなフィードバック効果がもたらされるのは、(1) 消費者が拡張品をファミリー・ブランドとは距離を置く製品カテゴリーに含まれると知覚する場合、(2) 拡張品の属性情報がファミリー・ブランドのイメージと一致しない場合、であるという[92]。

個人の違いについてレーンとヤコブソンは、特に認知の必要性が高い人の場合、ブランド拡張品からネガティブな影響が返ってくることを明らかにしている。しかし、拡張品の類似性の違いについては明らかにしていない[93]。キルマニ、スード、ブリッジズは、低価格の拡張品が導入されたときに高級自動車の所有者に希釈効果が生じることを見出したが、高級でない自動車の所有者や、自動車を所有していない人については希釈効果が見られなかった[94]。

最後にモリンは、記憶内の親ブランドの連想の強さとブランド拡張品との関係について調べた。コンピュータを使った2つの研究により、消費者にブランド拡張品の情報を与えると、親ブランドが元の製品カテゴリーで優位を占めている場合、記憶内の親ブランドの連想が弱まるよりもむしろ強まることが明らかになった。適合性が高いほど連想が強まる結果が出たが、これは優位を占めていない親ブランドに限られた。さらに、拡張品の導入が広告されたことによって親ブランドの記憶が向上する度合いは、親ブランドを直接プロモーションする場合ほどには大きくなかった[95]。

12. **拡張が不成功でも、企業はいったん後退してさらに類似した拡張品を導入することもある**。ケラーとアーカーの研究はまた、拡張の不成功が必ずしも企業によるその後の類似した拡張の導入を妨げないことも示した。「リーバイス・テイラード・クラシックス」の失敗がその点で参考になる。

同社のブランド拡張の事例が示すように、失敗したからといって企業が拡張品を二度と導入できなくなるわけではない。特にリーバイスほどのエクイティを有するブランドなら、なおさらである。しかし拡張の不成功は、確かにある種の「知覚の限界」を生み出し、消費者のマインド内における当該ブランドの限界が明らかになる。

13. **垂直的拡張は困難であり、サブ・ブランディング戦略が必要とされることが多い**。垂直的拡張を調査した学術研究がいくつかある。アメリカのマウンテンバイク業界の実証研究で、ランダル、ウルリヒ、レイブシュタインは、ブランドのプレミアム価格が、市場の低品質セグメントでは、製品ラインの最低品質モデルの品質と強い正の相関関係にあり、市場の高品質セグメントでも、ブランドのプレミアム価格はやはり製品ラインの最高品質モデルの品質と正の相関関係にあることを発見した。したがって、自社のブランドのエクイティを最大化したいマネジャーは、高品質の製品だけを提供すべきだと結論づけた。ただし全体の利益を最大化するためには、別の戦略が必要なこともある[96]。

ハミルトンとチェルネフは、消費者が買うつもりがなくただ見て回っているだけのとき、上方への拡張はブランドの価格イメージを引き上げ、下方への拡張は価格イメージを引き下げるが、消費者が積極的に購入を検討しているときには、必ずしもこれは当てはまらないことを示した。後者の場合は、むしろ逆の効果が起こりうる。消費者が明確な購買目標を持っていれば、上方への拡張は価格イメージを引き下げ、下方への拡張は価格イメージを引き上げるのである[97]。

キルマニ、スード、ブリッジズは、所有者が非所有者よりブランド拡張品に対して好意的に反応する「オーナーシップ効果」を、ブランド・ラインの伸張とともに検討した。そしてオーナーシップ効果が、名声を持たないブランド（たとえばアキュラ）では上方と下方への伸張で生じ、名声を持つブランド（たとえばカルバンクラインやBMW）では上方への伸張で生じることを発見した。名声を持つブランドの下方への伸張では、所有者はブランドの独占性の維持を望むため、オーナーシップ効果は生じなかった。このような場合はサブ・ブランディング戦略が、親ブランドに対する所有者の態度の希釈化を防いだ[98]。

14. **拡張品にとって最も効果的な広告戦略は（親ブランドについて思い出させるよりも）、拡張品に関する情報を強調することである**。ブランド拡張品に関して提供された情報は、選択的な記憶の検索により消費者の意思決定プロセスを組み立て、拡張品の評価に影響を与えることが多くの研究によって示されている。一般に、最も効果的な戦略とは、消費者が初めて拡張品を考慮対象とした時点で、当該ブランドについて消費者のマインド内ですでに突出している情報を考慮し、追加情報を見落としたり誤解したりしないようにする戦略である。

アーカーとケラーは、消費者にとって不確実であったり気がかりだった拡張品の属性について端的に説明することは、より好意的な評価につながることを見出した。ブリッジズ、ケラー、スード、またクリンクとスミスは、消費者がブランドと拡張品の適合性が低いと知覚している場合、見落としていた適合性を強調するか、ネガティブな連想から関心をそらさせることで、適合性の知覚を改善できることに気づいた[99]。

レーンは、主にベネフィットに関するブランド連想を喚起する広告を繰り返せば、かなり不釣り合いなブランド拡張でも、ネガティブな知覚を克服できることを見出した。さらに、やや不釣り合いなブランド拡張では、周辺的なブランド連想を喚起する広告でも（たとえばブランドのパッケージングやキャラクターを介して）、十分に繰り返せば、拡張品に対するネガティブな知覚を改善できた[100]。

拡張品のマーケティング・プログラムに関する他の側面を調べた研究もある。ケラーとスードは、親ブランドの知識に基づく推論の「ブランディング効果」は、拡張製品の使用経験があってもなくても作用するが、明白にネガティブな経験であった場合には、存在しないことを発見した[101]。

小売業者のディスプレイの効果に関して、ブキャナン、シモンズ、ビカールは、高いエクイティのブランド評価が、馴染みのない競合ブランドによって低下する場合があることを見出した。それは、（1）両者が混在する陳列構成によって、競合ブランドが高いエクイティのブランドの判断材料になる場合、（2）あるブランドが他のブランドより陳列で優先されていることにより、ブランドの差異性や類似性が消費者に明白である場合、（3）馴染みのない競合ブランドがこうした予想の反証となる場合、であった[102]。

15. **個人的な差異は拡張品に対する意思決定に影響を与え、拡張品の効果を抑制することがある**。消費者が拡張品を評価する短期的ないし長期的な動機、能力、機会には差異があり、それぞれに重要な意味がある。その差異が拡張品の適合性と評価にどのような影響を与えるかについて、研究者たちは次のように示している。

モンガとジョンによると、拡張品評価の1つの重要な個人的差異は、消費者が分析的

思考をするか包括的思考をするかである。**分析的思考タイプ**は、親ブランドと拡張品の具体的な属性やベネフィットの比較に注目する傾向がある。それに対して、**包括的思考タイプ**は、親ブランドと拡張品の全体的な態度とジャッジメントの比較に注目する傾向がある。分析的思考タイプも包括的思考タイプも、高級ブランドが幅広く拡張することを許容するが、包括的思考タイプは分析的思考タイプよりも実用ブランドに対して拡張への許容度が高い[103]。

同様に、ヨークストン、ヌネス、マッタは、**増大的知能観を持つ人**、つまりブランドの性格的特徴には可変性があると考える人のほうが、ブランドの特徴は固定的であると考える**実体的知能観を持つ人**よりもブランド拡張を受け入れやすいことを示した[104]。もう1つ重要な個人的差異は、**自己観**、つまり人生全般と自分の人生をどのように見て解釈しているかに関わっている[105]。**相互独立的自己観**を持っている人は個人のユニークさに関心が高く、**相互協調的自己観**を持っている人は個人と個人の関係に関心が高い。

ブランディングの視点から、アルワリアは、相互協調的自己観を持つ消費者のほうがブランド拡張品と親ブランド間の関係を見抜く能力が高く、拡張品の適合性と好ましさについて高い知覚を持ちやすいと推測した。彼女の研究では、相互協調的自己観を持つ消費者の動機づけが十分であるという条件において、このような効果が観察された[106]。

同様に、プーリガッダ、ロス、グレワルは、**ブランド・スキーマを有する**消費者はそうでない消費者よりも、自分のブランド知識に従って情報を処理したり整理したりする傾向が高いと主張している。それに対して、**ブランド・スキーマを有していない**消費者は製品特徴や属性など他の情報を参照枠組みとして利用する。ブランド・スキーマを有している消費者は、ブランド拡張概念に類似性を見出しやすいことが証明されている[107]。

さらにもう1つ、消費者ごとの重要な個人的差異として、学問の世界で**制御焦点**と呼ばれるものがある。これは、動機づけと、人がどのように目標追求に取り組むかに関わるものである。**予防焦点**を持つ人はマイナスの結果に関心があり、安全、安心、責任などを通じ、損失を回避する。**促進焦点**を持つ人はプラスの結果に関心があり、利得と楽しさを求め、機会損失を回避する[108]。

ヨとパクは、予防焦点の消費者は促進焦点の消費者に比べ、リスクに対する解釈が異なるため、類似性の低い拡張品を好ましくないと判断しやすいことを示した[109]。これに関連して、C・チャン、リン、S・チャンは促進焦点の消費者のほうが拡張品を判断するにあたってベネフィットの重複に抽象的な関心を向ける傾向があり、それに対して、予防焦点の消費者はカテゴリーの類似性のみに具体的な関心を向ける傾向があ

ることを示した[110]。

一時的な要因も拡張品の評価に影響を与える。バロン、ミニアード、ロミオによると、肯定的なムードは、好ましいと評価していたブランドにやや類似しているとみなされる拡張品を（非常に類似している、あるいは類似していない拡張品に比べて）より肯定的に捉えさせる傾向にある[111]。

16. **市場間の文化的な差異が、拡張品の成功に影響する可能性もある。** 個人的差異に関するブランディング研究を下敷きにしながら、さらに最近は文化によるブランド拡張への反応の違いについても研究が進んでいる。モンガとジョン、またンとヒューストンは、東洋文化圏（中国など）の消費者のほうが包括的な思考法をし、どちらかというと分析的思考をする西洋文化圏（アメリカなど）の消費者よりも拡張品の適合性を高いレベルで知覚することを示した[112]。

失敗に終わる典型的な拡張品の希釈効果も、文化と消費者の動機づけによって変わる。東洋文化圏の消費者では、高い動機づけがあるとき希釈効果が大きくなる。西洋文化圏の消費者では、動機づけが低いとき希釈効果が大きくなる[113]。

さらにトレッリとアルワリアは、知覚された適合性の効果を超えて、文化的に一貫性のあるブランド拡張品が支持されることを示した。トレッリらは、文化的に調和したブランド拡張の例として、たとえばソニーの電気自動車を、文化的に不調和なブランド拡張の例としてソニーのカプチーノ・マキアート・メーカーを挙げている。調査によれば、電機メーカーと電気自動車が本来有する適合性のレベル以上に、ソニーはより強い適合性と評価を獲得できると考えられる。それは原産国が日本であり、日本にはエレクトロニクスとの強い連想があるためである[114]。

BRAND FOCUS 10.0 ───────────────
ブランド拡張を採点する

ブランド拡張品を見きわめて評価する際、その実現可能性を判断する簡易ツールがあると助かる。次のチェックリストは1つのガイダンスとなるだろう。

1．親ブランドが強いエクイティを持っているか。

2．拡張品の適合性に強い根拠があるか。

3．拡張品は必要な類似化ポイントと差別化ポイントを備えているか。

4．マーケティング・プログラムは、拡張品のエクイティをどのように高めることができるか。

> **図表10-8　ブランド拡張性スコアカード**
>
> 次の各特徴について、新製品のコンセプトを評価し採点してください。
> **消費者視点：望ましさ**
> 10点＿＿＿ 製品カテゴリーの魅力（規模、成長可能性）
> 10点＿＿＿ エクイティの移転（知覚されたブランド適合性）
> 　5点＿＿＿ 知覚された消費者ターゲットとの適合性
> **自社視点：実現性**
> 10点＿＿＿ 資産活用（製品技術、組織的スキル、チャネルとコミュニケーションを
> 　　　　　 介したマーケティングの効果）
> 10点＿＿＿ 利益性のポテンシャル
> 　5点＿＿＿ 発売の実現可能性
> **競合他社視点：差別性**
> 10点＿＿＿ 相対的な魅力（有利な点が多く、不利な点が少ない）
> 10点＿＿＿ 競合他社の反応（可能性、耐性があるかどうか）
> 　5点＿＿＿ 法律／規制／制度上の障壁
> **ブランド視点：エクイティ・フィードバック**
> 10点＿＿＿ 親ブランドを強化する
> 10点＿＿＿ 追加的なブランド拡張機会を促進する
> 　5点＿＿＿ 資産基盤を強化する
> **合計＿＿点**

５．その拡張品はブランド・エクイティと利益性に対し、どのような結果を持つのか。

６．フィードバック効果をどのようにうまく管理すべきか。

　拡張品候補にもっと体系的な分析を適用することもある。「ブランド拡張性スコアカード」は、ブランド拡張のきめ細かくかつ徹底的な分析をするためのものである。ただし、マーケティング・ツールやマーケティング・フレームワークはいずれもそうだが、これもあくまで手段であり、意思決定に情報を提供するためのものであって、白黒はっきりした「やる・やらない」の答えを出してくれるものではない。

　図表10-8が「ブランド拡張性スコアカード」である。主要な４つの基準のうち３つは、有名な「３つのC」の視点（顧客、自社、競合他社の視点）に従って、ブランド・ポジショニングを判断する。４つ目の基準はスコアカード独自のもので、ブランド・エクイティ・フィードバックを評価する。

　各基準には、大きな要素が２つ、小さな要素が１つある。大きな要素は10点満点、小さな要素は５点満点で採点する。自社または業界の評価基準で、拡張品候補がその要素について明らかに理想的であれば満点をつける。

　拡張品を採点する際、相対的なパフォーマンスも絶対的なパフォーマンスと同じように重要である。得点ごとに拡張品候補をランク付けすれば優先順位が明確になるが、意思決定の指針となる合格点も設定しておきたい。まずは自社ブランドや競合他社ブランドの最

近の成功した拡張品と失敗に終わった拡張品の採点をしてみるとよいだろう。このステップを行うと、スコアカードの使い方にも慣れることができる。

Notes

1. 以下の書籍でより包括的に扱っている。Glen Urban and John Hauser, *Design and Marketing of New Products*, 2nd ed. (Upper Saddle River, NJ: Prentice Hall, 1993).
2. Peter Farquhar, "Managing Brand Equity," *Marketing Research* 1 (September 1989): 24-33.
3. Mark Dolliver, "Brand Extensions Set the Pace in 2009," *Adweek*, 22 March 2010.
4. "IRI Names Top New Products of 2010," www.symphonyiri.com, 22 March 2010.
5. J. J. Colao, "Here's the Beef," *Forbes*, 19 December 2011, 104-108; David A. Kaplan, "Shake Shack's New Adventure," *Fortune*, 7 November 2011, 45-46.
6. Byung-Do Kim and Mary W. Sullivan, "The Effect of Parent Brand Experience on Line Extension Trial and Repeat Purchase," *Marketing Letters* 9, no. 2 (1998): 181-193.
7. Henry J. Claycamp and Lucien E. Liddy, "Prediction of New Product Performance: An Analytical Approach," *Journal of Marketing Research* (November 1969): 414-420.
8. Kevin Lane Keller and David A. Aaker, "The Effects of Sequential Introduction of Brand Extensions," *Journal of Marketing Research* 29 (February 1992): 35-50; John Milewicz and Paul Herbig, "Evaluating the Brand Extension Decision Using a Model of Reputation Building," *Journal of Product & Brand Management* 3, no. 1 (1994): 39-47.
9. 以下も参照されたい。 Jonlee Andrews, "Rethinking the Effect of Perceived Fit on Customers' Evaluations of New Products," *Journal of the Academy of Marketing Science* 23, no. 1 (1995): 4-14.
10. David B. Montgomery, "New Product Distribution: An Analysis of Supermarket Buyer Decisions," *Journal of Marketing Research* 12, no. 3 (1978): 255-264.
11. Talin Erdem and Baohong Sun, "An Empirical Investigation of the Spillover Effects of Advertising and Sales Promotions in Umbrella Branding," *Journal of Marketing Research* 39 (November 2002): 408-420.
12. Mary W. Sullivan, "Brand Extensions: When to Use Them," *Management Science* 38 (June 1992): 793-806.
13. Daniel C. Smith, "Brand Extension and Advertising Efficiency: What Can and Cannot Be Expected," *Journal of Advertising Research* (November/December 1992): 11-20. 以下も参照されたい。 Daniel C. Smith and C. Whan Park, "The Effects of Brand Extensions on Market Share and Advertising Efficiency," *Journal of Marketing Research* 29 (August 1992): 296-313.
14. Theodore Levitt, "Marketing Myopia," *Harvard Business Review* (July-August 1960): 45-46.
15. "Gartner Says Worldwide Enterprise Software Market Grew 8.5 Percent in 2010 to Reach $245 Billion," www.gartner.com, 5 May 2011.
16. Keller and Aaker, "Effects of Sequential Introduction of Brand Extensions."
17. Gregory L. White, "GM Revitalizes Luxury Brand with Its New Cadillac Lineup," *Wall Street Journal*, 23 January 2003; Mae Anderson, "Call It a Comeback-How Old Brands Become New," *Associated Press*, 10 January 2012; Auto Editors of Consumer Guide, "Cadillac Escalade," http://auto.howstuffworks.com/2000-2008-cadillac3.htm, accessed 4 February 2012.
18. Barry Schwartz, *The Paradox of Choice: Why More Is Less* (New York: Ecco, 2004)（邦訳：『なぜ選ぶたびに後悔するのか：「選択の自由」の落とし穴』バリー・シュワルツ著、瑞穂のりこ訳、ランダムハウス講談社、2004 年）.
19. Laura Shanahan, "Designated Shopper," *Brandweek*, 26 March 2001, 46.
20. 同上。
21. Ira Teinowitz and Jennifer Lawrence, "Brand Proliferation Attacked," *Advertising Age*, 10 May 1993, 1, 48.
22. Berner, "There Goes the Rainbow Nut Crunch."
23. B. G. Yovovich, "Hit and Run: Cadillac's Costly Mistake," *Adweek's Marketing Week*, 8 August 1988, 24.
24. Maureen Morrin, "The Impact of Brand Extensions on Parent Brand Memory Structures and Retrieval Processes," *Journal of Marketing Research* 36, no. 4 (1999): 517-525.
25. Jessica Wohl, "Target Hopes Exclusive Designer Deals Boost Sales," *Reuters*, 2 August 2011.
26. Joseph Galante and Ira Boudway, "Amazon Doubles Down on the Kindle," Bloomberg Businessweek, 2 August 2010; Brad Stone, "The Omnivore," Bloomberg Businessweek, 3 October 2011; Jennifer Van Grove, "Kindle Fire Leads Android in Taking a Bite out of iPad Market Share, www.venturebeat.com, 27 January 2012.
27. ブランド拡張についての論考は、以下の論文で読むことができる。Sandor Czellar, "Consumer Attitude Toward Brand Extensions: An Integrative Model and Research Propositions," *International Journal of Research in Marketing* 20 (2003): 97-115; Barbara Loken, Rohini Ahluwalia, and Michael J. Houston, eds., *Brands and Brand Management: Contemporary Research Perspectives* (New York: Psychology Press, 2010); Franziska

Volkner and Henrik Sattler, "Drivers of Brand Extension Success," *Journal of Marketing* 70 (April 2006): 18-34

28. Kalpesh Kaushik Desai, Wayne D. Hoyer, and Rajendra Srivastava, "Evaluation of Brand Extension Relative to the Extension Category Competition: The Role of Attribute Inheritance from Parent Brand and Extension Category," working paper, State University of New York at Buffalo, 1996.

29. Edward M. Tauber, "Brand Leverage: Strategy for Growth in a Cost-Control World," *Journal of Advertising Research* (August/September 1988): 26-30.

30. Laura Cohn, "Why It Pays to Reinvent the Mop," *Businessweek*, 24 January 2005.

31. Barbara Loken and Deborah Roedder John, "Diluting Brand Beliefs. When Do Brand Extensions Have a Negative Impact?" *Journal of Marketing* 57, no. 7 (1993): 71-84.

32. 別の概念的な視点は、以下の論文で読むことができる。Abishek Dwivedi, Bill Merrilees, and Arthur Sweeney, "Brand Extension Feedback Effects: A Holistic Framework," *Journal of Brand Management* 17, no. 5: 328-342.

33. Timothy B. Heath, Devon DelVecchio, and Michael S. McCarthy, "The Asymmetric Effects of Extending Brands to Lower and Higher Quality," *Journal of Marketing* 75 (July 2011): 3-20.

34. Claudia H. Deutsch, "Name Brands Embrace Some Less-Well-Off Kinfolk," *New York Times*, 24 June 2005, C7.

35. "Holiday Inn Launches $100 Million Global Advertising Campaign," *PR Newswire*, 30 April 2010.

36. Farquhar, Han, Herr, and Ijiri, "Strategies for Leveraging Master Brands."

37. David A. Aaker, "Should You Take Your Brand Where the Action Is?" *Harvard Business Review*, September-October 1997, 135.

38. Gillian Oakenfull, Edward Blair, Betsy Gelb, and Peter Dacin, "Measuring Brand Meaning," *Journal of Advertising Research* (September-October 2000): 43-53.

39. John M. Murphy, *Brand Strategy* (New York: Prentice Hall, 1990).

40. Rajeev Batra, Peter Lenk, and Michel Wedel, "Brand Extension Strategy Planning: Empirical Estimation of Brand-Category Personality Fit and Atypicality," *Journal of Marketing Research* 48 (April 2010): 335-347.

41. Andrea Rothman, "France's Bic Bets U.S. Consumers Will Go for Perfume on the Cheap," *Wall Street Journal*, 12 January 1989, B6; Deborah Wise,"Bic Counts on a New Age for Spray Perfume," *New York Times*, 17 October 1988; David A. Aaker, *Managing Brand Equity* (New York: Free Press, 1991) (邦訳：『ブランド・エクイティ戦略：競争優位をつくりだす名前、シンボル、スローガン』D・A・アーカー著、陶山計介、尾崎久仁博、中田善啓、小林哲訳、ダイヤモンド社、1994年).

42. Sandra J. Milberg, Francisca Sinn, and Ronald C. Goodstein, "Consumer Reactions to Brand Extensions in a Competitive Context: Does Fit Still Matter?," *Journal of Consumer Research* 37 (October 2010): 543-553.

43. Piyush Kumar, "Brand Counterextensions: The Impact of Extension Success Versus Failure," *Journal of Marketing Research* 42 (May 2005): 183-194. 以下も参照されたい。 Piyush Kumar, "The Impact of Cobranding on Customer Evaluation of Brand Counterextensions," *Journal of Marketing* 69 (July 2005): 1-18.

44. Glen L. Urban and Steven H. Star, *Advanced Marketing Strategy: Phenomena, Analysis, and Decisions* (Englewood Cliffs, NJ: Prentice Hall, 1991).

45. Kotler and Keller, *Marketing Management*.

46. Srinivas K. Reddy, Susan L. Holak, and Subodh Bhat, "To Extend or Not to Extend: Success Determinants of Line Extensions," *Journal of Marketing Research* 31 (May 1994): 243-262. 概念的な議論については、以下を参照されたい。Kalpesh Kaushik Desai and Wayne D. Hoyer, "Line Extensions: A Categorization and an Information Processing Perspective," in *Advances in Consumer Research*, Vol. 20 (Provo, UT: Association for Consumer Research, 1993), 599-606.

47. Jack Neff, "Small Ball: Marketers Rely on Line Extensions," *Advertising Age*, 11 April 2005, 10.

48. Murphy, *Brand Strategy*.

49. Jim Arndorfer, "Bud Select Cannibalizes Sales of Sibling Brands," *Advertising Age*, 11 April 2005, 3.

50. Mita Sujan, "Nature and Structure of Product Categories," working paper, Pennsylvania State University, 1990; Joan Myers-Levy and Alice M. Tybout, "Schema Congruity as a Basis for Product Evaluation," *Journal of Consumer Research* 16 (June 1989): 39-54.

51. Deborah Roedder John and Barbara Loken, "Diluting Brand Equity: The Impact of Brand Extensions," *Journal of Marketing* (July 1993): 71-84.

52. David Boush and Barbara Loken, "A Process Tracing Study of Brand Extension Evaluations," *Journal of Marketing Research* 28 (February 1991): 16-28; Cathy L. Hartman, Linda L. Price, and Calvin P. Duncan, "Consumer Evaluation of Franchise Extension Products: A Categorization Processing Perspective," *Advances in Consumer Research*, Vol. 17 (Provo, UT: Association for Consumer Research, 1990), 120-126.

53. David A. Aaker and Kevin Lane Keller, "Consumer Evaluations of Brand Extensions," *Journal of Marketing* 54 (January 1990): 27-41.

54. Paul A. Bottomley and Stephen J. S. Holden, "Do We Really Know How Consumers Evaluate Brand Extensions? Empirical Generalizations Based on Secondary Analysis of Eight Studies," *Journal of Marketing Research* 38 (November 2001): 494-500. 以下も参照されたい。 Jorg Hensler, Csilla Horvath, Marko Sarstedt, and Lorenz Zimmerman, "A Cross-Cultural Comparison of Brand Extensions Success Factors: A Meta-Study," *Journal of Brand Management* 18, no. 1 (2010): 5-20.

55. David Boush, Shannon Shipp, Barbara Loken, Ezra Gencturk, et al., "Affect Generalization to Similar and Dissimilar Line Extensions," *Psychology and Marketing* 4 (Fall 1987): 225-241.

56. マンドラーの一致性理論を適用して、マイヤーズ・レヴィらは、適度に一致性の低いブランド・ネームとの連想がある製品は、一致性がある、もしくは非常に一致性の低いブランド・ネームとの連想がある製品よりも好まれる傾向にあることを示した。マイヤーズ・レヴィらはこの結果を、適度に一致性の低いブランド拡張のほうが消費者に処理されやすく、満足のいく解決が得られやすいからだと解釈した（消費者がブランド・ネームと製品の間に意味のある関係を特定できたという前提で）。以下を参照されたい。Joan Meyers-Levy, Therese A. Louie, and Mary T. Curren, "How Does the Congruity of Brand Names Affect Evaluations of Brand Name Extensions?" *Journal of Applied Psychology* 79, no. 1 (1994): 46-53. 以下も参照されたい。 Eyal Maoz and Alice M. Tybout, "The Moderating Role of Involvement and Differentiation in the Evaluation of Brand Extensions," *Journal of Consumer Psychology* 12, no. 2 (2002): 119-131; Hyeong Min Kim, "Evaluations of Moderately Typical Products: The Role of Within-Versus Cross-Manufacturer Comparison," *Journal of Consumer Psychology* 16, no. 1 (2006): 70-78.

57. Deborah MacInnis and Kent Nakamoto, "Cognitive Associations and Product Category Comparisons: The Role of Knowledge Structures and Context," working paper, University of Arizona, 1990.

58. C. Whan Park, Sandra Milberg, and Robert Lawson, "Evaluation of Brand Extensions: The Role of Product Level Similarity and Brand Concept Consistency," *Journal of Consumer Research* 18 (September 1991): 185-193.

59. Susan M. Broniarczyk and Joseph W. Alba, "The Importance of the Brand in Brand Extension," *Journal of Marketing Research* 31 (May 1994): 214-228. ところで、練り歯磨き「クレスト」はこの調査が実施された時点では入手不可能だったが、その後「クレスト・コンプリート」として発売された。

60. Tammo H. A. Bijmolt, Michel Wedel, Rik G. M. Pieters, and Wayne S. DeSarbo, "Judgments of Brand Similarity," *International Journal of Research in Marketing* 15 (1998): 249-268.

61. Sheri Bridges, Kevin Lane Keller, and Sanjay Sood, "Explanatory Links and the Perceived Fit of Brand Extensions: The Role of Dominant Parent Brand Associations and Communication Strategies," *Journal of Advertising* 29, no. 4 (2000): 1-11.

62. David M. Boush, "Brand Name Effects on Interproduct Similarity Judgments," *Marketing Letters* 8, no. 4 (1997): 419-427.

63. Daniel C. Smith and Jonlee Andrews, "Rethinking the Effect of Perceived Fit on Customers' Evaluations of New Products," *Journal of the Academy of Marketing Science* 23, no. 1 (1995): 4-14.

64. A. V. Muthukrishnan and Barton A. Weitz, "Role of Product Knowledge in Brand Extensions," in *Advances in Consumer Research*, Vol. 18, eds. Rebecca H. Holman and Michael R. Solomon (Provo, UT: Association for Consumer Research, 1990), 407-413. 以下も参照されたい。 Broniarczyk and Alba, "Importance of the Brand."

65. Shi Zhang and Sanjay Sood, "'Deep' and 'Surface' Cues: Brand Extension Evaluations by Children and Adults," *Journal of Consumer Research* 29 (June 2002): 129-141.

66. Keller and Aaker, "Effects of Sequential Introduction of Brand Extensions," Susan M. Broniarczyk and Andrew D. Gershoff, "The Reciprocal Effects of Brand Equity and Trivial Attributes," *Journal of Marketing Research* 40 (May 2003): 161-175.

67. 以下も参照されたい。 Arvind Rangaswamy, Raymond Burke, and Terence A. Oliva, "Brand Equity and the Extendibility of Brand Names," *International Journal of Research in Marketing* 10 (1993): 61-75. 以下も参照されたい。 Zeynep Gürhan-Canli, "The Effect of Expected Variability of Product Quality and Attribute Uniqueness on Family Brand Evaluations," *Journal of Consumer Research* 30 (June 2003): 105-114.

68. Alexander Fedorikhin, C. Whan Park, and Matthew Thomson, "Beyond Fit and Attitude: The Effect of Emotional Attachment on Consumer Responses to Brand Extensions," *Journal of Consumer Psychology* 18 (2008): 281-291.

69. Catherine W. M. Yeung and Robert S. Wyer Jr., "Does Loving a Brand Mean Loving Its Products? The Role of Brand-Elicited Affect in Brand Extension Evaluations," *Journal of Marketing Research* 42 (November 2005): 495-506.

70. たとえば、以下を参照されたい。Peter H. Farquhar and Paul M. Herr, "The Dual Structure of Brand Associations," in *Brand Equity and Advertising: Advertising's Role in Building Strong Brands*, eds. David A. Aaker and Alexander L. Biel (Hillsdale, NJ: Lawrence Erlbaum Associates, 1993), 263-277.

71. Ian M. Lewis, "Brand Equity or Why the Board of Directors Needs Marketing Research," ARF Fifth Annual Advertising and Promotion Workshop にて発表された論文、1 February 1993.

72. Stephen Phillips, "Chiquita May Be a Little Too Ripe," *Businessweek*, 30 April 1990, 100.

73. Peter H. Farquhar, Julia Y. Han, Paul M. Herr, and Yuji Ijiri, "Strategies for Leveraging Master Brands," *Marketing Research* (September 1992): 32-43.

74. Alokparna Basu Monga and Deborah Roedder John, "What Makes Brands Elastic? The Influence of Brand Concept and Styles of Thinking on Brand Extension Evaluation," *Journal of Marketing Research* 74 (May 2010): 80-92; Tom Meyvis and Chris Janiszewski, "When Are Broader Brands Stronger Brands? An Accessibility Perspective on the Success of Brand Extensions," *Journal of Consumer Research* 31 (September 2004): 346-357; Stijn M. J. Van Osselaer and Joseph W. Alba, "Locus of Equity and Brand Extensions," *Journal of Consumer Research* 29 (March 2003): 539-550; Henrik Hagtvedt and Vanessa M. Patrick, "The Broad Embrace

of Luxury: Hedonic Potential as a Driver of Brand Extendibility," *Journal of Consumer Psychology* 19 (2009): 608-618.

75. Paul M. Herr, Peter H. Farquhar, and Russell H. Fazio, "Impact of Dominance and Relatedness on Brand Extensions," *Journal of Consumer Psychology* 5, no. 2 (1996): 135-159.

76. Farquhar, Han, Herr, and Ijiri, "Strategies for Leveraging Master Brands."

77. Bridges, Keller, and Sood, "Explanatory Links."

78. Christopher Joiner and Barbara Loken, "The Inclusion Effect and Category-Based Induction: Theory and Application to Brand Categories," *Journal of Consumer Psychology* 7, no. 2 (1998): 101-129.

79. Bridges, Keller, and Sood, "Explanatory Links and the Perceived Fit of Brand Extensions."

80. Frank Kardes and Chris Allen, "Perceived Variability and Inferences about Brand Extensions," in *Advances in Consumer Research*, Vol. 18, eds. Rebecca H. Holman and Michael R. Solomon (Provo, UT: Association for Consumer Research, 1990), 392-398; Babu John Mariadoss, Raj Echambadi, Mark J. Arnold, and Vishal Bindroo, "An Examination of the Effects of Perceived Difficulty of Manufacturing the Extension Product on Brand Extension Attitudes," *Journal of the Academy of Marketing Science* 38 (2010): 704-719.

81. Vanitha Swaminathan, Richard J. Fox, and Srinivas K. Reddy, "The Impact of Brand Extension Introduction on Choice," *Journal of Marketing* 65 (October 2001): 1-15; Subramanian Balachander and Sanjay Ghose, "Reciprocal Spillover Effects: A Strategic Benefit of Brand Extensions," *Journal of Marketing* 67 (January 2003): 4-13.

82. 以下も参照されたい。Sandy D. Jap, "An Examination of the Effects of Multiple Brand Extensions on the Brand Concept," in *Advances in Consumer Research*, Vol. 20 (Provo, UT: Association for Consumer Research, 1993), 607-611.

83. Boush and Loken, "Process Tracing Study."

84. Peter Dacin and Daniel C. Smith, "The Effect of Brand Portfolio Characteristics on Consumer Evaluations of Brand Extensions," *Journal of Marketing Research* 31 (May 1994): 229-242. 以下も参照されたい。Boush and Loken, "Process Tracing Study"; and Niraj Dawar, "Extensions of Broad Brands: The Role of Retrieval in Evaluations of Fit," *Journal of Consumer Psychology* 5, no. 2 (1996): 189-207.

85. Mary W. Sullivan, "Brand Extensions: When to Use Them," *Management Science* 38, no. 6 (1992): 793-806; Patrick DeGraba and Mary W. Sullivan, "Spillover Effects, Cost Savings, R&D and the Use of Brand Extensions," *International Journal of Industrial Organization* 13 (1995): 229-248.

86. Byung Chul Shine, Jongwon Park, and Robert S. Wyer Jr., "Brand Synergy Effects in Multiple Brand Extensions," *Journal of Marketing Research* 44 (November 2007): 663-670.

87. Huifang Mao and H. Shanker Krishnan, "Effects of Prototype and Exemplar Fit on Brand Extension Evaluations: A Two-Process Contingency Model," *Journal of Consumer Research* 33 (June 2006): 41-49. 以下も参照されたい。Ujwal Kayande, John H. Roberts, Gary L. Lilien, and Duncan K. H. Fong, "Mapping the Bounds of Incoherence: How Far Can You Go and How Does It Affect Your Brand?," *Marketing Science* 26 (July-August 2007): 504-513.

88. Deborah Roedder John and Barbara Loken, "Diluting Brand Beliefs: When Do Brand Extensions Have a Negative Impact?" *Journal of Marketing* 57 (Summer 1993): 71.

89. Jean B. Romeo, "The Effect of Negative Information on the Evaluation of Brand Extensions and the Family Brand," in *Advances in Consumer Research*, Vol. 18, eds. Rebecca H. Holman and Michael R. Solomon (Provo, UT: Association for Consumer Research, 1990), 399-406.

90. Deborah Roedder John, Barbara Loken, and Christopher Joiner, "The Negative Impact of Extensions: Can Flagship Products Be Diluted?," *Journal of Marketing* 62 (January 1998): 19-32.

91. Zeynep Gürhan-Canli and Durairaj Maheswaran, "The Effects of Extensions on Brand Name Dilution and Enhancement," *Journal of Marketing Research* 35, no. 11 (1998): 464-473.

92. Sandra J. Milberg, C. W. Park, and Michael S. McCarthy, "Managing Negative Feedback Effects Associated with Brand Extensions: The Impact of Alternative Branding Strategies," *Journal of Consumer Psychology* 6, no. 2 (1997): 119-140.

93. Vicki R. Lane and Robert Jacobson, "Stock Market Reactions to Brand Extension Announcements: The Effects of Brand Attitude and Familiarity," *Journal of Marketing* 59, no. 1 (1995): 63-77.

94. Amna Kirmani, Sanjay Sood, and Sheri Bridges, "The Ownership Effect in Consumer Responses to Brand Line Stretches," *Journal of Marketing* 63, no. 1 (1999): 88-101.

95. Maureen Morrin, "The Impact of Brand Extensions on Parent Brand Memory Structures and Retrieval Processes," *Journal of Marketing Research* 36, no. 4 (1999): 517-525.

96. Taylor Randall, Karl Ulrich, and David Reibstein, "Brand Equity and Vertical Product Line Extent," *Marketing Science* 17, no. 4 (1998): 356-379.

97. Ryan Hamilton and Alexander Chernev, "The Impact of Product Line Extensions and Consumer Goals on the Formation of Price Image," *Journal of Marketing Research* 47 (February 2010): 51-62.

98. Kirmani, Sood, and Bridges, "The Ownership Effect."

99. Bridges, Keller, and Sood, "Explanatory Links." Richard R. Klink and Daniel C. Smith, "Threats to the External Validity of Brand Extension Research," *Journal of Marketing Research* 38 (August 2001): 326-335.

100. Vicki R. Lane, "The Impact of Ad Repetition and Ad Content on Consumer Perceptions of Incongruent Extensions," *Journal of Marketing* 64, no. 4 (2000): 80-91.

101. Sanjay Sood and Kevin Lane Keller, "The Effects of Product Experience and Branding Strategies on Parent Brand Evaluations and Brand Equity Dilution," *Journal of Marketing Research* (2012, in press).

102. Lauranne Buchanan, Carolyn J. Simmons, and Barbara A. Bickart, "Brand Equity Dilution: Retailer Display and Context Brand Effects," *Journal of Marketing Research* 36, no. 8 (1999): 345-355.

103. Alokparna Basu Monga and Deborah Roedder John, "What Makes Brands Elastic? The Influence of Brand Concept and Styles of Thinking on Brand Extension Evaluation," *Journal of Marketing Research* 74 (May 2010): 80-92. 以下も参照されたい。Hakkyun Kim and Deborah Roedder John, "Consumer Response to Brand Extensions: Construal Level as a Moderator of the Importance of Perceived Fit," *Journal of Consumer Psychology* 18, no. 2 (2008): 116-126.

104. Eric A. Yorkston, Joseph C. Nunes, and Shashi Matta, "The Malleable Brand: The Role of Implicit Theories in Evaluating Brand Extensions," *Journal of Marketing* 74 (January 2010): 80-93.

105. Hazel R. Markis and Shinobu Kitayama, "Culture and the Self: Implications for Cognition, Emotion, and Motivation," *Psychological Review* 98 (April 1991): 224-253; Angela Y. Lee, Jennifer L. Aaker, and Wendi L. Gardner, "The Pleasures and Pains of Distinct Self-Construals: The Role of Interdependence in Regulatory Focus," *Journal of Personality and Social Psychology* 78 (June 2000): 1122-1134; Angela Y. Lee, Punam Anand Keller, and Brian Sternthal, "Value from Regulatory Construal Fit," *Journal of Consumer Research* 36 (February 2010): 735-747.

106. Rohini Ahluwalia, "How Far Can a Brand Stretch? Understanding the Role of Self-Construal," *Journal of Marketing Research* 45 (June 2008): 337-350.

107. Sanjay Puligadda, William T. Ross Jr., and Radeep Grewal, "Individual Differences in Brand Schematicity," *Journal of Marketing Research* 49 (February 2012): 115-130.

108. Edward T. Higgins, "Beyond Pleasure and Pain," *American Psychologist* 52 (December 1997): 1280-1300; Edward T. Higgins, "How Self-Regulation Creates Distinct Values: The Case of Promotion and Prevention Decision Making," *Journal of Consumer Psychology* 12, no. 3 (2002): 177-191.

109. Junsang Yeo and Jongwon Park, "Effects of Parent-Extension Similarity and Self Regulatory Focus on Evaluations of Brand Extensions," *Journal of Consumer Psychology* 16, no. 3 (2006): 272-282.

110. Chung-Chau Chang, Bo-Chi Lin, and Shin-Shin Chang, "The Relative Advantages of Benefit Overlap Versus Category Similarity in Brand Extension Evaluation: The Moderating Role of Self-Regulatory Focus," *Marketing Letters* 22 (November 2011): 391-404.

111. Michael J. Barone, Paul W. Miniard, and Jean B. Romeo, "The Influence of Positive Mood on Brand Extension Evaluations," *Journal of Consumer Research* 26 (December 2000): 386-400.

112. Alokparna Basu Monga and Deborah Roedder John (2007), "Cultural Differences in Brand Extension Evaluation: The Influence of Analytic versus Holistic Thinking," *Journal of Consumer Research* 33 (March 2007): 529-536; Sharon Ng and Michael Houston, "Exemplars or Beliefs? The Impact of Self-View on the Nature and Relative Influence of Brand Associations," *Journal of Consumer Research* 32 (March 2006): 519-529.

113. Sharon Ng, "Cultural Orientation and Brand Dilution: Impact of Motivation Level and Extension Typicality," *Journal of Marketing Research* 47 (February 2010): 186-198.

114. Carlos J. Torelli and Rohini Ahluwalia, "Extending Culturally Symbolic Brands: A Blessing or Curse?," *Journal of Consumer Research* 38 (February 2012): 933-947.

第11章
長期的なブランド管理

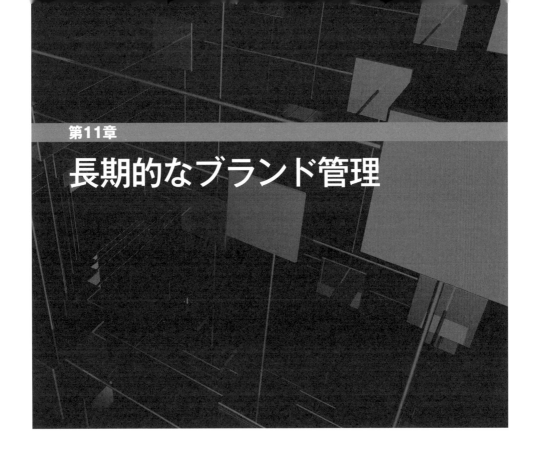

プレビュー

　ブランドの管理を困難にしている要因の1つは、マーケティング環境における目まぐるしい変化である。消費行動、競争戦略、政府規制、技術的発展など、諸要因の変化によって、ブランドの命運は大きく左右される。こうした外部要因に加え、企業自身の戦略上の焦点もブランドのマーケティング手法に何らかの調整を迫るだろう。したがって、効果的なブランド管理には、こうした多様な圧力に直面しながら、顧客ベースのブランド・エクイティを実質的に向上できなくても、少なくとも維持できる積極的な戦略が求められる。

　Myspace、ヤフー、ブロックバスター、バーンズ＆ノーブルの4ブランドの運命を考えてみるとよい。2000年代半ばには、いずれのブランドも完全なリーダーとはいえないまでも強力な市場ポジションを享受していた。ところがわずか数年後、フェイスブック、グーグル、ネットフリックス、アマゾンが彼らを追い越して市場優位性を確立したため、生き残りを賭けた戦いを強いられた。その理由には諸説あるものの、ブランドの管理方法に問題があったことも確かである。

本章では、長期間にわたってブランドを管理する最適な方法を考察する。企業の現在のマーケティング活動は、消費者のブランド認知やブランド・イメージを変え、将来のマーケティング活動にも間接的な影響を与える可能性がある（図表11-1参照）。たとえば、セールス・プロモーションとして一時的な値引きを頻繁に行うと、当該ブランドに「ディスカウント」の連想が生じたり、強まったりするので、結果的に顧客ロイヤルティを引き下げたり、将来の価格変更や非価格マーケティング・コミュニケーション努力に対するマイナスの消費者反応をもたらしたりしかねない[1]。

　将来の消費者反応を予測するのは、残念ながらマーケターにとってとりわけ困難な作業といえる。企業が短期的なマーケティング活動を実施して初めて、将来の消費者反応に影響を及ぼす新しいブランド知識構造が形成されるとすれば、将来の消費者反応を現実的にシミュレーションして、正確な予測を立てることは不可能に近い。

　本章の主張は、ブランドの意味を強化し、さらに、必要に応じてブランド・エクイティの新しい源泉を特定するためにマーケティング・プログラムを調整し、長期にわたり積極的にブランド・エクイティを管理しなければならないという点である。上記のトピックスを検討

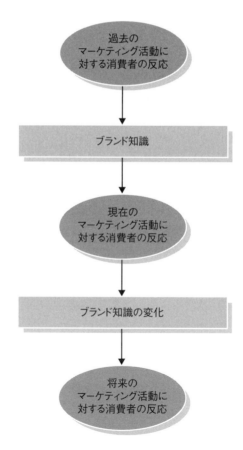

図表11-1　マーケティング活動がブランド・エクイティに及ぼす長期的影響

するにあたり、さまざまなブランド強化とブランド再活性化の課題を取り上げる。

ブランドの強化

　ブランド・エクイティを時とともに強化していくにはどうすればよいのだろうか。自社ブランドのエクイティを支援するような知識構造を消費者に持ってもらうにはどうすればよいだろうか。一般に、ブランドの意味（ブランド認知やブランド・イメージ）を一貫性のある形で消費者に伝達するようなマーケティング活動によって、ブランド・エクイティは強化される。先にも述べたが、以下にマーケターが取り組むべき課題を示す。

●そのブランドは、どのような製品を表し、どのようなベネフィットを提供し、どのようなニーズを満たすのか。「ニュートリ・グレイン」はシリアルからグラノーラバーなどへ拡張することにより、「健康的な朝食とスナック食品のメーカー」という評判を確立した。
●ブランドを付加することによって、当該製品は他製品よりもどのように優れたものとなるか。消費者のマインド内に、どのような強く、好ましく、ユニークなブランド連想が存在するのか。ブラック・アンド・デッカーは、製品開発やブランド拡張により、現在では「革新的なデザイン」の小型電動工具を提供しているとみなされている。

　第9章と第10章で論じたように、これら2つの問題（製品、ベネフィット、ニーズという視点からのブランドの意味と、製品差別化という視点からのブランドの意味）は、製品開発、ブランディング戦略、その他の戦略的な考慮点に対する企業の全般的なアプローチに左右される。本項では、上記以外のブランド強化に関する重要な課題、すなわち、ブランドの一貫性を維持する利点、ブランド・エクイティの源泉を保護する重要性、ブランドの補強と活用のトレードオフ、などについて考察する。

　現代のブランディングに1つルールがあるとするなら、ブランドは決して現状にとどまれないということである。ブランドは常に前進していなければならない。

ブランドの一貫性の維持

　いうまでもなく、ブランドの強化に際して最も考えなければならない点は、ブランドに対するマーケティング支援の量と質の一貫性である。ブランド連想の強さと好ましさを維持する上で、一貫性はきわめて重要である。ブランドの研究開発費やマーケティング・コミュニケーション費が削減されると、技術的に見劣りがしたり、旧式になったり、あるいはすっかり流行後れになったり、無意味になったり、忘れ去られてしまったりする危険性がある。

429

■ 市場リーダーとその失敗

マーケティング支援を削減しつつ値上げを実施することは、特に危険な戦略である。

過去50年から100年の間、市場リーダーであり続けたブランドをざっと眺めるだけで、一貫性を保つことの利点が実証される。「ディズニー」、「マクドナルド」、「メルセデス・ベンツ」などのブランドは、確固たる市場リーダーの地位を手にしてからの戦略が驚くほど一貫している。

一貫性の重要性をさらに説得力を持って示してくれるのは、リポジショニングや広告会社の変更を繰り返すなどしたブランドのたどった運命である。

■ 一貫性と変更

一貫性の維持とは、マーケティング・プログラムの変更を避けるべきだということではない。むしろその逆で、ブランド・エクイティ管理の一貫性を維持するためには、多くの戦術上の変更が必要で、ブランド戦略の効果やブランドの方向性を保つ必要がある。特定のブランドに最も有効な戦術は、その時々で当然変わってくる。消費者のマインド内に望ましいブランド知識構造を構築するためには、価格が上がったり下がったり、製品特徴が追加されたり削除されたり、広告キャンペーンに異なるクリエイティブ戦略やスローガンが用いられたり、さまざまな拡張ブランドが導入されたり撤退させられたりする。

しかし、リーディング・ブランドの戦略的ポジショニングは、マーケティング・プログラムの主要な要素が常に一定であり、ブランドの意味が保たれていることによって、長期にわたって驚くほど一貫している。事実、多くのブランドはマーケティング・コミュニケーション・プログラムにおいて、主要なクリエイティブ要素を長期間維持することによって、「広告資産」を効果的に構築してきた。たとえば、バーボンウィスキーの「ジャック・ダニエル」は、本拠地テネシーの風景と「チャコール・メローイングで1滴1滴ゆっくりと濾過」というスローガンを何十年も変更していない。

ブランドは時として、既存の顧客や離反した顧客に思い出してもらったり、新規顧客を引きつけたりするために、自身のルーツに立ち戻ることがある。ブランド認知を回復するためのこのような努力は理にかなっている。しかし、過去の広告要素やマーケティング訴求が、年齢層の高い消費者にとって変わらぬ意味を保っていたとしても、若い消費者にとっても適切であるかどうかは見きわめる必要がある。マーケティング・プログラム全体を検討して、どの要素がブランド・エクイティに最も貢献しており、ゆえに保護されるべきなのかを判断しなければならない。

ブランド・エクイティの源泉の保護

一貫性は、戦略の方向性の指針にはなるが、必ずしもブランドの支援的マーケティン

グ・プログラムのある時点における特定の戦術を決めるものとはならない。消費者行動、競合他社、自社の変化によって、ブランドの戦略的ポジショニングにおける有効性が薄れていないかぎり、成功しているポジショニングを変更する必要性は低いだろう。

　より強力な新しいブランド・エクイティの源泉を探すことは重要だが、最優先事項は既存のブランド・エクイティの源泉を維持し保護することである。有名な「インテル」の例を見てみよう。

インテル

　1990年代初めの「インテル、入ってる」プログラムの立ち上げは、成分ブランド導入の成功例として知られている。だがインテルは、バージニア州の研究者が見つけた「ペンティアム」マイクロプロセッサーの「浮動小数点」問題をめぐって、1994年にPR活動上のトラブルにも遭遇した。チップの欠陥はごく稀なケースでのみ計算間違いを起こすというものであったが、ひとたびこの問題が公になると、インテルは6週間にわたるメディアの厳しい攻撃にさらされた。のちに同社の幹部も認めているように、その問題を消費者にすぐに公表して対応策を打ち出さなかったのはインテルのミスだった。ペンティアムに代表される同社のマイクロプロセッサーにおけるブランド・エクイティの源泉は「パワー」と「安心感」であり、この2つはマーケティング・プログラムにおいて一貫して強調されてきた。安心感とはアップグレードできることであると消費者は考えているが、欠陥のあるチップによって引き起こされる金銭的リスクなどの可能性によって、インテルの社内にはブランド・エクイティの源泉を保護すべきであるという切迫感が生じたに違いない。結局、同社は欠陥問題に終止符を打つため、チップの交換を申し出た。予想どおり、実際にチップの交換を希望したのはごく少数の消費者（推定1〜3％）で、このことから、消費者をいらだたせたのはチップの欠陥そのものではなく、なかなか行動を起こそうとしなかったインテルの頑固さであったことがわかる。つらいできごとではあったが、ブランド管理について多くの教訓を得たと同社は述べている[2]。

　ブランド・エクイティの主要な源泉は、永続的な価値を有していることが理想である。ブランドの意味を拡大したり、ブランドに製品関連および製品非関連の新しい連想を加えたりする際に、残念ながらマーケターは大切にすべき価値を見落としやすい。次項ではこうしたトレードオフについて考察する。

431

■ 補強対利用

　第4章から第7章で説明したように、ブランド認知を高め、強く、好ましく、ユニークなブランド連想を消費者の記憶内に生み出す方法は数多く存在しており、それによって顧客ベースのブランド・エクイティを構築することができる。ブランド・エクイティを管理する際には、ブランド・エクイティを補強するマーケティング活動と、既存のブランド・エクイティを利用して財務的ベネフィットを追求するマーケティング活動との間のトレードオフに直面することになる。

　ブランド認知やブランド・イメージを利用したり最大化したりするだけでも、マーケティング・プログラムは設計できる。具体的には、広告費を削減したり、より高いプレミアム価格を設定したり、多数のブランド拡張を実施したりするのである。ところが、この戦略を追求するほど、当該ブランドのエクイティの源泉は軽視されやすく、エクイティが縮小してしまうこともある。ブランド・エクイティの源泉がなければ、ブランドは価値あるベネフィットを生み出し続けることができなくなる。自動車の適切なメンテナンスを怠ればやがて性能に支障が出るのと同じで、いかなる理由であれ、あまりにブランドをないがしろにすると、そのつけが回ってくる。

■ 支援的マーケティング・プログラムの調整

　戦術や支援的マーケティング・プログラムは、基本的なポジショニングや戦略に比べて変更しやすいが、それらはブランド・エクイティの維持と強化にもはや貢献していないことが明らかでないかぎり、変更されるべきではない。

　ブランドの意味を強化する方法は、ブランド連想の性質による。次に、製品関連のパフォーマンス連想と製品非関連のイメージ連想に関する具体的な考慮点を見てみよう。

■ 製品関連のパフォーマンス連想

　製品関連のパフォーマンスに関わる属性もしくはベネフィットが連想の核となっているブランドの場合、製品の設計、製造、販売におけるイノベーションがブランド・エクイティの維持や強化には重要である。

　玩具、娯楽用品、パーソナルケア用品、保険など多岐にわたるカテゴリーで事業展開している企業でも、イノベーションが成功の鍵を握っている。たとえば、プログレッシブ社が業界トップクラスの自動車保険会社になったのは、一貫してサービスのイノベーションに努めてきたからである。同社は保険のオンライン直販の草分けであり、保険加入を検討中の消費者が、即座に最大3社と価格見積もりの比較ができるサービスを提供した最初の企業である。ほかにも同社のイノベーションとして、担当者が顧客の保険金支払い申請か

ら修理までのプロセスすべてに対応する事故の「コンシェルジュ・サービス」、顧客が保険料の支払いや保険担保の変更をいつでも行えるオンライン保険証書管理がある。

イノベーションを怠ると、悲惨な結果を招くことがある。スミスコロナ社はパソコン市場が急速に拡大する中、タイプライターとワープロの売上が伸び悩み、やがて倒産した。業界に詳しいある人物は次のように述べている。「スミスコロナ社は、自社がタイプライター事業ではなく、ドキュメント事業に関わっているという事実に気づいていなかった。そのことに気づいていれば、ソフトウェア事業に参入していたはずだ」[3]。「ギターヒーロー」は21世紀初の大ヒットゲームシリーズとして喧伝されたが、供給過剰と魅力ある新製品を導入できなかったため、2010年のクリスマス商戦における売上で伸び悩んだあと、所有者のアクティビジョン社は事業部を閉鎖した[4]。

ブランド・エクイティの源泉が製品パフォーマンスを基礎としているブランドにとって、製品イノベーションはきわめて重要である。製品の進歩は、原料や特徴を新規に採用したり改善したりした、ブランド拡張によって実現されることもある。実際に多くのカテゴリーで、ブランド拡張に関連した製品イノベーションから、強力なファミリー・ブランドとなるサブ・ブランドが誕生している（「ウィルソンハンマー」のワイド・ボディー・テニスラケットが好例）。その一方で、既存ブランドの改良だけを目的とした製品イノベーションも存在する。たとえば、ゼネラルミルズの「ビッグG」シリアル部門は、2ダースほどあるブランド・ラインの少なくとも3分の1を毎年改良するように努めている。

他方、消費者にとってのブランドの意味が製品のデザインや構造に結びついている場合、製品をあまり頻繁に変更しないほうがよい。製品を変更する場合、新製品は従来品より優れているだろうが、違うものではないということをロイヤルティの高い消費者に納得させるべきだ。製品の改良では発表や実施のタイミングも重要である。製品改良の発表が早すぎると、消費者は既存製品の購買を控えてしまう。逆に遅すぎると、競合他社に出し抜かれ、市場機会を奪われてしまうかもしれない。

■ 製品非関連のイメージ連想

製品非関連の属性および象徴的または経験的ベネフィットが連想の核となっているブランドの場合、使用者イメージと使用イメージの適切性が重要である。製品非関連の連想は、無形であるという性質ゆえに、これまでとは異なるユーザーや使用場面を広告キャンペーンなどによって伝え、容易に変えることができる。

しかし、リポジショニングが不適切であったり、あまりにも頻繁に実施されたりすると、ブランド・イメージがぼやけ、消費者を混乱させたり遠ざけたりしてしまう。製品関連のパフォーマンス連想と製品非関連のイメージ連想の間で揺れ動くのは、それぞれの連想で必要になるマーケティング手法と広告手法が本質的に異なるため、特に危険である。「ハ

イネケン」は製品主体の広告（「すべてはビールのためにある（It's All about the Beer）」）
とユーザー主体の広告（「あなたの評判を上げよう（Give Yourself a Good Name）」の間で
揺れ動きすぎるとして、しばしば批判された。

　大胆なリポジショニングに危険が伴う理由はほかにもある。ブランド・イメージはきわめ
て固定的であり、ひとたび強いブランド連想が確立されると、変更することは困難であ
る。強いブランド連想がすでに消費者の記憶内に形成されている場合、それとは異質な新
しいポジショニングは、無視されるか覚えてもらえない[5]。「クラブメッド」は活動的な人
のための休暇というイメージを変更し、より幅広い消費者層を取り込むことを長年試みて
きた。

　抜本的なリポジショニング戦略を成功させるためには、ブランドの新しい主張が説得力
のある方法で提示されなければならない。たとえば、BMWは製品非関連のブランド・イ
メージを製品関連のイメージに変更することに成功している。1980年代に典型的な「ヤ
ッピー」の車と見られていたBMWの売上は、日本車の台頭や「欲望の10年（Greed
Decade）」の反動で、1986～1991年の間にほぼ半減した。ハイ・ステータスがもはや望ま
しくて持続性のあるポジショニングではないことを認識し、同社は広告の焦点をレスポン
ス性能や最先端のエンジニアリングなど製品開発と製品改良にあてた。またBMWブラン
ドは、強力な安全性のメッセージを非常にBMWらしい形で追加することができた。たと
えばボルボは、万が一衝突した際、自動車の設計と作りが、乗っている人を守るとして安
全性を主張する。これに対してBMWの安全性のメッセージは、ハンドリングが優れてい
るため衝突しないというものである。このような性能重視の努力は創造性豊かな広告で紹
介され、その結果、BMWブランドの「ヤッピー」連想は緩和され、1995年に同社の売上
は以前のピーク時に迫るまで回復した[6]。

　ブランド・エクイティの強化には、支援的マーケティング・プログラムの量と質の一貫
性が求められる。特定の戦術は変更することがあっても、主要なブランド・エクイティの
源泉は維持し、必要に応じて拡大しなければならない。ブランドの意味を継続的に維持し、
拡張していく上で、製品イノベーションおよび製品の適切性は特に重要である。

　毎日、毎週、毎月、毎四半期、毎年の終わりに、マーケターは自分が担当するブランド
を革新させるために、自分は何をしてきたかについて自問すべきである。この問いかけに
しっかり答えられないようであれば、先々で悪影響が出るかもしれない。一時は業界を代
表する存在だったノキアとブラックベリーは、ここ数年、スマートフォン市場が経験した
技術的、マーケティング的な大変化に追いつくのに苦労している[7]。明るい話題として、
BRANDING BRIEF 11-1にイギリスのブランド、バーバリーがファッション界で自己変革
を果たした経過を取り上げた。次に、ブランドに対して、より思い切った処置が必要なケ

ースを考察する。

ブランドの再活性化

どの製品カテゴリーにおいても、かつては有名で称賛されていたブランドが、その後凋落したり、完全に姿を消してしまったりすることさえある。しかし、マーケターが顧客愛顧に新たな命を吹き込むことによって、近年輝かしい復活を遂げているブランドも少なくない[8]。「ボストンマーケット」、「アルトイズ」、「バリー」、「オバルチン」などのブランドがその例である。

立て直しに成功するためには、ブランドは時として、失ったエクイティの源泉を取り戻すために原点回帰をしなければならない。あるいは、市場リーダーシップを回復するために、ブランドの意味を根本的に変えなければならない場合もある。どちらの手法をとるにしても、返り咲きを目指すブランドは、ブランドの意味を強化するために、「進化的な」変化ではなく「革命的な」変化を遂げる必要がある。

ブランドの運命を転換するにあたって、まず目を向けるべきは、本来のブランド・エクイティの源泉である。リポジショニングの指針となるブランド知識構造を理解するために、ブランド認知の幅と深さ、および消費者が記憶内に抱くブランド連想とブランド・レスポンスの強さ、好ましさ、ユニークさ、さらには消費者とブランドのリレーションシップの性質を、正確かつ完全に把握する必要がある。第8章で示した包括的なブランド・エクイティ測定システムを用いれば、ブランド・エクイティの源泉の現状が明らかにできるだろう。もし不十分な部分があったり、さらなる知見を得たければ、特別なブランド監査が必要となる。

特に重要なのは、主要なブランド連想が、ブランドを適切にポジショニングするための差別化ポイントと類似化ポイントとして、現在どの程度機能しているかという点である。ポジティブな連想が強さやユニークさを失っていないか。マーケティング環境における変化によって、ネガティブな連想がブランドと結びついていないか。

次に、同じポジショニングを維持するのか、それとも新しいポジショニングを打ち出すのか、もし新しくするならどのようなポジショニングを採用するのかについて決定しなければならない。第2章で述べたポジショニングについての指摘は、自社、消費者、競合の状況を踏まえて想定した、さまざまなポジショニングの望ましさや実現性や差別化可能性に関して有益な洞察を与えてくれる。

ポジショニングは現在も適切であるのに、マーケティング・プログラムがうまく機能していない場合もある。こうした場合には、「バック・トゥ・ベーシック」戦略をとるのが理にかなっている。

BRANDING BRIEF 11-1 –
バーバリーのイメージ再構築

　1856年に21歳のトーマス・バーバリーが設立したバーバリーは、1990年代半ばには「ダメなファッションの典型」に成り下がっていた。バーバリーは「ファッション界のレーダースクリーンから大幅に外れた」中高年向けのコートを作っている、面白みがなくて古臭いブランドと多くの人から思われていたのである。しかし数年のうちに、現代的なデザインと最新のマーケティングに助けられ、バーバリーは退屈なイメージを脱ぎ捨て、再びファッションの中心に返り咲いた。バーバリーは新しいモットー「デザインすることをやめるな」を掲げたが、これは移り気なファッションの消費者との適合性を確立し維持するという、同社の新しいアプローチを一言で言い表していた。

　ブランド刷新のためにバーバリーが最初に行ったことの１つが、自社の伝統的なベージュのチェック柄をハンドバッグ、スカーフ、カチューシャなどの小物に活用することだった。これらの小物はまたたくまにベストセラーになった。次の一手はチェック柄そのものに別の色、パターン、サイズ、素材を使って若返りを図ったことである。現代性と伝統のバランスには細心の注意を払った。伝統は現代の消費者からも共感を得ていたからである。さらに、トレンチコートやプローサムホースの印など、他の象徴的なイメージにも活用法を模索した。これらのブランド・アイコンの使用は、「トーマス・バーバリーの才能と創造性が生み出したバーバリー・ブランドの核となる精神と美意識は現代にも通じる」という経営陣の考えを反映していた。

　バーバリー復活のもう１つの鍵は、広告の刷新である。著名なファッションフォトグラファーのマリオ・テスティーノを起用し、ケイト・モスなど最先端のスーパーモデルに象徴的なバーバリーのレインコートを着せた広告写真を撮らせた。広告は「挑戦的で、都会を生き抜くたくましいイメージをブランドにもたらした」と評価された。新しいデザインの現代的な感覚に合わせて、店舗も改装した。

　こうしたさまざまな取り組みにより、バーバリーの運命は好転した。だが、いささかうまくいきすぎたようである。ブランド活性化における課題の１つは勢いを維持することだが、バーバリーも例外ではなかった。2002年にロンドン証券取引所に上場したのをピークとして、ブランドは過剰露出と偽造品の氾濫に苦しむようになった。2004年のクリスマス商戦の売上が伸び悩んだのを受け、同社は方向転換の必要性を自覚した。

　多数のマーケティングの変更が実施された。トレードマークだった黄褐色と黒と白と赤のバーバリーのチェック柄は影をひそめ、バーバリー・ブランドのアイテムの10%にのみ控えめに用いられた。利幅の高い小物（ノンアパレルは収益の３分の１を占める）とハイエンドファッションが強化された。高価なプローサム・コレクションはブランドの売上の

第11章 長期的なブランド管理

近年で最もめざましいブランド再生を果たしたのがバーバリーである。バーバリーはファッション・イメージを大幅に改善した。
出典：Facundo Arrizabalaga/EPA/Newscom

5％にすぎないが、バーバリー・レーベルのファッションの旗手として、創造性への信頼の源泉となった。

　中国など活力ある新興市場、たえず顔ぶれが新しくなる新製品の供給、ラグジュアリー・ブランドの中でも最も先進的なデジタル戦略などによって、バーバリーの2011年度の収益は財務予測をはるかに上回る20億ドルを超えた。

出典：Sally Beatty, "Plotting Plaid's Future," *Wall Street Journal*, 9 September 2004, B1; Mark Tungate, "Fashion Statement," *Marketing*, 27 July 2005, 28; Sharon Wright, "The Tough New Yorker Who Transformed a UK Institution Gets Her Reward," *The Express*, 5 August 2004, 17; Kate Norton, "Burberry, Plaid in Check, Is Hot Again," *Bloomberg BusinessWeek*, 16 April 2007; Kathy Gordon, "Global Demand Buoys Burberry," *Wall Street Journal*, 13 July 2011; Nancy Hass, "Earning Her Stripes," *Wall Street Journal*, 9 September 2010.

　従来のポジショニングがもはや有効性を失い、「リ・インベンション」戦略が必要な場合もある。マウンテンデューはブランド・イメージを徹底的に分析精査し、ソフトドリンクの強力ブランドになった。この例が示すように、忘れ去られていただけのブランドを復活させるのは、往々にして最も簡単である。

　当然ながら再活性化戦略は、純然たる「バック・トゥ・ベーシック」戦略と純然たる「リ・インベンション」戦略を両極とする連続体である。多くのキャンペーンは双方の戦略の要素を組み合わせている。

　最後に、ブランドがそもそも消費者の期待に応えられなかった製品の失敗より、十分な数の消費者をブランドに引きつけられなかった市場の失敗のほうが、概してずっとダメージが少ないことに留意されたい。製品で失敗を犯すとネガティブな連想を克服するのが困難になるが、市場での失敗は、再発売でうまくいくことがある。

437

現在のブランド知識構造と望ましいブランド知識構造を理解した上で、意図したポジショニングを獲得するために、過去のブランド・エクイティの源泉を活性化したり、新しい源泉を創出したりする方法の指針として、顧客ベースのブランド・エクイティのフレームワークが有用になる。このモデルに従えば、2つのアプローチが可能である。

1．購買時と消費時におけるブランド再生とブランド再認を高めることによって、ブランド認知を深めたり幅を広げたりする。
2．ブランド・イメージを形成している連想の強さ、好ましさ、ユニークさを向上させる。これには、既存のブランド連想や新しいブランド連想を対象にしたプログラムが必要となる。

　こうしたアプローチで、ブランド・セイリエンスとブランド・ミーニングを高めることによって、より好ましいレスポンスとレゾナンスの獲得が可能になる。
　戦術的には、ブランド・エクイティの源泉を新しく創造する場合と同じ3つの方法で、ブランド・エクイティの源泉を磨き直し、新しい源泉を確立することができる。すなわち、ブランド要素の変更、支援的マーケティング・プログラムの変更、新しい二次的連想の活用という3つである。次項では、これらの目的を達成するための戦略案について考察する。

■ ブランド認知の拡大

　衰退しているブランドにおいて、ブランド認知の深さが問題になることはあまりない。一定の環境下であれば、消費者は依然として当該ブランドを再認あるいは再生できるからである。むしろ障害になっているのは、ブランド認知の幅である。消費者はブランドをきわめて狭く捉える傾向にあるからだ。第3章で示したように、ブランド・エクイティを構築するための1つの強力な手段は、ブランド認知の幅を広げることであり、消費者にそのブランドを見落とさせないことである。
　ブランドが妥当なレベルの認知とポジティブなイメージを有している場合、エクイティの新しい源泉を創造するための第1歩は、使用を増加させることである。このアプローチに必要なのは、コストのかかるブランドのイメージやポジショニングの変更ではなく、比較的実行しやすいブランドの突出性や認知の変更であることが多い。
　使用の増加は、消費水準もしくは消費量を上げること（すなわち、消費者が当該ブランドをどれだけたくさん使うか）、もしくは消費頻度を上げること（すなわち、消費者が当該ブランドをどれだけ頻繁に使うか）によって実現できる。おそらく、消費者の使用回数を増やすほうが、1回の使用量を増やすより容易だろう（例外があるとすれば、ソフトドリンクやスナックのような衝動買いが行われる製品で、こうした製品は入手可能性が高く

なると使用量が増える）。使用頻度を高めることは、製品カテゴリー内のリーダーブランドにとっては特に魅力的である。使用頻度を上げるためには、従来どおりの使用方法で当該ブランドを使う新しい機会を見つけるか、当該ブランドのまったく新しい使用方法を見つけなければならない。この2つのアプローチを順に見ていこう。

■ 追加的あるいは新規の使用機会の確立

　従来の使用方法であっても、消費者にブランドをより多く使用させる追加的機会あるいは新規機会を見つけるために、マーケティング・プログラムには次の2点が含まれていなければならない。

・既存の状況もしくは新しい状況で、ブランドをより頻繁に使用することの妥当性や利点を伝えるコミュニケーション。
・そうした状況にできるだけ近いタイミングで、ブランドを消費者に使用してもらうためのリマインダー。

　多くのブランドの場合、使用を増加させるためにはリマインダー広告（たとえば、野菜ジュースの「V8」と、有名な広告キャンペーン「そうか。V8があった」）を通してトップ・オブ・マインド認知を高めるだけでよいかもしれない。しかし、もっと工夫を凝らした検索上の手がかりが必要な場合もある。習慣的な消費状況以外においてブランドを無視する「機能的制約」を有するため、リマインダーはきわめて重要である。

　たとえば、特別な状況においてのみ適切とみなされるブランドがある。このようなブランドにとって効果的な戦略は、「特別」の意味を再定義することである。シーバスリーガル社は、「どのようなときのためにシーバスリーガルをとっておきますか」という、ブレンデッドスコッチの印刷広告キャンペーンを実施したことがある。その広告は、「ベビーシッターが来てからが楽しみの始まり」、「あなたのスコッチ・アンド・ソーダはあなたが決める」、「自慢するためのシーバス。それは考えすぎです」といったヘッドラインを用いた。しかし、このようなキャンペーンがうまく機能するためには、消費者により広い使用習慣を受け入れさせながらも、ブランドの「プレミアム」連想、つまりエクイティの主要な源泉を維持することが必要である。

　使用頻度を増やすもう1つの機会は、消費者の使用についての知覚が現実と異なる場合である。寿命が比較的短い製品なのに、消費者の買い替えが遅かったり、使用頻度が少なかったりする場合がある[9]。この場合、2つの解決策が考えられる。

・製品の交換を祝日、イベント、季節の変わり目などと結びつける。たとえば、歯ブラシ

「オーラルB」などいくつかのブランドは、春からサマータイムへの切り替えと結びつけたプロモーションを展開している。

- （1）製品の使用開始日や交換時期、（2）現時点での製品の性能レベルに関する情報を消費者に提供する。たとえば、電池に電力の残量を表示する目盛りをつけるとか、歯ブラシや剃刀に古くなれば色が変化するインジケーターをつけるといった方法である。

　最後に、最も簡単に使用量を増加できるのは、製品の実際の使用が最適な使用量もしくは推奨される使用量よりも少ない場合である。このような場合、消費者に正しく使用することの長所を理解させ、使用量を増大させる際の潜在的な障害を克服しなければならない。たとえば、製品デザインやパッケージをもっと便利で使いやすいものにするなどである。

■ブランドのまったく新しい使用方法の確立

　使用頻度を増大させる2つ目のアプローチは、製品のまったく新しい使用方法を確立することである。食品メーカーは自社ブランドを使った新しいレシピを長年にわたって広告で紹介している。製品の新しい使用方法を開拓した代表例は、重曹の「アーム・アンド・ハマー」だろう。脱臭と汚れ落としという特性から、新たな使用方法が数多く生まれた。

　他のブランドもアーム・アンド・ハマーを手本にした。「クロロックス」は、台所の消臭など、漂白剤の多くのベネフィットを強調した広告を実施した。チューインガムの「リグレー」は、たばこの代替品として製品を積極的に売り込む広告を展開した。「タムズ」は、自社の胃酸を抑える制酸薬を、カルシウム補給を高める胃薬として広告した。「コーチ」は不況期にあっても、ブランドだけではなくカテゴリーの使用拡大と使用頻度の向上に成功した。

　新しい用途の開拓に必要なのは、新しい広告キャンペーンや販売アプローチだけではない。新しいパッケージによって、新しい用途が生まれることもある。たとえば、アーム・アンド・ハマーは、重曹の新しいパッケージとして、冷蔵庫や冷凍庫内をより新鮮に保ち、脱臭効果が高まるようにデザインされた「フリッジ・フリーザー・パック」（空気穴つき）を発売した。

ブランド・イメージの改善

　ブランド認知の変更はブランド・エクイティの新しい源泉を創造する最も容易な方法であるが、より抜本的な変更が時として求められる。ブランド・イメージを形成しているブランド連想の強さ、好ましさ、ユニークさを改善するためには、新しいマーケティング・プログラムを作り出さなければならないこともある。この種のリポジショニングや既存の

ポジショニング強化の一環として、薄れてしまったポジティブな連想を取り戻し、形成されてしまったネガティブな連想を中和し、新しくポジティブな連想を作り出す必要がある。このようなリポジショニングに関する意思決定では、競争上のフレーム・オブ・レファレンスを確立するために、標的市場を明確化し、競争の性質を理解しなければならない。

■ 標的市場の特定

　ブランド再活性化戦略の一環として、４つの主要な標的市場セグメントのいずれか１つまたは複数に対して行動を起こさなければならない。

１．不安定な顧客のつなぎ止め
２．離反した顧客の奪回
３．見落としていたセグメントの特定
４．新規顧客の誘引

　これらの戦略的ターゲティングの選択肢には明確な階層がある。売上の回復を図るにあたって、最初に第４のセグメント、新規顧客の獲得に力を入れるという過ちを犯す企業があるが、これは最もリスクの高い選択肢である。もし失敗すれば、新規顧客の誘引に失敗するだけでなく、さらに既存顧客まで失うという２つの痛手を負いかねないからだ。

　郊外を中心に約580の店舗で女性向けのスーツ、ブラウス、ドレスを販売しているタルボットは、2008年の景気後退後に売上が伸び悩んだとき、標的市場の拡大を決定した。従来の35歳以上の女性よりも若い世代にアピールしようと、クラシックな真珠や季節に合ったセーターの隣に、派手なジュエリーやメタリックなスーツが並べられた。結果は既存の顧客だけでなく狙った新規見込み客まで混乱させる大失敗となり、売上は急減した。アジアの大手低価格カジュアルウェアチェーンのユニクロは、人気のあったベーシック衣料を犠牲にしてファッション志向の強いアイテムの在庫を増やしすぎ、まったく同じ苦境に陥った[10]。

　売上減少の局面で上述のようなダブルパンチを避けつつ軌道を安定させるには、まず売上減少を食い止めること、そして顧客の離反が進まないようにしてから、新規顧客の獲得を図るのが最善策である。既存顧客を維持するためのマーケティング施策が、ブランドの使用をやめた離反客の奪回にも役立つことがある。これは、消費者が忘れていたり、あたりまえに思うようになったブランドの長所を単純に再認識させればよい、ということもある。

　次に実行可能性の高いブランド再活性化策は、デモグラフィック変数などをもとに細分化を行い、見落としていたセグメントを特定する第３のアプローチである。もちろん、衰

退しつつあるブランドを再活性化する最後の策は、過去にブランドを支えてくれた消費者グループを事実上捨て去り、まったく新しい市場セグメントを標的にすることである。

ブランド・エクイティを構築するため、新たな顧客グループに働きかけた企業もある。ケーブルテレビ局のホーム・ショッピング・ネットワーク（HSN）は、後追い製品ばかりの無数の無名ブランドを捨て、バッジェリー・ミシュカ、ショーン・"ディディ"・コムズ、ステファニー・グリーンフィールド、セレナ・ウィリアムズなどの有名人デザイナー寄りの番組作りをすることで、ファッション志向の高い買い物上級者に訴求して成功した[11]。

別の製品を提供しているような市場セグメントでも、ブランドにとって成長の可能性を秘めたターゲットとなるかもしれない。しかし、そのようなセグメントを効果的にターゲットとするためには、マーケティング・プログラム、特に広告その他のコミュニケーションに何らかの変更ないしバリエーションを加える必要がある。それを実行するかどうかの判断は、最終的には費用対効果分析の結果次第となる。

新しい市場セグメントを引きつけるのは容易ではない。ジレット、ハーレーダビッドソン、ESPNなどのブランドは、男性的イメージの自社ブランドを女性にとって魅力的にするために、最適な製品と広告の融合を見出そうと長年にわたり努力してきた。女性に訴求力を持つマーケティング・プログラムの創出は、自動車からコンピュータまでさまざまな製品のメーカーにとって最優先事項となっている。

また、多様な人種および民族グループ、年齢層、所得層をターゲットとするプログラムも導入されてきている。このような文化的市場セグメントには、それぞれ異なるメッセージ、クリエイティブ戦略、媒体が必要になる。しかし、こうしたセグメントは移り気でもあり、原点回帰の再活性化戦略を強いられるブランドもある。

■ ブランドのリポジショニング

標的市場セグメントの種類に関係なく、ブランドのリポジショニングには説得力のある差別化ポイントの確立が必要となる。鍵となるイメージにおいて類似化ポイントを確立したいときにも、リポジショニングが求められることもある。

成熟し確立されたブランドに共通するのは、適切な使用状況、現代的なユーザー像、現代的なブランド・パーソナリティを創造することによって、より今日的にしなければならないという課題である。長年にわたって販売されている伝統的なブランドは、信頼性はあるものの、退屈で、面白みがなく、好感が持てないとみなされやすい。

ブランドの刷新は、新しい製品、新しい広告、新しいプロモーション、新しいパッケージを組み合わせることで実現される。2013年に100周年を迎えた「クロロックス」は伝統的ブランドであり、定期的に刷新策をとらなければならない。忙しい若い親にアピールするため、クロロックスはシミ抜き専門の「マイステイン」というスマートフォンアプリを

開発した。アプリには顔じゅうパスタソースだらけにした子どもの写真など、家族向けの画像を取り入れて、親しみやすく楽しいものにした。レストランでのシミ処理方法には、炭酸水などクロロックス製品以外の便利な解決法も多数提案されている[12]。

■ ブランド要素の変更

　製品やマーケティング・プログラムの変更によって、新しい情報を伝えたり、ブランドが新しい意味を帯びるようになったことを知らせたりするために、ブランド要素の変更が求められる。ブランド・ネームは、一般的に最も重要なブランド要素であるが、最も変更しにくい要素でもある。それでも、マーケティング戦略の変更を示したり、発音しやすくして想起を容易にするために、ネームの一部を省略したり、イニシャルとして表すことができる。ネームの短縮やイニシャルの使用には、潜在的にネガティブな製品連想を隠す働きもある。

　たとえばフェデラルエクスプレスは、消費者が実際に呼んでいたブランドのネームを考慮して、公式名称を「フェデックス」に短縮し、新しいロゴの導入に踏み切った[13]。健康的なイメージを伝えるため、「ケンタッキーフライドチキン」は「KFC」というイニシャルに短縮された。また、同社は伝統を維持しつつブランドを現代的なものにする手段として、カーネル・サンダースのキャラクターを用いた新しいロゴを導入した。しかし、従来の骨付きフライドチキンよりもグリルドチキンとサンドイッチを全国規模の広告で強調するようになったところ、ブランドがルーツから逸脱しすぎたとして一部のフランチャイズ店は訴訟を起こした[14]。

　他のブランド要素はブランド・ネームよりも変更しやすい。ブランド認知やブランド・イメージにおいて重要な役割を果たしていれば、むしろ変更すべきかもしれない。第4章では、パッケージ、ロゴ、キャラクターを時間の経過とともに修正し、新しくする方法について述べた。その際、一般的に変更は控えめで漸進的にすべきであり、ブランド要素の最も突出した部分は維持するよう、細心の注意を払うべきであることを指摘した。

ブランド・ポートフォリオの調整

　ブランド・エクイティとブランド・ポートフォリオの管理では、長期的な視点を持ち、ポートフォリオ内のさまざまなブランドの役割とブランド間の関係を、長期にわたり慎重に考慮する必要がある。ブランドを刷新するためには、ブランド・アーキテクチャーを整理するだけで良い場合もある。

　30億ドルの収益をあげていたヘアケアブランド、「パンテーン」の売上が2008年の不況期に伸び悩んだとき、P&Gは大掛かりな研究開発を行い、製品ラインの改良とテコ入れ

を図った。大規模な消費者テストと、通常は医療や宇宙研究に使われる技術を取り入れ、各種成分がさまざまな髪のタイプ別にどのように作用するかを調べて、新製品開発や製品改良を実施した。P&Gはシャンプー、コンディショナー、スタイリング剤の数を3分の1減らし、製品ライン全体を再編して、カラーリングした髪、くせ毛、細い髪、普通から太めの髪と4つの髪タイプ別にカラーコード化した[15]。

回遊戦略

ブランド回遊戦略については、消費者のニーズや、製品およびブランドが時とともに変化するのに応じて、ポートフォリオ内のさまざまなブランドが消費者ニーズをいかに満足させられるか、消費者が理解できるように実施すべきである。ブランド変遷の管理は、変化の激しい技術集約的市場において特に重要である。消費者が、自分たちのニーズや欲求の変化に合わせて、ポートフォリオ内でどのようにブランド・スイッチできるかが暗黙のうちにわかるように、ブランドが消費者のマインド内で体系化されることが望ましい。

論理的に整理されているコーポレート・ブランド戦略やファミリー・ブランド戦略は、消費者のマインド内に階層構造を生み出し、ブランド回遊を容易にする。自動車会社はこの点を巧みに利用している。BMWはこうした戦略の好例といえる。BMW は、徐々に高品質になっていくことを示す3シリーズ、5シリーズ、7シリーズというナンバリング・システムを導入している。クライスラーは「プリムス」を「入門」自動車のラインとして位置づけ、プリムスのオーナーたちがのちにクライスラーの高価格モデルに買い替えることを期待した。

新規顧客の獲得

どのような企業も、新規顧客を引きつけるためのマーケティング努力と既存顧客をつなぎ止めるためのマーケティング努力の間のトレードオフに直面する。成熟市場においては、一般に新規顧客の獲得よりもロイヤルティの構築と既存顧客の保持のほうが重要である。しかし、自然のなりゆきからであれ、ブランドから離れていく顧客は必然的にいる。したがって、新規顧客とりわけ若年層の顧客を引きつける戦略を、企業は積極的に考え出していかなければならない。新規顧客を獲得するマーケティングの難しさは、世代、コーホート、ライフスタイルの大きく異なる顧客に適切性を持ったブランドを創造することにある。ブランドが強力なパーソナリティや特定の消費者グループと結びついた使用者イメージ連想を持っていると、これはいっそう困難になる。

残念ながら、若い消費者が年をとったとき、前世代の年配の消費者と同じ消費行動や態度をとるようになる保証はない。2011年、第二次大戦後のベビーブーマーの第一波が65歳の誕生日を迎え、正式に「シニア市場」の仲間入りをした。多くの専門家によって、こ

第11章　長期的なブランド管理

のグループは彼ら独自の価値観を取り入れた製品やサービスのマーケティングを企業に要求するだろうと予測されている。ある人口統計学の専門家は、「ベビーブーマーたちが彼らの親のようになるだろう、ということほど真実とかけ離れた主張はない」と述べている。

　世代やコーホートを越えたマーケティングの課題に対して、さまざまな取り組みが行われてきた。過去との断絶を試みたマーケターもいる。1990年代、自身がその代名詞となった都会的なスタイルを捨てたトミーヒルフィガーがその好例である。新旧双方の顧客を取り込み、包括的マーケティング戦略を展開しようとしたブランドもあった。たとえば、ブルックスブラザーズは商品構成の改善、店舗の刷新、海外市場へのフランチャイズ進出、初のデザイナー・レーベル「ブラックフリース」の導入により、年齢層の高い顧客のロイヤルティを維持するとともに、若年層という新規顧客の獲得に努めた。また、ノードストロームを相手に、より現代的なセレクト商品を販売する独占パートナーシップ契約を結んだ[16]。

ブランドの縮小

　マーケティング環境の劇的な変化や逆風により、保持しておく価値がなくなってしまうブランドもある。こうしたブランドのエクイティの源泉は、実質的に枯渇してしまった可能性がある。もっと悪い場合には、ブランドのイメージを損ない、変更すら難しいブランド連想が生じている場合もある。いかにブランド・ロイヤルティが高くても、ある段階までブランド愛顧者が減少すると、ブランドを支援する正当性はなくなってしまう。こうした逆境に直面した場合、ブランドを適切に縮小させたり利益を絞り取ったりするために、断固たる措置が必要となる。

　衰えつつあるブランドへの対処法はいくつかある。ブランドを削除するための第1段階は、パッケージ・サイズやバリエーションなど製品タイプの数を減らすことである。このような処置によって、ブランド支援のコストを削減しつつ、当該ブランドの印象も悪化させることなく、従来よりも容易に目標利益を達成できる。ロイヤルティの高い顧客基盤を十分な規模で有しているブランドなら、マーケティング支援の縮小によって、この金のなる木から利益を絞り取る、つまり収穫することができる。

　オーファン（孤児）・ブランドとは、かつては人気ブランドだったが、エクイティが減少したため、親会社がマーケティング支援を打ち切り、衰退するにまかせているブランドのことである。一般に、こうしたオーファン・ブランドは、顧客基盤が小さすぎて広告費やプロモーション費を確保できない。その好例がポラロイド社のカメラである。2001年に破産申請したのち、ポラロイド・ブランドは非公開投資会社に売却された。2003年に市場調査をしたところ、ブランド・ネームには依然として大きな資産価値があったので、まもなくポラロイドのネームは時代後れのインスタントカメラではなく、もっと高度な技

445

術を使ったテレビやDVDなどの電子機器として登場した。こうした製品はウォルマートやターゲットなどの小売店で流通するようになり、年間売上3億ドルを生み出したといわれており、オーファン・ブランドとなったポラロイドが命脈を保っていることを証明した[17]。

　マーケティング手法が適切であれば、捨てられたブランドをよみがえらせることも可能である。スリーエムから分離独立したイメーションは、オーディオカセットと「これはライブ？　それともメモレックス？」の広告で有名なメモレックスを2006年に3億3000万ドルで買収した。このタグラインは30年以上も前に使われなくなっていたが、消費者調査を行ったところ、ブランド認知はいまだ95%を超えていることがわかった。家族で一緒に利用できるテクノロジーを好む28〜40歳の母親をターゲットに、メモレックスはiPodの付属品、デジタルフォトフレーム、DVDプレイヤーとMP3プレイヤー、カラオケ機器、テレビのブランド化をウォルマートやターゲットなどの小売店で再開した[18]。

　一方、ブランドの修正にとどまらず、強力なブランドへの統合など、もっと思い切った措置を講じなければならない場合もある。P&Gはトイレットペーパーの「ホワイト・クラウド」と「チャーミン」を統合し、ホワイト・クラウドのラインを削減した。さらに同社は、衣料用洗剤の「ソロ」と「ボールド」を統合した。棚スペースの確保が難しくなるにつれて、ブランド統合は強力なブランドを作り、コストを削減し、マーケティング努力を集中するために不可欠な手段となっている[19]。

　最後に、もっと永続的な解決策として、製品自体を完全になくしてしまう方法がある。十分な水準のブランド・エクイティを構築できなかったブランドや、マーケティング環境の変化によりブランド・エクイティの源泉を失ってしまったブランドが、市場にはあふれている。売上があまりに落ち込んだ場合、企業はオーファン・ブランドをスピンオフさせる場合がある。キャンベルはピクルスの「ヴラシック」、冷凍ディナーの「スワンソン」をスピンオフさせた。同じように、アメリカン・ホーム・プロダクツ社は「シェフ・ボイアーディー」、ツナの「バンブルビー」、クッキングスプレーの「パム」をスピンオフさせた。オーファン・ブランドを売却する企業もある。P&Gは洗濯洗剤の「オキシドール」をレドックスブランズに売却した。

　古いブランドは消費者が子どものときから慣れ親しんでいる場合が多く、そのため、ある程度の価値を保持しているとハーバード大学教授ナンシー・ケーンは説明し、「少なくとも無意識の結びつきがある」と語る[20]。おそらくこのことから、www.hometownfavorites.comというウェブサイトが成功している理由を説明できるだろう。このサイトは、ブレアラビット・モラセスシロップやマイ-T-ファインプディングといった400以上の魅力あるオーファン・ブランドを売り出している。オーファン・ブランドが核となる支持層の人気を失っていないかぎり、企業はオーファン・ブランドの販売に意欲的である[21]。

■ 既存製品の撤退

　再活性化（あるいは少なくとも利益の絞り取り）を試みるブランドと、市場から撤退させるブランドをどのように識別すればよいのだろうか。ビーチャム社はデオドラント・パッドの「ファイブ・デイ」、スキンケアローションの「ローズミルク」、便秘薬の「セルタン」など瀕死のブランドを撤退させたが、アフターシェーブローションの「アクアベルバ」、鉄分とビタミンのサプリメント「ジェリトール」、整髪料の「ブリルクリーム」については再活性化を試みた。ブランドの撤退を決定するには、多くの要因が関係している。

　根本的に問題となるのは、当該ブランドの既存のエクイティと潜在的なエクイティである。巨大消費財メーカーであるユニリーバは、ブランドやラインの約75％に関して売却の可能性を検討するという同社の決定について、次のように述べている。「もしビジネスが価値を生み出さなくなっているならば、我々はそれにしがみつくべきではない。それは美しい庭に雑草をはびこらせるようなものだ。最も良く成長しそうな花に日光と空気を当てるために、雑草は取り除かなければならない」[22]。

　効果的なブランド管理には、長期的な視点が必要である。また、ブランドの支援的マーケティング・プログラムの変更は、消費者のブランド知識を変化させ、それによって将来のマーケティング・プログラムの成功に影響を及ぼす可能性があることを認識する必要がある。長期的視点に立てば、マーケティング環境という外部の変化と企業のマーケティング目標やマーケティング・プログラムの変更という内部の変化に直面せざるをえない。そして、顧客ベースのブランド・エクイティを長年にわたり維持し高めていくことを目指していると、積極的なマーケティング戦略を策定することにもつながる。

　ブランド・エクイティは、消費者へブランドの意味を継続して伝える活動によって強化される。具体的には、ブランドがどのような製品を代表し、どのようなコア・ベネフィットを提供し、どのようなニーズを満たすのか、あるいは当該製品がどれだけ他製品より優れており、どのような強く、好ましく、ユニークなブランド連想を有しているかを伝達することによって、ブランド・エクイティは強化されるのである。ブランドの強化に際して最も重要なのは、マーケティング支援が量的にも質的にも一貫していることである。一貫性を維持するということは、マーケティング・プログラムの変更を避けるべきだという意味ではない。むしろ、ブランド戦略の効果やブランドの方向性を維持するためには、多くの戦術上の変更を実施する必要があるだろう。しかし、マーケティング環境や戦略の方向性の変化がなければ、成功しているポジショニングを変更する必要性は低いだろう。このような場合、ブランド・エクイティの源泉となる重要な類似化ポイントと差別化ポイントは、断固として保護されなければならない。

　ブランドの意味を強化する戦略は、ブランド連想の性質に左右される。製品関連の属性

および機能面でのベネフィットが連想の核となるブランドの場合、製品デザイン、製造、販売におけるイノベーションが、ブランド・エクイティの維持や向上には特に重要となる。一方、製品非関連の属性および象徴的、経験的ベネフィットが連想の核となるブランドの場合、使用者イメージと使用イメージの適切性が、ブランド・エクイティの維持や向上には特に重要となる。

　ブランド・エクイティを管理する際には、ブランドを補強しブランドの意味を強化するマーケティング活動と、既存のブランド・エクイティを活用もしくは借用して財務的ベネフィットを追求するマーケティング活動との間でのトレードオフを強いられる。ブランド強化を怠ると、ある時点でブランド認知が下がり、ブランド・イメージが弱まってしまう。これらブランド・エクイティの源泉を失えば、ブランド自体が価値あるベネフィットを生み出し続けることが難しくなる。図表11-2にブランド強化戦略を概括した。

　ブランドの再活性化には、失われたブランド・エクイティの源泉を取り戻すか、あるいは新たにブランド・エクイティの源泉を構築することが必要となる。顧客ベースのブランド・エクイティのフレームワークに従えば、2つの一般的なアプローチが可能である。(1) 購入時と消費時における消費者のブランド再認とブランド再生を高めることで、ブランド認知の深さもしくは幅（あるいはその両方）を広げる、(2) ブランド・イメージを作り上げているブランド連想の強さ、好ましさ、ユニークさを向上させる。アプローチ (2) を使ったプログラムは、既存のブランド連想と新規のブランド連想のいずれを対象にしてもよい。

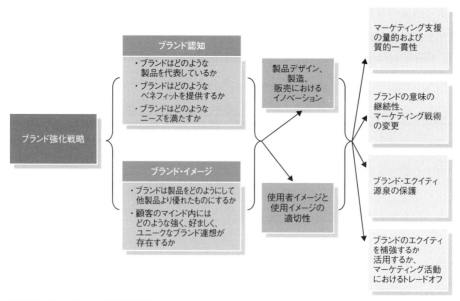

図表11-2　ブランド強化戦略

衰退しているブランドにおいて、ブランド認知の深さは幅ほど問題にならない場合が多い。つまり、消費者はきわめて狭い範囲内でブランドを捉える傾向にある。ブランド認知の変更が、新しいブランド・エクイティの源泉を創出する最も簡単な手法であろうが、ブランド連想の強さ、好ましさ、ユニークさを向上させるためには、新しいマーケティング・プログラムを生み出さなければならないことが多い。このリポジショニングの一環として、ターゲット市場を入念に分析する必要がある。まったく別のセグメントを引き込もうとする前に、まず新規顧客をつなぎ止め、次に脱落ユーザーや放置されたセグメントを引きつける努力をするのがベストであることが多い。こうしたブランド・イメージの修正における課題は、既存のブランド・エクイティを損なわないようにすることである。図表11-3は、ブランド再活性化戦略についての概略である。

　ポートフォリオ内のさまざまなブランドの役割とブランド間の関係を、長期にわたり慎重に考慮することも必要である。とりわけブランド回遊戦略については、消費者のニーズや、製品およびブランドが時とともに変化するのに応じて、ポートフォリオ内のさまざまなブランドが消費者ニーズをいかに満足させられるか、消費者が理解できるように実施すべきである。ブランド・エクイティの源泉が実質的に枯渇してしまったり、ブランドのイメージを損ない、変えることも難しいブランド連想ができてしまったりしたブランドを撤退させる戦略も存在する。

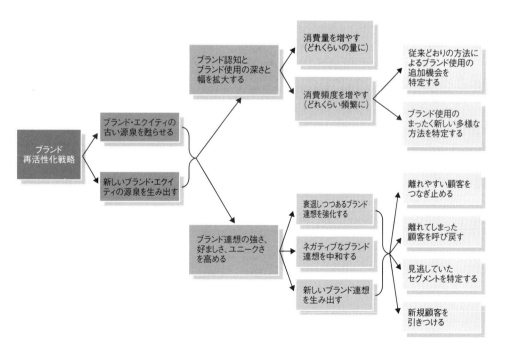

図表11-3　ブランド再活性化戦略

もしブランドが危機に直面したら、迅速で誠実になることが最も重要である。顧客に対して鈍感で思いやりがないと思われている企業は、必ず問題に直面する。

Notes

1. Leonard M. Lodish and Carl F. Mela, "If Brands Are Built Over Years, Why Are They Managed Over Quarters?," *Harvard Business Review* 85 (July-August 2007): 104-112.

2. Andy Grove, "My Biggest Mistake," *INC*, May 1998; John Markoff, "Chip Error Continuing to Dog Officials at Intel," *New York Times*, 6 December 1994; "Intel Agrees to Replace Faulty Pentium Chip," *NPR All Things Considered*, 20 December 1994.

3. Jonathan Auerbach, "Smith Corona Seeks Protection of Chapter 11," *Wall Street Journal*, 6 July 1995, A4.

4. "Guitar Hero: What Went Wrong?," www.cnn.corn, 10 February 2011; "The Music Dies for One Popular Guitar Hero Video Game," www.cnn.com, 9 February 2011.

5. Susan Heckler, Kevin Lane Keller, and Michael J. Houston, "The Effects of Brand Name Suggestiveness on Advertising Recall," *Journal of Marketing* 62 (January 1998): 48-57.

6. Raymond Serafin, "BMW: From Yuppie-Mobile to Smart Car of the '90s," *Advertising Age*, 3 October 1994, S2.

7. Matthew Lynn, "The Fallen King of Finland," *Bloomberg Businessweek*, 20 September 2010; Diane Brady and Hugo Miller, "Failure to Communicate," *Bloomberg Businessweek*, 11 October 2010; Elizabeth Woyke, "BlackBerry Battles back," *Forbes*, 28 February 2011.

8. Larry Light and Joan Kiddon, *Six Rules for Brand Revitalization* (Upper Saddle River, NJ: Pearson Education, 2009).

9. John D. Cripps, "Heuristics and Biases in Timing the Replacement of Durable Products," *Journal of Consumer Research* 21 (September 1994): 304-318.

10. Jenn Abelson, "A Makeover for Talbots," Boston Globe, 11 December 2011; Ashley Lutz, "How Talbots Got the Girl-and Lost the Woman," *Bloomberg Businessweek*, 20 June 2011; Sean Gregory, "Can Michelle Obama Save Fashion Retailing?," *Time*, 6 May 2009; Naoko Fujimura and Shunichi Ozasa, "Asia's Top Clothier Is Back to Basics," *Bloomberg Businessweek*, 10 January 2011.

11. Susan Berfield, "The New Star of Sellavision," *Bloomberg Businessweek*, 24 May 2010.

12. Christine Birkner, "Mama's Got the Magic of Mobile, Too," *Marketing News*, 15 September 2011.

13. Tim Triplett, "Generic Fear to Xerox Is Brand Equity to FedEx," *Marketing News*, 15 August 1994, 12-13.

14. Burt Helm, "At KFC, a Battle Among the Chicken-Hearted," *Bloomberg Businessweek*, 16 August 2010.

15. Mark Clothier, "A Root-to-End Makeover for Pantene," *Bloomberg Businessweek*, 24 May 2010.

16. Jean E. Palmieri, "Man in the News: I, Claudio," *Menswear*, April 2011.

17. Peter Lattman, "Rebound," *Forbes*, 28 March 2005, 58.

18. Michael Arndt, "Night of the Living Dead Brands," *Bloomberg Businessweek*, 12 April 2010.

19. Jennifer Reingold, "Darwin Goes Shopping," *Financial World*, 1 September 1993, 44.

20. Nancy F. Koehn, *Brand New: How Entrepreneurs Earned Consumers' Trust from Wedgwood to Dell* (Boston: Harvard Business School Press, 2001)（邦訳：『ザ・ブランド：世紀を越えた起業家たちのブランド戦略』ナンシー・F・ケーン著、樫村志保訳、翔泳社、2001 年）．

21. Betsy McKay, "Why Coke Indulges (the Few) Fans of Tab," *Wall Street Journal*, 13 April 2001, B1; Devon Spurgeon, "Aurora Bet It Could Win by Fostering Neglected Foods," *Wall Street Journal*, 13 April 2001, B1; Jim Hopkins, "Partners Turn Decrepit Detergent into Boffo Start-Up," *USA Today*, 20 June 2001, 6B; Matthew Swibel, "Spin Cycle," *Forbes*, 2 April 2001, 118.

22. Tara Parker-Pope, "Unilever Plans a Long-Overdue Pruning," *Wall Street Journal*, 3 September 1996, A13.

～ エッセンシャル 戦略的 ブランド・マネジメント 第4版 ～
索　引

ア

アーカー、デビッド
　　………… 137, 353, 408, 410, 412, 414, 416–418
アーム・アンド・ハマー ……………… 403, 440
アーンドメディア ………………………… 222
愛着 ………………………………………… 97
アウトポスト・ドットコム ………………… 52
アガシ、アンドレ ………………………… 271
アキュラ …………………………………… 126
アクト・マーケティング ………………… 157
アクセンチュア ………… 70, 133, 168, 359
温かさ ……………………………………… 95
アダムソン、アレン・P ………………… 221
アップル ……… 98, 123, 177, 186, 203, 228, 415
アップル・コンピュータ ………………… 47, 48
アフターマーケティング ……………… 166–168
アベンジャー ……………………………… 247
アマゾン ……………………………… 391, 392
アメリカ・マーケティング協会 ………… 2, 205
アルバ、ジョゼフ・W …………………… 409
アルマーニ ………………………………… 398
アルワリア、ロヒニ ……………… 419, 420
安心感 ……………………………………… 95
アンゾフ …………………………………… 378
アンダーウッド・デビル ………………… 34
アンドリューズ、ジョンリー ……………… 410
アンハイザー・ブッシュ …… 206, 252, 405, 406
アンブラー、ティム ……………… 300, 301
アンブレラ・ブランド ……………… 332, 339

イ

イケア ………………………………… 61, 62
一般製品レベル …………………………… 3

移転可能性 …………………………………… 121
イベント・マーケティング ……………… 223
意味性 ……………………………………… 118
インクルージョン効果 …………………… 413
印刷媒体 …………………………………… 207
インターブランド ………………… 19, 304
インダイレクト・チャネル ……… 180, 181
インタラクティブ・マーケティング
　　………………………………… 201, 222, 223
インテュイット …………………………… 167
インテル …………………………………… 51, 143
インフォマーシャル ……………………… 208

ウ

ヴァージン ………………………………… 390
ウィキペディア …………………………… 15
ウィリアム・アンダーウッド＆カンパニー社
　　………………………………………… 34
ウィルスドルフ、ハンス ……… 305, 306
ウェイスト・マネジメント社 ……… 325, 326
ウェスティンホテル ……………………… 159
ウェブサイト ……………………… 217, 218
ウェルズ・ファーゴ ……………………… 148
ウェンディーズ …………………………… 271
ウォルグリーンズ ………………………… 215
ウッズ、タイガー ……………… 251, 310, 311
ウォルマート ……… 145, 173, 174, 212, 370, 387
ウルフ、スティーヴン …………………… 66
ウルリヒ、K ……………………………… 417

エ

エイボン …………………………… 250, 367
エブリデイ・ロー・プライシング（EDLP）‥178

エンゲージメント ……………… 97, 98, 366
エンティティ ……………………… 248, 249

オ

オウンドメディア ……………………… 222
オーシャンスプレー …………………… 385
オーナーシップ効果 …………………… 417
オーバーストック・コム ……………… 361
オーファン（孤児）・ブランド ……… 445, 446
オーラルB ………………………………… 440
オールド・ネイビー …………………… 399
オールステート保険 …………………… 177
オグルビー、デビッド ………………… 206
オプトイン広告 ………………………… 229
オメガ ……………………………………… 316
親ブランド ……………………………… 379
オンライン広告 ………………………… 218

カ

ガーステイン、リチャード …………… 206
カーペンター、グレゴリー・S ……… 262
回遊戦略 ………………………………… 444
価格細分化 ……………………………… 177
価格戦略 ………………………………… 170
価格帯 …………………………………… 171
価格知覚 ………………………………… 170
ガシー・レンカー ……………………… 208
カスタマー・エクスペリエンス・マネジメン
　ト（CEM） …………………………… 158
カスタマー・サービス・プログラム … 167
価値階層 ………………………………… 107
価値ベースの価格戦略 ………………… 171
カテゴライゼーション ………………… 406
カテゴリー拡張 ………………… 331, 379
カテゴリー・ベネフィット …………… 65
カテゴリー・マネジメント …………… 303
カテゴリー類似化ポイント …………… 62
カニバリゼーション …………………… 389

カバレッジ ……………………………… 233
株主価値 ………………………… 104, 112
カリフォルニア牛乳加工協会 ………… 109
感情的制約 ………………………… 75, 76
カンタス航空 …………………………… 335
カンパニー・ブランド ………………… 339
関連性の原則 …………………………… 344

キ

記憶可能性 ……………………………… 118
旗艦製品 ………………………………… 346
企業イメージ …………………… 339, 352
企業イメージ・キャンペーン ………… 357
企業イメージ連想 ……………………… 353
希釈効果 ………………… 390, 416, 420
記述的制約 ………………………… 75, 76
ギターヒーロー ………………………… 433
期待製品レベル …………………… 4, 62
キットカット …………………………… 142
機能志向ブランド ……………………… 409
機能的リスク …………………………… 7
キャッシュ・カウ・ブランド ………… 336
キャデラック ………… 95, 385, 387, 388
キヤノン ………………… 60, 271, 390
キャラクター …………………………… 136
キャンドラー、エイサ ………………… 34
キャンベル ……… 66, 145, 387, 413, 446
競争的類似化ポイント ………………… 63
競争的レバレッジ ……………………… 395
共通性 …………………………… 234, 250
共通性の原則 …………………………… 349
共同広告 ………………………………… 185
キルマニ、A …………………… 416, 417
ギルモア、ジェイムズ・H ……… 157, 190
金銭的リスク …………………………… 8
キンドル ………………………………… 391

ク

クイッケン	167
クウェルチ、ジョン	300
グーグル	15, 16, 220, 325
クエーカーオーツ	303
クチコミ	231, 240
クラーク、ブルース	300, 301
クライスラー	136, 271, 346, 444
グラクソ・スミスクライン	358
クラフト	147, 258, 359
グリーン・マーケティング	368
クリエイティブ戦略	203
クリシュナン、シャンカー	410, 415
クリンク、リチャード・R	418
グレイザー、ラシ	262
クレオラ・クレヨン	159
クレスト	409
グレワル、ラディープ	419
クローズアップ	57, 409
グローバル化	25
クローリー、デニス	229
クロロックス	252, 440, 442, 443

ケ

経験価値マーケティング	156
経験経済	157
経験財	7
経験プロバイダー	157
経済不況	23, 154
形態素	129
ゲータレード	222
ケーン、ナンシー	446, 450
ケラー、ケビン・レーン	
	353,408, 409, 410, 412–414, 416, 417, 418
ケロッグ	233, 347
原産国	255
原産地	255
ケンタッキーフライドチキン	443

ケンドール・オイル社	147

コ

コ・ブランディング	257
コア・ベネフィット・レベル	3
貢献度	234
広告	201
行動上のロイヤルティ	96
購買時点	212
広範的情報供給戦略	237
興奮	95
小売業者	13
小売細分化	184
コーズ	19
コーズ・マーケティング	364–368
コーズ・リレーテッド・マーケティング	
	225, 364, 366
ゴーディン、セス	163
コーポレート・ブランディング	350
コーポレート・ブランド	
	251, 292, 332, 339, 356
コーポレート・ブランド・エクイティ	350
コーポレート・ブランド・パーソナリティ	
	351
コーン・コミュニケーションズ社	364
コカ・コーラ	34, 147, 218, 219, 267, 389
顧客ベースのブランド・エクイティ（CBBE）	
	42, 43, 48
コダック	397
コピーテスト	205
個別ブランド	340
コミュニケーションの情報処理モデル	198
コミュニティ	97
コルゲート	57, 225, 304, 345, 386
コルビン、ジェフリー	103
コンタクト	155
コンフォーマビリティ	236

サ

再活性化戦略 ······················ 437, 441, 442, 449
最高マーケティング責任者（CMO）·········· 113
サイコグラフィック要因 ························· 89
最小在庫単位（SKU）··························· 387
最適マーケティング・プログラム ······· 404, 405
サイバースクワッティング ···················· 133
サイリックス ································· 110
雑誌 ······································ 207
サブ・ブランディング ························· 343
サブ・ブランド ························· 332, 379
サプライ・サイド法 ························· 227
差別化ポイント ····················· 42, 61, 67
差別性の原則 ······························· 345
サリバン、メアリー・W ····················· 415
サロモン ································· 247
360度媒体計画 ····························· 240
サンフランシスコ・ジャイアンツ ············ 177

シ

シアーズ ······························ 187, 206
シーバスリーガル ························· 439
シェル石油 ·························· 74, 355
シェルフ・インパクト ························· 146
ジオターゲティング ························· 228
時間的リスク ······························· 8
市場状況乗数 ······························· 110
シスコ ································· 342
自尊心 ································· 95
実行可能性 ······························· 67
質的調査 ··························· 282–285
シボレー ······················· 125, 337, 387
シマロン ································· 387
シモンズ、キャロリン・J ····················· 418
シャイン、ビョン・ジョル ····················· 415
社会的承認 ································· 95
社会的リスク ······························· 8
ジャック・ダニエル ························· 430

社名変更 ································· 358
ジャン、シュ ······························· 411
手段－目的連鎖 ······························· 71
シュミット、バーンド ················· 149, 157, 158
シュルツ、ドン・E ························· 155
シュワッガー、アンドレ ····················· 158
ジョイナー、クリストファー ··········· 413, 416
消費者 ································· 6
消費者向けプロモーション ····················· 215
ショック広告 ······························· 52
ショッパー・マーケティング ················· 182
ショップキック ······························· 230
ジョンディア ······························· 136
シリコングラフィックス ····················· 348
ジレット ······························ 174, 336
シンガポール航空 ······················· 159, 262
シンク・マーケティング ····················· 157
ジングル ······························· 142
信じる理由（RTB）··························· 62
身体的リスク ································· 8
新聞 ································· 207
シンボル ································· 135
信頼財 ································· 7
信頼性 ································· 355
心理的リスク ································· 8

ス

垂直的ブランド拡張 ························· 396
スウォッチ ································· 260
スード、サンジェイ ······· 409, 411–413, 416–418
スーパー・ブランディング ····················· 399
スカイプ ······························ 127, 298
スコッツ・ミラクルーグロ ····················· 184
『スター・ウォーズ』······························· 18
スチールケース ······························· 383
スチュアート、ジョン ························· 5
ステビア ································· 147
ストア・ブランド ······························· 14

ストーニーフィールド ……………………… 370

スニッカーズ ………………………… 137, 204

スポーツ・イベント ……………………… 224

スポンサーシップ ………………… 223–227

スマートカー …………………… 259, 260

スミス、ダニエル・C ……… 410, 415, 418

スミスコロナ社 …………………………… 433

スローガン ……………… 137–139, 141, 142

スワミナサン、バニサ …………………… 414

セ

制御焦点 ……………………………………… 419

精緻化見込みモデル ………………………… 50

成長性の原則 ………………………………… 342

製品 ……………………………………………… 3

製品カテゴリーの構造 ……………………… 84

製品コスト …………………………………… 175

製品戦略 ……………………………………… 165

成分ブランディング ………………………… 261

セールス・プロモーション ………………… 213

ゼネラルミルズ
……… 35, 132, 144, 146, 347, 367, 368, 387, 433

セブンアップ ………………………………… 141

セブン・イレブン・ジャパン ……… 104, 105

セルデン、ラリー …………………………… 103

セルバドゥライ、ナビーン ………………… 229

ゼロックス …………………………………… 97

選好性 ………………………………………… 119

潜在製品レベル ………………………………… 4

センス・マーケティング …………………… 157

戦略的ブランド・マネジメント ……… 27, 28

ソ

相乗作用の原則 ……………………………… 342

相反類似化ポイント ………………………… 63

ソーシャルメディア ………………………… 220

促進焦点 ……………………………………… 419

ソニー ………………… 344, 381, 413, 420

存続性の原則 ………………………………… 342

タ

ダイエットコーク …………………………… 389

耐久性 ………………………………………… 88

第三者ソース ………………………………… 273

タイド ………………………… 95, 344, 385

ダイバーティング …………………………… 179

ダイムラー・クライスラー社 ……………… 259

タイメックス ………………………………… 409

ダイレクト・チャネル …………… 180, 185

ダイレクト・レスポンス …………………… 208

タイレノール ………………………… 230, 385

ダヴ ……………………………… 228, 378

ダウ・ケミカル ……………………………… 357

タコ・ベル …………………………………… 175

タネンバーム、スタンレー・I ……………… 155

楽しさ ………………………………………… 95

タルボット …………………………………… 441

探索財 ………………………………………… 7

単純性の原則 ………………………………… 344

チ

チーフ・ブランド・オフィサー（CBO）…… 301

チェルネフ、アレキサンダー ……………… 417

チェン、ジャッキー ………………………… 272

知覚品質 ……………………………………… 165

知覚リスク …………………………………… 381

チキータ ……………………………………… 411

チケットマスター …………………………… 177

知的財産権 …………………………………… 8

チャーミン ………………………… 148, 446

チャネル戦略 ………………………………… 179

ツ

ツイッター ………………………… 220, 221

テ

デイシン、ピーター ………………………… 415
ディズニー ……… 77, 186, 261, 265, 266, 338
デイビス、ウィリアム ……………………… 305
適合可能性 ……………………………………… 122
デマンド・サイド法 ………………………… 227
デモグラフィック要因 ……………………… 89
デュポン ……………………… 350, 354, 363
デル ……………………………… 337, 338
デルタ・フォーセット・カンパニー ……… 326
テレブランズ社 ……………………………… 209
テレビ ………………………………………… 201
伝達可能性 …………………………………… 68

ト

『トイ・ストーリー』 ………………… 265, 266
統合型マーケティング・コミュニケーション
　(IMC)プログラム ………………… 232, 237
投資家心理乗数 ……………………………… 111
トーバー、エドワード ……………… 395, 411
トーマス、デイブ …………………………… 271
トーラス ……………………………………… 124
トスカーニ、オリビエロ …………………… 139
突出性 ………………………………………… 346
突出性の原則 ………………………………… 346
ドミノ・ピザ ………………………………… 228
トムソン、マシュー ………………………… 411
ドメインスクワッティング ………………… 133
ドメイン・ネーム …………………………… 133
トヨタ ………………… 367, 398, 414, 415
トラウト、ジャック ………………… 19, 78, 372

ナ

ナイキ
　…… 138, 162, 180, 187, 327, 332, 343, 344, 384
ナカモト、ケント …………………………… 262
ナショナル・ビスケット …………………… 34
ナショナル・ブランド ……………………… 33

ニ

二次的ブランド連想 ………………………… 245
ニベア …………………………… 89, 395, 405

ヌ

ヌネス、ジョゼフ・C ……………………… 419

ノ

ノードストローム …………………………… 354

ハ

ハーシー …………………… 120, 258, 333, 403
ハーシュバーグ、ゲイリー ………………… 370
バート、スボド ……………………………… 404
バーバリー ………………………… 436, 437
パーミッション・マーケティング ………… 163
ハーレーダビッドソン …………… 98, 268
バイエル ……………………………………… 411
ハイ・エンド威光ブランド ………………… 337
媒体環境 ……………………………………… 197
ハイテク製品 ………………………………… 11
ハイネケン …………………………………… 235
パイン、ジョゼフ・B ……………… 157, 190
ハインツ ………………………… 34, 176, 387
パク、C. ワン ……………… 408, 409, 411
パク、ジョンウォン ………………… 415, 419
場所広告 ……………………………………… 196
バズ・マーケティング ……………………… 231
「バック・トゥ・ベーシック」戦略 …… 435, 437
パタゴニア …………………………………… 370
パッケージング ……………………………… 143
パテック・フィリップ ……………………… 316
パナソニック ………………………………… 223
バナナ・リパブリック ……………………… 399
パブリシティ ………………………………… 230
パブリック・リレーションズ ……………… 230
ハミルトン、ライアン ……………………… 417
ハラーズ ……………………………………… 300

バラエティ・シーキング ……………… 383
『ハリー・ポッター』 ……………………… 18
ハリス・インタラクティブ …………… 93, 333
バリュー・プライシング ………………… 173
パルミサーノ、サム …………………… 252
バロン、マイケル・J ………………… 420
バンク・ワン ……………………………… 385
パンテーン ……………………… 176, 443
パンドラ …………………………………… 15

ヒ

ビーチャム ………………… 358, 400, 447
ビカール、B・A ………………………… 418
ビクトリアズ・シークレット …………… 159
日立 ………………………………………… 44
ビック …………………………………… 402
ビュイック ……………………………… 251
ヒューレット・パッカード（HP）
………………………………… 168, 169, 349
ビラボン ………………………………… 386
ビルボード広告 ………………………… 210
ビレッジバイン ………………………… 177

フ

ファーカー、ピーター・H ……………… 412
ファーブ、ブレット …………………… 271
ファイター・ブランド ……… 307, 335, 336
ファイロ、デビッド …………………… 134
ファミリー・ブランド ……… 332, 339, 340, 379
ファルマシア社 ………………………… 37
フィール・マーケティング …………… 157
フィッシャープライス ………………… 410
フィリップス・ヴァン・ヒューゼン
………………………………… 171, 172, 267
ブーシュ、D・M ……………… 410, 415
プーリガッダ、サンジェイ …………… 419
フェイスブック ………………… 220, 221
フェデラルエクスプレス ……………… 443

フェドリーキン、アレキサンダー ……… 411
フォースクエア ………………………… 229
フォード …………………………… 51, 124
フォックス、リチャード・J …………… 414
フォワード・バイイング ……………… 179
ブキャナン、L ………………………… 418
複合的情報供給戦略 …………………… 237
プッシュ戦略 …………………………… 183
プライベート・ブランド ……………… 14
フランカー・ブランド ………………… 335
ブランソン、リチャード ……… 221, 390
ブランディング戦略スクリーン ……… 348
ブランデッド・バリアント …………… 184
ブランド …………………………………… 2
ブラント、ルイス ……………………… 316
ブランド・アーキテクチャー戦略 …… 324
ブランド・アイデンティティ ………… 148
ブランド・イメージ ……… 47, 52, 88, 381, 440
ブランド・エクイティ ……………… 26, 27
ブランド・エクイティ測定システム …… 30, 278
ブランド・エクイティ報告書 ………… 298
ブランド・エンゲージメント ………… 366
ブランド・エンドースメント戦略 …… 347
ブランド・コミュニティ …………… 97-99
ブランド・コンセプト ………………… 408
ブランド・コンセプト・マップ（BCM）
………………………………………… 283-285
ブランド・ジャッジメント …………… 92
ブランド・セイリエンス ……………… 83
ブランド・セント ……………………… 158
ブランド・トラッキング調査 ……… 30, 287
ブランド・ネーム ……………………… 123
ブランド・パーソナリティ ……… 90, 91, 351
ブランド・パフォーマンス …………… 87
ブランド・バリュー・チェーン …… 28, 81, 106
ブランド・バリュー・チェーン・モデル
………………………………………… 42, 107
ブランド・ビジョン …………………… 325-328

ブランド・ビルディング・ブロック ……… 83-84	ブランド品質 …………………………………… 92
ブランド・フィーリング ……………………… 94	ブランド優位性 ………………………………… 94
ブランド・ベネフィット ……………………… 52	ブランド要素 ……………… 2, 29, 117, 443
ブランド・ポートフォリオ …… 31, 306, 334, 443	ブランド連想 ………………… 53, 109, 283
ブランド・ポジショニング ………………… 55, 286	フリークエンシー・プログラム ………… 168
ブランド・ポジショニング・モデル ……… 28, 42	プリウス ……………………………… 414, 415
ブランド・マネジメント …………………… 35, 36	ブリストル・マイヤーズ・スクイブ社 ……… 65
ブランド・マントラ …………………………… 74	プリチャード、マーク …………………… 206
ブランド・ミーニング ……………… 82, 87, 88	ブリッジズ、シェリ …… 409, 412, 413, 416-418
ブランド・ライン・キャンペーン ………… 358	フリトレー …………………………… 184, 340
ブランド・リレーションシップ …………… 82	フルーツループス ………………………… 409
ブランド・レスポンス ………………………… 92	プル戦略 ……………………………………… 182
ブランド・レゾナンス ………………………… 96	ブルックスブラザーズ …………………… 445
ブランド・レゾナンス・モデル ……… 28, 42, 81	プレイス広告 ………………………………… 210
ブランド・ロイヤルティ	フレーム・オブ・レファレンス ……… 55, 60, 64
……………… 8, 87, 92, 97, 103, 106, 165	プレシジョン・マーケティング ………… 209
ブランド愛着 ………………………………… 109	ブログ ………………………………………… 220
ブランド化 …………………………………… 10	プログラム品質乗数 ……………………… 108
ブランド階層 ………………………… 31, 337	プログレッシブ社 ………………………… 432
ブランド拡張 ………………………… 331, 379	プロダクト・プレイスメント …………… 211
ブランド拡張性スコアカード ……………… 421	ブロックバスター ………………………… 345
ブランド活動 ………………………………… 109	ブロニアルツク、スーザン・M ………… 409
ブランド監査 ………………… 30, 279, 304	プロモーション・マーケティング協会（PMA）
ブランド機能 ………………………………… 75	………………………………………………… 215
ブランド強化戦略 …………………………… 448	
ブランド憲章 ………………………………… 297	**へ**
ブランド構築 ………………………………… 82	ヘイスバート、デニス …………………… 272
ブランド考慮 ………………………………… 93	ペイドメディア …………………………… 222
ブランド貢献 ………………………………… 112	ベストバイ ………………………………… 104
ブランド再生 ………………………………… 49	ベドバリー、スコット …………… 301, 302, 326
ブランド再認 ………………………………… 49	ベネトン …………………………………… 139
ブランド信用 ………………………………… 93	ペパーズ、ドン …………………… 162, 163
ブランド属性 ………………………………… 52	ペプシ ……………………………… 222, 271
ブランド態度 ………………………………… 109	ベライゾン ………………………………… 359
ブランド棚卸し ……………………………… 280	ベライゾン・ワイヤレス ………………… 263
ブランド探索 ………………………………… 281	変換型広告 …………………………………… 94
ブランド知識 ………………………………… 49	ペンティアム ……………………………… 431
ブランド認知 ………………… 47, 49, 109, 438	

ホ

ホイーラー修正法 ………………………………… 35
防御可能性 …………………………………………… 122
膨張製品レベル ……………………………………… 4
ボーイング …………………………………………… 11
ホーム・ショッピング・ネットワーク（HSN）
………………………………………………………… 442
補完型ブランディング戦略 …………………… 250
補完性 ………………………………………………… 236
ポジショニング ……………………………………… 55
ポスター ……………………………………………… 210
ホラック、スーザン・L ………………………… 404
ポラロイド ……………………………………… 445, 446
ホリデイ・イン …………………………………… 398
ボルボ ………………………………… 48, 72, 208, 434
ホンダ ………………………………………………… 126

マ

マークス・アンド・スペンサー ………………… 14
マーケット・ダイナミクス …………………… 111
マーケティング・コミュニケーション ……… 195
マーケティング・ダッシュボード …………… 300
マーケティング・チャネル …………………… 179
マーケティング・パートナー ………………… 304
マーケティング監査 ……………………………… 279
マーケティング投資収益率（ROMI）………… 278
マイヤー、クリストファー …………………… 158
マインド・シェア ………………………………… 86
マウンテンデュー …………………… 68, 225, 437
マクガバン、ゲイル ……………………………… 300
マクドナルド ………… 48, 75, 261, 349, 366, 369
マス・カスタマイゼーション ………………… 160
マズロー ……………………………………………… 71
マッタ、シャシ …………………………………… 419
『マッドメン』…………………………………… 211, 212
マテル社 ……………………………… 18, 231, 265

ミ

三菱 …………………………………………………… 390
ミニアード、ポール・W ………………………… 420
ミラー ………………………… 69, 123, 335, 362, 390
ミルバーグ、サンドラ・J ………………… 408, 416

ム

ムスクリシュナン、A・V ……………………… 410

メ

メイシーズ ………………… 2, 187, 257, 360, 361
名声志向ブランド ………………………………… 409
メイフラワー ……………………………………… 12, 13
メイヨークリニック …………………………… 284, 285
メッセージ戦略 …………………………………… 203
メルセデス・ベンツ ……………………… 48, 259, 260
メンタル・マップ …………………… 283, 284, 314

モ

モディファイアー ………………………………… 341
モバイル・マーケティング …………………… 228
モリン、モーリーン ……………………………… 416
モンガ、アロクパーナ・バス …………… 418, 420

ヤ

ヤコブソン、ロバート …………………………… 416
ヤフー ………………………………………… 134, 189
ヤマハ ………………………………………………… 390
ヤン、キャサリン・W. M. ……………………… 411
ヤン、ジェリー …………………………………… 134

ユ

有形財 ………………………………………………… 10
ユーチューブ ………………………… 219, 220, 222
ユナイテッド航空 …………………… 358, 361, 362
ユニクロ ……………………………………………… 441
ユニリーバ …………………………… 228, 378, 447

ヨ

ヨークストン、エリック・A ……………………… 419
ヨープレイト ………………………… 341, 367, 368
予防焦点 …………………………………………… 419

ラ

ラーナム法 ……………………………………………… 35
ライクヘルド、フレデリック ……… 97, 115, 190
ライセンス供与 ……………………………… 265–268
ライン拡張 ……………………………… 24, 331, 379
ラジオ ……………………………………………… 206
ラダリング ………………………………………… 71
ラポイント、パット …………………………… 300
ランダル、T ……………………………………… 417

リ

「リ・インベンション」戦略 ……………………… 437
リアクティング ……………………………… 71, 73
リーバイス ……………………………… 186, 187, 417
リスク因子 ………………………………………… 112
リッピンコット ……………………… 124, 125, 131
リポジショニング ……………………………… 442
流通業者 ……………………………………………… 13
流通業者向けプロモーション ………………… 216
量的調査 ………………………………… 282, 284, 285
リレーションシップ・マーケティング ……… 160

ル

類似化ポイント …………………… 42, 61–64, 69

レ

レイブシュタイン、D ………………………… 417
レーガン、ロナルド ……………………… 256, 269
レーン、ビッキー・R ……………………… 416, 418
レゴ ……………………………………… 158, 221
レディー、スリニバス・K ………………… 404, 414
レビー、キース ……………………………… 206
レビー、シドニー・J ……………………… 282, 283

レビット、セオドア ………………………… 4, 383
レンジ・ブランド ………………………………… 339
連想ネットワーク型記憶モデル ………………… 46

ロ

ロイヤルティ・プログラム …………………… 168
ロイヤル・バンク・オブ・カナダ …………… 103
ロイヤルメール …………………………………… 361
ロー・エンド入門ブランド ……………………… 337
ロークン、バーバラ ……………… 413, 415, 416
ローソン、ロバート ……………………………… 408
ローダー・ジョン、デボラ ……………… 415, 416
ロータボーン、ロバート・F …………………… 155
ロールスロイス …………………………………… 158
ロゴ ………………………………………………… 134
ロジャーズ、マーサ ……………………… 162, 163
ロス、ウィリアム・T、ジュニア …………… 419
ロバーツ、ジョン ………………………………… 286
ロミオ、ジーン・B ……………………… 416, 420
ロレックス ……………………………… 304, 409

ワ

ワールプール ……………………………………… 365
ワイアー、ロバート・S・ジュニア …… 411, 415
ワイツ、バートン・A ………………………… 410
ワン・トゥ・ワン・マーケティング ……… 162

A

AMD ……………………………………………… 110

B

B2B製品 ………………………………………… 11
BMW ……………………… 211, 218, 337, 434, 444

C

CBBEモデル ……………………………………… 42
CBO ……………………………………… 301, 302
CFB（顧客愛顧の構築）プロモーション …… 215

CVS ·················· 59

E
EFFIE賞 ·················· 205
ESPN ·················· 338

G
GAP ·················· 399
GE ·················· 44, 292, 293, 344, 369
「got milk?」·················· 109
GM（ゼネラルモーターズ）
·················· 96, 125, 345, 385, 387, 388

H
H&Rブロック社 ·················· 86
Hulu ·················· 15

I
IBM ·················· 252
iPad ·················· 228, 392, 415
iPhone ·················· 228, 415
iPod ·················· 228, 415
iTunes ·················· 177, 415

J
J.C.ペニー ·················· 187–189
J.P.モルガン・チェース ·················· 358

K
KFC ·················· 443

M
M&M'S ·················· 120, 261
MTV ·················· 95, 283, 284

P
P&G ·················· 25, 33, 35, 72, 159, 174, 175, 178, 206, 221, 222, 325, 334, 335, 443, 446
PDA ·················· 70

S
SCジョンソン ·················· 184

U
Uneedaビスケット ·················· 34
URL（ユニフォーム・リソース・ロケーター）
·················· 133
USエアウェイズ ·················· 66, 359, 398

監訳者紹介

恩藏直人（おんぞうなおと）
【略歴】
1982年、早稲田大学商学部卒業。その後、同大学大学院商学研究科へ進学。
早稲田大学商学部専任講師、同助教授を経て、1996年より教授。
専門はマーケティング戦略。
現在、早稲田大学商学学術院教授、博士（商学）

【主要著書】
『コトラー、アームストロング、恩藏のマーケティング原理』（共著、丸善）
『エネルギー問題のマーケティング的解決』（編著、朝日新聞出版）
『顧客接点のマーケティング』（共著、千倉書房）
『コモディティ化市場のマーケティング論理』（有斐閣）
『日経文庫マーケティング』（日本経済新聞出版社）
『コトラー＆ケラーのマーケティング・マネジメント』（監修、ピアソン・エデュケーション）、
『ケラーの戦略的ブランディング』（共訳、東急エージェンシー）
『戦略的ブランド・マネジメント』（共訳、東急エージェンシー）
『ブランド要素の戦略論理』（共編、早稲田大学出版部）
『競争優位のブランド戦略』（日本経済新聞出版社）
ほかに、*Journal of Marketing, Journal of International Business Studies,*
International Business Review, International Marketing Review, Australian Marketing Journal, Journal
of Marketing Theory and Practice, Agribusiness, Innovative Marketing
などで多くの研究成果を発表している。

STRATEGIC BRAND MANAGEMENT
Fourth Edition

By Kevin Lane Keller

Authorized translation from the English language edition, entitled STRATEGIC BRAND MANAGEMENT, 4th Edition, ISBN:0132664259 by KELLER, KEVIN LANE, published by Pearson Education, Inc., Copyright©2013, 2008, 2003, Pearson Education, Inc.

All rights reserved. No part of this book may be reproduced or transmitted in any form or by any means, electronic or mechanical, including photocopying, recording or by any information storage retrieval system, without permission from Pearson Education, Inc.

JAPANESE language edition published by TOKYU AGENCY INC., Copyright©2015.

JAPANESE translation edition rights arranged with PEARSON EDUCATION, INC., through Tuttle-Mori Agency INC., Chiyoda-ku, Tokyo, JAPAN

エッセンシャル
戦略的ブランド・マネジメント 第4版

2015年3月10日　第1版第1刷

著　　者	ケビン・レーン・ケラー
監 訳 者	恩藏直人
訳　　者	月谷真紀
翻訳協力	株式会社トランネット
装　　丁	三枝ノリユキ（スタジオ79）
発 行 人	桑原 常泰
発 行 所	株式会社東急エージェンシー
	〒107-8417 東京都港区赤坂4-8-18
	TEL 03-3475-3566
	http://www.tokyu-agc.co.jp/
印刷・製本	精文堂印刷株式会社

Ⓒ Tokyu Agency Inc. & Naoto Onzo 2015, Printed in Japan
ISBN978-4-88497-122-9 C0034